DERECHO ADMINISTRATIVO Y
DERECHOS SOCIALES FUNDAMENTALES

COLECCIÓN
CUADERNOS UNIVERSITARIOS
DE DERECHO ADMINISTRATIVO
[7]

JAIME RODRÍGUEZ-ARANA

DERECHO ADMINISTRATIVO Y DERECHOS SOCIALES FUNDAMENTALES

GLOBAL LAW PRESS
EDITORIAL DERECHO GLOBAL

INAP

INSTITUTO NACIONAL DE
ADMINISTRACIÓN PÚBLICA

Coedición de Global Law Press-Editorial Derecho Global
e INAP (Instituto Nacional de Administración Pública)

© Jaime Rodríguez-Arana

© 2015: Global Law Press-Editorial Derecho Global
info@globallawpress.org
Sevilla (España)

© 2015: Instituto Nacional de Administración Pública

ISBN (Global Law Press): 978-84-941426-6-6
ISBN (INAP): 978-84-7351-474-3
ISBN ELECTRÓNICO (INAP): 978-84-7351-475-0
NIPO: 635-15-049-8
NIPO ELECTRÓNICO: 635-15-050-0
DL: SE-1.393-2015

Diseño y maquetación:
Los Papeles del Sitio

(Hecho en España)

ÍNDICE

INTRODUCCIÓN

E L Derecho Administrativo es, en el tiempo en que vivimos, una rama del Derecho Público que partiendo de la Norma Fundamental aspira a la realización efectiva del modelo del Estado social y democrático de Derecho que hoy caracteriza la forma de Estado dominante en el planeta. Desde sus orígenes, el Derecho Administrativo se nos presenta dependiente del interés general, de aquellos asuntos supraindividuales que a todos afectan por ser comunes a la condición humana y que reclaman una gestión y administración equitativa y que satisfaga las necesidades colectivas en un marco de racionalidad y de justicia.

El Derecho Administrativo en sentido estricto, especialmente a partir de la Revolución francesa, surge como un Derecho autoritario sobre la base del acto administrativo y sus principales atributos: ejecutividad y ejecutoriedad, propiedades inherentes de la actuación administrativa que se entienden desde ese tiempo, en buena parte hasta nuestros días, en clave de privilegio y prerrogativa. La autotutela administrativa entonces, principios del siglo XIX, tenía sentido en el modelo de Estado que se estaba alumbrando y por ello se consideraba el Derecho Administrativo como un Derecho esencialmente exorbitante, especial, que se distinguía del Ordenamiento privado porque la Administración pública, su principal y único objeto de estudio, aparecía en escena acompañada de un conjunto de fenomenales potestades y poderes, entendidos en clave de privilegios y prerrogativas, ante los cuales solo cabía la sumisión por parte de los administrados.

Eran tiempos en los que la legalidad administrativa procedente del Estado liberal de Derecho era la guía y el norte de la actuación administrativa. O la Administración solo podía hacer única y exclusivamente aquello que establecía la ley –vinculación positiva– o –vinculación negativa– solo podía hacer aquello no prohibido por la ley. En este contexto, los derechos fundamentales de la persona eran los de libertad, los tradicionales civiles y políticos, ante los cuales el Estado no tenía más remedio que la abstención y la no interferencia. Por cierto, los derechos civiles y políticos nacieron, es fuerza reconocerlo, anclados a una determinada manera de comprender el derecho de propiedad y, sobre todo, a una determinada clase social, la burguesía, que precisaba de instrumentos de conservación y mantenimiento del poder para afirmar su posición en la vida social de aquel tiempo como gráficamente se deducía de la conformación sociológica de las primeras Asambleas parlamentarias de la República francesa.

El paso del tiempo contribuyó, especialmente a raíz de la industrialización y del éxodo masivo de la población del campo a la ciudad, con las consiguientes limitaciones y dificultades laborales de esa etapa histórica, a que creciera la conciencia social del Estado y a que éste considerara que debía no solo defender y proteger los derechos fundamentales puramente individuales, sino que también, y de modo central, debía promover las condiciones que hicieran posible el libre y solidario desarrollo de la persona. Aparece el Estado social de Derecho en el que la solidaridad es también una función del Estado. Más tarde, la participación social se presentó como una condición inexcusable para el diseño, implementación y evaluación de las políticas públicas y a la caracterización social del Estado se agrega su condición democrática. En este contexto, la Constitución sustituye a la legalidad administrativa como la principal fuente del Derecho y comienza tímidamente un proceso en el que la Administración pública, más allá de esa legalidad administrativa, positiva o negativa, se compromete con la realización de los valores y objetivos constitucionales, especialmente de los postulados del Estado social y democrático de Derecho en la cotidianeidad a través, sobre todo, de la acción del complejo Gobierno-Administración pública.

La primacía de los valores y principios constitucionales reclama que la legalidad administrativa se integre y se aplique a partir de estos valores y principios. Tal tarea, lamentablemente todavía *in fieri*, se pone de manifiesto precisamente cuando se estudia la funcionalidad de los derechos sociales fundamentales en el Derecho Administrativo. Entonces, como intentamos demostrar a lo largo de estas páginas, nos topamos con algunos valladares casi inexpugnables que impiden que, efectivamente, la luz de esos valores y principios constitucionales impregne también el quehacer de las Administraciones públicas después de más de dos centurias de la célebre Revolución francesa.

En este sentido, la evolución histórica de la Administración pública y del Derecho Administrativo en España, a muy grandes trazos, muestra también, sobre todo desde 1978, este planteamiento. Es más, el denominado Derecho Administrativo Constitucional, del que se puede hablar con propiedad a partir de la vigente Carta Magna, exige nuevos estudios e investigaciones más conectados con los valores y principios constitucionales entre los que se encuentran, entre otros, el servicio objetivo al interés general, la centralidad de la dignidad del ser humano, la función promocional de los Poderes públicos, y, por supuesto, una concepción más abierta de los derechos fundamentales de la persona, entre los que se encuentran también los denominados derechos fundamentales sociales.

La cláusula del Estado social ha significado una profunda transformación en el tradicional entendimiento del Derecho Administrativo. En efecto, el Estado debe promover las condiciones para que la libertad y la igualdad de las personas y de los grupos en que se integran sean reales y efectivas, removiendo los obstáculos que impiden su efectividad y fomentando la participación de todos los ciudadanos en la vida política, económica, social y cultural. Por tanto, esta impronta constitucional, en España reconocida en el artículo 9.2 de la Carta Magna, debe presidir el sentido y funcionalidad de todas las categorías e instituciones del Derecho Administrativo. Un Derecho Administrativo que habrá de tener una nueva textura y sensibilidad, para lo que precisará de instituciones y técnicas adecuadas a las nuevas finalidades que la Constitución le impone.

Especialmente relevante en la construcción del Derecho Administrativo Constitucional es la participación ciudadana pues, como ya señaló el Tribunal Constitucional Español en una sentencia de 7 de febrero de 1984 de la que nos ocuparemos más adelante, el interés general debe definirse con participación social. Atrás quedaron las versiones cerradas y unilaterales del interés general, abriéndose las puertas a nuevas perspectivas que han de contar con la presencia y participación de los ciudadanos. Es decir, el interés general ya no se define unilateral y monopolísticamente por la Administración pública, como antaño. Ahora es preciso convocar y recibir la vitalidad real que emerge de la vida social, lo que reclama una cada vez más intensa y honda participación social.

En este sentido, el concepto de interés general, ahora abierto a la participación por exigencias de un Estado que se presenta como social y democrático de Derecho, presenta un irreductible núcleo básico conformado precisamente por la efectividad de los derechos fundamentales de la persona, los individuales y los sociales. Es más, no se comprendería que las realizaciones y operaciones administrativas promovidas desde el interés general no estuvieran acompañadas en todo momento de un compromiso radical con la defensa, protección y promoción de los derechos fundamentales de la persona.

Los derechos fundamentales de la persona, concebidos en su origen como derechos de libertad, derechos ante los que el Estado debía declinar toda actuación, por mor de la cláusula del Estado social y democrático de Derecho se amplían hacia nuevos espacios, imprescindibles para una vida digna. Es el caso de los derechos sociales fundamentales, objeto en buena medida de este estudio, entre los que se encuentran, por ejemplo, el derecho a la alimentación, al vestido, a una vivienda digna, a la protección social, a la igualdad en el acceso al mercado de trabajo, a la educación o a la salud. En estos casos la sociedad y la institución estatal han de facilitar a las personas los medios necesarios para la satisfacción de estos derechos, concibiéndose como obligaciones de hacer en favor de ciudadanos. El derecho fundamental al mínimo vital o existencial debe estar cubierto en nuestras sociedades y, a partir de este suelo mínimo, a través de los principios de progresividad y prohibición de la regresividad de las medidas sociales, se debe caminar hacia mayores cotas de dignidad en el ejercicio de los derechos fundamentales de la persona.

En España, como sabemos, siguiendo la tradición alemana, no están reconocidos los derechos sociales fundamentales como derechos fundamentales de la persona, y por tanto no disponen de las consiguientes garantías de protección jurisdiccional a través del procedimiento especial sumario y preferente que diseña la Constitución. Se encuentran, y no todos, a excepción del derecho a la educación (artículo 27 de la Constitución), en el marco de los Principios rectores de la política social y económica del Capítulo III de la Constitución de 1978, y su efectividad depende de que se haya dictado la correspondiente norma de desarrollo y de que existan disponibilidades presupuestarias.

Pues bien, tal situación es inaceptable habida cuenta del tiempo transcurrido desde el que se acrisoló la formulación del Estado social y democrático de Derecho y debe replantearse categóricamente. Por la sencilla razón de que si la dignidad del ser humano es el centro y la raíz del Estado y si el fundamento del orden político y la paz social, tal y como señala solemnemente el artículo 10.1 de la Constitución española residen en la dignidad de la persona, en los derechos que le son inherentes y en el libre desarrollo de la personalidad, entonces las normas, las estructuras, los procedimientos y los presupuestos públicos deben estar al servicio del principal patrón y estándar ético y jurídico, al que los demás han de rendirse: la dignidad del ser humano. De ahí que la defensa, protección y promoción de los derechos fundamentales de la persona sea la principal tarea que tiene en sus manos el Estado moderno y de la que debe dar cuenta periódicamente a la ciudadanía.

Los derechos sociales fundamentales, por tanto, deben tener acomodo constitucional como derechos fundamentales que son. Y mientras ello no acontezca, siguiendo la estela del Tribunal

Constitucional Alemán, entre otros, nuestra más alta instancia de interpretación constitucional debería, a través de la argumentación racional, alumbrar dichos derechos como exigencias inmediatas de un Estado que se define en su Constitución como social y democrático de Derecho. No es de recibo que ni siquiera el derecho al mínimo vital esté reconocido entre nosotros como derecho fundamental y que no haya sido posible extraer todas las consecuencias jurídicas de los artículos 9.2 y 10.1 de la Carta Magna. Por otra parte, la asignación equitativa a que se refiere el artículo 31.2 de la Constitución en materia de gasto público podría abrir espacios bien pertinentes para mejorar sustancialmente la situación en que nos encontramos en esta materia.

Estos tres preceptos constitucionales, 9.2, 10.1 y 31.2, son cruciales para una construcción avanzada del Estado social y democrático de Derecho entre nosotros. Son artículos de la Carta Magna que ciertamente han estado condicionados en su aplicación por prejuicios y preconceptos heredados del lastre que todavía conserva la legalidad administrativa del Estado liberal de Derecho. Sin embargo, en el tiempo en que estamos, aprovechando inteligentemente la crisis general e integral que se ha desatado en estos años, deberíamos poner negro sobre blanco esta cuestión y reconocer, es el primer paso, que nuestro Derecho Administrativo aún sigue prisionero de determinados enfoques y aproximaciones que le impiden volar hacia su condición de Ordenamiento de defensa, protección y promoción de derechos fundamentales a través de los diferentes quehaceres y políticas públicas que conforman la actuación constitucional del complejo Gobierno-Administración pública.

En la medida que los derechos sociales fundamentales o derechos fundamentales sociales implican ordinariamente, en virtud del superior criterio de la subsidiariedad, que es comúnmente el Estado quien debe asumir esas obligaciones de hacer que permiten el despliegue de estos derechos, el derecho fundamental a la buena Administración brilla con luz propia como derecho básico para que estas prestaciones se realicen adecuadamente. Las características de la buena Administración: equidad, objetividad, racionalidad y plazo razonable aseguran que la realización de estas prestaciones públicas, en defecto de la actuación social, puedan efectivamente hacer posible en tiempo y forma el ejercicio de unos derechos que son realmente fundamentales para la existencia digna y adecuada de los ciudadanos.

En efecto, el derecho a la buena Administración, al que dedicaremos un epígrafe monográfico porque se enmarca en las modernas tendencias de un Derecho Administrativo menos apegado al privilegio y más conectado a la tarea de contribuir a la mejora de las condiciones de vida de los ciudadanos, es crucial para el normal despliegue de los derechos sociales fundamentales. Especialmente, en el caso de los derechos sociales fundamentales de mínimos, el plazo razonable en la prestación de las obligaciones que compete a la Administración, en defecto de actuación social, es de tal calibre que es determinante para que la dignidad del ser humano sea respetada o gravemente violada. Ejemplos hay y tan obvios, algunos de expresión gráfica en este tiempo, que huelgan demasiadas glosas o comentarios al respecto.

El Derecho Administrativo se ha dedicado por largo tiempo a garantizar y asegurar el ejercicio de los derechos individuales de los ciudadanos. Ahora, sin embargo, los postulados del Estado social y democrático de Derecho y las exigencias del interés general, nos invitan a pensar en un nuevo Derecho Administrativo también comprometido con los derechos sociales fundamentales pues la dignidad del ser humana se refiere a la persona también en su dimensión social.

Es decir, el interés general, por mucho tiempo vinculado a la protección, defensa y protección de los derechos civiles y políticos, debe abrirse a la defensa, protección y promoción también, ahora sobre todo, de los derechos sociales fundamentales. Por una razón bien obvia, porque los derechos fundamentales de la persona, lo han confirmado y ratificado hasta la saciedad las principales Cartas y Declaraciones Internacionales en la materia, son universales e inescindibles, porque son y pertenecen al ser humano y, por ello, forman parte indeleble de la misma condición de miembro de la especie humana al estar inscritos en la misma dignidad que caracteriza y reconoce a las personas. La categoría de los derechos fundamentales es única y su régimen jurídico, también en lo que respecta a la protección jurisdiccional no admite despliegues o proyecciones diversas según circunstancias de oportunidad o conveniencia política.

En realidad, el título de este estudio es tautológico. La dimensión social del Derecho Administrativo forma parte de la misma definición de esta rama del Derecho Público. Pienso que así ha sido desde el principio porque la vinculación del Derecho Administrativo precisamente al interés general, en diferentes tiempos y espacios, demuestra que estamos en presencia de un Ordenamiento convocado a defender, proteger y promover la dignidad del ser humano en todas sus dimensiones, especialmente desde la actuación de ordenación del interés general. Es verdad que tal vocación o misión del Derecho Administrativo ha estado más presente en unos momentos que otros. Así es, pero lo que parece evidente es que la regulación de los intereses generales de manera objetiva y al servicio de la justicia entraña una profunda y honda dimensión social. No de otra manera, nos parece, ha de entenderse el interés general en un Estado social y democrático de Derecho.

Si a pesar de ello hemos decidido mantener el título de la investigación es porque en este tiempo en que nos toca estudiar y observar críticamente la realidad, tal aserto tan obvio no está, ni mucho menos, claro. Más bien, asistimos desde distintos frentes, algunos prácticamente imbatibles, al desalojo, pacífico por supuesto, de esa dimensión social que acompaña a la suprema dignidad del ser humano con el fin, más o menos explícito, de someter a la ciudadanía, de una u otra manera, a una serie de dictados que, lo comprobamos a diario, intentan convertirnos en meros consumidores, en meros seguidores de las distintas modas que las diferentes terminales imponen.

En este sentido, el Derecho Administrativo podría ser el dique de contención que evitaría que el poder político o el poder financiero, cuando se conciben desde la unilateralidad y desde una perspectiva hobesiana, la dignidad del ser humano, tantas veces el único valladar ante las pretensiones de dominio absoluto de sus terminales y tecnoestructuras.

Finalmente, si convenimos en que la dignidad del ser humano es la piedra de toque del Ordenamiento del Estado social y democrático de Derecho, tendremos que empezar a actualizar y replantear todas las categorías e instituciones jurídicas en esta dirección. Una dirección, quién podría imaginarlo, que en este tiempo va contra corriente a causa de la intensa mercantilización de la vida social, política y cultural, también de la actividad pública.

Por eso, merece la penar recordar en el inicio de esta investigación, que la dignidad humana es de tal calibre y condición jurídica que se yergue, omnipotente y todopoderosa, frente a cualquier embate del poder político o financiero por derribarla, por lesionarla o por laminarla. Por eso, cuando por alguna causa, esa dignidad es lesionada, en el grado que sea, por acción u omisión de Entes públicos, el Derecho Público se nos presenta como la fuente para restaurar de inmediato la dignidad violada para que el ser humano en todo momento pueda estar en las mejores condiciones posibles para desarrollarse libre y solidariamente.

El Derecho Administrativo, como bien sabemos, ha sido a lo largo de la historia objeto de muchas definiciones y de variadas aproximaciones, tantas casi como autores han escrito sobre el particular. Desde la idea del poder, pasando por el servicio público o por la noción de equilibrio entre prerrogativa y garantía, se han sucedido muchas formas de entender esta rama tan importante del Derecho Público. Entre nosotros, por largo tiempo prevaleció una perspectiva subjetiva que focalizaba la cuestión en la Administración pública como punto central de nuestra disciplina. Eran los tiempos del primado del Estado liberal de Derecho, los tiempos en los que la potencia de la luz revolucionaria imponía sus dictados y más o menos, con mayor o menor intensidad, se pensaba que el Derecho Administrativo cumplía su tarea ofreciendo una panoplia de instituciones y categorías capaces de restaurar los nocivos efectos de una Administración acostumbrada al privilegio y a la prerrogativa.

Pues bien, a pesar del tiempo transcurrido desde la formulación del Estado social y democrático de Derecho, no son muchos los estudiosos del Derecho Administrativo que han caído en la cuenta de que el Derecho Administrativo es algo más que un Ordenamiento dispuesto para reaccionar jurídicamente contra el exceso del poder, contra la desviación del poder. Meilán Gil es, solo hay que leer su monografía de 1967[1] para constatar esta consideración, el pionero de la definición del Derecho Administrativo desde el primado de los intereses colectivos.

En efecto, me parece que es el profesor Meilán Gil el primero que subraya la centralidad de los intereses colectivos como *punctum dolens* para la definición del Derecho Administrativo, ayudándonos a comprender el alcance, para mí casi definitivo, del concepto de interés general en el Estado social y democrático de Derecho como piedra toque del moderno Derecho Administrativo[2].

El interés general en el Estado social y democrático de Derecho, como señalaremos en el epígrafe correspondiente de este estudio, además de ser un concepto que se incardina necesariamente en la realidad cotidiana y que ha de ser expresado en forma racional, dispone de un núcleo indisponible que responde precisamente a la defensa, protección y promoción de los derechos fundamentales de la persona, los denominados de libertad y por supuesto los sociales. En este sentido, el Derecho Administrativo aparece comprometido con la cláusula del Estado social y democrático de Derecho, con la promoción de las condiciones para que la libertad y la igualdad de la persona y de los grupos en que se integran sea real y efectiva, removiendo los obstáculos que impidan su cumplimiento y fomentando la participación de todos en la vida política, económica, social y cultural.

Desde este punto de vista cobra especial actualidad la tesis del profesor argentino Balbín cuando señala que, precisamente en el marco del Estado social y democrático de Derecho, el Derecho

---

[1] *Vid.* J.L. MEILÁN GIL, *El proceso de la definición del Derecho Administrativo*, Madrid, 1967.

[2] *Vid.* J. RODRÍGUEZ-ARANA, *Interés general, Derecho Administrativo y Estado de bienestar*, Madrid, 2013.

Administrativo es un derecho de inclusión social, un Derecho que más allá de restaurar jurídicamente los daños causados a los ciudadanos por los Poderes públicos, es un derecho preventivo precisamente comprometido con esa tarea de crear condiciones igualitarias que hagan posible el libre y solidario desarrollo de los habitantes[3].

En efecto, el Derecho Administrativo de este tiempo, más si lo contemplamos desde la estrepitosa crisis de la versión estática del Estado de bienestar, debe replantear muchas de sus categorías y conceptos, demasiado deudores de una legalidad administrativa anclada en el siglo XIX, hoy superada por la misma definición del Estado como social y democrático de Derecho. Esta investigación acerca de los derechos sociales fundamentales y el Derecho Administrativo parte precisamente de esta consideración: la primacía de la Constitución y de la forma de Estado en ella alumbrada, consideración que ha de trascender y reinterpretar el conjunto de un sistema pensado y diseñado para otro tiempo. Sencillamente, hoy la clave es la dignidad del ser humano, que es raíz y centro del Estado, y desde ahí, a partir de esta base, deberemos acercarnos a todas y cada una de las categorías que conforman el Derecho Administrativo. Desde las fuentes, el reglamento, el acto administrativo, los reglamentos, la actividad de limitación, de servicio público o de fomento, la potestad sancionadora, los bienes públicos y, por supuesto, las diferentes expresiones sectoriales de la actividad administrativa.

---

[3] C. BALBÍN, «Un Derecho Administrativo para la inclusión social», *La Ley*, 28 de mayo de 2014.

CAPÍTULO I

EL DERECHO ADMINISTRATIVO CONSTITUCIONAL

L A caracterización del Derecho Administrativo desde la perspectiva constitucional trae consigo en España, tras la Carta Magna de 1978, necesarios replanteamientos de dogmas y criterios que, ciertamente, han rendido grandes servicios a la causa de nuestra disciplina y que, por exigencias del modelo del Estado social y democrático de Derecho, deben sustituirse de manera serena y moderada por los principios que presiden la nueva forma de Estado, por cierto diferente en su configuración, y en su implementación, al denominado Estado liberal de Derecho, desde que se alumbró toda una urdimbre y un conjunto de técnicas que hoy deben ser revisadas. Hoy, el modelo del Estado social y democrático de Derecho, que no se entiende sin la previa existencia del Estado liberal de Derecho, reclama y exige una nueva contemplación de las técnicas e instituciones de una rama del Derecho Público que hoy se justifica en la medida en que a su través los valores y principios constitucionales adquieran plena materialización en la realidad.

Por otra parte, la experiencia actual de la versión estática del Estado de bienestar, la caricatura de un modelo en sí mismo dinámico, invita a repensarlo a partir de una nueva manera de entender las ciencias sociales. En efecto, constatado el fracaso de los postulados del pensamiento único, estático y de confrontación, es menester trabajar desde el pensamiento abierto, plural, dinámico y complementario. Postulados desde los que se puede entender mejor el sentido originario del Estado de bienestar y, sobre todo, el alcance y funcionalidad del Estado social y democrático de Derecho, su trasunto jurídico y político.

En efecto, hoy la garantía del interés general es la principal tarea del Estado y, por ello, el Derecho Administrativo ha de tener presente esta realidad y adecuarse, desde un punto de vista integral, a los nuevos tiempos pues, de lo contrario, perderá la ocasión de cumplir la función que lo justifica, cual es la mejor ordenación y gestión de la actividad pública con arreglo a la razón y a la justicia.

En los Estados Unidos de Norteamérica justamente se apunta a la privatización del interés general como uno de las causas de la decadencia política. Es más, junto a la crisis institucional, conforma lo que hoy se denomina vetocracia, una de las formas en las que se expresa la profunda recesión democrática que hoy domina muchos regímenes formalmente democráticos.

Pues bien, esa preservación del interés general pasa por la necesidad de afirmar la categoría de los derechos fundamentales de la persona, que son individuales y sociales, pues el interés general en el Estado social y democrático de Derecho está estrechamente vinculado a la promoción y facilitación de los derechos inherentes y propios de la condición humana. Es más, el interés general como concepto presenta un núcleo esencial, indisolublemente unido a él, conformado precisamente por los derechos fundamentales de la persona, expresión concreta de la centralidad de la dignidad del ser humano, principio y raíz del Derecho Público y del Estado moderno.

El entendimiento que tengamos del concepto del interés general a partir de la Constitución de 1978 va a ser capital para caracterizar el denominado Derecho Administrativo Constitucional que, en dos palabras, aparece vinculado al servicio objetivo al interés general y, por ende, a la promoción de los derechos fundamentales de la persona, también, como no, a los derechos sociales fundamentales o también denominados derechos fundamentales sociales. Los derechos fundamentales de la persona son una categoría jurídica que admite diferentes funciones según la naturaleza propia de la expresión concreta de la dignidad humana de que se trate en cada caso. Pero se trata de una categoría única y por tanto debe gozar del mismo régimen jurídico. Es multifuncional pero presenta un conjunto de caracteres que definen un único régimen jurídico, especialmente en lo que hace al grado de su protección jurisdiccional.

En efecto, la perspectiva iluminista del interés general, vinculada a la apreciación personal que en cada caso hace el funcionario, que, en definitiva, vino a consagrar la hegemonía de la entonces clase social emergente que dirigió con manos de hierro la burocracia, hoy ya no es compatible con un sistema sustancialmente democrático en el que la Administración pública, y quienes la componen, lejos de plantear grandes o pequeñas batallas por afianzar su *status quo*, deben estar plena y exclusivamente a disposición de los ciudadanos, pues no otra es la justificación constitucional de la existencia de la entera Administración pública.

En esta línea, el Derecho Administrativo Constitucional plantea la necesidad de releer y repensar dogmas y principios considerados hasta no hace mucho señas de identidad de una rama del Derecho que se configuraba esencialmente a partir del régimen de exorbitancia de la posición jurídica de la Administración pública. Correlato necesario de su papel de gestor, nada más y nada menos, que del interés público. Insisto, no se trata de arrumbar elementos esenciales del Derecho Administrativo, sino repensarlos a la luz del Ordenamiento constitucional.

Es el caso, por ejemplo, de la ejecutividad del acto, que ya no puede entenderse como categoría absoluta, sino, más bien, en el marco del principio de tutela judicial efectiva. Y, en general, nuestra disciplina, poco a poco, ha de ir mudando el sentido y funcionalidad de unas categorías e instituciones que adquieren su pleno sentido constitucional en la medida en que se diseñan y articulan al servicio objetivo del interés general. O lo que es lo mismo, como instituciones que parten de la dignidad del ser humano y a ella se subordinan en su construcción y desarrollo.

Por tanto, lo que está cambiando es, insisto, el papel del interés general que, desde los postulados del pensamiento abierto, plural, dinámico y complementario en el marco del Estado social y democrático de Derecho, aconseja el trabajo, ya iniciado hace algunos años entre nosotros, de adecuar nuestras instituciones, categorías y técnicas a la realidad constitucional, especialmente en todo lo que atiende a su encaje en el modelo del Estado social y democrático de Derecho. Tarea que se debe acometer sin prejuicios ni nostálgicos intentos de conservar radicalmente interpretaciones de conceptos y categorías que hoy que encajan mal con los parámetros constitucionales.

En esta tarea no se trata, de ninguna manera, de una sustitución *in toto* de un cuerpo de instituciones, conceptos y categorías, por otro; no, se trata de estar pendientes de la realidad social y constitucional para alumbrar los nuevos conceptos, categorías e instituciones con que el Derecho Administrativo, desde este punto de vista, se nos presenta, ahora en una nueva versión más en consonancia con lo que son los elementos centrales del Estado social y democrático de Derecho. Ello no quiere decir, como se comentará en su momento, que estemos asistiendo al entierro de las instituciones clásicas del Derecho Administrativo.

Más bien, hemos de afirmar, no sin radicalidad, que el nuevo Derecho Administrativo que emerge de la cláusula del Estado social y democrático de Derecho, está demostrando que la tarea que tiene encomendada de garantizar y asegurar los derechos fundamentales de los ciudadanos requiere de una suerte de presencia pública, quizás mayor en intensidad que en extensión, que hace buena aquella feliz definición que debemos al profesor González Navarro, del Derecho Administrativo como el Derecho del poder para la libertad[4]. Ahora más bien Derecho del poder público para la libertad solidaria de las personas, o, más breve aún, derecho del poder público para promover la dignidad humana.

En esta línea, la consideración de los derechos fundamentales sociales, categoría distinta a la de los Principios rectores de la política social y económica, reclama, ahora más que nunca, la cons-

---

[4] *Vid.* F. GONZÁLEZ NAVARRO, *Derecho Administrativo Español*, vol. I, Pamplona, 1984.

trucción de un Derecho Administrativo Social que esté en las mejores condiciones de expresar su compromiso con la dignidad del ser humano, especialmente de quienes están excluidos, marginados o apenas se valen por sí mismos para una vida digna.

Es más, si no se produce esta proyección de las bases constitucionales del Estado social y democrático de Derecho sobre el entero sistema del Derecho Administrativo, seguiremos debatiéndonos en continuas contradicciones. Contradicciones y polémicas que se podrían superar si decididamente nos atrevemos a transformar la urdimbre, las formas de nuestro Derecho Administrativo, insuflando en ellas, en sus categorías e instituciones, la sabia nueva del Estado social y democrático de Derecho. La tarea es clara, pero las dificultades son máximas puesto que todavía perviven inercias y frenos que no dejan crecer la buena hierba que hoy el modelo constitucional ha sembrado en todo el Ordenamiento jurídico.

De un tiempo a esta parte, es verdad, observamos notables cambios en lo que se refiere al entendimiento del interés general en el sistema democrático. Probablemente, porque según transcurre el tiempo, la captura de este concepto por la entonces emergente burguesía –finales del siglo XVIII, principios del siglo XIX–, que encontró en la burocracia un lugar bajo el sol desde el que ejercer su poder, lógicamente ha ido dando lugar a nuevos enfoque más abiertos, más plurales y más acordes con el sentido de una Administración pública que, como señala el artículo 103 de nuestra Constitución «sirve con objetividad los intereses generales».

Es decir, si en la democracia los agentes públicos son administradores y gestores, no titulares, de funciones de la colectividad y ésta está convocada a participar en la determinación, seguimiento y evaluación de los asuntos públicos, la necesaria esfera de autonomía de la que debe gozar la propia Administración ha de estar empapada de esta lógica de servicio objetivo y permanente a los intereses públicos. Y las personas al servicio de las Administraciones públicas, a su vez, deben abrirse, tal y como ha establecido el Tribunal Constitucional en su sentencia de 7 de febrero de 1984, a los diversos interlocutores sociales, en un ejercicio continuo de diálogo, lo cual, lejos de echar por tierra las manifestaciones unilaterales de la actividad administrativa, plantea el desafío de construir las instituciones, las categorías y los conceptos de nuestra disciplina desde nuevos enfoques bien alejados del autoritarismo y el control del aparato administrativo por los que mandan en cada momento.

No es una tarea sencilla porque la historia nos demuestra que la tensión que el poder político introduce en el funcionamiento administrativo a veces socava la necesaria neutralidad e imparcialidad de la Administración en general y de los funcionarios en particular.

Instituciones señeras del Derecho Administrativo como las potestades de que goza la Administración para cumplir con eficacia su labor constitucional de servir con objetividad los intereses generales (ejecutividad, ejecutoriedad, *potestas variandi*, potestad sancionadora...) requieren de nuevos planteamientos pues evidentemente nacieron en contextos históricos bien distintos a los del presente y en el seno de sistemas políticos también bien diferentes. Y, parece obvio, la potestad de autotutela de la Administración no puede operar de la misma manera que en el siglo XIX por la sencilla razón de que el sistema democrático actual parece querer que el ciudadano, el administrado, ocupe una posición central y, por tanto, la promoción y defensa de sus derechos fundamentales no es algo que tenga que tolerar la Administración sino, más bien, hacer posible y facilitar. En este sentido, los derechos fundamentales sociales, o, derechos sociales fundamentales, derechos fundamentales de la persona, deben compartir, porque son derechos de este calibre, el mismo régimen jurídico en lo que se refiere a su exigibilidad y justiciabilidad.

Frente a la perspectiva cerrada de un interés general que es objeto de conocimiento, y casi del dominio de la burocracia, llegamos, por aplicación del pensamiento abierto, plural, dinámico y complementario, a otra manera distinta de acercarse a lo común, a lo público, a lo general, en la que se parte del presupuesto de que siendo las instituciones públicas de la ciudadanía, los asuntos públicos deben gestionarse teniendo presente en cada momento la vitalidad de la realidad que emerge de las aportaciones ciudadanas. Por ello, vivimos en un tiempo de participación, quizás más como postulado que como realidad, a juzgar por las consecuencias que ha traído consigo un Estado de bienestar estático que se agotó en sí mismo y que dejó a tantos millones de ciudadanos desconcertados al entrar en crisis el fabuloso montaje de intervención pública en la vida de los particulares.

Hace algunos años, cuando me enfrentaba formalmente al problema de la definición del Derecho Administrativo al calor de las diferentes y variadas teorías que el tiempo ha permitido, lejos de entrar en el debate sobre cuál de las dos posiciones mayoritarias era la ideal, pensé, de acuerdo con las explicaciones del profesor Meilán Gil sobre el protagonismo de los intereses colectivos, que quizás el elemento clave para la definición podría encontrarse en el marco de lo que debía entenderse en cada momento por interés general[5]. Más que en la presencia de la Administración pública, lo verdaderamente determinante del Derecho Administrativo es la existencia de un interés general, de intereses generales que regular en el marco del modelo de Estado en vigor. Ahora, en el llamado Estado social dinámico, como me gusta caracterizar el Estado social del presente, es precisamente la idea del interés general desde los postulados del pensamiento abierto, plural, dinámico y compatible, la matriz desde la cual se pueden entender los profundos cambios que se están operando en el seno del Derecho Administrativo moderno como puede ser el alumbramiento del concepto del servicio de interés general o la reconsideración de la autotutela y ejecutividad administrativa.

Hasta no hace mucho, la sociología administrativa relataba con todo lujo de detalles las diferentes fórmulas de apropiación administrativa que distinguía tantas veces el intento centenario de la burocracia por controlar los resortes del poder. Afortunadamente, aquellas quejas y lamentos que traslucían algunas novelas de Pío Baroja sobre la actuación de funcionarios que disfrutaban vejando y humillando a los administrados desde su posición oficial,

---

[5] *Vid*. J.L. MEILÁN GIL, *op. cit*.

hoy es agua pasada. Afortunadamente, las cosas han cambiado y mucho, y en términos generales para bien. Siendo esto así, insisto, todavía quedan aspectos en los que es menester seguir trabajando para que la ciudadanía pudiera afirmar sin titubeos que la Administración ha asumido su papel de organización al servicio y disposición de la ciudadanía. Y, para ello, quienes hemos dedicado años de nuestra vida profesional a la Administración pública sabemos bien que es fundamental seguir trabajando para que siga creciendo la sensibilidad del aparato público en general, y la de cada servidor público en particular, en relación con los derechos y libertades de los ciudadanos.

Hoy, si no me equivoco, el interés general mucho tiene que ver, me parece, con incrustar en el alma de las instituciones, categorías y conceptos del Derecho Administrativo, un contexto de entendimiento del poder público para la libertad solidaria de los ciudadanos que, partiendo de la centralidad de la dignidad humana, vaya abandonando la idea de que la explicación del entero Derecho Administrativo bascula únicamente sobre la persona jurídica de la Administración y sus potestades, privilegios y prerrogativas.

En este sentido, siempre me ha parecido clarividente y pionero un trabajo del profesor García de Enterría de 1981 sobre la significación de las libertades públicas en el Derecho Administrativo en el que afirmaba que el interés general se encuentra precisamente en la promoción de los derechos fundamentales. Tal doctrina, que goza del respaldo de la jurisprudencia del Tribunal Constitucional, está permitiendo, sobre todo en el Derecho Comunitario Europeo, que auténticas contradicciones conceptuales como la del servicio público y los derechos fundamentales se estén salvando desde un nuevo Derecho Administrativo, me atrevería a decir que más relevante que el de antaño, desde el que este nuevo entendimiento del interés general está ayudando a superar estas confrontaciones dialécticas a partir del equilibrio metodológico, el pensamiento abierto y la proyección de la idea democrática, cada vez con más intensidad, sobre el ejercicio de las potestades administrativas. De alguna manera, lo que está ocurriendo es bien sencillo y consecuencia lógica de nuevos tiempos que requieren nuevas mentalidades, pues como sentenció hace tiempo Ihering, el gran problema de las reformas administrativas se encuentra, no tanto ni solo, en las reformas de normas, estructuras y procedimientos, cuanto en la inercia y la resistencia a los cambios que habita en la mentalidad de los dirigentes de la cosa pública.

Es decir, la caracterización clásica del servicio público (titularidad pública y exclusiva) ha ido adecuándose a la realidad hasta que se llegó a un punto en el que la fuerza de la libertad solidaria y de la realidad han terminado por construir un nuevo concepto con otras características. Un nuevo concepto que, sin ninguna intención de liquidar el servicio público, menos con la pretensión de enarbolar la bandera de lo privado sobre lo público, intenta, en materia económica, reconocer el principio de subsidiariedad y la necesidad de fomentar la pluralidad de operadores para que el usuario pueda elegir los mejores servicios a los mejores precios. Es decir, emerge un nuevo Derecho Administrativo desde otras coordenadas y otros postulados diferentes a los de antes. Pero, al fin y al cabo, Derecho Administrativo.

El marco en el que debe explicarse el Derecho Administrativo Español se encuentra en la Constitución de 1978. El Derecho Constitucional pasa, el Derecho Administrativo permanece, sentenció con su habitual perspicacia Mayer, y, como señalara el Juez Werner, en esta línea, el Derecho Administrativo es el Derecho Constitucional concretado. En efecto, el Derecho Administrativo, cada vez se comprende mejor, está vinculado a la realidad cotidiana. En la realidad es donde el Derecho Administrativo puede contribuir, si es fiel a los valores y principios constitucionales, nada menos que a hacer reales y concretos para los ciudadanos dichos valores y principios constitucionales. Por eso el Derecho Administrativo hunde sus raíces en la Norma Fundamental, que es su punto de partida y, también su punto de llegada, pues para saber si la Administración está cumpliendo con la finalidad que le es propia no hay nada más que comprobar si efectivamente su actividad y quehacer se realiza en plena congruencia con los valores y principios constitucionales.

Una vez superadas las lógicas polémicas iniciales que se produjeron entre nosotros tras la aprobación de la Constitución entre el Derecho Administrativo y el Derecho Constitucional, debe reconocerse que las líneas maestras sobre las que debe pivotar el Derecho Administrativo del presente se encuentran en el conjunto de valores, criterios, parámetros, directrices, vectores y principios que están reconocidos en nuestra Constitución. Muy en especial en las normas del Estado social y democrático de Derecho y de los derechos fundamentales de la persona, que son su viga maestra. Hasta el punto de que hoy el Derecho Administrativo encuentra su plena justificación y su sentido precisamente en la defensa, protección y promoción de los derechos fundamentales de la persona en relación con la actividad de servicio objetivo al interés general.

En el caso que nos ocupa, me parece que es menester traer a colación los artículos 9, 10, 24, 31 y 103 de la Constitución de 1978 y los preceptos del Capítulo III de la Constitución dedicados a los Principios rectores de la política social y económica. Son, éstas, las disposiciones constitucionales en las que encontramos un conjunto de elementos que nos ayudan a reconstruir las categorías, conceptos e instituciones deudores de otros tiempos y de otros sistemas políticos a la luz del marco constitucional actual. Afortunadamente, cualquiera que se asome a la bibliografía española del Derecho Administrativo en estos años posteriores a la aprobación de la Constitución de 1978, encontrará numerosos estudios e investigaciones sobre la adecuación a la Constitución de las principales instituciones que han vertebrado nuestra disciplina, que a las claras demuestra como la doctrina científica española tiene bien presente esta tarea.

Entre estos preceptos, ocupa un lugar destacado el artículo 103 que, en mi opinión, debe interpretarse en relación con todos los artículos de nuestra Carta Magna que establecen determinadas funciones propias de los Poderes públicos en un Estado social y democrático de Derecho, como suelo apostillar, dinámico. Dicho artículo, como bien sabemos, dispone, en su párrafo primero, que «La Administración pública sirve con objetividad los intereses generales y actúa de acuerdo con los principios de eficacia, jerarquía, descentralización, desconcentración y coordinación, con sometimiento pleno a la Ley y al Derecho». Es el precepto fundamental sobre la misión constitucional de la Administración y por eso aparecerá recurrentemente a lo largo de esta investigación sobre Derecho Administrativo Social.

La Administración pública (la estatal, la autonómica o la local porque en el precepto se usa deliberadamente el singular para referirse a todas), sirve con objetividad los intereses generales. Me parece que es difícil haber elegido mejor la caracterización de la función administrativa en el Estado social y democrático de Derecho. Fundamentalmente, porque la expresión servicio indica certeramente el sentido y alcance del papel de la Administración en relación con la ciudadanía. En sentido contrario, bien se puede afirmar que la Administración en una democracia no es, ni mucho menos, ni la dueña del interés general, ni la dueña de los procedimientos, ni la dueña de las instituciones públicas. Estas son de titularidad ciudadana y la Administración, ni más ni menos, tiene una función de gestión de dichas instituciones, de dichos procedimientos y, por supuesto, de los presupuestos que permiten el funcionamiento de instituciones y de procedimientos.

Esta idea de servicio ayuda a comprender el papel de la Administración en la efectividad de los derechos fundamentales de la persona. En este sentido, puede afirmarse sin exageración que ese servicio al que alude el artículo 103 de la Constitución se refiere precisamente a defender, proteger y promover todos y cada uno de los derechos fundamentales de las personas.

La Administración pública, pues, está a disposición de la mejor gestión de lo común, de lo de todos. La instauración del sistema constitucional en las democracias supone un paso relevante en orden al necesario proceso de objetivación del poder que supone la victoria del Estado liberal sobre el Antiguo Régimen. La referencia, pues, a la objetividad es capital. Tiene dos dimensiones según la apliquemos a la organización administrativa en general, a los empleados públicos o funcionarios en particular.

En todo caso, lo que me interesa destacar en este momento y

en estas circunstancias es que, de acuerdo con la objetividad que ha de acompañar siempre y en todo a la Administración, se pretende eliminar del ejercicio del poder público toda reminiscencia de arbitrariedad, de exceso, de abuso; en definitiva, de ejercicio ilimitado y absoluto del poder. Por eso, el poder debe ser una función pública de servicio a la comunidad en la que hay evidentes límites. El problema reside, sin embargo, en que al ser hombres y mujeres quienes ordinariamente son titulares del poder público en sentido formal, no material, las grandezas y servidumbres de la condición humana aflorarán en el desempeño de los cargos públicos y así será el resultado de sus actuaciones, según la categoría moral de quién en cada momento esté a la cabeza de la organización.

Ahora bien, la objetividad entraña, como hábito y cualidad fundamental, la motivación de la actuación administrativa, impidiendo la existencia de espacios de oscuridad o de impunidad, áreas en las que normalmente florece la arbitrariedad, sorprendentemente *in crescendo* en este tiempo a juzgar por las estadísticas de actuaciones administrativas merecedoras de tal calificación por los Tribunales de Justicia.

La referencia central al interés general ofrece una pista muy pero que muy clara sobre cual pueda ser el elemento clave para caracterizar constitucionalmente la Administración pública hoy y, en el mismo sentido, el Derecho Administrativo. Entiendo que la tarea de servicio objetivo a los intereses generales es precisamente la justificación esgrimida para comprender los cambios que se están produciendo, pues no parece compatible la función constitucional por excelencia de la Administración pública actual con los privilegios y prerrogativas de una Administración autoritaria que opera en un contexto de unilateralidad, de ordeno y mando. Por eso, el entendimiento abierto, plural, dinámico y compatible del interés general está ayudando sobremanera a construir nuevos espacios de equilibrio sobre los que hacer descansar este nuevo Derecho Administrativo.

Por otra parte, no podemos dejar sin considerar, tratándose del artículo 103 de nuestra Constitución, que la Administración está sometida a la Ley y al Derecho. La llegada del Estado liberal, como sabemos, supone la victoria del principio de legalidad y la muerte del capricho y la ilimitación como fundamentos de un puro poder de dominio. El poder no es absoluto, está limitado y sea cual sea la versión del principio de legalidad que sigamos, lo cierto es que la Administración debe actuar en el marco de la Ley y del Derecho. Con buen criterio se consagra el principio de sometimiento total de la actividad administrativa y, también, de proyección de todo el Ordenamiento en sentido amplio sobre dicha actuación administrativa. Esto quiere decir, en mi opinión, que junto a las Leyes, también los Jueces, al analizar la adecuación a Derecho o no de la actividad administrativa, pueden echar mano de otras fuentes del Derecho que, como los principios generales, han ocupado, como sabemos, un lugar destacado por derecho propio en la propia historia del Derecho Administrativo.

Sin embargo, ni la legalidad es el principio ni el fin único de la Administración. Entiéndase bien, la legalidad condiciona la actuación de la Administración. Efectivamente. Pero esa legalidad debe ser trasunto de los valores y principios del Estado social y democrático de Derecho, no simplemente una construcción formal técnicamente perfecta. O está conectada esencialmente a los valores y principios constitucionales, a los postulados del Estado social y democrático de Derecho, o se reducirá a un puro artilugio intelectual de dimensión histórica.

El principio de legalidad, como sabemos, se denominó juridicidad desde el principio. Sin embargo, el peso y el poso del positivismo que acompañó los primeros momentos del Derecho Administrativo olvidó la subordinación del poder público también al resto del Ordenamiento jurídico, incluidos los principios generales. Los principios generales, especialmente los de racionalidad, buena fe, confianza legítima y proporcionalidad ayudan sobremanera a controlar jurídicamente la actividad administrativa desde una perspectiva material. Estos principios, por otra parte, garantizan que las normas y actos administrativos respiren el oxígeno, el aroma de la justicia, pues no podemos olvidar que las normas y los actos administrativos solo se pueden entender en un Estado de Derecho en la medida en que, efectivamente, sean expresión de la justicia misma.

La alusión al Derecho que se realiza en el artículo 103 de la Constitución hemos de interpretarla en el sentido de que el Ordenamiento a que puede someterse la Administración es el público o el privado. En realidad, y en principio, no hay mayor problema en que la Administración pueda actuar en cada caso de acuerdo con el Ordenamiento que mejor le permita conseguir sus objetivos constitucionales. En unos casos será el Derecho Administrativo, el Laboral o el Civil o Mercantil. Eso sí, hay un límite que no se puede sobrepasar sea cual sea el Derecho elegido, que no es otro que el del pleno respeto al núcleo básico de lo público que siempre está ínsito en la utilización de fondos de tal naturaleza para cualesquiera actividades de interés general. Por eso, aunque nos encontremos en el reino del Derecho Privado, la Sociedad pública o Ente instrumental de que se trate deberá cumplir con los principios de mérito y capacidad para la selección y promoción de su personal, así como con los principios de publicidad y concurrencia para la contratación.

Por tanto, la pretendida huida del Derecho Administrativo al Derecho Privado teóricamente es tal y, en todo caso, la necesidad de servir objetivamente los intereses generales también se puede hacer en otros contextos siempre que la Administración justifique racionalmente porqué en determinados casos acude al Ordenamiento privado. Otra cosa, sin embargo, es que en la realidad en los últimos años hayamos asistido a una huida del Derecho mismo al haberse intentando por todos los medios reducir la Administración pública a canal de expresión de los poderes políticos y financieros.

El artículo 103 constitucional, para terminar este epígrafe, debe ser el precepto de cabecera de las reformas y transformaciones que precisa continuamente la Administración pública. Cuestión que, en España, todavía requiere de nuevos impulsos pues, a pesar de que todos los Gobiernos han intentado mejorar el funcionamiento del aparato administrativo, la realidad, mal que nos pese, nos enseña que todavía el funcionamiento y la actuación de la Administración pública dista de ser la que cabía esperar del marco constitucional y del tiempo transcurrido desde 1978.

La idea de servicio tiene mucho que ver, me parece, con la crisis fenomenológica de este concepto en un mundo en el que prima ordinariamente el éxito económico, la visualización del poder y ese consumo impulsivo que nos regala esa especie de capitalismo insolidario que, compatible con un intervencionismo de gran escala, sea cual sea el color de los Gobiernos, aspira a manejar como marionetas a los ciudadanos.

En este contexto, estar al servicio y a disposición de otros parece algo ingenuo, que no reporta utilidad y que, por ello, es un mal que hay que soportar lo mejor que se pueda. La inversión del problema, insisto, es una cuestión cultural en la que se trabaja poco porque requiere desarrollos de largo plazo poco atractivos para el hoy y ahora en el que vive sumida una clase política que renuncia normalmente a proyectos de largo alcance. Promover el valor del servicio público como algo positivo, incardinado en el progreso de un país, como algo que merece la pena, atractivo, como algo que dignifica a quien lo practica, es una magnífica recomendación que se debe transmitir desde la educación en todos los ámbitos. Si estas ideas sobre el servicio no se concretan, no solo en la teoría, por más normas, estructuras y funcionarios que pongamos en danza estaremos perdiendo el tiempo derrochando el dinero del común. De ahí que este criterio constitucional que define la posición institucional de la Administración pública, el servicio, sea central en la reforma y modernización permanente de la Administración pública.

El servicio al interés general debe ser «objetivo». Otra nota constitucional de gran alcance que nos ayuda a encontrar un parámetro al cual acudir para evaluar la temperatura constitucional de las reformas emprendidas. La objetividad supone, en alguna medida, la ejecución del poder con arreglo a determinados criterios encaminados a que resplandezca siempre, y de modo racional, el interés general, no el interés personal, de grupo o de facción. Lo cual, a pesar del tiempo transcurrido desde la Constitución de 1978, no podemos decir que se encuentre en una situación óptima pues todos los Gobiernos han intentado, unos más que otros, abrir los espacios de la discrecionalidad hasta la misma frontera de la arbitrariedad, a veces traspasándola, y reducir las áreas de control, por la sencilla razón de que erróneamente se piensa tantas veces que la acción de gobierno para ser eficaz debe ser liberada de cuantos más controles, mejor.

Es más, existe una tendencia general en distintos países a que el Gobierno vaya creando, poco a poco, estructuras y organismos paralelos a los de la Administración clásica con la finalidad de asegurarse el control de las decisiones que adoptan. En el fondo, en estos planteamientos late un principio de desconfianza ante la Administración pública que, en los países que gozan de cuerpos profesionales de servidores públicos, carece de toda lógica y justificación.

Por otra parte, no se puede olvidar que las reformas administrativas deben inscribirse en un contexto en el que la percepción ciudadana y, lo que es más importante, la realidad, trasluzcan el seguimiento, siempre y en todo caso, del interés general como tarea esencial de la Administración pública, en general, y de sus agentes, en particular. Pero interés general no entendido en las versiones unilaterales y cerradas de antaño sino desde la consideración de que el principal interés general en un Estado social y democrático dinámico reside en la efectividad del ejercicio de los derechos fundamentales por parte de todos los ciudadanos, especialmente los más desfavorecidos. El aseguramiento y la garantía de que tales derechos se van a poder realizar en este marco ayuda sobremanera a calibrar el sentido y alcance del concepto del interés general en el nuevo Derecho Administrativo.

Siendo, como es, el interés general el elemento clave para explicar la funcionalidad de la Administración pública en el Estado social y democrático de Derecho, interesa ahora llamar la atención sobre la proyección que la propia Constitución atribuye a los Poderes públicos.

En efecto, si leemos con detenimiento nuestra Carta Magna desde el principio hasta el final, encontraremos una serie de tareas que la Constitución encomienda a los Poderes públicos que se encuentran perfectamente expresadas en el preámbulo cuando señala que la nación española proclama su voluntad de «proteger a todos los españoles y pueblos de España en el ejercicio de los derechos humanos, sus culturas y tradiciones, lenguas e instituciones». Más adelante, el artículo 9.2 de nuestra Ley Fundamental dispone que los Poderes públicos promuevan las condiciones para la libertad e igualdad de los ciudadanos y los grupos en que se integran, remuevan los obstáculos que impidan su ejercicio. En materia de derechos fundamentales, también la Constitución, como lógica consecuencia de lo dispuesto en su artículo 10, atribuye a los Poderes públicos su aseguramiento, reconocimiento, garantía y protección (artículo 53 constitucional) En el mismo sentido, por lo que se refiere a los Principios rectores de la política económica y social, la Constitución utiliza prácticamente las mismas expresiones.

Estas referencias de la Constitución nos permiten pensar que, en efecto, el Derecho Administrativo en cuanto Ordenamiento regulador del régimen de los Poderes públicos tiene como espina dorsal la ordenación jurídica y racional del poder público para las libertades solidarias de los ciudadanos.

Esta función de garantía de los derechos y libertades define muy bien el sentido constitucional del Derecho Administrativo y trae consigo una manera especial de entender el ejercicio de los poderes en el Estado social y democrático de Derecho. La garantía de los derechos, lejos de patrocinar versiones reduccionistas del interés general ahora denominadas vetocracia, tiene la virtualidad de situar en el mismo plano el poder y la libertad, o si se quiere, la libertad y solidaridad como dos caras de la misma moneda. No es que, obviamente, sean conceptos idénticos. No. Son conceptos diversos, sí, pero complementarios. Es más en el Estado social y democrático de Derecho son conceptos que deben plasmarse en la planta y esencia de todas y cada una de las instituciones, conceptos y categorías del Derecho Administrativo.

En materia de derechos fundamentales, el artículo 27.3 constitucional, más adelante lo analizaremos con alguna extensión al abordar un reciente caso, reconoce el derecho a la educación como derecho fundamental, y dispone, de acuerdo con la función promocional de los Poderes públicos que éstos «garantizarán el derecho que asiste a los padres para que sus hijos reciban la formación religiosa y moral que esté de acuerdo con sus propias convicciones».

Este precepto expresa la dimensión de la libertad educativa aplicada sobre los padres. Garantizar el ejercicio de un derecho fundamental, siguiendo el artículo 9.2 de la Carta Magna, implica una disposición activa de los Poderes públicos a facilitar la libertad y la igualdad. Es decir, se trata de que la Administración establezca las condiciones necesarias para que esta libertad de los padres se pueda realizar con la mayor amplitud posible, lo que contrasta, y no poco, con la actividad de cierta tecnoestructura que todavía piensa que el interés general es suyo, encomendando el ejercicio de dicha libertad a órganos administrativos con consignas bien claras. Promover, proteger, facilitar, garantizar o asegurar las libertades constituye, pues, la esencia de la tarea de los Poderes públicos en un Estado social y democrático de Derecho. Por ello, la actuación administrativa de los Poderes públicos debe estar presidida por estos criterios.

Interesa llamar la atención acerca de que siendo el derecho a la educación un derecho social fundamental de la persona, es el único de esta naturaleza que se encuentra en la Constitución como genuino derecho fundamental de la persona. Como tendremos ocasión de señalar más adelante, la imbricación del derecho social fundamental a la educación con el derecho fundamental a la libertad de enseñanza es crucial para comprender su alcance y significado constitucional.

El derecho a la salud, el derecho a la vivienda, o, por ejemplo, el derecho al acceso en condiciones de trabajo al mercado laboral o el derecho a la protección social, se conciben esencialmente en nuestra Carta Magna, como analizaremos más adelante, como Principio rectores de la política social y económica, con las consecuencias jurídicas que tal calificación merece.

Intensa es la tarea de garantía y aseguramiento de los Principios rectores de la política económica y social, compatible, desde luego, con el más que deseable reconocimiento en la Carta Magna de los derechos sociales fundamentales. En este sentido, el artículo 39 de la Constitución, como analizaremos más adelante al estudiar los Principios rectores de la política social y económica, señala en su párrafo primero que los Poderes públicos aseguran la protección social, económica y jurídica de la familia. Es decir, el conjunto de los valores y Principios rectores de la política social y económica, como estudiaremos más adelante, entre los que se encuentra la familia, deben ser garantizados por los Poderes públicos, ordinariamente a través de la actividad legislativa y, sobre todo, desde la función administrativa, pues la ley está para lo que está, para regular los aspectos esenciales de una determinada materia a ella reservada, y no se puede pedir al legislador que contemple todos los supuestos habidos y por haber.

Protección de la familia, promoción de las condiciones favorables para el progreso social y económico y para una distribución de la renta regional y personal más equitativa (artículo 40 constitucional). Garantía de un sistema público de Seguridad Social (artículo 41 de la Constitución), protección de la salud (artículo 43 constitucional), derecho al medio ambiente (artículo 45 constitucional), derecho a la vivienda (artículo 47 constitucional)... En todos estos supuestos se vislumbra una considerable tarea de los Poderes públicos por asegurar, garantizar, proteger y promover estos principios, lo que, pensando en el Derecho Administrativo, supone un protagonismo de nuestra disciplina desde la perspectiva del Derecho del poder para la libertad solidaria, insospechado años atrás.

Sin embargo, como sabemos, en algunos de estos preceptos residen auténticos derechos sociales fundamentales, derechos que debieran disponer de un tratamiento diferente, precisamente en sede de derechos fundamentales, porque lo son ciertamente y merecen el régimen de protección jurisdiccional que les es propio, no la categoría de Principios rectores, objetivos generales, o metas políticas, como se bautizan en otras latitudes.

En este epígrafe interesa llamar la atención sobre el contenido del parágrafo tercero del artículo 53 de la Constitución, en materia de garantías de las libertades y derechos fundamentales: «el reconocimiento, el respeto y la protección de los principios reconocidos en el capítulo tercero (de los Principios rectores de la política social y económica) informarán la legislación positiva, la práctica judicial y la actuación de los Poderes públicos».

Para un profesor de Derecho Administrativo no debe pasar inadvertido que dicho precepto está recogido bajo la rúbrica de la protección de los derechos fundamentales, y que el párrafo segundo de este artículo dispone que «los derechos y libertades reconocidos en el Capítulo segundo del presente Título vinculan a todos los Poderes públicos», lo que nos permite señalar que en la tarea de promoción, aseguramiento y garantía de los Principios rectores de la política social y económica, los derechos fundamentales tienen una especial funcionalidad.

Es decir, la acción de los Poderes públicos en estas materias debe ir orientada a que se ejerzan en las mejores condiciones posibles todos los derechos fundamentales por parte de todos los españoles. Como expondremos posteriormente, la cláusula del Estado social permite comprender la existencia de derechos fundamentales sociales con el mismo régimen jurídico que los derechos fundamentales clásicos, porque son también derechos fundamentales. En cualquier caso, el objeto de muchos de estos Principios rectores, aludiremos a ello posteriormente, son auténticos derechos fundamentales de la persona que debieran engrosar la nómina de tales en el capítulo y sección correspondiente de la Constitución española.

Esta reflexión enlaza perfectamente con el sentido y alcance del interés general en el Estado social y democrático de Derecho, en la medida en que, cómo señalé con anterioridad, hoy el interés general tiene mucho que ver con los derechos fundamentales de las personas, también, por supuesto, con los de orden social. Hasta el punto de que forman parte de manera indeleble e indisoluble del mismo concepto de interés general.

El marco del Derecho Administrativo, ya lo hemos señalado, no puede ser otro que la Constitución, de manera que las instituciones, categorías y conceptos que configuran nuestra disciplina encuentran sus pilares y fundamentos en la Constitución de 1978.

Del preámbulo de la Carta Magna, pienso que podemos entresacar algunos conceptos jurídicos indeterminados que la soberanía nacional ha querido que quedaran para la posteridad, tales como «orden económico y social justo», «imperio de la Ley como expresión de la voluntad popular», «proteger a todos los españoles y pueblos de España en el ejercicio de los derechos humanos, sus culturas y tradiciones, lenguas e instituciones», o «asegurar a todos una digna calidad de vida». Se trata de que en el desarrollo del Derecho Administrativo moderno se tenga bien presente que la economía esta modulada por la justicia, que el principio de legalidad es columna vertebral del sistema sin que, por ello, los supuestos de deslegalización o la proliferación de reglamentos independientes produzca una desnaturalización de la sustancia constitucional del Derecho Administrativo.

Igualmente, la facultad de dictar Decretos-Leyes debe operarse de forma extraordinaria, la urgencia en las expropiaciones también debe ser excepcional y, en general, el sometimiento de la Administración a los procedimientos ordinarios establecidos en las Leyes ha de ser el supuesto normal, evitando que la urgencia trastoque el régimen ordinario de algunas instituciones (expropiación forzosa).

También en el preámbulo se reconoce la protección de los derechos humanos, elemento central del Ordenamiento jurídico. Se prevé, igualmente, la protección de los pueblos de España en el ejercicio de su identidad colectiva expresada en los hechos diferenciales derivados de la lengua, la cultura, la lengua o las instituciones propias. Llama la atención que el parágrafo en que se trata de los derechos humanos es el mismo que el dedicado al reconocimiento de las singularidades de los Entes autonómicos, como si el constituyente quisiera advertir la necesidad del pensamiento abierto y plural que hace compatible el derecho fundamental de la persona con los derechos derivados de las identidades colectivas. Finalmente, por lo que se refiere al preámbulo, deberemos de referirnos a esa magna tarea que la Constitución encomienda a los Poderes públicos, cual es la de asegurar a todos una digna calidad de vida.

Por lo que se refiere al artículo 1, debemos destacar que en él se recoge la cláusula del Estado social y democrático de Derecho que, como queda señalado, debe entenderse, desde mi punto de vista, de acuerdo con los postulados del pensamiento abierto, plural, dinámico y complementario. De ahí que, en esta perspectiva, la tendencia del Estado a apropiarse de la sociedad a través de la interpretación unilateral y tecnoestructural del interés general, debe superarse hacia planteamientos en los que la función de los Poderes públicos asuman posiciones de búsqueda compartida del propio interés general teniendo presentes cuantas instituciones sociales se encuentran comprometidas por el bienestar integral de los ciudadanos. Los tiempos de las versiones autoritarias del interés general ya han pasado y, por ello, la cláusula del Estado social y democrático de Derecho, entendida desde estos parámetros, encuentra su lógico desarrollo, por lo que se refiere a nuestro tema, en algunos de los preceptos que comentaré a continuación, como el 9.2 o el 53 de la Constitución española.

Por lo que se refiere al artículo 9 constitucional, es pertinente señalar que en el parágrafo primero se consagra el sometimiento pleno y total de la actividad de los Poderes públicos a la Ley y al resto del Ordenamiento jurídico, eliminando cualquier vestigio que pudiera quedar de la etapa preconstitucional en relación con la existencia de espacios opacos al control judicial o exentos del mismo, tal y como ha venido ocurriendo hasta la Ley de la jurisdicción contencioso-administrativa, por ejemplo, en relación con los llamados actos políticos. Sin embargo, lo más relevante a los efectos de este trabajo se encuentra en el párrafo segundo pues establece el llamado principio promocional de los Poderes públicos. Principio que tiene una dimensión positiva y otra negativa. La negativa se refiere a la remoción de obstáculos que dificulten el ejercicio de la libertad y la igualdad por los ciudadanos individualmente considerados o en los grupos en que se integren. Y la positiva alude a «promover las condiciones para que la libertad y la igualdad del individuo y de los grupos en que se integra sean reales y efectivas».

Ambas dimensiones, la positiva y la negativa, tienen tanta trascendencia, que, en alguna medida, puede decirse que ayudan a entender el sentido del nuevo Derecho Administrativo que la propia realidad nos muestra cotidianamente. Primero, porque el precepto encomienda a los Poderes públicos el establecimiento de las condiciones que hagan posible la liberta y la igualdad, comprometiéndose en la promoción de dichos valores constitucionales. Y, segundo, porque el precepto establece un límite a la acción de los Poderes públicos en cuanto prohíbe a la Administración, y por ende al Derecho Administrativo, impedir u obstaculizar a las personas y grupos en que se integren el ejercicio de la libertad y la igualdad por parte de los ciudadanos. En otras palabras, el Derecho Administrativo Constitucional debe, a través de sus fuentes, facilitar el ejercicio de los derechos fundamentales, singularmente la libertad y la igualdad. A la misma conclusión llegaremos a partir del artículo 53.3 de la Constitución tal y como, en algún sentido, se ha comentado ya con anterioridad.

En el artículo 10.1 de la Constitución encontramos una declaración en la que el constituyente señala, con toda solemnidad, cuales son los fundamentos del orden político y la paz social, conceptos obviamente estrechamente vinculados a lo que puede entenderse por interés general constitucional: la dignidad de la persona, los derechos inviolables que le son inherentes, el libre desarrollo de la personalidad, el respeto a la ley y a los derechos de los demás.

Por tanto, desde esta perspectiva, nos encontramos con que, efectivamente, la dignidad de la persona, el libre desarrollo de la personalidad y los derechos fundamentales de la persona se nos presentan en el marco de lo que puede entenderse por interés general y, por ello, son los componentes esenciales de un Derecho Administrativo concebido como Derecho del poder público para la libertad solidaria. Quizás, así pueda comprenderse mejor el alcance de la jurisprudencia constitucional así como algunas afirmaciones de la doctrina científica que no han dudado en destacar el interés general en la promoción y defensa de los derechos fundamentales de la persona. Aquí encontramos el principio y la raíz del Derecho Público: en la dignidad de la persona y los derechos que le son inherentes. Tal precepto, a pesar de su relevancia, no ha sido considerado como el principal eje y el foco capital desde el que debe construirse el entero sistema del Derecho Administrativo, especialmente en una época de crisis como la que hoy vivimos.

El artículo 24. 1 de la Constitución española es, probablemente, uno de los preceptos que más incidencia ha tenido y está teniendo en la transformación del Derecho Administrativo a la Constitución. Esto es así porque un Derecho Administrativo montado sobre la autotutela necesariamente choca, y a veces frontalmente, con una disposición que reza: «todas las personas tienen derecho a obtener la tutela efectiva de los jueces y tribunales en el ejercicio de sus derechos e intereses legítimos, sin que, en ningún caso, pueda producirse indefensión». Los términos del artículo son bien claros y requieren de la revisión de algunos dogmas del Derecho Administrativo en que se confiere a la propia Administración pública la condición simultánea de juez y parte. Ahora, la tutela más importante está radicada en los Tribunales y, por otra parte, la prohibición de la indefensión nos plantea no pocos problemas con interpretaciones unilaterales de la ejecutividad y ejecutoriedad administrativa. De ahí, por ejemplo, el impacto que ha tenido este precepto en la construcción de una justicia cautelar que sitúe en un contexto de equilibrio estos principios.

El artículo 31.2 constitucional dispone: «el gasto público realizará una asignación equitativa de los recursos públicos y su programación y ejecución responderán a los criterios de eficiencia y economía». Traigo a colación este precepto ahora, sin perjuicio de dedicarle un epígrafe completo, porque desde el punto de vista jurídico establece algunos criterios constitucionales que están muy conectados con el funcionamiento de la Administración pública, y por ello, del Derecho Administrativo.

En efecto, la equidad en la asignación del gasto público trae consigo muy importantes consideraciones en toda la teoría de la planificación, del presupuesto público y, desde luego, en la búsqueda de fundamento constitucional para deducir de nuestra Carta Magna el derecho fundamental al mínimo vital. En el mismo sentido, los criterios de eficiencia y economía ayudan a entender el significado de determinadas políticas públicas instrumentadas a través del Derecho Administrativo que desconocen el contenido general de estos principios o parámetros constitucionales.

Parece mentira pero el alcance de este precepto constitucional, el 31.2, todavía no ha sobrevolado siquiera sobre el Derecho Presupuestario, desconectado en términos generales de los postulados de un Estado que se define como social y democrático de Derecho. Tal artículo constitucional plantea de alguna manera que los fines sociales del Estado tengan, en orden a la promoción de los derechos sociales fundamentales, dispongan del lugar preferente que se merecen habida cuenta de su ubicación constitucional. En el capítulo dedicado al Derecho Presupuestario examinaremos esta cuestión con un poco más de detenimiento. Ahora solo subrayamos la relevancia que tiene el artículo 31.2, el gran desconocido de la Constitución, para el futuro del Estado social y democrático de Derecho.

Por su parte, el artículo 53.3 constitucional, ya aludido anteriormente como corolario necesario de la cláusula del Estado social y democrático de Derecho, dispone, en sede de garantías de libertades y derechos fundamentales, nada menos que los Principios rectores de la política social y económica «informarán la legislación positiva, la práctica judicial y la actuación de los Poderes públicos». Es decir, los Poderes públicos, además de estar vinculados por los derechos fundamentales (artículo 53.1 de la Constitución) deben tener presente en su actuación los Principios rectores señalados en los artículos 39 a 52 de la Constitución.

Y, finalmente, el artículo 103. 1 de la Constitución, el precepto central en la materia, dice, como bien sabemos, que la Administración pública sirve con objetividad los intereses generales y actúa de acuerdo con los principios de eficacia, jerarquía, descentralización, desconcentración y coordinación, con sometimiento pleno a la Ley y al Derecho. En este precepto se encuentran, a mi juicio, los elementos centrales que deben integrar las matrices del

Derecho Administrativo Constitucional: instrumentalidad, objetividad e interés general.

Por lo que se refiere al sometimiento a la Ley y al Derecho; esto es, al entero sistema jurídico, es menester finalmente traer a colación lo dispuesto en el artículo 106. 1, también de la Constitución: «los tribunales controlan la potestad reglamentaria y la legalidad de la actuación administrativa, así como el sometimiento de ésta a los fines que la justifican». Así, puede decirse que, en efecto, el Derecho Administrativo bascula sobre el concepto del interés general que, además de definir esencialmente lo que debe ser la actuación administrativa, constituye, igualmente, un relevante patrón de enjuiciamiento de la función judicial en relación con la actividad administrativa. No es baladí, pues, que el interés general adquiera tal protagonismo porque, como veremos enseguida, el Derecho Comunitario Europeo acaba de alumbrar algunos nuevos conceptos rubricados con esta metodología que vienen a ser, en alguna medida, conceptos deudores de una nueva interpretación y entendimiento de lo que está empezando a ser el nuevo Derecho Administrativo.

CAPÍTULO II

LA CLÁUSULA DEL ESTADO SOCIAL DE DERECHO Y SU PROYECCIÓN SOBRE EL DERECHO ADMINISTRATIVO

C ON carácter general, se puede decir que tras la Segunda Guerra Mundial, especialmente en el denominado mundo occidental, vivimos en un modelo de Estado que se define como social y democrático de Derecho. Un modelo que, como se sabe, supone un estadio más en la evolución de la institución estatal desde su primera dimensión constitucional en forma de Estado liberal de Derecho. Tal transformación, como se ha estudiado ampliamente, ofrece una muy relevante proyección acerca del sentido y funcionalidad de los derechos fundamentales de la persona, que pasan de ser barreras inmunes a la acción de los Poderes públicos a constituir elementos estructurales básicos y directrices centrales de la médula de la acción del Estado.

En realidad, las Declaraciones Internacionales de Derechos, empezando por la de Naciones Unidas en 1948 y continuando por las que la siguieron, empezaron a llamar derechos humanos, que son los derechos innatos a la persona, a los derechos que tiene el ser humano en cuanto tal, que a él pertenecen, derechos que van más allá de la lógica individual y que se insertan en derechos que reclaman, por estar indisolublemente unidos a la dignidad humana, determinadas obligaciones de hacer o prestaciones que la Sociedad y el Estado deben realizar y que estudiamos en este trabajo. Estudio en el que mantendremos una posición bien clara: los derechos fundamentales de la persona son aquellos que son inherentes al ser humano, sean de orden individual en su versión clásica o, en versión más completa, sean objeto de determinadas prestaciones del Estado o de la Sociedad dirigidas a garantizar unas condiciones de dignidad que hagan posible el libre y solidario desarrollo de cada persona.

España, por ejemplo, a tenor de lo dispuesto en el artículo 1.1 de la Constitución de 1978, «se constituye en un Estado social y democrático, que propugna como valores superiores de su Ordenamiento la libertad, la justicia, la igualdad y el pluralismo». Es decir, desde 1978 nuestro país se inserta en esta tradición jurídica constitucional del Estado social y democrático de Derecho cuya luz y potencialidad está todavía pendiente, en alguna medida, de proyectarse sobre el conjunto de las categorías, conceptos e instituciones del Derecho Público, especialmente del Derecho Administrativo.

La realidad de nuestro país, que no puede ser obviada por el investigador y el estudioso del Derecho Administrativo, puesto que este sector del Derecho Público hunde sus raíces en la realidad, demuestra que todavía la sensibilidad social de nuestro modelo de Estado, a pesar de los avances transcurridos, presenta no pocos problemas y provoca todavía no pocas situaciones que reclaman una acción social y asistencial más intensa y extensa en relación con las personas excluidas y con quienes están en peores condiciones para desarrollarse libre y solidariamente en la Sociedad. Por eso, una reforma de la Constitución que reconozca los derechos sociales fundamentales y los principios de promoción y prohibición de la regresividad en la materia, es cada vez más urgente, sobre todo porque la pétrea y literal interpretación del artículo 53 de nuestra Carta Magna es un freno que impide al Tribunal Constitucional, poder podría hacerlo como explicamos en esta investigación, avanzar por esta senda.

La irrupción del Estado social responde a la relevancia de la denominada cuestión social. En efecto, la cuestión social, como bien sabemos, supone la toma de conciencia de la necesidad de que el Estado asuma un papel protector en lo que se refiere a las demandas de tipo social que por entones aparecen por doquier en Europa.

La presencia del Estado social en la vida de los pueblos puede decirse que es tan antigua como el compromiso social del Estado. Sin embargo, puestos a buscar alguna fecha en la que tal realidad se haya manifestado con cierta concreción podemos situarnos, como suele ser habitual, en la primera mitad del siglo XIX en el marco de la revolución industrial. Por entonces, como es sabido, se promulgan un conjunto de leyes destinadas a una mayor protección del trabajador en el marco del contrato laboral. Son, por ejemplo, las leyes inglesas de los años 1802 a 1878 acerca de restricciones a la libertad contractual dirigidas a mejorar las condiciones laborales en materia de horarios o descanso semanal, entre otras materias[6]. En 1905 se revisan las leyes de orden laboral, sobresaliendo la Royal Commision on Poor Laws and Relief of Distress que ya propuso la creación por entonces de un sistema de seguridad social y que sirvió de base a la National Insurance Act de 1911 en la que Beveridge tuvo una participación muy destacada[7].

Las revoluciones de 1848 se inscriben en profundas reformas políticas, pero también sociales. En Francia la igualdad se sitúa al mismo nivel que la libertad. La Comuna de París de 1871 significó, en este sentido, la organización del crédito y la garantía al obrero del valor total de su trabajo, reconociéndose los derechos a una instrucción gratuita y laica, el derecho de reunión, de asociación y libertad de prensa[8].

Alemania, entre 1883 y 1889, contó con una importante legislación de carácter social probablemente a causa de la necesidad de disponer de un Estado fuerte capaz de acometer una operación política de la envergadura de la reunificación, que buscó el respaldo popular a través de la prestación de servicios de carácter social[9]. Además, la irrupción en escena del canciller Bismarck,

[6] E. CARMONA CUENCA, *El Estado social de Derecho en la Constitución*, Madrid, 2000, p. 40.
[7] H.K. GIRVETZ, «Estado del Bienestar», en *Enciclopedia Internacional de las Ciencias Sociales*, vol. I, Madrid, 1974-1979, p. 769.
[8] E. CARMONA CUENCA, *op. cit.*, p. 41.
[9] E. CARMONA CUENCA, *ibíd.*

que precisamente ha pasado a la historia, a pesar de su forma de gobierno, por un proverbial paternalismo, significó un paso importante en la acción social del Estado. Ello sin olvidar la existencia de un socialismo moderado en el que brillaría con luz propia Lassalle, promotor de la reforma social, que tendría una destacada participación en algunas de las innegables conquistas sociales producidas durante ese tiempo, entre las que se pueden citar, entre otras, las relativas a la seguridad de los trabajadores frente a los accidentes de trabajo, la creación de un sistema de cajas de enfermedad o la incapacidad de los trabajadores por razones de edad o de invalidez.

En 1883 se dictó la ley del seguro de enfermedad, en 1884 la ley de accidentes laborales y en 1889 se creó el primer sistema de jubilación a partir de las cotizaciones pagadas por partes iguales por empresarios y obreros más una participación del propio Estado. En 1891 se estableció por ley la jornada laboral máxima, la prohibición del trabajo nocturno para mujeres y niños y el descanso dominical obligatorio y, también en ese año, se implantó el primer impuesto progresivo sobre la renta. Finalmente, en 1895 se dispuso la intervención del Estado en la educación primaria y secundaria.[10]

En España, como en tantas otras cosas, habrá que esperar a 1873 a la ley de trabajo para los menores, a 1878 en materia de trabajos peligrosos de niños, a 1900 sobre el trabajo de mujeres y niños, a 1904 sobre el trabajo dominical, habiéndose dictado sendos Decretos en 1902 acerca del contrato de trabajo y en 1919 estableciendo la jornada de 8 horas.

La Primera Guerra Mundial y la crisis económica de 1929 propiciaron la necesidad de dotar de mayor contenido social al Estado. Por una parte el sector privado no estaba, ni mucho menos, en condiciones de ser la locomotora del desarrollo económico y, por otra, las tímidas pero claras iniciativas normativas en diferentes países de Europa de cuño y signo social iban produciendo, con luces y sombras, sus frutos.

---

[10] E. CARMONA CUENCA, *op. cit.*, pp. 41-42.

En este contexto, se empieza hablar de Estado benefactor, de *Welfare State*, de Estado de bienestar, que es un término que surge del Estado social y que supone una fase de su evolución. Por entonces Keynes nos dirá que el mercado ya no es capaz de garantizar un determinado nivel de actividad que permita el pleno empleo de los recursos productivos. Es decir, según Keynes y sus seguidores, la autorregulación del sistema económico es una falacia, como también lo es la idea del Estado como encarnación mecánica de la ética y la justicia. Se pone de manifiesto, pues, la intervención del Estado para corregir los fallos y disfuncionalidades del sistema económico y también, por supuesto, para paliar los efectos nocivos que la crisis ocasionó a los más vulnerables. Se ponen en marcha políticas sociales dirigidas a mejorar los salarios y los seguros sociales en combinación con políticas económicas orientadas a impulsar la producción y sistemas impositivos progresivos en un contexto de pleno empleo.

En este sentido, la experiencia alemana de Weimar, la legislación sueca de los años treinta del siglo pasado y el denominado New Deal de Roosevelt en los Estados Unidos de Norteamérica, se presentan como los paradigmas de un Estado de bienestar que hoy está, en su versión estática, en franca decadencia en todo el mundo. El caso sueco nos enseñó la importancia de los acuerdos con los sindicatos (Acuerdos de Saltsjöbaden) para articular políticas coherentes razonables y humanas, a la vez que puso en valor los planteamientos keynesianos y, fundamentalmente, el sistema impositivo como instrumento para la política de redistribución de rentas.

Por lo que se refiere a la metodología del entendimiento como estrategia para buscar las mejores soluciones para las necesidades sociales de los ciudadanos, los Acuerdos de Saltsjöbaden son un ejemplo de manual, en buena parte debido a la moderación de unos sindicatos que pensaron en todo momento más en los trabajadores que en sus propios intereses corporativos o tecnoestructurales. Fruto de esos Acuerdos surge un conjunto de leyes relevantes. En 1913 se diseña un sistema general de pensiones para la vejez, en 1916 se establece la obligatoriedad de los seguros frentes a los accidentes laborales, en 1918 se fija la jornada laboral en 8 horas, en 1928 se regulan los convenios colectivos, entre 1935 y 1937 se reforma el régimen de pensiones y en 1938 se reconoce el derecho a dos semanas anuales de vacaciones pagadas por la empresa[11].

La Constitución italiana de 1947, que no define formalmente al Estado como social, funda, empero, la República en el trabajo y establece los derechos del hombre no solo en su dimensión individual sino también como ser social subrayando el deber de solidaridad política, económica y social. Encontramos en esta Constitución referencias muy significativas a la acción positiva del Estado para eliminar todo obstáculo a una verdadera libertad e igualdad, hasta el punto de que es un lugar común en la doctrina italiana concebir el principal deber jurídico y político del Estado en la promoción de la igualdad económica que haga posible el disfrute de los derechos fundamentales que contribuyan al pleno desarrollo de la personalidad[12]. En este sentido es interesante destacar, como señala la profesora González Moreno, que los fundamentos normativos generales de los derechos sociales son el principio del respeto a la dignidad humana y el principio de igualdad[13].

La Constitución gala de 1946 proclama que Francia es una República indivisible, laica, democrática y social (artículo 1). Declaración, que por lo que respecta a la definición de social, choca con el tradicional entendimiento individual de la revolución de 1789, que por cierto esta Constitución asume *in toto*, alimentando el principio democrático y la tendencia a una igualdad social material en sus disposiciones, más allá de una formal igualdad ante la ley[14].

El caso sueco, prototipo de la socialdemocracia, del socialismo

---

[11] E. CARMONA CUENCA, *op. cit.*, p. 48.
[12] A. PIZZORUSSO, *Lecciones de Derecho Constitucional*, vol. I, Madrid, 1985, pp. 164 y ss.
[13] B. GONZÁLEZ MORENO, *El Estado social: naturaleza jurídica y estructura de los derechos sociales*, Madrid, 2002, p. 31.
[14] B. GONZÁLEZ MORENO, *op. cit.*, p. 32.

moderado se podría decir, preconiza la intervención del Estado en la economía, pero sin nacionalizaciones ni procesos radicales de toma del accionariado privado desde el poder público. Obviamente, durante el primado socialdemócrata en el país nórdico, se aumentó el gasto público puesto que se pensaba que de alguna manera la solución residía en la regulación y en el crecimiento de la función pública cayendo, en mi opinión, en lo que denomino visión estática del Estado de bienestar y que algún tiempo después conduciría el colapso del sistema. En efecto, la dimensión estática del Estado de bienestar provocaría, más adelante, una gran corrupción en forma de fraudes a la que no se pudo hacer frente en su momento ante la ausencia de una función inspectora y supervisora a la altura del gran componente de gasto público consumido en políticas públicas de intervención en casi todos los recodos de la vida social. Sin embargo, es de justicia reconocer que en Suecia antes de la Segunda Guerra Mundial se pusieron adecuadamente las bases de un sistema de seguridad social que sería replicado e imitado en muchas partes del mundo a causa de su gran dosis de justicia y humanismo.

En los Estados Unidos, tras la hecatombe de 1929, tras la gran depresión económica de 1929, se miró hacia el Estado y Roosevelt decidió poner en marcha un programa de intervención social conocido popularmente como el New Deal. Desde el crédito a la agricultura y a la industria, pasando por la seguridad social, la sanidad, la vivienda, el transporte y las comunicaciones, el Estado, a través de una decisiva actuación, se preocupó de sostener los precios y levantar el poder adquisitivo de la población. En este sentido fueron determinantes la Tennnesse Valley Authority Act, la Agricultural Adjustement Act y la National Industry Recovery, de 1933, así como las acciones públicas para remediar las situaciones de indigencia y desempleo (Federal Relief Administration). A partir de 1935 la intervención pública en materia social fue más intensa y la Social Security Act reconoció las pensiones de vejez y desempleo. Por su parte, otra de las normas emblemáticas de este período, la National Labour Relations Act, también de 1935, reconoció los derechos de sindicación y la negociación colectiva. El salario mínimo se determinó en 1938 en la Fair Labour Standard donde también se fijó la jornada laboral en 44 horas semanales[15]

Más interesante, por supuesto, es la formulación, en la Constitución de Bonn de 1949, del Estado social y democrático de Derecho, por cuanto es el antecedente de la Constitución española de 1978. En concreto, la Ley Fundamental de Bonn dispone en su artículo 20.1 que «la República Federal de Alemania es un Estado federal, democrático y social» y en el 28. 1 que «el orden constitucional de los Länder debe responder a los principios del Estado de Derecho republicano, democrático, en el sentido de esta Constitución».

Probablemente al lector español le llame la atención que en la Constitución alemana de 1949 primero aparezca la cláusula democrática y luego la social pues el artículo 1.1 de nuestra Constitución se refiere al Estado social y democrático de Derecho. Tal cuestión no me parece baladí. Antes al contrario, refleja hasta qué punto quienes redactaron nuestra Constitución pretendieron enfatizar la cláusula social, hasta anteponerla a la cláusula democrática, lo que debería haber traído mayores consecuencias jurídicas.

Tal y como ocurriría más tarde en el caso español, la Constitución de Bonn solo se refiere a los derechos fundamentales tradicionales, a los que dota de eficacia inmediata, mientras que los derechos fundamentales sociales no son concebidos como derechos fundamentales clásicos pues, según una parte relevante de la doctrina teutona, dependen del legislador para su desarrollo y, como también acontece en España, de las previsiones presupuestarias establecidas al efecto.

En este punto, incluso la Ley Fundamental de Bonn da un paso atrás en relación con la Constitución de Weimar de 1919, en la que si había una completa y exhaustiva regulación de carácter social que, sin embargo, quedó, por culpa de la jurisprudencia, en meros principios programáticos, meras declaraciones sin fuerza de obligar. Hoy, a pesar del tiempo transcurrido y de la obvia fuerza jurídica de los derechos fundamentales sociales, todavía la

---

[15] E. CARMONA CUENCA, *op. cit.*, p. 50.

Constitución de Bonn no dispone de un catálogo de derechos de esta naturaleza.

La doctrina alemana, sin embargo, señala, en general, que la cláusula del Estado social es, en sí misma, un Principio rector vinculante para los Poderes públicos. Y la jurisprudencia germana, aunque reconoce que la cláusula es muy relevante en la interpretación de la Ley Fundamental, señala que es el legislador a quien corresponde la realización concreta del Estado social. En otras palabras, la cláusula social, desde esta perspectiva, no es más que un Principio rector vinculante para los Poderes públicos en la medida en que estén desarrollados por el legislador y en cuanto exista presupuesto disponible para su realización concreta. Igual que en España por el momento.

Así las cosas, en el año 2105, en plena crisis general en Europa, en una época en la que en no pocos de nuestros países encontramos estampas que muestran múltiples necesidades sociales elementales, conviene reflexionar desde el Derecho Administrativo acerca de la necesidad de replantear el concepto de los derechos fundamentales sociales y, esencialmente, acerca de la proyección del sentido y funcionalidad que implica la cláusula del Estado social y democrático de Derecho para el conjunto del Derecho Administrativo. ¿Es que el Derecho Administrativo puede mirar para otro lado mientras existen miles y miles de ciudadanos que no disponen de las mínimas condiciones vitales para el libre y solidario desarrollo de su personalidad? ¿No habrá llegado el momento de que el Estado recupere su finalidad primigenia y, a partir de este fundamento, actuar de acuerdo con la centralidad de la dignidad humana? Estas y otras preguntas deben ser afrontadas y respondidas con categorías jurídicas, que las hay, para que los fines de la Constitución se puedan realizar.

Según parece, el primero que utilizó científicamente la expresión Estado social fue Herman Heller en 1929 unida a la expresión Estado de Derecho[16]. En su obra Estado de Derecho o

---

[16] H. HELLER, «Estado de Derecho o dictadura», en H. Heller, *Escritos políticos*, Madrid, 1985.

dictadura buscaba criticar la dictadura fascista desde el Estado de Derecho al que, obviamente, acompaña un compromiso con la igualdad incompatible con las profundas desigualdades a que históricamente han dado lugar las dictaduras. Heller, que distingue entre concepción formalista y material del Estado de Derecho, explica que el Estado de Derecho en su versión material debe arribar a la democracia social, que es la expresión que utiliza en esta obra para llamar la atención acerca de la virtualidad de la necesidad de que la democracia social, en oposición a la democracia liberal, se funde sobre el conjunto del pueblo, en su totalidad socialmente solidario[17].

Para Heller, el Estado material de Derecho, que a mi juicio lleva en sí mismo el germen de la dimensión social, es aquel en el que todos los ciudadanos tienen derecho «ante todo a la igualdad ante la ley, o, lo que es lo mismo, a que se atienda a los fines existenciales de todos sin excepción de circunstancias personales y a una aplicación objetiva de la norma general sin consideración de posición, estamento, etc., del individuo»[18]. Es un modelo de Estado que sin embargo se fue vaciando, reconoce el profesor alemán, con el paso del tiempo. Desde este punto de vista, incluso se puede afirmar que la dimensión social del Estado, en la medida que atiende al contenido mismo de la acción del Estado, a sus valores, y especialmente a la centralidad del dignidad del ser humano, permite una vuelta a la noción material o sustancial del Estado de Derecho, hoy también francamente desnaturalizada ante tanta lesión, también desde el mismo Estado, de los más elementales derechos fundamentales sociales que acompañan a la existencia de cualquier ser humano.

Que el Estado haya de implicarse en la realización de reformas sociales, como señala Carmona Cuenca, es, sin embargo, una idea anterior que se puede cifrar en Europa a mediados del siglo XIX como una forma de intentar resolver la denominada cuestión so-

---

[17] H. HELLER, «Las ideas socialistas», *op. cit.*, p. 288.
[18] H. HELLER, *loc. cit.*, p. 288.

cial en Alemania[19]. Cuestión que ya por entonces se planteó a través de la revolución marxista o a través del reformismo patrocinado por pensadores del socialismo moderado como Lassalle o de signo social-conservador como Von Stein o Wegener. Tal tendencia reformista será la antesala del concepto actual del Estado social.

En efecto, esta tendencia reformista, aunque desde perspectivas diferentes, plantea que el Estado debe involucrarse activamente en liberar al hombre de la miseria, de la ignorancia y de la impotencia en que viven tantos millones de seres humanos. Para Lassalle el Estado, partiendo del dogma hegeliano, es la encarnación del ideal ético y, por ello, el instrumento adecuado para la transformación social. Para Von Stein, la clave está en que todos los habitantes dispongan de propiedad de manera que el Estado debe propiciar que todo ciudadano acceda al derecho de propiedad, en que el Estado a fin de cuentas corrija las desigualdades extremas que impiden a los más necesitados desarrollarse con dignidad.

En cierta forma se puede afirmar que la definición más conocida de Estado social parte precisamente de esta idea de reforma social realizada desde el Estado que se traduce en un conjunto de medidas, leyes y actividades que tienden a hacer posible a todos la adquisición de medios económicos a través del trabajo[20].

En este tema resulta bien interesante la cuestión, planteada desde el principio de las relaciones entre Estado y Sociedad. Si el Estado absorbe a la Sociedad, como parece derivarse de la interpretación hegeliana, entonces nos hallamos ante el paraíso socialista que plantea que es el Estado quien mecánica y automáticamente proveerá a todos clase de beneficios y de bienestar para los ciudadanos. En caso, contrario, el Estado lo que debe hacer es crear las condiciones para que todos los ciudadanos puedan ejercer libre y solidariamente sus derechos fundamentales.

En realidad, desde los postulados del pensamiento abierto, plural, dinámico y complementario, las relaciones entre Estado

---

[19] E. CARMONA CUENCA, *op. cit.*, p. 32.
[20] L. VON STEIN, *Movimientos sociales y Monarquía*, Madrid, 1981, p. 24.

y Sociedad ni son de confrontación, ni se identifican por absorción. Son realidades distintas que operan en planos diferentes y que se complementan al servicio objetivo del interés general, o lo que es lo mismo, al servicio de los derechos fundamentales de la persona.

Conviene anotar en este punto que no es casualidad que Heller plantease por primera vez la dimensión social del Estado tratando acerca del Estado de Derecho y la dictadura fascista. Es más, si el Estado de Derecho se apoya, a modo de trípode, en el principio de separación de los poderes, en el principio de juridicidad y en el principio de la capitalidad de los derechos fundamentales de la persona, es lógico, hasta exigible, que en la misma definición del Estado de Derecho se encuentre la caracterización social. Por una razón que quizás hoy, en el siglo XXI, sea más evidente. Los derechos de la persona, aquellos derechos que son inherentes a la condición humana, deben permitir a cada ciudadano, por el hecho de serlo, realizarse libre y solidariamente. Ello no sería posible, de ningún modo, si no dispusiera de una serie de derecho humanos que supusieran en su misma configuración una serie de prestaciones del Estado para hacerlos efectivos. ¿Puede un ser humano vivir en condiciones de dignidad sin alimentación, sin vestido, sin vivienda, o, por ejemplo, sin acceder a la educación básica?

Por tanto, las relaciones entre Estado de Derecho y Estado social de Derecho, al menos a día de hoy, polémicas y problemáticas antaño, son más artificiales que reales. Por ejemplo, la crítica formulada en su día por Forsthoff acerca de la incompatibilidad profunda entre ambas cláusulas hoy no se sostiene. Como es sabido, el profesor alemán llegaría incluso a afirmar categóricamente que Estado social y Estado de Derecho son conceptos antagónicos. Parte, desde una posición demasiado teórica, de la idea de que el Estado de Derecho se funda sobre la idea de la abstracción y generalidad de la ley, mientras que los derechos sociales no se pueden establecer en una norma general abstracta, susceptible de aplicación, porque, por definición están en constante cambio y transformación y no pueden ser objeto de una norma general necesitada de aplicación[21]. Es verdad que la fijación del contenido de las prestaciones ínsitas en los derechos fundamentales sociales puede cambiar continuamente en función del grado de bienestar social existente. Pero ello no impide, ni mucho menos, que se rompa la armonía esencial que existe entre Estado de Derecho y Estado social, al menos desde la comprensión del contenido básico del Estado de Derecho expuesto anteriormente.

Forsthoff entiende, y no le falta razón, que el Estado de Derecho en su configuración tradicional supone que existen derechos que el Estado debe respetar, espacios indisponibles para el Estado. En este modelo la nota característica sería la de limitación, la de pasividad. Sin embargo, en el Estado social, el Estado actúa, el Estado realiza prestaciones en favor de las personas con determinadas necesidades sociales. Por tanto, el mundo del Estado social es un mundo de leyes concretas y de acción administrativas frente al reino de lo general y abstracto que domina en el Estado de Derecho. Como la Constitución es, por esencia, una Norma general y abstracta, no puede entrar en regulaciones y concretas y específicas, que se dejan para el terreno de lo concreto, por lo que según el profesor alemán no son susceptibles, los derechos sociales de ser aplicados directamente[22]. Esta razón, que está en la base de la discusión de entonces, hoy realmente tiene poco sentido puesto que los derechos fundamentales sociales también son derechos fundamentales de la persona y, por ende, susceptibles de aplicación inmediata y directa. Otra cosa son determinadas políticas públicas de orden social, no en esencia derechos fundamentales sociales.

El tema plantea, por otra parte, la esencia misma del Derecho Administrativo como Derecho de concreción o materialización de la Constitución. El mismo Forsthoff dirá que la Administración pública es la Constitución en acción. Es verdad que el Derecho Administrativo es, desde este punto de vista, Derecho Administrativo concretado, puntualizado, materializado. Pero eso, que

[21] E. FORSTHOFF, «Concepto y esencia del Estado social de Derecho», en W. Abendroth, E. Forthoff, K. Doehring, *El Estado social*, Madrid, 1986, pp. 80-83.
[22] E. FORSTHOFF, *loc. cit.*, pp. 85-88.

es una de las señales de identidad del Derecho Administrativo, no implica, ni mucho menos, que no existan, como tratamos de explicar en este trabajo, derechos fundamentales de orden social con las mismas características, exigibilidad y justiciabilidad que los denominados derechos fundamentales clásicos o de libertad. ¿O es que el derecho a la alimentación de un ser humano no reclama, con el mismo, o mayor fundamento, la aplicación inmediata y directa de la que dispone el derecho de libertad de expresión o el derecho a la libertad de asociación? Los derechos fundamentales son una única categoría, conforman un todo jurídico en el que hay derechos de orden individual y derechos sociales. Es decir, los derechos fundamentales son derechos multifuncionales, plurifuncionales, pues asumen funciones de defensa, protección y prestación según los casos y situaciones, pero en el marco del mismo régimen jurídico.

Esta cuestión ha planteado también problemas acerca de su adscripción ideológica pues sabemos que tanto desde el socialismo moderado como desde el conservadurismo social se ha intentado presentar como una seña de identidad de tal o cual pensamiento político. Con independencia de si la cláusula del Estado social es patrimonio del socialismo moderado del conservadurismo social, del centro-izquierda o del centro-derecha en términos de geografía política, en las sociedades maduras y desarrolladas se trata de un concepto que unos y otros utilizan indistintamente pues ya es un patrimonio común de la acción política en cualquier aproximación ideológica que preconice la democracia.

En los años que escribía Heller, algunas de sus afirmaciones, catalogadas entonces de socialistas, hoy nos parecen propias del sentir general existente en torno a lo que debe ser un Estado social y democrático de Derecho, igualmente exigibles de un Gobierno liberal-conservador que de un Ejecutivo socialista. Para Heller un Estado de democracia social, que es la expresión por él utilizada, debe convertir en jurídico público el orden jurídico privado del trabajo y la propiedad[23] puesto que como él asume,

---

[23] H. HELLER, «Las ideas socialistas»..., *loc. cit.*, p. 325.

existe un obvio interés general en la regulación del trabajo y la propiedad. El derecho al trabajo y todas las consideraciones sobre las condiciones en que debe realizarse responden al interés general y la función social del derecho de propiedad lo mismo.

La referencia constitucional al Estado social atiende a la necesidad de garantizar unas condiciones vitales de dignidad para las personas. Para eso, como dispone el artículo 9.2 de la Constitución española de 1978, el Estado debe establecer las condiciones para que la libertad y la libertad de la persona y de los grupos en que se integra sean reales y efectivas removiendo los obstáculos que impidan su cumplimiento y facilitando la participación de todos los ciudadanos en la vida política, cultural y social. El Estado social, pues, tiene como objetivo y finalidad remediar la desigualdad material de los ciudadanos de forma efectiva, removiendo los obstáculos que lo impidan. Es decir, esas condiciones que hacen a un mínimum de libertad e igualdad de los ciudadanos para desarrollarse libre y solidariamente en el ejercicio de sus libertades y derechos fundamentales, deben ser reales y efectivas. En otras palabras, la efectividad es una nota constitucional que está imbricada en la definición de un Estado social que debe promover los derechos fundamentales, todos, también los sociales que son inherentes a la persona misma.

En este punto es importante distinguir conceptos porque, en efecto, el contenido del Estado social es variado y ofrece una tipología de posibilidades tan amplia como amplia es la gama de problemas sociales que afectan a la vida digna de las personas. No hay más que leer en la Constitución española de 1978 el capítulo que lleva como rúbrica «Los principios rectores de la política social y económica» para caer en la cuenta que jurídicamente no puede tener la misma consideración el derecho a la vivienda que la protección del patrimonio histórico-artístico. En efecto, no es lo mismo el derecho al trabajo, el derecho a la igualdad en el acceso a las condiciones de acceso al trabajo, auténtico derecho humano, que algunas reivindicaciones concretas relativas a la mejora de las condiciones laborales.

El derecho a la igualdad de condiciones en el acceso al trabajo, el derecho a la alimentación, el derecho al vestido, el derecho a la vivienda, el derecho al medio ambiente son derechos inherentes a la persona porque son básicos e imprescindibles para su desarrollo libre y solidario. Es decir, los derechos fundamentales que implican prestaciones concretas para su realización, deben tener, porque son derechos fundamentales de la persona, el mismo tratamiento jurídico que ellos en punto a la protección jurisdiccional y, por supuesto, a lo que se refiere a su aplicación inmediata, exigibilidad y justiciabilidad.

En estos casos, los presupuestos de los ministerios de orden social, mientras subsistan desigualdades materiales en los diferentes países, han de contemplar de forma imperativa disponibilidades presupuestarias razonables tras una científica y sistemática cuantificación. No hacerlo así significa, no solo la violación de la cláusula del Estado social sino el fracaso del mismo Estado, que en lugar de defensor y promotor de la dignidad humana, se convertiría en uno de sus principales enemigos. La argumentación en torno al carácter contingente y variable de los programas sociales no es ningún problema pues como señala Wolin, en cualquier momento pueden ser expandidos, modificados o revocados, incluso cancelados si hiciera falta[24] porque hayan desaparecido las causas que los motivaron.

La fórmula Estado social y democrático de Derecho, o Estado social de Derecho, polémica para algunos autores alemanes como Schmitt y Forsthoff por imprecisa, vaga y abstracta, hoy está de plena actualidad. Con todo respeto, las formulaciones de estos destacados profesores para dejar sin efecto las normas de la Constitución de Weimar primero y las de la Constitución de Bonn después, olvidan que se trata de una cláusula vinculada a la efectividad, especialmente en lo que se refiere a la realización de derechos fundamentales sociales que afectan al mismo contenido esencial de la dignidad del ser humano. Si el Estado surge para

---

[24] S. WOLIN, «Democracy and the Welafare State: The Political and Theoretical Connections between Staatsräson and Wohlfahtsstaatsräson», *Political Theory*, 15, 4, 1987, p. 477.

asegurar unas mínimas condiciones de desarrollo libre y solidario a las personas, es lógico que el Derecho y las Políticas públicas se orienten hacia esa finalidad.

Que tales derechos fundamentales sociales requieran prestaciones concretas del Estado, cuando la Sociedad falla, no significa, ni más ni menos, que el Estado debe cuantificar en sus presupuestos sociales las disponibilidades necesarias para alcanzar ese objetivo social tan relevante: garantizar un mínimum de dignidad esencial para todos los ciudadanos, con particular atención a los más necesitados o desvalidos. Además, que estas prestaciones concretas no puedan ser previstas en normas generales y abstractas propias de una Constitución no significa que deban quedar *extra* constitución, puesto que, insisto, el Estado de Derecho entendido en su formulación material y sustancial incorpora, qué duda cabe, contenidos sociales que implican actuaciones concretas y precisas del Estado.

Plantear el Estado de Derecho en la Constitución en una burbuja, en una torre de cristal, sin influencias provenientes de la acción administrativa desde luego no se compadece ni con las tradicionales relaciones entre Derecho Constitucional y Administrativo ni con las más elementales exigencias de realización de los derechos fundamentales sociales. O, lo que es lo mismo, pretender a estas alturas que el rasgo esencial del Estado de Derecho sea precisamente el formalismo jurídico y la neutralidad ante los valores que muestran sus instituciones no tiene ningún sentido desde la misma formulación de la efectividad del Estado social[25].

El Derecho Administrativo necesita mirar hacia la Constitución y la Constitución precisa del Derecho Administrativo para hacerse efectiva, para que llegue al conjunto de la sociedad, para que sus valores y sus principios impregnen la acción del complejo Gobierno-Administración pública. Por eso, siguiendo una alegoría que ayuda a comprender las relaciones entre estas dos ramas

---

[25] En opinión de Forsthoff, la misma formulación del Estado social debilita el ejercicio de la auténtica autoridad y se convierte en una tarea imposible cuando los recursos financieros se reducen y el Estado distribuidor no tiene nada que distribuir (E. FORSTHOFF, *Stato di diritto in transformazione*, Milano, 1974, pp. 105 y ss.).

del Derecho Público y la Filosofía del Derecho, se puede afirmar que así como los fundamentos y pilares del edificio jurídico son de cuenta de los filósofos del Derecho, la arquitectura y el diseño general son de responsabilidad de los constitucionalistas, mientras que a nosotros los administrativistas nos cabe el honor de dotar de vida al edificio, de hacerlo habitable, de que quienes moran en él puedan hacerlo en las mejores condiciones posibles.

En realidad, las doctrinas de Schmitt y Forsthoff niegan la existencia del concepto de derecho fundamental de la persona que requiere de prestaciones específicas del Estado. O, lo que es lo mismo, reniegan de la noción de derecho fundamental social. Para llegar a esta conclusión, Forsthoff señalará que las personas que requieren prestaciones sociales del Estado tienen, en todo caso, derechos subjetivos o intereses derivados de la regulación legal de ciertas materias, que deben estar previamente previstas en una Ley previa. El artículo 53 de nuestra Constitución camina en esta dirección, eliminando toda posibilidad de aplicación directa e inmediata de los derechos fundamentales sociales. Hoy, además, existen técnicas jurídicas para controlar la inactividad material de la Administración y para evitar los perniciosos efectos de la omisión del deber de legislar en estas materias.

En una posición sustancialmente distinta, como analizaremos más adelante, se encuentra en otro ilustre profesor alemán: Abendroth, para quien el Estado social tiene pleno sentido cuando pone de manifiesto que una democracia solo puede funcionar si esta se extiende a la sociedad en su totalidad y ofrece a todas las clases sociales las mismas oportunidades en el proceso económico[26]. Abendroth plantea, de una forma más comprometida y radical, una absoluta transformación del orden económico-social actual en el que el Estado debe intervenir en los procesos económicos planificando la producción y procediendo a una distribución de los recursos en interés de todas las clases sociales. Abendroth, por tanto, plantea que el Estado social solo es posible si el Estado

---

[26] W. ABENDROTH, «El Estado de Derecho democrático y social como proyecto político», en *El Estado social, loc. cit.*, p. 3.

asume un papel esencial en la economía a partir de un principio democrático entendido más allá de la representación parlamentaria que llega a la cogestión e impregna todos los ámbitos de la sociedad.

Tal pretensión, sin embargo, históricamente ha fracasado y supone un proceso de absorción de la Sociedad por el Estado que para este autor alemán es el único actor legitimado para dar contenido concreto al Estado social. En otras palabras, el orden económico y social, según su pensamiento, ha de ser sometido a aquellos órganos estatales en la que está representada la voluntad autodeterminante del pueblo[27]. Un planteamiento, el de Abendroth, desarrollado como consecuencia de un prejuicio que parte de una determinada interpretación del principio democrático que elimina la perspectiva individual o personal y pone el acento exclusivamente en la determinación democrática del orden estructural de la economía a través de la gestión de la empresa y de la sociedad[28].

Otro punto de vista, un *tertium genus*, una tercera vía entre las dos formulaciones anteriores parte de entender el principio democrático basculando sobre una idea razonable y abierta de la participación, como elemento que ayuda a comprender mejor la armonía que existe entre el Estado de Derecho y el Estado social. Como adelantamos anteriormente, en la medida en que nos instalamos en una visión material, no formal, del Estado de Derecho, tanto la cláusula del Estado social, y sus exigencias, como la cláusula del Estado de Derecho, se entienden de forma complementaria. Hasta tal punto que bien podría afirmarse que el Estado material de Derecho no se entiende sin la cláusula del Estado social y sin la cláusula del Estado democrático. En otras palabras, Estado social y Estado democrático son componentes básicos del Estado de Derecho entendido materialmente.

Probablemente, quien mejor ha explicado esta posición es el

---

[27] W. ABENDROTH, «Zum Begriff des demokratischen und sozialen Rechtsstaates im Grundgesetze der Bundesrepublik Deutschland», en E. Forsthoff, *Rechtsstaatlichkeit und Sozialstaatlichkeit, Darmstadt*, 1968, p. 119.
[28] B. GONZÁLEZ MORENO, *El Estado social, op. cit.*, p. 44.

profesor Kriele, famoso también por su teoría de la indisponibilidad de los derechos fundamentales de la persona. Para este profesor alemán, el Estado Constitucional democrático, con sus instituciones garantes de los derechos humanos cívicos y políticos, no solo es condición indispensable para una vida con dignidad humana. Es también la base de cualquier proceso de lucha democrática por un Ordenamiento jurídico y económico que tenga en cuenta los derechos humanos económicos, sociales y culturales[29].

Es decir, el Estado social y democrático de Derecho es una fórmula que, como otras tantas del Derecho Público, debe entenderse a partir de los postulados del pensamiento abierto, plural, dinámico y complementario. Es posible explicarla desde diversas coordenadas, desde diferentes posiciones, pues es una fórmula que está en permanente evolución y, sobre todo, es una fórmula que permite una cabal comprensión hoy, en un nuevo siglo, de la renovada fuerza jurídica al Estado de Derecho en sentido material.

Hoy ya no es posible mantener una posición formalista del Estado de Derecho que se ponga de perfil ante la existencia de derechos fundamentales de la persona que reclaman prestaciones concretas de la Sociedad o del Estado. Hoy no es posible mantener posiciones provenientes de prejuicios o preconceptos ideológicos que pretenden proyectar unilateral y totalitariamente sobre la realidad un determinado modelo político o social. Hoy es menester buscar categorías y conceptos que permitan, he aquí la clave, un más libre y solidario desarrollo de las personas, especialmente de todas y cada una de sus libertades, de todos y cada uno de sus derechos fundamentales.

Heller tenía razón cuando advertía de que la clave se encuentra en la realización de la dimensión material, sustancial, de la cláusula del Estado de Derecho pues la idea del compromiso social del Estado surge de la extensión del pensamiento del Estado

---

[29] M. KRIELE, *Liberación e ilustración: Defensa de los Derechos Humanos*, Barcelona, 1982, p. 69.

de Derecho material al orden del trabajo y de los bienes[30]. De lo que se deduce claramente que el derecho al trabajo, de acceso en condiciones de igualdad al mercado de trabajo, y el derecho a la alimentación, a la vivienda, a la educación o, entre otros, a la salud, son derechos humanos en sentido estricto, derechos fundamentales de la persona, puesto que hacen a la misma dignidad humana y sin su concurso no se puede hablar propiamente de condiciones reales, en ocasiones incluso de mínimos, para una existencia acorde a la naturaleza del ser humano.

La creación de las condiciones que hagan posible la libertad y la igualdad de las personas y de los grupos en que se integran no es la única exigencia de la cláusula del Estado social. También, en su vertiente negativa, esta cláusula demanda del Estado la remoción de los obstáculos que impidan la libertad y la igualdad de los ciudadanos y de los grupos en que se integran. Y, todavía, más, el artículo 9.2 de la Constitución española reclama al Estado que fomente la participación de todos los ciudadanos en la vida política, económica y social. Es decir, la cláusula del Estado social y democrático de Derecho trata de acciones positivas, de acciones de remoción de impedimentos y de acciones de fomento de la participación. Tres formas de presencia del Estado que, en mi opinión, en la medida de lo posible, pueden realizarse armónicamente.

El Estado social, denominado desde un punto de vista sociológico Estado de bienestar, constituye una reacción frente a los fallos del Estado liberal entendido en sentido formal, sin correcciones, dejado a las puras fuerzas de la autorregulación del mercado. Los derechos fundamentales en sentido clásico se entendían como espacios de libre determinación del individuo sin posibilidad de actuación estatal pues se trataba de ámbitos vedados al mismo Estado que lo que debe hacer es ser un mero observador, reduciendo su actuación a la mera abstención, a la no interferencia. En este marco se llega al convencimiento de que la autorrealización personal en sí misma y por sí misma no se produce en

---

[30] H. HELLER, *Estado de Derecho, op. cit.*, p. 165.

todos los casos y para todos los ciudadanos sino es un marco de libertad solidaria.

La cuestión social, la revolución industrial, la ausencia de condiciones mínimas para una vida digna explican que en ese tiempo, finales del siglo XIX, y sobre todo en el siglo XX, comience a tomarse conciencia de estos problemas. Problemas que suponen un aldabonazo para la esencia y existencia del Estado, que deja de ser visto como una amenaza o un poder que debe ser restringido por definición. Se cae en la cuenta de que no es posible un ejercicio de la libertad si su establecimiento y garantías formales no van acompañados de unas condiciones existenciales mínimas[31].

Precisamente, como señala Benda, la liberación de las necesidades básicas asegurando los recursos materiales mínimos se vincula, como es lógico, a la garantía de la dignidad humana[32], lo que significa, lisa y llanamente, que el Estado debe asumir un papel fundamental en orden a preservar ese mínimo vital indispensable para una vida digna puesto que un vida indigna es el fracaso del Estado. Por eso, en el marco de la cláusula del Estado social el Estado asume la función de distribuir bienes jurídicos de contenido material a través de un sistema de prestaciones de diversa naturaleza[33].

El Estado social en su formulación clásica vela porque las personas dispongan de las prestaciones y servicios básicos indispensables para una existencia digna y adecuada a su condición, de manera que al Estado corresponde, en virtud de esta cláusula, facilitar a todas las personas la procura existencial. Concepto que aunque pueda parecer paradójico fue elaborado por Forsthoff en 1938 en referencia a todas las actividades que le corresponde realizar a la Administración en la era de la industrialización, actividades tendentes a asegurar la existencia de todos los ciudanos. Ahora la Administración, dirá Forsthoff, ya no debe

---

[31] M. GARCÍA PELAYO, *Las transformaciones del Estado contemporáneo*, Madrid, 1985, p. 26.
[32] E. BENDA, «El Estado social de Derecho», en E. Benda, W. Mayhofer, H. Vogel, K. Hesse, W. Heyde, *Manual de Derecho Constitucional*, Madrid, 1996, p. 525.
[33] B. GONZÁLEZ MORENO, *El Estado social, op. cit.*, p. 46.

dedicarse a garantizar pasivamente la libertad, ahora la Administración es aportadora de prestaciones y su fundamento está en la participación[34].

Probablemente, si la concepción de la procura existencial hubiera sido vinculada en mayor medida a la existencia digna es probable que la ausencia de consecuencias jurídicas hubiera sido superada porque realmente si hay un concepto que tiene fuerza jurídica en el Estado social y democrático es el de dignidad de la persona. Es más, es un concepto que en sí mismo constituye la esencia del Derecho, por lo que hoy realmente resulta incomprensible que tales prestaciones, aquellas vinculadas a la dignidad del ser humano, no hubieran sido dotadas de fuerza jurídica. En descargo de esta teoría se puede señalar que quizás el estado y evolución de un modelo de Estado que está en permanente transformación, y que, por tanto, en 1938 no permitía los desarrollos actuales.

Para Forsthoff, el desarrollo técnico e industrial de los siglos XIX y XX redujo lo que él denomina espacio vital dominado mientras crecía el espacio vital efectivo[35] provocando una situación general para todos los ciudadanos de menesterosidad social puesto que, valga la redundancia, es menester buscar los bienes necesarios para mantenerse[36]. En el caso de las personas con medios de vida más que suficientes la afirmación del profesor alemán es polémica pero, en todo caso, una mayoría de personas que ven su espacio vital propio abandonado a causa del éxodo a las grandes ciudades comprueban a diario, hoy también en la crisis actual, que las garantías sustanciales para una existencia digna se han ido mermando.

En este contexto, la persona, que ha ido perdiendo su espacio vital dominado, se encuentra desprotegida frente a un tiempo de desarrollismo y economicismo, abandonada a la asistencia en sus

[34] E. FORSTHOFF, *Sociedad industrial y Administración pública*, Madrid, 1967, p. 21.
[35] E. FORSTHOFF, *El Estado de la sociedad industrial*, Madrid, 1975, p. 120.
[36] E. CARMONA CUENCA, *El Estado social, op. cit.*, p. 59.

más diversas formas[37]. Entonces, la mayor parte de los ciudadanos dependen de un trabajo para alcanzar, ellos y sus familias, una existencia digna. El puesto de trabajo es el medio para obtener un mínimo vital que permita en condiciones de dignidad realizarse libre y solidariamente como ser humano.

El Estado, también a finales del siglo XIX, ante la situación, llamemos hoy de indignidad en la que vivían ya demasiadas personas, hubo de asumir la obligación de facilitar la subsistencia a partir de introducir en el proceso económico una adecuada relación entre salarios y precios que permitieran un poder adquisitivo de los salarios razonable para vivir con dignidad. Hoy, con los matices que se quiera, hemos vuelto a las andadas, precisamente en el marco de un Estado social que pensábamos maduro y desarrollado y que, sin embargo, por el falseamiento de sus fines propios, por su estaticidad, está reduciendo y recortando prestaciones sociales muchas de ellas directamente vinculadas a una vida digna.

Para Forsthoff, el Estado social es un Estado que garantiza la subsistencia y, por lo tanto, es un Estado de prestaciones y de redistribución de la riqueza[38] que debe concentrarse en tres fines fundamentales. Primero, garantizar una relación adecuada entre salarios y precios, Segundo, regulación de la demanda, de la producción y del consumo. Y, tercero, aportar prestaciones cuando de ellas dependa la vida del hombre de forma perentoria[39]. El no pequeño problema estriba en que sin embargo, por las razones expuestas anteriormente, el ciudadano no dispone de un derecho exigible a la Administración para que realice dichas prestaciones. El mérito de la teoría de Forsthoff se haya en haber diseñado un haz de técnicas jurídicas en el marco del Derecho Administrativo para conseguir que la Administración contribuya a la mejora de las condiciones de vida de las personas.

Ahora, sin embargo, al menos en lo que se refiere a los de-

---

[37] E. CARMONA CUENCA, *ibíd*.
[38] E. FORSTHOFF, «Problemas constitucionales del Estado social», en Abendroth, Forsthoff y Doehring, *El Estado social*, Madrid, 1986, pp. 48-49.
[39] E. FORSTHOFF, *Sociedad industrial, op. cit.*, p. 49.

rechos fundamentales de la persona que requieren prestaciones concretas para su realización, llegó el momento, dada el tiempo transcurrido desde la formulación, y asunción, del modelo del Estado social y democrático de Derecho, de su exigibilidad y justiciabilidad. Es por tanto, el tiempo de pasar de las metas políticas, de los Principios rectores, a los derechos fundamentales. De la conveniencia o la pertinencia en la efectividad de los derechos sociales fundamentales, a su exigibilidad ante los Jueces y Tribunales La cuestión reside en construir una doctrina de los derechos fundamentales desde los postulados del pensamiento abierto, plural, dinámico y complementario, asentada en la realidad, que avance desde la racionalidad y que tenga su centro en la dignidad humana entendía en sentido integral y abierto.

El concepto de procura existencial incluye, para García Pelayo, el desarrollo de sistemas y su control, sin los que no es posible la vida humana en la actual civilización. En este sentido, se incluye la seguridad en los diferentes aspectos vitales en la sociedad nacional, que incluye no solo la defensa exterior, también la seguridad interior frente al delito y a la subversión; la prevención de situaciones de necesidad de carácter global; la degradación del medio ambiente; el agotamiento de los recursos naturales, las situaciones de conflicto y las tensiones sociales. Igualmente, entran bajo el concepto de procura existencial para García Pelayo la garantía de ciertas prestaciones sociales más allá de su simple reconocimiento: la fijación de un salario vital mínimo, el acceso a un puesto de trabajo en el marco de pleno empleo; la atención a los colectivos más débiles: discapacitados, ancianos, niños, desempleados, etc, así como el acrecentamiento de las posibilidades vitales de la población mediante una justa distribución de ingresos, de acuerdo con las posibilidades de la situación económica general; mediante el progresivo acceso a los bienes culturales, con especial atención y a la innovación y la posesión de los conocimientos tecnológicos; y por la expansión y perfeccionamiento de los servicios sociales y los sistemas de previsión social[40].

---

[40] M. GARCÍA PELAYO, *op. cit.*, pp. 29-30.

El contenido del Estado social es muy amplio. En este estudio nos vamos a centrar en los denominados derechos fundamentales sociales, que son aquellos derechos fundamentales de la persona que requieren de prestaciones específicas del Estado para que los ciudadanos puedan disfrutar de una vida digna de la condición humana.

En estos supuestos, al tratarse de derechos fundamentales en sentido estricto, de derechos fundamentales en el Estado social y democrático de Derecho, la protección jurídica dispensada debiera ser la propia y específica de los derechos fundamentales. Sin embargo, a causa de la categorización de estos derechos como Principios rectores de la política social y económica, no se consideran ni exigibles ni justiciables. Al menos no son de aplicación directa e inmediata y su efectividad, a pesar de la claridad de la letra del artículo 9.2 de nuestra Constitución, queda condicionada a que una ley previa así lo disponga, sin que se haya articulado ninguna solución para los supuestos de omisión legislativa.

El contenido del Estado social, en la medida que estamos en el marco de un concepto dinámico, es difícil de describir con pretensión definitiva. Sin embargo, lo que sí es inherente al concepto, lo que sí está en la medula de la misma esencia del Derecho Administrativo, que es el interés general, es su vinculación sustancial a la realización objetiva de los derechos fundamentales de la persona. Esta es, como veremos más adelante, la clave hermenéutica para comprender la capitalidad del interés general como clave de bóveda del Derecho Administrativo del Estado social y democrático de Derecho. O si se quiere, para entender lo que con toda intención denomino Derecho Administrativo Social, usando una fórmula tautológica pero que hoy en día me parece que debe ser subrayada a tenor de los derroteros que han tomado algunas cuestiones vitales para la existencia humana.

Es verdad, como estudiaremos enseguida, que la crisis del Estado de bienestar ha venido provocada por fiarlo todo al Estado, por esperarlo todo del Estado en lugar de caer en la cuenta de que el mismo principio de participación, ínsito en la cláusula del Estado democrático, invita a un mayor diálogo entre el Estado y la

Sociedad, de forma y manera que hábilmente integrados a través de alianzas estratégicas, puedan llegar más lejos que un Estado que se ocupe de todo, desde la cuna hasta la tumba.

En este contexto, como es lógico, se acabaron los presupuestos públicos expansivos y, lo que es más grave, si resulta que tal merma de las disponibilidades presupuestarias fue también provocada por una colosal corrupción instalada en el sistema, entonces resulta que llegamos a la situación en la que nos encontramos. Situación a la que nos conducido una perspectiva estática del Estado social, del Estado de bienestar. Ahora, sin embargo, es necesario recuperar la dimensión dinámica y subrayar la necesidad de dotar a los derechos fundamentales sociales, no a todo el contenido del Estados social, la categoría de derechos fundamentales a todos los efectos.

En este sentido, como apunta González Moreno, es necesario saber que entendemos por mínimos en las condiciones existenciales[41]. En mi opinión esos mínimos se refieren a prestaciones imprescindibles para una existencia digna. Es decir, la cobertura del derecho a la alimentación digna, del derecho al vestido digno, del derecho a la vivienda digna, o, entre otros, el derecho a la igualdad en el acceso al trabajo en condiciones dignas. En el fondo de esta doctrina late la idea de que el derecho fundamental de la persona no es solo un espacio de libre determinación vedado a la acción de los Poderes públicos. Además, y ello es consecuencia del Estado social, como veremos al tratar de los derechos fundamentales en el Estados social, éstos, los derechos fundamentales de la persona, son derechos que pueden requerir en determinados casos acciones positivas del Estado para facilitar su realización.

Y, si partimos, como se hace en este estudio, de que el derecho fundamental de orden social más importante, porque es vehicular, condición imprescindible, es el derecho a una buena Administración pública, entonces entenderemos mejor que la cláusula del Estado democrático, a través de la directriz constitucional de la participación, conduce a rechazar el concepto de derecho público

---

[41] B. GONZÁLEZ MORENO, *El Estado social, op. cit.*, p. 47.

subjetivo como paradigma del derecho fundamental de la persona así como a entender en sus justos términos que los derechos fundamentales, además de límites a la acción estatal, son fines de la acción del Estado a través de la garantía de la participación de los ciudadanos en la vida social, política, cultural y económica. Una lectura del artículo 9.2 de nuestra Constitución desde el artículo 10.1 de nuestra Carta Magna abonaría una explicación como la aquí propuesta.

Ciertamente, no todos los derechos sociales son derechos fundamentales de la persona, pero sí que existe una categoría de derechos inherentes a la persona que dependen en buena medida, según situaciones, latitudes y contextos, de la acción del Estado. Aquí no planteamos una apertura completa del concepto de derecho fundamental a todos los derechos sociales, económicos y culturales. No, en este estudio planteamos que se reconozca dentro del concepto de derecho fundamental, a efectos de garantizar su exigibilidad y justiciabilidad, a los que se denominan derechos fundamentales sociales pues lo contrario sería una quimera, algo irracional, sin sentido alguno en un mundo en el que el límite es desde luego un factor constitutivo de la realidad. Pero el límite, insisto, debe dejar dentro a la efectividad de los denominados derechos sociales fundamentales.

En esencia, hay dos posiciones en relación con la efectividad de la cláusula del Estado social. La patrocinada por Forsthoff que ya hemos explicado: dicha cláusula no tiene dimensión jurídica. Y, por otra parte, la tesis de quienes piensan que las normas sociales de la Constitución tienen el mismo valor normativo que otras materias de la Constitución aunque su eficacia se condicione por la Constitución misma. En este estudio se plantea la necesidad de reformar la Constitución para dar entrada formalmente en la misma, en el elenco de los derechos fundamentales de la persona, a aquellos que teniendo esta misma característica por ser inherente a la persona, requieren de acciones positivas del Estado pues me parece que hoy el grado de evolución del derecho fundamental de la persona como límite y fin del Estado se encuentra plenamente justificado. Es más, como apunta González Moreno, el concepto del Estado de Derecho se ha ido perfilando con el paso del tiempo y ya no se presenta hoy los mismos perfiles que presentaba en los orígenes del Estado constitucional[42].

Tras ser concebida la ley como forma de limitación del poder y una vez asumido que la Constitución y sus valores se proyectan sobre la Administración pública, aparece el concepto del Estado social. Precisamente, cuando se cae en la cuenta de que el poder es de la soberanía popular y de que la participación de la ciudadanía en los asuntos de interés general es capital, entonces, poco a poco, los derechos sociales fundamentales, como veremos más adelante, adquieren dimensión propia. Aquí me parece que se debe ubicar el derecho fundamental a la buena Administración que es el derecho básico que permite, por su dimensión vehicular, que se realicen debidamente todas las acciones positivas del Estado en orden a la realización de los derechos fundamentales de la persona.

Obviamente, las garantías jurídico-sociales reclaman la participación, de manera que en el contenido del Estado social y democrático de Derecho, la participación va a ser esencial. Sobre todo porque el mismo concepto de interés general en el Estado social y democrático de Derecho, como veremos al tratar sobre esta cuestión, reclama la participación. Un interés general definido unilateralmente no es el interés general propio de un Estado social y democrático de Derecho.

Desde esta comprensión dinámica del sentido material del Estado de Derecho, en el que se incluyen como aspectos esenciales la dimensión social y democrática del Estado, la cláusula democrática, la que apela a la legitimación democrática, reclama indubitablemente la conquista de nuevos espacios más auténticos y genuinos de participación pues en tantas latitudes observamos una ausencia preocupante de presencia ciudadana en las principales tareas del Estado. Es más, en este momento de la evolución social, registramos un paradójico retroceso motivado en buena medida por el fracaso de la versión estática del Estado social de la

[42] B. GONZÁLEZ MORENO, *El Estado social, op. cit.*, pp. 52-53.

que se han aprovechado hábilmente las terminales socioeconómicas y políticas dominantes.

La cultura jurídica occidental ha asumido con normalidad la consagración de las cláusulas del Estado social y del Estado democrático como exigencias de la consideración sustancial del Estado de Derecho. Hasta el punto, sostiene acertadamente González Moreno, de que una Constitución que no las recoja formalmente no sería una Constitución completa[43]. Siendo esto así, desde la esencial fuerza normativa por excelencia de la Constitución, los llamados derechos fundamentales sociales y, en especial, el derecho de participación, derecho componente del derecho fundamental a la buena Administración, deben poder ser exigibles por los ciudadanos. Tal operación, que se podría plantear de diferentes formas, y desde planos distintos, pensamos que puede tener virtualidad operativa también desde la categorización como derecho fundamental del derecho a la buena Administración pública, pendiente todavía en numerosos Ordenamientos jurídicos, entre ellos en el nuestro.

Sin embargo, la realidad acredita que todavía queda un largo trecho por recorrer para que en efecto, el Estado social y democrático de Derecho penetre las estructuras y basamentos de un Derecho Administrativo demasiado anclado en un concepto de derecho subjetivo de otro tiempo. En concreto, el engarce entre la doctrina de la supremacía constitucional y la legalidad administrativa dista mucho de haberse comprendido cabalmente y por eso asistimos a contradicciones y aporías que en el fondo parten de no haber comprendido realmente el alcance y significado del Estado social y democrático de Derecho para todo el entero sistema del Derecho Administrativo. La situación de los derechos sociales fundamentales constituye buena prueba de ello.

La cláusula del Estado social, una vez reconocida formalmente en la Constitución, se convierte en un Principio rector vinculante[44]. Un principio que obliga al Estado a realizar las tareas

---

[43] B. GONZÁLEZ MORENO, *El Estado social, op. cit.*, p. 54.
[44] E. BENDA, *El Estado social de Derecho, loc. cit.*, p. 521.

que sean necesarias para su efectividad. O, lo que es lo mismo, un principio que manda al Estado que la libertad y la igualdad de las personas y de los grupos en que se integran sean reales y efectivas. Principio de realidad y de efectividad de la cláusula del Estado social que, por muy distintas y variadas expresiones que contenga, reclaman del Estado, sobre todo, que contribuya positiva y concretamente a que cada ciudadano pueda realizar los derechos fundamentales sociales que le son propios. Sin esta consideración, el Estado social no sería tal.

En Alemania, el Tribunal Constitucional entendió muy pronto, a partir de la tesis de la habilitación de las normas constitucionales, que éstas encomiendan al Estado tareas de configuración social orientadas a la consecución de un orden social justo. La cuestión reside en que estas normas constitucionales, entre las que está, por supuesto, la cláusula del Estado social, requieren ordinariamente de la actuación del legislador, lo que supone un no pequeño problema puesto que en no pocas ocasiones nos hallamos ante la omisión de este poder del Estado. En este punto debemos precisar que al menos los derechos fundamentales sociales si debieran tener, como derechos fundamentales de la persona que son, eficacia inmediata y directa así como la protección judicial propia y específica de estos derechos.

El legislador dispone, pues, de una amplia discrecionalidad a la hora de hacer efectivas las exigencias del Estado social para que configure un orden social orientado al establecimiento y garantía de la justicia social y, consecuentemente, a la eliminación de situaciones de menesterosidad social[45]. Para Benda, solo excepcionalmente es inferible de esta obligación del Poder legislativo una expectativa jurídica directamente invocable ante la jurisdicción ordinaria o ante la jurisdicción constitucional[46]. En mi opinión, el caso de los derechos fundamentales sociales encajan, no como expectativa, sino como derecho exigible a partir de una razonable dotación presupuestaria en los presupuestos de los ministerios

---

[45] E. CARMONA CUENCA, *El Estado social, op. cit.*, p. 71.
[46] E. BENDA, *El Estado social, loc. cit.*, p. 525

sociales bajo la rúbrica de derechos fundamentales sociales u otro título que aluda a la necesidad de presupuestar, tras estudios económicos y sociológicos serios, tales necesidades de los ciudadanos en los diferentes países y naciones.

En realidad, la clave de toda esta cuestión se encuentra en la dignidad del ser humano, que es el canon supremo y general desde el que plantear la cuestión. Para el Derecho en general, y por supuesto, y especialmente para el Derecho Público, la dignidad del ser humano es el principal pilar y fundamento de todas sus categorías e instituciones. Hasta tal punto es así que el propio Estado de Derecho, entendido material y sustancialmente, significa esencialmente que la dignidad de cada ser humano se levanta omnipotente y todopoderosa ante cualquier intento del poder público por lesionarla, por perjudicarla o por eliminarla.

La dignidad del ser humano, su centralidad y capitalidad, conforma indeleblemente ese espacio de indisponibilidad del que disfrutan los derechos fundamentales de la persona, también los sociales, justifica, como entendió tempranamente la jurisprudencia constitucional alemana, que el derecho de todo ciudadano a unos recursos materiales mínimos surge de la garantía de la dignidad humana contenida en el artículo 1.1 de la Ley Fundamental de Bonn.

Tratando sobre el contenido del Estado social debemos hacer una precisión en relación con la naturaleza de algunos derechos sociales. La realidad y la evolución social, especialmente en el tiempo en que vivimos, acredita que el problema de la justicia social no debe contemplarse solo, desde el punto de vista de su exigibilidad y justiciabilidad, a partir la legislación ordinaria o desde la Administración.

Es verdad que la interpretación primera de la Ley Fundamental de Bonn fue la que bien conocemos. Sin embargo, hoy en día, desde una consideración dinámica del Estado social enraizado en la centralidad del ser humano, o bien se da entrada en la Constitución, en el capítulo dedicado a los derechos fundamentales de la persona, a aquellos derechos sociales inherentes a la condición humana, o se procede, si fuera posible y congruente, a una interpretación constitucional que haga derivar de la garantía de la dignidad del ser humano las consecuencias que en cada caso sea menester.

El paso del Estado liberal de Derecho al Estado social y democrático de Derecho debiera haber tenido probablemente una mayor incidencia en relación con la cuestión de los llamados derechos fundamentales sociales. En realidad, el modelo de Estado se ha transformado pero el concepto de derecho fundamental de la persona ha quedado anclado en concepciones del pasado que deben acompasarse a los cambios operados en la definición del modelo de Estado. No para entenderse de forma radicalmente distinta, sino para adecuarse al nuevo modelo de Estado. De ahí que los derechos sociales ahora sean límites a la acción del Estado y, también, fines de la acción pública a través de prestaciones que realmente supongan la efectividad de unas condiciones mínimas para garantizar la dignidad del ser humano.

Ridder plantea tres dimensiones del Estado social[47]. La primera se refiere a la consideración social de los derechos fundamentales, en cuya virtud, partiendo de las relaciones de poder, es menester leer en clave de relaciones de poder la cuestión, protegiendo a los más débiles y desprotegiendo a los más fuertes. En realidad, el Estado social exige la igualdad material y, sobre todo, el establecimiento de la justicia en la medida que es corolario necesario del Estado material de derecho. Es decir, el Estado debe proteger a todos, especialmente a los más débiles y, desde luego, a través del Poder judicial, anular e invalidar toda suerte de arbitrariedad o uso irracional del poder, así como su ejercicio al servicio de intereses particulares o parciales.

La segunda dimensión del Estado social atiende a la vinculación social del Estado que se proyecta especialmente a través de la ayuda que debe prestar el Estado a las personas que se encuentren en situación de necesidad y, asimismo, a través de la exigencia de responsabilidad del Estado por la cobertura y por el funcionamiento del Estado en su conjunto.

---

[47] *Vid.* H. RIDDER, *Die Soziale Ordnung des Grungesetzes*, Opladen, 1975.

Y la tercera dimensión la formula Ridder como la obligación del Estado de articular la sociedad sobre bases democráticas que, fundamentalmente, supera la cláusula del Estado social y se refiere a la cláusula del Estado democrático.

El contenido de la cláusula del Estado social, entendido dinámicamente, es muy amplio y en cada momento puede presentar perfiles distintos aunque, en mi opinión, reclama la existencia de derechos fundamentales sociales como exigencia elemental. Tales derechos deben estar en la Constitución y no dejarse, en su definición, al legislador ordinario, menos todavía a la Administración. En expresión de Benda, la misión del Estado social está dirigida, ante todo, a asegurar un mínimo existencial a cada persona[48], lo cual no sería posible sin la exigibilidad y justiciabilidad de los derechos fundamentales sociales.

Como ha señalado González Moreno, la eficacia de la cláusula del Estado social se despliega en una triple vertiente: como fijación teleológica del Estado, como valor interpretativo del resto del Ordenamiento, y como parámetro de constitucionalidad[49].

Como fijación teleológica del Estado, nos encontramos ante una vinculación directa para todos los poderes del Estado que implica que dichos poderes deben en su actuación cotidiana configurar la sociedad con un contenido social. En palabras del Tribunal Constitucional español, sentencia 18/1984: «la sujeción de los Poderes públicos a la Constitución se traduce en un deber positivo de dar efectividad a tales derechos en cuanto a su vigencia en la vida social, deber que afecta al legislador, al ejecutivo y a los jueces y tribunales en el ámbito de sus funciones respectivas».

Por lo que se refiere a la vinculación del Legislador, el artículo 53.3 de la Constitución española impone el reconocimiento, el respeto y la protección de los Principios rectores de la política social y económica, que habrán de informar la legislación positiva. Tales principios deben estar reconocidos en una ley que los desarrolle y que prevea su exigibilidad ante los Tribunales. En

---

[48] E. BENDA, *El Estado social de Derecho, loc. cit.*, p. 533.
[49] B. GONZÁLEZ MORENO, *El Estado social, op. cit.*, p. 56.

caso de que así no sea nos encontramos ante las consecuencias de la omisión del legislador en esta materia y sus consecuencias jurídicas. Un problema que podría solucionarse dando entrada en el concepto de derechos fundamentales, porque pertenecen a su misma categoría, a los que siendo inherentes a la persona requieren determinadas acciones positivas del Estado: los derechos sociales fundamentales. Bien a través de una reforma constitucional, bien a través de un giro copernicano en la doctrina del Tribunal Constitucional, que bien podría, acudiendo a la argumentación racional, como han hecho otras Cortes de la misma naturaleza.

La paralización de los derechos prestacionales, especialmente los que atienden a la garantía de la dignidad del ser humano, atenta a la misma esencia del Estado social por lo que es urgente buscar una solución como las apuntadas. El tema de la omisión del legislador en materia de derechos sociales fundamentales lo estudiaremos más adelante. Ahora anotamos que las discusiones acerca de la soberanía del Parlamento y la jerarquía de la doctrina del Tribunal Constitucional no pueden en forma alguna condenar a situaciones de indignidad, a lesiones de la garantía de dignidad del ser humano. O reforma de la Constitución en los términos apuntados o doctrina del Tribunal Constitucional en este sentido.

La Administración pública es la institución a quien compete en mayor medida la realización del contenido del Estado social. Contenido que está vinculado a las dotaciones presupuestarias que debe establecer el Parlamento. Es decir, si no hay dotaciones presupuestarias, adiós al Estado social. Para evitarlo, y dada la experiencia de estos años, la Constitución debería incluir alguna previsión en materia social que obligara a la legislación presupuestaria, en términos generales y mientras fuera necesario, que lo es obviamente, a establecer unas dotaciones mínimas destinadas a garantizar la dignidad de aquellos ciudadanos que no estén, por causas ajenas a su voluntad, en condiciones de ejercer dignamente sus derechos sociales fundamentales.

Por lo que respecta a los Jueces y Tribunales, el artículo 53.3 de la Constitución española establece que los preceptos en los que se concreta el Estado social «informarán la práctica judicial». En este sentido, hay que recordar que el propio Tribunal Constitucional español establece que la vinculación directa de las normas constitucionales «no tendrá más excepciones que aquellos casos en que así lo imponga la propia Constitución o en que la naturaleza misma de la norma impida considerarla inmediatamente aplicable» (sentencia del Tribunal Constitucional Español 15/1982).

Mientras no se produzca una reforma constitucional en los términos apuntados o un cambio en la doctrina del Tribunal Constitucional de trescientos sesenta grados, en opinión de Garrorena solo sería posible fundar acciones judiciales inmediatas en la medida en que el derecho social o Principio rector presuntamente violado concurra con otros preceptos para determinar su auténtico sentido y alcance[50]. Tal situación se produciría, en opinión de este autor, en las sentencias en las que se aplica el artículo 14 de la Constitución y en casi todas las que se aplica el artículo 9.2 constitucional, que suelen referirse al artículo 1.1, de modo que es el «compacto», el conjunto que forman ambos preceptos –y no solo uno de ellos– el que se constituye como fundamento de las pretensiones que, a partir de aquí se acaben derivando[51]. En estos casos, se podría defender el derecho social fundamental lesionado a través de la lesión de uno de los derechos fundamentales reconocidos en la Constitución en aplicación de la doctrina del reconocimiento de derechos fundamentales sociales por relación o por conexión.

Como valor interpretativo del resto del Ordenamiento jurídico, la cláusula del Estado social hay que tenerla en cuenta, como ha señalado el Tribunal Constitucional Español en la sentencia 77/1985, al disponer que la «sujeción de los Poderes públicos al Ordenamiento constitucional impone una interpretación de las normas legales acorde con la Constitución, por lo que debe prevalecer en el proceso de exégesis el sentido de la norma, entre

---

[50] A. GARRORENA MORALES, *El Estado español como Estado social y democrático de Derecho*, Madrid, 1984, p. 101.
[51] A. GARRORENA MORALES, *ibíd.*

los posibles, que sea adecuado a ella». Es decir, la cláusula del Estado social debe estar presente en la actuación de los poderes del Estado.

El problema es que no se concreta el alcance y funcionalidad de dicho valor interpretativo, que se reduciría, como señala Rubio Llorente, a un cierto carácter doctrinal que dota de una elasticidad profunda a la Constitución cuyo contenido puede acomodarse así al cambio histórico y social[52]. Tal consideración abriría las puertas al concepto de derecho fundamental social impidiendo que quede petrificado en la Constitución del Estado social la versión individualista de los derechos fundamentales, lo que serviría también de fundamento para la reforma constitucional que reclamamos. Algunos preceptos de la Constitución, como el artículo 33 reconoce el derecho de propiedad y a la vez su función social, el artículo 38 la libertad de mercado y el 128 la intervención pública en la economía por razones de interés general de acuerdo con la doctrina de la Constitución abierta.

Como parámetro de constitucionalidad, la cláusula del Estado social serviría, según algunos autores, como base para fundamentar el recurso o la cuestión de constitucionalidad contra una ley presuntamente antisocial y regresiva cuya inconstitucionalidad se pretenda[53]. Otros autores piensan que la cláusula permitiría el enjuiciamiento de la constitucionalidad de las leyes tomando como parámetro los Principios rectores de la política social y económica y, en general, cualquier norma constitucional de contenido social[54]. El hecho de que tales principios existen en la realidad concreta en la medida en que una ley regule su régimen jurídico, no puede significar que su condición de parámetro de constitucionalidad se condicione a tal desarrollo legislativo porque ello equivaldría a que ciertos preceptos constitucionales no desarrollados por ley ordinaria, pero conectados a la garantía de

---

[52] F. RUBIO LLORENTE, «La Constitución como fuente del derecho», *loc. cit.*, p. 71.
[53] A. GARRORENA MORALES, *El Estado social*, *op. cit.*, p. 102.
[54] L. PAREJO, *Estado social y Administración pública*, Madrid, 1983, p. 88.

la dignidad del ser humano, puedan quedar *sine die* sin aplicación concreta.

En este punto hay que distinguir entre régimen concreto de un Principio rector y su condición de parámetro de constitucionalidad, que lo es por su reconocimiento en el texto constitucional y que, además, como señala el 53.3 constitucional, informarán la práctica judicial. Ni el legislador puede gozar de absoluta libertad para concretar el régimen de un Principio rector ni el Tribunal Constitucional puede disponer de una amplia franquía para establecer, ante el silencio del legislador, el régimen de un derecho social fundamental. Por eso, nuevamente aparece ante nosotros la necesidad de superar este problema a partir de la entrada en la Constitución en el capítulo de los derechos fundamentales de aquellos que son inherentes a la persona reclamando una acción positiva del Estado para su realización.

Cuestión también relevante es la de la forma de realización del Estado social. ¿Debe ser el Estado el único configurador del bienestar social? ¿Debe la sociedad, la comunidad participar en tal tarea? La experiencia de la exclusividad del Estado en tal misión es conocida. También, la autorregulación social sabemos a dónde conduce. En este tema, como en tantos otros, los postulados del pensamiento abierto, plural, dinámico y complementario, arrojan algunas luces. Es verdad que la responsabilidad en la realización del Estado es pública. Pero la forma en que las políticas públicas sociales se implementan puede, debe tener en cuenta la realidad social y, sobre todo, la existencia de instituciones sociales especializadas en el trato con excluidos, desvalidos o menesterosos. Por eso, en la instrumentación concreta de tales acciones hay que tener presente el principio de solidaridad y también el principio de subsidiariedad, pensando en inteligentes alianzas público-privadas que permitan ofrecer a quienes lo precisen una atención social humana.

La clave de esta cuestión, pienso está en que se garantice la dignidad de los seres humanos, siendo irrelevante la forma, obviamente en el marco de la juridicidad, en que tal finalidad se consiga. Sin embargo, tal posibilidad, como matiza González

Moreno, solo cabría en el ámbito de la cuestión de inconstitucionalidad o de la declaración de constitucionalidad, no como ejercicio de una pretensión para reclamar una acción positiva del Estado de contenido social, salvo que tal pretensión deriva de la concurrencia del principio social del Estado con un verdadero derecho subjetivo[55].

El Estado social como estamos comprobando, está muy presente en la doctrina del Tribunal Constitucional español. El profesor Tenorio señala que hasta 2010 esta expresión había sido empleada por el máximo intérprete de la Constitución en 158 ocasiones[56], en todas ellas para sentar que la acción de los Poderes públicos ha de estar guiada y orientada a la reducción de la desigualdad social y, por ende, a la protección de los colectivos más desvalidos o desfavorecidos.

De forma especial, como estudiaremos más adelante en sede de derechos fundamentales sociales, el Tribunal Constitucional del Reino de España aunque no se ha pronunciado directamente sobre la irreversibilidad de las conquistas sociales, en la sentencia 97/1990 de 24 de mayo, sobre el artículo 50 de nuestra Carta Magna, en materia de pensiones, señala que éstas han de ser las adecuadas recordando que el Estado administra medios limitados y que no cabe en esta cuestión la denominada responsabilidad por omisión, tema del que nos ocuparemos más adelante.

Por lo que se refiere a la irreversibilidad de las medidas sociales más favorables, hay que distinguir las que afectan a las condiciones del mínimo vital digno, de las que son complementarias o accesorias a este verdadero patrón o canon de la acción social. El mínimo vital digno, el derecho social fundamental al mínimo vital, debe preservarse y protegerse por ser la esencia del mismo Estado social tal y como expondremos con posterioridad en materia de derechos fundamentales sociales. Especialmente porque

---

[55] B. GONZÁLEZ MORENO, *El Estado social, op. cit.*, p. 62.
[56] P. TENORIO, «El Tribunal Constitucional, la cláusula del Estado social, los derechos sociales y el derecho a un mínimo vital digno», en *Derechos Sociales y Principios Rectores*, Actas del IX Congreso de la Asociación de Constitucionalistas de España, Valencia, 2012, p. 257.

es, el mínimo vital de dignidad, además de contenido básico del derecho fundamental a una buena Administración, un derecho tan fundamental de la persona que hasta puede calificarse como el segundo derecho fundamental de la persona más relevante, después del primero: el derecho a la vida, del que obviamente se deriva como su más capital corolario básico.

El modelo del Estado social, como hemos señalado, se generaliza prácticamente a partir de la Segunda Guerra Mundial hasta el punto de que a día de hoy es muy difícil encontrar alguna Constitución en el planeta que no defina el modelo de Estado sobre el que actúa como social y democrático de Derecho. Es, como sentenció Lucas Verdú, la estructura de la convivencia política occidental[57] y tanto en el continente como en las islas, tanto en los países que siguen la matriz romano germánica como en los que se alinean con la regla del *rule of law*, este modelo de Estado social y democrático de Derecho es un elemento común de sus Ordenamientos constitucionales.

En el mundo anglosajón la expresión que se usa para denominar este modelo de Estado es Estado de bienestar, Welafre State, Estado Providencia, significando sobre todo el compromiso del Estado en el mundo del bienestar social. Realmente la expresión Estado de bienestar, con esta modulación, es similar a la de Estado social si bien la denominación Estado social incluye aspectos no solo característicos del bienestar social, sino, como señala García Pelayo, aspectos totales de una configuración estatal típica de nuestra época[58].

Realmente, tras la Segunda Guerra Mundial los Estados que han de ser reconstruidos se conforman ya como Estados de bienestar y se fundan en una alianza entre diversas ideologías o pensamientos políticos que buscan de alguna manera, tras la hecatombe que selló tantos millones de muertos en el solar europeo, combinar armónicamente libertad, igualdad y seguridad. Se

[57] P. LUCAS VERDÚ, *La lucha por el Estado de Derecho*, Bolonia, 1975, p. 95.
[58] M. GARCÍA PELAYO, *Las transformaciones del Estado contemporáneo*, Madrid, 1977, p. 14.

buscará instaurar un régimen político en el que sea compatible el disfrute de la libertad en el marco de una progresiva igualdad entre los ciudadanos. Algo, sin embargo, que en la etiología de la crisis en que llevamos ya unos años instalados, saltó por los aires a causa, como vamos a explicar, de una visión estática del Estado social, o, si se quiere del Estado de bienestar.

En efecto, pocos conceptos fueron tan poco discutidos hasta no hace mucho como el denominado «Estado de bienestar». Hoy, en plena crisis general, nuestra mirada se dirige precisamente hacia las causas de la crisis de un modelo que parecía imbatible, que rindió muy buenos réditos a la causa de la igualdad material pero que acabó, por su deriva estática, traicionando su propia esencia y siendo objeto de apropiación por parte de unos dirigentes que olvidaron la finalidad del Estado mientras buscaban a toda costa como sacar partido al Estado social, al Estado de bienestar para su perpetuación en el poder.

Sorprende que las primeras críticas vertidas al Estado social reprodujeran los argumentos manejados por quienes se escandalizaban ante la adopción de medidas mitigadoras de las penalidades del frenético ritmo de producción de la revolución industrial. Los parados se calificaban de vagos y maleantes, a los pobres se les consideraba como poco previsores y la pobreza, en sí misma, constituía un castigo para la pereza y la incompetencia. Interferir en el mercado concediendo amparo a los trabajadores cuando enfermaban o accedían a la vejez o al desempleo, constituía un ataque inadmisible y sin precedentes al sistema implantado en aquella época. El dios mercado debía reinar con poder absoluto y eliminar cualquier obstáculo que se interpusiera en su camino.

En definitiva, se premiaba la improductividad a costa de quienes enarbolaban la bandera de la producción como fundamento del progreso y el bienestar. Estas ideas, anacrónicas, hoy se encuentran lamentable y dramáticamente de actualidad, especialmente ante la puesta en escena de un capitalismo salvaje, hoy de moda otra vez, que campa a sus anchas, sin límites ni limitaciones[59]. Tal forma de capitalismo, junto a los fallos en la regulación, que es una función del Estado, explican bastante bien, una vez que hemos conocido la factura de la crisis, lo que aconteció entre 2007 y nuestros días.

El paso del tiempo alumbró ideologías que rechazaban de plano el dominio del capitalismo salvaje fruto de esa época de industrialización, alumbrándose una fuerte e intensa sensibilidad social desde la instancia estatal, reflejo, en sentido negativo, de los excesos de un sistema económico entendido sin modulaciones que daba lugar a continuas injusticias sociales. Y, en sentido positivo, ya por entonces surge el convencimiento de que el Estado tenía la responsabilidad de garantizar el bienestar básico de todos sus componentes, especialmente de las personas con menos recursos, de las personas excluidas del sistema.

La ampliación de los servicios públicos, los sistemas tributarios progresivos, la legislación laboral, la de consumo, la normativa sobre salarios mínimos, la ayuda a los incapacitados y a los desempleados, por ejemplo, cuajaron como manifestación de una

---

[59] Un ejemplo de lo expuesto lo constituye la posición mantenida por C. ESPINOSA DE LOS MONTEROS en su artículo «Repensando el Estado de bienestar», *El País*, 28 de diciembre de 1996, p. 68: «La idea original del Estado de bienestar fue la de establecer una red mínima de seguridad destinada a cubrir a quienes no son capaces de vivir en una economía de mercado. De este enfoque se ha pasado a otro en el que se llega a proteger a gente que no lo necesita y, sin embargo, no se otorga suficiente proyección a las capas más desfavorecidas. Se ha producido, pues, una desnaturalización de los principios fundacionales de los sistemas de protección social. El crecimiento del Estado del bienestar, tal y como está hoy concebido, es a largo plazo incontrolable. La mezcla de universalidad, gratuidad y carácter público de las prestaciones determina el crecimiento incontrolable del gasto, tanto por su propia estructura como por ser objeto de competición entre los partidos políticos que concurren a las elecciones. En definitiva, el Estado del bienestar, en su versión actual, ha pasado de constituir una solución a convertirse en un problema. De hecho, puede afirmarse que el sistema de protección social tal como existe en la actualidad atraviesa una crisis, cuyo origen puede resumirse en tres puntos esenciales: los cambios registrados en la estructura demográfica de las sociedades occidentales, los crecientes problemas financieros del Estado de bienestar, sus negativas consecuencias sobre la actividad económica y el empleo. Sin embargo, la discusión sobre el futuro del Estado de bienestar no se está realizando con el sosiego debido. Por un lado, la apelación a los sentimientos en lugar de a la razón y la facilidad con que la demagogia puede abrirse camino en este terreno ha impedido que la racionalidad económica se convierta en un instrumento eficaz para arrojar luz sobre el problema y ayudar a su resolución».

determinada conciencia social que asume sin problemas el conjunto de la colectividad y que perdura en el tiempo, hoy también por supuesto. Se trata de relevantes conquistas sociales que hoy parecen asumidas en la cultura occidental, aunque debemos reconocer que la llegada de la crisis económica ha puesto en solfa, lamentablemente, algunas política sociales que parecían incorporadas ya al acervo de la praxis política ordinaria, gobernara quien gobernara.

Hoy, el estudio de la crisis del Estado de bienestar es, desde luego, un tema actual, un tema en el que hay relativa unanimidad. Su análisis plantea cuestiones tan interesantes para un profesor de Derecho Público, como es la del fin fundamental del Estado, la funcionalidad de la intervención pública en nuestros días, las notas características del denominado «Estado de bienestar» así como la etiología de su crisis. Una crisis que, en este tiempo, aconseja revisar los mismos fundamentos del orden político, social y económico para residenciarlos de forma clara e inequívoca en la dignidad del ser humano, pues estos años de preparación de la crisis nos han mostrado hasta qué punto el fraude, el engaño, el exceso, también en el gasto público, pueden hacer tambalear un modelo que parecía condenado al éxito y que, sin embargo, se ha convertido, por su incapacidad de transformación, en uno de los principales enemigos de la vida digna de los ciudadanos.

En efecto, hoy en día es evidente la fuerza que ha recobrado el principio de subsidiariedad y en este tiempo tampoco se pone en tela de juicio el creciente compromiso del Estado en la promoción de los derechos humanos. Los vientos que corren, como lógica consecuencia de un camino caduco, son de búsqueda de nuevos horizontes, de nuevas soluciones. En las líneas que siguen no se ha pretendido hacer ningún descubrimiento porque en esta materia, una vez más, ha de quedar bien claro que debemos seguir luchando por construir un modelo de Estado al servicio del ser humano y no al revés, como lamentablemente ha acontecido en fechas recientes.

El Estado, como es sabido, es la comunidad de un pueblo asentada sobre un determinado territorio dotado del más alto poder de dominio para la fundamentación completa de su bienestar general[60]. Esta definición, una de las mejores que se pueden encontrar en el marco del Derecho Público, recoge expresamente el término «bienestar». ¿Por qué será? Porque una de las funciones esenciales del Estado es la puesta en marcha de las instituciones que hagan posible la obtención autorresponsable de sus propios fines en el marco del bien común, del bienestar general o del interés general, según nos situemos en la Filosofía, en la Sociología o en el Derecho Público.

El bien común es precisamente la finalidad general del Estado. Es más, el poder estatal es el medio del que dispone la autoridad política para alcanzar el bien común, para conseguir precisamente el bienestar de la sociedad como un todo. El bien común en realidad consiste en hacer posible a los ciudadanos su realización como persona en libertad solidaria. En palabras más claras: el Estado debe garantizar el marco y las condiciones necesarias para que los ciudadanos puedan desarrollar íntegramente su personalidad en libertad solidaria.

El poder estatal tiene un evidente sentido de servicio al bien común y es el poder supremo entre los poderes sociales primarios porque, como dice Messner, el cumplimiento de las tareas particulares de todas las pequeñas comunidades depende de que el Estado cumpla sus tareas sociales más básicas[61]. Sabemos que los seres humanos pertenecemos inmediatamente a pequeñas comunidades (familia, Ayuntamiento, Corporación profesional) y que el primer deber del Estado es crear los presupuestos para cumplir las tareas que a esas comunidades impone la naturaleza, la realidad.

En este sentido, el Estado sería una vinculación de comunidades de forma que en las relaciones bilaterales del Estado con respecto a la pequeña y gran comunidad, debe respetar y promover los derechos originarios comunitarios[62].

---

[60] J. MESSNER, *Ética Social, política y económica a la luz del Derecho Natural*, Madrid, 1967, pp. 813-814.
[61] J. MESSNER, *Ética General y Aplicada*, Madrid, 1969, pp. 298-299.
[62] J. MESSNER, *op. cit.*, p. 299.

En este contexto, el poder estatal es el poder supremo de los poderes sociales, porque el cumplimiento de las tareas propias de las pequeñas comunidades depende de que el Estado cumpla sus tareas sociales básicas. El propio fin del poder estatal, en la medida en que se orienta hacia el cumplimiento de las funciones sociales básicas de protección del orden jurídico y de aseguramiento del bienestar, implica evidentes limitaciones. Primera: la dignidad y los derechos fundamentales que de ella se derivan, los derechos de las comunidades, de las minorías, de otros Estados, de otras instituciones sociales, etc. Y segunda: los medios imprescindibles para garantizar una situación de bienestar. Aquí, en materia de medios, aparecen las prestaciones que, el Estado o la Sociedad, o ambos en alianza, están obligados a poner a disposición de aquellas personas necesitadas de ellos para una vida digna de la condición humana.

Como señala Messner, estos límites son flexibles ya que las exigencias del bien común son variadas y diversas según las distintas soluciones. Pero como regla general puede afirmarse que la presunción jurídica está contra la extensión del poder estatal[63]. ¿Por qué? Precisamente porque el poder estatal se justifica en la constitución del orden colectivo de las funciones sociales fundamentales. Lo ideal sería, desde luego, que la vitalidad y pujanza de la Sociedad pudieran asumir estas responsabilidades, pero la realidad actual acredita lo que todos constatamos todos los días.

Como sabemos, la responsabilidad o la competencia personal anteceden a la global. Es decir, lo que los individuos y las pequeñas comunidades sean capaces y estén dispuestos a hacer deben hacerlo, sin interferencias del Estado. El principio de subsidiariedad es un principio fundamental de toda autoridad social y también, como más adelante comentaremos, es de aplicación en materia de derechos sociales fundamentales.

En realidad, bien común, subsidiariedad y bienestar son conceptos que están más ligados de lo que parece. Por eso, en el estudio sobre el llamado Estado de bienestar y su crisis deben

---

[63] J. MESSNER, *Ética General, op. cit.*, p. 301.

desarrollarse convenientemente estos conceptos. El bien común es la clave porque implica ayuda, pero como dice Messner, ayuda para que los individuos puedan conseguir los fines esenciales de la vida[64], no ayuda dirigida a captar la voluntad política de los ayudados, de los subsidiados, tal y como hemos comprobado que han discurrido los acontecimientos en estos años de la crisis.

El principio de subsidiariedad, lógicamente, limita considerablemente la operatividad del poder estatal y responsabiliza a las personas en el cumplimiento de sus fines vitales y sociales. Como principio superior filosófico-social, tiene tres importantes corolarios. Primero: un sistema social es tanto más perfecto en la medida en que facilite a las personas la consecución de sus propios intereses en un contexto de libertad solidaria. Segundo: un sistema social es tanto más valioso cuanto más se utilice la técnica de la descentralización del poder y la autonomía de las comunidades menores. Tercero, y muy importante, un sistema social será más eficaz cuanto menos acuda a las leyes y más a la acción de fomento y a los estímulos para alcanzar el bien común.

El libre y solidario desarrollo de la persona en un contexto de bien común, es un dato capital. Por eso, el principio de subsidiariedad supone tanta libertad solidaria como sea posible y tanta intervención estatal como sea imprescindible. En la crisis del Estado de bienestar hemos comprobado hasta qué punto la máxima de tanto poder como sea posible y tanta libertad como sea inevitable ha conseguido consolidar un mundo de dependencia jamás conocido.

En realidad, como sabemos, el ideal del orden social se orienta hacia la mayor libertad solidaria posible en un marco de mínima regulación estatal. Los pueblos que han tenido más leyes no es que hayan sido los más felices nos recuerda Messner[65]. Sin embargo hoy por hoy existe una fuerte convicción de que el progreso social depende de la intervención estatal. Por un lado porque el sistema económico liberal se ha demostrado insuficiente y ne-

---

[64] J. MESSNER, *Ética General*, op. cit., p. 228.
[65] J. MESSNER, *Ética General*, op. cit., p. 227.

cesitado de intervención pública para garantizar racionalidad y objetividad.

La cuestión es reducir la intervención a ese marco de ayuda ínsito en la idea del bien común, porque no se puede olvidar que la gran paradoja, y tremendo fracaso del Estado de bienestar, ha sido pensar que la intervención directa producía automáticamente mayor bienestar general. La fórmula es, más bien, la que parte de la subsidiariedad: cuanto más se apoye a la persona y a las comunidades en que se integra, se fomentará la competencia y la responsabilidad y el conjunto tendrá una mayor autonomía. Porque no se puede olvidar que el principio de subsidiariedad protege los derechos de las personas y de las pequeñas comunidades frente a un Estado que, históricamente, ha cedido, unas veces más que otras, a la sutil tentación de aumentar considerablemente su poder. Pero lo más importante, independientemente de la fuerza evidente de este principio básico de la Ética política, es que el bien común se alcanza más fácilmente si los propios individuos y las pequeñas comunidades viven en un contexto de responsabilidad e ilusión por conseguir sus fines existenciales.

Una de esas pequeñas comunidades –olvidadas en el contexto del Estado de bienestar– es la familia. El redescubrimiento de su papel como ámbito de solidaridad y agente de revitalización social es fundamental para la eliminación de muchas de las patologías que sufre el Estado providencia. La familia, bien lo sabemos, no es solo la célula básica de la Sociedad. Lo es, pero sobre todo, es el espacio por antonomasia para el ejercicio de las libertades solidarias y, por ende, para el crecimiento en las virtudes cívicas de los ciudadanos.

Es evidente que el modelo del Estado de bienestar, tal y como está concebido actualmente, está agotado. Sus estructuras están sobrecargadas porque ha pretendido hacerlo todo él solo sin ayuda de la Sociedad. Por otra parte, su rigidez burocrática le ha hecho perder contacto con las fuentes que le proporcionarían vitalidad, entre ellas la familia[66]. El modelo ha fracasado porque se

[66] A. LLANO, «Familia y convivencia social», IX Congreso Nacional de Orienta-

ha estancado y ha sido usado por determinadas tecnoestructuras políticas, económicas y financieras para obtener pingües beneficios de distinta naturaleza.

Por ejemplo, las políticas sociales del Estado de bienestar, que, originariamente, eligieron a la familia como objeto preferente de sus prestaciones, han acabado por vaciar de casi todo contenido relevante a la institución familiar. Así se observa que las actuales políticas de protección familiar tienden a asistir a los individuos con independencia de sus nexos familiares, que quedan así trivializados. Esta situación ha provocado un gran vacío, que la asistencia pública jamás podrá ocupar.

Para superar esta situación una solución podría pasar por traspasar la barrera del Estado de bienestar hacia lo que denominaríamos la Sociedad de bienestar. Esto supone no solo poner el acento en lo vital («Sociedad») frente a lo estructural («Estado»), sino que también evoca una nueva noción de bienestar: en vez de una recepción pasiva de prestaciones, una intervención activa en una tarea común[67].

La vida social tiene calidad cuando a sus actores natos se les permite que realicen sus proyectos originales y se les otorga una ayuda a la que tienen derecho. En este sentido resulta de gran interés el artículo de Don Eberly, «Más allá de la política social», publicado en *The Wall Street Jounal* el 3 de noviembre de 1995 y del que, por interés, reproduzco un párrafo bien significativo: «En primer lugar, debemos dejar de creer que todos nuestros problemas provienen solo del Estado Providencia. Problemas sociales de gran magnitud, como el que casi uno de cada tres niños nace fuera del matrimonio, o el hecho de que un adulto de cada

ción Familiar, Madrid, 11-13 de noviembre de 1994: «El Estado del Bienestar ha intentado implantar la ficción de que todo lo serio de la vida se reduce a las transacciones de poder, dinero e influencia que acontecen en el Estado y el mercado. La primera víctima ha sido, paradójicamente, la familia».

[67] A. LLANO, *loc. cit.*: «Para que las familias consigan peso social, es necesario que salgan de su aislamiento privatizado e irrumpan solidariamente en el espacio social. La teoría y la practica social conocen ya muchas y eficaces formas de cooperativismo, asociaciones de auto-ayuda, movimientos ciudadanos, iniciativas docentes y organizaciones de voluntariado».

cuarenta esté en la cárcel o en libertad condicional, no pueden achacarse solo a políticas equivocadas. Para restaurar la sociedad civil tenemos que dar marcha atrás en el modo de plantear los problemas sociales. En la historia americana anterior, el debate se centraba en la naturaleza profunda: del hombre y sus obligaciones. Ahora discutimos acerca de estructuras impersonales, a saber, acerca del gobierno y del mercado. Muchos conservadores y muchos liberales intervencionistas hablan de un modo racional y frío sobre los programas de gobierno o los sistemas de mercado, la mejora de los incentivos y la tasa de crecimiento económico, que se supone son los verdaderos indicadores del bienestar nacional. Y es que el siglo XX ha convertido al sujeto moral en sujeto económico y psicológico, sometiéndolo según los casos a estímulos económicos o a tratamientos terapéuticos. Si tenemos que restaurar la sociedad, el siglo XXI tendrá que recuperar la noción del hombre como portavoz de unos valores morales inherentes».

Para detectar las causas culturales del debilitamiento de la sociedad civil, es menester traer a colación el diagnóstico del sociólogo Sorokin, para quien la contradicción básica de nuestra cultura es la simultanea glorificación y degradación del hombre; manifestación de lo cual es el actual utilitarismo, que ha producido un hombre totalmente mecanicista, materialista y extremadamente individualista, que ha sido hábilmente manipulado por las terminales mediáticas de las tecnoestructuras dominantes[68]. Este modelo de ser humano, consumidor compulsivo y obsesionado por el dinero, el poder y el placer, termina siendo una marioneta de quienes hábil y sutilmente, usando las potentes terminales que tienen a su alcance, lo mueven a su antojo.

Tocqueville señaló que la fuerza de los Estados Unidos de Norteamérica consistía en la tendencia a unirse en asociaciones voluntarias, mientras que la principal preocupación a largo plazo sería el egoísmo que lleva a cada ciudadano a vivir aparte –extraño al destino del resto–. Le preocupaba que esta forma de individualismo, combinada con el nacimiento de la sociedad de

_____

[68] *Vid.* P. SOROKIN, *La crisis de nuestra era*, Buenos Aires, 1948.

masas, produjera el omnipresente Estado burocrático al servicio de determinadas minorías ajenas a cualquier compromiso social y al margen de la efectividad de la cláusula del Estado social y democrático de derecho[69].

Nuestras actuales políticas públicas refuerzan esta forma de concebir la sociedad. Es decir, una sociedad conformada por individuos libres sin limitaciones, mimados con promesas, armados de múltiples derechos legales, muchos de ellos extra muros de los derechos de dignidad, inundados de posibilidades de consumo, y a pesar de todo, más súbditos que ciudadanos. Esta peculiar «extensión» de derechos en ocasiones se realizó al margen del aseguramiento de los mínimos vitales necesarios para una vida mínimamente humana. Incluso estos años de la crisis, se siguen «concediendo», en nombre de la «extensión» de los derechos civiles, posiciones jurídicas reclamadas por determinados grupos, mientras todavía existen derechos sociales fundamentales de mínimos sin cobertura.

Para recuperar la democracia social, la cláusula del Estado social, el Estado de bienestar dinámico, es menester alimentar las disposiciones y los hábitos democráticos de sensibilidad social. Pero, podemos preguntarnos ¿de dónde viene el autocontrol y la solidaridad necesarios para vivir en democracia?: el primer semillero de la sociedad civil y de las cualidades solidarias es la familia.

En efecto, el redescubrimiento y redimensionamiento de estas pequeñas comunidades permitirá evitar lo que hoy perece inevitable: la falta de reacción social, la débil motivación de los ciudadanos y la actitud sumisa general ante el poder, y, a su vez, conseguir que el principio de subsidiariedad vuelva a colocarse en el primer plano de la Ética Política. El profesor Cassagne, gran defensor del principio de subsidiariedad, señala que quienes piensan que este criterio genera Estados débiles o mínimos, no son conscientes de que la realidad es partidaria de reafirmar la autoridad del Estado en sus funciones soberanas y la eficiencia de

[69] *Vid.* A. TOCQUEVILLE, *La democracia en América*, Madrid, 2010.

las actividades supletorias que lleve a cabo. Al contrario de lo que puede pensarse, el Estado no saldrá más débil de este proceso sino más fuerte, pues su grandeza descansa más en el cumplimiento de su finalidad esencial que en su tamaño o dimensión[70].

Son muchos los que piensan que el crecimiento continuo y desmedido del Estado en la economía es el rasgo más característico de la evolución de la economía, de la sociedad y de la política del denominado Estado social. El impacto de la crisis económica de 1929 hizo reflexionar a muchos sobre la consistencia del mensaje neoclásico. Al desencanto con el sistema capitalista le sucedió el ascenso del socialismo, la actuación de las Autoridades económicas para paliar los efectos de las guerras y el advenimiento paradigma keynesiano, que, de alguna manera, explican el aumento de la intervención del Estado en la economía.

La figura clave de esta ruptura con el modelo anterior fue, como bien sabemos, Keynes. A diferencia de los neoclásicos, Keynes pensaba que el ahorro y la inversión podían situarse en condiciones de equilibrio que no tenían por qué ser las de pleno empleo. Su punto de vista partía del convencimiento de que el mercado no era capaz de garantizar el mantenimiento de un nivel de actividad suficiente que permitiera el pleno empleo de los recursos productivos y de que tampoco existe esa mano invisible que, como por arte de magia, lograba el equilibrio entre las unidades de gasto y las de producción. Con este argumento, Keynes ponía en entredicho la veracidad de uno de los postulados básicos de la economía clásica, que sostenía a capa y espada que toda oferta crea su propia demanda. Por tanto, la incapacidad del mercado, su irracionalidad y su fracaso como instancia absoluta, justificaba la intervención del Estado en la economía con medidas estabilizadoras que elevarían la demanda agregada y que evitarían los vaivenes cíclicos del capitalismo[71].

Con anterioridad al Keynesianismo existieron otras escuelas

---

[70] J.C. CASSAGNE, *La intervención administrativa*, Buenos Aires, 1992, p. 127.
[71] *Vid.* J. M. KEYNES, *Teoría general de la ocupación, el interés y el dinero*, México, 1937.

que se opusieron al modelo neoclásico. Una de ellas fue el historicismo alemán, de gran protagonismo en la articulación de la estrategia económica que marcó las pautas del desarrollo de la Alemania Imperial. Tres eran las líneas principales de esta corriente. A saber.

En primer lugar, se apartaba de la metodología de la ciencia económica defendida desde hacía años por los clásicos; en concreto, desde el historicismo se criticó duramente los postulados de la economía clásica blandiendo la bandera del método inductivo. En segundo lugar, defendían la mayor presencia e intervención del Estado en la economía y el establecimiento de medidas proteccionistas. Los historicistas consideraban que la vida económica no es una situación estática, sino un proceso continuo que atraviesa etapas sucesivas de desarrollo hasta alcanzar la madurez. En este proceso de transformación permanente, el Estado debe crear las condiciones adecuadas que faciliten el tránsito desde la fase más primitiva hasta la más desarrollada. A este respecto, pensaban que el arancel proteccionista era un instrumento primario en la adaptación de la sociedad a unas instituciones económicas en constante cambio. Su papel difiere notablemente según la etapa especifica de desarrollo, ya que no es útil para un país que se encuentra en una etapa inicial ni para quien ha llegado al final. En cambio, resulta indispensable para los países que, contado con los recursos naturales y humanos necesarios, marchan hacia la culminación de su desarrollo. Por último, la escuela alemana apoyó la cartelización bajo el argumento de que llevaba, ineludiblemente, hacia una política de desarrollo económico.

La otra escuela opuesta a los postulados clásicos fue el marxismo, cuya fracasada realización se produjo a través del modelo soviético. El pensamiento marxista coincidió en parte con el historicismo, aunque integró alguna de las ideas más importantes de la economía clásica. Sus tesis principales, bien se sabe y bien se ha experimentado, resultaban de la crítica de algunos aspectos del pensamiento clásico y, fundamentalmente, del funcionamiento de la sociedad capitalista. Las críticas más importantes se centraban en la distribución del poder que genera el sistema capitalista; en la distribución desigual de la renta; en los problemas que, sobre la producción y el empleo, generaban los vaivenes cíclicos del sistema; y finalmente; en el monopolio, tendencia básica que influiría de modo decisivo en el destino final del capitalismo. En contraposición, el pensamiento marxista proponía la creación de una sociedad alternativa basada en el control total de los medios de producción por parte del Estado que permitiría supuestamente, ya hemos visto con que suerte, la consecución de la utopía de una sociedad feliz, sin explotadores y con abundancia material, a través de una gran revolución social.

Para entender el avance del Estado de bienestar en la postguerra es preciso volver al pensamiento keynesiano, sin el que no hubiera sido posible. En su obra *Teoría General de la ocupación, el interés y el dinero*, Keynes expuso con claridad sus ideas acerca del orden económico, que se desarrollaban en tres sentidos. En primer lugar, el Estado debe jugar un papel activo en la economía, a fin de orientar la policía de gasto y, más en concreto, la de inversión. En segundo lugar, censuró el principio neoclásico del presupuesto equilibrado, con lo que la neutralidad de la Hacienda Pública dejaba de tener sentido. Por último, la política salarial y de seguros sociales no originaba siempre inflación y paro, sino que, debidamente coordinada con el resto de la política económica, era capaz de impulsar la producción, de facilitar una distribución más igualitaria de las rentas y de promover el pleno empleo. A ello había necesariamente que añadir un sistema tributario muy progresivo y personalizado[72].

La idea moderna del Estado de bienestar quedó plasmada en el Libro Blanco sobre pleno empleo en una sociedad libre realizado por Beveridge, publicado en 1942. La beligerancia contra el paro y la articulación de una nueva política de prestaciones sociales quedaban fijadas como una nueva política económica, de raíces keynesianas.

---

[72] *Vid.* J.M. KEYNES, *ibíd.*

Tras el final de la II Guerra Mundial, el modelo se impuso con el triunfo electoral de partidos y formaciones socialistas de todo tipo, también de cuño socialdemócratas, en Europa.

En el ámbito económico, el modelo encontró nuevos apoyos en los descubrimientos de los economistas del bienestar. En efecto, Samuelson entre otros, desarrollaron en los años cincuenta del siglo pasado los fundamentos microeconómicos de la teoría moderna del gasto público, con base en la definición de conceptos tales como los bienes públicos, bienes preferentes y externalidades. El eje central de su estudio se centraba en los «fallos» del mercado, entendiendo por tales las deficiencias que experimenta el funcionamiento libre de la economía para asignar eficientemente los recursos en la producción de algunos bienes y servicios, para generar una distribución más equitativa de la renta y para garantizar un desarrollo sostenido y estable de la economía sin vaivenes cíclicos[73].

Sin embargo, en la realidad, tales doctrinas contribuyeron, de alguna forma, a alimentar esa colosal maquinaria de poderío estatal en que acabó convertido el Estado de bienestar. Un modelo que, sin embargó, a pesar de la impronta dinámica ínsita en su misma formulación, terminó cediendo a la estaticidad convirtiéndose en tantos países en un medio para asegurar el control social. Las consecuencias las estamos sufriendo precisamente ahora.

Pues bien, estas ideas ayudaron a ampliar el grado de intervención del Estado esperando así corregir fallos del mercado. A la vez, animaron a los realizadores de la política económica a crear un sistema de economía mixta capacitado para suplir las deficiencias del mercado. Este modelo funcionó sin grandes dificultades hasta principios de los setenta del siglo pasado, ayudado en gran medida por la prosperidad del momento que permitió conseguir el pleno empleo y mejorar las condiciones de protección social. Pero, su posterior incapacidad para reducir la inflación y el desempleo, y para responder a fenómenos como la crisis del petróleo, frenó su desarrollo y obligaron a construir visiones alternativas.

---

[73] *Vid.* P. SAMUELSON, *Curso de economía moderna*, Madrid, 1957.

Hoy, el modelo, estancado en su estaticidad, precisa nuevos impulsos, nuevas reformas que lo devuelvan a sus ideas originales.

La función del bienestar, como sabemos, constituye la segunda función social básica del Estado, después del mantenimiento de la paz y el orden interior y exterior[74]. En realidad, la función del bienestar se refiere a la vida económica y social y sus principales campos de aplicación son las bases ordenadoras de la economía nacional.

La función del bienestar, que tiene mucho que ver, no solo etimológicamente, con el bien común, puede alcanzarse a través de la intervención directa del Estado en la vida económica y social o a través de la aplicación del principio de subsidiariedad. En este sentido, conviene distinguir entre Estado-Providencia y Estado social de bienestar.

El Estado Providencia (*Welfare State*) es el que se ocupa inmediatamente de todas las necesidades y situaciones de los individuos desde «la cuna hasta la tumba». Es un modelo de Estado de intervención directa, omnipresente, que exige elevados impuestos y, lo que es más grave, que va minando poco a poco lo más importante, la responsabilidad de las personas convirtiéndolas en sujetos dependientes por definición de la fuente de la financiación. Trae consigo una poderosa y omnipotente burocracia que crece y crece sin parar. En fin, este modelo de Estado de bienestar ha fracasado estrepitosamente en Europa en este tiempo por no confiar en el principio de subsidiariedad como elemento de regulación de la tarea estatal de bienestar y, por tanto, por no seguir un principio del bien común a partir de la promoción de las condiciones básicas para que el ciudadano se desarrolle en libertad y responsabilidad.

En realidad, el Estado social de bienestar, como lo denomina Messner, no supone que la regla deba ser la de mayor intervención del Estado en la vida económica y social; ni tampoco que se deba practicar una no intervención de los Poderes públicos en la sociedad. El Estado, es necesario recordarlo, tiene una función

---

[74] J. MESSNER, *Ética General, op. cit.*, p. 307.

ordenadora en la vida económica y social, tiene un cometido fundamental: establecer el orden en el que se consiga la mayor medida posible de bienestar general y se promueva el libre y solidario desarrollo de la persona en beneficio de la generalidad. Por eso, como acertadamente señala Messner, la finalidad de la política económica, que siempre tiene un claro sentido instrumental, es la creación de los medios adecuados para que la economía alcance su fin social: una mayor productividad socioeconómica y un mayor nivel de vida de todos los ciudadanos[75].

La elevación de la productividad socioeconómica implica que todas las instituciones económicas deben orientarse en su actuación a este objetivo. Y, para alcanzar el mayor nivel de vida posible es necesario un justo reparto del producto social de manera que, también al servicio de esta finalidad han de orientarse la política monetaria, la política crediticia, la política de salarios de precios o de impuestos, la política laboral y de pleno empleo, la política agraria, sindical...[76]. También la política fiscal ha de ser analizada en este contexto: debe orientarse hacia el bienestar económico y social.

El Estado social de Derecho, que parte del principio de subsidiariedad, supone que el propio Estado no debe ejercer actividad económica propia, a menos que la iniciativa privada sea insuficiente para cubrir las necesidades sociales o que el bien común exija su presencia en la vida económica. Por tanto, debe recordarse que la actividad económica estatal se justifica solamente, como es lógico, en caso de bienes y servicios de necesidad pública. En relación con la empresa privada, después de lo escrito ya, se entenderá perfectamente que el Estado debe estar presente para garantizar el cumplimiento del bien común, como también puede ser necesaria la intervención en determinados sectores, eso sí, en función del bien común. En este contexto, es posible, por qué no, pensar en que se puedan producir, en un marco de Estado social de bienestar, de forma excepcional, operaciones nacionalizado-

---

[75] J. MESSNER, *Ética General*, *op. cit.*, p. 308.
[76] J. MESSNER, *ibíd.*

ras o socializadoras cuando la situación lo requiera. Ahora bien, insisto, la transferencia de los medios de producción al Estado en determinados sectores o ramas económicas siempre será algo fuera de lo común.

En este sentido se comprende perfectamente que es en el seno social donde los derechos fundamentales sociales deben realizarse con el concurso, cuando sea menester, de las instituciones y organizaciones de base primaria. Y si ello no fuera posible, hoy lo más normal a causa de la hegemonía estatal en tantas latitudes, entonces tendría que venir el Estado a hacer posible el ejercicio de esos derechos sociales fundamentales.

Para Messner es posible pensar en socializaciones en varios casos. Primero, es posible la nacionalización de la producción de energía atómica por razón de las extraordinarias posibilidades de uso nocivo para la comunidad. Segundo, por la misma razón, cabe pensar en la socialización de las industrias claves cuando, por ejemplo una situación de monopolio amenaza el bien común o si no hay capital privado para desarrollarlas. En todo caso, el propio Messner señala que puede haber otros medios que excluyan la socialización en estos casos, como romper el monopolio o fomentar la inversión privada. Tercero: la nacionalización de bienes de consumo solo se justifica si es la única medida para que se cubran las necesidades generales de inmediata importancia vital. Cuarto, la socialización de las riquezas del subsuelo puede estar justificada para evitar una explotación exhaustiva o para alcanzar la productividad que demande el bien común, eso sí, siempre que el capital privado no esté dispuesto, o no sea capaz de hacer la inversión necesaria. Quinta, no hay justificación alguna, por razones obvias, para socializar la propiedad agraria[77], ni la banca, ya que el Estado adquiría demasiada fuerza desequilibrando el sistema, ni las empresas culturales como prensa, editoriales, producción cinematográfica o instituciones benéficas[78].

---

[77] Más bien, dice Messner, es cometido del Estado asegurar la existencia económica mediante la propiedad del suelo al mayor número posible de familias (J. MESSNER, *Ética General, op. cit.*, p. 310).
[78] J. MESSNER, *Ética General, op. cit.*, pp. 309-310.

La verdad es que el Estado de bienestar actual, estancado y atrapado en sus contradicciones, poco tiene que ver con el modelo del Estado social del bienestar pues la intervención ha sido cada vez mayor y más amplia, hasta llegar a una peligrosa situación pues se ha ido aniquilando la capacidad de reacción de los individuos y se les ha acostumbrado a esperarlo todo del Estado, de manera que la responsabilidad personal es una quimera. Ahora, con la toma de conciencia de la crisis en la que estamos sumidos y con la ayuda de algunos movimientos sociales, muchos ciudadanos empiezan a darse cuenta de la realidad y a reclamar la emergencia del modelo dinámico del Estado de bienestar, olvidado estos años en los que determinadas tecnoestructuras ordeñaron en su propio beneficio lo que debió haber ido destinado a proporcionar mayores cotas de bienestar a tantas y tantas personas desvalidas, menesterosas y necesitadas de un mínimo vital para subsistir con dignidad.

Estudiemos ahora brevemente, para después comprobar lo que ha pasado, cuál es la posición del Estado social de bienestar en materia de política social. En primer lugar, conviene definir lo que debemos entender por política social. La política social, según Messner, consiste en las medidas e instituciones del Estado para proteger a los grupos sociales que dependen del trabajo contra todo perjuicio en la participación del bien común. Entre las medidas de la política social, cada vez más necesarias, se encuentran, entre otras, una protección de la salud digna y humana, una protección del salario a través de la seguridad social general y una protección de los convenios colectivos para que las condiciones de trabajo permitan la realización del hombre en su plenitud. También en estos casos la acción del Estado está vinculada por el principio de subsidiariedad, de forma que en muchas ocasiones la integración social es posible dejando a los individuos y grupos que los representan, la iniciativa en esta materia. Conviene recordar que la acción social del Estado debe extenderse a la protección de la salud, del salario y del contrato.

El Estado debe garantizar el cumplimiento de los derechos humanos en el marco del bien común. Por eso, el modelo del Estado social de bienestar implica que la acción pública, en el marco de la subsidiariedad, se oriente hacia la dignidad de la persona, que es la fuente y la garantía del bien común, de manera que la intervención, cuando sea necesaria, tiene siempre esta connotación de servicio al hombre que vive en comunidad. De ahí que sea incompatible con el modelo del Estado social de bienestar la creencia de que el mercado por sí mismo todo lo arregla. Sabemos que el liberalismo económico a ultranza implica fallas sobre los derechos humanos; por eso, la intervención pública debe legitimar un orden económico al servicio del hombre. Quizás, en este sentido puede entenderse la doctrina de la llamada economía social de mercado, que me parece que se encuentra en la entraña de lo que debe entenderse por el Estado social del bienestar[79].

El protagonismo del Estado o del mercado ha sido el gran tema del debate económico del siglo XX. Ya desde muy pronto, como nos recuerda el profesor Velarde Fuertes, encontramos el célebre trabajo de Enrico Barone publicado en el *Giornale degli Economisti* (1908): «El ministro de la producción en un Estado colectivista», a partir del cual comienza un amplio despliegue de estudios de los teóricos de la economía sobre la racionalidad económica de una organización socialista como los de Wiesser, Pareto y sus discípulos. La crisis económica que sigue a la Primera Guerra Mundial pone en tela de juicio el pensamiento capitalista y alimenta formas intervencionistas que el economista Mandilesco se encargaría de configurar económicamente.

De igual manera, tanto el New Deal de Roosevelt como la encíclica *Quadragesimo anno* se muestran críticas hacia el capitalismo. En 1917 comienza la amarga experiencia comunista en Rusia y en los países «convertidos» a la paradójica y hasta ahora nunca lograda sociedad sin clases. En 1989, tras un largo y épico sufrimiento colectivo, cae una de las grandes farsas de la historia: el comunismo. El desmantelamiento del credo comunista ha traído consigo, lo comentaremos más despacio, la crisis del planteamiento socialista. Es lógico si se tiene en cuenta que nos encontramos

---

[79] *Vid.* A. HIRSCHMAN, *Retórica de la intransigencia*, México, 1991, p. 97.

en uno de esos momentos de la Historia en las que resulta muy difícil, a la vista de lo acontecido, apostar por modelos de corte intervencionista.

En verdad, la época de la prosperidad de 1945 a 1973 mucho ha tenido que ver con una política de intervención del Estado en la vida económica. Quizá porque entonces la maltrecha situación económica que generó la conflagración, no permitía, porque no se daban las condiciones, otra política económica distinta. Ahora bien, en torno al llamado círculo de Friburgo, como es sabido, surge un conjunto de pensadores críticos frente a las bases teóricas del Estado de bienestar. Entre ellos, destacan Walter Eucken, Ludwig Erhard o Friedrich Von Hayek. Realmente, la importancia del pensamiento de estos economistas, conocidos como representantes de la economía social de mercado, es muy grande y su actualidad innegable. Eucken, por ejemplo, se preguntó la cuestión de la actividad estatal en materia económica. Su planteamiento es irrefutable: el problema es de orden cualitativo, no cuantitativo. El Estado ha de influir en el marco institucional y en el orden dentro del cual se desarrolla la actividad económica. El Estado, según Eucken, de acuerdo con la doctrina de la economía social de mercado, ha de fijar las condiciones en que se desenvuelve un orden económico capaz de funcionamiento y digno de los hombres, pero no ha de dirigir el proceso económico. En resumen: el Estado debe actuar para crear el orden de la competencia, pero no ha de actuar entorpeciendo el proceso económico de la competencia. Como es bien sabido, el «milagro» alemán debe mucho a esta interesante doctrina de la economía social.

Ludwig Erhard entendió claramente la función del Estado cuando escribía en su célebre obra *Bienestar para todos* que «el ideal que yo sueño es que cada cual pueda decir: yo quiero afianzarme por mi propia fuerza, quiero correr yo mismo el riesgo de mi vida, quiero ser responsable de mi propio destino. Vela tú, Estado, porque esté en condiciones de ello»[80].

El Estado de bienestar que ha tenido plena vigencia en la Eu-

---

[80] *Vid.* L. ERHARD, *Bienestar para todos*, Madrid, 2010.

ropa de «entreguerras» es un concepto político que, en realidad, fue una respuesta a la crisis de 1929 y a las manifestaciones más agudas de la recesión. Sin embargo, como sabemos muy bien, en su evolución histórica ha ido adquiriendo las características propias del Estado fuertemente interventor en detrimento de las libertades del hombre hasta llegar hoy a una situación insostenible, en la que hay unanimidad general y que se ha bautizado como la crisis del Estado de bienestar. La causa principal: que el Estado se ha excedido en su afán interventor y, además, no siempre la mayor carga fiscal ha supuesto mejores y más eficaces servicios públicos.

Aunque se critique el Estado de bienestar, es de justicia reiterar que surge de una convicción moral, como dice Karl Popper, sumamente humanitaria y admirable. Lo que ha pasado es que se ha olvidado el principio de subsidiariedad que, probablemente, permite llegar a mejores resultados, con menos costes y con mayor participación social. Debe reivindicarse nuevamente que el Principio rector que justifica la intromisión del Estado en el plano económico y social es el de la subsidiariedad[81]. Y no es que la subsidiariedad equivalga, como ya hemos señalado, a un Estado débil. Más bien, ocurre todo lo contrario porque la fortaleza o debilidad de un Estado pienso que no se debe medir por el tamaño del sector público sino por la sensibilidad frente al bien común de los ciudadanos. Para conseguirla, el Estado debe transferirles, racionalmente y en un marco del bien común, las competencias que le son propias. ¿Por qué? Porque, entre otras razones, después de años de rodaje del sistema, ya nadie duda de que la titularidad estatal no es más que una de las formas en que políticos y burócratas de turno mantienen o disfrazan su hegemonía sobre la sociedad y una de las causas más comunes de los abusos y arbitrariedades que provoca la acción interventora del Estado[82].

El Estado Providencia está en crisis. Como dice Yuste, a la cobertura de los riesgos de enfermedad, accidente, desempleo y

[81] J.C. CASSAGNE, *La intervención administrativa*, Buenos Aires, 1992, p. 126.
[82] J.C. CASSAGNE, *op. cit.*, p. 127.

vejez, se fueron sumando prestaciones en materia de vivienda, educación, transporte, vacaciones, medio ambiente... que han supuesto el agotamiento financiero del sistema[83]. Es más, a través de sugerentes ofertas electorales, el *Welfare State* ha endosado a los Poderes públicos la satisfacción de innumerables apetencias y servicios de forma que el hedonismo y materialismo reinante, provocado en parte desde el aparato público, ha ido creando nuevas expectativas en los ciudadanos[84], cuya satisfacción se pide a un Estado que ha ido aniquilando toda referencia a la iniciativa y a la espontaneidad social, para convertirse en una especia de tutor social[85].

[83] J.L. YUSTE, «La Sociedad Civil en España», Veintiuno, Otoño 1993, p. 14.
[84] J.L. YUSTE, *ibíd.*
[85] J.L. YUSTE, *ibíd.*

CAPÍTULO III

LA CRISIS DEL ESTADO SOCIAL, LA CRISIS DEL ESTADO DE BIENESTAR

L A crisis del modelo estático de bienestar, no por supuesto de su versión dinámica, es clara, está fuera de dudas. No solo desde el punto de vista económico, sino también, y ello es más importante, como modelo de Estado en sentido amplio. En este epígrafe, además de analizar algunas de las causas de la crisis, es conveniente subrayar que se está recuperando una nueva forma de entender lo público, no como un espacio propio y exclusivo del Estado, sino como ámbito en el que se espera la participación del ciudadano, de la sociedad articulada.

En efecto, se está rompiendo el monopolio, el dominio absoluto que hasta ahora se pensaba que tenía el Estado frente a los intereses generales. Y, además, está reapareciendo la idea de que el Estado existe y se justifica en la medida en que fomente, promueva y facilite que cada ser humano pueda desarrollarse como tal a través del pleno, libre y solidario ejercicio de todos y cada uno de los derechos humanos.

Por tanto, el ser humano, la persona, es el centro del sistema. El Estado está a su servicio y las políticas públicas, por tanto, también. En este contexto nos encontramos con el principio de subsidiariedad y se comprende cabalmente que el Estado actúe cuando así lo aconseje el bien común, el interés general. Es más, el Estado debe propiciar, sin convertirse en actor principal, menos todavía actor único, una sociedad más fuerte, más libre, más capaz de generar iniciativas y más responsable. Es verdad sin embargo, que tal afirmación debe ser modulada en función de las co-ordenadas de tiempo y espacio y debe entenderse como un punto de llegada, como el puerto final de la travesía.

El Estado debe facilitar que cada ciudadano se desarrolle libre y solidariamente y que pueda integrarse en condiciones dignas en la sociedad. La muerte del *Welfare State*, de su versión estática, no es la muerte de una manera más social de ver la vida, sino el fin de un sistema de intervención creciente y estático que ha terminado asfixiando y narcotizando al ciudadano, y que ha vaciado de contenido y función a la misma Sociedad. Por lo demás, para que se entienda bien, las propuestas que aquí se esbozarán participan de la necesidad de seguir trabajando en un modelo de Estado de bienestar dinámico.

El Estado de bienestar, tal y como se ha manifestado en Europa en los últimos años ha asumido *in integrum* los gastos de la sanidad, las pensiones de jubilación, el sistema educativo, los subsidios de desempleo así como la financiación sin límites de todo un conjunto de organizaciones y organismos, algunos al margen del interés general. Sin embargo, tal operación de intervención y presencia en la vida social ha sido, en muchos casos, una tarea propia y exclusiva del Estado, sin abrirse a la Sociedad, con lo que el Estado ha tenido que correr con todos los gastos hasta que se acabó la financiación. Es lo que ha pasó su día, no hace mucho, en Suecia, la cuna del Estado de bienestar, y es lo que está pasando en otros muchos países, España entre ellos. Parece mentira pero era un sistema, más tarde o más temprano, abocado al fracaso porque la crisis económica que ha producido semejante gasto público acabaría apareciendo y provocando otras formas de atender objetivamente los intereses generales más humanas y más adecuadas a la finalidad del mismo Estado, que terminó por entretenerse en funciones y actividades más de control que de verdadera solidaridad social.

Entre los argumentos que se pueden encontrar para explicar el descalabro de un sistema que parecía imbatible, encontramos razones para todos los gustos. En efecto, se ha dicho que si el colapso del sistema de tipos de cambios, que si el crecimiento de la inflación, o que si el aumento del precio del petróleo, ahora a la baja, o que si la disminución de la demanda productiva eran causas de la crisis[86]. Probablemente, como también lo ha sido el crecimiento irracional del sector público, o la corrupción, en algunos casos galopante, inherente a todo sistema de intervención administrativa.

Es cierto, pero lo más interesante es poner de manifiesto que el sistema ha fracasado en su propia dinámica: a pesar de aumentar la presión fiscal y de, lógicamente, el crecimiento del gasto público, resulta que los servicios públicos no eran proporcionados al gasto. ¿Por qué? Sencillamente, porque hemos vivido en un contexto en que para la Administración el ciudadano era, sigue siendo todavía en alguna medida, la justificación para crecer y crecer y porque no ha calado en los políticos la Ética propia de un Estado que aspira a instaurar un ambiente de mejora continua y permanente de las condiciones de vida de los ciudadanos.

No se puede olvidar que ni siquiera en los momentos de prosperidad se ha incentivado el ahorro. Es más, se propagó, también desde el Estado, porque era «conveniente», una manera de vivir en la que cada vez era necesario consumir más y más, hasta el punto de que ha sido el Estado de bienestar, con sus dirigentes a la cabeza, uno de los principales responsables del consumismo imperante hasta no hace mucho. Pero es que, además, tampoco se ha incentivado, en las épocas de bonanza, la inversión a pesar del crecimiento incesante de los salarios. El colmo ha sido que, en el caso español, se ha disparado el paro de una manera alarmante. Hay más: esta mentalidad asistencial ha ido calando poco a poco hasta conseguir la improductividad económica. En este contexto, la natalidad desciende preocupantemente; se alarga la esperanza de vida. Aumenta, de esta manera, el número de personas que deben cobrar pensión de jubilación o de desempleo y desciende el número de personas que cotizan.

¿Qué pasó, entonces? Pues que el ciudadano se acostumbró

[86] J. RODRÍGUEZ-ARANA, *Nuevas claves del Estado de bienestar*, Granada, 2000, p. 123.

a esperarlo todo del Estado y hasta los empresarios se acostumbraron a no hacer nada que no tuviera la pertinente subvención. En efecto, se generalizó una peligrosa cultura de la subvención que ha enganchado a los ciudadanos y a sus agrupaciones en la todopoderosa maquinaria del Estado. El que paga manda, dice el refrán: y es así; de forma que la tentación de la extensión del poder ha sido ampliamente colmada hasta llegar a la más pequeña de las asociaciones de vecinos, porque no se quiere dejar nada a la improvisación. Eso sí, mientras tanto, los ciudadanos hemos ido perdiendo sensibilidad social y capacidad de reacción.

El Estado social, el Estado de bienestar en perspectiva estática especialmente, alimentó la idea de que el Estado podría subvenir a todas las necesidades sociales, a las básicas e incluso a las sofisticadas. Las demandas que se le presentaron fueron ilimitadas y como el presupuesto público es limitado, empezaron los problemas. La cuestión radica, a mi juicio, en que una cosa son los derechos fundamentales sociales, de obligada realización, el derecho a un mínimo vital, de imperativa prestación para un Estado que se tenga por social, y otra cosa son el conjunto infinito de peticiones y solicitudes de base social que podamos dirigir al Estado, alguno de los cuales hasta pueden encasillarse como caprichos a aspiraciones, cuando no sueños o quimeras de los ciudadanos.

Cuando la situación económica no permite, como es lógico, el aumento cuantitativo del producto social, el Estado no puede seguir manteniendo el mismo nivel de prestaciones[87], lo que no quiere decir, ni mucho menos, que se desentienda de la preservación de la dignidad de los seres humanos porque este el fin y principio de su existencia.

En alguna medida es imposible que el Estado directamente provea todo y a todos. Es menester que se forjen alianzas estratégicas con la Sociedad para prestar ciertos servicios de responsabilidad pública por aquellas instituciones que estén en mejores condiciones de hacerlo, que no siempre, ni mucho menos, son las instituciones públicas.

---

[87] E. CARMONA CUENCA, *El Estado social, op. cit.*, p. 81.

No hace mucho tiempo, releyendo papeles de años anteriores, me detuve gratamente impresionado ante un libro de Edgar Morin, antiguo director de Investigación en el Centro Nacional de la Investigación Científica de Francia, acerca de las reformas que precisamos en este tiempo. Morin, como es bien sabido, es más conocido como uno de los teóricos socialistas más agudos que como funcionario de investigación. Pues bien, a finales de la década de los noventa del siglo pasado escribió un magnífico artículo sobre «La solidaridad y las solidaridades» (1993), en el que señalaba con meridiana claridad que a pesar de que los gastos sociales han crecido de la mano del todopoderoso Estado de bienestar, sin embargo la calidad en la atención al ser humano marginado concreto es todavía una quimera. Si cabe, la paradoja es patente, aumenta la solidaridad administrativa, pero esta es insuficiente, impersonal, burocrática y no responde a las necesidades concretas, inmediatas e individuales[88].

La razón es bien clara y así lo admite Morin. El problema de la solidaridad concreta e individualizada es irresoluble en el marco tradicional de una política que se practica por Decreto o Programa. La solución, una vez más, viene de la mano, así lo reconocía el profesor Morin, de una política que despierte y estimule[89]. En otras palabras, los Poderes públicos deben fomentar y ayudar a que tantas personas que trabajan por la solidaridad lleven a buen fin sus proyectos. Una vez más se comprueba que los Poderes públicos, en tantas y tantas ocasiones, deben tener la inteligencia de potenciar las iniciativas sociales que, no lo olvidemos, son las que dan la temperatura de la vida democrática de un país.

Entonces, ¿por qué si aumentan los recursos para la solidaridad, los resultados son tan escasos, tan magros? No por motivos económicos. La aguda crisis del *Welfare State*, en su versión estática, no es solo de diagnóstico económico; la razón es mucho más profunda y tiene que ver con la actitud del Estado frente al ser humano. En estos casos, hay que reconocer que en una Sociedad

---

[88] *Vid.* E. MORIN, *En la ruta de las reformas fundamentales*, México, 2010.
[89] E. MORIN, *ibíd.*

libre no es función legítima del Estado obligar, imponer la ayuda a los necesitados. Es más saludable, y más propio de un Estado que busca una sociedad fuerte, potenciar a los grupos –que los hay, y en algunos casos bien preparados– que actúan voluntariamente y que disfrutan ayudando a los demás. La reducción de las prestaciones sociales ha sido la patente de corso de la crisis del Estado de bienestar.

Los años ochenta y noventa del siglo pasado pasarán a la historia de las ideas como las décadas en la que el todopoderoso Estado de bienestar, el llamado Estado Providencia encalló, comenzó a entrar en crisis. El sector público quebró como fórmula única de progreso por todas las partes. La socialdemocracia más acrisolada, como el modelo sueco, fracasó. La omnipotente presencia del Estado trajo consigo, paradójicamente, severas reducciones de prestaciones, lo que, como es lógico, no es más que la constatación, una vez más, del fracaso de cualquier sistema que todo lo fíe a los poderes Públicos y que intenta identificar Estado y Sociedad.

Como dice Karl Popper tratando de la idea de igualdad de oportunidades en el acceso a la educación superior, resulta que para el estudiante sin recursos de hace algunos años, la lucha por el conocimiento era una aventura que exigía privaciones y sacrificios. Y, sin embargo, hoy ese derecho se da por supuesto y se valora poco aquello que se recibe como un derecho adquirido, sin sacrificio[90]. Esta es una consecuencia evidente de la acción del Estado de bienestar estático sobre la sociedad: eliminar la responsabilidad, liquidar la capacidad crítica de los ciudadanos y condenarlos a una actitud de pasiva y pesimista resignación frente a la autoridad estatal que es quien decide y quien estimula a los ciudadanos hacia los fines marcados de antemano por las modernas tecnoestructuras. Por ello, la capacidad de ilusión y de sacrificio hoy está en un mal momento. De ahí que la nueva versión del Estado que se busca debe ser más sensible ante la dignidad

---

[90] K. POPPER, «El Estado de bienestar y las masas», *El Mundo*, 6 de marzo de 1994.

personal y debe buscar ese clima de bien común que tanto se necesita para que la efectividad en el cumplimiento de los derechos humanos sea una realidad.

En este contexto, en un ambiente de fuerte crisis del Estado de bienestar, sobre todo en su versión estática, nos recuerda Popper que se ha producido un evidente aumento de las exigencias de las masas[91] que, lo comentábamos anteriormente, ha generado un peligroso materialismo de cuño individualista en el que se ha despertado una tremenda ambición y un desenfrenado deseo de éxito, sobre todo económico, a corto plazo y con independencia de la calidad de los medios que hayan de emplearse para tal fin[92].

Una de las quimeras del Estado de bienestar que ha justificado la expansión incontrolada del gasto público ha sido la necesidad de distribuir equitativamente la renta. Pero también en este punto el *Welfare State* en su dimensión estática ha fracasado porque es bien conocido que tras décadas de actividades redistributivas, el nivel de desigualdad no ha disminuido. No solo no se ha redistribuido del más rico al más pobre, sino, en la mayoría de los casos, de éste al más pobre[93]. La pregunta que a continuación se plantea resulta evidente: ¿Dónde van a parar, entonces, esos recursos que se nos detraen, si es que no se dedican a tareas redistributivas? Pues sencillamente, a alimentar un aparato burocrático, y a la corrupción a él inherente, que, a pesar de todo, creció y creció sin parar sin que los actuales dirigentes políticos se atreven a poner coto.

La burocracia, es un dato evidente, ha crecido desproporcionadamente en estos años ¿Por qué? Porque como dice Luhmann, el Estado de bienestar únicamente consigue cumplir sus deberes recurriendo a la burocracia[94]. No cabe duda de que los burócratas buscan aumentar su poder en la Administración pública y para ello tienen necesidad de expandir sus actividades[95]. ¿Seguirá cre-

---

[91] K. POPPER, *ibíd.*
[92] K. POPPER, *ibíd.*
[93] K. POPPER, *ibíd.*
[94] N. LUHMANN, *Teoría Política en el Estado de bienestar*, Madrid, 1996, p. 100.
[95] N. LUHMANN, *op. cit.*, p. 102.

ciendo, a pesar de todo la burocracia?[96] Mientras no se produzca una efectiva conversión de la burocracia, como organización, a la idea de servicio y mientras no se tenga claro, teórica y prácticamente, que la función pública está para solucionar las necesidades públicas, realmente poco, muy poco podremos hacer.

También conviene llamar la atención sobre otro fenómeno que se ha acentuado, y de qué manera, durante este tiempo de crisis del Estado de bienestar: la corrupción[97]. ¿Por qué? Sencillamente porque un Estado que interviene en todos los recodos de la vida social alienta necesariamente la creación de grupos de interés que desean sacar beneficios directos de los Poderes públicos. Cuando la discrecionalidad es la regla general y los sistemas de contratación pública permiten adjudicaciones sin excesivos controles al aumentar progresivamente los fondos públicos, la proliferación de grupos de presión es imparable. En un Estado con presupuestos más reducidos, estos grupos de presión carecen de estímulos porque el Estado no puede proporcionarles ventaja particular alguna.

Por eso, es necesario recuperar una dimensión nueva de la Ética política en la que se subraye otra vez, porque no es una idea nueva, que el Estado se justifica en la medida en que, a través del poder, haga presente el bien común, el servicio objetivo al interés general, para que se den las circunstancias reales en las que cada ciudadano se desarrolle en libertad solidaria. Es evidente que, en este contexto, el poder político debe radicalmente cambiar de consideración y el gobierno de turno limitarse, y no es poco, a realizar actividades que proporcionen beneficios integrales a todos los ciudadanos. Hoy en día es cada vez más necesario recuperar el sentido auténtico del poder y conseguir que no se pierdan para el servicio público aquellas personas capaces de entender toda la fuerza, que no es poca, de la dedicación a la política[98].

En nuestro tiempo, nadie duda ya que el desinterés frente a la

---

[96] N. LUHMANN, *op. cit.*, p. 111.
[97] J. RODRÍGUEZ-ARANA, *Nuevas claves... op. cit.*, p. 125.
[98] J. RODRÍGUEZ-ARANA, *Principios de Ética Pública*, Madrid, 1993, p. 113.

política sea una característica bien definida de nuestra sociedad. Los tiempos cambian, se dice, y hoy nos encontramos con otras situaciones, otras convicciones, en definitiva, otros parámetros. Sin embargo, sabemos que en la Antigüedad la dedicación a la política, a la dirección de las cosas públicas, era considerada como una de las tareas más nobles a las que podía entregarse el ser humano. Es más, la política, con mayúsculas, ocupaba un lugar muy destacado entre el conjunto de todas las artes y se consideraba la más alta creación del espíritu humano. Hoy, sin embargo, cualquier sondeo o encuesta en la que se pregunte por los políticos, y también por la política, expresa una especial repugnancia del pueblo hacia estas personas, no tanto hacia la actividad *per se*. Tal percepción se encuentra entre los principales problemas del país a juicio de no pocos ciudadanos.

¿Qué ha ocurrido para que hoy haya cambiado tanto la percepción que la generalidad de los ciudadanos tienen –o tenemos– de los políticos? La causa no es difícil de adivinar puesto que hoy en día la esencia supra-individual, comunitaria, general, de la organización política se ha diluido a favor del interés personal, a favor del ánimo de lucro, a favor la búsqueda individualista, desmesurada, de mejores condiciones de vida personal al margen de la comunidad. Y todo ello, como sea, sin reparar en la moralidad de los medios porque alcanzar el poder o el dinero todo lo justifica, todo, absolutamente todo. Así se explica, sin muchas dificultades, que en nuestro tiempo los mejores talentos no quieran oír hablar de política. Porque se ha perdido la idea del servicio público y, en su defecto, ha surgido, con no poca fuerza, una nueva y peligrosa dimensión de aprovechamiento personal, de interés personal, que también se ha instalado en la función pública en sentido amplio. Además, conviene señalar como elementos que han influido también en esa falta de interés frente a la política, la partitocracia dominante y la creencia, cada vez más extendida, de que los Poderes públicos son incapaces de encauzar los problemas sociales del mundo actual.

En este contexto, resulta interesante recordar, con los estoicos y muy especialmente con Séneca, que la Ética política supone que el poder público se encuentra al servicio del llamado bien común entendido como bien de la propia colectividad y como bien de cada uno de los ciudadanos. Estas ideas, viejas por el tiempo, siguen presentes en el escenario filosófico y jurídico actual. En un Estado que se autoproclama social y democrático de Derecho resulta que nos encontramos con que la principal función de los Poderes públicos es precisamente hacer posible que todos los ciudadanos gocen de todos sus derechos fundamentales, de todos los derechos que derivan de su condición humana. ¿Por qué? Porque la dignidad de la persona es el fundamento del orden político y de la paz social, tal y como dispone, por ejemplo, el artículo 10.1 de la vigente Constitución española.

No debe olvidarse que en nuestro tiempo asistimos, por haberse desnaturalizado la idea del bien común, a situaciones, más o menos generalizadas, de corrupción política y administrativa. ¿La causa? Muy sencilla: si el poder político se justifica por su adecuación al bien común, al servicio objetivo del interés general, cuando el poder se utiliza al servicio de intereses particulares, aparece toda la reata de desviaciones de poder, cohechos, prevaricaciones, etc., etc., etc. Por otra parte, también conviene recordar en este momento que en nuestro tiempo la idea de la efectividad de los derechos fundamentales de la persona tiene mucho que ver con la Ética política y con el bien común y, por supuesto, con el servicio objetivo al interés general, que es su real proyección en el Derecho Público. Es más, puede decirse que la plena, libre y solidaria realización de los derechos de los derechos fundamentales por cada ciudadano, los individuales y los sociales, supone la versión moderna del bien común.

El poder es el medio que tiene el Estado para hacer presente el bien común. Por tanto, en sí mismo, tiene una clara dimensión relacional y se fundamenta en su función de crear los presupuestos para el pleno desarrollo del ser humano. Es decir, el Poder político se justifica en función de hacer posibles los fines existenciales del hombre. Es más, el poder público se legitima en la medida en que su ejercicio se orienta hacia este objetivo. El fundamento jurídico del poder público reside en la constitución natural del orden colectivo necesario para el cumplimiento de las funciones sociales fundamentales. Dicho orden, y por tanto su autoridad, se funda en la naturaleza del ser humano. Así se entiende perfectamente que el poder político se encuentra subordinado al bien común.

El poder público, el poder de mando, el poder de dirección de la res pública en cuanto tal se fundamenta en la propia naturaleza humana y en su ordenación al bien común. Ahora bien, el poder público de coacción parte de los elementos irracionales ínsitos en la naturaleza humana como consecuencia de los cuales la voluntad del hombre se pone con facilidad en contradicción con sus fines. El poder de coacción se justifica en la necesidad de restablecer el bien común puesto en peligro por el propio hombre.

El poder público existe por y para la satisfacción plena de las funciones sociales. Tiene una dimensión de Derecho Público que se engarza con la propia finalidad de la comunidad política y se extiende, como dice el profesor Messner, a todas las funciones necesarias para la realización de su bien general específico[99]. Por ello, el poder político en su sentido más propio está vinculado esencialmente al bien común, por lo que si se usa en beneficio personal o de grupos determinados se hace una utilización ilegítima, anti-ética del poder público. Las potestades públicas, lo sabemos bien los administrativistas, se justifican en cuanto que sirven al interés general.

El poder público es encomendado por los ciudadanos a los políticos, no solo para que realicen una mera y automática ejecución de la ley –función ejecutiva–, sino para que dirijan la comunidad política en orden al bien común. Aquí radica precisamente la diferencia entre administrar y gobernar.

El poder público es un poder de jurisdicción porque debe garantizar el orden fundamental de la sociedad en orden a la realización de todos los fines de la existencia humana. Es también un poder autónomo dentro de sus funciones, pero sin que esa auto-

---

[99] J. MESSNER, *Etica social, política y económica a la luz del Derecho Natural*, Madrid, 1967, p. 228.

nomía sea absoluta pues, además de a los derechos fundamentales de la persona, a la dignidad del ser humano, se encuentra vinculado al orden jurídico fundamental de la comunidad sustentado por la conciencia jurídica concreta y las costumbres jurídicas del pueblo[100].

Junto a la crisis del poder en el Estado de bienestar, otra manifestación de este fenómeno ha sido la privatización de la empresa pública. Hoy ya no es soportable un sector público, al menos en los países desarrollados, como el que hemos heredado del Estado de bienestar: por ineficaz y porque el Estado no es, no debe ser un empresario más. De nuevo, la aplicación del principio de subsidiariedad debe colocar al Estado al servicio de su función básica: el bien común.

En la década de los ochenta del siglo pasado apareció un término que, por sí solo, explica uno de los movimientos ideológicos más importantes operados en la segunda mitad del siglo XX. Hace algunos años la palabra «privatización» es muy posible que ni formase parte de los vocabularios económicos o políticos. De todas maneras, una de las primeras privatizaciones aconteció en la ex-RFA tras la Segunda Guerra Mundial, cuando el gobierno alemán renunció a la Volkswagen. Hoy en día, sin embargo, es raro encontrar personas que no hayan discutido, al menos alguna vez, sobre el significado y alcance de esta mágica palabra. Artículos periodísticos, trabajos científicos de naturaleza económica o jurídica han, inevitablemente, acompañado la llegada de la denominada por el profesor Becker, de la Universidad de Chicago, «oleada del futuro».

Después de la Segunda Guerra Mundial comienza, como es bien sabido, un crecimiento razonable del sector público ayudado por el Estado Social que, en su primera fase, pasará a la historia por una decidida orientación intervencionista. Pues bien, la aparición, con cierta vocación de generalización, de la privatización, puede entenderse, sin gran dificultad, como una clara respuesta del conjunto de la sociedad frente a ese progresivo avance del

---

[100] J. MESSNER, *op. cit.*, p. 230.

sector público que, en cualquier momento, podría neutralizar el legítimo ejercicio de los derechos fundamentales y las libertades públicas de todos y cada uno de los ciudadanos. Y es que, sobre todo, entre los años 1960 y 1989 el crecimiento del sector público se produjo a un ritmo vertiginoso. Un crecimiento del que todavía ahora sufrimos sus más amargas consecuencias.

Ideológicamente, la privatización de Empresas públicas hace pensar en su exclusiva utilización por parte de gobiernos de cuño conservador. Pues bien, no puede ocultarse que la Inglaterra de Margaret Thatcher, la Norteamérica de Ronald Reagan y la Francia de Jacques Chirac, fueron pioneros de la puesta en marcha de esta «revolución silenciosa» tal y como la denominaba el profesor de Michigan Berg. Sin embargo, hay que decir que el fenómeno privatizador no es específico de los países conservadores. Pienso que hoy en día son bastantes conocidos los programas privatizadores de Gobiernos de clara inclinación marxista como Angola, Congo, Benín, Vietnam y ahora en alguna medida Cuba y la República Popular China. El caso de la perestroika de Gorbachov es bien elocuente de este proceso universal.

Bajo el término privatización, en sentido amplio, no solo se alude a la transferencia de elementos del sector público a la empresa privada. Es, si se quiere, la fórmula más conocida. Sin embargo, existen otras formas de conseguir la misma finalidad sin necesidad de que produzca un cambio sustancial en el titular de la propiedad. Así, se habla de subcontratación o gestión por parte de empresas privadas de servicios públicos, fenómeno que es bien conocido y bien antiguo en el Derecho Público bajo el nombre de concesión, arrendamiento o concierto de servicios públicos. También constituye un buen exponente de la privatización la llamada «desregulación» o conjunto de medidas dirigidas a fomentar la participación, en régimen de competencia, de la empresa pública con las empresas privadas. En fin, desde una perspectiva económica, de gran interés para el jurista, la privatización admite un sinfín de técnicas, todas igualmente interesantes: venta total de acciones, venta de la fuerza de trabajo, desregulación mediante asociaciones voluntarias, desintegración de monopolios para permitir el crecimiento de la competencia.

Es ya clásica la clasificación de las causas del fenómeno privatizador en razones financieras, razones económicas y razones políticas. Las razones financieras vienen precedidas por la necesaria reducción del déficit de las Administraciones Públicas. Es un simple problema de reducción del gasto público que viene agravado por el hecho de que estos galopantes déficits se deben, sobre todo en el marco de la Europa comunitaria, al aumento de las transferencias corrientes y de capital a las empresas públicas. Por tanto, el fenómeno privatizador supone una importante reducción de financiación pública.

Sin embargo, aunque se reduzca el nivel de endeudamiento público, tampoco sería justo ignorar que, en determinados casos, el fenómeno privatizador requiere igualmente grandes fondos para el saneamiento y recapitalización de las empresas públicas. El fondo del tema es la raíz de la propia filosofía privatizadora. Porque, en este punto, se encuentra una manifestación importante de la crisis del Estado de bienestar. ¿Por qué las empresas públicas generan tan elevada financiación pública? En algunos casos, no tantos, no hay duda de que los directivos de estas empresas obtienen unas remuneraciones inferiores al sector privado y se encuentran sometidos a un conjunto de controles que impiden la flexibilidad empresarial necesaria para realizar operaciones verdaderamente rentables. En otros, los frecuentes problemas sindicales, a la larga dejan huella en las cuentas de resultados.

Por lo que se refiere a las razones de naturaleza económica hay que señalar que no son otras que las que postulan que la privatización supone una forma de mejorar la eficiencia a todos los niveles de la empresa, facilitando su adaptación a la nueva situación económica. Se adopta la determinación de privatizar porque se está convencido de que la gestión privada es más eficaz que la pública. En otras palabras, son menores los costes para obtener una misma finalidad. Sobre todo debido, en buena parte, a la existencia de múltiples factores políticos que acompañan al régimen de las empresas públicas. Entre ellos, el problema de la determinación de precios, la cuestión de la selección de los directivos, la negociación con los trabajadores. Problemas, todos ellos, que inevitablemente complican el proceso de producción de bienes y, en buena medida, proporcionan a la empresa pública una especial rigidez.

Junto a ello nos encontramos igualmente con un régimen proteccionista por parte de los Poderes públicos que, muchas veces, consagran auténticos monopolios y, otras, generan una regulación tan amplia que, además de eliminar la competencia, llevan a dichas empresas hacia una situación de ineficacia. Así, por ejemplo, las políticas de desregulación que surgen en la década de los setenta del siglo pasado en Estados Unidos, que juegan un importante papel y pueden conseguir agilizar y flexibilizar el régimen interno de las empresas públicas. Ello también permite pensar que la simple transferencia de capital público a manos privadas, si no va acompañado de medidas realmente liberalizadoras, apenas conseguiría el efecto buscado.

Esa falta de estímulo que produce la ausencia de una verdadera competencia justifica esa constante ineficacia que últimamente presenta la actividad empresarial de los Poderes públicos. Y, por ello, también se explica la poca capacidad de innovación tecnológica que muchas veces se manifiesta en los obsoletos procedimientos de que hacen gala numerosas empresas públicas. Esta ausencia de capacidad dirigida a ahorrar en los costes de producción y distribución, constituye otro elemento más de carácter económico que explica los enormes déficits que año tras año las empresas de los Poderes públicos han alcanzado.

Las razones de carácter político se centran en la vuelta a un nuevo liberalismo en el que la propiedad privada y la iniciativa privada juegan un papel de primer orden. La vuelta al liberalismo se ha debido, sobre todo, a los resultados globales del Estado de bienestar en la actividad económica. La reacción ha sido generalizada y, desde los sistemas políticos y económicos más opuestos, la bandera de la privatización ha sido enarbolada. En el fondo, se trata de una clara reivindicación de los valores individuales en el marco de una economía de mercado.

La orientación privatizadora surgida en el mundo anglosajón ha puesto de manifiesto, entre otras cosas, la deficiente gestión de los recursos públicos y la mejora en eficiencia y rentabilidad cuando se traspasan al sector privado o se abren a la competencia las empresas públicas. Sin embargo, soy de los que pienso que la privatización ni es un fin en sí mismo, ni constituye la solución definitiva a los males endémicos de sector público. Es uno de los muchos medios para ayudar a los Gobiernos interesados en la división del trabajo entre los sectores públicos y privado con el fin de aumentar la eficiencia y la contribución al desarrollo tanto de las empresas como del Gobierno a partir de un deslinde inteligente entre lo que es de competencia del complejo Gobierno-Administración y lo que es de cuenta de la iniciativa social.

En fin, la crisis del llamado «Estado-Providencia» está dejando paso a un Estado cada vez más subsidiario, más participativo, en el que se estimula la participación real de los ciudadanos, en el que debe recuperarse la idea del poder al servicio del bien común, en el que se promueva la responsabilidad personal, en el que todos los ciudadanos puedan ejercer sus derechos humanos, en el que se cuente con los individuos y los grupos que los representan para el bienestar social, en el que bajen los impuestos, en el que se instaure la economía social de mercado, en el que se adecue el tamaño del sector público a las funciones esenciales del Estado. Es decir, un Estado comprometido con la justicia particular porque así se protege la dignidad de la persona que constituye uno de los principios fundamentales del Derecho y, que es, en definitiva, el fin esencial que debe perseguir un Estado que actúe realmente al servicio del hombre, de un hombre que precisa que sus derechos fundamentales se encuentren garantizados efectivamente para su pleno desarrollo personal libre y solidario.

La crisis del Estado de bienestar no supone, ni mucho menos, la crisis de la dimensión social del Estado. Simplemente, hemos asistido a las nocivas consecuencias del entendimiento estático de un modelo de Estado que surge y nace precisamente para la mejora de las condiciones de vida de los ciudadanos, especialmente de los más indefensos y desvalidos. La perspectiva estática nos ha conducido a concebir las instituciones de ayuda y estímulo como fines en sí mismos dirigidos a la conquista del voto de los ciudadanos. Es decir, se ha usado la red social de naturaleza pública para ganar adeptos a la causa partidista en lugar de dedicar estas instituciones a liberar la energía social latente en la sociedad y facilitar a los ciudadanos, especialmente a los más necesitados, los medios para su libre y solidario desarrollo. En este contexto, no se reparó en el gasto público y se multiplicaron exponencialmente medios materiales y personales al servicio de tal finalidad. Las consecuencias, las que todos conocemos y tantos sufren especialmente.

A todo esto hay que agregar que buena parte del sector financiero, conocedor de las necesidades de la clase política de aumentar y consolidar su poder, se dedicó a financiar toda suerte de actividades de intervención pública en la sociedad a base de un endeudamiento exponencial que más tarde traería lamentables consecuencias para las arcas públicas.

La cuestión, pues, reside en la vuelta a la perspectiva dinámica del Estado social democrático de Derecho, a la necesidad del reconocimiento de los derechos fundamentales sociales a nivel constitucional y, por ende, a la diferenciación de las diferentes técnicas y medios existentes para hacer efectivo el Estado social, de manera que se produzca una razonable gradación de las intervenciones públicas partiendo del elemental derecho a un mínimo vital que permita el desarrollo digno de los más indefensos y desvalidos. Y, a partir de ahí, de acuerdo con el criterio de promoción gradual de los derechos sociales, a alcanzar mayores y mejores cuotas de dignidad en el ejercicio de todos los derechos fundamentales de los ciudadanos.

En fin, una de las polémicas más interesantes a las que podemos asistir en estos momentos es la relativa a la función del Estado en relación con la sociedad y con las personas, sobre todo en un momento de crisis general que también, como hemos advertido, afecta al denominado Estado de bienestar. Una crisis anunciada tiempo atrás, desde que la deriva estática de esa gran conquista social del siglo pasado llamado Estado social o Estado de bienestar sustituyera a una forma dinámica de entender la función del Estado en relación con la sociedad y sus habitantes.

En efecto, la tentación de muchos dirigentes públicos de usar los medios del Estado: ayudas, subvenciones o subsidios al servicio de su perpetuación en el poder ha arrojado unos resultados desoladores. La banca, que entendió que su gran negocio sería financiar toda clase de actividades y servicios para los Poderes públicos, contribuyó, no poco, al elefantiásico endeudamiento y crecimiento exponencial del aparato público en todas sus dimensiones, sea en el ámbito institucional sea en el ámbito territorial.

CAPÍTULO IV

LA PARTICIPACIÓN EN EL ESTADO SOCIAL Y DEMOCRÁTICO DE DERECHO

L<small>A</small> participación, esa gran directriz política de la arquitectura constitucional del Estado social y democrático de Derecho, ha sido preterida, olvidada, hasta desnaturalizada por esa versión cerrada y unilateral del poder político y financiero que se ha instalado en las tecnoestructuras dominantes en los últimos años. Sin embargo, la ciudadanía de este tiempo, menos mal, no está ni mucho menos por la labor del silencio y la complacencia que ha caracterizado, qué pena, a no pocos sectores sociales, incapacitados para levantar la voz y reclamar que los asuntos de interés general se administren contando con los ciudadanos. Por una poderosa razón que en estas líneas vamos a exponer y que es muy simple: el interés general, el de todos y cada uno de los ciudadanos como miembros del cuerpo social, ya no se define o gestiona desde la cúpula, de forma unilateral. Ahora, y esto es lo relevante, los intereses generales han de conformarse contando con la participación de la sociedad, de los sectores implicados o concernidos por razón de la materia.

Por eso la participación social es una asignatura pendiente en el diseño y en el régimen jurídico de tantas categorías e instituciones, alumbradas en el Estado liberal de Derecho, que todavía adolecen de esa unilateralidad que impide el acceso de la participación.

A pesar de la letra y de la exégesis del artículo 9.2 de la Constitución española de 1978, que manda a los Poderes públicos facilitar la participación de los ciudadanos en la vida política, económica, cultural y social, la realidad, la que se puede percibir y registrar, es la de una obvia ausencia de la ciudadanía en los asuntos más relevantes de la vida política, económica, cultural y social. La razón es bien clara: el interés general ha sido objeto de apropiación creciente por las terminales políticas, financieras y mediáticas que han configurado un entramado impermeable a la vitalidad de lo real, destinado a sacar rédito a ese consumismo insolidario desde el que se ha ido, poco a poco, separando al pueblo del ejercicio de las principales cualidades democráticos que aportan temple cívico y vida real al sistema.

El gran problema es que esta situación de monopolio y utilización unilateral del interés general tenía fecha de caducidad porque los fondos públicos no son infinitos y la capacidad de engaño y falsificación de la realidad tiene límites. Por estas y otras causas, sobrevino una feroz y dramática crisis que hasta ahora ha sido hábil y sutilmente manejada por algunos de los más conspicuos representantes de esta voraz tecnoestructura, pero que acabará devorando a sus principales instigadores. La indignación de millones de personas que se han despertado del sueño consumista y manipulador irá en aumento y el deseo de participación real del pueblo, sobre todo de los más jóvenes, obligará en tantos aspectos de la vida política, social, económica y cultural a introducir grandes cambios. Grandes cambios y transformaciones que deben empezar por una evaluación y análisis exhaustivo de los cimientos y basamentos del sistema. No para cambiarlos todos, sino para remozarlos y apuntalarlos sobre los valores primigenios de la democracia que, en este tiempo, se convirtió en el gobierno de una minoría, para una minoría y por una minoría, en lugar de ser el gobierno del pueblo, por el pueblo y para el pueblo en la ya clásica expresión de Abraham Lincoln.

En este sentido, urge recuperar el sentido y funcionalidad del interés general en el Estado social y democrático de Derecho para que se abra a la vitalidad de la realidad y de la vida ciudadana en lugar de seguir empresa de los esquemas de la unilateralidad.

Ahora bien, para proceder intelectualmente a la reconstrucción de estos cimientos es menester conocer en alguna medida las causas de este letal secuestro del interés general por las minorías dirigentes en diversos ámbitos. Las relaciones entre el Estado y la Sociedad, fundamentales en el modelo de Estado en el que estamos inscritos, han sido objeto de una peculiar forma de comprender el sentido del poder, el sentido de la participación, el sentido, en definitiva, del sistema democrático.

En efecto, a la vista de lo que está aconteciendo, podríamos preguntarnos de nuevo: ¿Porqué ha entrado en crisis esta forma de entender las relaciones Estado-Sociedad? Entre otras razones, hemos de anotar que el Estado, que debe estar al servicio del interés general, del bienestar general, se olvidó, y no pocas veces, de los problemas reales del pueblo. Claro, el Estado no es un ente moral o de razón únicamente, el Estado es lo que sus dirigentes en cada momento quieren que sea, ni más ni menos. Es decir, el Estado, al contrario de lo que pensaba Hegel, para quien era la suma perfección por encarnar el ideal ético en sí mismo, tiene pasiones, tiene tentaciones, porque está compuesto por seres humanos. Esta realidad se constata todos los días y en todos los países con solo abrir las páginas del periódico o asomarse a los telediarios con cierta frecuencia.

Por eso, la reforma del Estado actual hace necesario colocar en el centro de la actividad pública la preocupación por las personas, por sus derechos, por sus legítimas aspiraciones. Sobre todo porque el Estado se justifica para la protección, promoción y preservación de la dignidad del ser humano.

El modelo de Estado «intervencionista» acabó por ser un fin en sí mismo, como el gasto público y la burocracia. Ahí tenemos los datos de la deuda pública, de desempleo, del número de funcionarios y empleados públicos, que hablan por sí solos y nos eximen de largos comentarios. Hoy más que nunca hay que recordar que el Estado es de la ciudadanía, que la burocracia es del pueblo y que los intereses generales deben definirse con la activa participación de todos los miembros del cuerpo social. De lo contrario, se desnaturaliza el sistema y se pone a disposición de quienes lo usan para apropiarse en su beneficio propio, tal y como ha acontecido en estos años.

En este sentido, se entenderá sin demasiados problemas que la reforma del Estado de bienestar no puede depender de una ideología en la configuración de su proyecto porque la acción pública se delimita hoy por una renuncia expresa a todo dogmatismo político y por la apuesta hacia ese flexible dinamismo que acompaña a la realidad y, por ello, a los problemas de las personas. Hoy, parece que la ideología cerrada aporta sobre todo y ante todo una configuración de la realidad social y de la historia de carácter dogmático que no puede, es imposible, acercarse a un mundo que se define por su dinamismo, pluralismo y versatilidad.

En este sentido, las prestaciones sociales, las atenciones sanitarias, las políticas educativas son bienes de carácter básico que un Gobierno debe poner entre sus prioridades políticas, de manera que la garantía de esos bienes se convierta en condición para que una sociedad libere energías que permitan su desarrollo y la conquista de nuevos espacios de libertad y de participación ciudadana.

Este conjunto de prestaciones del Estado, que constituye el entramado básico de lo que se denomina Estado de bienestar, no puede tomarse como un fin en sí mismo. Esta concepción se traduce, así ha acontecido estos años, en una reducción del Estado al papel de suministrador de servicios, con lo que el ámbito público se convierte en una rémora del desarrollo social, político, económico y cultural, por supuesto opaco e impermeable a toda forma de participación real. Además, una concepción de este tipo se traduce no en el equilibrio social necesario para la creación de una atmósfera adecuada para los desarrollos libres de los ciudadanos y de las asociaciones, sino que conduce, así ha acontecido, a una concepción estática que priva al cuerpo social del dinamismo necesario para liberarse de la esclerosis y conservadurismo que acompaña a ese pensamiento único que se ha apoderado del interés general.

Las prestaciones, los derechos, tienen un carácter dinámico que no puede quedar a merced de mayorías clientelares, anquilosadas, sin proyecto vital, que puede llegar a convertirse en un cáncer de la vida social. Las prestaciones del Estado tienen su sentido en su finalidad. Veamos.

Nos sirve de ejemplo, por supuesto, la acción del Estado en relación con los colectivos mas desfavorecidos, en los que –por motivos diferentes– contamos a los marginados, los parados, los minusválidos, los incapacitados, los pobres y los mayores. Las prestaciones del Estado nunca pueden tener la consideración de dádivas mecánicas. Más bien, el Estado debe proporcionar con sus prestaciones el desarrollo, la manifestación, el afloramiento de las energías y capacidades que se esconden en esos amplios sectores sociales y que encuentran su manifestación adecuada y proporcionada en la aparición de la iniciativa individual y asociativa.

Esta cuestión es de gran relevancia y muy dificil de resolver en la práctica. Por una parte, porque la tendencia al clientelismo sigue siendo, a pesar de los pesares, y del tiempo transcurrido, una tentación muy fuerte para los partidos políticos y sus dirigentes. Y, por otra, porque en ocasiones nos encontramos con personas concretas o determinados colectivos que no quieren ser subsidiados, que no quieren usar los medios públicos existentes para aliviar necesidades perentorias y muy graves. Tal constatación entra de lleno en el meollo de la problemática de los derechos sociales fundamentales y desde el Derecho Administrativo es menester buscar soluciones.

Un planteamiento de este tipo permitiría afirmar claramente la plena compatibilidad entre la esfera de los intereses de la empresa y de la justicia social, ya que las tareas de redistribución de la riqueza deben tener un carácter dinamizador de los sectores menos favorecidos, no conformador de ellos. Además, tal planteamiento permitirá igualmente conciliar la necesidad de mantener los actuales niveles de bienestar y la necesidad de realizar ajustes en la priorización de las prestaciones, que se traduce en una mayor efectividad del esfuerzo redistributivo.

La reforma del Estado de bienestar reclama sintonía entre la actuación pública y las aspiraciones, entre el quecer de los aparatos públicos y el sentir social, el del pueblo soberano. Bien entendido que ese encuentro no puede ser resultado de una pura adaptabilidad camaleónica a las demandas sociales. Conducir las actuaciones públicas por las meras aspiraciones de los diversos sectores sociales, es caer directamente en otro tipo de pragmatismo y de tecnocracia: es sustituir a los gestores económicos por los prospectores sociales. Cuando así acontece, es lo que ha pasado en los últimos años, se desvanece la idea del interés general para atender desde el poder público determinadas aspiraciones de grupos que están en la mente de todos, transformandolo lo general en lo particular, privatizando lo que por esencia y naturaleza es de todos, del conjunto social.

La prospección social, como conjunto de técnicas para conocer más adecuadamente los perfiles de la sociedad en sus diversos segmentos es un factor más de apertura a la realidad. La correcta gestión económica es un elemento preciso de ese entramado complejo que denominamos eficiencia, pero ni una ni otra sustituyen al discurso político. La deliberación sobre los grandes principios, su explicitación en un proyecto político, su traducción en un programa de gobierno da sustancia política a las actuaciones concretas, que cobran sentido en el conjunto del programa, y con el impulso del proyecto.

Las políticas públicas que parten de la participación social, se confeccionan siempre a favor de la ciudadanía, de su autonomía –libertad y cooperación–, dándole cancha a quienes la ejercen e incitando o propiciando su ejercicio –libre– por parte de quienes tienen mayores dificultades para hacerlo. Acción social y libre iniciativa son realidades que el pensamiento compatible capta como integradoras de una realidad única, no como realidades contrapuestas.

Las políticas públicas en el Estado dinámico de bienestar no se hacen, no se debieran realizar pensando en una mayoría social, en un segmento social que garantice las mayorías necesarias en la política democrática, sino que las políticas que se diseñan desde esquemas reales de participación se dirigen al conjunto de la sociedad, y son capaces de concitar a la mayoría social, aquella mayoría natural de individuos que sitúan la libertad, la tolerancia y la solidaridad entre sus valores preferentes.

Conforme han ido avanzando los años noventa del siglo pasado y entrábamos en el nuevo siglo XXI, se ha ido perfilando con mayor claridad y se ha ido haciendo cada vez más explícita una idea que ha estado siempre presente de un modo u otro en el pensamiento democrático. El fundamento del Estado democrático hay que situarlo en la dignidad de la persona. No hacerlo así y situarlo en planteamientos clientelares o de permanencia en el poder, da los amargos resultados que ahora estamos sufriendo en tantas partes del mundo.

La persona se constituye en centro de la acción pública. No la persona genérica o una universal naturaleza humana, sino la persona concreta, cada individuo, revestido de sus peculiaridades irreductibles, de sus coordenadas vitales, existenciales, que lo convierten en algo irrepetible e intransferible, precisamente en persona, en esa magnífica sustancia individual de naturaleza racional de la que hablara hace tanto tiempo, por ejmplo, Boecio.

Cada persona es sujeto de una dignidad inalienable que se traduce en derechos también inalienables, los derechos humanos, que han ocupado, cada vez con mayor intensidad y extensión, la atención de la política democrática de cualquier signo en todo el mundo. En este contexto es donde se alumbran las nuevas políticas públicas, que pretenden significar que es en la persona singular en donde se pone el foco de la atención pública, que son cada mujer y cada hombre el centro de la acción pública. Y en el campo de los derechos fundamentales de la persona, nombre con el que se denominan los derechos humanos al interior de los Estados, hoy cobra especial fuerza la perspectiva participativa, además como derecho componente del fundamental a la buena Administración pública.

Esta reflexión ha venido obligada no solo por los profundos cambios a los que venimos asistiendo en nuestro tiempo. Cambios de orden geoestratégico que han modificado parece que definitivamente el marco ideológico en que se venía desarrollando el orden político vigente para poblaciones muy numerosas. Cambios tecnológicos que han producido una variación sin precedentes en las posibilidades y vías de comunicación humana, y que han abierto expectativas increíbles hace muy poco tiempo. Cambios en la percepción de la realidad, en la conciencia de amplísimas capas de la población que permiten a algunos augurar, sin riesgo excesivo, que nos encontramos en las puerta de un cambio de civilización. Y, sobre todo, tras la aguda crisis económica y financiera de estos años, los cambios son tan imperiosos como urgente es la situación de necesidad de muchos millones de ciudadanos en todo el mundo, ahora sobre todo, aunque parezca paradójico, en el denominado mundo occidental.

En efecto, es una reflexión obligada también por la insatisfacción que se aprecia en los países desarrollados de Occidente ante los modos de vida, las expectativas existenciales, las vivencias personales de libertad y participación. Y es una reflexión que nos conduce derechamente a replantearnos el sentido de la vida y del sistema democrático, desde sus mismos orígenes a la modernidad, no para superarlo, sino para recuperarlo en su ser más genuino y despojarlo de las adherencias negativas con que determinados aspectos de las ideologías modernas lo han contaminado. Contaminaciones que han estado en el origen de las lamentables experiencias totalitarias del siglo pasado en Europa y en la etiología de una crisis económica y financiera, trasunto de una honda crisis moral, que ha traído consigo un retroceso lamentable de las condiciones de vida de millones de seres humanos, sobre todo en el llamado mundo occidental.

Recuperar el pulso del Estado democrático y fortalecerlo significa, entre otras cosas, recuperar para el Estado los principios de su funcionalidad básica que se expresa adecuadamente –aunque no solo– en aquellos derechos primarios sobre los que se asienta nuestra posibilidad de ser como hombres. Entre ellos el derecho a la vida, a la seguridad de nuestra existencia o, por ejemplo, a la salud o a la educación. Y, para que estos derechos tengan pleno sentido, es básica la apelación a la participación, uno de los elementos centrales, como sabemos, del Estado social y democrático de Derecho.

En este mundo en el que la exaltación del poder, del placer y del dinero ha superado todas las cotas posibles es menester recordar que la dignidad de todo ser humano, cualquiera que sea su situación, es la base del Estado de Derecho y, por ende, de las políticas públicas que se realizan en los modelos democráticos. La ausencia de la persona, del ciudadano, de las políticas públicas de este tiempo, explica también que a pesar de tantas normas promotoras de esquemas de participación, ésta se haya reducido a un recurso retórico, demagógico, sin vida, sin presencia real, pues la legislación no produce mecánic y automáticamente la participación.

Los planteamientos intervencionistas de Keynes o Beveridge, ya lo hemos advertido, trajeron consigo, tras la Segunda Guerra Mundial, un acercamiento a la planificación del desarrollo o a una política fiscal redistributiva. En verdad, la época de la prosperidad de 1945 a 1973 mucho ha tenido que ver con una política de intervención del Estado en la vida económica. Quizá porque entonces la maltrecha situación económica que generó la conflagración no permitía, porque no se daban las condiciones, otra política económica distinta.

Al amparo de esta construcción teórica, aparece el Estado providencia (*Welfare State*) que asume inmediatamente la satisfacción de todas las necesidades y situaciones de los individuos desde «la cuna hasta la tumba». Es un modelo de Estado de intervención directa, asfixiante, que exige elevados impuestos y, lo que es más grave, que va minando poco a poco lo más importante, la responsabilidad de los individuos. El Estado de bienestar que ha tenido plena vigencia en la Europa de «entreguerras» es, como es bien sabido, un concepto político que, en realidad, fue una respuesta a la crisis de 1929 y a las manifestaciones más agudas de la recesión.

Ciertamente, los logros del Estado de bienestar están en la mente de todos: consolidación del sistema de pensiones, universalización de la asistencia sanitaria, implantación del seguro de desempleo, desarrollo de las infraestructuras públicas. Afortunadamente, todas estas cuestiones se han convertido en punto de partida de los presupuestos de cualquier gobierno que aspire de verdad a mejorar el bienestar de la gente.

Sin embargo, se dirigen varias críticas al Estado de bienestar referidas a su estancamiento en la consecución del crecimiento económico y su fracaso en el mantenimiento de la cohesión social. El ocaso del esquema estático es tan evidente que la transformación es urgente y debe realizarse desde los propios fundamentos de un modelo de Estado pensado para promover la libertad solidaria de los ciudadanos.

El Estado providencia, en su versión clásica, sobre todo estática, ha fracasado en su misión principal de redistribuir la riqueza de forma equitativa. Hasta el punto de que tras décadas de actividades redistributivas no solo no han disminuido las desigualdades, sino que, por paradójico que parezca, ha aumentado la distancia entre ricos y pobres, y de qué manera en estos últimos años. Estas desigualdades han generado grupos de población excluidos y marginados de la sociedad y no solo debido a circunstancias económicas, sino también a causa de su raza, su nacionalidad, su religión o por cualquier rasgo distintivo escogido como pretexto para la discriminación, la xenofobia y, a menudo, la violencia. Evidentemente, esta divergencia sistemática de perspectivas de vida para amplios estratos de la población es incompatible con una sociedad civil fuerte y activa.

Además, resulta lógico afirmar que la desintegración social lleva aparejado un cierto grado de desorden, ya que los colectivos excluidos carecen de sentido de pertenencia a la comunidad, de compromiso social y, por tanto, de razones para respetar la ley o los valores que la han inspirado.

La economía social de mercado no presupone una mayor intervención del Estado en la vida económica y social. Tampoco exige que los Poderes públicos se abstengan de intervenir en la sociedad o en la economía. Lo que resulta evidente es que el papel del Estado debe cambiar para perseguir la cuadratura del círculo, esto es, conciliar (si ello es posible) las que, a juicio de Dahrendorf, eran las tres aspiraciones básicas de los ciudadanos: la prosperidad económica mediante el aumento de la riqueza, vivir en sociedades civiles capaces de mantenerse unidas y constituir la base sólida de una vida activa y civilizada, y contar con unas instituciones democráticas que garanticen la vigencia del Estado de Derecho y la libertad política de las personas[101].

No es fácil compatibilizar estas metas y con frecuencia la prosperidad económica se consigue a costa de sacrificar la libertad política o la cohesión social. Recientemente Giddens ha creído encontrar la forma de lograrlo a través de la denominada Tercera vía, que trata de superar los planteamientos neoliberales y socialistas. El Estado no debe retroceder ni puede expandirse ilimitadamente; simplemente debe reformarse.

Según Eucken y la doctrina de la economía social de mercado, como señalamos anteriormente, el Estado debe limitarse a fijar las condiciones en que se desenvuelve un orden económico capaz de funcionamiento y digno de los hombres, pero no ha de dirigir el proceso económico. En resumen: el Estado debe actuar para crear el orden de la competencia, pero no ha de actuar entorpeciendo el proceso económico de la competencia.

En cualquier caso, debe quedar claro que esta transformación del modelo de Estado no afecta a los objetivos sociales planteados por el Estado de bienestar, que incluso podrían ampliarse como consecuencia de una revisión del propio concepto de bienestar. Desde el informe Beveridge (1942) hasta la actualidad se adoptó un enfoque meramente negativo del bienestar, que consistía en luchar contra la indigencia, la enfermedad, la ignorancia, la miseria y la indolencia. Se trataba de una visión eminentemente económica del bienestar y de las prestaciones necesarias para su consecución.

Hoy parece evidente la superación de esta visión. Las prestaciones o ventajas económicas no son casi nunca suficientes para producir bienestar; es además necesario promover simultáneamente mejoras psicológicas. Se trata, como apunta Giddens, de alcanzar un bienestar positivo: en lugar de luchar contra la indigencia se debe promover la autonomía; en vez de combatir la enfermedad se debe prevenir su existencia promoviendo una salud activa; no hay que erradicar la ignorancia sino invertir en

---

[101] *Vid.* R. DAHRENDORF, *La cuadratura del círculo*, Madrid, 1995.

educación, no debe mitigarse la miseria, sino promover la prosperidad, y finalmente, no debe tratar de erradicarse la indolencia, sino premiar la iniciativa[102]. El problema reside en que tantas veces al promover estos valores quienes están al frente del Estado no resisten la tentación de intervenir y querer dirigir los destinos de la vida de muchas personas, no digamos si de esa manera se pueden adueñar de su voluntad política.

Por lo tanto, si el Estado tiene como función primera y primaria la promoción de la dignidad humana, se entenderá sin esfuerzo que el bienestar de los ciudadanos ocupe un lugar absolutamente prioritario en la actividad del Estado. Esto, forzoso es recordarlo, no es patrimonio exclusivo de ningún grupo ni de ninguna instancia política, es patrimonio del sentido común, o del sentir común. ¿Para qué querríamos un Estado que no nos proporcionará mejores condiciones para el desarrollo y el logro de los bienes que consideramos más apreciables por básicos? Ciertamente hay todavía –y demasiados– Estados concebidos como instrumentos de opresión o al servicio de los intereses de unos pocos, pero no podemos olvidar que nuestra referencia es el Estado democrático de Derecho, un Estado de libertades, que en la práctica y hasta ahora viene haciendo imposible tal situación de abuso entre nosotros.

Que el bienestar sea una condición para el desarrollo personal, como seres humanos en plenitud, no es un hallazgo reciente ni mucho menos. Ya los antiguos entendieron que sin unas condiciones materiales adecuadas no es posible el desarrollo de la vida moral, de la vida personal, y el hombre queda atrapado en la perentoriedad de los problemas derivados de lo que podríamos llamar su simple condición animal, y reducido a ella. Pero quisiera subrayar que bienestar no es equivalente a desarrollo personal. El bienestar es la base, la condición de partida que hace posible ese desarrollo. Por eso el bienestar no es un absoluto, un punto de llegada. Si todos apreciamos como imprescindible el respirar bien, nadie se contentaría con vivir solo con el ejercicio de esat función.

[102] *Vid.* A. GIDDENS, *Más allá de la política de izquierda y de derecha. El futuro de los partidos radicales*, Madrid, 1996.

Concebir el bienestar como una finalidad de la actividad pública, como una meta o un punto de llegada, provocó una espiral de consumo, de inversión pública, de intervención estatal, que llegó a desembocar en la concepción del Estado como providente, como tutor de los ciudadanos e instancia para la resolución última de sus demandas de todo orden. Este modo de entender la acción del Estado condujo de modo inequívoco a considerar a las instancias públicas como proveedoras de la solución a todas nuestras necesidades, incluso a las más menudas, incluso a nuestras incomodidades, incluso de los caprichos de muchos ciudadanos.

En esa espiral, asumida desde planteamientos doctrinarios que la historia más reciente ha demostrado errados, el Estado ha llegado prácticamente a su colapso, ha sido incapaz de responder a la voracidad de los consumidores que él mismo ha alumbrado y alimentado con mimo a veces demagógico. Exigencia de prestaciones y evasión de responsabilidades se han confabulado para hacer imposible el sueño socialista del Estado providencia. En un Estado así concebido el individuo se convierte en una pieza de la maquinaria de producción y en una unidad de consumo, y por ende se ve privado de sus derechos más elementales si no se somete a la lógica de este Estado, quedando arrumbados su libertad, su iniciativa, su espontaneidad, su creatividad, y reducida su condición a la de pieza uniforme en el engranaje social, con una libertad aparente reducida al ámbito de la privacidad.

Así las cosas, someramente descritas, la reforma del llamado Estado de bienestar no ha sido tarea de un liberalismo rampante como algunos han pretendido hacer creer. No hay tal cosa. La necesidad de la reforma ha venido impuesta por una razón material y por una razón moral. La reforma del Estado de bienestar ha sido una exigencia ineludible impuesta por el fracaso de una concepción desproporcionada. Escrito de otra manera, la reforma del Estado de bienestar ha sido exigida por la realidad, por las cuentas, por su inviabilidad práctica. Y, en el orden moral, por la grave insatisfacción que se ha ido produciendo en las generaciones nuevas que han visto reducida su existencia –permítaseme la expresión– a una condición estabular que no podía menos que repugnarle.

Afirmar que el Estado de bienestar estático es inviable, afirmar que es necesaria la reforma de su estructura, que tal concepción presenta déficits insalvables en su mismo fundamento y articulación no significa en absoluto anunciar que el bienestar es imposible o que debemos renunciar al bienestar. Hacerlo así supone enunciar una crítica roma, limitada y corta de las posiciones que exponemos, y supone también, a nuestro juicio, instalarse en concepciones dogmáticas y consecuentemente maniqueas del Estado y de la sociedad. Equivaldría a afirmar que o el Estado de bienestar se establece conforme a una determinada fórmula o inevitablemente incumple su función.

Pues no es así. Denunciar el hecho comprobado de la inviabilidad del modelo errático y estático del Estado de bienestar, reivindicar la necesidad y las reformas necesarias, se formula desde la convicción irrenunciable de que no solo el bienestar público es posible, sino necesario, y no solo necesario sino insuficiente en los parámetros en los que ahora se mide. Es decir, es necesario, es de justicia, que incrementemos los actuales niveles de bienestar –si se puede hablar así–, sobre todo para los sectores de población más desfavorecidos, más dependientes y más necesitados. Insisto, es una demanda irrebatible que nos hace el sentido más elemental de la justicia y que hoy es un unánime clamor a la vista de cómo la crisis golpea sobre todo a los más débiles y desfavorecidos.

En este contexto, tenemos que aprender de los errores en que cayeron los Estados providentes en estos años. Los sectores más desfavorecidos, los sectores más necesitados, son los más dependientes, y las prestaciones sociales del Estado no pueden contribuir a aumentar y agravar esa dependencia, convirtiendo, de hecho, a los ciudadanos en súbditos, en este caso del Estado, por muy impersonal que sea el soberano, o que tal vez por ser más impersonal y burocrático es más opresivo. En esta afirmación está implícita otra de las características del nuevo modelo dinámico de bienestar que habrá de aflorar: la finalidad de la acción pública no es el bienestar, el bienestar es condición para la promoción de la libertad y participación de los ciudadanos, estas sí, auténticos fines de la acción público. Es decir, el bienestar aparece como medio, y como tal medio, debe ser relativizado, puesto en relación al fin.

En este sentido, una afirmación cobra especial actualidad en estos momentos: el bienestar no solo no está reñido con la austeridad, sino que no se puede ni concebir ni articular sin ella. Austeridad que no puede entenderse, por supuesto, como privación de lo necesario, sino como ajuste a lo necesario, y consecuentemente limitación de lo superfluo. Si no es posible realizar políticas austeras de bienestar no es posible implantar un bienestar social real, equitativo y progresivo, capaz de asumir –y para todos– las posibilidades cada vez de mayor alcance que las nuevas tecnologías ofrecen. Insistimos en que austeridad no significa privación de lo necesario.

Políticas de austeridad no significan por otra parte simplemente políticas de restricción presupuestaria. Políticas de austeridad significan, para nosotros, la implicación de los ciudadanos en el recorte de los gasto superfluos y en la reordenación del gasto. Sin la participación activa y consciente de una inmensa mayoría de los ciudadanos considero que es imposible la aproximación al Estado de bienestar social que todos –de una manera o de otra anhelamos–. Es necesaria por parte de la ciudadanía la asunción de la responsabilidad pública en su conducta particular, para hacer posible la solidaridad, la participación, que es meta de la acción pública.

En realidad, la austeridad es una propiedad connatural al manejo de los fondos públicos en todo tiempo y lugar. Ahora, sin embargo, se presenta como una necesidad, como la forma de preservar que se pague cuanto antes las dudas que los políticos han contraído, vaya paradoja, en nombre del pueblo. Una deuda pública, por cierto, que atenta contra los más elementales parámetros de una solidaridad intergeneracional pues no se comprende bien comoe es posible que se endosen las cargas que vienen inevitablemente a las futuras generaciones en «nombre» del pueblo.

Las políticas austeras son compatibles, aunque parezca hoy paradójico con la que está cayendo, con una expansión del gasto. Porque la expansión del gasto es necesaria, porque no son satisfactorios aún los niveles de solidaridad efectiva que hemos conseguido. Pero expandir el gasto sin racionalizarlo adecuadamente, sin mejorar las prioridades, sin satisfacer demandas justas y elementales de los consumidores, es hacer una contribución al despilfarro. Y aquí no nos detenemos en una consideración moralista de la inconveniencia del gasto superfluo, sino que nos permitimos reclamar que alzando un poco la mirada vayamos más allá y comprendamos la tremenda injusticia que está implícita en el gasto superfluo o irracional cuando hay tantas necesidades perentorias sin atender todavía. Este es el gran problema del momento. Que la irracionalidad invadió el gasto público de estos años y al final la deuda es la que es. Ahora no queda más remedio que recotar lo supérfluo pero sin olvidar, como bien dispone el artículo 31.2 de la Constitución española, que la equidad, junto a la eficiencia y a la economía, deben estar presentes en las políticas de gasto público, también, o sobre todo, en épocas de crisis económica.

La persona en el centro de la acción pública. Este es, insistimos, el punto de partida, también el de llegada. El bienestar como condición y medio para su desarrollo y la atención sanitaria como objetivo prioritario en las tareas del Estado y de la sociedad. Por tanto, sin participación ciudadana en el modelo sanitario, diseñado precisamente por y para los ciudadanos, el modelo no tendría sentido alguno desde una perspectiva democrática.

La participación la entendemos no solo como un objetivo que debe conseguirse: mayores posibilidades de participación de los ciudadanos en la cosa pública, mayores cotas de participación de hecho, libremente asumida, en los asuntos públicos. La participación significa también, un método de trabajo social por constituir la gran directiva del denominado Estado social y democrático de Derecho.

En el futuro inmediato, según la apreciación de muchos y salvando el esquematismo, se dirimirá la vida política y social entre la convocatoria de la ciudadanía a una participación cada vez más activa y responsable en las cosas de todos y un individualismo escapista avalado por políticas demagógicas que pretenderán un blando conformismo social. Lamentablemente, ese futuro inmediato pasa, en este tiempo, por el despertar de la conciencia cívica de no pocos ciudadanos que han sucumbido durante la época de bonanza, a la tentación de ese consumismo convulsivo que se ha apropiado, en beneficio de las tecnoestructuras de todos conocidas, del interés general en los términos descritos en el capítulo anterior.

La política pública democrática significa poner en el centro de su elaboración, implementación, ejecución y evaluación, a las personas destinatarias de dichas actuaciones del poder público, es decir, sus aspiraciones, sus expectativas, sus problemas, sus dificultades, sus ilusiones.

En sentido negativo, las políticas públicas democráticas no pueden atender tan solo los intereses de un sector, de un grupo, de un segmento social, económico o institucional, ya que una condición básica de estas políticas públicas es el equilibrio, entendiendo por tal, la atención a los intereses de todos. Atender públicamente el interés de algunos, aunque se trate de grupos mayoritarios, significa prescindir de otros, y consecuentemente practicar un exclusivismo que es ajeno al entendimiento democrático de la participación.

Por eso, la determinación de los objetivos de las políticas públicas no puede hacerse realmente si no es desde la participación ciudadana. La participación ciudadana se configura como un objetivo público de primer orden, ya que constituye la esencia misma de la democracia. Una actuación política que no persiga, que no procure un grado más alto de participación ciudadana, no contribuye al enriquecimiento de la vida democrática y se hace, por lo tanto, en detrimento de los mismos ciudadanos a los que se pretende servir. Pero la participación no se formula solamente como objetivo, sino que exige la práctica de la participación como método.

En efecto, tratar la participación como método es hablar de la apertura de la organización pública que la quiere practicar, hacia la sociedad. Una organización pública cerrada, vuelta sobre sí misma, no puede pretender captar, representar o servir los intereses propios de la ciudadanía, de los vecinos. La primera condición de esa apertura es una actitud, una disposición alejada de la suficiencia y de la prepotencia, propias tanto de las formulaciones propias de las ideologías cerradas como de las tecnocráticas o burocratizadas. Pero las actitudes y las disposiciones necesitan instrumentarse, traducirse en procesos y en instrumentos que las hagan reales. Y la primera instrumentación que exige una disposición abierta es la comunicativa, la comunicación.

Las reformas es esta materia deben traducirse, en primer lugar, en estar receptivos, en tener la sensibilidad suficiente para captar las preocupaciones e intereses de la sociedad en sus diversos sectores y grupos, en los individuos y colectividades que la integran. Pero no se trata simplemente de apreciaciones globales, de percepciones intuitivas, ni siquiera simplemente de estudios o conclusiones sociométricas. Todos esos elementos y otros posibles son recomendables y hasta precisos, pero la conexión real con los ciudadanos, con los vecinos, con la gente, exige diálogo real. Y diálogo real significa interlocutores reales, concretos, que son los que encarnan las preocupaciones y las ilusiones concretas, las reales, las que pretendemos servir.

Parece que los objetivos de orden público son unas concreciones de la pretensión genérica de alcanzar una mejora de la sociedad, del tipo que sea: económica, social o cultural. Ciertamente, se entiende que todos queremos una sociedad más próspera, más libre y solidaria. Ahora bien, a la hora de concretar el modelo de sociedad, o a la hora de perfilar cual es la vía para aproximarse a ella, es posible incurrir, a veces inconscientemente en contradicciones que puedan, llegar a ser incluso graves.

Por eso, aunque todos coincidamos en la expresión general de las metas, tenemos sin embargo planteamientos y objetivos diferentes. Si lo que está en juego es la mejora efectiva de la sociedad, se entenderá que el acierto en la definición de objetivos es la clave para el desarrollo de una actividad pública eficaz. ¿Cuál es, entonces, la finalidad de la acción pública que pretende hacerse desde los postulados de la reforma del Estado de bienestar? A nuestro juicio, una de las finalidades –si no la principal– que mejor definen estas medidas tan relevantes en el presente es la de la participación, la libre participación de la ciudadanía en los asuntos públicos.

Sí, en la libre participación encontramos un elemento central de la vida individual y social de los hombres y de las mujeres, un elemento que contribuye de forma inequívoca a definir el marco de las reformas que realizar desde la dimensión dinámica del Estado de bienestar, que lo que hacen, fundamentalmente, es poner en el foco de su atención a las mismas personas.

La participación, en efecto, supone el reconocimiento de la dimensión social de la persona, la constatación de que sus intereses, sus aspiraciones, sus preocupaciones, trascienden el ámbito individual o familiar y se extienden a toda la sociedad en su conjunto. Solo un ser absolutamente deshumanizado sería capaz de buscar con absoluta exclusividad el interés individual. La universalidad de sentimientos tan básicos como la compasión, la rebelión ante la injusticia, o el carácter comunicativo de la alegría, por ejemplo, demuestran esta disposición del ser humano, derivada de su propia condición y constitución social.

Afirmar por tanto la participación como objetivo tiene la implicación de afirmar que el hombre, cada individuo, debe ser dueño de sí mismo, y no ver reducido el campo de su soberanía personal al ámbito de su intimidad. Una vida humana más rica, de mayor plenitud, exige de modo irrenunciable una participación real en todas las dimensiones de la vida social, también en la política.

Sin embargo, hay que resaltar que la vida humana, la de cada ser humano de carne y hueso, no se diluye en el todo social. Si resulta monstruoso un individuo movido por la absoluta exclusividad de sus intereses particulares, lo que resulta inimaginable e inconcebible es un individuo capaz de vivir exclusivamente en la esfera de lo colectivo, sin referencia alguna a su identidad personal, es decir, alienado, ajeno enteramente a su realidad individual.

Por este motivo la participación como un absoluto, tal como se pretende desde algunas concepciones organicistas de la sociedad, no es posible. De ahí que nos resulte preferible hablar de libre participación. Porque la referencia a la libertad, además de centrarnos de nuevo en la condición personal del individuo, nos remite a una condición irrenunciable de su participación, su carácter libre, pues sin libertad no hay participación.

La participación no es un suceso, ni un proceso mecánico, ni una fórmula para la organización de la vida social. La participación, aunque sea también todo eso, es más: significa la integración del individuo en la vida social, la dimensión activa de su presencia en la sociedad, la posibilidad de desarrollo de las dimensiones sociales del individuo, el protagonismo singularizado de todos los hombres y mujeres. Sin embargo, encontramos en nuestros sistemas con frecuencia aproximaciones taumatúrgicas de la participación. Es decir, se piensa, ingenuamente por un lado, maquiavélicamente por el otro, que la participación existirá y se producirá en la realidad si es que las normas se refieren a ella. Sin embargo, a día de hoy se registra, es verdad, una proleferación de cantos normativos a la participación, que conviven, así es, con una profunda desafección y honda distancia de la ciudadanía respecto a la vida pública.

En efecto, aunque los factores socioeconómicos, por ejemplo, sean importantísimos para la cohesión social, ésta no se consigue solo con ellos, como puedan pensar los tecnócratas y algunos socialistas. Aunque los procedimientos electorales y consultivos sean llave para la vida democrática, ésta no tiene plenitud por el solo hecho de aplicarlos, como pueden pensar algunos liberales. La clave de la cohesión social, la clave de la vida democrática está en la participación de todos los ciudadanos en los asuntos públicos.

En este sentido la participación no puede regularse solo con decretos ni con reglamentos. Solo hay real participación –insistimos– si hay participación libre. De la misma manera que la solidaridad no puede ser obligada. Esta relación de semejanza entre participación y solidaridad no es casual, por cuanto un modo efectivo de solidaridad, tal vez uno de los más efectivos, aunque no sea el más espectacular, sea la participación, entendida como la preocupación eficaz por los asuntos públicos, en cuanto son de todos y van más allá de nuestros exclusivos intereses individuales.

Ahora bien, al calificar la participación como libre, nos referimos no solo a que es optativa sino también a que, en los infinitos aspectos y modos en que la participación es posible, es cada persona quien libremente regula la intensidad, la duración, el campo y la extensión de su participación. En este sentido, la participación –al igual que la solidaridad– es el resultado de una opción, de un compromiso, que tiene una clara dimensión ética, ya que supone la asunción del supuesto de que el bien de todos los demás es parte sustantiva del bien propio. Pero aquí nos encontramos en el terreno de los principios, en el que nadie puede ser impelido ni obligado.

De este modo, y aunque sea provisionalmente, cerramos el círculo, en cuanto que se vuelve la atención a la persona concreta, enfrentada a su quehacer político en toda su dimensión social. En esto parece consistir la concepción que se preconiza desde la reforma dinámica del Estado de bienestar: son los hombres y mujeres singulares y concretos quienes reclaman nuestra atención, y para ellos es para quien reclamamos el protagonismo. Y por esto mismo la libre participación en la vida de la sociedad, en sus diversas dimensiones –económica, social, cultural, política– puede erigirse como el objetivo político último, ya que una participación plenamente realizada significa la plenitud de la democracia.

La doble consideración de la participación, como objetivo y como método, podemos, pues, considerarla como otro rasgo que definen las nuevas políticas que se derivan de la formulación dinámica del Estado de bienestar que precisan especialmente las democracias europeas.

Si se considera que uno de los objetivos esenciales de las nuevas políticas públicas es la participación, debemos llamar ahora la atención sobre el hecho de que la participación se constituye también como método para la realización de esas políticas.

En efecto, suponer que la participación es un objetivo que solo se puede alcanzar al final de un proceso de transformación política, sería caer en uno de los errores fundamentales del dogmatismo político implícito en las ideologías cerradas. El socialismo con la colectivización de los medios de producción; el fascismo con la nacionalización de la vida social, económica, cultural y política; el liberalismo doctrinario –aunque aquí serían necesarias ciertas matizaciones– con la libertad absoluta de mercado, pretenden alcanzar una libertad auténtica que despeje los sucedáneos presentes de la libertad, que no son sino espejismos, engañiflas o cadenas que nos sujetan.

Desde las nuevas políticas públicas que se alumbran a partir de la posición dinámica del Estado de bienestar, la percepción es bien distinta. La libertad y la participación que se presentan como objetivos no son de naturaleza diferente a la libertad y participación de cada ciudadano. Si la libertad y la participación de que gozamos hoy en las sociedades democráticas no fueran reales y auténticas, poco importaría prescindir de ellas –como desde ciertas posiciones ideológicas se puede afirmar–, pero no es así. La raíz de la libertad está en los hombres y mujeres concretos, singulares, no en la vida y en el ser nacional, ni en la liberación de una clase social a la que se reduce toda la sociedad.

Por eso precisamente, porque no es necesario liberar una clase ni una nación para que haya en algún grado libertad auténtica, es por lo que se puede afirmar la autenticidad de la libertad –mejorable, pero auténtica– que en distinta forma y medida todos hemos alcanzado. Proponer la participación como objetivo no significa otra cosa, pues, que desde el estadio presente de libertad y de participación caminar hacia cotas y formas de mayor alcance y profundidad que las actuales, pero contando con lo que tenemos y sin ponerlo frívolamente en juego.

Pretender recorrer este camino sin contar con las personas para quienes se reivindica el protagonismo participativo sería contradictorio, se incurriría en una incoherencia inaceptable. Y el rigor y la coherencia son valores de primer orden, cuya pérdida traería consigo la pérdida también de los valores de equilibrio y moderación que tan bien definen hoy los nuevos espacios políticos Se trata, pues, de poner en juego todas las potenciales formas de participación que en este momento enriquecen los tejidos de nuestra sociedad, como condición metodológica para alcanzar no solo grados de participación más altos, sino también nuevos modos de participación.

Desde el punto de vista político, tal pretensión pasa necesariamente por la permeabilidad de las formaciones políticas, de los partidos. La permeabilidad de los partidos quiere decir que los partidos tienen que desarrollarse como formaciones abiertas y sensibles a los intereses reales de la sociedad, que son los intereses legítimos de sus integrantes, tomados bien individualmente bien en sus múltiples y variadas dimensiones asociativas, bien en las diversas agrupaciones producto del dinamismo social.

Se comprende perfectamente –la experiencia de nuestra vida democrática lo refrenda– que esta pretensión es ya de por sí un reto político de primer orden, por cuanto la conjugación de la necesaria cohesión –¿disciplina?– interna de los partidos, con la flexibilidad a que nos referimos, constituye por sí misma un ejercicio de equilibrio político imprescindible, de cuyo éxito, me parece, depende la ubicación en la moderación y en la posición reformista.

En efecto, flexibilizar, permeabilizar, es al mismo tiempo una aspiración y un reto. Una Administración pública abierta quiere decir un a organización capaz de ponerse en sintonía con los grupos, sectores, segmentos sociales, y capaz, por tanto, de ejercer con eficacia su trabajo en armonía con los destinatarios de sus políticas. Pero es al mismo tiempo, una organización que aumenta aparentemente su vulnerabilidad ante las agresiones derivadas de las ambiciones personales o de los intereses particulares del tipo que sean.

En efecto, la organización pública ideológica, si podemos llamarla así, nada tiene que aprender de nadie. La vida social y cultural no tiene nada que ofrecerle para enriquecerla, ya que la ideología le proporciona las claves completas de interpretación universal, de interpretación de toda la realidad, en su conjunto o en sus partes. Desde el punto de vista de la ideología, cualquier interpretación o apreciación que se aparte de la ortodoxia ideológica es alienación, disidencia o revisionismo –por simplificar–, y la evolución del pensamiento ideológico parece transformarse finalmente en una escolástica.

En cambio, la mentalidad abierta que caracteriza a las nuevas políticas públicas, su carácter no dogmático, facilita como un rasgo constitutivo de estas nuevas Administraciones públicas, la necesidad del diálogo, del intercambio, el imperativo de percibir el sentido de los intereses y las aspiraciones sociales, que constitutivamente están sujetos a permanente mutación.

Es verdad que en las formaciones que denominamos ideologicas se producen adaptaciones a las transformaciones sociales, pero, a nuestro entender, éstas solo pueden tener dos sentidos: el de la atemperación de los contenidos ideológicos, que puede revestir –y ha revestido históricamente– formas diversas, lo que nos situaría ante una auténtica, aunque fuese lejana, aproximación al equilibrio y a la moderación. El otro tipo posible de adaptación sería el de meras acomodaciones tácticas, es decir, cambios de procedimientos en la estrategia de conquista que toda ideología implica.

Mientras que los proyectos ideológicos suponen –como hemos repetido en ocasiones– visiones completas, cerradas y definitivas de la realidad social –también en la dimensión histórica de esa realidad– las políticas públicas participativas, al elaborarse en un contexto de convicciones sobre la sociedad más restringido, propician un mayor consenso social, y no hipotecan ni ponen en suspenso la libertad personal de quien se suma al proyecto.

Finalmente, podría afirmarse que desde la participación se propone una acción pública construida sobre la consulta o la prospección permanente del sentir social. Pues no en absoluto. La política pública así concebida no deja de responder a una concepción tecnocrática, a una reducción de la política a la exclusiva actividad gestora. Este fantasma se diluye si volvemos a la consideración primera de que el objetivo de la participación consiste en propiciar el protagonismo del ciudadano en la vida y en la acción pública. La implicación inmediata es que no hay lugar para un nuevo despotismo ilustrado que conciba la política como una satisfacción de los intereses de los ciudadanos sin contar con ellos en su consecución.

La participación, junto con la libertad, son objetivos públicos de primer orden. Incluso, por su carácter básico, y por lo que supone de horizonte tendencial nunca plenamente alcanzado, podríamos hablar de la participación como finalidad de la misma acción política en sentido amplio.

La participación política del ciudadano, debe ser entendida como finalidad y también como método. La crisis a la que hoy asisten las democracias, o más genéricamente nuestras sociedades, en las que se habla a veces de una insatisfacción incluso profunda ante el distanciamiento que se produce entre lo que se llama vida oficial y vida real, manifestada en síntomas variados, exige una regeneración permanente de la vida democrática. Pero la vida democrática significa ante todo, la acción y el protagonismo de los ciudadanos, la participación.

Sin embargo, frente a lo que algunos entienden, que consideran la participación únicamente como la participación directa y efectiva en los mecanismos políticos de decisión, la participación debe ser entendida de un modo más general, como protagonismo civil de los ciudadanos, como participación cívica.

En este terreno dos errores pensamos que debe evitar el dirigente público. Primero, invadir con su acción los márgenes dilatados de la vida civil, de la sociedad, sometiendo las multiformes manifestaciones de la libre iniciativa de los ciudadanos a sus dictados. Y, segundo, pretender que todos los ciudadanos actúen del mismo modo que él lo hace, ahormando entonces la constitución social mediante la imposición de un estilo de participación que no es para todos, que no todos están dispuestos a asumir.

No puede verse en esta última afirmación un aplauso para quien decide inhibirse de su responsabilidad política de ciudadano en la cosa pública. Insistimos en que de lo que se trata es de respetar la multitud de fórmulas en que los ciudadanos deciden integrarse, participar en los asuntos públicos, cuyas dimensiones no se reducen, ni muchísimo menos, a los márgenes –que siempre serán estrechos– de lo que llamamos habitualmente vida política. Tratamos, pues, fundamentalmente de participación cívica, en cualquiera de sus manifestaciones: en la vida asociativa, en el entorno vecinal, en el laboral y empresarial, etc. Y ahí se incluye, en el grado que cada ciudadano considere oportuno, su participación política.

Al dirigente público le corresponde, pues, un protagonismo público, pero la vida política no agota las dimensiones múltiples de la vida cívica, y el responsable público no debe caer en la tentación de erigirse él como único referente de la vida social. La empresa, la ciencia, la cultura, el trabajo, la educación, la vida doméstica, etc. tienen sus propios actores, a los que el dirigente político no puede desplazar o menoscabar sin incurrir en actitudes sectarias absolutamente repudiables.

Tratar de participación es, para terminar este epígrafe, tratar también de cooperación. La participación es siempre «participación con». De ahí que el protagonismo de cada individuo es en realidad coprotagonismo, que se traduce necesariamente en la conjugación de dos conceptos claves para la articulación de políticas públicas participativas: autonomía e integración, las dos patas sobre las que se aplica el principio de subsidiariedad. En ningún ámbito de la vida política debe ser absorbido por instancias superiores lo que las inferiores puedan realizar con eficacia y justicia.

Estos dos conceptos, por otra parte, están en correspondencia con la doble dimensión de la persona, la individual y la social, la de su intimidad y la de su exterioridad. Insistimos en que se trata de la doble dimensión de un mismo individuo, no de dos realidades diferenciadas y distantes, que puedan tener una atención diversa. Más bien, la una nunca actúa ni se entiende adecuadamente sin la otra.

Si la libertad –en el plano moral– es en última instancia una consecución, un logro personal; si la participación, el protagonismo en la vida pública –sea por el procedimiento y en el ámbito que sea– solo puede ser consecuencia de una opción personalmente realizada; la solidaridad es constitutivamente una acción libre, solo puede comprenderse como un acto de libre participación.

La diversificación de intereses, impulsados por un clima de participación y compromiso cada vez mayores con los asuntos públicos, sobre todo –aunque no exclusivamente–, por parte de los jóvenes, ha culminado en el establecimiento de un denso tejido asociativo, con intereses, sensibilidades e incluso planteamientos políticos diversos. En ese tejido deben buscarse –sin exclusiones preestablecidas– a los interlocutores: asociaciones y colegios profesionales, asociaciones de padres de alumnos, asociaciones de amas de casa, de mujeres, grupos juveniles; entidades deportivas y culturales, organizaciones no gubernamentales, grupos, entidades y asociaciones de la tercera edad, asociaciones parroquiales, grupos y asociaciones ecologistas, sectores industriales y empresariales, consumidores, asociaciones y movimientos vecinales, entidades educativas, órganos de la Administración particularmente dirigidos a la atención al público; comisiones de fiestas, medios de comunicación, sociedades gastronómicas, instituciones de recreo y tiempo libre, sociedades de caza y pesca; etc., etc., etc. La capacidad para establecer un diálogo con el más amplio número de representantes sociales será un indicativo de su apertura real a la sociedad.

En ese diálogo no debe olvidarse el objetivo principal que se persigue. No se trata de convencer, ni de transmitir, ni de comunicar algo, sino ante todo y sobre todo, en primer lugar, de escuchar. Y debe recordarse que en diálogo escuchar no comporta una disposición pasiva, sino al contrario, es una disposición activa, indagatoria, que busca el alcance de las palabras del interlocutor, comprender su manera de percibir la realidad, la conformación de sus preocupaciones y la proyección de sus ilusiones y objetivos. Por eso el punto de partida es la correcta disposición de apertura. Sin ella el diálogo será aparente, solo oiremos lo que queremos oír e interpretaremos de modo sesgado lo que se nos dice. La pretensión de centrarse en los intereses de la ciudadanía será ilusoria.

Ese diálogo debe caracterizarse además por su flexibilidad. Es decir, no se trata de un intercambio rígido y formalista; no es una encuesta, está abierto, y han de ponerse en juego los factores personales y ambientales necesarios para hacerlo más confiado y fructífero. En ese mismo sentido ha de tenerse en cuenta el talante personal del interlocutor y contar también con el propio, para que la condición de los interlocutores no sea un elemento de distorsión en la comunicación. El diálogo debe conducirse sin limitación en los temas. También interesa conocer, cuando sea el caso el descontento que producimos, a quien y por qué. Y en medio de la multitud de propuestas de solución que se darán, habrá que resaltar que interesa considerarlas todas, pero de modo muy especial las que tengan como rasgo el equilibrio propio del centro, es decir, las que toman en consideración a todos los sectores afectados por el problema que se trate o la meta que se persiga, y no solo al propio.

El diagnóstico que se pretende constituye un ejercicio público real, por su objetivo –comprender las aspiraciones de nuestra sociedad en su complejidad estructural–, por el procedimiento –comunicación–, por los juicios de valor que lleva aparejados –en cuanto a urgencia, importancia y precedencia de las cuestiones que se planteen–. Por otra parte, sustanciar un diálogo en estas condiciones comporta una mejora ética del dirigente público, porque solo con un ejercicio de sinceridad y autenticidad podrá ponerse en el lugar de la ciudadanía a la que sirve.

No hay mejor modo de transmitir a las personas la importancia y la necesidad de su participación en los asuntos públicos que practicarla efectivamente. Fue Tocqueville el que acuñó esa fantástica expresión que tan bien describe la sintomatología de las democracias enfermas: el despotismo blando. Sí, cuando el efecto de la acción pública –oficial– consigue anular la capacidad de iniciativa de los ciudadanos y cuando la ciudadanía se recluye en lo más íntimo de su conciencia y se retrae de la vida pública, entonces algo grave pasa.

Sabemos que fruto de ese Estado de malestar que inundó Europa en estos años previos a la crisis, es el progresivo apartamiento del pueblo de las cosas comunes. Poco a poco, los intérpretes oficiales de la realidad pintaron, con gran eficacia, con pingües subvenciones el paisaje más proclive para los que ansían la perpetuación en el poder. Se narcotizaron las preocupaciones de los ciudadanos a través de una rancia política de promesas y promesas entonada desde esa cúpula que amenaza, que señala y que etiqueta. Quien quiera levantar su voz en una sintonía que no sea la de la nomenclatura está condenado a la marginación. Quien se atreva a poner el dedo en la llaga, corre serios peligros de perder hasta su puesto de trabajo. Hay quien sabe que vive en un mundo de ficción, pero no tiene los arrestos necesarios para levantar el telón. Es el miedo a la libertad, es el pánico a escuchar los problemas reales de la ciudadanía, es la comodidad de no complicarse la vida, es el peligro de perder la posición. En una palabra, es la «mejor» forma de controlar una sociedad que vive amordazada.

Uno de los pensadores más agudos del momento, Charles Taylor, nos advierte contra uno de los peligros que gravita sobre la saludable cultura política de la participación, sea en el entramado político o comunitario, al señalar que cuando disminuye la participación, cuando se extinguen las asociaciones básicas que operan como vehículos de ella, el ciudadano individual se queda solo ante el vasto Estado burocrático y se siente, con razón, impotente. Con ello, se desmotiva al ciudadano aún más, y se cierra el círculo vicioso del despotismo blando.

CAPÍTULO V

INTERVENCIÓN PÚBLICA
Y LIBERTAD SOLIDARIA

Los nuevos enfoques y aproximaciones que hoy podemos encontrar al tratar sobre Derecho Administrativo y Ciencia de la Administración pública suelen coincidir en la centralidad de la persona, del ciudadano, del particular o del administrado, como se prefiera denominar a quien es el destinatario principal de las políticas públicas. Tal aproximación es, me parece, la consecuencia de poner en orden un marco general en el que por bastante tiempo prevaleció una idea de la Administración como poder conformador y configurador de lo público desde los esquemas de la unilateralidad. No digamos en materia de servicios públicos y de servicios económicos de interés general, donde el usuario se ha convertido, afortunadamente, en el centro de atención del tratamiento jurídico del Derecho Administrativo Económico.

La filosofía política de este tiempo parece tener bien clara esta consideración del papel de la persona en relación con el poder público. Desde este punto de vista, la persona no puede ser entendida como un sujeto pasivo, inerme, puro receptor, destinatario inerte de las decisiones y resoluciones públicas. Definir a la persona, al ciudadano, como centro de la acción administrativa y del ordenamiento jurídico-administrativo en su conjunto supone considerarlo como el protagonista por excelencia del espacio público, de las instituciones y de las categorías del Derecho Administrativo y de la Ciencia de la Administración.

Es decir, a la hora de construir las políticas públicas, a la hora de levantar los conceptos del Derecho Administrativo en general debe tenerse presente la medida en que a su través se pueden mejorar las condiciones de vida de los ciudadanos. En materia de servicios económicos de interés general, esta reflexión parece evidente pues éstos existen y se justifican precisamente para atender mejor a los ciudadanos en sus necesidades colectivas. Para hacer posible que el ciudadano, usuario de servicios económicos de interés general, pueda elegir, de acuerdo con su criterio, precisamente los mejores servicios a los mejores precios.

Afirmar el protagonismo de la persona no quiere decir atribuir a cada individuo un papel absoluto. En efecto, no supone propugnar un desplazamiento del protagonismo ineludible y propio de los gestores democráticos de la cosa pública. Afirmar el protagonismo de la persona es colocar el acento en su libertad, en su participación en los asuntos públicos, y en la solidaridad. Desde el sentido promocional del poder público sentado en el artículo 9.2 de la Constitución española, la promoción, valga la redundancia, de las condiciones necesarias para que la libertad y la igualdad del individuo y de los grupos en que se integra, es una de las finalidades constitucionales de la actuación de la Administración pública. En este sentido, las decisiones en materia de servicios económicos de interés general, por ejemplo, deben estar presididas por este medular precepto constitucional pues se trata de que los servicios económicos de interés general sean entornos de humanización y de ejercicio de la libertad solidaria por parte de todos los ciudadanos. Los países con mejores servicios suelen ser países donde más se facilita la libertad, donde mejores condiciones hay para elegir entre diversas opciones.

Desde un punto de vista moral entiendo que la libertad, la capacidad de elección –limitada, pero real– del ser humano es consustancial a su propia condición, y por tanto, inseparable de su ser mismo y plenamente realizable en el proyecto personal de cualquier ser humano de cualquier época. Pero desde un punto de vista social y público, es indudable un efectivo progreso en nuestra concepción de lo que significa la libertad real de los ciudadanos. Qué duda cabe que el poder público, si es sensible a las demandas reales de los ciudadanos de disponer de mejores servicios, puede contribuir, como manda la Constitución, a colaborar a que, en efecto, la libertad y la igualdad sean cada vez de mejor calidad.

En el orden político, bien lo sabemos, se ha entendido en muchas ocasiones la libertad como libertad formal. Siendo así que sin libertades formales difícilmente podemos imaginar una sociedad libre y justa, también es verdad que es perfectamente imaginable una sociedad formalmente libre, pero sometida de hecho al dictado de los poderosos, vestidos con los ropajes más variopintos del folklore político. Los servicios económicos de interés general, en la medida en que están presididos por la universalidad, la asequibilidad y la calidad, garantizan a la ciudadanía en su conjunto una serie de medios y posibilidades que ayudan a la realización del libre desarrollo de la personalidad en la sociedad.

Desde la perspectiva del usuario de dichos servicios se comprende mejor, mucho mejor, la naturaleza y la funcionalidad de los principios de continuidad y regularidad ya que constituyen un derecho del propio usuario del servicio público o del servicio de interés general. Si se quiere, se puede expresar esta idea con otras palabras: el interés general, en cuya virtud se ha establecido el correspondiente servicio, reclama que se garantice durante toda la vigencia del mismo la universalidad, la asequibilidad, y la calidad, en un marco de continuidad y regularidad en la prestación. Estos parámetros legales van a hacer posible la vuelta al Derecho Administrativo, a un nuevo Derecho Administrativo, menos pendiente del privilegio y de la prerrogativa y más centrado en la mejora de las condiciones de vida de los usuarios, de los ciudadanos.

La función de garantía de los derechos y libertades define muy bien el sentido constitucional del Derecho Administrativo y trae consigo una manera especial de entender el ejercicio de los poderes en el Estado social y democrático de Derecho. La garantía de los derechos, lejos de patrocinar versiones reduccionistas del interés general, tiene la virtualidad de situar en el mismo plano el poder y la libertad, o si se quiere, la libertad y solidaridad como dos caras de la misma moneda. No es que, obviamente, sean conceptos idénticos. No. Son conceptos diversos, sí, pero complementarios. Es más, en el Estado social y democrático de Derecho son conceptos que deben plasmarse en la planta y esencia de todas y cada una de las instituciones, conceptos y categorías del Derecho Administrativo. La proyección de estos principios en materia de servicios públicos ha producido el alumbramiento de un concepto de gran presente, y futuro, como es el de servicio económico de interés general, en el que se cumple a la letra esa definición moderna del Derecho Administrativo que entiende el ejercicio del poder para el bienestar general e integral de los ciudadanos.

El servicio público, lo sabemos muy bien, es un tema clásico del Derecho Administrativo que sirvió como punto cardinal para explicar el significado mismo de nuestra disciplina. Para Duguit y la escuela de Burdeos, precisamente del «Servicio Público», constituyó el fundamento y límite de la soberanía, el centro neurálgico del Derecho Público.

La pretensión de buscar un criterio único, de validez universal y de carácter atemporal para fundamentar el Derecho Administrativo, pone de manifiesto la imposibilidad real de levantar todo el edificio del Derecho Administrativo bajo un solo y único concepto: el servicio público, elaborado, además, desde la atalaya del privilegio y de la prerrogativa. Más bien, esta tarea nos invita a situarnos en otros parámetros y, asimismo, nos interpela sobre la caracterización de nuestra área de conocimiento como temporal, relativa y profundamente integrada en el contexto constitucional de cada momento.

La misma mutabilidad de las instituciones, categorías y conceptos del Derecho Administrativo en función del marco constitucional y del entendimiento que se tenga del interés general, demuestra el distinto alcance y funcionalidad que pueden tener las técnicas jurídicas del Derecho Administrativo en cada momento.

Quizás por ello, durante la década de los cincuenta del siglo pasado, se admitió la tesis de la «noción imposible» para señalar las obvias e insalvables dificultades para perfilar un concepto estático y unilateral del servicio público como paradigma del Derecho Administrativo.

El advenimiento del Estado social colocó de nuevo al servicio público, ahora desde una perspectiva más amplia, en el lugar central. Es el tiempo de la expansión de las actividades estatales en la sociedad y aparecen, por ello, bajo la rectoría del Estado, los servicios de educación, sanidad, transportes, entre otros tantos.

Simplificando mucho las cosas, se puede afirmar que la constitución del concepto del servicio público siempre despertó una penetrante y aguda polémica con las libertades públicas y los derechos fundamentales. Es más, la tensión entre poder y libertad siempre corrió pareja al binomio, a veces en grave confrontación dialéctica, Estado-Sociedad. Y, es lo más probable, de esta dicotomía nacerían tanto la autorización como la institución concesional, fieles reflejos del diferente grado de intervención que se reservaba el Estado en relación con la vida social. Ciertamente, el nacimiento de la concesión administrativa como modo indirecto de gestión de los servicios públicos se inscribe en el proceso de deslinde, desde el marco de la exclusividad, de titularidad y gestión de la actividad, toda vez que llegó un momento en pleno Estado liberal en que el Estado no se consideraba digno de mediar en el mundo de la economía, sector que debía gestionarse aguas arriba del propio Estado.

En fin, la crisis del Estado de bienestar, por situarnos en fechas más próximas para nosotros, junto a las consabidas explicaciones fiscales, obedece también a la puesta en cuestión de un modelo de Estado, que, al decir de Forsthoff, todo lo invade y todo lo controla «desde la cuna hasta la tumba». Ciertamente, al menos desde mi particular punto de vista, la otrora institución configuradora del orden social, como fue la subvención, debe replantearse, como todas las técnicas del fomento en su conjunto. Este modelo estático al Estado de bienestar situó a los servicios públicos y al propio Estado como fin, no como medio para el bienestar de los ciudadanos. De ahí su agotamiento y, por ello, su crisis.

La confusión entre fines y medios ha tenido mucho que ver con las aproximaciones unilaterales y tecnoestructurales del interés general que, en este enfoque se reduce a autocontrol y la conservación del *status quo*.

Hoy, desde los postulados del Estado dinámico de bienestar el servicio público en sentido técnico-jurídico se reserva para supuestos especiales, de manera que con el advenimiento o emergencia de los servicios económicos de interés general, se produce una vuelta al Derecho Administrativo, por supuesto diferente al del siglo pasado, más desafiante si cabe en su papel esencial de construir técnicas jurídicas que garanticen el bienestar integral de los usuarios, de los ciudadanos.

O, lo que es lo mismo, se trata de construir un Derecho Público que haga posible el libre y solidario desarrollo de los ciudadanos y, por ello, el pleno ejercicio de los derechos fundamentales por todas las personas. Aparece así, en mi opinión, el Estado garantizador y, con él, toda una serie de nuevos conceptos, categorías e instituciones que nacen de una nueva forma de aproximarse al Derecho Administrativo: el pensamiento abierto, plural, dinámico y complementario, que no es sino la dimensión jurídica de los nuevos enfoques reinantes hoy en las Ciencias Sociales.

El Estado, pues, ya no es un mero prestador de servicios públicos. El Estado es, sobre todo y ante todo, garantizador de derechos y libertades ciudadanas, para lo cual goza de un conjunto de nuevas técnicas jurídicas que le permiten cumplir cabalmente esa función y para lo cual asume una grave responsabilidad, pues ahora existe un derecho fundamental a una buena Administración, que se puede exigir judicialmente.

Por tanto, el concepto del servicio público, deudor de una concreta y peculiar manera ideológica de entender las relaciones Estado-Sociedad, pierde su funcionalidad originaria al desvanecerse el marco general que le servía de apoyo. Se reduce notablemente en su configuración por cuánto ahora lo normal y ordinario es la realización de determinadas actividades de relevancia pública en régimen de libertad, en régimen de competencia. Por ello, insisto, en un nuevo marco, aparecen nuevos conceptos que ponen en cuestión la versión clásica de la noción del servicio público.

La articulación del Derecho Administrativo Constitucional sobre el servicio público y sobre el denominado servicio económico de interés general requiere analizar, siquiera sea brevemente, dos preceptos de la Constitución aparentemente contradictorios y, sin embargo, complementarios. Me refiero, claro está, al artículo 38 y al 128 de la Constitución española de 1978.

El artículo 38 constitucional dispone en materia de Principios rectores de la política social y económica lo siguiente: «Se reconoce la libertad de empresa en el marco de la economía de mercado. Los Poderes públicos garantizan y protegen su ejercicio y la defensa de la productividad, de acuerdo con las exigencias de la economía general y, en su caso, de la planificación».

Por su parte, el artículo 128 de la Constitución establece: «1.- Toda la riqueza del país en sus distintas formas y, sea cual fuere su titularidad está subordinada al interés general. 2.- Se reconoce la iniciativa pública en la actividad económica. Mediante ley se podrá reservar al sector público recursos o servicios esenciales, especialmente en caso de monopolio y asimismo acordar la intervención de empresas cuando así lo exigiere el interés general».

Es decir, el principio es el de la libertad económica en el marco del Estado social y democrático de Derecho, por lo que los Poderes públicos tienen la tarea garantizadora a la que antes he hecho referencia que, en determinados casos, puede aconsejar, por ley, la reserva al Estado en exclusiva de determinados servicios denominados esenciales. Evidentemente, está posibilidad debe ser motivada en la Ley que opere la reserva como exigencia del interés general. Es decir, el régimen ordinario es el de libertad en el marco del Estado social, lo que supone, ciertamente, que el régimen clásico del servicio público con sus notas tradicionales: titularidad y exclusividad, ya no encaja en el marco constitucional como fórmula ordinaria de prestación de los servicios públicos. Aunque, repito, en determinados casos, se pueda reservar en exclusiva al sector público determinados servicios esenciales, cuando razones de interés general lo aconsejen.

Por tanto, aunque hoy el servicio público surja de la *publicatio* en la versión de solidaridad social (*Duguit*) o procura existencial (*Forsthoff*), la expresión real de la prestación de los servicios «públicos» en materia económica especialmente, ya no es la técnica de la *publicatio* –salvo excepciones– sino la técnica autorizadora –*ordenatio*– cuando no la simple certificación por la Administración de la idoneidad técnica del particular para prestar el servicio.

El principio es la libertad, pero modulado o contextualizado por la dimensión solidaria que le es inherente. Entonces, la Administración pública, insisto, garantiza la libertad en la prestación de los servicios de interés general con arreglo precisamente a su propia funcionalidad. Las exigencias del principio de libertad solidaria en la prestación de los servicios de interés general, no se puede olvidar, se derivan de la libertad de elección de servicios que asiste a los ciudadanos, a los usuarios.

La referencia al usuario como centro de gravedad del régimen de los servicios de interés general y los postulados del pensamiento abierto, plural, dinámico y complementario, dibujan un nuevo mapa, una nueva hoja de ruta en la que situar el régimen actual de los denominados servicios de interés general.

No se puede olvidar que, en este ambiente, se ha planteado una de las principales tensiones que la teoría de los servicios de interés general parece solucionar. Me refiero a la tradicional polémica entre servicio público y derechos fundamentales o libertades públicas. Desde la teoría del servicio público, es claro que la titularidad pública choca frontalmente con el núcleo esencial de la libertad económica y que, por el contrario, la teoría del servicio de interés general permite el juego del binomio libertad-interés general desde la perspectiva garantizadora de la función del Estado.

Además, no podemos perder de vista algo muy importante que para el Derecho Administrativo es esencial: la realidad. Hoy, guste o no, en España, y en toda la Europa Comunitaria existe un gradual proceso de despublificación, de desregulación, o, si se quiere, de privatización que plantea el gran desafío común de definir el papel del Estado en relación con los servicios de responsabilidad pública. En Europa, tras los Tratados fundacionales y Maastricht, es menester tener presente que la realidad del Mercado Único se llama libre competencia y que, por ello, la Administración pública no puede mirar para otro lado. Lo que no quiere decir, insisto, que la Administración pública ceda inerme ante los encantos del mercado, ni que se alimenten versiones caducas que hablen de que el Estado sea la encarnación del ideal ético.

Algunos autores entienden que la pérdida de sentido en la actualidad de la noción clásica de servicio público es poco menos que una traición al Derecho Administrativo. Quienes así piensan, con todos mis respetos –solo faltaría– no son conscientes de que precisamente a través de la emergencia de nuevos conceptos como el del servicio económico de interés general, nuestra disciplina está recobrando el pulso y un protagonismo bien relevante. No se trata de certificar el entierro del concepto de servicio público. Simplemente se trata de certificar que a día de hoy su utilización queda reservada a los casos de reserva de servicios esenciales, siendo la categoría del servicio económico de interés general un concepto de mayor uso en la vida social y económica como consecuencia de los principios propios del Derecho Público Europeo.

Hoy, por todo ello, reaparece con toda su fuerza el Derecho Administrativo en la materia que nos ocupa, en forma de servicio económico de interés general o servicio de interés económico general: justamente la categoría, o categorías que utiliza el Derecho Comunitario Europeo para definir esta especial posición jurídica del Estado en relación con los antaño denominados servicios públicos.

Como es sabido, en los denominados servicios económicos de interés general la función de garante del Estado aparece en todo su vigor a través de las llamadas obligaciones de servicio público, entre las que el servicio universal es la más típica y característica y donde mejor se contempla esa nueva función del Estado a la que vengo reiteradamente haciendo referencia.

Sin embargo, frente a los nostálgicos del servicio público, que son los mismos que nos han inundado de pesimismo enarbolando la bandera de la huida del Derecho Administrativo, me atrevo, con modestia, a afirmar que hoy asistimos a una vuelta al Derecho Administrativo, eso sí, desde los postulados del pensamiento abierto, plural, dinámico y complementario y a partir de la necesaria superación de apriorismos y prejuicios metodológicos del pasado. Hablamos de la vuelta a un Derecho Administrativo para el que lo decisivo no es tanto quien presta los servicios, sino que a través de ellos se mejoren las condiciones de vida de los ciudadanos. En este sentido, el Estado asume obligaciones esenciales como la verificación, supervisión y control de tales actividades a fin de garantizar estándares razonables en cuanto a la universalidad, asequibilidad y calidad de dichos servicios.

Quienes que nos dedicamos al estudio del Derecho Administrativo hemos señalado muchas veces que nuestra disciplina se caracteriza por hundir sus raíces en las movedizas arenas de la realidad, que sabemos, y somos testigos cualificados, de que los diferentes sentidos e interpretaciones que acompañan a los conceptos de nuestra disciplina son deudores precisamente del cambiante marco constitucional en el que discurren. Quizás, por ello, el proceso de racionalidad, de aggiornamiento de estos conceptos que hoy nos toca vivir es una oportunidad para seguir defendiendo el Derecho Administrativo como el Derecho del poder público para la libertad solidaria de los ciudadanos, de manera que la función de garantía de esa libertad solidaria, en el marco del Estado social, es su principal señal de identidad.

Para algunos, las consecuencias de la realidad que es, valga la redundancia, la que es, han traído consigo un injusto proceso al servicio público tal y como señala Regourd. No es, sin embargo, un ajuste de cuentas metodológico o conceptual, Dios me libre, a la tradición del Derecho Administrativo francés; por cierto, de la que todos hemos aprendido tantas cosas. En su momento, como quería Duguit, sí que el servicio público era la pérdida angular que justificaba la propia existencia del Estado. Luego, algunos autores, como Alessi, señalaron que había tantas nociones del servicio público como autores se han acercado a su conceptualización[103]. Vedel llamó la atención sobre la elasticidad y flexibilidad de una noción que, para él, era perversa precisamente por su imposibilidad de definición[104]. Waline nos alertó sobre la condición

[103] *Vid.* R. ALESSI, *Principi di Diritto Administrativo*, Milano, 1978.
[104] G. VEDEL, *Derecho Administrativo*, Madrid, 1980, pp. 40 y ss.

de «etiqueta» del servicio público[105]. En fin, que no negamos su trascendencia en el pasado, pero afirmamos que en el presente ya no tiene apenas razón de ser, al menos en la Europa comunitaria, como no sea en los supuestos, en verdad excepcionales, de reservar al sector público en exclusiva servicios esenciales. La clave estará en que la regulación garantice efectivamente universalidad, calidad y asequibilidad de los servicios.

Antes de la crisis definitiva del concepto, se puede hablar de dos momentos delicados para esta categoría central del Derecho Administrativo. La primera crisis se puede datar en la segunda mitad del siglo XIX cuando al Estado no le quedaba más remedio que asumir las prestaciones asistenciales básicas como la sanidad y la educación. Y, además, se hizo con la titularidad de los servicios económicos de mayor trascendencia, especialmente lo que hoy denominaríamos grandes inversiones o infraestructuras públicas. Aparece entonces, con su proverbial magisterio a la cabeza de la Escuela de Toulouse, Hauriou, quien nos dejaría, para mí, la mejor definición del servicio público: «servicio técnico prestado al público de manera regular y por una organización pública»[106]. Era el momento de aquella fenomenal polémica sobre la esencia del Derecho Administrativo entre los grandes: Jeze, seguidor de Duguit, de los de Burdeos –el servicio público– y Vedel, a la zaga de la Escuela de Toulouse –el poder público o las famosas cláusulas exorbitantes–.

En lo que se refiere a la actividad económica, el Estado asumió su titularidad renunciando a la gestión en virtud de la conocida doctrina del concesionario interpuesto. Así, la declaración del servicio público implica desde el principio la titularidad pública, mientras que la gestión se confiaba a los particulares. Más adelante, el espacio local, que siempre es el mejor laboratorio del Derecho Administrativo, nos lleva, de la mano de los fabianos en el Reino Unido, a los supuestos de municipalización de servicios públicos municipales. En 1929, la gran depresión trae consigo la

---

[105] *Vid.* M. WALINE, *Traité Elementaire de Droit Administratif,* Paris, 1950.
[106] M. HAURIOU, *Precis de Droit Administratif,* 1921, pp. 1-6.

quiebra de los grandes concesionarios, por lo que será el Estado, y ya no digamos en Europa tras la Segunda Gran Guerra, quien tenga que correr con la responsabilidad, también, de la prestación directa de los servicios.

La segunda crisis, en la que todavía estamos instalados de algún modo, viene de la mano del nuevo ídolo del altar de las ideas públicas: la competencia. En efecto, la competencia, la liberalización es la palabra que utilizan las fuentes originarias y derivadas del Derecho Comunitario Europeo. Es, se dice, el dominio de la economía. Es, se dice, el apogeo de los economistas y de las Escuelas de Friburgo –la competencia es la clave del desarrollo económico (Eucken)–, de Viena –principio de no intervención pública (Hayek)–, de Chicago –guerra a los monopolios (Friedman)–, o de «Public Choice» –la realidad en cada caso aconsejará si lo procedente es la iniciativa pública o privada (Buchanan)–.

Ciertamente, si alguien puede detener el fundamentalismo económico en la vida social es un Derecho Administrativo para el que la clave, en materia de servicios públicos –en sentido amplio– sea concebir y diseñar regímenes jurídicos de servicios públicos que mejoren las condiciones de vida de los ciudadanos. Este es el *punctum dolens* de nuestra reflexión: lo decisivo no es quien preste el servicio sino que quien lo haga, Estado o particulares, promuevan la libertad solidaria de los ciudadanos o, si se quiere, posibiliten un mejor ejercicio de los derechos por parte de las personas. Es decir, que incida favorablemente en las condiciones de vida de las personas y promueva la elección de los servicios.

En este contexto se comprenderá la aseveración de Pierre Devolvé cuando afirma categóricamente que el servicio público es la principal amenaza para las libertades públicas y los derechos fundamentales[107]. Por tanto, el nuevo concepto de servicio económico de interés general que se alumbra en el marco de Derecho Comunitario Europeo es la expresión del moderno Derecho Administrativo y el concepto desde el que contemplar la posición del Estado en la nueva economía.

---

[107] *Vid.* P. DEVOLVE, *Droit Public de l'Economie*, Paris, 1998.

En materia de derechos sociales fundamentales, se ha discutido, como veremos más adelante, acerca de las prestaciones inherentes a estos derechos fundamentales de responsabilidad pública o social, debieran estar diseñadas en forma de servicio público. Tal técnica, sin embargo, implica que esas prestaciones serían de titularidad pública, lo que abriría una polémica que a la que no se puede contestar de forma atemporal y sin tener en cuenta las circunstancias espaciales. Es posible que en algunos países, por su estado de evolución social y política, pueda ser conveniente organizar esas prestaciones en forma técnica de servicio público. Pero en otros casos, tal calificación de servicio público podría entrar en colisión con actividades preexistentes llevadas a cabo por instituciones sociales, que de ser conformadas con esta categoría, conduciría a que tales actividades fueran de titularidad pública.

Por un lado, el avance científico y tecnológico ha arrumbado esa versión estática de la *publicatio* que antaño justificaba la existencia del servicio público en la insuficiencia de capital privado para asumir los grandes servicios económicos y sociales. Y, por otro, no podemos negar, guste o no, que la globalización económica ha traído consigo la existencia de grandes empresas con un potencial superior al de algunos Estados que, además, pueden, en ocasiones, gestionar mejor los servicios públicos tradicionales. Empero, en estos casos, la necesidad de un Derecho Administrativo Global es evidente, pues, de lo contrario, las garantías de universalidad, calidad y asequibilidad de estos servicios prestados por multinacionales en grandes regiones del mundo, serían una quimera.

En este ambiente, el Derecho Comunitario Europeo asesta al servicio público, en sentido estricto, en materia económica, el principal golpe de gracia por mor de la libre competencia, que se convierte en el corazón de la integración económica que preside el Mercado único europeo. Privatización, desregulación, liberalización, *despublicatio*, no son más que términos jurídico-económicos o económico-jurídicos que han certificado la defunción de la titularidad pública de tantos servicios. El monopolio es un término que casa mal con los principios del Derecho Comunitario. Por eso los servicios «públicos» de antaño, especialmente los de naturaleza económica, han debido construirse jurídicamente de acuerdo con el criterio de la libertad económica en el marco, claro está, del Estado social y democrático de Derecho.

El jurista no debe, no puede permanecer insensible ante el intento de dominio del Derecho Público por la Economía. No, los que cultivamos el Derecho Administrativo tenemos que levantar la voz y clamar que el interés general no ha muerto a manos de la eficacia del mercado. Más bien, el mercado debe entenderse, desde el pensamiento abierto, plural, dinámico y complementario, en un marco de interés general que garantice el equilibrio entre poder y libertad.

Lógicamente, la incidencia de las nuevas nociones de la Política Económica han traído consigo esta segunda y definitiva crisis del servicio público y la aparición de nuevos conceptos, entre los que destacaría el de servicio económico de interés general, que, como sabemos, procede del Derecho Comunitario.

En efecto, resulta curioso, y hasta sorprendente, que en el Derecho Comunitario Europeo no aparezca la expresión servicio público como no sea en el artículo 73 de la versión consolidada del Derecho originario. ¿Por qué? Probablemente, por la disparidad de regímenes jurídicos utilizados en los Derechos Nacionales en orden a asegurar a los ciudadanos peticiones esenciales con carácter general, regular y continua. En síntesis, los países de la Unión Europea se dividen entre los que siguen, en este punto, servicio con *publicatio* y régimen exorbitante de cuño francés, y los que se alinean con las denominadas *public utilities* garantizadas por la regulación –sin más– de la actividad de los sujetos privados prestados de dichos servicios, de orientación claramente anglosajona.

Pues bien, para no optar por una u otra tradición jurídica, el Derecho Comunitario alumbra el metaconcepto de servicio económico de interés general o el de servicio de interés general. Por eso, en el vigente artículo 86.2 del Tratado de la Unión Europea se puede leer que «las empresas encargadas de la gestión de servicios de interés económico general quedarán sometidas a las normas de este Tratado, en especial a las de la competencia»[108].

Por tanto, el Derecho de la Unión Europea es un Derecho que ha traído consigo la liberalización que, a su vez, ha afectado a la organización institucional de los servicios públicos de los Estados miembros de la Unión. Sin embargo, es conveniente llamar la atención sobre el sentido que tiene la aparición del calificativo «interés general». En efecto, la Comunicación de la Comisión sobre los servicios de interés general en Europa, de septiembre de 1996, vinculó de modo explícito los servicios de interés económico general a los principios de solidaridad e igualdad de trato como «objetivos fundamentales de la Comunidad».

En el mismo sentido, el Tratado de Ámsterdam introdujo en el texto dispositivo del Tratado de la Unión el nuevo artículo 16 de la versión consolidada que establece lo siguiente: «...a la vista del lugar que los servicios de interés económico general ocupan entre los valores comunes de la Unión, así como de su papel en la promoción de la cohesión social y territorial, la Comunidad y los Estados miembros, con arreglo a sus competencias respectivas y en el ámbito de aplicación del presente Tratado, velarán por que dichos principios actúen con arreglo a principios y condiciones que les permitan cumplir su cometido».

La jurisprudencia del Tribunal de Justicia de la Comunidad Europea, que inicialmente combatió, quizás excesivamente, las potestades públicas en esta materia a partir de la interpretación del artículo 90.2 del Tratado en sede de ayudas públicas, ha pasado a una línea en la que lo decisivo es que cada vez se presten mejor los servicios públicos, en una orientación claramente relacionada con la función del Estado de garantizar el interés general. Por ejemplo, en la sentencia 320/91 de 19 de mayo de 1993 en materia de servicio postal, se reconoció que en dicho servicio de interés económico general había que comprobar si la aplicación de las reglas de la libre competencia impediría el cumplimiento de las reglas de interés general. Así, el Tribunal entendió en este

---

[108] Ver, además, artículos 31 y 295 del Tratado.

caso que la realización del interés general llevaba consigo «la gestión de modo rentable del servicio y, por tanto, que la necesidad de compensar pérdidas del servicio público en sectores no rentables mediante los beneficios obtenidos de otros sectores económicamente rentables justificara que en estos últimos se limitara el juego de la competencia a favor de los particulares».

En la sentencia del 27 de abril de 1994, asunto 393/92, el Tribunal Europeo, en un caso de distribución de electricidad y de una cláusula de compra exclusiva en beneficio de una empresa regional de distribución eléctrica de Holanda, recordó la necesidad de valorar el criterio del equilibrio económico, no solo entre sectores rentables y no rentables, sino que deben tenerse presente las obligaciones de interés general, como las reglamentaciones que debe soportar en materia de medio ambiente, de ordenación del territorio o de seguridad entre otras.

Pues bien, la principal obligación de interés general en estos supuestos es la del servicio universal, que asegura la prestación en todo caso y la calidad allí donde el mercado no funciona bien, por falta de rentabilidad o como consecuencia de una mal entendida competencia. Como analizaremos a continuación, estas obligaciones nacen en el marco del Derecho Europeo de las Telecomunicaciones. Así, en los servicios de interés económico general hay que distinguir prestaciones susceptibles de ser realizadas en régimen de mercado y prestaciones no susceptibles de prestaciones competitivas. En este caso, la Autoridad impone la prestación obligatoria a algún operador para la que se arbitre algún sistema de compensación económica.

Por ejemplo, en atención a que los servicios de telecomunicación cumplen una función muy relevante en la sociedad de la información, la Comisión Europea dictó una Comunicación en 1999 al Consejo, al Parlamento, al Comité Económico y Social y al Comité de las Regiones sobre «el servicio universal de las telecomunicaciones ante la perspectiva de un entorno plenamente liberalizado».

La Ley española 32/2003, de 3 de noviembre (BOE número 264 de 4 de noviembre de 2003), lleva como rúbrica «General de Telecomunicaciones» y sustituye a la Ley 11/1998, de 24 de abril, del mismo nombre. Como es sabido, trae causa de la necesidad de incorporar al Derecho Español un conjunto de Directivas comunitarias que se han elaborado recientemente con el objeto de consolidar, como dice la Exposición de Motivos de la Ley de 2003, el marco armonizado de libre competencia en las telecomunicaciones alcanzado en los Estados miembros.

En esencia, las Directivas Comunitarias dictadas en 2002 se refieren al marco regulador de las comunicaciones electrónicas y a las redes y los servicios de comunicaciones electrónicas. Especialmente interesante es la 2002/22 del Parlamento Europeo y del Consejo, de 7 de marzo de 2002, relativa al servicio universal y los derechos de los usuarios en relación con las redes y los servicios de comunicaciones electrónicas. Cuestión, la del servicio universal, que ha supuesto, nada más y nada menos, una fuerte sacudida a los intentos, a veces vacilantes y, en todo caso dubitativos, que ha producido la desregulación de un sector tradicionalmente sujeto a monopolio. El desconcierto es tal que los enterradores del concepto clásico del servicio público han empezado a sospechar que la vuelta de este concepto tiene mucho que ver con el llamado servicio universal y, sobre todo, con las denominadas obligaciones de servicio público. Sin embargo, la realidad es que ahora el Estado interviene en la vida económica desde enfoques abiertos, no unilaterales. El servicio público, pues, queda para los supuestos, que pueden darse en circunstancias especiales, de reserva, exclusividad y titularidad de la actividad de que se trate.

Las instituciones, conceptos y categorías de Derecho Administrativo, lo sabemos bien, están en una relación estrecha, estrechísima, con la realidad que les ha tocado en suerte. Es más, soy de los que pienso que no debemos escandalizarnos, ni metodológica ni científicamente, por el hecho de que las principales manifestaciones del Derecho Administrativo se presenten de forma diversa según las circunstancias sociales, políticas y económicas de tiempo y de lugar. En efecto, es lógico que así sea porque tras los diversos avatares por los que ha pasado esta disciplina es lo cierto que somos testigos cualificados de la mudanza de sus instituciones, sin que, por ello, haya desaparecido el Derecho Administrativo.

Pues bien, en esta tarea me parece que es conveniente recordar que el Derecho Administrativo puede definirse, como hemos comentado con anterioridad, como el Derecho del poder público para la libertad solidaria o, si se quiere, el Derecho que regula los intereses generales que sirve con objetividad la Administración pública. En este sentido, todas las categorías, instituciones y conceptos centrales del Derecho Administrativo deben orientarse al interés general. Es decir, deben estar abiertos a hacer posible y visible ese metaconcepto del interés general que, en un Estado social y democrático de Derecho, está vinculado a la tarea promocional y garante de los Poderes públicos orientada al libre y efectivo ejercicio de los derechos fundamentales por parte de los ciudadanos. Así, la sanidad, la educación o la vivienda, deben gestionarse de manera que la ciudadanía pueda disponer de un acceso general a estos bienes. Lo público deber estar abierto a la ciudadanía y las necesidades públicas deben manejarse de manera que, efectivamente, la Administración pública tienda al bienestar general de todos.

En nuestro país, la simple lectura, por ejemplo, de los artículos 9.2, 10.1, 31.2, o 103.1 de nuestra Constitución, como he expuesto anteriormente, nos invita a estudiar el Derecho Administrativo en el marco constitucional y, por ello, a tener muy presente los parámetros y vectores constitucionales. De ahí que, hoy por hoy, en un modelo de Estado social y democrático de Derecho en el que los derechos fundamentales de la persona ocupan un lugar central, el ejercicio de los poderes y funciones públicas debe operarse teniendo presente la libertad y la igualdad de los individuos y de los grupos en que se integran, es un objetivo constitucional; que los fundamentos del orden político y la paz social residen en el libre desarrollo de las personas y en los derechos que les son inherentes; que el gasto público debe gestionarse con criterios de economía, o que la Administración pública sirve con objetividad los intereses generales. En definitiva, la Administración pública, al gestionar lo público, no se puede olvidar del bienestar de todos, eso sí, haciendo del bienestar un concepto dinámico, no estático, al servicio de las personas.

En este contexto, resulta imprescindible, también para el estudio del Derecho Administrativo, situarse en los postulados del pensamiento abierto, plural, dinámico y compatible. Porque el interés general debe interpretarse fuera del pensamiento único: Tanto del que intenta aislar al interés general en el santuario del tecnosistema, como del que intenta a toda costa desmantelar lo público para entregarlo *in toto* al sector privado. Sobre todo, porque, insisto, lo público, en un Estado social y democrático de Derecho, debe definirse de manera abierta entre el Poder y los agentes sociales ya que se terminó una forma de entender la Administración y el poder de naturaleza autoritaria y vertical.

Llegados a este punto, la contemplación de la realidad nos puede dejar algo confusos o perplejos, sobre todo si intentamos aplicar los criterios y categorías del pasado. ¿Es que se puede mantener la noción clásica de servicio público hoy? La contestación a esta pregunta no es difícil. Lo que pasa en ocasiones es que las exigencias del mercado, o de las liberalizaciones, desregulaciones o privatizaciones, han dibujado un nuevo panorama en el que debemos explicar los viejos conceptos. No es que haya muerto el servicio público o que haya nacido una nueva noción que lo sustituya. No, lo que ha pasado y está pasando es que la realidad de las cosas hace emerger nuevas caracterizaciones de conceptos centrales. En este caso, por ejemplo del servicio público y del nuevo Derecho Europeo en la materia, cuestión que estudiaremos a continuación.

La Comisión Europea, como sabemos, distingue, en el inicio de su Libro Verde, entre cinco conceptos: Servicio de interés general, Servicio de interés económico general, Servicio público, Obligación de servicio público y, finalmente, Empresa Pública

Sin embargo, a lo largo del Libro Verde se refiere a otro concepto de gran transcendencia, cual es el concepto de servicio universal y sorprende que no haya sido incluido junto a las otras definiciones. La omisión de una definición inicial del concepto de servicio universal pone de manifiesto las extraordinarias dificultades para distinguir tal concepto de los otros cinco definidos, de la misma manera que es difícil distinguir con precisión entre el servicio de interés (económico) general, la obligación de servicio público y el servicio público, debido a las divergencias terminológicas, a la confusión semántica y a las diversas tradiciones existentes en los Estados miembros. El servicio universal es un principio del ordenamiento jurídico comunitario que garantiza el acceso a un servicio de calidad especificada, a un precio asequible, a todos los ciudadanos, independientemente de su situación económica, social o geográfica.

Según el Derecho Comunitario Europeo, todos los servicios que las Autoridades nacionales consideren de interés general, tienen obligaciones de servicio público, sean o no de contenido económico. En el Derecho Español, tras haber sido configuradas las telecomunicaciones en 1987 como servicios esenciales de titularidad estatal reservadas al sector público, hoy, la ley de 2003, reconoce su condición de servicios de interés general. Ello es muy importante porque desaparece la titularidad estatal aunque no su presencia, ya que es necesario también velar por la mejor satisfacción del interés general. De ahí que hoy este sector sea un sector regulado. Regulación que aconseja que se eviten las posiciones de dominio, por una parte, y, por otra, que determinadas prestaciones, lleguen al conjunto de la ciudadanía en condiciones de igualdad y calidad. Pues bien, esta dimensión positiva del quehacer administrativo que garantiza la accesibilidad, la igualdad y la calidad supone la existencia de las llamadas obligaciones de servicio público, entre las que se encuentra el servicio universal. El sentido de estas obligaciones es bien sencillo: garantizar un mercado libre de posiciones dominantes entre los empresarios y de usuarios mal atendidos.

Las telecomunicaciones son, por tanto, un servicio económico de interés general, con unas obligaciones de servicio público, siendo el servicio universal, me parece la más destacada.

En el Derecho Comunitario, desafortunadamente, no se distingue con claridad suficiente el concepto de servicio económico de interés general y servicio público. Quizás, como ocurre en la polémica doctrinal referida al concepto de servicio universal, porque para muchos sigue pesando lo suyo la clásica noción de servicio público y, por ello, no resisten la desaparición del concepto y se felicitan porque el «nuevo servicio público» sea el servicio universal.

De acuerdo con el artículo 22.1 de la nueva Ley de 2003 en materia de telecomunicaciones, el servicio universal se define como «el conjunto definido de servicios cuya prestación se garantiza para todos los usuarios finales con independencia de su localización geográfica, con una calidad determinada y a un precio asequible». Calidad, accesibilidad y asequibilidad podrían ser las tres notas que hoy caracterizan el concepto de servicio universal en materia de telecomunicaciones y que supondrían obligaciones de servicio público en la medida en que la Administración debe garantizar su efectividad.

La obligación de servicio universal es una obligación de servicio público. Sí, pero, insisto, en un contexto en el que el servicio público se utiliza en sentido amplio. Por otra parte, el concepto de servicio universal surge en los modelos liberalizados de las telecomunicaciones europeas y en el marco de los denominados servicios básicos de telecomunicaciones (en cuanto contrapuestos a los servicios de valor añadido)[109] que pasan de ser servicios públicos *stricto sensu* o servicios económicos de interés general sin que por ello, se niegue, solo faltaría, el acceso de cualquier ciudadano a determinadas prestaciones básicas. La clave, pues, reside en determinar en concreto cuales sean esas prestaciones básicas. Con carácter general, se puede afirmar que la cuestión se centra en garantizar, al menos, el servicio telefónico entonces llamado básico, que hoy podríamos identificar como el servicio telefónico fijo.

En realidad, el servicio universal solo se aplica en entornos liberalizados, por lo que malamente puede contemplarse como la encarnación del viejo concepto de servicio público. Insisto, otra cosa, bien distinta, es que, en efecto, se admita que la represen-

---

[109] C. MARTÍNEZ GARCÍA, *La intervención administrativa en las telecomunicaciones*, Madrid, 2002, p. 209.

tación del nuevo concepto de servicio público camine por nuevos senderos y renuncie a dogmas y criterios rígidos que hoy por hoy no se compaginan bien con un ambiente que riñe, y no poco, con la noción de monopolio, por cierto asociado en origen al concepto de servicio público, hasta constituir una nota esencial e inevitable de la figura jurídica. Sin embargo, el servicio público sigue siendo lo que fue. Lo que ha ocurrido es que la realidad nos ha llevado a nuevos conceptos, hoy de gran utilización, como es, el de servicios de interés económico general.

Ciertamente, el servicio universal implica una presencia de la Administración pública que, si bien no puede ser la propia y privativa del régimen de servicio público, implica, en cierta medida, una determinada intervención pública. Como ha señalado Rapp, «no se trata del concepto de servicio público en el sentido tradicional del término. Es una especie de síntesis entre el objetivo de un mercado más comercial y la preocupación de una cierta continuidad del servicio, una especie de intento de conciliación de los principios del servicio público con los de la economía de mercado»[110]. Formulación que me parece exacta, atinada y actual. Exacta porque plantea en sus justos términos la funcionalidad del servicio universal en el contexto de los principios del sistema de servicio público y de la economía de mercado. Atinada porque acierta a contextualizar la cuestión y, actual, porque es un problema, indudablemente, de nuestro tiempo.

El concepto de servicio universal, me parece, es la expresión en el mundo del Derecho Administrativo de los postulados del pensamiento abierto, dinámico y complementario. Además, demuestra a las claras que el relativismo y la instrumentalidad son notas que acompañan al propio Derecho Administrativo en su largo peregrinar. ¿Por qué? Porque se complementan elementos del régimen de servicio público –continuidad, regularidad– y del mundo del mercado –no monopolio– en su ejercicio de integración que, de verdad, refleja la actualidad de las técnicas del Derecho Administrativo aplicadas a la realidad del momento, sin

---

[110] Tomado de C. MARTÍNEZ GARCÍA, *op. cit.*, p. 211.

necesidad de acudir a una añoranza del pasado queriendo ver lo que ya no existe, porque no puede existir.

La ley de 2003, que profundiza en la libre competencia del sector, introduce, como parece lógico una vez transmitido cierto tiempo desde la liberalización, mecanismos correctores que garanticen la aparición y viabilidad de operadores distintos a los titulares del antiguo monopolio. Es, me parece, una medida de sentido común y de sentido jurídico relevante para evitar que la libre competencia pueda ser ficticia o aparente. Además, y esto es lo que me interesa destacar ahora, se refuerza la protección jurídica de los usuarios, ampliándose el elenco que elementos de la obligación del servicio universal.

En efecto, como se reconoce en la propia exposición de motivos, la ley de 2003 «recoge la ampliación de las prestaciones que, como mínimo esencial, deben garantizarse a todos los ciudadanos, bajo la denominación de servicio universal». En concreto, en el artículo 22, se incluyen, a las que ya establecía el legislador de 1998, «el acceso funcional a internet y la posibilidad de que se ofrezcan opciones tarifarias especiales que permiten un mayor control del gasto por los usuarios».

El contenido mínimo del servicio universal lo fija el Reglamento y se resume en los siguientes extremos. Todos los ciudadanos pueden recibir conexión a la red pública telefónica fijo y acceder a la prestación del servicio telefónico fijo disponible para el público. Todos los abonados al servicio telefónico deben disponer gratuitamente de una guía telefónica, actualizada e impresa y unificada para cada ámbito territorial, que, como mínimo, será de ámbito provincial. Que exista una oferta suficiente de teléfonos de pago en el dominio público, en todo el territorio nacional. Que los usuarios discapacitados o con necesidades sociales especiales, tengan acceso al servicio telefónico fijo disponible al público en condiciones equiparables a las que se ofrecen al resto de los usuarios. Ahora, de acuerdo con la nueva ley, se añaden, como comenté anteriormente, dos nuevas obligaciones para los operadores que –artículo 23– designe el Ministerio para atender el servicio universal.

Hoy, guste más o menos, los monopolios se terminan, la reserva en exclusiva se cae sola, lo cual no quiere decir, ni mucho menos, que el mercado se deba contemplar desde la unilateralidad. No, el mercado ni es ni puede ser la fuente del Derecho, es el contexto en el que debemos trabajar y en el que debemos interpretar el Derecho Público para que en ningún momento claudique ante el sentido y la misión que tiene: garantizar el bienestar de todos.

Hoy, la Administración debe cumplir cabalmente su función garantizadora para que se respeten las reglas del juego. Ello supone reconocer el papel central en materia de servicios regulados del usuario a quién hay que facilitar la accesibilidad, la calidad y la asequibilidad, justo las tres características que definen el servicio universal.

Ciertamente, sin la historia del servicio público hoy no podríamos encontrar soluciones en los contextos regulados. Regularidad, continuidad... son notas del servicio público que son válidas también para servicios de interés general, como se denominan hoy los servicios públicos liberalizados.

Por tanto, la tarea de la Administración pública es muy importante para preservar el servicio universal. Ni puede abusar de su posición para someter al empresario a situaciones irracionales, ni debe tolerar que el mercado castigue a los más débiles. Por eso, hoy más que nunca, el Derecho Administrativo se presenta como el Derecho del Poder para la libertad.

Para terminar este epígrafe, una cuestión ya incoada a la que volveremos al final del trabajo, ¿pueden ser objeto de servicio público prestaciones estatales dirigidas a satisfacer derechos sociales fundamentales? La pregunta no es fácil de responder categóricamente porque cada realidad social es única en sí misma y estas cuestiones deben ser enfocadas de acuerdo con las singularidades de cada país. En principio, si la Sociedad está articulada y dispone de vitalidad, normalmente estas prestaciones podrían canalizarse y resolverse al interior de la propia sociedad. El problema es que hoy vivimos en un contexto en el que los Estados han asumido prácticamente la mayor parte de las funciones sociales y la subsidiariedad es muy reducida, en algunas latitudes incluso inexistente. De ahí la dificultad del problema porque no podemos olvidar que las actividades de servicio público son de titularidad pública. Otra cosa distinta es que estas actividades de prestación no fueran servicio público en sentido estricto sino servicios de interés general, por ejemplo.

CAPÍTULO VI

LOS DERECHOS FUNDAMENTALES
EN EL ESTADO SOCIAL Y DEMOCRÁTICO
DE DERECHO

Los derechos fundamentales constituyen la esencia misma del régimen constitucional[111] y acompañan, lógicamente, a la definición del artículo 1.1. constitucional del «Estado social y democrático de Derecho». La combinación, mejor, la interrelación entre derechos fundamentales y Estado social de Derecho permite, a mi juicio, avanzar algunas consideraciones sobre la operatividad de un nuevo Derecho Administrativo que, obviamente, trae su causa de los parámetros y principios constitucionales, pues como ya hemos recordado, el Derecho Administrativo es el Derecho Constitucional concretado, puntualizado, materializado en la realidad. En este sentido la supremacía constitucional debe articularse armónicamente con la legalidad administrativa para que los objetivos y mandatos constitucionales se realicen en la cotidianeidad a través de la actuación del complejo Gobierno-Administración.

La Constitución de 1978 ha producido evidentes impactos sobre los pilares de nuestro Derecho Administrativo[112] llegando a

---

[111] Sentencia del Tribunal Constitucional Español 34/1986 de 21 de febrero.

[112] *Ad exemplum, vid.* R. ENTRENA CUESTA, *Curso de Derecho Administrativo*, I, Madrid, 1986, pp. 30 y ss.; F. GARRIDO FALLA, *Reflexiones sobre una reconstrucción de los límites formales del Derecho Administrativo*, Madrid, 1982, y, también, el prólogo al vol. I del *Tratado de Derecho Administrativo*, Madrid, 1985; L. MORELL OCAÑA, «El Criterium de la Administración Pública y el Derecho Administrativo Contemporáneo», *REDA*, nº 29; P. ESCRIBANO COLLADO, «Crisis de los conceptos de

conformar un Derecho Administrativo Constitucional presidido precisamente por una interpretación del interés general en armonía con los valores y principios constitucionales que define el marco de desarrollo de esta rama del Derecho Público. A pesar de la simplicidad y de la claridad de esta cuestión todavía estamos pendientes, en alguna medida, de diseñar una urdimbre administrativa apropiada que permita a su través la realización de todos los valores constitucionales, especialmente los conectados al Estado social y democrático de Derecho.

El artículo 103 de la Constitución española, como ya hemos comentado en varios pasajes de esta investigación, comienza señalando que «la Administración pública sirve con objetividad los intereses generales». Es decir, esos intereses generales que vienen definidos por la efectividad de los derechos fundamentales en el Estado social, constituyen la razón de ser de la Administración pública. El Derecho Administrativo Constitucional[113] está llamado, por ello, a garantizar, a preservar y a fortalecer los derechos fundamentales de la persona, los individuales y los de orden social. Es lógico que así sea puesto que el propio interés general se dirige hacia la efectividad de los derechos fundamentales. Además, la definición del Estado social en clave dinámica se opone al intento del modelo de Estado social estático por apropiarse de la sociedad, de forma y manera que la nueva funcionalidad del Derecho Administrativo Constitucional debe buscarse en el necesario reforzamiento y promoción de los derechos fundamentales en el marco de una acción combinada Estado-Sociedad.

Los derechos fundamentales de la persona, bien lo sabemos, han jugado un papel de primer orden en la configuración del constitucionalismo. Las normas que los regulan, unidas a las que definen el sistema económico y a las que articulan el modelo de

---

Administración Pública y de Derecho Administrativo», *REDA*, nº 37, y, entre otros, L. PAREJO ALFONSO, *El Concepto del Derecho Administrativo*, Caracas, 1984.

[113] Las relaciones entre el Derecho Administrativo y el Derecho Constitucional son verdaderamente estrechas. Sirvan de testimonio las célebres, a las que nos referimos en este trabajo en varias ocasiones, frases de Mayer: «El Derecho Constitucional pasa, el Derecho Administrativo permanece» o de Werner: «El Derecho Administrativo es el Derecho Constitucional concretizado».

Estado constituyen, sin duda, la parte de la Constitución de la que se deduce el modelo constitucional de Sociedad[114].

En su origen, los derechos fundamentales se concebían como auténticos límites frente al poder político. Es decir, «imponían un ámbito de libre determinación individual completamente exento del poder del Estado»[115]. Esta dimensión de los derechos fundamentales era la lógica consecuencia del establecimiento de los postulados del Estado liberal de Derecho, «en el que el sistema jurídico y político en su conjunto se orientará hacia el respeto y la promoción de la persona humana en su estricta dimensión individual»[116]. Por eso el Derecho Público al regular los diferentes intereses colectivos debía contar siempre con un ámbito vedado a su actuación, el del ejercicio de los derechos civiles y políticos, los derechos fundamentales de libertad, de no intervención por parte de los Poderes públicos.

Sin embargo, el tránsito del Estado liberal de Derecho al Estado social ha traído consigo una nueva dimensión del papel y de la funcionalidad de los derechos fundamentales de la persona. Nueva orientación que encuentra su apoyo en la superación de la férrea y anacrónica distancia entre Estado y Sociedad. Ya no son los derechos fundamentales solamente meras barreras a la acción de los Poderes públicos. Más bien, se configuran como «un conjunto de valores o fines directivos de la acción positiva de los Poderes públicos»[117].

En otras palabras, el Derecho Público del Estado social y democrático de Derecho debe orientarse hacia a realización efectiva de los derechos fundamentales. Este punto de vista explica por sí solo el profundo impacto que están sufriendo las instituciones del Derecho Administrativo como consecuencia de la interpretación que deba hacerse de los intereses generales en cada caso. Interpretación que está, como veremos, profundamente conectada a la

---

[114] A.E. PÉREZ LUÑO, *Los derechos fundamentales*, Madrid, 1986, p. 19.
[115] E. GARCÍA DE ENTERRÍA, «La significación de las libertades para el Derecho Administrativo», *Anuario de Derechos Humanos*, Madrid, 1981, p. 116.
[116] A.E. PÉREZ LUÑO, *op. cit.*, p. 20.
[117] A.E. PÉREZ LUÑO, *op. cit.*, p. 21.

efectividad de los derechos fundamentales como tarea suprema del Estado social y democrático de Derecho en general, y de la Administración pública en particular.

En el Estado liberal, por otra parte, los derechos fundamentales se concebían, ya se ha comentado, a partir de la idea de garantizar un ámbito personal frente al Estado. Sin embargo, progresivamente ha ido cobrando fuerza la opinión, ya consolidada en la jurisprudencia constitucional alemana y española, de la incidencia de los derechos fundamentales, no solo frente a los Poderes públicos, sino, también, en el marco del Derecho Privado y de las relaciones jurídicas privadas[118]. Por eso, como señala Pérez Luño, la «Drittwirkung» hace necesaria la actuación de los Poderes públicos encaminada, como señala el artículo 9.2 constitucional, a «promover las condiciones para que la libertad y la igualdad del individuo y de los grupos en que se integra sean reales y efectivas» y a «remover los obstáculos que impidan o dificulten su plenitud»[119]. Es decir, la Administración cumple su función constitucional en la medida que facilite y promueva el ejercicio libre y solidario de los derechos fundamentales desde los postulados del pensamiento abierto, plural, dinámico y complementario.

Otro elemento de carácter general que ayuda a una adecuada comprensión de los derechos fundamentales en el Estado social y democrático de Derecho se encuentra en la aparición de los denominados «derechos económicos, sociales y culturales», derechos que algunos son de naturaleza fundamental y otros derechos sociales y económicos generales de orden subjetivo.

Los Principios rectores de la política social y económica son Principios que vinculan la actuación de los Poderes públicos para que éstos promuevan las condiciones que hagan posible el ejercicio libre y solidario de todos los derechos fundamentales de la persona. Pero no son derechos fundamentales sociales, están y se

---

[118] Esta corriente doctrinal se la conoce por la expresión alemana «Drittwirkung der Grundrechte».
[119] A.E. PÉREZ LUÑO, *op. cit.*, p. 23.

justifican precisamente en orden a la efectividad de estos derechos fundamentales de la persona.

Los derechos fundamentales tienen una función que se encuentra al servicio de la dignidad de la persona y del libre y solidario desarrollo de su personalidad. Así, el polémico binomio libertad-igualdad no se encuentra en franca oposición. Se complementa, eso sí, al servicio del pleno desarrollo de la subjetividad humana. Es más, me atrevería a afirmar que para que la libertad sea real, debe ser esencialmente solidaria. Así se entiende mejor que la tarea suprema del Estado sea garantizar la libertad solidaria de los ciudadanos. O, si se quiere, que cada persona se pueda desarrollar libre y solidariamente en sociedad.

Nuestro Tribunal Constitucional ha precisado con claridad el alcance y la trascendencia de los derechos fundamentales como elementos «clave» del Ordenamiento jurídico. Esta dimensión objetiva de los derechos fundamentales permite comprender la funcionalidad y la responsabilidad del Estado en su tarea de promover y hacer posible el ejercicio de los derechos sociales fundamentales a todos los ciudadanos.

Así, por solo citar algunos de sus pronunciamientos más importantes, resulta que los derechos fundamentales de la persona constituyen «la escena misma del régimen constitucional»[120], «son de aplicación directa, sin que sea necesaria para su efectividad un desarrollo legislativo[121], «son los componentes estructurales básicos, tanto del conjunto del orden jurídico objetivo como de cada una de las ramas que lo integran, en razón de que son la expresión jurídico de un sistema de valores que, por decisión del constituyente, ha de informar el conjunto de la organización jurídica y política»[122] o, también, como ha señalado solemnemente la sentencia de 14 de julio de 1981: «La Constitución reserva a las Cortes Generales todo cuanto se refiere al desarrollo de los derechos fundamentales y de las libertades públicas, que constituyen

---

[120] Sentencia del Tribunal Constitucional Español de 21 de febrero de 1986.
[121] Sentencia del Tribunal Constitucional Español de 17 de mayo de 1983.
[122] Sentencia del Tribunal Constitucional Español de 11 de abril de 1985.

el fundamento mismo del orden político-jurídico del Estado en su conjunto».

Afirmaciones, todas ellas, que responden, desde un punto de vista objetivo, a concebir los derechos fundamentales como elementos esenciales sobre los que debe apoyarse el Ordenamiento jurídico en su conjunto[123]. Subjetivamente, tienden a tutelar la libertad, autonomía y seguridad de la persona no solo frente al poder, sino también frente a los demás miembros del cuerpo social[124]. Y, objetivamente, vinculan a ciudadanos y poderes del Estado en tal forma que los Poderes públicos y las instituciones sociales han de promoverlos y facilitarlos, además de defenderlos y protegerlos.

Los derechos fundamentales de la persona han sido ampliamente tratados por la doctrina del Tribunal Constitucional. Disponen de doble proyección pues son parámetro para fijar la legitimidad constitucional de las leyes y, además son un derecho y una norma directamente ejercitable por el particular. Son derechos que vinculan a los Poderes públicos por lo que éstos deben dar efectividad a su realización, así como a los valores que representan, en la vida social. Disponen de una especial fuerza vinculante en cuya virtud se imponen a los Poderes públicos, no solo en sus relaciones *ad intra* sino también *ad extra*. Especialmente vinculan a los Jueces y Tribunales de acuerdo con el artículo 53.3 de la Constitución, que tienen el deber de tutelarlos.

La integridad de los derechos fundamentales no puede quedar a la discrecionalidad unilateral de la Administración. El legislador está obligado a conformar todo el Ordenamiento jurídico

---

[123] La Sentencia del Tribunal Constitucional Español de 14 de julio de 1981 señala en este sentido que los derechos fundamentales «son elementos esenciales de un Ordenamiento objetivo de la Comunidad Nacional, en cuanto ésta se configura como marco de una convivencia humana justa y pacífica, plasmada históricamente en el Estado de Derecho y, más tarde, en el Estado social de Derecho o el Estado social y democrático de Derecho, según la fórmula de nuestra Constitución (art. 1.1)».

[124] A.E. PÉREZ LUÑO, *op. cit.*, p. 22. En este sentido donde una perspectiva subjetiva, la citada STC de 14 de julio de 1981: «los derechos fundamentales son derechos subjetivos, derechos de los individuos no solo en cuanto derechos de los ciudadanos en sentido estricto, sino en cuanto garantizan un *status* jurídico o la libertad de un ámbito de la existencia».

en consonancia con los derechos fundamentales, a garantizar su efectiva vigencia. El Poder legislativo debe proteger los valores positivados y formalizados en el Ordenamiento a través de los derechos fundamentales, reconociendo las titularidades y obligaciones subjetivas que sean necesarias a tal fin.

Las instituciones titulares de derechos constitucionalmente garantizados o con relevancia constitucional, ha precisado también la doctrina del Tribunal Constitucional, deben fomentar los derechos fundamentales por ser el marco necesario para que las personas ejerzan los derechos y libertades que les permiten el libre y solidario desarrollo de su personalidad. Los derechos fundamentales son derechos de aplicación directa e inmediata, sin que sea imprescindible para su efectividad un desarrollo legislativo. Los derechos fundamentales se imponen al legislador y son resistentes a dicho poder porque la dignidad de la persona tiene tal potencia jurídica en el Estado social y democrático de Derecho que debiera pasar por encima de los Poderes públicos y financieros, sin que éstos puedan pisotearla o laminarla, tal y como históricamente ha acontecido incluso en sistemas políticos formalmente democráticos. Si así no fuera, la dignidad del ser humano y sus derechos inviolables estarían al albur y al servicio, como ahora acontece lamentablemente, de los Poderes públicos o financieros.

El legislador no puede negar, señala igualmente la doctrina del Tribunal Constitucional, los derechos fundamentales por la vía de no regular el ejercicio de la actividad en qué consisten. Puede modular de alguna manera las condiciones de su ejercicio pero respetando en todo caso el núcleo básico, esencial, de su contenido.

El hecho de que los derechos fundamentales dispongan de reserva de ley no quiere decir, de ninguna manera, que su aplicación se difiera hasta la promulgación de la correspondiente ley orgánica, pues sus principios son de aplicación inmediata. Tanto las normas de libertad como las llamadas normas limitadoras se integran en un único Ordenamiento inspirado por los mismos principios y en el que resulta fícticia la contraposición entre el interés particular subyacente a las primeras y el interés público que, en ciertos supuestos, como veremos más adelante, aconseja su restricción.

La falta de reconocimiento en nuestra Constitución de derechos fundamentales sociales y su consideración, en algunos casos, como Principios rectores de la política social y económica, no justifican que la doctrina del Tribunal Constitucional haya sentado que la consagración constitucional de un derecho no es bastante para crear por si misma recursos inexistentes, tampoco el mayor valor de aquellos en su conjunto permite considerar implícitas en la Constitución instituciones de garantía que esta no ha creado. Tal doctrina, censurable, supone un retroceso en la vinculación directa e inmediata de los derechos fundamentales y constituye un peligroso precedente que en el futuro, esperamos que no, impidiera la dotación de recursos presupuestarios, para la efectividad de derechos fundamentales de la persona.

Los derechos fundamentales contemplados desde la óptica subjetiva ponen de manifiesto que «el mantenimiento de la libertad se erige en fin del mismo Estado»[125]. Lo cual, además de evitar las interferencias del Derecho Público en este sentido demanda una actitud positiva del legislador que «haga posible la realización de dicho fin y asegure en la práctica su efectividad»[126]. Principio de efectividad que es una de las auténticas manifestaciones de la «vis expansiva» de la interpretación de los derechos fundamentales y que se encuentra reconocido, como bien sabemos, en el art. 9.2 de nuestra Constitución:

«Corresponde a los Poderes públicos promover las condiciones para que la libertad y la igualdad del individuo y de los grupos en que se integra sean reales y efectivas; remover los obstáculos que impidan o dificulten su plenitud y facilitar la participación

[125] E. GARCÍA DE ENTERRÍA, *loc. cit.*, p. 118.
[126] E. GARCÍA DE ENTERRÍA, *loc. cit.*, p. 118, sigue diciendo que «al lado de la obligación tradicional de no hacer, la estructura técnica de la libertad grava hoy al Estado con obligaciones accesorias de hacer (Braud) para hacer eficaz esa libertad que la sola abstención ya no asegura en una sociedad menesterosa y escasamente autosuficiente».

de todos los ciudadanos en la vida política, económica, cultural y social».

El Derecho Público, por tanto, encuentra su razón de ser constitucional en la promoción de los derechos fundamentales ya que como señala también el artículo 10.1 constitucional «la dignidad de la persona[127], los derechos inviolables que le son inherentes, el libre desarrollo de la personalidad, el respeto a la ley y a los derechos de los demás, son el fundamento del orden político y de la paz social». Y entre los derechos inviolables que son inherentes a la persona se encuentran también los derechos fundamentales que reclaman acciones positivas del Estado que garanticen una vida digna para los ciudadanos.

En otras palabras «el artículo 9.2 de la Constitución es un precepto que compromete la acción de los Poderes públicos»[128], lo cual explica, como señala García de Enterría, que la operatividad de los derechos fundamentales se dirija hacia la organización de prestaciones positivas del Estado a favor del ciudadano «que hagan permanentemente posibles su existencia, su libre desarrollo y el mantenimiento de su papel central en el sistema»[129]. Es decir, se reconoce la existencia de derechos fundamentales que requieren para su efectividad de prestaciones positivas del Estado.

Desde esta perspectiva, Dohering ha podido afirmar que la cláusula del Estado Social en la Ley Fundamental Alemana equivale al establecimiento de «la oportunidad del libre desarrollo del ciudadano en la sociedad»[130]. En nuestro país, el artículo 10.1 constitucional, como ya sabemos, señala también con claridad

---

[127] Sobre el papel de la dignidad de la persona en relación a los derechos fundamentales, *vid.* el libro de J. GONZÁLEZ PÉREZ, *La dignidad de la persona*, Madrid, 1986, especialmente pp. 96 y ss.
[128] Sentencia del Tribunal Constitucional de 31 de marzo de 1986. Además, sobre este precepto constitucional ya existe una abundante jurisprudencia del TC: STC de 13 de febrero de 1981, de 16 de marzo de 1981, de 8 de abril de 1981, de 2 de julio de 1981, de 25 de enero de 1983, de 27 de junio de 1985... *Vid.* también la sentencia del Tribunal Constitucional de 27 de junio de 1984 (A. 4646) sobre la función promocional de los Poderes públicos.
[129] E. GARCÍA DE ENTERRÍA, *loc. cit.*, p. 119. También, *vid.* L. PAREJO ALFONSO, *El concepto de Derecho Administrativo*, Caracas, 1984, p. 210, 213 y 226.
[130] K. DOEHRING, «Socialzstaat Rechtsstaat und Freinheitlich-Demotrartische

que el orden público y la paz social se fundamentan en la dignidad de la persona, los derechos que le son inherentes y el libre desarrollo de la personalidad, lo que equivale a afirmar que el Estado debe tener muy presente en su actividad la defensa, protección y promoción de todos los derechos fundamentales.

Normalmente se ha conectado la idea del Estado social a la tarea del otorgamiento de ayudas y subsidios sociales. Sin embargo, como señala Dohering, este sistema de ayudas sociales no descansa en una configuración del Estado o de la Sociedad, sino precisamente en su fracaso» [131] y se deduce de la misma pertenencia del individuo al Estado[132]. No es, por tanto, la nota esencial al Estado social, sino un deber ya proclamado con mucha anterioridad[133]. Por una razón bien sencilla: el Estado existe y se justifica en sí mismo en la medida en que hace posible la vida en condiciones de dignidad de las personas. Por eso, el centro y la raíz del Estado democrático es la dignidad de la persona, que debe ser defendida, protegida y promovida a través de las diferentes políticas públicas.

El artículo 10.1 de la Constitución concibe el libre desarrollo de la personalidad como uno de los fundamentos del orden político y de la «paz social». Por tanto, el Estado social debe posibilitar a cada persona adoptar decisiones individuales en un contexto solidario y, sobre todo, garantizar un mínimo vital que le permita existir en dignas condiciones. Se trata, pues, de garantizar la

---

Grundorduung», en W. Abendroth, K. Doehring, E. Forsthoff, *El Estado Social*, Madrid, 1986, p. 157.

[131] K. DOEHRING, *loc. cit.*, p. 158.

[132] *Vid.* W.K. GECK, *Diplomatischer Schutz, Wörterbuch des Völkerrechts*, Baden, 1960, p. 381 y K. DOEHRING, *Die Pflicht des Staates zur Gewährung diplomatischen Schutzes*, Berlin, 1959, p. 46.

[133] Como señala DOEHRING (*loc. cit.*, p. 159) respecto a la Ley Fundamental de Bonn, la noción de Estado Social no se reduce a la «mera igualdad» sino a la realización de la igualdad de oportunidades, que prevalece sobre la mera igualdad. Para este autor la igualdad de oportunidades no supone necesariamente la igualdad de oportunidades retributivas sino que dicha igualdad se haya vinculada a la libertad: «la oportunidad del propio desarrollo en la libertad lleva necesariamente a la posibilidad de una decisión personal que permita elegir individualmente los valores que realicen esa vida personal...» (p. 166).

«igualdad de oportunidades»[134]: Igualdad de todos los españoles ante la Ley con garantía de los mismos derechos fundamentales, lo cual puede conseguirse a través de la participación de los ciudadanos, con los mismos derechos fundamentales, en el control inmediato del funcionamiento del sistema político al servicio del interés general. Y, fundamentalmente, garantizando un mínimo de condiciones de vida digna.

Así, a través de la participación social en la responsabilidad y en la toma de decisiones, el ciudadano puede llegar a realizarse libre y solidariamente asumiendo cabalmente su papel en la comunidad de forma activa y dinámica. Para ello, es básico que pueda vivir en condiciones dignas pues de lo contrario se vería reducido a una cosa o a un animal irracional, lo que hoy acontece en muchas latitudes, también en las más desarrolladas, donde paradójicamente se han ido alumbrando nuevas esclavitudes y dependencias que rasgan gravemente los más elementales contornos de la vida humana.

La Sociedad y el Estado cumplen un papel muy importante porque al final son, no solo los diques de contención de las diferentes agresiones y lesiones que se producen en la dignidad de los seres humanos, sino que también conforman instancias activas para generar el mejor contexto para esa existencia libre y solidaria que se merece la persona.

La tarea de previsión social, de ayuda social que debe realizar el Estado no se consigue exclusivamente a través de la promoción de la «igualdad». La experiencia de los países colectivistas así lo evidencia[135]. El Estado de bienestar estático confirma el fracaso de construir las expresiones de la política subvencional como principio y fin de sí mismas. En cambio, desde la perspectiva dinámica, estas ayudas son puntos de partida o presupuestos para el ejercicio de la libertad solidaria de los ciudadanos.

El Estado debe, en primer lugar, fomentar el pleno, libre y solidario desarrollo personal de los ciudadanos. A esa finalidad debe

---

[134] K. DOEHRING, *loc. cit.*, p. 160.
[135] K. DOEHRING, *loc. cit.*, p. 161.

ir encaminada la ayuda estatal. Por eso, es acertado el diagnóstico de Dohering: «el desarrollo de la persona en libertad es la base del Estado Social»[136]. De ahí que el deber del Estado para prevenir la necesidad social sea una consecuencia del entendimiento, aquí propuesto, del Estado social porque «el valor de la libertad se capta cuando ha sido perdida» [137] y ante situaciones de esta índole el Estado debe actuar para asegurar la propia libertad solidaria personal. Es decir, invertir en libertad solidaria desde el Estado facilita la consecución del Estado social. Cuanta mayor dosis de pleno desarrollo personal libre y solidario para los ciudadanos, mayor armonía social.

En esta materia, también es útil la referencia a la igualdad como prohibición de la arbitrariedad tal y como señala la doctrina del Tribunal Constitucional Alemán[138] pues, según Dohering, tal aproximación trae consecuencias relevantes para el concepto de libertad ya que ésta existirá «en cuanto su ejercicio no conduzca a la arbitrariedad»[139]. Por eso, la igualdad como elemento del «libre desarrollo de la personalidad» (artículo 10.1 constitucional) debe entenderse dentro de la libertad. Lo que significa el derecho de los ciudadanos a ser libres del mismo modo[140]. Es decir, posibilitar el «libre desarrollo de la personalidad, la dignidad de la persona, los derechos inviolables, el respeto a la Ley y a los derechos de los demás» del mismo modo para todos los españoles[141]. Y, esa tarea supone una tendencia hacia la que irreversiblemente debe orientarse el interés general y, por ello, el Derecho Público en su

---

[136] K. DOEHRING, *loc. cit.*, p. 161.
[137] BVERFG v. 23/10/1951, BVERFG v. 16/6/1959, BVERFG v. 23/3/1971, BVERFG v. 12/3/1975, BVERFG 39, 169 (196).
[138] K. DOEHRING, *loc. cit.*, p. 165.
[139] Pienso que así debe entenderse el artículo 9.2 de la Constitución española en su referencia a la «libertad e igualdad del individuo».
[140] Como señala DOEHRING, *loc. cit.*, p. 166, «el fin último de las Democracias Liberales Occidentales que debe ser garantizado por el Estado es «la libertad igual», es decir, una situación en la que cada uno disponga del mismo grado de libertad.
[141] Al decir de DOEHRING, *loc. cit.*, p. 140: «Si el derecho de propiedad no estuviera limitado en su función social, no existiría como tal o lo sería solo entendido en su globalidad; esto es, como una propiedad del Estado o de la colectividad, en el sentido de los países comunistas».

conjunto. Insisto, siempre desde la garantía de la existencia de un mínimo de condiciones de existencia digna.

De otra parte, la existencia de límites «sociales» en el ejercicio de los derechos fundamentales ayuda a entender su operatividad en el Estado Social. La vinculación de los derechos fundamentales y las libertades públicas a los intereses generales precisamente garantiza su existencia[142]. Incluso, como veremos más adelante, esta ha sido una de las vías esgrimida por el Tribunal Europeo de Derechos Humanos para hacer una lectura más social de los derechos fundamentales reconocidos en la Convención Europea de 1950. Así, por ejemplo, la sentencia de nuestro Tribunal Constitucional de 17 de julio de 1981 señala que: «Los derechos ejercitados bajo la presión de la posible eventual limitación, abstractamente existente, no se hacen valer con la misma libertad con la que se utilizan aquellos otros en los que tal previsión no existe. Sin embargo, creemos que esta observación no es decisiva. Los derechos continúan ejercitándose libremente. La libertad no resulta coartada por el hecho de que eventuales medidas correctoras puedan ponerse en práctica, como no deja de haber realidad donde hay margen de riesgo»[143].

Es decir, «existen, ciertamente, fines sociales que deben considerarse de rango superior a algunos derechos individuales»[144]. Estos límites operan, como señalaba antes, además de como elementos constitutivos del mismo derecho, como elementos de robustecimiento. Entre otras razones porque los intereses generales se encuentren orientados precisamente hacia la consecución y hacia el efectivo ejercicio de la libertad personal de todos los ciudadanos en Sociedad[145].

---

[142] *Vid.* también sobre el tema, las sentencias del Tribunal Constitucional Español de 29 de enero de 1982 o la de 17 de febrero de 1984.

[143] Sentencia del Tribunal Constitucional Español de 17 de febrero de 1984.

[144] Así por ejemplo, D. MRONZ, *Körperschaften und Zwagsmitgliedschaft*, Berlín, 1933, p. 61.

[145] Como señala DOEHRING, *loc. cit.*, p. 137: «únicamente cuando existen tales limitaciones es realizable la libertad individual, esto es, sin ellas dicha libertad no existiría...» o (p. 141): «Puesto que la libertad sin límites se destruye así misma, la limitación a la libertad a la libertad es un elemento integrante de esa misma libertad».

Ahora bien, ni los derechos fundamentales o libertades públicas ni sus límites son absolutos, salvo el espacio de indisponibilidad que de acuerdo con Kriele tiene el derecho a la vida y aquellos ámbitos de los derechos fundamentales indisolublemente unidos a la misma dignidad humana y cuya ausencia haría perder al ser humano ese condición, bien por ser tratado como un animal irracional, o por ser considerado una cosa que se puede usar y tirar cuando ya no convenga.

El principio constitucional de libertad y sus limitaciones se constituyen precisamente en «medios» para alcanzar el orden político y la paz social: «...los derechos y libertades fundamentales no son absolutos, pero no lo es menor que tampoco puede atribuirse dicho carácter a los límites a que ha de someterse el ejercicio de tales derechos y libertades. Tanto las normas de libertad como las llamadas normas limitadoras se integran en un único ordenamiento inspirado por los mismos principios en el que, en último término, resulta ficticia la contraposición entre el interés particular subyacente a las primeras y el interés público que, en ciertos supuestos, aconseja una restricción. Antes al contrario, tanto los derechos individuales como sus limitaciones, en cuanto éstas derivan del respeto a la Ley a los derechos de los demás, son igualmente considerados por el art. 10.1 de la Constitución como «fundamento del orden político y la paz social» (sentencia del Tribunal Constitucional Español de 12 de diciembre de 1986).

La afirmación de que los límites a las libertades individuales refuerzan las mismas libertades se ilustra, por vía de ejemplo, con las siguientes palabras de Dohering: «...la garantía institucional en favor de los centros de enseñanza superior beneficia al desarrollo y fomento de la libertad científica individual. El elemento colectivo del quehacer científico común, cual es por ejemplo, el de la investigación y docencia, no es un fin en sí mismo. Los profesores universitarios enseñan a personas y no a colectivos, y son estos individuos los que reciben el beneficio directo de ellos, solo de modo indirecto resultarán beneficiados los colectivos que éstos constituyen y cuya calidad aumenta o disminuye en función de la de los miembros que los componen. El instituto del derecho de asociación sirve al desarrollo del individuo en armonía con los fines de la asociación ya que el ejercicio de la libertad de esa persona no sería posible sin la existencia de dicha colectividad...»[146].

«...el derecho de reunión pacífica permite al individuo hacer valer un voto y con ello dar cauce a la expresión de su opinión, ya que sin esa reunión el individuo no sería escuchado y su opinión carecería de eficacia (...). La institución de la propiedad solamente puede realizarse a través de su función social, que por eso mismo tiene un efecto constitutivo (...) Se diría que el límite fijado por el Derecho Urbanístico en las distancias es el que confiere el derecho a edificar. Si no existiere tal 'limitación social' ciertamente el dueño del solar sería libre en su disposición, pero únicamente libre en el primer dispositivo, nada más»[147].

En resumen: las limitaciones por motivos sociales o, de interés general si se quiere, potencian todavía más el conjunto de las libertades públicas y los derechos fundamentales de la persona siempre que sean adoptadas a través de una decisión idónea, necesaria y proporcionada en relación con un fin constitucionalmente legítimo. De ahí que el sentido de lo que deba entenderse por interés público o general en el Estado Social venga determinado, en última instancia, por una decisión firme del legislador o de la Administración en el sentido de fomentar la «libertad igual» o «libertad solidaria» de los ciudadanos, o lo que es lo mismo, según el artículo 10.1 constitucional buscar «el libre desarrollo de la personalidad, la dignidad de la persona, los derechos inviolables, el respeto a la Ley y a los derechos de los demás», siempre que se tengan cubiertas las exigencias mínimas para una vida digna.

Los derechos fundamentales desde una óptica objetiva «constituyen la esencia misma del régimen constitucional»[148], y son «elementos esenciales de un Ordenamiento objetivo de la Comunidad nacional, en cuanto ésta se configura como marco de una convivencia humana justa y pacífica. Por ello «dan sus contenidos

---

[146] K. DOEHRING, *loc. cit.*, p. 142-143.
[147] K. DOEHRING, *loc. cit.*, p. 144-145.
[148] Sentencia del Tribunal Constitucional Español de 21 de febrero de 1986.

básicos a dicho Ordenamiento, en nuestro caso al del Estado Social y Democrático de Derecho, y atañen al conjunto estatal (...), son un patrimonio común de los ciudadanos individual y colectivamente (...), establecen una vinculación directa entre los individuos y el Estado y actúan como fundamento de la unidad política sin mediación alguna»[149].

Los derechos fundamentales, por tanto, se constituyen en pieza clave del sistema constitucional. De ahí que la sentencia del Tribunal Constitucional de 16 de octubre de 1984 señale con contundencia «el destacado interés general que concurre en la protección de los derechos fundamentales»[150].

No se trata de una consideración aislada de nuestro Alto Tribunal. Todo lo contrario. Afortunadamente, la afirmación de que el propio interés general se orienta hacia la protección y reforzamiento de los derechos fundamentales puede decirse que se encuentra perfectamente consolidada en la jurisprudencia de nuestro Tribunal Constitucional.

Así, la sentencia del Tribunal Constitucional de 12 de diciembre de 1986, con cita de la de 14 de julio de 1981, señaló: «...los derechos fundamentales resultan ser elementos esenciales de un ordenamiento objetivo de la Comunidad nacional, reiterando el destacado interés público que se halla en la base de la tutela de los derechos fundamentales»[151].

Igualmente, la sentencia de 13 de febrero de 1985 estableció que el respeto a los derechos fundamentales consagrados por la Constitución constituye «un componente esencial del Orden público». En definitiva, la tarea de protección y promoción de los

---

[149] Sentencia del Tribunal Constitucional español de 14 de julio de 1981.

[150] En este sentido, GARCÍA DE ENTERRÍA, *loc. cit.*, p. 122: «Hoy, el interés público primario es, justamente, el respeto y el servicio de los derechos fundamentales, cuyo libre y pacífico ejercicio es el fundamento mismo del Orden Público (artículo 1 LOP, y aún del orden político entero: el artículo 10.1 de la Constitución) y no el objetivo a eliminar para una transpersonalización de éste. La articulación de las libertades públicas individuales con el interés general deberá buscarse en el sistema constitucional mismo y en las Leyes Orgánicas que lo desarrollen (artículo 81.1), y no en ninguna apreciación subjetiva de los funcionarios».

[151] En el mismo sentido, la sentencia del Tribunal Constitucional Español de 16 de octubre de 1984.

derechos fundamentales debe ser asumida por el Estado hasta el punto de constituir una de sus principales funciones: «Los derechos fundamentales son los componentes estructurales básicos, tanto del conjunto del orden jurídico objetivo como de cada una de las ramas que lo integran, en razón de que son la expresión jurídica de un sistema de valores que, por decisión del constituyente, ha de informar el conjunto de la organización jurídica y política...»[152].

Por tanto, según la doctrina de nuestro Tribunal Constitucional se puede afirmar que el Derecho Administrativo Constitucional encuentra en la protección, defensa y promoción de los derechos fundamentales la esencia de su tarea de «servir» con objetividad a los intereses generales» (artículo 103 de la Constitución). Se trata, pues, de que el propio Derecho Administrativo Constitucional se oriente hacia la consecución efectiva de la «libertad en igualdad». Al menos, una aproximación a la «vis expansiva» de los derechos fundamentales en el Estado social parece así lo demanda.

El concepto de interés público o interés general que se suele utilizar como fórmula para limitar derechos fundamentales, en última instancia debe garantizar la efectividad de los derechos fundamentales. Pensemos, por ejemplo, en el instituto expropiatorio: la expropiación de un determinado local para instalar un servicio público se dirige hacia el beneficio de los ciudadanos en general[153]. Si no fuera así, o si se beneficiaren «determinadas personas» de esa expropiación, nos encontraríamos con una clara desnaturalización del sentido del interés general en el Estado social y democrático de Derecho.

Es decir, el respeto al interés general, es el que permite instaurar el principio de libertad. Por tanto, como señala la sentencia del Tribunal de 12 de diciembre de 1986: «Tanto los derechos individuales como sus limitaciones, en cuanto se derivan del respeto a la Ley y a los derechos de los demás, son igualmente considerados

---

[152] Sentencia del Tribunal Constitucional Español de 11 de abril de 1985.
[153] *Vid.* K.DOEHRING, *loc. cit.*, p. 146.

por el artículo 101.1 de la Constitución «como fundamento del orden político y de la paz social».

De ahí que, como sigue diciendo esta misma sentencia: «resulta ficticia la contraposición entre el interés particular subyacente a las primeras (derechos fundamentales) y el interés público que, en ciertos supuestos, aconseja su restricción».

Por ello, al ser los límites a los derechos fundamentales sus principales presupuestos constitutivos, los derechos y libertades fundamentales, junto a sus límites, se reconducen hacia su eficacia y potenciación. En palabras de Dohering: «Se produce, en definitiva, un régimen de concurrencia normativa, no de exclusión, de tal modo que tanto las normas que regulan la libertad como las que establecen límites a su ejercicio vienen a ser igualmente vinculantes y actúan recíprocamente. Como resultado de esta interacción, la fuerza expansiva de todo derecho fundamental restringe, por su parte, el alcance de las normas limitadoras que actúan sobre el mismo, de ahí la exigencia de que los límites de los derechos fundamentales hayan de ser integrados con criterios restrictivos y en el sentido más favorable a la eficacia y a la esencia de tales derechos»[154].

Ahora bien, como ha señalado nuestro Tribunal Constitucional, el Estado social y democrático de Derecho impide que la propia Administración pública monopolice la asunción del interés general: «La configuración del Estado como Social de Derecho viene así a culminar una evolución en la que la consecución de los fines de interés general no es absorbida por el Estado, sino que se armoniza en una acción mutua Estado-Sociedad»[155]

La sentencia del Tribunal Constitucional de 7 de febrero de 1984, a los efectos que interesan ahora, dispone: «La interpenetración entre Estado y Sociedad se traduce tanto en la participación de los ciudadanos en la organización del Estado como en una ordenación por el Estado de Entidades de carácter social en cuanto su actividad presenta un interés público relevante, si bien

---

[154] Sentencia del Tribunal Constitucional Español de 12 de diciembre de 1986.
[155] Sentencia del Tribunal Constitucional Español de 7 de febrero de 1984

los grados de intensidad de esta ordenación y de intervención del Estado pueden ser diferentes»[156].

El conjunto de instituciones sociales, organizaciones primarias y demás entidades de base social que forman parte de ese gran entramado que es la Sociedad, tienen asignadas tareas importantes en cuanto a la determinación del interés general, lo que pone de manifiesto, como señala la propia sentencia del Tribunal Constitucional de 7 de febrero de 1984, que el interés general ya no se encuentra bajo la titularidad exclusiva de la Administración pública[157].

Entonces, esos intereses generales gestionados por dichas entidades de carácter social, también deben orientarse hacia el pleno desarrollo de la «libertad igual», de la libertad solidaria, de sus respectivos miembros. De esta forma, la dinámica de la propia sociedad, en última instancia debida a decisiones personales de sus componentes, se dirige, debe dirigirse progresivamente hacia una instauración efectiva de los derechos fundamentales de la persona, los individuales y los sociales.

En el fondo de la cuestión, se trata de negar la identidad entre Estado y Sociedad[158] y, por el contrario, afirmar el importante

---

[156] Así, la sentencia citada hace una enumeración de dichas Entidades de carácter social cuyas actividades ofrecen un interés público relevante: «formaciones sociales con relevancia constitucional (partidos políticos, sindicatos, organizaciones empresariales); entes de base asociativa representativos de intereses profesionales y económicos (entes asociativos o fundacionales), de carácter social y con relevancia pública... entes de carácter social, no público, que cumplen fines de relevancia constitucional o interés general».

[157] *Vid.* MEILÁN GIL, Prólogo al libro de J. Rodríguez-Arana, *La suspensión del acto administrativo*, Madrid, 1986, pp. 28 y ss.

[158] La identidad entre Estado y Sociedad arranca, entre otros autores, de Hegel. Así, E. BARKER, en *Political Thought in England: 1848-1912*, London, 1942, p. 66, hace notar, criticando la teoría neohegeliana de F. H. Bradley que en el pensamiento de Hegel la «Sociedad» queda absorbida por el Estado. Además, *vid.*, sobre la operatividad de la identidad entre Estado-Sociedad en los Estados totalitarios: E.W. BÖCKENFÖRDE, «Die Bedeutung der Unterscheidung von Staat und Gesellschaft im Demokratischen Sozialstaat der Gegenwart», *Fetschrifft für W. Hefermehl*, Berlín, 1972, p. 17 o R. STÜBER, «Die Stadt als soziale und politische Gemeinschaft im entwicketen gesellschaftlichen System des Sozialismus», *Staat und Recht*, Frankfurt, 1968, pp. 1342 y ss.

contenido liberalizador [159] de una Sociedad que trabaja armónicamente con el Estado en la definición de los intereses generales.

En este sentido, la alianza entre Estado y Sociedad es una garantía para propiciar las mejores condiciones posibles que garanticen la búsqueda del libre desarrollo de la personalidad de cada individuo en el marco de la solidaridad. Al Estado no le queda más remedio en el marco del Estado social que colaborar a que la sociedad, a través de sus iniciativas y sus instituciones, asuma el protagonismo que le es propio en orden al libre y solidario desarrollo de las personas. En virtud del principio de subsidiariedad, cuando las instituciones sociales no sean capaces o no dispongan de los medios adecuados, entonces será el Estado el que asuma la tarea, también para realizar las prestaciones en las que consiste ordinariamente la acción pública dirigida a promover los derechos sociales fundamentales.

En definitiva, el Derecho Administrativo Constitucional o, si se quiere el Derecho Público Constitucional, está informado, está impregnado por el Estado social y democrático de Derecho. Un modelo de Estado que ha quebrado el dogma de la titularidad exclusiva del interés general en manos de la Administración del Estado como señala la doctrina del Tribunal Constitucional. Como consecuencia, y en la medida en que se ponga el acento en la prioridad temporal de los intereses generales como elementos determinantes del Derecho Administrativo Constitucional, el Derecho Administrativo adquiere un nuevo compromiso que le diferencia de su operatividad en épocas pasadas. Ahora debe orientarse hacia el pleno y solidario desarrollo de la persona y de sus derechos fundamentales, defendiéndolos, protegiéndolos y haciéndolos posible a base de acciones positivas y de prestaciones.

Tal aserto puede deducirse también de lo dispuesto por la sentencia del Tribunal Constitucional español de 11 de abril de 1985

---

[159] F. FORSTHOFF, «Der introvertierte Rechstaat und seine Verrortnung», en *Der Staat*, Bd. 2, 1963, pp. 392 y ss. señala que los derechos fundamentales entendidos al margen de su sometimiento incondicional al Estado «llevan a una completa remodelación de nuestro Orden jurídico tradicional» y «eliminan el dualismo Estado-Sociedad».

cuando señala: «De la significación y finalidades de estos derechos dentro del orden constitucional se desprende que la garantía de su vigencia no puede limitarse a la posibilidad del ejercicio de pretensiones por parte de los individuos, sino que ha de ser asumida también por el Estado. Por consiguiente, de la obligación del sometimiento de todos los poderes a la Constitución no solamente se deduce la obligación negativa por los derechos fundamentales, sino también la obligación positiva de contribuir a la efectividad de tales derechos, y de los valores que representan, así cuando no exista una pretensión subjetiva por parte del ciudadano. Ello obliga especialmente al legislador, quien recibe de los derechos fundamentales «los impulsos y líneas directivas», obligación que adquiere especial relevancia allí donde un derecho o valor fundamental quedaría vacío de no establecerse los supuestos para su defensa»[160].

La sentencia que acabo de transcribir ofrece dos importantes consideraciones respecto a la operatividad del Derecho Administrativo Constitucional. Primera: los derechos fundamentales, como fin del orden jurídico y de la paz social (artículo 10.1 de la Constitución) deben ser asumidos como elementos centrales del sistema constitucional por el Poder legislativo, el ejecutivo y el judicial. Esa asunción se ordenará en mayor o menor medida hacia el Estado social en cuanto obtengan mayores cotas de una libertad que sea ejercitada en las mismas condiciones por los ciudadanos en sociedad.

Segunda: esa asunción de los derechos fundamentados, además de ser «impulso y línea directiva» que organice el sistema del Derecho Administrativo Constitucional, introduce un elemento capital a los efectos de nuestra investigación. El Derecho Administrativo debe «contribuir a la efectividad de tales derechos

---

[160] En este sentido, K. HESSE, «Bestand und Bedeutung der Grundrechte in der Bundesrepublik», *Europaische Grundrechte Zeitscrift*, 1978, p. 437 y ss.: los derechos fundamentales «determinan, de modo positivo, en cuanto que directrices y factores de incitación, los deberes del Estado y su defensa». En el mismo sentido U. SCHEUNER, Die «Funktion der Grundrechte im Socialzstaat», *Die Öffentliche Verwaltung*, 1971, p. 505.

(...) aun cuando no exista una pretensión subjetiva por parte del ciudadano». Es decir, como «los derechos fundamentales son los componentes estructurales básicos, tanto del conjunto del orden jurídico como de cada una de las ramas que la integran[161], el Derecho Administrativo se encuentra condicionado, en cuanto a su marco constitucional, por los derechos fundamentales de la persona hasta el punto de que la actividad administrativa en su conjunto debe plantearse, como primer finalidad, la realización efectiva de los derechos fundamentales, de los individuales y de los sociales.

Esta relevante consideración de nuestro Tribunal Constitucional nos invita a pensar que si el Estado, si la Administración pública ha de contribuir a la efectividad de los derechos fundamentales incluso sin que medie derecho subjetivo al respecto, de oficio, entonces desde el aparato público se debe disponer de los medios adecuados para alcanzar tal fin. Y por supuesto, cuando medie derecho subjetivo al respecto para reclamar la efectividad de tales derechos sociales, entonces la exigibilidad judicial está fuera de duda. Es más, es una obligación del Estado disponer del entramado de medios materiales y personales para facilitar el ejercicio de los derechos sociales fundamentales a los ciudadanos.

Por tanto, el ejercicio de la libertad solidaria, principio que se encuentra en la entraña de los derechos fundamentales, ha de ser garantizado en las mismas condiciones a todos los ciudadanos por el mismo Estado. Este es el sentido de la igualdad en el acceso a las condiciones básicas que permitan el libre y solidario desarrollo de la personalidad de cada persona en la vida social.

Este es en mi opinión, el sentido de la operatividad del Estado social. En modo alguno se produce, como tantas veces se argumenta[162], una oposición libertad-igualdad. Todo lo contrario, en la medida en que el Estado potencie el libre y solidario desarrollo de la personalidad en igualdad de condiciones hacia una mayor dignidad de la persona, resulta que la combinación libertad-

---

[161] Sentencia del Tribunal Constitucional Español de 11 de abril de 1985.
[162] *Vid.* G. LEIBHOLZ, *Die Gleichheit vor dem Geselz*, Berlin, 1959, pp. 17 y ss. o H. F. ZACHER, *Freiheitliche Demokratie*, Munchen, 1969, pp. 111 y ss.

igualdad aparece en relación de complementariedad. La igualdad al servicio de la libertad para la consecución de mayor dignidad personal, o, sería lo mismo, mayor desarrollo de la personalidad en libertad[163].

Además, el interés general entendido como concepto inmediatamente relacionado con la realización de los derechos fundamentales de la persona y como elemento que permite un poderoso protagonismo de los Entes sociales como organizaciones al servicio de intereses generales, invita a un cambio de rumbo en la marcha del Derecho Administrativo. Ni más ni menos que ampliar notablemente el ámbito de operatividad de un Derecho Administrativo que debe girar, no única y exclusivamente sobre la prerrogativa o privilegio, que cada vez como tales tienen menos sentido, sino sobre los derechos fundamentales de la persona que ahora, desde la proclamación del Estado social y democrático de Derecho, se erigen, además de en presupuestos de su actividad, en el punto de partida y de llegada de su despliegue ordinario en la vida social.

Los derechos fundamentales de la persona son una categoría general del Derecho que tiene una naturaleza multifuncional o plurifuncional. En unos casos, se pueden desplegar sin especiales intervenciones ad extra, son los derechos de libertad. Pero en otros, la misma centralidad de la dignidad de la que traen causa, reclama la existencia de prestaciones de terceros, Estado o Sociedad, de las que depende su efectividad. Son los denominados derechos sociales fundamentales.

---

[163] En este sentido, B. HECK, en el prólogo al ensayo de Doehring citado en este trabajo: «De esencia de la dignidad del hombre es que cada uno tome en su propia mano su libertad y adopte en consecuencia una conducta personal. En correspondencia con esa libertad, que presupone la dignidad personal del hombre, está la justicia como valor fundamental en la libre ordenación de la Sociedad y del Estado, y en ella está ínsita la igualdad en tanto que presupuesto de la justicia en las oportunidades. El concepto de la igualdad es útil y justo allí donde apunta a la eliminación de los condicionamientos causante de desigualdad cuando éstos no sean necesarios ni aceptables, allí donde haya que remediar las injusticias de nuestro orden social en libertad» (p. 112).

CAPÍTULO VII

INTERÉS GENERAL Y ESTADO SOCIAL Y DEMOCRÁTICO DE DERECHO

U N estudio sobre la imbricación entre Derecho Administrativo y derechos fundamentales sociales, un análisis de la dimensión social del Derecho Administrativo, merece un somero análisis acerca del significado central de nuestra disciplina: el servicio objetivo al interés general.

En efecto, no es infrecuente que el término que se asocie al Derecho Administrativo como concepto clave sea el de interés público. Sin embargo, he preferido referirme en este epígrafe al concepto de interés general porque si bien en el pasado fue el interés público el término elegido para fundar el sentido de la actuación de la Administración pública, en el marco del Estado social y democrático de Derecho, el interés a que debe someterse la Administración es el de la comunidad, el de la sociedad, el del conjunto, no el de la propia institución Administración pública o el de sus agentes, sino el de todos los ciudadanos. El principio de participación y el principio de centralidad del ser humano me parece reclaman un entendimiento más amplio y abierto que el estricto y riguroso del interés público, hasta ahora el sentido más extendido.

En realidad, no solo en el lenguaje coloquial, también en el académico, ambos conceptos se identifican. Sin embargo, debemos matizar porque existe un concepto amplio de interés público, que sería el interés general, y un concepto estricto, reducido a los estrechos límites de lo organizacional. La perspectiva amplia de interés público ha sido calificada de distintas formas y maneras con el fin de llamar la atención acerca de su centralidad en orden a definir el Derecho Administrativo mismo. El profesor Hachem las ha resumido así: noción-madre, clave de bóveda, alma, corazón, piedra angular o alfa y omega del Derecho Administrativo[164].

El profesor Durán ha señalado acertadamente que siendo el interés privado y el interés público conceptos distintos, en modo alguno se contradicen u oponen. Más bien, cada uno desde su ámbito cumple su finalidad propia y en la medida en que se concilien o complementen la convivencia es más armoniosa. El interés general sería para Durán el conjunto del interés privado y del interés público, y equivaldría a la noción de bien común que no es, ni más ni menos, entonces, que el correlato filosófico, el sociológico sería bienestar general, del concepto de interés general, que es la noción propia con la que trabaja el jurista del Derecho Administrativo en el Estado social y democrático de Derecho[165].

La abstracción de las denominaciones que la doctrina ha realizado del interés público en sentido amplio, interés general, demuestra la dificultad de proceder a una definición concreta y precisa, lo que no quiere decir que esta tarea sea imposible o que tal concepto no disponga de relevancia jurídica específica. La tiene, como veremos, y mucha. Tanta que conforma el mismo núcleo básico desde el que se debe entender la esencia del Derecho Administrativo moderno.

El interés general en el Estado social y democrático de Derecho tiene un significado que ayuda a comprender su alcance y funcionalidad en el entero sistema del Derecho Administrativo. Entre sus características se encuentran, por ejemplo, la participación, la transparencia o la publicidad. Desde este punto de vista, parece que la proyección de los valores democráticos sobre el Derecho

---

[164] D. WUNDER HACHEM, *Principio constitutional de supremacía do interesse publico*, Belo Horizonte, 2011, p. 34.

[165] A. DURÁN MARTÍNEZ, «Derechos prestacionales e interés público», en R. F. Bacellar Filho y G. Amintas Pazinato (coords.), *Direito Administrativo e Integracao Regional*, Actas do V Congreso de Direito Publico do Mercosul e do X Congreso Paranaense de Direito Administrativo, Belo Horizone, 2010, pp, 149-157.

Administrativo obliga a replantear instituciones y categorías propias de una rama del Derecho Público que ha estado demasiado tiempo vinculada, apegada, a una dimensión unilateral y estática del interés general. Perspectiva que debe ser sustituida por una versión más participativa, más transparente y, por ello, más fácil de controlar especialmente por el Juez administrativo también, es obvio, por el cuerpo social.

El profesor Muñoz nos ha enseñado que este concepto, a pesar de su difícil definición, tiene proyección concreta. Unas veces, porque está previsto en la norma. Por ejemplo cuando se permite rescatar una concesión administrativa por razones de interés público o cuando se prevé que un contrato público pueda ser resuelto unilateralmente por la Administración pública cuando concurra causa suficiente de interés público[166]. Pero también, aunque no esté previsto en la norma escrita, si admitimos que el Juez administrativo puede controlar los fines de interés general a debe someterse la actuación administrativa, podrá, en efecto, analizar en Derecho, en el caso concreto, si la potestad administrativa es adecuada al interés general que debe fundar la misma actuación administrativa, una actuación que no puede estar amparada en una pretendida intangibilidad absoluta del mérito del acto administrativo.

En el Estado de Derecho no es posible excluir de control jurídico los actos administrativos amparados en esta categoría jurídica en abstracto. Más bien, lo que hace el Juez contencioso-administrativo es controlar por los medios que le proporciona el Derecho si la actuación administrativa en concreto es razonable, es adecuada, es proporcional, y se enmarca en el interés general específico en el que se opera la potestad administrativa. Si estamos en el marco de la educación, de la sanidad, de la industria, de la cultura o de cualquier otro sector supraindividual atribuido, la racionalidad de su actuación, de acuerdo con los criterios de la ló-

---

[166] G. A. MUÑOZ, «El interés público es como el amor», en: Romeu Felipe Bacellar Filho; Daniel Wunder Hachem (coords.), *Direito Administrativo e Interesse Público*, Estudos em homenagem ao Professor Celso Antônio Bandeira de Mello, Belo Horizonte, 2010, p. 21-31.

gica y de la motivación y de los principios generales del Derecho, permitirán conocer en concreto la expresión del interés general que justifica la actuación puntual de la propia Administración en un caso concreto.

El interés general ínsito en toda actuación administrativa no es una ideología. No puede serlo en el Estado social y democrático de Derecho en el que la Administración obra en virtud de procedimientos y de normas, de disposiciones generales que traducen, que deben proyectar, cada vez con mayor grado de concreción, a través de los poderes establecidos en ellas, los intereses generales a la realidad. En el Derecho Administrativo Constitucional, en el Derecho Administrativo del Estado social y democrático de Derecho, el interés general no puede ser, de ninguna manera, un concepto abstracto, genérico, desde el que se justifique cualquier tipo de actuación administrativa. En otras palabras, la simple apelación genérica al interés general no legitima la actuación administrativa. Esta precisa, para actuar en el marco del Estado social y democrático de Derecho, de una razonable proyección concreta sobre la realidad en virtud de normas que permiten laborar a la Administración pública.

Tal y como afirma Nieto, la ideología del interés público, en sentido amplio apuntamos nosotros, cuando asume la funcionalidad democrática, da contenido y misión inequívocamente de esta naturaleza a la actuación administrativa[167]. De esta manera, el quehacer administrativo encuentra su límite y su fundamento precisamente en el interés general, que se convierte, bien por expresa atribución normativa, bien por su incardinación en los principios generales del Derecho Administrativo, en la clave de bóveda, siempre al servicio del fortalecimiento de la dignidad humana, de esta rama del Derecho Público.

Sin embargo, cuando el interés general, el interés público en sentido amplio, no se ajusta a la esencia democrática, descono-

---

[167] A. NIETO, «La Administración sirve con objetividad los intereses generales», en: Sebastián Martín-Retortillo Baquer (coord.), *Estudios sobre la Constitución española*: Homenaje al profesor Eduardo García de Enterría, vol. 3, Madrid, 1991, pp. 2185-2253.

ciendo los derechos fundamentales, y entre ellos el derecho a la tutela judicial efectiva sobre todo, entonces algunos de los dogmas que acompañan al acto administrativo, ejecutividad y ejecutoriedad por ejemplo, asumen un valor absoluto que lamina la posición jurídica del ciudadano, convirtiéndolo en mero receptor de bienes y servicios públicos sin más. Por el contrario, cuando la dignidad del ser humano ocupa el centro del Derecho Administrativo, entonces el acto administrativo pierde ese carácter mítico, y el esquema originario de exorbitancia se torna, es lógico, como un régimen de servicio objetivo a un interés general que reside precisamente en la promoción de los derechos e intereses legítimos de los ciudadanos.

Uno de los profesores que mejor ha tratado esta cuestión es, sin duda alguna, Bandeira de Mello, maestro brasileño de Derecho Administrativo que viene defendiendo, décadas atrás, desde los años sesenta del siglo pasado, el principio de supremacía del interés público a partir de los datos del Ordenamiento jurídico brasileño. Este jurista iberoamericano entiende, con toda razón, que el interés público no es un concepto autónomo, que tenga existencia aislada e independiente de las personas. No es, no puede ser de ninguna de las maneras un concepto inmanente, subsistente por sí mismo. Nace y se desarrolla en el marco de un Derecho Administrativo de inequívoco sabor democrático en el que, por supuesto, el titular del poder público, sea legislativo, ejecutivo o judicial, es el pueblo, la ciudadanía en conjunto e individualmente considerada. De ahí, por tanto, que el interés general está inescindiblemente conectado a la dignidad del ser humano, y, por ello, a la defensa, protección y promoción de los derechos fundamentales, sean de orden individual, sean de orden social.

En efecto. El concepto del interés público, en sentido amplio –interés general-, está relacionado con los derechos de los ciudadanos, con los intereses supraindividuales de los individuos, dice Bandeira de Mello[168]. Ahora bien, el interés público así considerado constituye una de las posibles formas de manifestación de

---

[168] C.A. BANDEIRA DE MELLO, «A supremacia do interesse público», en: *XI*

estos intereses. Más en concreto, si reconocemos que existe una dimensión personal de estos intereses expresada a través de las conveniencias exclusivamente personales del individuo, es obvio que ésta no responde al concepto del que aquí tratamos de interés público en sentido amplio o interés general. Más bien, como señala el profesor Bandeira de Mello, se trata de la dimensión pública de esos intereses ciudadanos[169]. Es decir, desde esta perspectiva, el interés de los ciudadanos como miembros de la colectividad, como integrantes del cuerpo social conforman el concepto del interés general, que por tanto se refiere a la cobertura de las necesidades colectivas de los ciudadanos, entre las que más relevantes son, sin duda, la educación o la sanidad.

El interés público en sentido amplio tiene una obvia vinculación a las personas consideradas, eso sí, como integrantes de la sociedad. Desde este punto de vista el interés general puede considerarse como el interés social en la medida en que descansa sobre los intereses de las personas como componentes básicos de la sociedad. No es un concepto abstracto, genérico el que aquí se plantea sino un concepto que referido a la comunidad está incardinado en los intereses de las personas que componen el cuerpo social precisamente como integrantes de la sociedad. Como dice Bandeira de Mello[170], refiriéndose al interés público en sentido amplio, éste surge como algo en que cada componente de la sociedad reconoce e identifica su propio querer y su propia valoración positiva.

Desde esta perspectiva, el maestro brasileño define el interés público como el interés resultante del conjunto de intereses que los individuos personalmente poseen cuando son considerados como miembros de la sociedad. Es decir, el interés general, el interés público en sentido amplio, el interés de los ciudadanos en su dimensión pública, está incardinado en la propia existencia

Congresso Paranaense de Direito Administrativo. Conferência de encerramento proferida em 27/08/2010, Curitiba, Instituto Paranaense de Direito Administrativo, 2010.
[169] C.A. BANDEIRA DE MELLO, «A noção jurídica de interesse público», en: *Grandes Temas de Direito Administrativo*, São Paulo, 2009, pp. 181-182.
[170] C.A. BANDEIRA DE MELLO, *op. cit.*, pp. 182-183.

de las personas, eso sí, como integrantes de la sociedad. Por eso, la Administración pública cuando sirve objetivamente el interés general, debe tener presente los intereses de las personas en su dimensión social, debe atender a las necesidades colectivas de las personas, debe, en una palabra, evitar esas abstracciones a que nos tiene tan acostumbrados cuando se pretende usar unilateralmente lo que solo se pueda utilizar multilateralmente.

Partiendo de la doctrina italiana, Bandeira de Mello distingue, también, en el marco del interés del aparato estatal, en el ámbito del interés del Estado, una dimensión particular y una dimensión pública que conviene tener en cuenta para mejor entender el concepto de interés general del que partimos en este estudio[171]. Así, desde las posiciones mantenidas por Alessi, Carnelutti y Picardi, la Administración ordinariamente hace prevalecer su voluntad, que es la voluntad del conjunto, de todos y cada uno de los ciudadanos, sobre la de los individuos particularmente considerados. Es decir, la voluntad de la persona jurídica Administración es preferente sobre la de los ciudadanos y puede imponerse, de acuerdo con las reglas de la autotutela declarativa y ejecutiva, solo en el caso de que esa voluntad administrativa esté perfectamente motivada, asentada sobre la realidad y goce del respaldo del Ordenamiento jurídico, especialmente como promotora, defensora y protectora de los derechos fundamentales de la persona.

La prevalencia del interés general sobre el individual solo se produce cuando traiga causa del Ordenamiento jurídico, del Derecho objetivo dice Bandeira de Mello[172]. Es decir, cuando media una atribución explícita o implícita del Ordenamiento jurídico. Escribo Ordenamiento jurídico y no norma jurídica legislativa porque la Administración, a mi juicio, está vinculada por la Ley y por el Derecho. Así, de esta manera, se evita la tiranía de la norma escrita y se da entrada a los principios generales del Derecho que, en materia de Derecho Administrativo son tan importantes

[171] C.A. BANDEIRA DE MELLO, *op. cit.*, pp. 181-191.
[172] C.A. BANDEIRA DE MELLO, «A supremacia do interesse público», en *XI Congresso Paranaense de Direito Administrativo*. Conferência de encerramento proferida em 27/08/2010. Curitiba, Instituto Paranaense de Direito Administrativo, 2010.

que, por su concurso, es posible devolver al interés general defectuosamente concretado, por ejemplo por su ausencia de relación con los derechos de las personas, esa dimensión humana que tanto precisa para ser lo que debe ser: el Derecho que regula racionalmente los asuntos generales con arreglo a la justicia.

El interés general, pues, ha de estar definido en el Ordenamiento jurídico. No es una abstracción, una especulación, una filigrana intelectual, menos el deseo o aspiración particular del gobernante. Es, sobre todo, a partir de los valores del Estado social y democrático de Derecho, algo concreto, materializado, puntualizado, encarnado en la realidad que, además, debe ser racional, objetivo, susceptible de motivación o argumentación a partir de los criterios de la lógica.

La doctrina italiana también distingue entre interés colectivo primario e intereses secundarios (Alessi). En el primer caso, el interés así referido se extiende al complejo de intereses individuales prevalentes en una determinada organización jurídica de la colectividad, constituyendo la expresión unitaria de una multiplicidad de intereses coincidentes. En palabras de Bassi, ese interés primario es el parámetro fundamental al que la Administración está obligada a referir sus decisiones y poderes[173]. Es el interés público en sentido amplio, el interés general del que tratamos en este epígrafe. En cambio el interés de un individuo de la colectividad o el del aparato administrativo en sí mismo son secundarios. En otras palabras: el interés particular de una persona física o el interés de la Administración como persona jurídica, que son intereses secundarios, pueden coincidir, o no, con el interés colectivo primario, con el interés general, con el interés público en sentido amplio.

El interés general desde una aproximación democrática es el interés de las personas como miembros de la sociedad en la que el funcionamiento de la Administración pública contribuye al desarrollo de todos y cada uno de los derechos fundamentales y, por

---

[173] F. BASSI, «Brevi note sulla nozione di interesse pubblico», en: Università di Venezia. *Studi in onore di Feliciano Benvenuti*, vol. I, Modena, 1996, pp. 243-247.

ello, a la mejora de las condiciones de vida de los ciudadano fortaleciendo los valores superiores del Estado social y democrático de Derecho.

Por eso, nada más alejado al interés general que esas versiones unilaterales, estáticas, profundamente ideológicas, que confunden el aparato público con una organización al servicio en cada momento de los que mandan, del gobierno de turno.

Por ejemplo, ahora que estamos instalados en una aguda y dolorosa crisis económica y financiera que afecta a Europa especialmente y a los Estados Unidos de América, los Gobiernos ponen en marcha, a través de la Administración pública, diferentes medidas para intentar sanear unas cuentas públicas maltrechas, al borde de la bancarrota. En este sentido, algunas decisiones para aliviar el elevado déficit público que aqueja a no pocos países consistentes en elevar los impuestos son, sin duda, eficaces, pero profundamente desvinculadas del interés general. En estos casos, es posible que el interés público secundario se alcance pues el Ministerio de Hacienda cumple los objetivos de reducción del déficit, pero no cabe duda alguna, al menos para quien escribe, que subir los impuestos a la población cuando se reducen los salarios del sector público y se congelan, con tendencia a la baja, las pensiones públicas, empeora sustancialmente las condiciones de vida de los ciudadanos lesionando, y no poco, el interés público primario o interés público amplio que denominamos en este trabajo interés general.

El profesor Bandeira de Mello subraya que el interés público no es algo etéreo, intangible o abstracto[174]. A mi juicio debe estar concretado en la norma y en el Derecho, en la ley y en el resto del Ordenamiento jurídico. Si admitiéramos una concepción abstracta y genérica del interés general estaríamos amparando actuaciones administrativas irracionales y arbitrarias, profundamente ilegales. Por una poderosa razón: porque cuando no es menester concretar el interés general al que ha de servir objetivamente la Administración, ésta vuelve sobre sus fueros perdidos y recupera

---

[174] C.A. BANDEIRA DE MELLO, «A noção jurídica de interesse público», *loc. cit.*, pp. 181 y ss.

el halo de abstracción e infinitud, de ilimitación y opacidad, que tenía en el Antiguo Régimen.

Es decir, el interés general debe estar concretado, detallado, puntualizado en el Ordenamiento jurídico, en la mayoría de los casos en una norma jurídica con fuerza de ley. La idea, básica y central, de que el interés general en un Estado social y democrático de Derecho se proyecta sobre la mejora de las condiciones de vida de los ciudadanos en lo que se refiere a las necesidades colectivas, exige que en cada caso la actuación administrativa explicite, en concreto, cómo a través de actos y normas, de poderes, es posible proceder a esa esencial tarea de desarrollo y facilitación de la libertad solidaria de los ciudadanos.

Es decir, la promoción de los derechos sociales fundamentales por parte del Estado conforma uno de los intereses generales de mayor relevancia en el tiempo en que vivimos, pues se encuentra indeleblemente vinculado a la misma definición del Estado social y democrático de Derecho.

Es la Constitución, como fuente de las fuentes, y como norma de las normas, el lugar en el que encontramos los valores y principios que han de presidir el desarrollo del interés general en el Estado social y democrático de Derecho. Los valores superiores del Ordenamiento, los principios del preámbulo de la Carta Magna y, muy especialmente, los derechos fundamentales de la persona y los Principios rectores de la política social y económica, conforman, para el caso español, las partes de la Constitución directamente vinculadas a la promoción y realización del interés general. De manera especial, el artículo 9.2 constitucional del Reino de España manda a los Poderes públicos la creación de las condiciones para que la libertad y la igualdad de los individuos y grupos sean reales y efectivas removiendo los obstáculos que impidan su efectividad. La Administración pública, pues, debe promover, facilitar, hacer posible que cada persona se desarrolle libre y solidariamente removiendo los obstáculos que lo impidan. Y de esta capital función se deriva una obligación de facilitar con celeridad y eficacia el ejercicio de los derechos sociales fundamentales a todos los ciudadanos.

La Administración pública, bien lo sabemos, no dispone de libertad como las personas físicas. Son las normas jurídicas, que reflejan valores y principio, y los procedimientos en ellas previstas, quienes le atribuyen los poderes y, en su virtud, dictan actos y realizan funciones de interés general. En este marco, el principio de juridicidad nos ayuda a comprender mejor la forma en la que la norma de atribución ha de perfilar, con el mayor detalle posible, el interés general que debe servir objetivamente la Administración pública en cada caso. Si la norma es parca o confusa, los principios de racionalidad, objetividad, proscripción de la arbitrariedad, seguridad jurídica o confianza legítima, entre otros, permitirán a la propia Administración pública cumplir su tarea o, corresponde, ser controlada jurídicamente por los Tribunales de Justicia.

En todo caso, cuando la Administración opera en virtud de poderes discrecionales, el grado en que se debe concretar y justificar el interés general está en proporción a la intensidad de la discrecionalidad atribuida por la norma a la Administración pública. Es obvio, como ya hemos señalado, que en esta materia de promoción de los derechos sociales fundamentales la discrecionalidad es tan mínima que la Administración está obligada, *ex constitutione*, a facilitar el ejercicio de los derechos fundamentales a los ciudadanos. No tiene sentido, salvo en situaciones excepcionales, previstas en las Constituciones como situaciones de alarma, excepción o sitio, que la actividad de la Administración no se oriente de manera directa y constante a la promoción de los derechos fundamentales de las personas.

El interés general, por tanto, está previsto en la Constitución y debe ser contemplado, para el Derecho Administrativo, de otra manera no podría ser, en los principios del Estado de Derecho. Procedimentalmente, el interés general ha de ser satisfecho por la Administración a través de normas, poderes y actuaciones que operan en el marco del principio de juridicidad, de la separación de los poderes y del reconocimiento de los derechos fundamentales de la persona. Es este el campo de juego en el que debe moverse la Administración para que en todo su quehacer brille con luz propia el interés general que en cada caso haya de satisfacer.

El profesor Bandeira de Mello entiende que existe una noción categórica general de lo que se debe entender por interés público aplicable a cualquier sistema jurídico-político al margen de consideraciones contingentes o variables. Opina este profesor que es posible encontrar un núcleo objetivo, universal, de lo que es el interés público, de lo que es el interés general tal y como aquí lo denominamos. A partir de ese núcleo esencial, el interés general se encarna, por así decir, en la realidad a través del Ordenamiento jurídico: leyes, normas y actos fundamentalmente.

No es que existan dos aproximaciones paralelas al interés general, una genérica, con pretensión de validez universal, derivada del Estado de Derecho e integrada esencialmente en la Constitución, y otra concreta, puntual, expresada a través de normas y actos[175]. Ambas aproximaciones han de ser entendidas desde el pensamiento compatible y complementario. Así, de esta manera, para considerar jurídicamente si el interés general concreto está enmarcado en el Estado de Derecho, en la Constitución, habrá que echar mano de la concepción genérica, que no es un cheque en blanco. Consiste, como antes comentamos, en una noción enraizada sustancialmente en el conjunto de valores superiores del Ordenamiento, en las bases del Estado social y democrático de Derecho, muy especialmente en lo que se refiere a la centralidad de los derechos fundamentales de la persona y a los Principios rectores de la política social y económica, al menos en lo que se refiere a esta Constitución analizada desde el Derecho Español.

En realidad, si analizamos esta cuestión desde la perspectiva, por ejemplo, de la anulación de un acto administrativo por haberse dictado de acuerdo con una finalidad diversa a la prevista en la norma (al interés público en sentido amplio inherente a la norma) y de la legitimidad jurídica para la revocación de una licitación

---

[175] C.A. BANDEIRA DE MELLO, «A noção jurídica de interesse público», *loc. cit.*, pp. 181-191.

por existir razones concretas de interés público que justifican dicha anulación, nos encontramos ante un dilema de no difícil solución. No es que estemos ante dos expresiones distintas para comprender el Derecho Administrativo. Estamos ante una forma de entender el Derecho Administrativo que ciertamente bascula sobre el concepto del interés general, un interés general que tiene dos diferentes representaciones que están indisolublemente unidas: la general, en cuanto que el acto ha de expresar los valores del Ordenamiento jurídico, y la concreta que, de forma inescindible con la general, proyecta esa dimensión genérica sobre la realidad, sobre un supuesto concreto de la realidad administrativa.

Esta explicación sale al paso de la perspectiva esquizofrénica de entender el interés público en sentido amplio y en sentido estricto como dos realidades distintas y separables. Desde el pensamiento compatible y complementario es posible encontrar una argumentación que salve la aparente contradicción que en muchas ocasiones la doctrina ha encontrado entre estas dos manifestaciones del interés público, del interés general como aquí lo entendemos. Podría hasta afirmarse que son las dos caras de la misma moneda: una en abstracto que, precisamente para ser válida en el Estado de Derecho, debe materializarse en la realidad, en el caso concreto, en el que, obviamente, habrá de orientarse hacia la mejora de las condiciones de vida de los ciudadanos. La otra, la perspectiva concreta, insisto, es la forma que adopta la dimensión abstracta, principal, del interés general.

La institución de la desviación de poder, que se aplica cuando las potestades administrativas se ejercen para fines distintos de los previstos en el Ordenamiento jurídico, aunque se refiere al interés general abstracto, al que habita en la norma jurídica, que trae causa de la misma Constitución o de una ley o reglamento, es obvio que debe proyectarse sobre intereses públicos concretos, específicos, que, de una u otra forma, afecten favorablemente a la mejora de las condiciones vitales de los ciudadanos. Pregunta, ¿es qué la potestad administrativa, establecida en una norma, de la que procede un acto administrativo, puede operar legítimamente al margen del interés general concreto si éste no es más, ni menos, que la proyección de los valores superiores del Ordenamiento, de los postulados del Estado social y democrático de Derecho a la realidad?

Truchet, en su trabajo sobre las funciones de la noción del interés general en la jurisprudencia del Consejo de Estado francés tercia en esta cuestión y afirma que el interés general concreto, el interés público cualificado que dirá la doctrina italiana, es una condición para el ejercicio de una potestad administrativa[176]. Es decir, el interés general opera cómo límite jurídico al ejercicio de las funciones administrativas. Para ello, para que el interés general abstracto proyectado en el caso concreto (interés general concreto) sea efectivamente límite de la actuación administrativa es menester que en el acto en que se materializa la potestad la motivación sea adecuada. De lo contrario, hasta podrá ser un acto ilegal, graduándose su gravedad en función de la indefensión en que pueda quedar el destinatario de dicho acto. Por tanto, el interés general en su doble condición habilita al quehacer administrativo y, en sentido contrario, prohíbe ciertas actuaciones contrarias a los valores superiores del Ordenamiento y a los postulados del Estado social y democrático de Derecho.

En este epígrafe, cuando nos referimos sin más al interés general estamos pensando en el interés social, en el bienestar de todos y cada uno de los ciudadanos, que tiene obviamente proyecciones concretas y que en modo alguno subsiste en sí mismo. Insisto, el interés general finalmente no es más, ni menos, que la proyección de los valores superiores del Ordenamiento y los postulados del Estado social y democrático de Derecho aplicados a las necesidades colectivas de los ciudadanos, a la mejora de las condiciones de vida de los ciudadanos, a la promoción de los derechos sociales fundamentales, hoy más que nunca, de acuciante actualidad a causa de la profunda crisis general que asola al mundo occidental.

La distinción entre las dos dimensiones del interés general es

---

[176] D. TRUCHET, *Les fonctions de la notion d'intérêt général dans la jurisprudence du Conseil d'État*, Paris, 1977.

útil a efectos pedagógicos y sistemáticos, pues permite comprender mejor el alcance, sentido y funcionalidad de este concepto capital para la misma definición y entendimiento del Derecho Administrativo. Sin embargo, si es que pretendemos determinar el concepto capital de nuestra disciplina, mejor sería, me parece, hablar de un interés general con dos dimensiones, inescindibles e inseparables, una teórica, abstracta, genérica, en cuanto presupuesto de validez de cualquier norma o principio de Derecho Público, y otra concreta, en cuanto que toda materialización y pura ejecución de las normas jurídicas administrativas debe orientarse a satisfacer necesidades colectivas que mejoren las condiciones de vida de los ciudadanos, tanto en lo que se refiere al fomento, a la policía o al servicio público.

El interés general, pues, es un concepto compuesto de dos aspectos, uno teórico o amplio y otro concreto que están perfectamente imbricados y relacionados entre sí. Ese contexto de integración entre estas dos dimensiones debe responde a la propia realización del quehacer administrativo, que requiere una norma y un acto. Sin norma no hay acto. Sin poder establecido en la norma la Administración no puede actuar. La norma está basada en el interés general en sentido amplio y el acto descansa siempre en un interés general concreto.

Desde un punto de vista amplio, el interés general se refiere a los valores del Estado social y democrático de Derecho, a los fines del mismo Estado, fines que son garantizados por el propio Estado a través de normas que se concretan en actos. Normas y actos que posibilitan la actuación de la Administración para promover el ejercicio de los derechos por los ciudadanos por un lado, y, por otro, para remover los obstáculos que impidan su realización. En la dimensión general se encuentra la defensa, protección y promoción de los derechos fundamentales de la persona y en la concreta la puesta a disposición de los ciudadanos, a través de medios materiales y personales adecuados, de la infraestructura que permite tal tarea en relación con derechos fundamentales concretos y específicos.

Esta doble naturaleza del interés general demuestra hasta qué punto el Derecho Administrativo es una rama del Derecho. En efecto, como sector del Derecho está sometido a los fines del propio Estado que, a día de hoy, no son más, ni menos, que los del Estado social y democrático de Derecho, que conforman, según hemos comentado, la esencia del interés general en su primera y más amplia dimensión, que es compartida por todo el Derecho en su conjunto.

Sin embargo, la concreción, la puntualización, la materialización del interés general en la realidad es propia, característica, inherente al Derecho Administrativo en la medida que es un Derecho que regula Poderes públicos para la realización de las libertades y derechos ciudadanos. Poderes públicos concretos, desarrollados y ejecutados por actos administrativos que en su confección deben aplicar el interés general en sentido amplio, que debe estar proyectado a un espacio administrativo determinado en la norma, a un supuesto concreto. Al fin y a la postre, para el Derecho Administrativo lo decisivo es que a través de la estructura y los medios idóneos, se puedan realizar por parte de los ciudadanos todos y cada uno de los derechos fundamentales que les corresponden por ser seres humanos.

El interés general en sentido amplio, el que es común a todas las ramas del Derecho, está definido en la Constitución. Empieza a descender en las normas y se concreta a la realidad, se materializa en las personas fundamentalmente a través del acto administrativo. De esta manera, podemos incluso establecer un interés general amplio de dos intensidades. El propio del Ordenamiento del Estado social y democrático de Derecho, y el propio de la ley o de la norma, aplicación de los valores del Estado social y democrático de Derecho a un determinado sector de actividad administrativa. El concreto, el específico, el proyectado sobre la realidad cotidiana es el que lleva inscrito el acto administrativo, que de ninguna manera, insisto, es autónomo o subsistente, sino que trae causa de la dimensión amplia incardinado en la Constitución y en las normas.

Desde esta perspectiva podemos señalar que en el acto administrativo debe estar perfectamente establecido, de manera congruente, la forma en que el interés general amplio desciende a la realidad. Esta cuestión, trascendente y fundamental, atiende a la motivación, a la argumentación conducente a explicar al destinatario de la actuación las razones en virtud de las cuales se dicta tal o cual acto administrativo. Como es lógico, cuánto más amplio y extensa sea la discrecionalidad del poder administrativo mayor y más intensa será la exigencia de la motivación.

La Constitución portuguesa, como afirma Freitas do Amaral, sigue un concepto amplio. En concreto, el artículo 266.1 de la Carta Magna lusa dispone que la Administración pública persigue el interés público en el respeto de los derechos e intereses legalmente protegidos de los ciudadanos[177]. Tal y como afirma nuestro colega de Lisboa, en este precepto se sienta el principio de persecución del interés público. Principio que en el Derecho español, a partir del artículo 103 de nuestra Ley Fundamental, se puede enunciar como el principio de servicio objetivo al interés general. Aunque las expresiones interés general e interés público no son iguales, es lo cierto que el Ordenamiento las utiliza la mayor de las veces de forma sinónima. Este es, desde luego uno de esos casos.

La letra de la Constitución portuguesa invita a Freitas do Amaral a afirmar categóricamente que el interés público es el principio motor de la Administración pública porque la Administración pública debe actuar para alcanzar el interés público, que es su único fin[178]. El interés general, pues, en su doble dimensión según nuestra opinión, es principio y fin. Principio dinámico por supuesto. Pero principio, de manera que lo que precede, lo que explica, lo que justifica, lo que motiva el quehacer público es el interés general en su doble vertiente. Pero no solo, si seguimos a Freitas do Amaral[179], es principio y también es fin. Y si es principio y fin, es la clave, la espina dorsal del mismo Derecho Administrativo. Como principio se refiere a la conformación de

---

[177] D. FREITAS DO AMARAL, *Curso de Direito Administrativo*, vol. II, Coimbra, 2001, p. 174.
[178] D. FREITAS DO AMARAL, *ibíd.*
[179] D. FREITAS DO AMARAL, *ibíd.*

los derechos fundamentales de la persona como fundamento del Estado social y democrático de Derecho, y como fin, atiende al trabajo que debe realizar el Estado para que todos los ciudadanos en efecto puedan disfrutar de todos y cada uno de los derechos fundamentales en concreto, también, es obvio, de los de orden social.

Pensando en esta doble funcionalidad del interés general, como principio y fin del quehacer administrativo en el marco del Estado social y democrático de Derecho, podemos, con base en la Constitución española, afirmar que se debe realizar en clave de servicio objetivo. Servicio porque el aparato administrativo está a disposición de la comunidad en la medida que es de titularidad ciudadana pues el soberano es el pueblo no el administrador o el gestor de los intereses de los habitantes en su conjunto, que no es, ni más ni menos que un profesional encargado de atender intereses de la comunidad. Y objetivo, porque el ejercicio de poderes y potestades administrativas solo cabe en el marco de la razón, una razón que debe ser profundamente humana por exigencias de los postulados del Estado social y democrático de Derecho.

El interés general es principio dinámico. En efecto, el conjunto de los parámetros y directivas del Estado social y democrático de Derecho conforman el presupuesto de actuación de la Administración. En sí mismos estos parámetros y directivas tienen sentido si se proyectan sobre la vida pública, sobre el quehacer de los Poderes públicos y también, y como consecuencia, sobre las necesidades públicas de los ciudadanos. Por tanto, en la actuación de la Administración siempre debiera encontrarse alguna relación, más o menos explícita a estos parámetros y directivas, puesto que constituyen el fundamento de la actividad.

El interés general, en palabras de Freitas do Amaral, es, además, y sobre todo, fin único de la Administración. Fin que debe motivarse, que debe argumentarse para que sea legítimo en un Estado de Derecho pues, de lo contrario, supondría un regreso al Estado autoritario, aquel en el que los fundamentos del poder residían en puro arbitrio y capricho del gobernante. El control jurídico de los fines a que se somete la Administración conforma, junto al control de la legalidad administrativa y la potestad reglamentaria, el objeto de la función judicial en relación con la Administración pública en España. En efecto, en nuestro país, con el artículo 106 de la Constitución en la mano, el Juez o Tribunal puede controlar jurídicamente la legalidad de las actuaciones y normas administrativas y los fines, que no pueden sino ser de interés general, a que se someten.

Interesante es también el comentario del profesor Freitas do Amaral sobre la relación interés público y ciudadanos[180]. Para él, de acuerdo con la dicción de la Constitución lusa, resulta que esa persecución del interés público que caracteriza la actuación administrativa comprende el respeto a los derechos e intereses legalmente protegidos de los ciudadanos. Es decir, el interés general en sentido amplio, como no puede ser de otra manera, pues la protección de los derechos fundamentales de la persona es parte integrante de los postulados del Estado social y democrático de Derecho, asume la tarea de promoción de los derechos e intereses legítimos de los ciudadanos. Tal argumentación, nos conduce a considerar que hay una intensa semejanza entre el interés público en sentido amplio, escribe Freitas do Amaral, y la juridicidad administrativa. No solo hay una obvia semejanza. Hasta podría decirse, sin exageración alguna, que el interés general tal y como se formula en este trabajo es parte sustancial y medular de la misma juridicidad administrativa que, es como bien sabemos, el primero de los principios del Estado de Derecho.

En la Constitución española la expresión interés general del artículo 103 puede ser entendida como interés público en sentido primario y originario. Como ha señalado el profesor Meilán Gil, en el proceso de elaboración de este precepto aparecía el término intereses colectivos, quizás a causa de su punto de vista sobre el proceso de la definición del Derecho Administrativo, monografía escrita en 1967, en la que subrayó la primacía de los allí denomi-

[180] D. FREITAS DO AMARAL, *Curso de Direito Administrativo*, vol. II, Coimbra, 2001, p. 175.

nados intereses colectivos[181]. Lo cierto, sin embargo, es que, como él mismo relata, a su paso por el Senado se sustituyó por intereses generales explicándose en la enmienda correspondiente que con la expresión intereses generales se incluirían no solamente los intereses colectivos sino también los intereses perfectamente individualizados como son los de la salud o la educación entre otros, cuya salvaguarda está encomendad al interés general o público. Entonces, dice Nieto, para evitar una cacofonía entre Administración pública e interés público o intereses públicos, finalmente el precepto quedó como está: «La Administración pública sirve con objetividad intereses generales...»[182].

Una glosa de este precepto de la Constitución española permite varias reflexiones. El constituyente parece que maneja el concepto de interés público como interés general en su doble conformación tal y como aquí hemos tenido ocasión de exponer. Es decir, hay una referencia al concepto de interés colectivo, de la comunidad en general y de los colectivos que la componen en particular, pero también, como reconoce la propia enmienda de sustitución, el concepto atiende a intereses generales concretos: sanidad o educación por ejemplo, que son a los que se referirán las normas administrativas que sirven de soporte y cobertura a la actuación administrativa cotidiana.

El profesor Meilán Gil parece entender esa dimensión amplia del interés general como conformidad a la legalidad, al Derecho, del quehacer administrativo. Es decir, conformidad a la juridicidad administrativa, concepto base del Estado de Derecho que atiende a una concepción más abierta de legalidad y superadora de una visión unilateral que impediría el juego de otras fuentes y principios del Derecho. Desde este punto de vista[183] la Adminis-

---

[181] *Vid.* J.L. MEILÁN GIL, *El proceso de la definición del Derecho Administrativo*, Madrid, 1968.

[182] A. NIETO, «La Administración sirve con objetividad los intereses generales», en: Sebastián Martín-Retortillo Baquer (coord.), *Estudios sobre la Constitución española: Homenaje al profesor Eduardo García de Enterría*, vol. 3, Madrid, 1991, pp. 2185-2253.

[183] J.L. MEILÁN GIL, «Intereses generales e interés público desde la perspectiva del Derecho Público español», *A&C – Revista de Direito Administrativo & Constitucio-*

tración pública debe actuar de acuerdo con el Ordenamiento jurídico. Que esto es así en el Derecho Administrativo lo demuestra, sin que se requieran mayores explicaciones, la letra del mismo artículo 103 de la Constitución española vigente cuando establece que la Administración actúa con sometimiento pleno a la Ley y al Derecho. He aquí la expresión más clara del sentido y funcionalidad del concepto del interés general en sentido amplio.

Otra discusión interesante acerca de la naturaleza del interés general se refiere a su carácter estático o dinámico. Para quien escribe esta polémica carece de sentido puesto que entiende el Derecho Administrativo como un sistema dinámico ya que las categorías, conceptos e instituciones de nuestra disciplina están en permanente transformación al servicio de la mejora de las condiciones de vida de las personas. Por ejemplo, la categoría del servicio público tal y como se fundó en Francia allá por los años en que escribía Duguit, ha cambiado en su proyección sobre las actividades económicas alumbrándose un concepto nuevo: servicio de interés general. No pasa nada, es la constatación de que el Derecho Administrativo cambia, eso sí, al servicio objetivo del interés general. Interés general que mientras sigamos en el modelo del Estados social y democrático de Derecho adquiere sentido y justificación en la medida en que promueve los derechos fundamentales de los ciudadanos.

La cuestión del dinamismo del concepto del interés general y su transformación según las condiciones del tiempo y lugar, y según el modelo de Estado en que nos encontramos, debe estudiarse con cierto detenimiento. El profesor Bassi señala que en todo caso lo esencial será la elección del interés general que realice el legislador a partir de los presupuestos constitucionales,

nal, nº 40, Belo Horizonte: Fórum, p. 171-198, abr./jun. 2010. *Vid.* también, del mismo autor, J.L. MEILÁN GIL, «O interesse público e o Direito Administrativo global», en: Romeu Felipe Bacellar Filho; Guilherme Amintas Pazinato da Silva (coords.), *Direito Administrativo e Integração Regional*, Anais do V Congresso de Direito Público do Mercosul e do X Congresso Paranaense de Direito Administrativo, Belo Horizonte, 2010, pp. 101-104.

que luego desciende al nivel infralegal de las normas y de los actos administrativos como pura y mera ejecución[184].

En este sentido, los intereses generales cambian, pueden cambiar en el tiempo y en el espacio. Sin embargo esa relatividad, que también se predica de todo el Derecho Administrativo en su conjunto, tiene un límite, un valladar que no puede superarse: los postulados del Estado social y democrático de Derecho. En otras palabras, el principio de juridicidad, la separación de los poderes, el reconocimiento de los derechos fundamentales de la persona y los Principios rectores de la política social y económica serán el marco en el que el legislador haga su elección. En este sentido el profesor Cleve ha señalado que la Constitución, que es la Norma en la que se definen los valores del Estado social y democrático de Derecho, al proclamar los objetivos y principios fundamentales del Estado, reconoce los derechos fundamentales de la persona y determina los programas generales de acción del poder público, y establece claramente que intereses deben ser considerados como generales[185].

Es decir, en la Constitución y en los principios básicos del Estado de Derecho encontramos definidos con carácter amplio aquellos intereses generales que han de ser regulados en cada momento por el Gobierno de turno, que podrá, en el marco de la Constitución y respetando sus principios esenciales, ordenarlos y gestionarlos de acuerdo con los programas políticos elegidos periódicamente por la población. De esta manera, el Derecho Administrativo adquiere pleno sentido como Derecho Constitucional concretado, materializado.

En el caso español, la Constitución es bien clara: manda a los Poderes públicos que promuevan las condiciones para que la libertad y la igualdad de las personas y grupos en que se integran sean reales y efectivas removiendo los obstáculos (artículo 9.2

---

[184] F. BASSI, «Brevi note sulla nozione di interesse pubblico», en: Università di Venezia. *Studi in onore di Feliciano Benvenuti*, vol. I, Modena, 1996, pp. 243-247.
[185] C. MERLIN CLEVE, «A eficácia dos direitos fundamentais sociais. Crítica Jurídica», *Revista Latinoamericana de Política, Filosofia y Derecho*, vol. 22, Curitiba, jul./dez. 2003, pp. 17-29.

constitucional). Además, artículo 10.1 de la Constitución dispone que los derechos fundamentales de la persona, junto a la dignidad humana, el libre desarrollo de la personalidad y los derechos de los demás son fundamento del orden político y la paz social y la propia Carta Magna ordena a la Administración, artículo 53.3, que tenga en cuenta en su quehacer los Principios rectores de la política social y económica. De esta manera, el texto constitucional, al proclamar los valores del Estado social y democrático de Derecho conforma el haz de criterios que han de inspirar el interés general en su versión amplia posibilitando que en sea en lo ámbito de lo concreto donde se proyecten sobre la realidad en función del resultado de las preferencias ciudadanas realizadas periódicamente en las elecciones políticas.

Es decir, el dinamismo se predica en sí mismo del interés general concreto, que es el que define el legislador, y a partir de él, la norma y su ejecución por antonomasia que es el acto administrativo. Los postulados del Estado social y democrático de Derecho conforman el marco de juego en el que pueden, y deben, operar los intereses generales concretos, que son la expresión puntual de la proyección de dichos postulados sobre sectores específicos de la realidad administrativa.

El problema de la deslegalización en ciertos ámbitos de la actuación administrativa se resuelve acudiendo a la matriz básica de los postulados del Estado social y democrático de Derecho. Por eso, en estos casos, como muy bien señala el profesor Hachem, no se entrega a la Administración un cheque en blanco para que haga lo que quiera[186]. Primero, porque la Administración en el Estado de Derecho no es libre, actúa en función del principio de juridicidad y del sometimiento a los fines de interés general. Y segundo, porque los valores del Estado social y democrático de Derecho no son elementos retóricos y decorativos. Una vez recibidos a través de la Constitución, se convierten en valores que deben inspirar e impregnar el Ordenamiento jurídico en su conjunto y, por eso,

---

[186] D. WENDER HACHEM, *Principio constitutional de supremacía do interesse publico*, *Belo Horizonte*, 2011, p. 34.

vinculan positiva y negativamente a la Administración pública en su quehacer y actividad.

El interés general concreto, a partir de esta posición, siempre debe estar conectado al interés general en sentido amplio tal y como ya hemos señalado anteriormente y recalcamos ahora. En realidad esto es así porque no es que existan dos versiones diferenciadas del interés general, sino que éste se define y existe con dos caras distintas: una amplia y otra concreta. Se trata de dos caras de la misma moneda. Dos expresiones de un mismo concepto que trae causa, como presupuesto, de la Constitución y que se proyecta, a su través, en la legislación ordinaria hasta alcanzar su mayor grado de concreción en los actos administrativos que son pura ejecución, pura materialidad derivada de la norma.

Esta cuestión ha sido explicada entre nosotros por el profesor Sainz Moreno, que afirma que es al legislador a quien compete determinar el interés general que debe prevalecer en cada momento histórico[187]. El Parlamento, en efecto, como centro de la discusión pública, como expresión de la razón, es el ámbito propicio para definir los intereses generales, es el espacio por antonomasia para la materialización de los intereses generales. El espacio de la legalidad, como indica el profesor Brito, ha de discurrir, pues, en perfecta armonía con el concepto de interés general, que traducirá a la realidad, a través de las normas y actos administrativos, el concepto cardinal del Derecho Administrativo[188].

En este proceso de acercamiento del interés general primario a la realidad conviene tener bien presente que la fijación primaria de la esencia del interés general corresponde al bloque de la constitucionalidad. Por eso, el papel confiado a la Administración pública para establecer la normación reglamentaria del interés general tiene naturaleza secundaria, subordinada a la Constitución

---

[187] F. SAINZ MORENO, «Sobre el interés público y la legalidad administrativa». *Revista de Administración Pública*, nº 82, Madrid: Centro de Estudios Constitucionales, ene./abr. 1977, pp. 439-454.

[188] M. BRITO, «Principio de legalidad e interés público en el derecho positivo uruguayo», en: *Derecho Administrativo: su permanencia y contemporaneidad*, Montevideo, 2004, p. 259-272.

y a las leyes. Por eso serán nulas de pleno derecho las normas y actos administrativas que contraríen o desconozcan los mandatos inscritos en el bloque de constitucionalidad, por invadir o lesionar ese esencial núcleo primario que solo a la Constitución y a la ley, en su desarrollo, compete.

Los actos administrativos no son fuentes del Derecho Administrativo. Son pura ejecución, mera proyección de la norma a la realidad. No pueden, de ninguna de las maneras, crear derechos y obligaciones, modificarlos o extinguirlos porque no tienen naturaleza ordinamental, normativa. Característica que si tienen las normas, por supuesto las que tienen fuerza de ley y también las puramente administrativas. Por tanto, también desde la centralidad del interés general como concepto cardinal del Derecho Administrativo se constata la radical diferencia entre acto y norma. Es decir, la determinación concreta del interés general es un cometido propio del espacio de la deliberación pública, del Parlamento esencialmente, que se traduce al mundo de la Administración en virtud de la norma de desarrollo. Y, al espacio de la realidad cotidiana llega a través de los actos que, insisto, son pura materialidad, pura ejecución de normas.

Por todo ello, en modo alguno el acto administrativo puede determinar el interés general *per se*. Su función, y no es poco, es trasladar el interés general concreto a la realidad de la forma más justificada, más motivada posible en función, claro está, de la naturaleza propia de cada acto. Como señala Bassi, siendo la determinación del interés general de competencia de un órgano dotado de función normativa, es cierto que su identificación en el mundo de los hechos es tarea que debe ser realizada por la propia Administración pública[189].

Desde este punto de vista se comprende mejor la función que la Constitución española atribuye a la Administración pública de servicio objetivo al interés general. La Administración, en su actuación ordinaria, no determina el interés general, que es tarea

---

[189] F. BASSI, «Note sulla nozione di interesse pubblico», en: Università di Venezia. *Studi in onore di Feliciano Benvenuti*, vol. I, Modena, 1996, p. 243-247.

propia del órgano de la representación política por excelencia: el Parlamento. La Administración, a través de su potestad normativa, lo que puede hacer, lo que debe hacer, es, en el marco de la ley y del Derecho, completar ese interés general de relevancia legal que solo al legislador compete. La Administración sirve al interés general. Es su grandeza y su servidumbre. Por eso, de acuerdo con estas argumentaciones, la traducción al mundo de lo real, de lo fáctico, de los hechos cotidianos, del interés general es la gran función que solo a la Administración corresponde. Sirve al interés general. Trabaja en el marco del interés general. En el interés general el acto administrativo encuentra su fundamento y su límite.

La potestad normativa es una función normativa secundaria. La primaria está en la Constitución y en las leyes, que por cierto deben estar inspiradas en los valores y principios constitucionales. Las normas administrativas, solo secundariamente determinan intereses generales concretos porque solo pueden completar la determinación del legislador. No tienen capacidad de innovar, de crear intereses generales concretos. Si el legislador guarda silencio o no actúa, todo lo más que pueden hacer, ante la omisión que pueda lesionar derechos e intereses legítimos de personas, es sencillamente normar en el marco del interés general primario. Si los derechos fundamentales son de aplicación directa y preferente, tal omisión debe ser superada para evitar la lesión de valores constitucionales tan relevantes como son los derechos fundamentales de las personas.

Un problema que el profesor Hachem ha estudiado en su tesis de maestría en Derecho del Estado es el de la situación producida cuando la norma se refiere sin más al interés general como concepto legal o como competencia discrecional. En tantas ocasiones la norma hace referencia a «razones de interés general», en «función del interés público», «atendidas circunstancias de interés general»[190]. Expresiones, todas ellas, que parece que permiten a la Administración traspasar sus fronteras naturales y asumir un

---

[190] D. WUNDER HACHEM, *op. cit.*, p. 36.

protagonismo impropio en la materia. Sin embargo, tales términos no quieren decir, ni mucho menos, que la Administración tenga facultades omnímodas para actuar.

En estos casos, la Administración, que dispone de esa habilitación procedente ordinariamente de una norma administrativa, debe actuar en el marco del interés general inscrito tanto en la ley como en el Derecho. En ese contexto puede operar. No puede, es obvio, determinar *ex novo* el interés general. Debe concretar, proyectar el contenido de la ley al caso particular. En todo caso, estando inscrita en la médula del interés general la promoción de la dignidad humana y de los derechos fundamentales, la Administración pública del Estado social y democrático de Derecho debe en su actuación, en virtud también del principio de actuación conforme a la Constitución y a los valores que la caracterizan, estar siempre en disposición de defender, proteger y facilitar el ejercicio de todos los derechos fundamentales de la persona.

La expresión, por ejemplo, «atendidas las razones de interés general» significa que la Administración, así habrá de justificarlo, puede realizar una tarea, si se quiere, de determinación secundaria del interés general al caso concreto. Pongamos un ejemplo. Si una norma permite, en el marco de una reforma agraria, que la Administración pública, atendidas razones de interés general, pueda expropiar con el fin de cumplir los objetivos de la reforma, significa que teniendo en cuenta el interés general de la reforma agraria para repartir mejor las tierras y fomentar su mejor aprovechamiento, podrá, previa justificación de ese objetivo general a la realidad, proceder a iniciar un procedimiento expropiatorio. Es decir, la causa de utilidad pública o interés social, que es el interés general amplio, se proyecta en el caso de una reforma agraria permitiendo a la Administración agraria iniciar procedimientos expropiatorios en los que ese interés general amplio, utilidad pública expresada en la reforma agraria, se concrete en medidas que participan de esa finalidad en el caso concreto.

En el caso de los derechos fundamentales de la persona, que son obviamente interés general amplio, la Administración lo que debe hacer es sencillamente aplicarlos en lo concreto en todas y cada una de sus actuaciones. Es decir, a la hora de actuar la Administración debe plantearse cuál es la mejor forma de defender, proteger y promover los derechos fundamentales en cada caso, y proceder coherentemente.

En materia de actividad administrativa de limitación, antes denominada de policía, la justificación de que la Administración pueda incidir desfavorablemente en la esfera jurídica de los ciudadanos, se refiere, así deberá acreditarse, en que tales decisiones van a posibilitar un mejor, y por más personas, ejercicio de derechos fundamentales, que no es más que el trasunto de la puesta en acto, de la actualización de la dignidad del ser humano. El caso de la reforma agraria, si así se realiza, sirve en este sentido. Como también sirve el caso de la expropiación para la construcción de un colegio o un hospital: en ambos casos se fortalecerá el derecho a la educación o el derecho a la protección de la salud respectivamente.

El profesor Hachem se refiere a este supuesto con la denominación de interés general estricto. En estos casos, el interés general se convierte en presupuesto y base de la actuación administrativa, permitiendo a la Administración hacer prevalecer el interés general, el interés de toda la sociedad incluidos los intereses de los habitantes en cuanto integrante del cuerpo social, sobre un interés específico, sea éste individual o de un colectivo concreto[191]. En el caso de la expropiación, finalmente la decisión concreta, si es correcta, adecuada y proporcional, supone el ejercicio del principio de supremacía del interés general sobre el particular. La expropiación implica la privación de un derecho individual para beneficio de muchos ciudadanos, que tendrán acceso a la tierra y a su aprovechamiento en el marco de una reforma agraria destinada a mejorar la rentabilidad de la tierra y a una mejor distribución de la riqueza agraria, lo que obviamente contribuirá a mejores condiciones de vida para los habitantes.

La característica que mejor define el concepto de interés general es el de su destino a un fin, a un fin que es esencialmente su-

---

[191] D. WUNDER HACHEM, *ibíd.*

praindividual y vinculado siempre a la mejora de las condiciones de vida de los ciudadanos. El interés general primario, en sentido amplio, está orientado a los valores del Estado social y democrático de Derecho, y los derechos fundamentales de la persona son de los más importantes. El interés general en sentido concreto atiende a la proyección de dichos valores, de acuerdo con los procesos de deliberación pública, en sectores de la actividad administrativa normados por leyes y normas. Y el interés general en sentido concreto se materializa en virtud de actos que son pura ejecución de normas en el mundo de los hechos. Por eso, se entiende cabalmente que la efectividad de los derechos sociales fundamentales es una cuestión central del interés general en el Estado social y democrático de Derecho.

Por lo que se refiere al interés general concreto, el principio de finalidad es capital. La Administración, además de aplicar la norma a la realidad, ha de seguir los fines de interés general en la norma y en el Derecho establecidos. Si así no lo hace incurre en desviación de poder, que es causa de anulabilidad de los actos administrativos. En Francia, como es sabido, hasta tal punto es esencial el concepto del interés general, que una ley que no sea conforme al interés general puede ser declarada nada menos que inconstitucional. La Administración no solo aplica mecánicamente las normas a la realidad, ha de hacerlo en función de las exigencias del interés general, que vendrá determinado, en su doble dimensión, en el bloque de la constitucionalidad más la normación administrativa correspondiente.

El elemento teleológico es esencial en el Derecho Administrativo. Hasta tal punto que sin sometimiento al interés general no hay Derecho Administrativo. El interés general, en sí mismo, en un concepto sustancialmente finalista. El interés general, es principio y también es fin. Principio porque es presupuesto de su actuación. Y es fin porque la Administración pública debe tender a satisfacer las exigencias del interés general de manera objetiva tal y como están conformadas en el marco de los valores del Estado social y democrático de Derecho. En este sentido es interesante la opinión del profesor Bandeira de Mello al considerar que el principio de finalidad es inherente al principio de legalidad[192].

Es más, en mi criterio el principio de juricidad, que incorpora, claro está a la legalidad, en su aplicación al Derecho Administrativo debe realizarse al servicio objetivo del interés general. Y ese servicio objetivo al interés general que constituye la esencial tarea de la Administración pública en el Estado social y democrático de Derecho, está vinculado a la Ley y al Derecho, al Ordenamiento jurídico en su conjunto. Por eso, el principio de finalidad es inherente al principio de juricidad y por eso la finalidad es, con toda seguridad, el elemento del acto administrativo por antonomasia. Al menos en un Estado social y democrático de Derecho.

Hasta tal punto el fin tiene relevancia en la teoría del acto administrativo que cuando se dicta un acto contrario al interés público, al interés general, es un acto eminentemente inconstitucional, eminentemente ilegal, por contravenir la misma esencia, el alma, el corazón del Derecho Administrativo, que como hemos señalado reiteradamente en este trabajo sobre la base de la Constitución española de 1978, es el servicio objetivo al interés general. Por eso, en la actual Ley española de régimen jurídico de las Administraciones públicas y del procedimiento administrativo común de 1992, el artículo 62 establece como primera causa de nulidad de los actos administrativos la lesión de los derechos fundamentales de la persona. Porque se entiende que el acto administrativo cumple su finalidad constitucional en la medida en que defiende, protege y promueve los derechos fundamentales de las personas, los individuales y los sociales.

Si la Administración dispone de una facultad discrecional para actuar en el marco del interés general, entonces es obvio que su actuación debe realizarse de acuerdo con el interés general que, no podemos olvidar, tiene dentro de sí dos fauces. Como ya

---

[192] C.A BANDEIRA DE MELLO, «A supremacia do interesse público», en *XI Congresso Paranaense de Direito Administrativo*, Conferência de encerramento proferida em 27/08/2010, Curitiba: Instituto Paranaense de Direito Administrativo, 2010.

sabemos, la dimensión amplia y la concreta del interés general son inseparables, inescindibles. Por eso, en estos supuestos resulta claro que la Administración, al actuar, deberá aplicar los valores del Estado social y democrático de Derecho al caso concreto teniendo presente, de manera integrada, el interés general concreto establecido en la norma. El grado de la motivación en estos casos es más intenso porque cuanta mayor es el margen de discrecionalidad, mayor y más intensa serán las exigencias de motivación y justificación de los actos administrativos dictados en estas condiciones.

En los casos de derechos sociales fundamentales, la discrecionalidad es mínima pues en esta materia la Administración lo que tiene que hacer es aplicarlos sin más. Podrá, en última instancia y como última ratio, dictar normas que puedan, de forma extraordinariamente motivada en lo concreto, limitar derechos sociales fundamentales temporalmente y de forma transitoria, demostrando que cuando pasen esas circunstancias especiales se volverá a aplicar el principio de promoción de los derechos sociales fundamentales. Son casos especiales, como veremos al analizar la cláusula de regresividad y la de progresividad, en los que el mismo servicio objetivo al interés general obliga a actuar de esta manera, lo que es distinto de las consabidas, y lamentablemente de palpitante actualidad, normas que recortan derechos sociales apelando a conceptos tan genéricos como eficiencia, eficacia, ahorro…

En estos casos, como veremos más adelante tratando sobre los principio de progresión de los derechos sociales fundamentales y consiguiente prohibición de regresividad de estos derechos, la clave está en el firme compromiso constitucional de la Administración pública por mejorar las condiciones de vida de los ciudadano. O, lo que es lo mismo, por la progresividad de los derechos sociales fundamentales y por la prohibición de la regresividad en el marco que precisaremos posteriormente.

Tan importante es la finalidad que su conculcación es causa de la emergencia de una institución típica del Derecho Administrativo: la desviación de poder, que de acuerdo con el artículo 70 de la ley de la jurisdicción contencioso administrativa española de 1998 es el ejercicio de potestades administrativas para fines diferentes de los fijados por el Ordenamiento jurídico. En el precepto queda claro que la Administración ha de actuar siempre sometida al interés general pues este el interés general primario y constitucional que vincula el entero quehacer de la Administración pública. Los fines son los determinados por el Ordenamiento jurídico con arreglo a la realidad. Y el Ordenamiento jurídico estable como interés general amplio la consecución de los valores y parámetros propios del Estado social y democrático de Derecho, los derechos fundamentales de la persona entre ellos. La desviación de poder se refiere al ejercicio de potestades al margen del interés general en sentido amplio o desconociendo el interés general concreto. En todo caso, el desvío de poder o desvío de la finalidad atiende esencialmente a la consideración del fin, que es el interés general en su doble naturaleza. En este sentido, la figura en cuestión podría encajar para los supuestos en que la Administración, por acción u omisión, es lo mismo, no actuara, pudiendo, en favor de unas mejores condiciones de ejercicio de los derechos fundamentales de la persona.

En realidad, cuando un Juez o Tribunal administrativo admite o confirma una desviación de poder, está reconociendo que el acto en cuestión ha sido dictado al margen del interés público concreto fijado en la norma del que trae causa dicho acto administrativo. Escrito de otro modo, el acto o la norma se han dictado lesionando el interés general, sea en su dimensión amplia, sea en su dimensión concreta. Esta operación de contraste jurídico que hace el Juez o Tribunal administrativo al analizar si el acto la norma son conforme con el interés general ínsito en la norma (reglamento o Ley según los casos) es la última fase del proceso de definición y aplicación del interés general y en ella debe apreciar el grado de adecuación a la juridicidad y al interés general.

Una cosa es la lesión del derecho fundamental de la persona, que tiene su concreto y específico régimen de protección jurisdiccional en los diferentes Ordenamientos, y otra distinta es una actuación, que sin lesionarlo, no lo haya mejorado. Un caso que se entiende con facilidad lo encontramos en el marco de la protección social de los trabajadores. Ciertamente, una decisión administrativa que pudiendo, porque existen condiciones objetivas para ello, mantenga unos niveles desproporcionadamente cicateros en el salario mínimo interprofesional, podría ponerse en conocimiento del Tribunal Constitucional porque podría mantenerse que si se dan una serie de condiciones objetivas, cuantificables, que pudieran elevar un salario mínimo interprofesional especialmente, debería hacerse. No se trata de una decisión política, se trata de una decisión amparada en los principios de progresividad de los derechos sociales fundamentales. Principios que obligan a los Poderes públicos y que han de aplicarse en el marco de condiciones y parámetros de objetividad pues de lo contrario entraríamos al proceloso mundo de la arbitrariedad.

¿Cuáles son los componentes básicos de la dimensión amplia del interés general? Según las reflexiones del profesor Ost, son los derechos subjetivos y los intereses legítimos, entre los que se encuentran los derechos individuales, derechos colectivos y difusos, los derechos fundamentales de la persona, así como una serie de intereses que encuentran respaldo en el Ordenamiento jurídico como pueden ser la eficiencia y economía en el manejo de los fondos públicos, la transparencia, la publicidad y así como otros tantos[193]. Es decir, la dimensión amplia del interés general está compuesta por los valores y directrices que integran la cláusula del Estado social y democrático de Derecho.

Desde esta perspectiva se comprende mejor el principio de supremacía del interés general sobre el interés particular. En efecto. Si el interés general tiene un obvio acento objetivo, el interés privado, al ser aquel interés pretendido subjetivamente por cualquier persona, queda en una posición moralmente inferior pues desde siempre se ha considerado que el interés general, al afectar a realidades supraindividuales conectadas a los principios básicos del Ordenamiento jurídico, ocupa una posición preferente, de

---

[193] F. OST, «Entre droit et non-droit: l'intérêt. Essai sur les fonctions qu'exerce la notion d'intérêt en droit privé», en: Philippe Gerard, François Ost, Michel Van Der Kerchove (dirs.), *Droit et intérêt*, vol. 2, Bruxelles, 1990, pp. 172-174.

evidente superioridad sobre las pretensiones privadas vinculadas a la propia personalidad, por relevantes que éstas sean o puedan llegar a ser.

La aproximación del profesor Bandeira de Mello a la definición del interés público es bien relevante para comprender mejor la dimensión amplia del interés general. En efecto, según el profesor de la Pontificia Universidad Católica de San Paulo, es aspiración de los ciudadanos, en cuanto integrantes del cuerpo social, que los intereses inscritos en el sistema normativo sean tutelados con independencia de su naturaleza individual, colectiva o difusa[194]. En este sentido, la protección dispensada por el Ordenamiento jurídico al interés general en sentido amplio es de carácter objetivo puesto que es parte integrante de las bases del Estado de Derecho. Tal protección jurídica se realiza a partir de normas jurídicas elaboradas en el marco de la deliberación pública producida en el Parlamento.

El interés general en sentido amplio representa la dimensión pública de los intereses de los ciudadanos que, a mi juicio, no es otro que la defensa, protección y promoción de los derechos fundamentales de la persona. En cualquier caso, la concepción amplia del interés general que manejamos en este trabajo se refiere primordialmente a los valores propios del Estado social y democrático de Derecho. Entre ellos destacan de manera muy especial todos los intereses jurídicamente protegidos así como los intereses de los ciudadanos como miembros del cuerpo social y, sobretodo, los derechos fundamentales de las personas.

La dimensión amplia del interés general, como ya hemos señalado, se integra de forma armónica con la dimensión concreta, que es la proyección de los valores del Estado social y democrático de Derecho sobre la parcela o sector de la actividad administrativa de que se trate. Desde una perspectiva unitaria, el interés general es el interés de todos los ciudadanos como miembros de

[194] C.A BANDEIRA DE MELLO, «A supremacia do interesse público», en: *XI Congresso Paranaense de Direito Administrativo*. Conferência de encerramento proferida em 27/08/2010, Curitiba, Instituto Paranaense de Direito Administrativo, 2010.

la sociedad. Interés que hace referencia obviamente a las necesidades públicas propias de los ciudadanos que viven en sociedad y que tienen derecho a que las Autoridades administren convenientemente el espacio público al servicio objetivo de todos cuantos integran el cuerpo social. Es decir, el interés general primario más relevante reside en que cada persona viva en condiciones de dignidad, condiciones que se pueden ir mejorando partiendo del piso mínimo, del derecho fundamental al mínimo vital, a partir de la promoción de todos y cada uno de los derechos sociales fundamentales.

La fuente primaria del interés general, tanto en sentido amplio como en sentido concreto, la encontramos en las Normas Fundamentales, en las Constituciones del Estado social y democrático de Derecho, en sus principales postulados y valores, todos ellos en torno a la dignidad del ser humano. En segundo lugar, y partiendo de tales postulados y valores, viene el legislador ordinario, que es el encargado de trabajar, con el complemento de la Administración, dictando normas, en el marco de los intereses generales concretos.

En estos supuestos de intereses generales concretos, la norma ordinariamente, además de definirlos, atribuye a un determinado órgano público una serie de competencias para su preservación, promoción y defensa. La traslación a los particulares se hará en virtud de los actos administrativos que, en todo caso, habrán de dictarse en el marco del régimen definido en la ley y en la norma y siguiendo fielmente el interés general en sentido amplio en ellas inscrito. En este sentido, los actos administrativos han de defender, proteger y promover los derechos sociales fundamentales de las personas.

Con un ejemplo probablemente se entiendan mejor las cosas. La Constitución española define como un interés general en sentido amplio la obligación de los Poderes públicos, artículo 47, de promover viviendas dignas y adecuadas para los ciudadanos. Una ley que establece el régimen de las viviendas de protección pública y sus normas administrativas de desarrollo constituyen el interés general en sentido concreto. La Administración, por ejemplo, cuando entrega dichas viviendas según el régimen general establecido en la ley y en la norma administrativa, está proyectando sobre el colectivo de personas de escasos recursos económicos el interés general, tanto en su dimensión amplia como en su aspecto concreto, pues no es posible, en la realidad, separar ambas consideraciones. El ejemplo es válido aunque en puridad, y según la exposición que hacemos en este trabajo, sería mejor referirse al derecho fundamental de la persona a una vivienda digna y adecuada, porque es un derecho social fundamental cuyo régimen de ejercicio más bien debiera colgarse de una ley orgánica pues estamos en presencia de un derecho fundamental.

El hecho, sin embargo, de que la letra de que la Constitución española discurra todavía por una senda superada plantea, además de su reforma, la necesidad, mientras ello no acontezca, de resolver estos temas que afectan de forma tan grave a la dignidad humana a partir de un argumentación racional del Tribunal Constitucional, que parta de los mismos cimientos del Estado social y democrático de Derecho, como se ha hecho en otras latitudes, y permita nuevas doctrinas y nuevas interpretaciones más acordes a los principios del Título preliminar de la Carta magna.

El interés general, en su dimensión concreta, opera como condición necesaria de la actuación administrativa, bien para autorizar, bien para conceder, bien para limitar o prohibir, bien para alterar relaciones jurídicas. La panoplia de posibilidades que integran el concepto de actuación administrativa, todas ellas, traen causa del interés general en su manifestación concreta.

El profesor Hachem, en este sentido, afirma que la dimensión amplia del interés general condiciona o puede condicionar a la Administración pública en sus actuaciones concretas de dos formas. Como concepto legal o como poder discrecional. En el primer supuesto, de manera expresa, en el segundo, de forma implícita[195]. En un caso, se trata de verificar por parte de la Administración o, eventualmente por el Juez administrativo, que en la

---

[195] D. WENDER HACHEM, *Principio constitutional de supremacía do interese publico*, Belo Horizonte, 2011, pp. 162-181.

realidad concreta existe ese interés general, desplegando entonces las consecuencias jurídicas que sea menester. Como poder discrecional, la norma señala que la Administración, atendidas razones de interés general, podrá actuar, por ejemplo, autorizando o concediendo. En este caso, como señalaremos a continuación, la Administración dispone de un mínimo margen de apreciación porque si o si debe defender, proteger, o promover los derechos sociales fundamentales.

Un ejemplo que suele ponerse para ilustrar el concepto legal de interés general, o si se quiere, interés público de acuerdo con las explicaciones antecedentes, es el de la suspensión en vía contenciosa de los actos administrativos. En el régimen español del contencioso administrativo anterior al vigente, el artículo 122 de la ley –de 1956– señalaba que la interposición del recurso contencioso no paralizaba la ejecución del acto, que podrá suspenderse cuando su ejecución ocasiones perjuicios de imposible o difícil reparación. La exposición de motivos de esta ley decía en su preámbulo que en materia de suspensión contenciosa de actos el Tribunal deberá ponderar en que medida el interés público exige o no la ejecución o la suspensión. Esta referencia de la exposición de motivos de la ley jurisdiccional de 1956 es muy importante porque confirma que el meollo de la cuestión no se encuentra en el daño causado por la ejecución del acto al recurrente, ciertamente importante, sino en el grado en el que el interés público exige la ejecución del acto administrativo. En este caso, pues, el Tribunal de la jurisdicción contencioso administrativa lo que ha de hacer es analizar jurídicamente si en el caso sometido a su consideración el interés general en presencia aconseja o no la ejecución del acto.

Si estamos en caso de un acto administrativo de protección de la salud, habrá que dilucidar jurídicamente si en ese supuesto la protección de la salud es argumento suficiente para permitir que una determinada actuación administrativa despliegue su ejecutividad y su ejecutoriedad o si, como ahora prevé el legislador de 1998, lo que procede es evitar que el recurso pierda su finalidad legítima.

La existencia de un derecho fundamental a la buena Administración pública se extiende, a mi juicio, además de al derecho a la tutela efectiva administrativa, al derecho a una resolución justa de la Administración, resolución que, obviamente, podrá ser recurrida ante el Poder judicial. En este sentido, la discrecionalidad se ordena a que la Administración adopte, en cada caso, la solución justa, la que sea más atinada al interés general, tanto en su dimensión amplia (dignidad humana) como en su expresión concreta (adecuación al interés general puntual). A esta solución llega el profesor Gabardo desde el principio de eficiencia. Principio que postula, a su juicio, que la Administración, en cada caso, a pesar de disponer de una expresa atribución de discrecionalidad, está obligada la mejor opción de las posibles, la más eficiente, que evidentemente en materia de derechos sociales fundamentales solo puede ser la que mejor defienda, proteja o promueva tales derechos[196].

La discrecionalidad administrativa, desde este punto de vista, debe ser replanteada. No para excluirla del sistema administrativo como algunos postulan por ser, dicen, la causa inmediata de la corrupción. Más bien, se trata de evitar esa peculiar forma de entender esta categoría jurídica al servicio de soluciones previas, preconcebidas, a las que después no hay más que revestir de la formalidad que sea menester. El juicio de discrecionalidad es un juicio que debe hacer la Administración en el marco constitucional, y el marco constitucional le impone servir con objetividad el interés general y actuar con sometimiento a la Ley y al Derecho, con especial cuidado por defender, proteger y promover los derechos fundamentales de la persona.

Es decir, la Administración en estos casos debe buscar la solución más objetiva, que será la que mejor atienda las exigencias de la justicia, las exigencias de la defensa, protección y promoción de la dignidad del ser humano. Debe pronunciarse sobre la más justa y más adecuada al interés general, que será, insisto, la que

---

[196] E. GABARDO, *Interesse público e subsidiariedade: o Estado e a sociedade civil para além do bem e do mal*, Belo Horizonte, 2009, p. 305.

mejor defienda, proteja y promueva los derechos fundamentales de la persona. Por eso, en la motivación del ejercicio de poderes discrecionales el Juez deberá controlar en qué medida el juicio volitivo de la Administración se realiza en estos términos. Ello supone que la argumentación sobre la decisión adoptada debe ser la más justa y la más adecuada al interés general en los términos señalados.

La exigencia de que el interés general en el Estado social y democrático de Derecho se concrete en la realidad supone, como estamos razonando, que sobre la Administración pública recaiga la carga, la obligación de motivar, de alegar y probar en cada caso la específica causa del interés general sin que sea suficiente invocar genéricamente su posición de gestor ordinaria de los asuntos comunes.

Esta obligación que grava sobre la Administración pública se explica de una manera muy sencilla. La Administración actúa, unilateral y bilateralmente, a través de actos y contratos que traen causa en las normas administrativas que son dictados en el marco constitucional. Esa actuación en algunos casos requiere del ejercicio de poderes y potestades atribuidos por el Ordenamiento jurídico en sentido amplio. Esos poderes y potestades deben estar justificados, motivados, razonados de acuerdo con la dimensión concreta del interés general. Es más, en estos supuestos en que la Administración actúa en régimen de exorbitancia es menester que el interés general concreto en que se amparan esos poderes o potestades se argumente, desde las normas de aplicación, sobre la realidad y de acuerdo con la razón.

Es decir, cuando la Administración va a expropiar un bien privado debe exponer las razones de utilidad pública o interés social que concurren en el caso. Y esa motivación podrá ser considerada insuficiente o inadecuada por un Tribunal o Juez administrativo si jurídicamente esas explicaciones son endebles, débiles o no son proporcionadas a la magnitud e intensidad de la potestad a ejercer por la propia Administración.

La cuestión de la motivación del acto administrativo, que tratamos en este trabajo desde la perspectiva del interés general, es consecuencia de la obligación de rendición de cuentas que pesa sobre una Administración democrática. Hasta tal punto esto es así que se puede afirmar, sin empacho alguno, que una Administración pública será tanto más democrática cuanto más y mejor motive los actos administrativos dictados en el marco de potestades discrecionales. Potestades que en el marco de los derechos fundamentales solo tienen una dirección posible: su defensa, protección y promoción, siendo nulos de pleno de derecho si se separan o lesionan tales principios.

Ciertamente, esta consideración acerca de la obligación de motivar en cada caso la existencia del interés general legitimador de su actividad es trasunto de la titularidad de la soberanía que al pueblo, en su conjunto e individualmente considerado, corresponde. El pueblo es el titular de la soberanía, del poder público. Los funcionarios y autoridades lo que hacen, y no es poco, es administrar y gestionar asuntos que son de titularidad ciudadana en nombre del pueblo de forma temporal explicando periódicamente a los ciudadanos la forma en que se ejercen dichas potestades.

La motivación es de tal relevancia en esta materia de los derechos sociales fundamentales, que cuando se pretende dictar una norma o aprobar una Ley que restrinja o limite los derechos sociales fundamentales, el razonamiento de tal pretensión, que debe ser muy estricto, corre de cuenta, como más adelante comentaremos, del autor de la norma o de la Ley en cuestión.

La motivación de las normas y actos del Poder ejecutivo es un tema de palpitante y rabiosa actualidad que explica hasta qué punto la crisis por la que atravesamos trae también causa, y de qué manera, del proceso de apropiación del poder en que han incurrido deliberadamente los políticos y altos funcionarios en términos generales. Con una sagacidad e inteligencia dignas de encomio, y gracias al consumismo insolidario imperante, se ha convencido a no pocos sectores de la población de que para los asuntos del interés general debían confiar en los dirigentes públicos, que saben muy bien lo que deben hacer. Incluso se ha intentado, a veces con notable éxito, presentar a la ciudadanía, desde la tecnoestructura, argumentos y razones para justificar tal posición tiñéndola a veces de caracteres pseudocientíficos. Las consecuencias de este modo de proceder a la vista de todos están: politización de la Administración pública, conversión del interés general el interés o intereses particulares o individuales. Y, lo más grave, desnaturalización de la democracia que está dejando de ser el gobierno del pueblo, por y para el pueblo

Por eso el tema del interés general es de crucial importancia para el Derecho Administrativo y, sobre todo, para la revitalización de los postulados del Estado social y democrático de Derecho. Porque está en juego nada y nada menos que la vuelta al Estado absoluto, al autoritarismo, a la consideración unilateral del interés general al margen de la razón humana.

El interés general, ya lo hemos explicado, tiene dos dimensiones, una amplia y otra concreta. En la dimensión amplia dispone de un protagonismo especial uno de los principales postulados del Estado social y democrático de Derecho: los derechos fundamentales de la persona. En efecto, Meilán Gil afirma que en la delimitación conceptual del interés general existe un núcleo irreductible que tiene en los derechos fundamentales de la persona su sustancia permanente[197]. Esto es así, me parece, porque la dimensión amplia del interés general asegura en todo momento que la dimensión concreta, que puede variar como consecuencia del dinamismo social y de los legítimos cambios en el poder político, en ningún momento pueden desconocer la esencia y el alma del interés general, que es la centralidad que tiene para todo el Derecho la dignidad del ser humano y los derechos que le son inherentes.

La importancia del interés general es tal en nuestra disciplina que un profesor argentino, Escola, escribió en 1989 una mono-

---

[197] *Vid.* J.L. MEILÁN GIL, «Intereses generales e interés público desde la perspectiva del Derecho Público Español», *A&C – Revista de Direito Administrativo & Constitucional*, nº 40, Belo Horizonte: Fórum, abr./jun. 2010, pp. 171-198 y, del mismo autor, J.L. MEILÁN GIL, «O interesse público e o Direito Administrativo global», en: Romeu Felipe Bacellar Filho; Guilherme Amintas Pazinato da Silva (coords.), *Direito Administrativo e Integração Regional:* Anais do V Congreso de Direito Público do Mercosul e do X Congreso Paranaense de Direito Administrativo, Belo Horizonte, 2010, pp. 101-104.

grafía muy elocuente a los efectos de este trabajo: El interés público como fundamento del Derecho Administrativo. En su obra Escola enseña que este concepto es la piedra angular sobre la que descansa el Derecho Administrativo[198]. Más en concreto afirma que toda la actividad administrativa está dirigida al logro y satisfacción de fines que se califican como de interés general. Por tanto, la referencia finalista de la Administración pública parece ser la más relevante en orden a buscar un concepto clave que permita explicar cabalmente el sentido y funcionalidad del Derecho Administrativo.

La centralidad que tiene para el Derecho Administrativo la sujeción de la actividad administrativa al interés general se erige en la principal nota distintiva de esta rama del Derecho Público. Cuestión que plantea también otro problema de este tiempo: la huida del Derecho Administrativo. Fenómeno que se puso de moda en la década de los años ochenta y noventa del siglo pasado como consecuencia de la búsqueda unilateral de eficiencia en el funcionamiento de las Administraciones públicas. Por entonces se pensó que la eficiencia y la eficacia solo podrían alcanzarse sometiendo al Derecho Privado a un conjunto de agencias y entes que se fueron creando junto a la Administración tradicional. En términos generales, tal experiencia, salvo casos puntuales, demostró que la huida no fue solo del Derecho Administrativo sino del Derecho mismo, llegándose a elevadas cotas de corrupción precisamente por absolutizar los objetivos frente a la legalidad y al servicio objetivo en que consiste esencialmente la Administración como parte integrante del Poder ejecutivo.

Para el profesor Escola el Derecho Administrativo está estructurado para posibilitar, facilitar y asegurar que la Administración pública se conforme como un órgano o un complejo de órganos y entes, los más aptos y eficaces posibles, que desarrollen una actividad tendente a que la Administración alcance y cumpla los fines

---

[198] H. ESCOLA, *El interés público como fundamento del derecho administrativo*, Buenos Aires, 1989.

que le han sido asignados, los cuales son externos a ese Derecho, y se entroncan con las finalidades propias del mismo Estado[199].

El interés general entronca, como es lógico, con los fines del Estado, que en el modelo social y democrático de Derecho supone la defensa, protección y promoción de los derechos fundamentales de la persona y de los grupos en que se integran, removiendo los obstáculos que impidan su realización efectiva. El interés general como tarea positiva y como tarea negativa. Positiva facilitando, haciendo posible, creando las condiciones favorables para que la libertad solidaria sea real y efectiva. Y negativa removiendo los obstáculos que impidan o dificulten la realización de estos valores capitales de la democracia.

En este sentido, podemos entender mejor la aproximación a la función administrativa que, como es lógico, o se orienta al interés general o no es tal. Para este profesor argentino la función administrativa se nos presenta como una actividad inmediata y directa, concreta, continuada, espontánea, permanente, práctica, consistente en una actividad que procura la satisfacción de los intereses de la comunidad y de los individuos que la integran[200]. En esta caracterización de la función administrativa llama la atención su cercanía con la concepción del servicio público y, sobre todo, y a los efectos de este trabajo, su entendimiento del interés público que, dicho sea de paso, podría asimilarse al concepto de interés general que manejamos en este trabajo. En efecto, el interés general es el interés de la sociedad, de la comunidad, de todos y cada uno de los ciudadanos como miembros de la entera sociedad en la medida en que esté orientado a la defensa, protección y promoción de los derechos fundamentales de la persona.

La determinación de las finalidades de la Administración pública no corresponde al Derecho Administrativo efectuarlas puesto que, como hemos indicado al tratar de la dimensión amplia del interés general, se realiza en el marco de la deliberación pública y de sus normas de desarrollo. Es decir, el legislador y la norma-

[199] H. ESCOLA, *op. cit.*, pp. 1-15.
[200] H. ESCOLA, *op. cit.*, pp. 15-33.

ción administrativa de desarrollo son las principales fuentes del interés general. A partir de ellos, la Administración a través de su actividad proyecta el interés general a la realidad, a la cotidianeidad. A esta consideración debemos añadir que la normación y legislación administrativa han de estar engarzadas en el marco constitucional, especialmente en los valores y principios que presiden el Estado social y democrático de Derecho, entre los que se encuentran la defensa, protección y promoción de los derechos fundamentales de la persona.

Definido el interés general en la ley esencialmente, que ha de mirar continuamente a los vectores esenciales del Estado social y democrático de Derecho, a los juristas del Derecho del Estado corresponde, como dice Escola, el importantísimo papel de encontrar y perfeccionar las soluciones técnicas más aptas para alcanzar dichas finalidades, elaborando un nuevo Derecho Administrativo que como orden instrumental sirva para arribar, pacíficamente y sin sobresaltos, a dichos objetivos[201]. Esta opinión del profesor argentino me recuerda esa vieja idea, ahora resulta que moderna, de que el Derecho Administrativo tiene mucho que ver con la mejor regulación del interés general. Es cierto, a la Administración, y por ende al Derecho Administrativo corresponde regular de la mejor forma posible los asuntos comunes, los que corresponden al interés general desde la racionalidad y con arreglo a la justicia, que en todo caso, en el Estado social y democrático de Derecho, deben orientarse a la defensa, protección y promoción de los derechos fundamentales, que tanto son de orden individual como social.

El interés general, a mi juicio, está vinculado a la razón y a la justicia. A la razón porque el sistema del Derecho Administrativo moderno, el que surge del Estado de Derecho es en sí mismo un monumento a la racionalidad, a la civilidad. Y a la justicia porque ésta es inherente a cualquier rama del Derecho pues el Derecho, en sí mismo, es, debe ser, la expresión y realización de la justicia. Por eso las instituciones, las categorías y los conceptos de nuestra dis-

---

[201] H. ESCOLA, *ibíd.*

ciplina deben atender a la razón, a la justicia y muy especialmente al desarrollo y promoción de la liberta solidaria de los ciudadanos. Tenemos, por tanto tres conceptos que están indisolublemente unidos en la que hemos denominado versión amplia del interés general: razón, justicia y derechos fundamentales de la persona.

Desde esta perspectiva se entiende cabalmente el carácter instrumental del Derecho Administrativo y de la misma Administración en orden a la satisfacción de las finalidades de interés general, alcanzando, dice el profesor argentino, las necesidades de la comunidad y de los individuos que la integran– en cuanto miembros de la sociedad, no de forma individual añadimos nosotros– y, por ello, el bienestar general que es sustento de nuestras libertades y derechos, oponiendo vallas eficaces a un intervencionismo estatal que si se reconoce necesario solo resulta admisible cuando concurre al logro de ese bienestar social[202]. Ciertamente, la idea y el concepto del interés general han sido subrayados convenientemente a partir de la emergencia del modelo del llamado Estado de bienestar, puesto que, efectivamente, este modelo, en su versión dinámica y abierta, está convocado a promover la libertad solidaria de la persona. Sin embargo, la amarga realidad europea de este tiempo demuestra la profunda injusticia que trae consigo, sobre todo para tantos millones de ciudadanos, el manejo unilateral, estático y clientelar del interés general por quienes son, nada más y nada menos, sus depositarios y administradores.

Por tanto, como hemos comentado en varias ocasiones, el interés general, confirma Escola, no es la suma de una mayoría de intereses individuales coincidentes, personales, directos, actuales o eventuales, sino también el resultado de un interés emergente de la existencia de la vida en comunidad, en la cual la mayoría de los ciudadanos reconocen también, un interés propio y directo[203].

En efecto, la vida en comunidad requiere que las necesidades generales de los ciudadanos estén cubiertas de la mejor forma posible, según las mejores técnicas disponibles. La educación, la

---

[202] H. ESCOLA, *ibíd*.
[203] H. ESCOLA, *ibíd*.

vivienda, la educación, son, qué duda cabe, derechos fundamentales de las personas para su desarrollo y la libertad solidaria, que las Administraciones han de atender desde el servicio objetivo al interés general. Eso quiere decir que es menester garantizar determinadas exigencias mínimas que afectan indeleblemente al libre y solidario desarrollo de los habitantes.

Es decir, el denominado mínimo vital preciso para una existencia digna debe ser garantizado porque es un elemental derecho fundamental de la persona, como apunta la profesora Macedo Ferrari[204]. Las necesidades de la colectividad, de la comunidad, por tanto, gestionadas desde los parámetros del Estado social y democrático de Derecho, conforman el contenido fundamental del interés general que no puede olvidar que existe también en su seno un mínimo indisponible o núcleo irreductible que se corresponde con el carácter finalista, no medial, que tiene la dignidad del ser humano en la democracia.

Subrayar lo que afecta a la vida comunitaria de las personas, una vez extraído el ámbito de lo estrictamente individual, se corresponde esencialmente con lo que es en cada momento el interés general, que de ninguna de las maneras puede teñirse, como hoy acontece en algunas latitudes, de determinados intereses particulares.

La centralidad del interés público, del interés general en nuestra comprensión, lleva al profesor argentino a replantear la definición del Derecho Administrativo que, ahora, al bascular sobre este concepto, es, según sus palabras, el complejo de principios y normas de Derecho Público interno que regula organización y funcionamiento de la Administración pública, directa o indirecta, las relaciones de ésta con los administrados y la de los distintos órganos y entes entre sí, a fin de que se logren y satisfagan las finalidades de interés público hacia las que debe tender toda la actividad

[204] R.M. MACEDO FERRARI, «Reserva do possível, direitos fundamentais sociais e a supremacia do interesse público», en: Romeu Felipe Bacellar Filho; Daniel Wunder Hachem (coords.), *Direito Administrativo e Interesse Público*, Estudos em homenagem ao Professor Celso Antônio Bandeira de Mello, Belo Horizonte, 2010, pp. 267-305.

de la Administración pública[205]. Es una definición, desde luego, completa y a la altura del tiempo en el que estamos, aunque reduce el Derecho Administrativo a un fenómeno interno, sin referirse a algo que hoy es una realidad que demanda la juridificación máxima: la globalización. Atina Escola cuando habla de normas y principios porque la Administración está sometida, efectivamente, como reconoce la propia Constitución española, a la Ley y al Derecho. Regula efectivamente las relaciones entre ciudadanos y poder público y entre los diferentes entes y organismos entre sí. Eso sí, en ambos casos, garantizando que se logren las finalidades de interés general ínsitas en los valores del Estado social y democrático de Derecho en el quehacer sectorial administrativo.

La centralidad del interés general en el proceso de la definición del Derecho Administrativo subraya, pues, el elemento teleológico, finalista, de la Administración y pone en primer plano la cuestión, ya aludida, del control jurídico de los fines a los que está sometida la Actuación pública como parte integrante de la función que corresponde, al menos en el Ordenamiento jurídico español, a la jurisdicción contencioso administrativa. De acuerdo con esta perspectiva, toda la actividad administrativa: limitación o policía, fomento y servicio público esencialmente, se justifican y se explican en la medida en que, efectivamente, sirvan objetivamente al interés general. En el caso del fomento y el servicio público se comprende con facilidad que esto sea así. Pero incluso en el caso de la policía administrativa, de acuerdo con el espíritu y la letra del artículo 104 de nuestra Constitución de 1978, la función de limitación y restricción de derechos y libertades, cuando se produce, está orientada a un mejor y más completo ejercicio de los derechos y libertades por la mayoría de los ciudadanos.

En palabras de Escola, cuando el Derecho Administrativo limita y constriñe, lo hace para asegurar y posibilitar el interés propio de cada uno de nosotros, como individuos y como componentes de una comunidad, y sirve para fundar un sistema protector de nuestras libertades y derechos contra los posibles avances

[205] H. ESCOLA, *op. cit.*, pp. 33-49.

injustificados de un poder público concebido para preservarlos, no para desconocerlos[206]. De acuerdo con el artículo 9.2 de la Constitución española, los Poderes públicos deben promover los derechos y libertades y remover los obstáculos que impidan su realización efectiva. Es decir, la Administración existe y se justifica en el Estado social y democrático de Derecho como una organización profesional de servicio objetivo al interés general, no de lesión, laminación o conculcación de derechos o posiciones jurídicas de ciudadanos que no comulgan o comparten los objetivos políticos del gobierno de turno.

Esta visión del Derecho Administrativo sólidamente afincada en el interés general, permite, incluso, recuperar la primacía del ser humano y de sus derechos inalienables como tarea esencial de la Administración pública. En efecto, colocando en el centro del Derecho Administrativo los valores del Estado social y democrático de Derecho que pivotan sobre la capitalidad del ser humano, el destino del Derecho Administrativo hacia la libertad solidaria es, además de una tendencia irrenunciable, una exigencia ciudadana que debe tener consecuencias jurídicas concretas en relación, por ejemplo, con la calidad, universalidad y asequibilidad de los bienes y servicios de responsabilidad pública.

El poder público, desde la capitalidad del interés general, se dirige, pues a promover las libertades de los ciudadanos en cuento miembros de la comunidad y a remover los obstáculos que impidan su realización efectiva. Desde esta perspectiva, poco a poco se van eliminando los resabios y reminiscencias de una versión del Derecho Administrativo deudor de posiciones privatistas poco acordes con el primado del interés general. Por ejemplo, la noción de la responsabilidad extracontractual de la Administración pública no se puede hacer pivotar únicamente sobre el hecho de que haya un patrimonio que no tenga la obligación jurídica de soportar un determinado daño. Del mismo modo, la suspensión del acto administrativo tampoco se puede construir exclusivamente sobre los daños causados por la ejecución del acto.

---

[206] H. ESCOLA, *ibíd.*

En ambos casos, la consideración fundamental del interés general aconseja soluciones distintas, más equilibradas, más razonables, en las que el Juez o Tribunal administrativo en última instancia, como señala el artículo 106 de la Constitución española. Puede, y debe, controlar jurídicamente el sometimiento de toda actividad administrativa a los fines de interés general que fundan el entero quehacer del aparato público.

Escola nos ha recordado algo muy sabido y explicado desde el principio, que desde el punto de vista etimológico administrar hace referencia al manejo, gobierno o dirección de un interés encaminado a un fin. Toda Administración está vinculada a fines. Se administra para. Si este pensamiento lo trasladamos al Derecho Administrativo, más propiamente a la Administración pública, entonces su actividad está ordenada a la satisfacción de fines de interés general, a la consecución de los fines del Estado. Es decir, la Administración está vinculada por el interés general. En concreto, es el servicio objetivo al interés general como dice la Constitución española el objeto esencial de la Administración pública. Las exigencias del interés general según Escola se derivan de las normas jurídicas, leyes y normas administrativas fundamentalmente[207]. Pero también de principios y criterios propios del Estado social y democrático de Derecho como pueden ser el principio de racionalidad, de interdicción de la arbitrariedad, de confianza legítima o, entre otros, de seguridad jurídica.

La desviación de poder es la institución del Derecho Administrativo que garantiza que el quehacer administrativo discurra siempre por los derroteros del interés general. En caso de que los derechos de los ciudadanos deban ser sacrificados en aras del interés general, caso de la expropiación forzosa por ejemplo, tal operación, señala el profesor argentino, es posible bajo la condición de que los particulares en estos casos reciban la correspondiente indemnización de manera que se garantice el principio de equilibrio patrimonial. La preferencia o supremacía del interés general sobre el particular se justifica por razones de preservación de ne-

---

[207] H. ESCOLA, *op. cit.*, pp. 15-33.

cesidades colectivas y tiene, como veremos más adelante, algunos límites que condicionan su proyección sobre la realidad.

Cuando Escola trata de la actividad administrativa la califica con las siguientes propiedades. Es una función del Estado, es concreta, procura la satisfacción directa de las necesidades de la colectividad y, con ello, las de las personas que la componen, está bajo la égida del orden jurídico, es una actividad práctica y continuada, subordinada y esencialmente teleológica[208]. Es decir, está ordenada per se a alcanzar una finalidad y un objetico: el interés general, que el profesor argentino denomina fin superior del Estado. Fin superior del Estado que reside una manera bien clara en la defensa, protección y promoción de los derechos fundamentales de las personas.

El interés general está ínsito en la misma actividad administrativa, porque es su causa y su fin. La Administración existe y se justifica constitucionalmente en la medida en que su actuación se ordena al servicio objetivo del interés general. Un interés general que tiene una dimensión amplia y un aspecto concreto armoniosamente sincronizados. Algunos autores, como el profesor argentino, atienden más a la dimensión concreta al caracterizar ese quehacer del Estado como una actividad práctica, continuada, sometida al Ordenamiento jurídico en su conjunto, subordinada al Poder ejecutivo y esencialmente destinada al interés general. La dimensión teleológica, finalista, del Derecho Administrativo, al menos en el marco del Estado social y democrático de Derecho, asume así un liderazgo en el que la dimensión objetiva, subjetiva y mixta tienen su papel y su influencia.

El interés público según Escola es un elemento constitutivo de la noción de Administración pública[209]. Las necesidades y fines a que está ordenada la Administración pública están conectadas, es obvio, a la satisfacción del interés general. En cambio, cuando el interés general no es causa y fin de la actividad administrativa, tal quehacer está carente de legitimidad, es inconveniente, y los poderes y potestades que se ejercen de esta forma lesionan gra-

[208] H. ESCOLA, *op. cit.*, pp. 49-63.
[209] H. ESCOLA, *ibíd.*

vemente el interés general. Escola señala atinadamente, en este sentido, que la sociedad, la comunidad, la colectividad, no existen para el Estado o para la Administración pública. Más bien, el Estado y la Administración pública existen y tienen su razón de ser en la media en que a su través de se mejoran permanentemente las condiciones de vida de los ciudadanos consecuencia de la defensa, protección y promoción de los derechos fundamentales de la persona que deben presidir el entero quehacer administrativo en todas sus dimensiones.

La persona, el ciudadano, no existen para la Administración. La Administración existe y se justifica constitucionalmente en la medida en que a través de su actividad se mejoran las condiciones de vida de los habitantes de forma que puedan ejercer la libertad solidariamente consecuencia de la asunción de la esencia de la función administrativa en el Estado social y democrático de Derecho: la defensa, protección y promoción de los derechos fundamentales de la persona.

Los poderes y potestades están destinados al bienestar general de todos los ciudadanos, concepto que lleva implícito el bienestar de cada uno de nosotros, nuestra real y efectiva felicidad y realización como individuos y que en opinión de este profesor argentino, no puede existir sin unión nacional, sin justicia, sin paz interior, y sin el imperio del Derecho. No es, ni mucho menos, una fórmula vacía que se baste por sí misma, sino condición que nos asegura los beneficios de la libertad solidaria y que a través de ella nos permite alcanzar nuestra plena perfección. Idea que implica, me parece, asumir que el entero quehacer del Gobierno y la Administración pública debe estar vinculado a la defensa, protección y promoción de los derechos fundamentales de la persona.

En fin, la cuestión del interés general en el Estado social y democrático es que su definición y aplicación por parte del Estado, sino cuenta con la participación ciudadana, puede ir poco a poco horadando la iniciativa y la responsabilidad de las personas hasta convertirlas en marionetas a merced de los que mandan. Es célebre, en este sentido, la paradoja de Ripert, aludida por Escola, cuando señala, nada menos que en 1949, que el ser humano permanece doblegado para ser protegido y sueña sin cesar con la desobediencia, que podría ser más conveniente que la servidumbre. Este es el gran drama de nuestro tiempo que la crisis económica y financiera ha venido a agudizar: muchos ciudadanos buscan sin cesar el cobijo del Estado sin caer en la cuenta de que, realmente, el grado de dependencia en que se van a encontrar será creciente.

El interés general rectamente entendido en el marco del Estado social y democrático de Derecho, sin embargo, no postula, ni mucho menos que la intervención del Estado facilite ese grado de servidumbre. Por el contrario, la acción pública debe ir dirigida a fomentar la libertad solidaria de los ciudadanos o, lo que es lo mismo, la defensa, protección y promoción de los derechos fundamentales de la persona. Es verdad, quien podrá negarlo, que el Estado tiene una finalidad que cumplir. Pero el modo en que el Estado satisface y sirve objetivamente al interés general no le legitima ni le habilita a enjaular cada vez más a los ciudadanos, hasta convertirlos en sujetos inertes, meros recipiendarios de bienes y servicios públicos. La acción del Estado más bien debe ir orientada a incentivar, facilitar, promover, hacer posible que cada ser humano se desarrolle en libertad solidaria según su proyecto vital. Es decir, a actuar, siempre y en todo, para defender, proteger y promover los derechos fundamentales de la persona.

Por eso, en un estudio sobre Derecho Administrativo y Derechos Sociales Fundamentales es pertinente una glosa sobre el concepto del interés general pues nos ayuda sobremanera a situarnos en una cuestión básica para comprender los derroteros por los que hoy ha de transitar esta rama del Derecho Público que es el Derecho Administrativo.

LOS PRINCIPIOS RECTORES
DE LA POLÍTICA SOCIAL Y ECONÓMICA

Los Principios rectores de la política social y económica dan nombre al título del capítulo tercero de la Constitución española de 1978, y siguen, como ya hemos señalado, la orientación alemana, pues ni conforman auténticos derechos fundamentales sociales, ni si quiera derechos sociales exigibles en sí mismos. Todo lo más, «aunque deben orientar la acción de los Poderes públicos, no generan por sí mismos derechos judicialmente actuables»[210], constituyen «criterios para resolver la constitucionalidad de una acción positiva del legislador»[211], «conducen a la intervención del Estado para hacerlos efectivos, a la vez que dotan de una trascendencia social al ejercicio de sus derechos por los ciudadanos –especialmente de los de contenido patrimonial como el derecho de propiedad– y al cumplimiento de determinados deberes –como los tributarios–»[212], «enuncian proposiciones vinculantes en los términos que se desprenden de los artículos 9 y 53 de la Constitución: dejan al legislador un margen muy amplio»[213], «son normas que deben informar la legislación positiva y la práctica judicial»[214].

---

[210] Sentencia del Tribunal Constitucional Español 36/1991 de 14 de febrero de 1991.
[211] Sentencia del Tribunal Constitucional Español 45/1989 de 20 de febrero de 1989.
[212] Sentencia del Tribunal Constitucional Español 26/1992 de 5 de marzo.
[213] Sentencia del Tribunal Constitucional Español 247/2007 de 12 de diciembre.
[214] *Ibíd.*

Los Principios rectores de la política social y económica, como también ha precisado el Tribunal Constitucional del Reino de España, son de naturaleza muy diversa, carecen de las notas de aplicabilidad y justiciabilidad inmediatas que caracterizan a los derechos fundamentales de la persona y tienen un valor constitucional respecto de todos los Poderes públicos sin distinción, orientando sus respectivas actuaciones[215]. En todo caso, «no cabe considerarlos como normas sin contenido ya que es obligado tenerlos presentes en la interpretación tanto de las restantes normas constitucionales como de las leyes»[216].

La doctrina del Tribunal Constitucional español es bien clara acerca del carácter de tales Principios: son de naturaleza diversa, informan la legislación, la actuación de la Administración pública así como la jurisdiccional, no generan derechos exigibles ni por tanto disponen de las notas de aplicabilidad y justiciabilidad inmediata, aunque tampoco son normas sin contenido. De la sentencia de 7 de febrero de 1984, una de las mejores sentencias que ha dictado el Tribunal Constitucional español, se deduce, sin embargo, que el Estado debe hacerlos efectivos y que tales principios impregnan de contenido social los derechos y los deberes de los ciudadanos.

En el marco de los Principios rectores de la política social y económica hay normas de muy diversa naturaleza. Efectivamente, hay principios que deben orientar la acción de los Poderes del Estado, y hay, derechos que tienen la caracterización jurídica que les ha dado el Tribunal Constitucional. También, es obvio, faltan los derechos fundamentales sociales, que deberían ubicarse en el capítulo y sección correspondiente a los derechos fundamentales

---

[215] Sentencia del Tribunal Constitucional Español 19/1982 de 5 de mayo. En el mismo sentido la sentencia del Tribunal Constitucional 36/1991 de 14 de febrero.
[216] Sentencia del Tribunal Constitucional Español 95/2000 de 10 de abril. En la sentencia del Tribunal Constitucional Español 95/2000 de 10 de abril se señala que «una resolución judicial que desconoce la orientación que debió tener la aplicación de la legalidad acentúa la falta de justificación y de razonabilidad de la resolución impugnada». Se trata de la denegación de asistencia sanitaria a una ciudadana rumana que convivía con un español. En el mismo sentido la sentencia del Tribunal Constitucional 154/2006 de 22 de mayo.

de la persona pues, como hemos señalado ya, esta categoría es una, multifuncional, pero única y con un solo régimen jurídico.

Es verdad que el entendimiento y sentido que tiene este capítulo de la Constitución española es probablemente el que cabía esperar del momento en que se promulga nuestra Carta Magna, habida cuenta, sobre todo, de la influencia que en ella tuvo la Ley Fundamental de Bonn que, como sabemos, tampoco dota de aplicabilidad y justiciabilidad inmediata a los derechos sociales fundamentales. Sin embargo, a día de hoy tal capítulo se ha quedado obsoleto y, mientras no se reforme, debería procederse por el Tribunal Constitucional a una labor de interpretación que rescatara, a partir de una rigurosa operación de argumentación y ponderación sobre los principios esenciales del Estado social y democrático de Derecho, como ha hecho su homónimo alemán, los derechos sociales fundamentales, que son derechos fundamentales de la persona, inherentes a la condición humana.

La evolución del Estado social, el colapso de la dimensión estática del Estado de bienestar, y la profunda crisis que vive en este tiempo el constitucionalismo europeo, junto a la colosal crisis económica y social que se ha instalado entre nosotros en estos años, aconsejan, a mi juicio, dar un paso adelante y pensar en la existencia de genuinos derechos fundamentales de la persona que requieren acciones positivas de los Poderes públicos para su realización.

A pesar de la interpretación del Tribunal Constitucional en su conjunto hay que subrayar que estos Principios no son normas sin contenido y sobre todo, como establece la sentencia quizás más importante en la materia, que es la 18/1984 de 7 de febrero, glosada en diversos pasajes de este trabajo, afirmar que la funcionalidad de estos principios conduce a la intervención del Estado para hacerlos efectivos. Es decir, el Estado en su quehacer debe buscar la forma concreta en que tales Principios sean efectivos y reales, pues el artículo 9.2 constitucional no se limita a señalar la conveniencia de que el Estado facilite las condiciones para que se pueda realizar la libertad y la igualdad, o la libertad solidaria, sino que manda a los Poderes públicos que la libertad y la igualdad de las personas y de los grupos en que se integran sea real y efectiva. Y, probablemente, la forma más coherente con el modelo del Estado social y democrático de Derecho, sea precisamente la de instaurar o alumbrar genuinos derechos fundamentales sociales que en este tiempo permitan mantener, contra viento y marea, los postulados elementales de este modelo de Estado, desnaturalizado por no haber empalmado bien la juridicidad administrativa en la supremacía de la Constitución y sus valores fundamentales.

La libertad en su sentido más individualista está reconocida como derecho fundamental en la Constitución. La igualdad no, pues formalmente no se encuentra en la sección segunda del capítulo primero de nuestra Constitución. Sin embargo, insisto, la letra del artículo 9.2 es bien clara y dice lo que dice. Además, la acción de los Poderes públicos no solo va dirigida propiciar la efectividad de la libertad y la igualdad de personas y grupos en que se integran, se dirige también, como ya sabemos, a eliminar y remover los impedimentos para que la libertad y la igualdad sean efectivas. Es decir, el artículo 9.2 solo se ha realizado en parte, en lo que se refiere a la libertad. Y en lo que se refiere a la igualdad, al menos en lo que atiende al mínimo vital para vivir en dignidad, a la igualdad de oportunidades en su versión más elemental y conectada a la dignidad de la persona, todavía no ha sido suficientemente reconocida con las notas de realidad y efectividad con las que se distingue el régimen de la libertad individual en la Constitución de 1978.

En este sentido, es sorprendente, como señala Tenorio, que los Principios rectores contenidos en los artículos 39 a 52 de la Constitución, por razón de su ubicación en la Constitución, son los derechos, intereses o posiciones jurídicas subjetivas más débilmente protegidas por nuestra Constitución[217], lo que en el tiempo en el que estamos, después de casi cuarenta años de aplicación de la Constitución, reclama un vuelco importante, especialmente en un época de crisis como la que vivimos.

Como sabemos, el artículo 53.3 constitucional sienta que el

---

[217] P. TENORIO, *El Tribunal Constitucional, loc. cit.*, p. 266.

reconocimiento, el respeto y la protección de estos Principios (…) informarán la legislación positiva, la práctica judicial y la acción de los Poderes públicos». A renglón seguido, para aclarar la cuestión, dice este precepto en el segundo inciso: solo podrán ser alegados ante la jurisdicción ordinaria de acuerdo con lo que dispongan las leyes que los desarrollen. De tal precepto, el Tribunal Constitucional ha hecho una lectura y una interpretación, salvo la sentencia de 7 de febrero de 1984, conservadora, estática y literal sin tener en cuenta la virtualidad operativa del artículo 9.2 de la Constitución a que anteriormente nos hemos referido. Es verdad que la letra del 53.3 constitucional es bien clara, pero también es verdad que la letra del 9.2 de la Constitución también es clara.

Esta posición del Tribunal Constitucional, como ya hemos indicado al inicio de este epígrafe, se refleja fundamentalmente en la sentencia de 29 de enero de 1991 cuando dice que estos Principios en general deben orientar la acción de los Poderes públicos y «no generan por sí mismos derechos judicialmente actuables». Es decir, no son derechos fundamentales porque no son de aplicación inmediata y directa.

Más clara todavía es la sentencia de la Corte Constitucional española de 10 de febrero de 1992 cuando señala, en relación con la protección de usuarios y consumidores reconocida en el artículo 51 de la Constitución, que «este precepto enumera un principio rector de la política social y económica, y no un derecho fundamental. Pero de ahí no se sigue que el legislador pueda contrariar el mandato de defender a los consumidores y usuarios, ni que este Tribunal no pueda contrastar las normas legales, o su interpretación y aplicación, con tales principios. Principios que, al margen de su mayor o menor generalidad de contenido, enuncian proposiciones vinculantes en términos que se desprenden inequívocamente de los artículos 9 y 53 de la Constitución (sentencia del Tribunal Constitucional 19/1982 de 5 de mayo). Ahora bien, es también claro que, de acuerdo con el valor superior del pluralismo político (artículo 1.1 de la Constitución), el margen que estos principios constitucionales dejan al legislador es muy amplio. Así ocurre con el artículo 51.1 constitucional, que determina unos fines y unas acciones de gran amplitud, que pueden ser realizadas con fórmulas de distinto contenido y alcance. Pero, en cualquier caso, son normas que deben informar la legislación positiva y la práctica judicial (art. 53.3 Constitucional)».

La dicción del artículo 53 constitucional hoy por hoy impide, salvo que se dé entrada en la lista de derechos fundamentales enumerados en la Constitución a los derechos fundamentales sociales a través de una interpretación argumentativa del Tribunal Constitucional, algo improbable a juzgar por la naturaleza de este órgano constitucional, de mayores desarrollos como no sea en la vinculación que quepa derivar de estos Principios rectores de acuerdo con lo dispuesto en el artículo 9.2 de la Constitución.

También es claro en esta materia, en relación con el derecho al medio ambiente del artículo 45 constitucional, lo establecido por el Tribunal Constitucional en la sentencia 199/1996 de 3 de diciembre: «no puede ignorarse que el artículo 45 de la Constitución enuncia un principio rector, no un derecho fundamental. Los Tribunales deben velar por el respeto al medio ambiente, sin duda, pero de acuerdo con lo que dispongan las leyes que desarrollen el precepto constitucional».

Por lo que se refiere a los efectos jurídicos de la inclusión en la Constitución de estos Principios rectores, se puede afirmar, pues así lo dispone el artículo 53.3 de la Carta Magna, que son vinculantes de acuerdo con su naturaleza. Es decir, como Principios rectores, informan, deben informar, deben estar presentes en la acción pública, práctica judicial o legislación positiva que traten de materias regidas por estos principios. Y esa vinculación, de acuerdo con el artículo 53.3 de la Constitución, se proyecta sobre el reconocimiento, el respeto y la protección de estos Principios rectores. Es decir, en materia de medio ambiente, el artículo 45 debe ser observado, en sus diferentes aspectos, en lo que se refiere, a su reconocimiento, a su respeto y a su protección. Reconocimiento, respeto y protección son las tres funciones que a los tres poderes del Estado vinculan en cuanto se refieran a las materias a que se refieren los Principios rectores de la política social y económica.

El Tribunal Constitucional ha utilizado las normas contenidas en los Principios rectores como canon de la validez de la ley en al menos dos ocasiones[218] en relación con el principio de protección de la familia del artículo 39 de la Constitución: en materia del impuesto de la renta de las personas físicas, y sobre la extensión del beneficio de subrogación en el arrendamiento al miembro supérstite de una unión de hecho. Estos supuestos ofrecen la particularidad de que la motivación de las sentencias se realizó a partir del artículo 14, igualdad, cumpliendo la invocación del artículo 39.1 de la Constitución una función complementaria[219].

En el primer caso, además, sentencia 45/1989 de 20 de febrero, se sienta la doctrina de que es improbable la inconstitucionalidad por omisión de la norma legal, lo que de alguna manera reduce considerablemente la obligatoriedad o vinculación de los Principios rectores, dando por legítima la inactividad del legislador en alguna de las materia sobre las que se proyectan los Principios rectores. Obviamente, no es lo mismo sancionar de inconstitucionalidad la omisión del legislador tres años tras la aprobación de la Carta Magna, que treinta años después. Y no es lo mismo castigar con la inconstitucionalidad la omisión del legislador en una materia vinculada esencialmente a la dignidad del ser humano, que en una cuestión que afecta a aspectos complementarios y accesorios.

En cualquier caso, esta sentencia, para el caso que nos ocupa, señala que «hay que reconocer en primer término, que la naturaleza de los principios rectores de la política social y económica (…) hace improbable que una norma legal cualquiera pueda ser considerada inconstitucional por omisión, esto es, por no atender, aisladamente considerada, al mandato de los Poderes públicos y en especial al del legislador, en el que cada uno de esos principios por lo general se concreta. No cabe excluir que la relación

---

[218] P. TENORIO, «El Tribunal Constitucional», *loc. cit.*, p. 267.
[219] P. TENORIO, *ibíd.*

entre algunos de estos principios y los derechos fundamentales (señaladamente el de igualdad) haga posible un examen de este género (por ejemplo nuestra STC 155/1987), ni, sobre todo, que el principio rector sea utilizado como criterio para resolver sobre la constitucionalidad de una acción positiva del legislador, cuando esta se plasma en una norma de notable incidencia sobre la entidad constitucionalmente protegida».

Esta sentencia es, a mi juicio, relevante. Por varias razones. Primera, no es categórica acerca de la inconstitucionalidad de una ley por omisión. Es improbable dice el Tribunal Constitucional, desde luego un término poco jurídico. Es decir, podría pensarse en inconstitucionalidad por omisión en algún caso en el que la incidencia con el derecho fundamental sea clara. Si su hubiera admitido, dentro de la categoría de los derechos fundamentales, los de naturaleza social, probablemente una consecuencia de ello habría sido la admisión de esta modalidad de inconstitucionalidad[220]. Segunda, porque matiza es improbabilidad a la materia de que se trate.

En ese sentido, pienso que no es lo mismo, insisto, una omisión en una materia conectada aspectos esenciales de la dignidad de la persona que en cuestiones relativas a asuntos complementarios o tangenciales. Y en tercer lugar, el Principio rector, cuando se vincule a materias de especial relevancia constitucional, podrá ser canon de constitucionalidad. Además, debe repararse en que el Tribunal Constitucional admite la conexión Principio rector y derecho fundamental y la remite a análisis concretos en relación con esta inconstitucionalidad por omisión.

¿Pueden los Poderes públicos, especialmente las Administraciones públicas, actuar tomando como título directo los Principios rectores? La contestación a este interrogante que se formula

---

[220] A. FERNÁNDEZ-MIRANDA CAMPOAMOR, «El Estado social», *Revista Española de Derecho Constitucional*, n. 69, 2003, p. 160. De esta sentencia del Tribunal Constitucional se deducen tres consecuencias. Primera, que se descarta toda posibilidad de control de la omisión legislativa plena. Segunda, que se considera improbable el control de la omisión parcial o norma legal incompleta. Y, tercera, que dentro de esa improbabilidad solo hay probabilidades cuando exista una vinculación entre el Principio rector y algún derecho fundamental, singularmente el derecho de propiedad.

Tenorio me parece bastante clara. No es que puedan, es que de la lectura de los artículo 53.3, 103.1 y del 9.2 constitucionales se desprende sin demasiada dificultad que la misma cláusula del Estado social manda a las Administraciones que en su actuación hagan reales estos principios en la forma en que mejor puedan darles cumplimiento y completa realización. Es decir, las Administraciones públicas pueden, deben, actuar en esta materia sin mediación legal a partir de los Principios rectores salvo que en los casos en los que las normas del Capítulo III incorporen reservas de ley[221].

La naturaleza de la vinculación de los Principios rectores de la política social y económica alude a su condición de fines de la acción del Estado. Esto significa que en su quehacer, Gobierno, Administración, Poder legislativo y Poder judicial deben mostrar en sus actuaciones la referencia finalista a dichos Principios rectores. Es más, en la medida en que tales Principios estén presentes, con citas expresas, en sus resoluciones y disposiciones, en esa medida los poderes del Estado están dando cumplimiento nada menos que al capítulo III de la Constitución de 1978. Un estudio de los preámbulos de las leyes, de las normas administrativas y de las sentencias en materia social y económica nos dará el efectivo cumplimiento de dichos principios por los poderes del Estado.

Desde otro punto de vista se ha señalado que los Principios rectores a que hacemos referencia tienen naturaleza programática en el sentido de que imponen objetivos al poder público, en particular al legislador, pero en tales términos que la ley no puede ser juzgada con arreglo a su grado de consecución de los mismos[222].

Es decir, son fines y son objetivos. El problema es que en su condición de fines, tales Principios rectores sí podrían ser objeto de evaluación o de control[223], pero como programas o directrices es más difícil. En cualquier caso, esa doble naturaleza, fines y objetivos, refleja sobremanera la importancia de unos principios

[221] P. TENORIO, *loc. cit.*, p. 268.
[222] P. TENORIO, *ibíd.*
[223] J. JIMÉNEZ CAMPO, «Comentario al artículo 53 CE», en O. Alzaga Villamil, *Comentarios a la Constitución española de 1978*, Madrid, 1996, p. 129.

que, aun siendo insuficientes en lo que se refiere al grado de concreción de la cláusula del Estado social, al menos permiten que se incorporen efectivamente a todo el conjunto de la actuación de los Poderes del Estado.

En su condición de normas constitucionales programáticas informan las actuaciones de los Poderes públicos y por ello, del conjunto del ordenamiento jurídico en la medida en que son principios derivados directamente de la cláusula del Estado social y democrático de Derecho.

Además de fines y programas, los Principios rectores, como señala Tenorio, son cánones o parámetros de constitucionalidad de las leyes tal y como ha señalado el propio Tribunal Constitucional, por ejemplo, en la citada sentencia de 20 de febrero de 1989[224]. Esta condición de canon de constitucionalidad, todavía no muy consolidada, podría haber suplido, de alguna manera, la insuficiencia de la proyección de la cláusula del Estado social sobre el conjunto del Ordenamiento jurídico, especialmente en materia social y económica. El hecho de que los Principios rectores puedan fundar acciones de inconstitucionalidad sin mayores problemas es, desde luego, una forma de dotar de mayor virtualidad operativa a estos Principios rectores y una forma de dar mayor consistencia e integridad a la Constitución como unidad.

Desde una perspectiva negativa, como es lógico, quedan prohibidas todas las actuaciones de los Poderes del Estado que conculquen o lesionen dichos Principios rectores. Tenorio nos muestra algunos ejemplos extraídos de la doctrina del Tribunal Constitucional entre los que se encuentra la sentencia de 5 de mayo de 1982 que, en materia de protección de la tercera edad (artículo 50 de la Constitución) «manda que se deseche la aplicación de una regla que conduce a un resultado opuesto al que dicho principio constitucional declara deseable», entendiendo inconstitucional una determinada interpretación de la Administración pública y de un Tribunal de justicia que habían estimado incompatibles la pensión de viudedad y la de viudedad. Por su parte, la sentencia

---

[224] J. JIMÉNEZ CAMPO, *ibíd.*

del Tribunal Constitucional de 20 de febrero de 1989, declaró inconstitucionales determinados preceptos tributarios que podían suponer mayor carga impositiva como consecuencia del matrimonio, entre otras razones, por ser incompatibles con el mandato constitucional de protección de la familia y de la institución matrimonial[225].

Como ya hemos estudiado al tratar de los derechos fundamentales en el Estado social, existen límites en su ejercicio que surgen precisamente de los Principios rectores de la política social y económica. Es verdad que tales límites deben respetar el contenido esencial del derecho, aquello que los identifica esencialmente en cuanto tal, pues esa dimensión indeleble e indisponible proyecta la omnipotencia de la dignidad del ser humano, valor superior al mismo Ordenamiento en la media en que lo funda y en que es el vértice de los cánones de constitucionalidad.

Ahora bien, los límites, que existen también en sí mismos, deben operar en virtud de una ponderación con otros bienes, derechos o principios que cuenten con reconocimiento constitucional tal y como ha sentado el Tribunal Constitucional en su sentencia, entre otras, de 28 de febrero de 1994. Tarea de ponderación, insisto, que debe respetar el núcleo duro de elemental participación o proyección de la dignidad del ser humano. Si tales límites lesionan la dignidad del ser humano son inconstitucionales en la medida en que el fundamento del orden público y la paz social son los derechos inherentes a la persona como establece el artículo 10.1 de la Constitución[226].

Tenorio también señala que en el capítulo III de la Constitución española, el que se dedica monográficamente a los Principios rectores de la política social y económica, hay diversos grupos de personas necesitadas de especial protección: hijos menores

---

[225] P. TENORIO, *loc. cit.*, p. 269.
[226] Tenorio ilustra esta afirmación diciendo que el reconocimiento constitucional del derecho al medio ambiente (art. 45 CE), o del patrimonio histórico-artístico (art. 43 CE) justifica el establecimiento de limitaciones al derecho de propiedad (art. 33 CE) sobre bienes inmuebles como lo señalan las sentencias del Tribunal Constitucional de 29 de noviembre de 1988 en relación con la Ley de Aguas... (P. TENORIO, «El Tribunal...», *loc. cit.*, p. 269).

y madres (art. 39), trabajadores españoles en el extranjero (art. 42), jóvenes (art. 48), minusválidos (art. 49), ancianos (art. 50) y consumidores y usuarios. Lógicamente, si las personas referidas deben ser especialmente amparadas es porque las situaciones en que se encuentran objetivamente merecen tal protección[227] y, en determinados caso, tales situaciones, dignas de protección por mandato constitucional, pueden dar lugar a aparentes discriminaciones que en realidad no son tales porque una comprensión integral y armónica de la igualdad reclama necesariamente un trato diferencial a quienes efectivamente son diferentes.

Los Principios rectores de la política social y económica son mandatos objetivos vinculantes para la actuación de los Poderes públicos y, por ello, imponen tareas estatales de desarrollo permanente y entrañan igualmente mandatos negativos que puedan lesionarlos o desnaturalizarlos. En este sentido, legitiman las exacciones patrimoniales coactivas de carácter específico que los Poderes públicos impongan a los particulares, así como el sostenimiento de los servicios necesarios con cargo a los ingresos públicos generales[228].

Una lectura atenta y minuciosa de los artículos 39 a 53 de la Constitución española demuestra sin especiales dificultades que a pesar de llevar como rúbrica «Principios rectores de la política social y económica», en dichos preceptos hay principios, por supuesto, pero también hay derechos, hay mandatos constitucionales de optimización, hay mandatos simples de regulación, hay

---

[227] P. TENORIO, *loc. cit.*, p. 269 se refiere que la sentencia del Tribunal Constitucional 190/2005 de 7 de julio, que entiende que la maternidad, y por tanto el embarazo y el parto son una realidad biológica diferencial objeto de protección derivada del artículo 39.2 de la Constitución y, por tanto las ventajas o excepciones que derive para la mujer no pueden considerarse discriminatorias para el hombre (sentencia del Tribunal Constitucional 109/1993 de 25 de marzo sobre la licencia para la lactancia en el trabajo); no se debe considerar contrario al artículo 14 de la Constitución (principio de igualdad), ni al 23.2 CE (derecho a acceder en condiciones de igualdad a las funciones y los cargos públicos), una reserva porcentual de plazas para minusválidos en una oferta de empleo público en atención al mandato de protección a los discapacitados que contiene el artículo 49 CE (sentencia del Tribunal Constitucional 269/1994, de 3 de octubre).
[228] P. TENORIO, *loc. cit.*, p. 270.

reservas de ley, hay normas en materia de igualdad y hay también garantías institucionales[229].

La naturaleza heterogénea de distintas categorías presentes en el capítulo III de la Constitución española de 1978 pareciera un intento de responder de alguna manera a la imposibilidad autoproclamada en el texto constitucional, artículo 53.3, de erigir los derechos sociales como verdaderos derechos constitucionales Quizás por ello, los Principios rectores son, en efecto, principios vinculantes, por eso algunos son mandatos de optimización, por eso otros son garantías institucionales…

En efecto, muchos de los Principios rectores son mandatos de optimización porque son principios portadores de valores que deben realizarse en la realidad en función de lo jurídica y fácticamente posible[230]. Esta peculiar caracterización remite a una consideración de aplicación a los derechos fundamentales sociales, a esos derechos inherentes a la persona pero que para su realización precisan de acciones positivas del Estado. En la medida que estos mandatos de optimización se aproximen al concepto de derechos fundamentales sociales, en la medida en que se incardinen esencialmente en la dignidad del ser humano, el grado de compromiso jurídico y fáctico irá en aumento.

Es decir, el derecho a la igualdad en el acceso al trabajo, que es un derecho fundamental social, está tan unido a la dignidad humana que no se comprende que una persona pueda vivir como tal si no tiene acceso en condiciones de igualdad a un trabajo por causas ajenas a su voluntad. Mientras no estén reconocidos en la Constitución los derechos fundamentales sociales, que no son todos los derechos sociales, sino aquellos indisolublemente conectados a los niveles esenciales de una existencia digna, habría que analizar en cada Principio rector su vinculación a la dignidad del ser humano para extraer de tal operación de contraste el nivel e intensidad de compromiso jurídico y presupuestario con la efectiva realización de ese Principio rector.

---

[229] P. TENORIO, *ibíd.*
[230] P. TENORIO, *ibíd.*

Esta naturaleza de mandato de optimización de muchos de los Principios rectores de la política social y económica ha sido reconocida por la doctrina del Tribunal Constitucional español en la sentencia 189/1987 de 24 de noviembre al señalar, en relación con el artículo 51 constitucional, que existe un deber de configurar el sistema de seguridad social más adecuado para conseguir los fines constitucionalmente previstos dentro de las posibilidades reales. Como advierte Tenorio, no existe, en relación con estos mandatos de optimización el principio de la irreversibilidad de las conquistas sociales[231], lo que no significa, incluso con la Constitución de 1978 en la mano, que no pueda atribuirse al cumplimiento efectivo de determinados principios en la realidad una concreta vinculación presupuestaria en la medida en que tal o cual principio afecte real y actualmente a la realización de la dignidad del ser humano. Tal teoría podrá objetarse diciendo que entonces el Tribunal Constitucional estaría gobernando en la medida en que obligara al Poder ejecutivo a establecer mínimos en determinadas partidas presupuestarias. La respuesta, si es que estamos convencidos de que la dignidad del ser humano es el centro, la raíz, el fundamento y el fin del Estado, no es compleja. Simple, y llanamente, se trata, de dotar al principio de la centralidad de la dignidad del ser humano de garantía jurídica y de efectividad real[232]. Nada más, y nada menos.

Jiménez Campo entiende que, en efecto, entre los preceptos

---

[231] P. TENORIO, *ibíd.*

[232] El Tribunal Constitucional del Reino de España, que no ha admitido el principio de la irreversibilidad de las conquistas sociales, principio, por otra parte que debiera ser matizado pues hay conquistas sociales que afectan al núcleo esencial de la dignidad del ser humano y otras que afectan tangencialmente, sí que admite, es lógico y hasta obligatorio, la irreversibilidad de las conquistas sociales establecidas en el propio texto constitucional. Es el caso, por ejemplo, de la limitación de la jornada laboral o las vacaciones periódicas retribuidas, que serán indisponibles para el legislador (sentencias del Tribunal Constitucional de 21 de junio de 1987, de 24 de mayo de 1990 o 11 de diciembre de 1992). El problema lo encontramos en si la concreta fijación de la jornada laboral o las vacaciones retribuidas pueden realizarse en condiciones de dignidad o de indignidad, que todo es posible. De ahí que sea necesario fijar criterios en virtud de los cuales tales conquistas sociales sean acordes a la dignidad del ser humano o no.

que componen el capítulo III de la Constitución española de 1978 hay mandatos al legislador que no imponen tareas permanentes al Estado. Entre ellos, este autor cita la obligación de permitir legalmente la investigación de la paternidad (artículo 39.2 constitucional); la regulación de las horas de la jornada laboral y de las vacaciones periódicas retribuidas (artículo 40.2 de la Constitución); la regulación de sanciones penales y administrativas, y la obligación de declarar el daño causado en materia de medio ambiente (artículo 45.3 constitucional); la regulación de las sanciones penales para quienes atenten contra el patrimonio histórico-artístico (artículo 46 constitucional); la regulación de la forma en que la comunidad participará en las plusvalías que genere la acción urbanística de los Entes públicos (artículo 47.2 de la Constitución), y la regulación de las organizaciones profesionales que contribuyan a la defensa de los intereses económicos que le sean propios (artículo 52 constitucional)[233].

En el capítulo III de la Constitución también encontramos artículos que contienen reservas de ley, reservas que identifican de forma general un ámbito material más amplio que el de una norma específica que debe ser regulado por ley[234].

También hay normas de igualdad. Es el caso, por ejemplo, de los hijos con independencia de su filiación del artículo 39.2 constitucional. Pero hay otros supuestos en esta materia que obligan a dar un trato especial, singular a determinados grupos de personas aplicando en la realidad el artículo 9.2 de la Constitución. Es el caso de la protección a colectivos necesitados de un especial cuidado que necesitan esas condiciones a que alude el 9.2 citado constitucional. Aquí se encuentran las madres (39.2 constitucional), la infancia (39.4 constitucional), los minusválidos (49 constitucional), o los ancianos (50 de la Constitución de 1978) y la propia doctrina del Tribunal Constitucional justifica que puedan ser objeto de normas diferentes[235].

---

[233] J. JIMÉNEZ CAMPO, *Derechos fundamentales, derechos y garantías*, Madrid, 1999, pp. 131-132.
[234] J. JIMÉNEZ BLANCO, *ibíd.*
[235] J. JIMÉNEZ BLANCO, *ibíd.*

Entre estos Principios rectores de la política social y económica encontramos garantías institucionales, una técnica jurídica que permite preservar y salvaguardar la esencia y elementos estructurales de una determinada institución. Es el caso de la doctrina sentada por el Tribunal Constitucional en relación con el artículo 41 de la Constitución en la sentencia 37/1994 de 10 de febrero en la que se afirma que tal precepto constitucional «consagra en forma de garantía institucional un régimen público cuya preservación se juzga imprescindible para asegurar los principios constitucionales, estableciendo un núcleo o reducto indisponible para el legislador, de tal suerte que ha de preservarlo en términos reconocibles para la imagen que de la misma tiene la conciencia social en cada tiempo y lugar». El problema de esta categoría jurídica es que ciertas instituciones diseñadas en la Carta Magna, conformadas por principios constitucionales concretos, alterada la conciencia social en cada tiempo y lugar, podrían ser objeto de mutación implícita si es que el propio Tribunal Constitucional interpreta que tales transformaciones se han producido, lo que de alguna manera coloca al Tribunal Constitucional más allá de su función al apoderarse nada menos que del poder constituyente.

En cualquier caso, la forma concreta de preservar la institución debe tener siempre presente los principios constitucionales que la caracterizan. Ese el parámetro para saber si la institución se realiza en concreto en armonía y consonancia constitucional. Si en su régimen concreto tales principios son visibles y responden a su sentido constitucional.

Como es sabido, el artículo 41 de la Constitución delinea un concreto y específico régimen general de seguridad social en el que las prestaciones en que consiste su esencial actividad no están basadas exclusivamente en el equilibrio de la cuota-prestación, y en el que las cuotas de los afiliados, así como las prestaciones a dispensar, sus niveles y condiciones, no pueden venir determinadas por un régimen contractual, de acuerdo con las voluntades, sino por reglas legales que se integran en el Ordenamiento jurídico tal y como tuvo ocasión de señalar la sentencia del Tribunal Constitucional 65/1987 de 21 de mayo y la 37/1994 de 10 de febrero[236].

La razón de tal régimen reside en que, efectivamente, estamos en presencia de un régimen legal, no de un régimen contractual. Sin embargo, que esto sea así, no quiere decir que las prestaciones para quienes hayan aportado durante largo tiempo al sistema puedan quedar al albur de la Administración de manera arbitraria. Tales prestaciones deben ser razonables, en consonancia con el esfuerzo realizado por cada aportante, eso sí, de acuerdo con las circunstancias de tiempo y lugar y también, como es lógico, con el grado de menesterosidad social existente. En otras palabras, tales prestaciones deben ser proporcionadas al esfuerzo realizado pues, de lo contrario, se estaría atentando, no solo al principio de buena administración de la Administración en sentido general, sino contra uno de sus principios componentes como es el principio de confianza legítima en las actuaciones coherentes, congruentes, racionales y proporcionadas de una Administración, que como señala la Constitución, artículo 103.1, está al servicio objetivo del interés general.

En el artículo 39.1 de la Constitución encontramos, desde este punto de vista, y de acuerdo con lo dispuesto en la sentencia del Tribunal Constitucional 222/1992, la garantía institucional de la familia basada en el matrimonio, una institución que funda y da vida a la sociedad y garantiza la continuidad de la especie humana. Por eso, sin perjuicio de diferentes consideraciones y tipologías, la familia basada en el matrimonio que da continuidad a la especie humana debe ser objeto de especial protección en atención al interés general que viene a promover y desarrollar.

El Tribunal Constitucional, por sentencia de 16 de junio de 1994, excluye el concepto y la técnica de la garantía institucional

---

[236] P. TENORIO, *loc. cit.*, p. 271. A. TORRES DEL MORAL, *Principios de Derecho Constitucional Español*, vol. I, Madrid, 2010, pp. 620-621, llama la atención de que el propio Tribunal Constitucional se ha saltado esta doctrina en materia de pensiones de viudedad, pues ha interpretado la situación de necesidad de que habla el artículo 41 como mera producción de un daño (la muerte de un cónyuge), tal y como deducirse de las sentencias del Tribunal Constitucional 142/1990 de 20 de septiembre, y 184/1990 de 15 de noviembre.

para las organizaciones profesionales a que se refiere el artículo 52 de la Carta Magna[237].

Para poder entender mejor el alcance de los Principios rectores que estamos estudiando es menester proyectar sobre ellos la luz del Estado social y democrático de Derecho en el grado de evolución que ahora presenta, que probablemente sea de mayor intensidad que en 1978. Ahora estamos inmersos en una crisis social de colosales proporciones y es necesario preservar dimensiones de la existencia digna que hace unos años ni siquiera podíamos sospechar que hubiera que atender. Es decir, el derecho a un mínimo vital que preserve la existencia humana digna ahora en muchos aspectos es imprescindible garantizar.

En este contexto, la lectura del capítulo III de la Constitución desde el preámbulo de la Carta Magna, arroja, a nuestro juicio, nuevas luces y reclama, desde luego, entender que los derechos fundamentales no son solo los individuales y que el interés general en el Estado social y democrático de Derecho exige que en la categoría derechos fundamentales de la persona, tengan un lugar los de orden social. Insisto, no todos los derechos sociales o Principios rectores del orden social y económico son derechos fundamentales, solo aquellos sin cuyo concurso la vida del ser humano sobre la tierra sería impropia de su condición personal.

Es verdad que en los años transcurridos desde la Constitución de 1978, casi cuarenta, algunos Principios rectores han cobrado un desarrollado destacado. Ahí está, es cierto, la universalización del derecho a la salud, a la educación, a las pensiones. Pero también es verdad que con la llegada de la crisis, algunos derechos sociales fundamentales: derecho a la alimentación, al vestido, a la vivienda, a la igualdad en el acceso al trabajo, están muy lejos de esa digna calidad de vida a que hace referencia el preámbulo constitucional, por lo que se hace necesario reconocer que se ha bajado el listón de los derechos sociales más elementales, y reconocer, como por ejemplo se ha hecho en Alemania, país económicamente más desarrollado que el nuestro, el derecho a un

---

[237] P. TENORIO, *loc. cit.*, p. 272.

mínimo vital para garantizar una existencia digna. Tal derecho fundamental es, también se puede entender así, un presupuesto básico del fundamental derecho a una buena Administración como expondremos en el epígrafe dedicado a este tema. Tampoco se puede olvidar en esta cuestión de algunos servicios sociales y asistenciales que en este duro momento que atravesamos conforman prestaciones de un Estado social como bien pueden ser los servicios sociales de atención a la infancia y a la tercera edad.

Hoy en día, la necesidad de «garantizar una digna calidad de vida» a todos, a que se refiere el preámbulo constitucional, reclama, pues, un nuevo compromiso en el entendimiento de estos Principios rectores para interpretarlos y construirlos justamente en este sentido, como principios orientados a garantizar una digna calidad de vida a todos los españoles, muchos de los cuales en este tiempo tienen graves dificultades para una existencia digna. En buena medida debido a la supremacía de la Economía sobre el Derecho, a la supremacía de la eficiencia y la eficacia sobre la justicia y la solidaridad.

En este sentido, los Principios rectores de la política social y económica deben facilitar que las políticas económicas se integren en el marco de la solidaridad, criterio rector del Estado social. El interés general en un Estado social y democrático de Derecho exige que el desarrollo de la Economía se realice en armonía con la solidaridad. Y para ello los Principios rectores se conciben para que la economía de mercado se realice en condiciones de objetividad y racionalidad de manera que en su ejercicio se garantice una digna calidad de vida a todos los ciudadanos.

En esta materia ocupa un lugar preferente el estudio de la relación entre el artículo 9.2 y el artículo 14 de nuestra Carta Magna. Entre la cláusula del Estado social y el derecho fundamental a la igualdad. Ya hemos recordado que el Estado social se realiza en la medida en que desparecen las desigualdades materiales entre las personas fruto de la acción de los diferentes Poderes públicos.

El artículo 14, como sabemos, es de aplicación directa e inmediata y prohíbe la discriminación. Su adecuada interpretación exige, como razona la sentencia del Tribunal Constitucional

216/1991 de 14 de noviembre de 1991 «la integración sistemática del mismo con otros preceptos de la Ley Fundamental, pues así lo precisa la unidad de ésta. Al respecto cabe observar que la igualdad que el artículo 1.1 de la Constitución proclama como uno de los valores superiores de nuestro Ordenamiento jurídico –inherente junto el valor justicia, a la forma de Estado social que ese Ordenamiento reviste, pero también a la de Estado de Derecho– no solo se traduce en la igualdad de carácter formal contemplada en el artículo 14 y que en principio parece implicar únicamente un deber de abstención en la generación de diferenciaciones arbitrarias, sino también en la de índole sustancial recogida en el artículo 9.2, que obliga a los Poderes públicos a promover las condiciones para que la de los individuos y de los grupos sea real y efectiva».

Es decir, en esta sentencia se pone de manifiesto que, en efecto, la cláusula del Estado de Derecho en sentido material incorpora la cláusula del Estado social, pues éste lo que posibilita es que las libertades y derechos fundamentales que dependen de la acción positiva del Estado se puedan realizar de forma real y efectiva, tal y como señala el artículo 9.2 constitucional. Luego estos derechos que reclaman la acción positiva del Estado, en la medida en que están incardinados esencialmente en la dignidad del ser humano, son también derechos fundamentales de la persona.

En la sentencia que estamos comentando, el Tribunal Constitucional afirma que la proyección del artículo 9.2 en materia de igualdad justifica la existencia de acciones de especial protección para determinados colectivos o grupos de personas necesitados de esos cuidados para el libre y solidario desarrollo de su personalidad. Es decir, «la incidencia del mandato contenido en el artículo 9.2 de la Constitución sobre el que, en cuanto se dirige a los Poderes públicos, encierra el artículo 14 supone una modulación de este último, en el sentido, por ejemplo, de que no podrá reputarse de discriminatoria y constitucionalmente prohibida –antes al contrario– la acción de favorecimiento, siquiera sea temporal, que aquellos Poderes emprendan en beneficio de determinados colectivos, históricamente preteridos y marginados, a fin de que mediante un trato especial más favorable, vean compensada o suavizada su situación de desigualdad sustancial».

En este sentido, el Tribunal Constitucional en esta sentencia señala que «por otra parte, la modulación aludida además de llevar a la calificación de no discriminatorias, en los términos del artículo 14, a las acciones diferenciadoras semejantes, exige de los Poderes públicos enfrentados a una situación de desigualdad de origen histórico, la adopción de una actitud positiva y diligente tendente a su corrección; de tal modo que si bien no cabe, por lo general, mesurar *ex constitutione* la falta de celo, y presteza del legislador en la procura de aquella corrección cuando una desigualdad de hecho no se traduce en una desigualdad jurídica, la concurrencia de esta última por la pervivencia en el Ordenamiento de una discriminación no rectificada en un lapso de tiempo razonable habrá de llevar a la calificación como inconstitucionales de los actos que la mantengan».

La doctrina es clara y permite la adopción de medidas de protección especial para personas o colectivos que las merezcan a tenor de la desigualdad o discriminación en que se encuentren. El problema se encuentra cuando las medidas de discriminación positiva perviven en el tiempo haciendo posible la existencia de privilegios o prerrogativas que son tan censurables al menos que las discriminaciones producidas por las normas.

En el mismo sentido, la sentencia del Tribunal Constitucional 16/1994 de 20 de enero de 1994, admite la posibilidad de tratar igualmente a los desiguales y por supuesto prohíbe que se trata desigualmente a los iguales. Ahora bien, señala que el artículo 14 de la Constitución «no consagra, sin más, un derecho a la desigualdad de trato. Las medidas normativas de acción directa o ventajosas para colectivos tradicionalmente discriminados pueden resultar exigidos por el artículo 9.2 de la Constitución e incluso encontrar justificación en el artículo 14 constitucional (Sentencias del Tribunal Constitucional 1987/128 y 1989), pero no puede derivarse de este último precepto ningún derecho subjetivo genérico al trato normativo y desigual». Es decir, el artículo 9.2, el que establece o formula la cláusula del Estado social, en las medida en que exige la acción de los Poderes públicos para hacer efectiva, la libertad y/o la igualdad, resulta que podría amparar un derecho subjetivo a una determinada actuación, no así el artículo 14, que consagra formalmente el derecho fundamental a la igualdad.

La conclusión no es clara y rotunda pero parece que, al excluir esta opción del artículo 14 de la Constitución, la doctrina del Tribunal Constitucional la podría hacer derivar del artículo 9.2 constitucional, que se convertiría así en un precepto clave y básica para establecer derechos subjetivos de determinadas personas integradas en colectivos discriminados.

Más adelante, la sentencia constitucional 16/1994 señala que «lo que debe enjuiciarse en cada caso es la objetividad y razonabilidad del criterio de diferenciación empleado (...) de forma que el juicio de razonabilidad sobre la adecuación entre el criterio de diferenciación adoptado por la norma y el fin de esta ha de hacerse tomado en cuenta el caso normal, es decir, el que se da en la generalidad de los supuestos tanto reales como normativos... y no... tomando únicamente en consideración la excepción a la regla (...). El juicio de igualdad debe hacerse teniendo en cuenta los criterios legales establecidos para la distinción, y no casos particulares individualizados». Si se aplica este criterio a la protección de la familia, es lógico que la protección a la familia basada en el matrimonio abierto a la continuidad de la especie humana tenga una intensidad y un régimen distinto, por razones objetivas, al que ofrece otra caracterización diferente.

• El artículo 39 de la Constitución.

Un análisis acerca de los preceptos que jalonan estos Principios rectores de la política social y económica (artículos 39 a 53 de la Constitución española) refleja que, como venimos comentando, en este conjunto de normas hay Principios rectores, derechos sociales en general y también derechos sociales fundamentales.

Por ejemplo, en el artículo 39.1 de la Constitución, como ya hemos adelantado, podemos encontrar, tras la sentencia constitucional 74/1997 de 21 de abril de 1997, la técnica de la garantía institucional, que permite una protección especial, diferenciada, de la familia basada en el matrimonio. En este sentido, la sentencia aludida, tras admitir la existencia de distintos tipos de familia, afirma que «esta igualación entre una y otra clase de familias no impone una paridad de trato en todos los aspectos y en todos los órdenes de las uniones matrimoniales y las no matrimoniales (STC 184/1990) y, que, por consiguiente, toda distinción entre unas y otras no puede decirse que sea incompatible con la igualdad jurídica y la prohibición de discriminación que la Constitución garantiza en su artículo 14».

Es decir, se reconoce que hay diferentes modelos de familia y que es posible distinguirlas jurídicamente sin atentar al principio de igualdad, por lo que es posible tratar a la familia basada en el matrimonio abierto a la continuidad de la especie humana, de acuerdo con su propia lógica y atribuir a este modelo de familia, garantía de la continuidad del género humano, el régimen jurídico que le es propio.

En el artículo 39.4 constitucional encontramos una norma que protege a la infancia y que ha sido interpretada por el Tribunal Constitucional del Reino de España en la sentencia 55/1984 de 24 de febrero de 1984 en el sentido de fundar en la inmadurez y el desvalimiento la especial protección que requieren los infantes, de manera que los menores de catorce años, «si se ve desde la perspectiva del Ordenamiento jurídico, gozarán de la protección prevista en los Acuerdos Internacionales que velan por sus derechos. En tal sentido adquiere dimensión constitucional la Convención de las Naciones Unidas sobre los Derechos del Niño, de 20 de noviembre de 1989 (...) cuyo artículo 19 recomienda que los Estados adopten todas las medidas legislativas, administrativas, sociales, y educativas apropiadas para proteger al niño contra toda forma de perjuicio, descuido a o trato negligente... La primera consecuencia que se desprende de todo ello es que, desde tal perspectiva, la edad que por su propia sustancia tiene un evidente talante objetivo, resulta aquí potenciada hasta convertirla en factor decisivo de un tratamiento distinto, desigual por su supuesto, pero más beneficioso o favorable para el menor, respondiendo así a una finalidad constitucionalmente legítima, sino deseable».

Tal argumentación, en el marco de una norma de especial protección para un colectivo objetivamente necesitado de tales cuidados plantea una pregunta: ¿no será que los niños tienen un derecho propio, inherente a su condición personal, a recibir un trato de especial protección? Claro un derecho que debiera ser instado, en su caso, por los padres o representantes legales.

• EL ARTÍCULO 40 DE LA CONSTITUCIÓN.

El artículo 40 de la Constitución se refiere fundamentalmente a la redistribución de la renta y al pleno empleo, dos auténticos y genuinos Principios rectores de la política social y económica derivados directamente de la cláusula del Estado social. La letra del precepto alude a funciones tan típicas del Estado social como promover, realizar, fomentar, velar. «Promover las condiciones favorables para el progreso económico y social» (artículo 40.1 constitucional) trae causa del preámbulo de la Constitución, donde se cita expresamente el progreso como exponente de la tendencia que debe caracterizar una sociedad regida por un Estado social y también de la cláusula general del tan referido artículo 9.2 constitucional.

Promover las condiciones significa lo que significa, hacer posible, propiciar, lo que nos encamina hacia actuaciones indirectas sobre el marco y contexto general. No es el Estado, pues, quien directa y abiertamente debe asumir como único actor esta tarea. Más bien, el Estado, en una inteligente alianza con la Sociedad, ha de facilitar, hacer posible, el progreso económico y social.

Por lo que se refiere a la tarea del Estado relativa a promover una «distribución de la renta regional y personal más equitativa en el marco de una política de estabilidad económica» (artículo 40.1 constitucional), nos encontramos ante un Principio rector que, por su propia naturaleza, debe inspirar el conjunto de las políticas públicas de los diferentes Gobiernos. Esto quiere decir que la equidad en la distribución de la renta a nivel territorial y personal debe ser una característica fundamental de las políticas públicas de base constitucional. Luego, si esto es así, como parece, las acciones o actuaciones legislativas concretas que desvirtúen la equidad en la distribución de la renta de los territorios y de las personas podrán ser impugnadas ante el propio Tribunal Constitucional por vulnerar este Principio rector. Si la vulneración de los Principios rectores de la política social y económica establecidos en la Constitución no tuviera la necesaria relevancia constitucional como para fundar un recurso de inconstitucionalidad, entonces podríamos afirmar que la virtualidad operativa del Estado social sería prácticamente nula.

Además, para una adecuada distribución de la renta personal equitativa, nos encontramos con diferentes actuaciones de los Poderes públicos como puede ser la determinación del salario mínimo interprofesional digna, o, también, una concepción del derecho de propiedad de naturaleza social.

Como señala Uriarte Torrealday en una interesante argumentación, el artículo 40.1 de la Constitución contiene una regulación de la propiedad de inspiración social que, aunque posee un menor contenido garantista, no resulta incompatible sino complementaria de la regulación que de una forma simplista podríamos denominar liberal del artículo 33.1 constitucional y que tiene también otras concreciones a lo largo del articulado de la Constitución[238], como puede ser el artículo 33.3 o el artículo 128 constitucionales.

En otras palabras, el régimen constitucional de la propiedad privada no se agota en el derecho tipificado en el artículo 33 constitucional, sino que contiene también unos mandatos de intervención dirigidos a los Poderes públicos en el ámbito de los Principios rectores de la política social y económica. Mandatos que obviamente deben respetar el núcleo básico del derecho de propiedad, el acceso y disfrute de la propiedad, «el derecho a convertirse en propietario, así como el derecho a disponer de los bie-

---

[238] R. URIARTE TORREALDAY, «La redistribución de la renta y el empleo», en J. TAJADURA (dir.), *Los principios rectores de la política social y económica*, Madrid, 2004, pp. 43 y ss.

nes de propiedad»[239] y que, por ende, pueden proyectarse sobre los aspectos relativos al rendimiento o, mejor, dicho al derecho patrimonial, tal y como prevé el propio parágrafo tercero del artículo 33 de la constitucional al aludir a la función social de la propiedad.

El artículo 40.1 de la Constitución finaliza señalando que los Poderes públicos realizarán de manera especial una política orientada al empleo público. Tal redacción significa que el pleno empleo ha de ser una nota esencial a toda política pública que pretenda estar anclada en la Constitución. Por eso, en un momento como el actual en el que el desempleo es de tal magnitud, la empleabilidad, por supuesto en condiciones de dignidad, debe ser una característica que se deduzca de todas y cada una de las actuaciones gubernamentales y administrativas. Ciertamente, la inclusión de esta mención en el primer apartado del artículo 40 constitucional y no en el segundo, el referente a los asuntos laborales, pareciera indicar que el Constituyente ha querido vincular la orientación al pleno empleo a la distribución equitativa de la renta. En el marco de un Estado social de Derecho, el derecho a condiciones de igualdad para el acceso al mercado de trabajo se presenta como un derecho fundamental de la persona de tal calibre que bien puede afirmarse que quienes no acceden al trabajo por causas ajenas a su voluntad están siendo privados, desposeídos de la dignidad personal. Más grave, están siendo condenados a la no realización, libre y solidaria, de su propia personalidad.

La posibilidad de realización efectiva por parte de los ciudadanos de su derecho al trabajo digno es lo que va a conferir a éstos la disponibilidad para el ejercicio de los demás derechos económicos constitucionalmente reconocidos, incluido el mencionado acceso a la propiedad[240]. Disponibilidad que es consecuencia de la realización personal en dignas condiciones. Por eso, el derecho a acceso en condiciones de igualdad al trabajo es uno de los de-

[239] L. FERRAJOLI, «Derechos fundamentales», en *Los fundamentos de los derechos fundamentales*, Madrid, 2001, p. 31
[240] R. URIARTE TORREALDAY, *loc. cit.*, p. 58.

rechos fundamentales de la persona de mayor importancia pues hace a su dignidad de forma sustancial y le permite el libre y solidario desarrollo de su persona y del resto de los derechos fundamentales. En este punto, como es obvio, el derecho al trabajo se entiende como derecho al trabajo en condiciones dignas de la persona humana pues existen condiciones de trabajo degradantes, humillantes, que en sí mismas son auténticas lesiones de la dignidad del ser humano por muy aparentemente satisfactorias que sean dichas condiciones.

La principal vinculación entre equidad en distribución de la renta y derecho al trabajo, a la igualdad en las condiciones de acceso al trabajo, se circunscribe, como ya adelantamos, al denominado salario mínimo interprofesional, indicador fundamental de la temperatura del Estado social de un país en términos generales. La referencia a la orientación al pleno empleo de la política social y económica, a pesar de ser un mandato de optimización y de vinculación a los Poderes públicos, por su propia redacción «orientada al pleno empleo», no da lugar a ningún derecho subjetivo, susceptible de control judicial, de los ciudadanos a exigir un puesto de trabajo. Sin embargo, dada la trascendencia y especial relación existente entre derecho al trabajo y dignidad humana, en los países que tengan un índice alto de desempleo, los ministerios de orden laboral deberían disponer en sus presupuestos de dotaciones bien articuladas para facilitar y fomentar que las empresas contraten a nuevos trabajadores.

El derecho al acceso en condiciones de igualdad al trabajo, ya lo hemos indicado en varias ocasiones a lo largo de este trabajo, es un derecho humano, un derecho fundamental de la persona. Para Uriarte Torrealday, la concreción del pleno empleo remite necesariamente a la protección constitucional del trabajo del artículo 35 de la Constitución, que configura inequívocamente al trabajo como un derecho público subjetivo[241].

Es vedad que el trabajo en las primeras regulaciones, en los antecedentes del Estado social, allá por 1848, como expusimos al

---

[241] R. URIARTE TORREALDAY, *loc. cit.*, p. 59.

tratar de la evolución histórica del Estado social, tenía una connotación de presupuesto para el libre y solidario desarrollo de la persona. Es más, la idea del Estado democrático y social de Derecho en Alemania aparece indisolublemente unida al trabajo como derecho fundamental de la persona, precisamente porque el trabajo es el marco esencial para una existencia digna. Incluso por entonces el derecho al trabajo es un derecho fundamental considerado instrumental porque permite la realización de otros derechos humanos. Esto, que fue tan claro en los albores del nacimiento del Estado social, con el tiempo se fue desdibujando y, ahora, cuando han pasado tantos años y llega una crisis de colosales dimensiones, volvemos a caer en la cuenta de la fundamentalidad de un derecho que reclama unas condiciones de dignidad para que propiamente permita una existencia acorde con la naturaleza humana.

Con la Constitución española de 1978 en la mano, del artículo 38 y del 40, no se desprende formalmente que el trabajo sea un derecho subjetivo controlable judicialmente. Sin embargo, si tenemos en cuenta el preámbulo y, también los artículos 1, 9.2, y 10.1 de la Constitución, a pesar de que tales normas no garantizan su exigibilidad inmediata, podemos comprender el alcance material que tiene el derecho a la igualdad en el acceso al mercado de trabajo en el marco del Estado social. Se trata de un derecho fundamental de la persona, pleno en su formación y operativo en su contenido frente a los Poderes públicos y frente a los particulares.

En opinión de Uriarte Torrealday, la Constitución apuesta claramente por una concepción compleja y cualitativa del derecho al trabajo. Compleja porque, además de la dimensión de libertad de trabajar, elemento esencial ciertamente, existen otros aspectos como los relativos a la promoción, remuneración y no discriminación, junto al deber de trabajar y al mandato del pleno empleo[242], algunos de los cuales integran lo que podemos denominar estructura de la dignidad del ser humano en la materia. Y cualitativa,

[242] R. URIARTE TORREALDAY, *loc. cit.*, p. 64.

sigue diciendo este autor, porque el precepto constitucional no garantiza la posibilidad de desempeñar cualquier trabajo, sino un trabajo dotado de determinadas características cualitativas vinculadas a dichos elementos y, en general, derivadas del derecho a la dignidad y al libre desarrollo de la persona del trabajador[243].

Esta consideración es sumamente relevante porque la cláusula del Estado social de Derecho reclama que el trabajo humano se realice en condiciones de dignidad, condiciones que caracterizan la forma y las condiciones laborales del trabajo y, por supuesto, de la persona del trabajador.

El Tribunal Constitucional del Reino de España, tras considerar, en efecto, que el derecho al trabajo encuentra parte integrante de su núcleo esencial en la libertad de trabajar, sentencia 22/1981 de 2 de julio de 1981, afirma que no se agota en ella. El derecho al trabajo, señala el Tribunal Constitucional en esta sentencia, supone también, el derecho a un puesto de trabajo. Es verdad que la libertad de trabajar es, reitero, parte integrante del derecho fundamental, humano, al trabajo. Pero no lo es menos que el derecho al trabajo, el trabajo en sí mismo, para quien lo quiera realizar, por su supuesto, tiene una dimensión humana y promotora de dignidad de gran valor que cuando se advierte entonces la cláusula del Estado social se encuentra más cerca de su realización.

El derecho a un trabajo concreto es un derecho humano porque permite el libre y solidario desarrollo de la persona y, ordinariamente, le permite vivir en condiciones de dignidad. Desde la perspectiva del derecho a un puesto de trabajo, el derecho al trabajo se nos presenta desde una doble dimensión: individual y colectivo, reconocidas ambas, dice el Tribunal Constitucional en esta sentencia de 2 de julio de 1981, en los artículos 35.1 y 40.1 de la Constitución.

El Tribunal Constitucional del Reino de España, en la sentencia de 2 de julio de 1981 señala que el derecho al trabajo, desde la perspectiva individual, se descompone en dos aspectos diversos

---

[243] R. URIARTE TORREALDAY, *ibíd.*

pero compatibles y complementarios. Por una parte, en el derecho a acceder al trabajo en igualdad de condiciones[244] o, en palabras del Tribunal Constitucional «el igual derecho de todos a un determinado puesto de trabajo si se cumplen los requisitos necesitados de capacitación». Y, por otra, el derecho a la permanencia o estabilidad en el empleo[245], o, lo que es lo mismo, el «derecho a no ser despedido si no existe justa causa», usando las palabras del Tribunal Constitucional.

Desde la perspectiva colectiva, el derecho al trabajo, señala esta sentencia, implica «un mandato a los Poderes públicos para que lleven a cabo una política de empleo», lo que a nuestro juicio significa que todas las políticas públicas sin excepción deben tener esta orientación. Es decir, deben diseñarse pensando en la creación de puestos de trabajo, especialmente si estos son necesarios a causa de una situación general de desempleo. En caso de existir pleno empleo, entonces las políticas públicas deben estar orientadas a mejorar las condiciones laborales, a convertirlas, en la medida de los posible, en entornos de humanización que permitan mayores desarrollos del libre y solidario desarrollo de cada persona.

Una cuestión compleja donde las haya es la relativa al control judicial de este Principio rector puesto que la Constitución es una Norma jurídica y la aplicación concreta de sus disposiciones están sometidas en un Estado de Derecho a control judicial. Obviamente, ese control no puede entrar en aspectos de oportunidad o conveniencia porque los jueces y magistrados no gobiernan, pero sí que puede a través del contraste jurídico se puede evaluar jurídicamente la legitimidad y licitud a través de los principios de racionalidad, congruencia o proporcionalidad. Es decir, el Poder judicial no puede entrar a valorar cuestiones cuantitativas pero si advertir que este Principio rector está o no presente en la norma de que se trate a partir de consideraciones estrictamente jurídicas.

---

[244] R. URIARTE TORREALDAY, *ibíd.*
[245] R. URIARTE TORREALDAY, *ibíd.*

En cambio, los mandatos de no discriminación en el acceso al puesto de trabajo y su estabilidad, al igual que algunos de los aspectos cualitativos del desarrollo de la relación laboral (promoción, remuneración, descanso), además de poseer una incidencia directa en la negociación individual y colectiva, son directamente accionables por los particulares en sede jurisdiccional contencioso administrativa como lo son todas las actuaciones de las Administraciones públicas eventualmente contrarias al mandato constitucional, así como algunos aspectos concretos del apartado segundo del artículo 40 constitucional[246].

Es decir, en un caso, Principio rector de orientación al pleno empleo de las políticas, entra en juego la jurisdicción constitucional con las modulaciones efectuadas. Y, para los aspectos concretos, la jurisdicción competente es la propia del orden contencioso administrativo. Esto es así porque, como sabemos, el Derecho Administrativo despliega su virtualidad operativa en el ámbito de la realidad concreta mientras que al Derecho Constitucional corresponde el establecimiento y fijación de los principios y reglas generales del sistema político.

El mandato constitucional del pleno empleo, la orientación de todas las políticas al pleno empleo, constituye uno de los aspectos concretos de la protección constitucional del trabajo, una de las dos caras de la moneda del derecho al trabajo, la dimensión colectiva o institucional, de forma que mientras el artículo 40 constitucional apunta a una determinada situación económica de la sociedad contemplada en su conjunto, el artículo 35 de la Constitución señala una posición del individuo en relación con el despliegue de actividades de trabajo[247].

Las dos dimensiones, individual y colectiva, han sido reconocidas por el propio Tribunal Constitucional en la sentencia de 2 de julio de 1981, a la que nos hemos referido en varias ocasiones en este punto, como derivaciones concretas de lo dispuesto en el artículo 40 y en el 35 de nuestra Constitución. En el aspecto

---

[246] R. URIARTE TORREALDAY, *loc. cit.*, p. 65.
[247] *Ibíd.*

colectivo, constituye un mandato a los Poderes públicos para que lleven a cabo una política de pleno empleo, pues en otro caso el ejercicio del derecho al trabajo por parte de la población llevaría consigo la negación de ese mismo derecho para otra parte de la misma[248].

Si el mandato constitucional contenido en el parágrafo primero del artículo 40, la distribución equitativa de la renta, ayuda a interpretar armónicamente el contenido del derecho de propiedad desde la perspectiva de la igualdad sustancial, el mandato del pleno empleo del 40.2 constitucional es la consecuencia lógica de la interpretación del derecho subjetivo –humano– al trabajo también desde la igualdad sustancial. Es decir, igualdad de acceso a la propiedad para todos e igualdad para todos de acceso al trabajo[249].

Tanto el mandato a los Poderes públicos relativo a la equidad en la distribución de la renta personal y territorial como la obligación de que las políticas se orienten al pleno empleo es para el legislador, pero también, y de una manera especial, para la Administración pública, una especial obligación. Y, también, por supuesto, este doble mandato vincula a los Jueces y Tribunales pues deben interpretar las normas en el sentido más favorable a ambos mandatos. En el orden contencioso administrativo, por lo que se refiere a las actuaciones concretas de la Administración, y en el orden jurisdiccional a través de los principios de racionalidad y proporcionalidad[250].

El apartado segundo del artículo 40 constitucional se refiere a aspectos concretos del derecho al trabajo porque, como ya hemos advertido, el derecho humano al trabajo en cuanto tal en un Estado social está caracterizado por una serie de notas que no son más, ni menos, que proyecciones necesarias de la dignidad del ser humano.

En efecto, el artículo 35 de la Constitución no garantiza sin

[248] Sentencia del Tribunal Constitucional Español de 2 de julio de 1981.
[249] R. URIARTE TORREALDAY, *loc. cit.*, p. 66.
[250] R. URIARTE TORREALDAY, *loc. cit.*, p. 67.

más el derecho a un puesto de trabajo. Se refiere, es lógico, a una serie de características mínimas que hacen de ese derecho un derecho humano. De acuerdo con lo dispuesto en el artículo 35, es inherente al derecho humano al trabajo la posibilidad de promoción y la remuneración. En este punto, conviene subrayar que el Tribunal Constitucional, en relación con el salario mínimo interprofesional, ha señalado en la sentencia 31/1984 de 7 de marzo de 1984 que los Poderes públicos tienen la obligación de establecer «techos salariales mínimos que, respondiendo a aquellos valores de justicia e igualdad, dan efectividad al también mandato constitucional contenido en el artículo 35.1». Es decir, la configuración del Estado social y democrático de Derecho da contenido al conjunto de derechos y deberes de los ciudadanos.

Además de la promoción y la suficiencia del salario, debemos hacer referencia, al tratar del artículo 40.2 constitucional de otras exigencias que se derivan de la cláusula del Estado social en relación el derecho al trabajo. A saber: la formación y la readaptación profesional, la seguridad e higiene, el descanso necesario… que, aunque no se mencionan expresamente en el precepto, no hay duda de que componen el núcleo esencial del derecho al trabajo, entendido como se debe entender en un Estado social, como trabajo digno, que es el único tipo de trabajo que cabe deducir de un Estado que proclama como fundamentos del orden público y la paz social los derechos inherentes a la persona y el libre desarrollo de la personalidad[251].

Los artículos 35 y 40 constitucionales están, es lógico, conectados. Hasta el punto de que el derecho a la promoción en el trabajo está relacionado, es consecuencia, del derecho a la formación en el trabajo y a la readaptación profesional del trabajador. De lo que se sigue, es obvio, que los Poderes públicos deban fomentar una política que garantice la formación durante toda la vida laboral al trabajador. Una formación orientada, a la promoción y, cuando sea menester, por concurrir especiales circunstancias, a la readaptación profesional.

---

[251] R. URIARTE TORREALDAY, *loc. cit.*, p. 68.

El derecho a la formación es un derecho que se deriva de una configuración del derecho al trabajo en condiciones dignas. Para realizar el trabajo en condiciones dignas, en condiciones que permitan la humanización del trabajo y de los trabajadores, es fundamental que el trabajo se pueda hacer en las mejores condiciones, lo que demanda que los empleadores, públicos y privados, faciliten a los trabajadores la formación permanente que sea necesaria. Además, tal derecho es consecuencia del que también tienen los ciudadanos en general a recibir servicios y bienes realizados en las mejores condiciones posibles. Es verdad que este derecho a la formación no tiene el mismo grado e intensidad de imbricación en el mínimo de dignidad inherente al derecho al trabajo. Dependerá en cada caso de la necesidad de que tal formación venga exigida por el desempeño del trabajo, aunque en términos generales se puede afirmar que en efecto la formación en términos generales forma parte de ese núcleo de mínimos que precisa cualquier trabajo para ser realizado por el ser humano.

Pero, como la formación es menester para la promoción y también para la readaptación profesional, ambos Principios rectores establecidos en el 40.2 constitucional, reclaman que la formación también se conforme como condición necesaria e imprescindible para la efectividad de tales Principios rectores.

En materia de trabajo, la relación de este derecho humano con el libre y solidario desarrollo de la personalidad de cada trabajador, objetivo central del Estado social y democrático de Derecho, va a modular extraordinariamente la responsabilidad de los empleadores públicos y privados en orden a proveer a la mejora, formación y desarrollo integral del trabajador[252]. Es decir, tal y como afirma Uriarte Torrealday, las garantías constitucionales comprenden, en este terreno, no solo la intervención directa del Estado, sino la adopción de medidas de fomento e incluso, la adopción de cargas concretas al empresario tendentes, cuando menos, a facilitar la formación y, sobre todo, la readaptación profesional de los trabajadores a su servicio, ya que se trata de

---

[252] M. ALONSO OLEA, *Derecho del Trabajo*, Madrid, 1980, p. 376.

materias que, aunque exceden al ámbito de la empresa, también afectan a esta por su clara conexión con el contrato[253].

El artículo 40.2 de la Constitución se refiere a que los Poderes públicos «velarán por la seguridad e higiene en el trabajo». Es decir, los Poderes públicos deben estar pendientes, vigilar que el trabajo se realice en condiciones de seguridad e higiene dignas. La cláusula del Estado social exige de los Poderes públicos precisamente que la dignidad del ser humano resplandezca en todas las actividades socioeconómicas que tengan a la persona como principal protagonista. Dicho de otra manera, en la medida en que la higiene y la seguridad en el trabajo son exigencias de un trabajo digno, en esa medida la cualificación de dichas propiedades del trabajo deben realizarse en condiciones de dignidad.

Los Poderes públicos velarán por la seguridad e higiene en el trabajo. Luego los trabajadores disponen de un derecho subjetivo a que su trabajo se realice en estas condiciones de higiene y seguridad dignas. Además, como señala González Ortega, la seguridad e higiene en el trabajo tiene como objetivo fundamental la evitación de daños a la vida, a la integridad y a la salud de los trabajadores[254], de donde se deduce que estas características del trabajo digno están vinculados a derechos fundamentales de la persona como el derecho a la vida y a la integridad física, así como al derecho, también de naturaleza fundamental, a la salud.

En el ámbito laboral, tanto en la empresa privada como en el sector público, ambos Principios rectores constituyen sendos límites a los poderes directivos de los dirigentes pues las condiciones dignas de trabajo dignas reclaman y exigen dignas condiciones de higiene y seguridad.

Al final del artículo 40.2 de la Constitución se dice que los Poderes públicos «garantizarán el descanso necesario, mediante la limitación de la jornada laboral, las vacaciones periódicas retribuidas y la promoción de centros adecuados». Una lectura

---

[253] R. URIARTE TORREALDAY, *loc. cit.*, p. 69.
[254] S. GONZÁLEZ ORTEGA, «La seguridad e higiene en el trabajo en la Constitución», *Revista de Política Social*, n. 121, 1979, p. 199.

del parágrafo permite diferenciar la intensidad de la intervención de los Poderes públicos. En el caso del descanso necesario y las vacaciones retribuidas los Poderes públicos garantizarán tales características del trabajo profesional.

En el caso de los centros «promoverán» que sean adecuados para tales fines. No es lo mismo garantizar que promover. Garantizar significa que la actividad de regulación pública establece tales características de forma concreta y específica, habilitando a los trabajadores a reclamar el descanso necesario y las vacaciones retribuidas, de no estar establecidas en la legislación. Sin embargo, «promover» es una actuación de fomento, de procura, de hacer posible, de facilitar. En relación con este tema Uriarte Torrealday señala que tal diferencia está justificada y es congruente si partimos del hecho de que la existencia de centros de descanso para los trabajadores puede considerarse positiva por parte del constituyente, pero no es consustancial a la salud de estos. Sin embargo, parece evidente que la limitación de la jornada y las vacaciones si lo son[255]. La realidad constata que efectivamente, jornada y vacaciones retribuidas están establecidas en la legislación positiva en la materia, mientras que la existencia de centros de descanso, siendo deseable y conveniente, no está legislada preceptivamente, y por tanto, salvo normativa sectorial al respecto, no conforma un derecho subjetivo del trabajador.

Estas cuestiones del artículo 40 de la Constitución, especialmente el final del parágrafo primero y todo el inciso segundo, concreciones del derecho al trabajo en dignas condiciones, se encuentran en el nudo gordiano del Estado social, que de alguna manera surgió, como hemos comentado con anterioridad, para dignificar el trabajo y al trabajador. La limitación de la jornada laboral es, como hemos señalado, una de las primeras regulaciones prototípicas del Estado social. Es un Principio rector de la política social y económica, una exigencia del derecho a la vida en dignas condiciones, proyección del derecho a la integridad física y

---

[255] R. URIARTE TORREALDAY, *loc. cit.*, p. 75.

psíquica y, sobre todo, una de las principales manifestaciones del derecho al trabajo en dignas condiciones.

Estos Principios rectores tienen virtualidad jurídica por estar en la Constitución y reclaman que en la realidad de cada empresa, sea pública o privada, la limitación de la jornada, la retribución de las vacaciones, la higiene y la seguridad... se produzcan en condiciones de dignidad. Esto quiere decir que debe haber unos mínimos en materia de jornada laboral, de higiene y seguridad... cuya lesión deviene en situaciones de indignidad. Situaciones de indignidad que desde los principios de racionalidad y proporcionalidad en cada caso debieran ser corregidas por los Tribunales de Justicia.

• El artículo 41 de la Constitución.

El artículo 41 de la Constitución se refiere a la seguridad social. Una materia conectada como pocas al nacimiento y al corazón del Estado social. Ahora es menester recordar lo que señalamos con anterioridad en relación con la garantía institucional y subrayar que, en efecto, la protección social del trabajador en sentido amplio es una de las exigencias y, consecuencias, de un trabajo realizado en dignas condiciones. Dignidad durante la realización y dignidad también con posterioridad a la jubilación o retiro. La realidad acredita, en los Estados que han asumido la cláusula del Estado social con sentido de responsabilidad, que los medios materiales y personales a disposición de los sistemas de protección social, en términos cualitativos y cuantitativos, son bien relevantes.

En España, la regulación contenida en el artículo 41 de la Constitución es consecuencia de la profunda internacionalización del llamado Derecho del Trabajo, una materia que incluso en España lleva el rótulo de Derecho del Trabajo y de la Seguridad Social en las cátedras de las Facultades de Derecho. Nuestro sistema de seguridad social, según el artículo 41 de la Constitución, parte de un régimen de protección social universal, general, suficiente y pública.

Pocas instituciones como la seguridad social son capaces de

dar contenido concreto a la cláusula del Estado social pues facilita que los Poderes públicos puedan crear las condiciones para la igualdad y la libertad solidaria de todos los ciudadanos.

Como señala Pérez Ayala, aunque en el artículo 41 de la Constitución no haya ninguna mención expresa a la solidaridad y en general este principio suele asociarse en nuestra Carta Magna a la cuestión territorial, es lo cierto que el principio de solidaridad es, ante todo, el principio nuclear del Estado social, que encuentra precisamente su plasmación institucional en el sistema de seguridad social[256]. Así por ejemplo se entiende en la Constitución italiana en materia nada menos que de definición del Estado y al tratar los deberes inderogables de solidaridad política, económica y social. En Francia la solidaridad es, en la Constitución, uno de los principios centrales del orden republicano y uno de los deberes de los franceses para los casos de calamidades públicas, desde luego una muy peculiar y limitada concepción de este principio. Y, como se sabe, aunque en la Ley Fundamental de Bonn no hay menciones expresas del principio de solidaridad, se ha entendido que dicho principio está en la base tanto del Estado social como del Estado federal.

La subsidiariedad y la solidaridad son los dos principios centrales que deben presidir la vida política de los pueblos. La subsidiariedad supone, como es bien sabido, reservar un espacio bien amplio para la acción social de los representantes legítimos del dinamismo vital surgido de las energías e iniciativas de la ciudadanía. Más que un límite a la acción de los Gobiernos, es un ámbito reservado a la acción de los ciudadanos. Si se quiere, enunciado en términos clásicos, el principio de subsidiariedad establece que el Estado no debe sustituir a los ciudadanos en lo que, de modo individual o asociados, pueden hacer por sí mismos, sino que debe ayudarles. El Estado no debe contemplar pasivamente, menos entorpecer, la puesta en marcha de las iniciativas ciudadanas, debe

---

[256] A. PÉREZ AYALA, «La seguridad social en la Constitución», en J. Tajadura (dir.), *Los principios rectores de la Política social y económica*, Madrid, 2004, pp. 119 y ss.

facilitarlas; es más, generar las condiciones para el protagonismo real de los ciudadanos.

En otras palabras, el Estado está al servicio de la persona, para lo que debe reconocer la primacía del ser humano y la inviolabilidad de su dignidad. La subsidiariedad, aunque sea un principio antiguo, cobra hoy una especial importancia en la medida en que todavía estamos, en parte, bajo el yugo de un tecnosistema que se agarra a la razón técnica como a su tabla de salvación para no perder el poder. Pero el poder, tarde o temprano, volverá a la ciudadanía, volverá a fundamentarse en la libertad concertada de los ciudadanos.

De otra parte, la subsidiariedad es muy importante para construir un Estado apoyado en la razón humana y abierta porque potencia la libertad y el derecho de iniciativa y, por tanto, la responsabilidad personal de los individuos hacia la sociedad. Y aquí entra en juego la solidaridad; que no es un vago sentimiento de compasión ante los males que aquejan a un sinfín de personas, sino que es el compromiso sólido y constante con el bienestar general de los ciudadanos. Es una determinación fuerte que implica la toma de conciencia del otro y, por ello, supone la terminación de ese sueño en el que nos ha sumido ese despotismo blando que imperceptiblemente va insensibilizando la conciencia social de las personas para que se replieguen sobre si mismas y, así, dejar las manos libres a esa tecnoestructura que solo desea colocarse en la cúpula a base del monopolio de la razón técnica.

Una concepción puramente individualista de la libertad, que suele acompañar algunas posiciones liberales doctrinarias, entiende la libertad como una capacidad para el uso y disfrute exclusivamente individual. La libertad, según estas interpretaciones, es solo libertad para mí, me interesa la libertad de los demás en tanto en cuanto se erige como una garantía de la mía propia; en última instancia concibo la libertad de los otros como una limitación de la mía, porque donde empieza aquella termina esta.

En la lectura contraria, desde las posiciones socialistas –y también, por cierto, desde las nacionalistas–, se entiende la libertad solo en un sentido colectivo, la libertad de una clase universal o la libertad nacional, de modo que las libertades individuales aparecen sometidas, o condicionadas por los intereses superiores que el Estado debe administrar.

Esta contraposición clásica entre libertad e igualdad ha estado presente en la secular discordia simbolizada en el enfrentamiento político entre derechas e izquierdas, hoy bastante superado. Sin embargo, los límites de esas mismas definiciones quedan patentes cuando el socialismo moderado se presenta a sí mismo –legítimamente– como defensor de las libertades individuales, y la derecha democrática reivindica –con no menos legitimidad– sus reales e históricas aportaciones a la integración social. Norberto Bobbio, en su sentido alegato sobre la vigencia actual de la izquierda, defiende básicamente esta apreciación.

La clave se encuentra en el ejercicio y la promoción de la libertad solidaria. O somos capaces de conjugar adecuadamente estos dos vectores fundamentales de la vida social y política o posiblemente los sistemas democráticos habrán culminado su carrera histórica. No se trata de ningún descubrimiento, se trata de la constatación de un hecho. Hoy la necesidad de los emprendedores es evidente, de un sector empresarial dinámico, innovador, imaginativo, eficiente. Ni se puede pasar por alto la necesidad de priorizar la atención de los menos favorecidos, entre ellos los pensionistas y los parados, y de contar con la presencia de los agentes sociales, muy particularmente de los sindicatos, en el planeamiento y aplicación de la política nacional o supranacional.

Aquella conjugación a que aludimos de libertad y solidaridad es además obligada. Apunta Giddens, respecto a la Tercera Vía, que no se trata sino de una teorización sobre la práctica real de los gobiernos en los países democráticos[257]. Pero va quizás más allá, en cuanto tiene un fundamento antropológico más claro en la centralidad de la persona, de la gente, de cada ciudadano individual, como eje de la acción política, y una dimensión ética más real, en cuanto la solidaridad y, por tanto, la integración y el equilibrio

---

[257] *Vid.* A. GIDDENS, *La tercera vía: la renovación de la socialdemocracia*, Madrid, 1999.

social no se consideran posibles –en un régimen auténticamente democrático– sin el acuerdo de todos los sectores sociales.

Una política de solidaridad libre y socialmente asumida, no dictada desde los mecanismos del Estado, solo es posible desde los fundamentos culturales de una sociedad realmente libre y solidaria, no desde la imposición de un programa. O la acción de gobierno se conjuga con el sentir y la iniciativa social, o carecerá de efectos o, lo que es peor, se aplicará coactivamente, con consecuencias potencialmente devastadores sobre el tejido social y productivo. Pretender una acción solidaria desde un sentir mayoritario que no represente de hecho el sentir general, de todos los sectores componentes de la ciudadanía, es imposible. Ahí no hay solidaridad, porque no hay libertad.

Es decir, la libertad de los demás no es solo garantía de la propia, la fortalece, y por tanto, hace más libres a los demás cuando desde la propia libertad se busca la cooperación con ellos. Es un imperativo ético y político la creación de las condiciones sociales y culturales que hagan posible el ejercicio de una libertad auténtica por parte de cada ciudadano. La libertad es el marco adecuado, necesario, para que se produzca la apertura a los demás afirmada en la solidaridad. Y así la libertad de los demás ya no se entiende primariamente como un límite de la propia –aunque lo sea, considerada negativamente– sino que la libertad de los demás posibilita, mediante el acuerdo, el diálogo, el entendimiento, una ampliación sin límites de la propia libertad. Estamos entonces dando una respuesta a la permanente cuestión: libertad, ¿para qué? Afirmar la libertad solidaria es señalar uno de los objetivos que queremos darle a la libertad.

Estas consideraciones acerca de la solidaridad y la libertad son fundamentales para comprender la relevancia de este principio de la Ética política y social tan relevante. Probablemente, en una eventual reforma de la Constitución española, también para definir mejor los derechos fundamentales, individuales y sociales, sería conveniente, junto a una regulación de la cooperación una referencia al principio de solidaridad dada su relevancia en la construcción y desarrollo del Estado social.

Ciertamente, la letra del artículo 41 de la Constitución acertó a regular el principio de solidaridad de manera casi perfecta al dar carta de naturaleza al máximo nivel normativo al sistema de seguridad social, previendo asistencia y prestaciones sociales suficientes para cualquier ciudadano ante situaciones de necesidad[258].

En la doctrina se ha discutido largo y tendido acerca de la naturaleza del modelo de seguridad social diseñado en el artículo 41 de la Constitución. Sin entrar en la cuestión, más propia de estudios y análisis de especialistas en Derecho del Trabajo y de la Seguridad Social, ahora lo que interesa es subrayar las características que nuestra Constitución diseña para el sistema de seguridad social. A saber: se trata de un sistema público (responsabilidad de los Poderes públicos), universal (para todos los ciudadanos), general (que cubre todos los riesgos, incluido el desempleo), y suficiente (que garantice la asistencia y prestaciones sociales suficientes en caso de necesidad). Además, el propio artículo 41 se refiere a asistencia y prestaciones complementarias, que serán libres y no entran dentro del sistema público.

Estas características conforman el régimen constitucional de la seguridad social en España, que es regulado por el poder legislativo y el Poder ejecutivo. Es un sistema público pues las instituciones encargadas de gestionarlo son de naturaleza pública y las disposiciones que lo desarrollan son igualmente públicas. Es verdad que existen instituciones privadas que tienen, por razones históricas, competencias en la materia, las llamadas Mutuas, pero se trata de entidades hoy colaboradoras de la seguridad social especializadas en la protección ante riesgos de carácter profesional bajo tutela del Ministerio de Trabajo. Es público el sujeto que gestiona el sistema, el régimen de la seguridad social, y es público el dinero destinado a tales tareas de asistencia y protección social. En efecto, la seguridad social se nutre de las cotizaciones sociales que aportan los trabajadores y empresarios, que tienen naturaleza

---

[258] A. PÉREZ AYALA, *loc. cit.*, p. 125. También encontramos manifestaciones del principio de solidaridad, tal y como hemos señalado anteriormente, en los preceptos del Capítulo III que contienen preceptos de protección social, tales como el 39, 40, 43, 49 y 50.

de tributo para el sostenimiento del sistema, y también de transferencias del Estado.

Los destinatarios del régimen público de la seguridad social son todos los ciudadanos. Es decir, todo ciudadano, por el hecho de serlo, con independencia de su trayectoria o régimen laboral, tiene derecho a la protección y asistencia de la seguridad social para cubrir las situaciones de necesidad. Además de la asistencia sanitaria, de la que trataremos brevemente en el artículo 43 de la Constitución, las prestaciones de responsabilidad de la seguridad social son tanto las contributivas como las no contributivas. Como señala Pérez Ayala, las prestaciones contributivas proporcionan rentas de sustitución a los trabajadores que previamente han cotizado junto con los empresarios si sufren alguna contingencia, como puede ser un accidente, una enfermedad o la llegada de la vejez, que les impide continuar en activo[259]. Estos seguros sociales dejaban fuera de juego a quienes no hubieran cotizado o lo hubieren hecho insuficientemente, por lo que tras el informe Beveridge, la seguridad social se integraba por prestaciones contributivas y no contributivas para que el principio de universalidad subjetivo fuese una realidad y así todo ciudadano que se encontraba en situación de necesidad pudiera beneficiarse de la acción benefactora de la seguridad social.

La realidad española, lamentablemente, acredita que, de acuerdo con la legislación ordinaria de seguridad social, solo podrán ser beneficiarios de estas prestaciones no contributivas los mayores de 65 años, inválidos o quienes tengan a su cargo un hijo minusválido o un hijo menor de 18 años. Aunque estas personas no pueden acogerse a esta categoría de prestación no contributiva de la seguridad social, pueden, sin embargo, acceder a la asistencia social.

Del artículo 41 de la Constitución se desprende que el principio de universalidad de la cobertura de la seguridad social se predica también a la asistencia sanitaria, que es una modalidad de la asistencia, reconociéndose en el artículo 43 de la Constitución el

---

[259] A. PÉREZ AYALA, *loc. cit.*, p. 139.

derecho a la protección de la salud, también para todos los ciudadanos. Así fue desde los primeros tiempos del Estado social pues obviamente si se debe proteger al trabajador en situación de necesidad, evidentemente la enfermedad es una situación claramente merecedora, sino la que más, de la protección de los seguros sociales al principio y de los sistemas más articulados de seguridad social más adelante. La evolución de esta realidad conduce a que hoy en día, aunque no puede hablarse de una universalización completa y total de la asistencia sanitaria de la seguridad social, si se puede afirmar que se aproxima bastante a este nivel porque, junto a la vía ordinaria de acceso a la asistencia sanitaria para el colectivo protegido por la seguridad social, se prevé también, con carácter extraordinario, asistencia sanitaria de la seguridad social para todos los que carecen de recursos económicos suficientes[260].

La clave para ser merecedor de la protección de la seguridad social, tal y como dispone el mismo artículo 41 de la Constitución, es encontrarse en situación de necesidad, concepto general que se extiende a un sinnúmero de posibilidades, tantas cuantas manifiesten situaciones de necesidad, con independencia del origen y características de cada una de ellas[261].

Es decir, el principio de solidaridad en estado puro. Sin embargo, a pesar de la claridad del artículo 41 de la Constitución, la generalidad objetiva y la universalidad subjetiva, más que como realidades efectivas, aparecen ante nosotros, además de con una fuerte carga de realidad, como principios inspiradores y como objetivos del sistema de seguridad social. En ambos casos, a causa de las limitaciones que establece el legislador ordinario para acceder a las prestaciones no contributivas: quienes además de no tener recursos suficientes, han de estar incluidos en algunas de las contingencias especialmente previstas en la ley: invalidez, vejez, cargas familiares[262].

La asistencia y prestaciones de la seguridad social, dice el ar-

[260] A. PÉREZ AYALA, *loc. cit.*, p. 143.
[261] A. PÉREZ AYALA, *loc. cit.*, p. 144.
[262] A. PÉREZ AYALA, *loc. cit.*, p. 147.

tículo 41 de la Constitución, deben ser suficientes. Es decir, nos topamos con los problemas presupuestarios pues es menester determinar, si es posible, a partir de que cantidad una prestación es o no suficiente y, como se deben tener en cuenta, especialmente en términos de cuantificación, las diferentes situaciones de las personas, para determinar la suficiencia prestacional. Tales limitaciones presupuestarias derivarán de la tasa de solidaridad propia de cada momento histórico y, por supuesto, del nivel de compromiso y responsabilidad de los diferentes Gobiernos en relación con esta cuestión.

En todo caso, y como ya he comentado anteriormente, la evolución del Estado social y la necesidad de que en cada momento el compromiso solidario sea, obviamente, de mayor calado y responsabilidad, conduce a que las dotaciones presupuestarias para atender estas situaciones de necesidad cada vez sean mayores puesto que en esta materia nos encontramos de una manera muy concreta y a la vez muy especial con situaciones conectadas, en su mayor parte, a la dignidad del ser humano.

El artículo 41 de la Constitución se refiere de manera especial al desempleo, una lacra que en nuestro país presenta contornos y estadísticas especialmente dramáticos desde hace ya algunos años. La seguridad social, como es lógico, atendiendo al mandato constitucional, dedica cuantiosísimos fondos a intentar paliar esta desgracia colectiva a través de prestaciones *ad hoc* dirigidas a los desempleados con el fin de que cuanto antes vuelvan al mercado de trabajo. Una persona privada del derecho fundamental a trabajar es una persona mermada en su dignidad. De ahí que tan o más importante que las prestaciones por desempleo son las acciones de los Poderes públicos orientadas a la vuelta al trabajo de los parados, bien a puestos de trabajo similares o, tras adecuados programas de readaptación, a nuevos empleos en los que se puedan realizar libre y solidariamente como personas humanas.

• El artículo 43 de la Constitución.

El artículo 43 de la Constitución se refiere a la protección de la salud, que en realidad, además de Principio rector de la política social y económica, es un claro y rotundo derecho fundamental de la persona. Es un derecho fundamental de la persona, es cierto, que precisa de una acción positiva del Estado para su realización efectiva, pero finalmente es un derecho fundamental. Derecho al trabajo y derecho a la salud son los típicos derechos fundamentales sociales. Sin trabajo y sin un estado mental y espiritual adecuado, la persona no se puede desarrollar libre y solidariamente.

El derecho a la protección de la salud del artículo 43 de la Constitución debe conectarse con los derechos sanitarios de determinados colectivos que precisan una atención especial, algunos de los cuales ya hemos examinado brevemente y otros lo haremos más adelante. Es el caso de los trabajadores (artículo 40.2 constitucional), de los minusválidos (artículo 49 de la Constitución), de las personas de la tercera edad (artículo 50 constitucional), de los consumidores o usuarios (artículo 51 de la Constitución) o de las madres y los hijos (artículo 39 constitucional) y, por supuesto, como bien jurídicamente digno de protección como ha reconocido el Tribunal Constitucional, el nasciturus o persona en potencia, quizás, por su fragilidad y debilidad, el más necesitado de protección sanitaria.

El artículo 43 en su apartado primero dice que «se reconoce el derecho a la salud». Es decir, aquí no estamos propiamente en el marco de un Principio rector sino de un derecho, de un derecho, insisto, fundamental que debería estar regulado en el lugar que le corresponde. En cambio, en el apartado segundo, sí que estamos en presencia de un Principio rector: «compete a los Poderes públicos organizar y tutelar la salud pública a través de medidas preventivas y de las prestaciones y servicios necesarios. La ley establecerá los derechos y deberes de todos al respecto».

Mucho se ha discutido y se seguirá discutiendo acerca del alcance del derecho a la salud. No tendría sentido que siendo reconocido en la Constitución, es decir, previo a la Constitución por ser humano o fundamental, no fuera susceptible de amparo y tutela jurídica. Claro que lo es si es lesionado, para lo que habrá que estar, no en cuanto al núcleo esencial, sino en cuanto a otros aspectos complementarios, a lo que diga el legislador.

Por otra parte, el titular del derecho a la protección de la salud, el derecho a la salud es el ciudadano, la persona física, la persona natural. Si estamos de acuerdo en que es un derecho que forma parte del mínimo vital para un desarrollo digno, será un derecho de toda cuanta persona se encuentre en territorio español, sea cual sea su nacionalidad y situación jurídica, pues de lo contrario no sería, como es, un derecho humano. Por cierto, el reconocimiento del derecho a la protección de la salud se refiere, de otra manera no tendría sentido, a que los ciudadanos dispongan de un estado físico y psíquico adecuado para el libre y solidario desarrollo de la personalidad.

El párrafo segundo del artículo 43 constitucional apunta a los Poderes públicos y a la salud pública, concepto que en principio pareciera incluso diferente y contrapuesto al de salud personal. Sin embargo, tal aseveración, razonable y correcta *prima facie*, podría conducir a conclusiones inaceptables como, por ejemplo, la de entender que en relación con la salud de las personas el Estado social no tuviera tarea o función alguna, solo en la medida en que el ciudadano fuera trabajador o vinculado por alguna relación a su actividad profesional. En realidad, al no estar reconocido en la Constitución en sede de derechos fundamentales de la persona el derecho a la salud y si en sede de Principios rectores de la política social y económica, tal interpretación podría reputarse exagerada o desproporcionada, pero si entendemos que el derecho a la protección de la salud, a la salud, es un derecho fundamental, entonces el alcance del párrafo segundo del artículo 43 debería ser amplio y omnicomprensivo.

También se ha polemizado acerca de si la protección de la salud es o no un servicio público. En la medida en que la Constitución reconoce el derecho a la protección de la salud, se entiende de todos, de todos los ciudadanos, pareciera que las características de los servicios públicos: continuidad, regularidad e igualdad, aconsejarían esta solución. El problema es que la Constitución habla de derecho a la protección de la salud y el servicio público es una actividad de titularidad pública que regula el Estado con notable intensidad. Otro problema no menor es que la ecuación servicio público-derecho fundamental no juega en esta materia. Entonces se podría colegir que estamos en presencia de un servicio de interés general de responsabilidad pública en el que el Estado debe garantizar a través de la regulación la universalidad, la asequibilidad y la calidad. Es indiferente quien sea el titular o quien preste el servicio, la clave está en que se preste adecuadamente.

La tesis del servicio público, incluso en materia de salud pública, no se deduce del tenor literal del párrafo segundo del artículo 43 puesto que en ningún momento se alude ni a esa calificación jurídica ni a la titularidad de la actividad de protección de la salud pública.

Es decir, estamos en presencia de un derecho fundamental[263]. En este sentido, González del Solar ha señalado acertadamente que el acceso a los bienes, servicio y oportunidades destinados a satisfacer las necesidades de la salud es un derecho humano fundamental y la clave para que las personas puedan disfrutar de otros derechos fundamentales. Desde una perspectiva social, es también un elemento crucial para la construcción de capital social, a través de la inserción de los individuos en la vida de su comunidad[264]. El derecho a la protección de la salud implica que el Estado lo garantice, a cuyo efecto ha de organizar la actividad sanitaria, pública y privada, para que se pueda dispensar en las mejores condiciones, al menos en condiciones de digna calidad de vida. Y, además, tiene una evidente connotación social en la medida en que tal actividad del Estado tiene una especial responsabilidad en el marco de las relaciones laborales y sobre todo en el caso de las personas con especiales dificultades para el acceso a este derecho.

El derecho a la protección de la salud, ubicado en el capítulo

<hr />

[263] G. ESCOBAR ROCA, «Algunos problemas del derecho a la salud, a la luz de la teoría general de los derechos fundamentales», en *Derechos Sociales y Principios Rectores*, Actas del IX Congreso de la Asociación de Constitucionalistas de España, Valencia, 2012, p. 565.
[264] N. GONZÁLEZ DEL SOLAR, «El derecho a la salud», en A. Embid Irujo (dir.), *Los derechos económicos y sociales*, Madrid, 2009, p. 417.

III, atiende, es lógico, a las personas, a los ciudadanos más frágiles y desvalidos porque se entiende que los ciudadanos con más posibilidades podrán ser atendidos en centros médicos y hospitalarios privados de su elección.

El derecho a la protección de la salud de las personas tiene una evidente y obvia relación con el derecho a la vida y a la integridad física y moral de las personas del artículo 15. Hasta tal punto que podría sostenerse que el derecho a la salud está ínsito en el derecho a la vida en cuanto derecho a disfrutar de un estado físico y espiritual adecuado para el libre y solidario desarrollo de la personalidad, de manera que el derecho a la salud pública sería el objeto del artículo 43 de la Constitución. Sea como sea, lo que es exigible en un Estado social y democrático de Derecho es que todos los ciudadanos, especialmente los más débiles y desvalidos, puedan acceder en dignas condiciones a una salud física y/o moral adecuada a la naturaleza humana.

Como es bien sabido, el derecho a la salud está reconocido como derecho humano a nivel internacional desde la Declaración Universal de los Derechos Humanos de 1948 y encuentra especial acomodo, por ejemplo, en el Pacto Internacional de los Derechos Económicos, Sociales y Culturales de 1966.

La sanidad española, por ejemplo, es expresión a mi parecer, del profundo grado de solidaridad de nuestra sociedad en todos sus estamentos aunque en algunos casos el gasto público se haya disparado por irracional. Solo se puede explicar su entramado, ciertamente complejo, avanzado técnica y socialmente –y también muy perfectible– por la acción solidaria de sucesivas generaciones de españoles y por la decidida acción política de gobiernos de variado signo. Pensamos que en este terreno hay méritos indudables de todos. Sobre bases heredadas a lo largo de tantos años, hemos contribuido de modo indudable al desarrollo de una sanidad en algunos sentidos ejemplar. Y con el desarrollo autonómico se han desenvuelto experiencias de gestión que suponen ciertamente un enriquecimiento del modelo –en su pluralismo– para toda España.

Pero si afirmamos que el modelo del Estado de bienestar es

perfectible estamos reclamando la necesidad de reformas, que deben ir por el camino de la flexibilización, de la agilización, de la desburocratización, de la racionalización en la asignación de recursos y de su optimización, y de la personalización y humanización en las prestaciones. Reformas que hoy son más evidentes por el notable despilfarro, también en este ámbito, que se ha producido consecuencia del esquema estático y herrático del modelo de Estado de bienestar seguido a nivel nacional y también en los espacios territoriales.

Es decir, que en muchos sentidos el modelo sanitario sea ejemplar no quiere decir que sea viable en los términos en que estaba concebido, ni que no pueda ser mejor orientado de cara a un servicio más extenso y eficaz. En efecto, queda mucho, muchísimo, por hacer. La asistencia sanitaria universal no puede ser una realidad nominal o contable, porque la asistencia debe ser universalmente cualificada desde un punto de vista técnico-médico, inmediata en la perspectiva temporal, personalizada en el trato, porque la centralidad de la persona en estas políticas lo exige. Y además debe estar articulada con programas de investigación avanzada; con innovaciones de la gestión que la hagan más eficaz; con una adecuación permanente de medios a las nuevas circunstancias y necesidades; con sistemas que promocionen la competencia a través de la pluralidad de interpretaciones en el modelo que −eso sí− en ningún caso rompan la homogeneidad básica en la prestación, etc.

Además, precisamente por no tratarse de un problema puramente técnico o de gestión, la política sanitaria y los desafíos del bienestar deben encuadrarse en el marco de la política general. En ella se evidencian los objetivos últimos de la política que ya indiqué: promoción de la libertad −en nuestro caso liberación de las ataduras de la enfermedad−, solidaridad −evidente como en pocos campos en la asistencia sanitaria universal−, y participación activa. Este deber de participación, libremente asumido, enfrenta al ciudadano a su responsabilidad ante el sistema sanitario, para reducir los excesos consumistas; le abre y solicita su aceptación de posibilidades reales de elección; establece límites subjetivos al derecho, que debe interpretarse rectamente no como derecho a la salud estrictamente, sino como derecho a una atención sanitaria cualificada; y plantea también la necesidad de asumir la dimensión social del individuo buscando nuevas fórmulas que den entrada al ámbito familiar –sin recargarlo– en la tarea de humanización de la atención sanitaria.

- EL ARTÍCULO 44 DE LA CONSTITUCIÓN.

En el artículo 44 de la Constitución nos encontramos con otro derecho social, el derecho al acceso a la cultura. Un derecho en el que el Estado asume una especial responsabilidad pues se trata de que los Poderes públicos faciliten a todos en las mismas condiciones el acceso a la cultura. En este precepto el derecho a la cultura en el artículo 44 constitucional se concibe como el derecho a los medios que faciliten su acceso, lo que supone que el Estado asume un papel relevante en esta materia. Papel relevante que, sin embargo, con ser fundamental, no pasa de ser de dimensión instrumental. Es decir, el contenido de la cultura no es de titularidad pública sino que es expresión del libre y solidario desarrollo de la vida espiritual e intelectual de las personas y de los pueblos. En otras palabras, el servicio de la cultura a que alude el artículo 149.2 de la Constitución cuando señala que «el Estado considerará el servicio de la cultura como deber y atribución esencial», no significa, solo faltaría, que la oferta cultural sea de titularidad pública. El Estado, de lo que si se responsabiliza es, de acuerdo con el artículo 9.2 constitucional, es de que todos tengamos acceso a la cultura, pero una vez garantizado el acceso, la oferta cultural, el contenido cultural, será libre como es lógico en un Estado social y democrático de Derecho.

El derecho a la cultura no es, no puede ser, un servicio público[265]. El nivel de intervención del Estado será proporcionado a la capacidad de la población de acceder a las distintas expresiones

---

[265] En contra J. TAJADURA TEJADA, «El derecho a la cultura como principio rector: multiculturalismo e integración en el Estado constitucional», *Actas del IX Congreso…*, p. 723.

y manifestaciones de la cultura. Podrá haber medios culturales públicos puesto que hay ciertas expresiones de la cultura de obvia conexión al interés general, pero también habrá, es lógico, oferta cultural proveniente de la iniciativa social. La cuestión del acceso se refiere a que todos podamos acceder a la cultura sin discriminación alguna, especialmente por motivos económicos o sociales. En este campo, la principal actividad del Estado junto a la oferta que pueda proceder del campo público, es la regulación, de forma y manera que a través de la función normativa el acceso de todos a la cultura sea real y efectivo.

¿A qué tipo de cultura se refiere la Constitución en el artículo 44? Para contestar a esta pregunta es menester situarse en el modelo de Estado social y democrático de Derecho y también es necesario ubicarse en los patrones culturales de la civilización occidental. Es decir, si la civilización occidental, como parece, procede de la impronta griega, romana y cristiana, nos encontramos con que el humanismo, la justicia y la solidaridad, conforman el entramado cultural en el que se reconoce la identidad europea. Expresión de esta matriz que procede de Roma, de Atenas y de Jerusalén, es, sin duda, la categoría del Estado de Derecho que, en su evolución, hoy se nos presenta bajo la fórmula del Estado social y democrático de Derecho.

Estas consideraciones son imprescindibles para entender el sentido del derecho a la cultura, que es un derecho humano que permite a la persona el acceso a determinadas manifestaciones de la vida del espíritu que componen la identidad propia de la civilización en la que habita.

El profesor Torres del Moral, consciente de la relevancia del artículo 44 constitucional, señala que en todo texto constitucional, al menos en el constitucionalismo más reciente, coexisten una Constitución política, una Constitución económica, y una Constitución cultural[266]. Así acontece en la Constitución española cuyo sentido cultural, más allá de concepciones más o me-

---

[266] A. TORRES DEL MORAL, «Comentario al artículo 44 de la Constitución», en O. Alzaga (dir.), *Comentarios a las leyes políticas*, Madrid, 1984, vol. IV, p. 210.

nos formalistas, hunde sus raíces en las bases de una civilización edificada sobre la separación de los Poderes del Estado, sobre el principio de juridicidad y sobre el reconocimiento de los derechos fundamentales de la persona.

Es verdad que la cultura se puede entender desde diferentes dimensiones. Por ejemplo, desde una consideración muy general, es un aspecto de la vida del ser humano. Es un ámbito de su realización como persona humana por ejemplo, diferente del político, económico o profesional. Diferente pero no distante porque a mi juicio la cultura impregna todas las facetas de la vida de la persona. La centralidad de la dignidad humana es el vértice de cualquier construcción cultural propia de la vida de las personas. A partir de ahí, las expresiones de la cultura encuentran su sentido y cabal realización. Esta sería la dimensión amplia de la cultura.

Desde otro punto de vista, desde la perspectiva del Estado social, especialmente, a partir del tan citado artículo 9.2 de la Constitución, toda persona debe poder, por el hecho ser persona, acceder a este conjunto de conceptos, ideas, expresiones, manifestaciones de la cultura en cualquiera de sus formas. Es decir, se trata de una perspectiva jurídica subjetiva la que plantea precisamente el artículo 44 de la Constitución española. La cultura como un derecho porque la cultura es necesaria para el libre y solidario desarrollo de todas las personas. Y por tanto, es un derecho que se deriva de la misma dignidad humana en cuanto permite a cada persona su libre y solidario desarrollo.

Si nos acercamos a las funciones del Estado en relación con la cultura en el Estado social, resulta que nos encontramos ante la obligación de los Poderes públicos, ex artículo 9.2 constitucional, de facilitar, promover el acceso de todos a la cultura. Una tarea que poco o nada tiene que ver con los dirigismos públicos en materia cultural. Más bien, se trata de que cada persona pueda acceder a la cultura de manera que pueda libre y solidariamente desarrollar su personalidad a través de las diferentes expresiones y manifestaciones en que la cultura se concreta y descompone. No se puede desconocer que la persona humana tiene una esfera materia, corporal, y otra espiritual y que ambas dimensiones del ser humano deben crecer armónica y equilibradamente, de manera que la cultura ayuda sobremanera a disponer de una sensibilidad espiritual que permite en esta esfera la realización personal.

El preámbulo de la Constitución española, como es bien sabido, se refiere la protección de las diferentes culturas de los pueblos de España, además de a la promoción del desarrollo de la cultura. En el primer caso, la referencia es clara a la cultura de los pueblos que componen España, a la identidad cultural colectiva. En el segundo supuesto, se refiere a la cultura como expresión del desarrollo espiritual e intelectual de las personas. Por ejemplo, un pueblo culto es un pueblo que sabe elegir a sus representantes con criterio. Un pueblo inculto es el que elige a sus representantes en función de una cierta relación de vasallaje o compraventa, por cierto más presente de lo que pudiéramos imaginar.

La cultura europea tiene, como sabemos, unas raíces, una tradición, un patrimonio que hemos heredado y que debemos acertar a comprender para conocer nuestra identidad: quiénes somos, de dónde venimos, a dónde vamos. Un cuadro de Rubens, una sinfonía de Mozart, una tragedia de Sófocles, un discurso de Ramiro de Maeztu o una escultura de Bernini tienen sentido en la medida en que conozcamos bien el contexto histórico y cultural en que tales manifestaciones se produjeron. En este sentido, sin el conocimiento de la Biblia y de los Evangelios no es posible comprender el sentido, no ya de la identidad misma de Europa, sino de cada una de las principales manifestaciones del arte.

Así lo ha reconocido nada menos que Umberto Eco, un intelectual italiano bien conocido en todo el mundo, tanto por su contribución a la semiología como por su famosa obra El nombre de la Rosa. Pues bien, este profesor universitario, nada sospechoso de su laicismo, señala en un artículo titulado «Los Reyes Magos» que más allá de cualquier consideración religiosa, es necesario que los alumnos en el colegio reciban una información básica sobre las ideas y tradiciones de las distintas religiones. La razón de tal propuesta es obvia: es imposible, dice Eco, entender digamos tres cuartos del arte occidental si no se conocen los hechos del Antiguo y Nuevo Testamento y las historias de los Santos.

El conocimiento de la religión es una manifestación cultural evidente. Sin el cristianismo, por ejemplo, no es posible entender la abolición de la esclavitud, la separación del poder temporal y el espiritual o la centralidad de la dignidad del ser humano. Es más, sin el pensamiento griego, el derecho romano y el cristianismo, Europa no habría sido lo que ha sido y lo que, a pesar de los pesares, es. Hoy, que se olvidan los orígenes, y en algunas latitudes se reniega de la historia, Europa está como está: triste y sola, consumida por la lógica de la dominación del dinero o de los votos. Mientras, es lógico, los derechos humanos, los derechos de las personas, se compran y se venden según lo que en cada momento sea más propicio para permanecer en la cúpula, para conservar el poder.

El conocimiento de la Biblia y del Nuevo Testamento, dos grandes textos desde los que justificar la liberación de quien no quiera vivir vinculado a las nuevas esclavitudes, es, insisto, fundamental para comprender las variadas y magníficas expresiones del arte europeo y global. Otros pensadores que lo tenían muy claro fueron, por ejemplo, Kant o Goethe. Para Kant el Evangelio es la fuente de donde surgió toda nuestra cultura. En opinión de Goethe, las Sagradas Escrituras son la lengua materna de Europa.

En España, país con uno de los mayores índices de fracaso escolar de Europa, las humanidades han ido desapareciendo de la palestra y la religión suele plantearse con acento ideológico. Este desprecio de la dimensión religiosa y espiritual de la persona, sobre todo si es católica, no solo es expresión de sectarismo y negación de la libertad religiosa, es, sobre todo, señal de incomprensión de la dimensión cultural del ser humano. Dimensión cultural, que si es genuina, interpela al hombre acerca de su libertad y de su conocimiento en orden a forjarse un itinerario vital coherente e iluminado por la dignidad de la condición humana.

La profunda crisis que se ha instalado en el mundo occidental, parece que por largo tiempo no es, ni mucho menos, ni una casualidad, ni un fenómeno repentino. Más bien, se trata de la constatación del ocaso de los principios que fundaron la llamada cultura jurídica europea, si se quiere, cultura jurídica occidental. En efecto, la matriz cultural y política del Estado de Derecho, principal expresión de toda una civilización y una forma de entender el mundo se resquebraja ante el dictado unilateral del poder político y del poder financiero.

A poco que se contemple la realidad circundante se observa como el primado de los derechos fundamentales de la persona se pisotea y lesiona por doquier, empezando por el derecho a la vida. Por otra parte, la separación de los poderes es una quimera, habiéndose admitido, como algo inevitable, el dominio de uno de los tres poderes del Estado sobre los otros. Y, por si fuera poco, nos encontramos no pocos parlamentos convertidos en espacios de confrontación, no como escenarios para que prenda la ordenación racional de los asuntos generales, sino del enfrentamiento, como el resultado de una forma unilateral de ejercicio del poder. En el fondo, es el triunfo de Hobbes, la voluntad del poder, sobre Tomás de Aquino, el poder asentado en la razón, la victoria de la voluntad sobre la razón, el predominio del poder sobre el derecho.

A esta situación se ha llegado, precisamente por haber horadado los más elementales rudimentos del Estado de Derecho. Y no solo eso, si en lugar de cultivar el gusto por el pensamiento, sobre todo en los jóvenes, se inocula desde la cúpula la dictadura del emotivismo y el reinado del consumismo insolidario, resulta que las humanidades nada pintan y hasta deben desterrarse de los planes de estudios a favor de una visión más pragmática y funcional, más rentable. En este ambiente, la utilidad se impone, el lucro todo lo justifica y la única ley que se tolera es la del máximo beneficio en el más breve plazo de tiempo posible. En el terreno político, el voto a cualquier precio, usando los procedimientos o métodos que sean, eso es lo de menos.

Hoy estamos dominados por una dictadura sutil pero tremendamente poderosa. Estamos bajo la égida de ese pensamiento único del que algunos obtienen pingües beneficios y por eso luchan denodadamente por mantener la posición. Estamos ante el primado de la voluntad y la fuerza sobre la razón y el derecho. Estamos sumidos en un panorama cultural de pensamiento plano y unilateral que brilla con luz propia en un ambiente en el que el pluralismo es un peligro y en el que existe, está comprobado, un colosal miedo a abrir las ventanas a los postulados de lo que se denomina pensamiento abierto, plural, dinámico y complementario.

Por todo ello, y por muchas razones más, para acabar con la crisis moral que asola el mundo llamado occidental es menester recuperar la razón, la centralidad de la dignidad del ser humano, el gusto por el pluralismo y, sobre todo, un espacio público en el que de verdad sea posible escuchar y tener presentes todas las variadas expresiones que habitan en una sociedad que, por definición, es abierta. Mientras siga dominado el enfoque unilateral, único y exclusivo del que algunos extraen cuantiosísimos beneficios, seguiremos, erre que erre, instalados en el actual estado de cosas.

En fin, el mundo occidental precisa también de una rebelión intelectual que denuncie las causas de lo que nos pasa y que, a la vez, proponga soluciones. Unas soluciones que, a mi juicio, se encuentra en el pensamiento abierto, plural, dinámico y complementario en un marco de racionalidad en el que la justicia y la solidaridad jueguen el papel que se merecen.

Europa, la civilización de la libertad y la solidaridad, apuntalada sobre el derecho romano, el pensamiento griego y la cultura cristiana, pierde a borbotones sus señas de identidad. El Estado de Derecho basado sobre el principio de juridicidad, la separación de poderes y el reconocimiento de los derechos fundamentales de la persona se tambalea mientras aparece un nuevo autoritarismo *soft* que amenaza el bienestar integral de las mayorías a manos de minorías que aliadas con determinados poderes económicos y mediáticos intentan imponer un pensamiento único que no duda, en nombre de las nuevas doctrinas de la modernidad, expulsar del espacio de la deliberación pública todo lo que no se arrodille ante sus dictados.

Europa, hueca por dentro, renuncia a sus valores y busca desesperadamente en el dinero, el poder o la notoriedad su nueva tarjeta de presentación. Europa parece paralizada por una mortal crisis circulatoria, forzada a someterse a trasplantes que anulan su identidad. Trasplantes de vienen de la mística asiática, de la América precolombina, del Islam, del neomarxismo o de los nuevos materialismos que hacen de la persona un objeto de usar y tirar.

Al leer y estudiar los Tratados fundacionales de la Unión Europea no está de más recordar que Adenauer, Schuman o De Gasperi pensaban que el fundamento de la integración europea se encontraba en la herencia de lo que lo cristiano había edificado en el solar europeo durante bastantes siglos. Para los fundadores de la Unión Europea estaba claro que las destrucciones a las que nos habían enfrentado la dictadura nazi y la dictadura de Stalin se basaban precisamente en el rechazo de esos fundamentos, en un monstruoso orgullo que ya no se sometía al Creador, sino que pretendía crear un hombre mejor, un hombre nuevo, y transformar el mundo malo del Creador en el mundo nuevo que surgiría del dogmatismo de la propia ideología.

El tiempo demostró que estas ideologías fracasaron dejando una estela de muerte y perversión tremenda. Hoy, quizás de manera más imperceptible, resulta que la nueva ideología, la exaltación de la racionalidad técnica y económica, poco a poco va minando los rasgos morales de una civilización que encontraba en la centralidad de la persona y sus derechos inalienables el sentido y su fundamento mismo. Mientras tanto, seguimos basando la integración europea única y exclusivamente en el elemento económico, olvidando la gran cuestión: los pilares espirituales propios de Unión Europea.

Marc Fumaroli[267], un intelectual que desafía lo políticamente incorrecto, sostiene en su magnífico libro, polémico donde los haya, El Estado de la cultura, que estamos en un mundo de vampirismo del Estado cultural, de un Estado que dirige el proceso nihilista en el que vivimos: el Estado ha sido tomado por una

[267] *Vid.* M. FUMAROLI, *El Estado de la cultura*, Barcelona, 2007.

oligarquía que se ha ido instalando, de una u otra manera en el ministerio de cultura, eliminando todo vestigio de vida cultural para propagar una suerte de entretenimiento desalmado que socava de cualquier educación cívica que se precie a base de una agresiva publicidad de fiestas publicitarias. Se trata, de un proceso dirigido a evitar cualquier asomo de gusto por las humanidades, por el pensamiento crítico, por la filosofía o por la historia, Prohibido pensar, prohibido salirse del carril único que dictan los nuevos tecnócratas del momento.

En este ambiente, Fumaroli reclama, con buen criterio, que el Estado claro que tiene una función fundamental en la materia cultural. Pero su tarea no debe concentrase, como ahora hacen los burócratas de la cultura, en dictar modas o financiar determinadas estrategias culturales orientadas para manipular, bajo el pensamiento único, a la juventud. Más bien, el Estado, que tiene mucho que hacer en este campo, ha de conservar el patrimonio nacional, apoyar y subvencionar los teatros, las óperas y los conciertos de calidad, ha de alentar, igualmente, escuelas de pintores, de actores o bailarines, por ejemplo, de excelencia. El Estado, señala el académico francés, no es quien para intervenir en el gusto o en los caprichos del pueblo. Los Poderes públicos en materia cultural tienen, por tanto, una gran misión como es la de promover expresiones culturales de calidad, animar la vida cultural, haciendo posible que puedan crecer las iniciativas que salen del propio umbral de la cultural. Sin embargo, como la tecnoestructra cultural del momento se caracteriza por el miedo, mejor, el pánico a la libertad y a la diferencia, elimina de raíz, normalmente, cualquier asomo de vida cultural genuina.

Como señala Fumaroli, hoy la vida cultural y la vida espiritual no es una prioridad[268]. La razón no es otra que la ausencia de una perspectiva plural en el concepto de la educación. De una manera más o menos deliberada, las humanidades han sido desprestigiadas del ámbito educativo. La especialización y el dominio de la técnica han ido, poco a poco, arrinconando a las humanidades

---

[268] *Vid.* M. FUMAROLI..., *in toto.*

hasta convertirlas en algo inútil para el «hombre» moderno. En realidad, tal pretensión, que hoy es una realidad esconde un profundo fracaso que es menester denunciar y resolver. Cuando se considera un lujo la educación humanista, dice Fumaroli, se está en el camino de la planificación, de la mediocridad, del servilismo y de la esclavitud.

Hoy estamos necesitados de rebeldía, de espíritu crítico, de temple cívico, de coraje ciudadano para darnos cuenta de que los principios de nuestra civilización están siendo socavados para instalar, en su lugar, un sistema dominado por un consumismo insolidario y ferozmente individual que lo único que persigue, como en el pasado, es el lucro económico y de poder para unos pocos y la miseria, fundamentalmente moral e intelectual, para la mayoría.

En fin, el derecho al acceso a la cultura, ubicado en sede de Principios rectores de la política social y cultural, nos remite al concepto de derechos que requieren para su efectividad una acción positiva del Estado, derechos también denominados derechos de prestación. El problema de la naturaleza del derecho a la cultura, derecho en el que se integra como parte integrante, el derecho a la educación, nos conduce a explicar por qué el derecho a la educación es un derecho fundamental de la persona y el de acceso a la cultura no lo es. En realidad, para resolver esta aparente antinomia, hay que tener en cuenta que el derecho a la educación es un derecho concreto, exigible judicialmente porque en sí mismo admite esta singularidad.

En cambio, el derecho a la cultura, que tiene muchos aspectos y dimensiones, es de difícil concreción, pues en un caso puede proyectarse como derecho a disfrutar del patrimonio histórico artístico, como derecho al disfrute de la música, de la literatura, o de una puesta de sol. La clave está en que todos los ciudadanos puedan tener acceso a las manifestaciones de la cultura de su preferencia, siempre, es claro, que a través de ellas no se cometan delitos o se haga apología del terrorismo, un fenómeno hoy lamentablemente de palpitante y rabiosa actualidad en tantas partes del globo.

El derecho a la cultura es, obviamente, el derecho a los medios que facilitan su acceso. El Estado en este punto juega un papel importante porque es responsable que todos los ciudadanos se encuentren en igualdad de condiciones para el acceso a la cultura. Tal función de promoción, de facilitación, de acceso libre y abierto a la cultura no significa necesariamente que la cultura sea un servicio público en sentido estricto porque obviamente, como señalamos anteriormente, la cultura, solo faltaría, no es una actividad ni una función de titularidad pública. Si así fuera, sus distintas manifestaciones podrían ser ejercidas por las diversas iniciativas sociales a través de la concesión administrativa, lo que sería, en el marco de un Estado social y democrático de Derecho, una auténtica contradicción. Otra cosa, bien distinta, es que sea un servicio de interés general a través del cual el Estado garantice una cultura para todos, asequible y de calidad.

Que la Constitución en el artículo 149.2 señale que el servicio de la cultura sea un deber y un atributo esencial no quiere decir que deba ser un servicio público. Más bien, lo que se pretende subrayar en este artículo de nuestra Carta Magna es que al Estado corresponde una función de gran relevancia social en esta materia consistente en que todos los españoles sin discriminación alguna puedan acceder a las distintas manifestaciones de la cultura, sea está producida en el ámbito público o privado. Eso quiere decir lo que quiere decir, no que la cultura sea un servicio público, lo cual, insisto, sería un grave atentado contra las formas de expresión más libres y abiertas del espíritu humano, una inaceptable forma de limitar la libertad y, sobre todo, una intolerable forma de dirigismo en tiempos en los que la libertad soclidaria debiera ser la nota característica de las diversas iniciativas de esta naturaleza.

• El artículo 45 de la Constitución.

Probalemente, junto al derecho a la vivienda, el derecho al medio ambiente del artículo 45 sea el que más literatura ha generado de los llamados derechos sociales fundamentales. Estamos en presencia de un derecho subjetivo y de un Principio rector. De un derecho de la persona y de una obligación de la Administración.

La degradación del medio ambiente es, sin duda, uno de los problemas de mayor trascendencia a los que ha de hacer frente la sociedad actual. La explotación intensiva de los recursos naturales, la desaparición de especies de la flora y fauna, el proceso creciente de urbanización, la degradación de la calidad del aire en las ciudades, la gestión desordenada de los residuos industriales, el vertido de sustancias tóxicas al medio acuático y el escaso control de las actividades contaminantes son acciones humanas que pueden abocar a una perturbación irreversible del equilibrio económico general de consecuencias imprevisibles.

Declaraciones reiteradas de organismos internacionales, entre ellas el propio artículo 2 del Tratado constitutivo de la Comunidad Europea que configura como una de las misiones de la misma la obtención de un crecimiento sostenible y no inflacionista que respete el medio ambiente, vienen señalando la importancia trascendental del medio ambiente y del riesgo que entraña esta acción devastadora sobre el entorno.

El medio ambiente se configura así como un concepto nacido para reconducir a la unidad los diversos componentes de una realidad en peligro, como advierte la Sentencia del Tribunal Constitucional del Reino de España 102/1995, y para dar protección a una realidad evidentemente puesta en peligro por la irracionalidad de la actuación humana.

La protección consiste en una acción de amparo, ayuda, defensa y fomento, guarda y custodia tanto preventiva como represiva; acción tuitiva en suma que por su propia condición se condensa tanto en las normas como en las actuaciones para su cumplimiento.

La gestión del medio ambiente es, por su propia naturaleza, una tarea vinculada a los intereses generales que ha de ejercerse por las Administraciones Públicas. En este sentido la Administración asume una gran responsabilidad respecto de su obligación de tutelar el medio ambiente, estableciendo un régimen jurídico para su uso que incluya la fijación de límites cuantitativos y cualitativos a las emisiones o vertidos. Así ocurre con los límites de emisión o de inmisión a la atmósfera, con los límites de los vertidos a las aguas terrestres o marítimas o con los pesticidas o fertilizantes utilizados en agricultura. La fijación de estos límites suele ir acompañada de la determinación de los métodos analíticos correspondientes, ya que de ello depende el que puedan tenerse datos homogéneos que puedan contrastarse.

La determinación de estas condiciones se proyecta también a la determinación de las especies animales y vegetales protegidas y a las medidas que se exigen cumplir en orden a su preservación. También se fijan características de calidad de combustibles o de otras materias primas, así como se imponen los niveles tecnológicos adecuados para la prevención o reducción de la polución.

Consustancial a lo señalado anteriormente es que la Administración tenga los servicios de control necesarios para que quede garantizado el respeto a los estándares establecidos. La forma más habitual que se utiliza es el sometimiento a licencia o autorización de las actividades que puedan tener un contenido perturbador para el medio ambiente. El control puede requerir de inspecciones, que deben tener una previa habilitación legal, y de ellas puede derivarse una eventual sanción, así como la toma de las medidas cautelares y de restauración que sean pertinentes.

El control de la atmósfera se realiza por un servicio coordinado de titularidad de varias Administraciones; el de los cauces fluviales por las Confederaciones hidrográficas; el de los vertidos marinos por los servicios de costas; los residuos urbanos y el agua potable por los Municipios; las emisiones de los vehículos por los Departamentos de Industria, etcétera.

Todas las Administraciones públicas, por otro lado, dentro de sus respectivas competencias, tienen funciones de tutela de las especies animales o vegetales. Generalmente los Departamentos de Agricultura son los que asumen estas responsabilidades.

La Constitución española en su artículo 45 proporciona base más que suficiente para que formulemos la existencia de un derecho humano a disfrutar de un medio ambiente adecuado. Un medio ambiente construido y diseñado a escala humana, para que la persona pueda realizarse libre y solidariamente. Un medio ambiento que debe ser preservado por los Poderes públicos. Por eso, el derecho al medio ambiente requiere de una acción positiva del Estado encaminada a hacer posible tal realización libre y solidaria de las personas, de los ciudadanos.

El medio ambiente, como su propia denominación muestra, es medio, no fin. Es un medio que las Autoridades deben conservar en las mejores condiciones para esa libre y solidaria realización de las personas y de los pueblos. En un tiempo en el que el capitalismo salvaje domina el escenario general, la conservación y mejora del medio ambiente cobra más relevancia pues los ataques son de tal calibre que se ha instalado, en unas latitudes más que otras, un peligroso proceso de dominación ambiental con el fin de obtener de él el mayor beneficio en el más breve plazo de tiempo posible.

Las relaciones entre la libertad y el poder público, entre la intervención pública y los derechos e intereses legítimos de los ciudadanos, conforman uno de los puntos cardinales desde el que se alumbra un nuevo Derecho Administrativo entendido como el derecho del poder público para la libertad solidaria.

El sentido de la libertad económica y el alcance de la presencia del Estado en la economía es un tema permanente del debate acerca de las relaciones entre libertad y Estado, entre el derecho humano al medio ambiente y la naturaleza de las potestades y poderes del Estado. En el caso del Derecho de la Unión Europea, la pugna entre libertades económicas, libertad de circulación de personas, bienes o servicios y el interés general constituye un botón de muestra bien elocuente de la tensión que siempre ha existido entre libertad e intervención pública. El equilibrio entre las libertades económicas y la cohesión social, qué duda cabe, es precisamente uno de los grandes desafíos de la construcción europea que, por la preponderancia de la dimensión mercantil, está dando al traste con la propia personalidad e identidad de un continente que fue capaz de comprender durante largo tiempo la relevancia de la libertad solidaria, la importancia del sentido del límite.

En efecto, las libertades tienen límites. El interés general también tiene límites. Las libertades a veces colisionan unas con otras y es menester realizar una tarea de ponderación que permita, en cada caso, preservar la dignidad del ser humano. Y, en ocasiones, las más, el despliegue operativo de esas libertades puede lesionar el interés general, tantas veces, como se demuestra en las páginas de este libro, residenciado en el derecho al medio ambiente, que también es un derecho fundamental del ciudadano. En materia agraria, en materia ganadera especialmente, las normas comunitarias, directivas y reglamentos, limitan, en algunos casos prohíben, la libre circulación de animales o planteas que puedan ocasionar atentados al medio ambiente. En estos supuestos, el Tribunal de Justicia, cuando ha tenido que conocer de alguna cuestión prejudicial, ha dejado bien claro, como no podía ser de otra manera, que esos límites deben estar acreditados, argumentados, motivados.

Que la regla general sea la existencia de un mercado interior con libertad de circulación de personas, bienes y servicios no quiere decir, ni mucho menos, que no existan excepciones. Unas excepciones que cobran sentido porque ayudan a entender el juego de la libertad desde la perspectiva de los valores comunitarios. Si la libertad económica y la cohesión social son los dos componentes básicos de la identidad europea, es lógico que las libertades económicas y comerciales se entiendan desde este punto de vista. Es más, una concepción absoluta de la libertad económica no sería comunitaria pues atentaría gravemente a la esencia de los Tratados fundacionales. En el mismo sentido, una idea ilimitada del interés general, sin concreción y sin argumentación, igualmente constituiría una profunda quiebra de la sustancia comunitaria.

Desde la aproximación a las ciencias sociales a partir de los postulados del pensamiento abierto, plural, dinámico y complementario, se entiende francamente bien la funcionalidad del mercado interior en la Unión Europea y su necesaria interacción con aspectos nucleares del interés general como pueden ser la protección del medio ambiente y la preservación de la salud. Libertad e interés general no son realidades contrapuestas o que se relacionen únicamente desde la confrontación. Más bien son dos realidades complementarias, que se entienden desde la integración y la armonía al servicio de la dignidad del ser humano, que es, como todos sabemos, la piedra de toque del Ordenamiento fundacional europeo.

El artículo 30 del Tratado de la Unión Europea, como es bien sabido, prohíbe en el comercio entre los Estados miembros las restricciones cuantitativas a la importación, así como todas las medidas de efecto equivalente. El principio es la libertad de circulación y la excepción la restricción. Es decir, tanta libertad como sea posible y tanta restricción como sea necesaria para garantizar la libertad de circulación de forma objetiva y adecuada.

El Tribunal de Justicia de la Unión Europea ha entendido, en reiterada jurisprudencia, que debe considerarse como medida de efecto equivalente a la restricción cuantitativa cualquier normativa comercial de los Estados miembros que pueda obstaculizar de forma directa o indirecta, real o potencialmente, el comercio intracomunitario. Sin embargo, como señala la sentencia del Tribunal de Justicia de la Unión Europea de 17 de septiembre de 1998, el artículo 30 del Tratado no será un obstáculo para las prohibiciones o restricciones a la importación cuando estas se justifiquen, en particular, por razones de protección de la salud de las personas, con la condición de que tales prohibiciones o restricciones no constituyan ni un medio de discriminación arbitraria ni una restricción encubierta del comercio entre los Estados miembros.

Por ejemplo, la directiva 94/25, en su artículo 4 parágrafo 1 (versión modificada por la directiva 2003/44) dispone que los Estados miembros no prohibirán, ni limitarán, ni impedirán la comercialización y/o puesta en servicio en su territorio de determinados productos, en este caso las motos acuáticas. Por su parte, un reglamento sueco sancionó a varios particulares por conducir motos acuáticas fuera de las vías de navegación pública. La cuestión que se le planteó al Tribunal es, obviamente, si tal norma interna que prohíbe el uso de motos acuáticas en determinadas zonas en contraria al Derecho Comunitario. O, mejor si los artículos 28 a 30 del Tratado se oponen a normas limitadoras de los Estados miembros por motivos de protección ambiental. El Tribunal lo tiene claro pues entiende, en sentencia de 4 de junio de

2009, que una normativa nacional puede estar justificada por el objetivo de la protección ambiental mientras respete en términos generales la directiva. Por eso concluye el Tribunal de la Unión Europea que los artículos 28 a 30 del Tratado no se oponen al reglamento sueco siempre que las autoridades nacionales competentes estén obligadas a adoptar las medidas de aplicación previstas para designar las zonas situadas fuera de las vías de navegación públicas en las que pueden utilizarse las motos acuáticas, siempre que dichas autoridades hayan ejercicio efectivamente la competencia que les ha sido conferida a este respecto y hayan designado las zonas que cumplen los requisitos establecidos en la normativa nacional, y siempre que tales medidas hayan sido adoptadas en un plazo razonable tras la entrada en vigor de dicha normativa.

En este caso, pues, la excepción a la libertad de circulación de motos acuáticas por razones de medio ambiente, perfectamente coherente, ha de concretarse y argumentarse de forma y manera que la norma interna que limita en su territorio la libertad económica por razones de protección ambiental debe especificar las zonas navegables no aptas para estos productos. El medio ambiente, la protección del medio ambiente se nos presenta como una condicionante relevante al despliegue operativo de la libertad económica por razones fácilmente entendibles.

Probablemente, los límites a la libertad de circulación de mercancías resulten bien patentes cuando se trata de la protección de la salud de las personas. En un caso bien elocuente, el Tribunal de Justicia entendió, por sentencia de 11 de julio de 2005, que una normativa nacional que establece por un lado la prohibición de usar tricloroetileno (sustancia con potencial cancerígeno) con fines profesionales y, por otro, un sistema de excepciones individuales y condicionadas está justificado con arreglo al artículo 36 del Tratado por razones de salud de las personas.

En otras ocasiones, el Tribunal de Justicia de la Unión Europea ha entendido, sentencia de 5 de febrero de 2004, que una normativa nacional que exige que la comercialización de determinados bienes se supedite a la inclusión previa de éstos en una lista positiva, dificulta y encarece su comercialización y, en consecuencia, obstaculiza los intercambios entre los Estados miembros. Sin embargo, las excepciones a esta regla general del mercado interior deben ser justificadas en razones de protección de la salud y de la vida de las personas y de los animales, siempre que dichas prohibiciones, restricciones o limitaciones, dice la sentencia del Tribunal de Justicia de 11 de mayo de 1999, no constituyan ni un medio de discriminación arbitrario ni una restricción encubierta del comercio interior en la Unión Europea. Además, como señala esta última sentencia, según el artículo 30 del Tratado, lo dispuesto por los artículo 28 y 29 sobre la protección de la salud y la vida de los animales constituye una exigencia fundamental reconocida en el Derecho Comunitario que permite justificar tales restricciones. La sentencia del Tribunal de justicia de 12 de octubre de 2000 recuerda que las restricciones a la libre circulación de mercancías pueden estar justificadas por exigencias imperativas como la protección del medio ambiente.

Las limitaciones deben ser razonables, lo que significa que la arbitrariedad en la restricción no es posible. En efecto, la restricción debe estar adecuadamente razonada, motivada, justificada. En el caso de la protección ambiental el Tribunal se refiere a exigencia imperativa. Es decir, se trata de hechos que se imponen por sí mismos. En el caso de la sentencia de 19 de junio de 2008, la posibilidad de que determinados mamíferos puedan subsistir en libertad representa una amenaza ecológica, situación que encaja en el concepto de exigencia imperativa.

Parece, a juzgar por la realidad actual y, sobre todo, por la evolución que ha tenido en Europa esta cuestión, que deberíamos releer con más profundidad, desde una perspectiva más amplia, a los profesores de la Escuela de Friburgo, a los inventores del concepto de la economía social de mercado o de economía de mercado social. Sobre todo cuando formulaban aquella máxima tan célebre, y tan relevante: tanta libertad como sea posible y tanta intervención como sea imprescindible. La intervención pública en esta materia solo tiene sentido para garantizar el ejercicio de los derechos y libertades desde parámetros de racionalidad y objetividad. El mercado tiene reglas. Sin reglas el mercado sería la selva. La libertad tiene límites, como también los tiene la intervención pública.

El equilibrio, la ponderación, la mesura en los espacios de complementariedad entre estas dos realidades, ayuda a encontrar las soluciones a las tensiones que se producen entre el ánimo de lucro y la necesidad de preservar el interés general, tantas veces situado en cuestiones de salud o de medio ambiente. Por eso, la jurisprudencia del Tribunal de Justicia de la Unión Europea se refiere a discriminaciones arbitrarias, restricciones encubiertas o exigencias imperativas. Porque la limitación de la libertad, que es la regla, debe ser razonada. Más todavía, el grado de racionalidad de la limitación vendrá exigido por la intensidad de la libertad de comercio en el sector de que se trate. Por eso, el riesgo de una amenaza ecológica como consecuencia de la libre circulación de especies animales peligrosas o potencialmente dañinas para el medio ambiente es, qué duda cabe, una exigencia imperativa para la limitación.

El medio ambiente, la protección medioambiental, es un asunto de obvio y evidente interés general que limita, como es lógico, la libertad de comercio la Unión Europea. La jurisprudencia del Tribunal de Justicia de la Unión Europea ha sido bien clara y rotunda para limitar en determinados supuestos esta libertad comercial reconocida en los Tratados fundacionales cuando efectivamente existen razones adecuadas, proporcionadas, justificadas que así lo demanden. De ahí que las limitaciones de las libertades económicas por razones de medio ambiente, también con objeto de la protección de la salud de las personas, han de estar, no solo previstas en las normas, sino presentarse de forma puntual y justificadamente.

En realidad, tras la existencia de límites a las libertades reconocidas en los Tratados fundacionales se encuentra la misma construcción de los derechos fundamentales en el Estado social y democrático de Derecho. Tema al que en el pasado he prestado alguna atención y que me parece que está en la médula del entendimiento del sentido moderno del Derecho Público Económico. En el fondo, en esta construcción doctrinal, y jurisprudencial del sentido de las libertades en el Estado social y democrático está la clave para comprender el papel de la libertad y de la intervención, la función del derecho fundamental de la persona y del Estado, el entendimiento de para mía la noción clave: la libertad solidaria.

En Italia, la Constitución no se refiere expresamente al medio ambiente porque al momento de ser elaborada tal cuestión no tenía la relevancia actual. Sin embargo, con el paso del tiempo la conciencia ambiental cobra carta de naturaleza a través del artículo 32 en el marco jurídico del derecho a la salud. La doctrina, por su parte, ha entendido el ambiente no solo como un valor constitucional, sino como un derecho subjetivo perfecto constitucionalmente garantizado y protegido[269] tal y como también ha reconocido el Tribunal Constitucional de la República italiana[270].

En Alemania, como recuerda Arlucea, se siguió un camino bien parecido al de Italia hasta 1994, año en el que se introduce, en el marco de la reforma constitucional, el tema más allá de su consideración en el sistema de distribución de competencias entre el Bund y los Landers[271], En este sentido, la jurisprudencia del Tribunal Constitucional Alemán, a falta de norma expresa en que apoyarse, abrió un espacio amplio y coherente desde el que dar al medio ambiente el relieve y calibre jurídico que se merece. Así, se ha considerado que la dignidad humana y el libre desarrollo de la personalidad, contemplados en los artículos 1 y 2 de la Ley Fundamental de Bonn precisan para su desarrollo un sustrato ambiental mínimo. También se puede entender, a falta de precepto concreto en la materia, que será la Constitución como Corpus unitario la que imponga una salud ambiental mínima como prerrequisito de la vida humana, natural, social y económica. Y, finalmente, a partir de la centralidad de los derechos

---

[269] C. SALMI, *Diritto dell'ambiente*, Milán, 1989, p. 25.

[270] La sentencia del Tribunal Constitucional Italiano 184/83 de 22 de junio califica al medio ambiente de bien constitucionalmente relevante, y la 617/87 de 30 de diciembre como valor fundamental de la colectividad.

[271] E. ARLUCEA, «El derecho a disfrutar de un medio ambiente adecuado», en J. Tajadura (dir.), *Los principios rectores...*, *loc. cit.*, p. 299.

fundamentales se argumentará que su efectividad será imposible sin un ecosistema equilibrado[272].

Tampoco Francia se escapa de una deficiente regulación constitucional del medio ambiente, aunque los Jueces han tenido gran presencia en la materia si bien la normativa, profusa y contradictoria, ha determinado cierta ineficacia[273]. La referencia al medio ambiente se ha encontrado nada menos que en el preámbulo de la Constitución de 1946 al tratar de las condiciones necesarias para garantizar a la persona y a la familia los derechos de salud, descanso y ocio. También se ha encontrado un cierto anclaje constitucional en las limitaciones del derecho de propiedad por razones de salvaguarda ambiental del artículo 34 constitucional[274].

• El artículo 46 de la Constitución.

El artículo 46 de la Constitución se refiere, como es bien sabido, al Principio rector del patrimonio histórico: «Los Poderes públicos garantizarán la conservación y promoverán el enriquecimiento el patrimonio histórico, cultural y artístico de los pueblos de España, y de los bienes que lo integran, cualquiera que sea su régimen y su titularidad. La ley penal sancionará los atentados contra ese patrimonio».

Es decir, los Poderes públicos asumen una función básica en relación con el patrimonio histórico, cultural y artístico de los pueblos de España: conservarlos y promover su enriquecimiento. Es decir, además del mantenimiento en buen estado del patrimonio cultural, histórico y artístico, la Constitución manda a los Poderes públicos una acción de enriquecimiento, de puesta en valor de manera creciente que ayude a proyectar en el mundo uno de los conjuntos patrimoniales más importantes del mundo.

El antecedente más próximo de este precepto de la Constitución vigente hemos de buscarlo en la Constitución de 1931, artículo 45, en donde se disponía que el conjunto de este patrimonio

[272] E. ARLUCEA, *ibíd.*
[273] E. ARLUCEA, *loc. cit.*, p. 300.
[274] *Ibíd.*

de orden cultural se denomina Tesoro Cultural de la Nación, que queda bajo la salvaguarda del Estado, que a su vez podrá prohibir su exportación y enajenación y decretar las expropiaciones legales necesarias para su defensa. Además, este precepto señalaba que el Estado organizará un Registro de la riqueza artística e histórica, asegurará su celosa custodia y atenderá a su perfecta conservación. El Estado, terminaba el citado artículo 45, protegerá también los lugares notables por su belleza natural o por su reconocido valor artístico e histórico. En desarrollo de este precepto constitucional se promulgó la ley de 13 de mayo de 1933 de Patrimonio Artístico Nacional y su reglamento de aplicación de 16 de abril de 1936, normas que han estado en vigor por más de cincuenta años.

Con independencia de lo avanzado de la regulación republicana en la materia, muy superior a la de la Constitución de 1978, llamaría la atención acerca del correlativo derecho de los ciudadanos a disfrutar del patrimonio cultural y del patrimonio natural como expresiones de la centralidad de la dignidad humana, que encierra una componente espiritual orientada a la realización de la propia personalidad individual en el marco del entorno cultural y natural en que se vive.

Un análisis somero del 46 constitucional actual nos permite, de acuerdo con Lasaga Sanz, señalar las principales funciones de los Poderes públicos en la materia[275]. A saber, garantizar, mandato imperativo y de obligado cumplimiento; conservar, mantener, que supone el ejercicio de distintos títulos habilitantes como pueden ser permisos, prohibiciones, licencias, inspecciones o medidas de fomento (ayudas y medidas fiscales) o de servicio público (restauración y disfrute público); promoción, acción típica de fomento dirigida a mejora del conjunto patrimonial; y, finalmente; enriquecimiento, incrementando cualitativa y cualitativamente el patrimonio recibido.

---

[275] R. LASAGA SANZ, «La protección del patrimonio histórico», en J. Tajadura (dir.), *Los principios rectores de la política social y económica, loc. cit.*, p. 350.

- El artículo 47 de la Constitución.

Como es sabido, el artículo 47 de nuestra Carta Magna se refiere a la vivienda en estos términos: «Todos los españoles tienen derecho a una vivienda digna y adecuada. Los Poderes públicos promoverán las condiciones necesarias y establecerán las normas pertinentes para hacer efectivo este derecho, regulando la utilización del suelo de acuerdo con el interés general para impedir la especulación.

La comunidad participará en las plusvalías que genere la acción urbanística de los entes públicos».

Este precepto constitucional constata que en el capítulo III de la Constitución hay derechos y hay principios. Hay derechos que, en efecto, reclaman para su realización la actuación prestacional del Estado. Derechos, como el presente, el de una vivienda digna y adecuada que afecta directamente a la dignidad del ser humano, pues no se concibe como es posible que una persona que no disponga de una vivienda digna pueda desarrollarse libre y solidariamente como tal.

El derecho a la vivienda digna, y la correspondiente política pública orientada a su realización, también nos invitan a plantear la cuestión del Derecho Administrativo como un Derecho Público centrado en la realización, libre y solidaria, de la dignidad humana, lo que se comprende cabalmente al analizar y estudiar esta vertiente del Derecho Administrativo dirigida al tratamiento jurídico de los derechos fundamentales sociales. Hay muchos derechos económicos, sociales y culturales, los denominados DESC, pero no todos son fundamentales. La fundamentalidad de los derechos hace referencia, a mi juicio, a su inextricable conexión a la dignidad del ser humano.

Por otra parte, no podemos olvidar, de ninguna manera, que el derecho humano a una vivienda digna y adecuada tiene como basamento la existencia de un urbanismo y una ordenación del territorio razonable y plenamente humanos.

En efecto, el urbanismo, como ciencia social que comprende diversas dimensiones de la realidad y del conocimiento, ha de analizarse y comprenderse desde una perspectiva abierta, plural, dinámica y complementaria. Consecuencia de estos postulados metodológicos de la aproximación científica al uso racional del suelo es la consideración multidisciplinaria del urbanismo, desde la que es menester convocar a un dialogo sincero y fecundo entre juristas, economistas, sociólogos, geógrafos, arquitectos y demás profesionales vinculados a la materia del que deben salir soluciones humanas y solidarias que atiendan a las más elementales necesidades colectivas de los ciudadanos, entre la que hoy, sin duda, se encuentra el derecho a una vivienda digna y adecuada para todos, expresión real del bienestar general al que deben tender los Poderes públicos en su quehacer cotidiano.

El urbanismo, además, ha de contemplarse desde la ordenación del territorio y el medio ambiente, parámetros y vectores que han de integrarse armónicamente con la ordenación racional del uso de suelo en orden a un mejor y más plural desarrollo integral de los habitantes. Hoy, en los tiempos que corren, no es posible afrontar desarrollos urbanísticos desde posiciones unilaterales y unitarias. Es necesario, por tanto, que la perspectiva de la ordenación del territorio, a través de directrices generales oriente un urbanismo enraizado en la protección medioambiental.

Las potestades públicas que se operan en el urbanismo han de ejercerse racional y objetivamente, asegurando que el bienestar general de los ciudadanos, que las condiciones de habitabilidad y desarrollo del pueblo, presidan las decisiones discrecionales o regladas a adoptar en cada caso. Cuando ello no acontece, la corrupción hace acto de presencia y enturbia, cuando no prostituye, las relaciones jurídicas y las mismas relaciones humanas.

El urbanismo, como sabemos, es una ciencia social comprometida con la mejora permanente de la calidad de vida de los ciudadanos que aspira que a partir de los desarrollos y ordenaciones urbanos, los seres humanos puedan realizar su libertad solidaria. Si no se contempla la centralidad del ser humano a la hora del urbanismo es posible que el derecho a la vivienda digna y adecuada ceda ante cuestiones tecnoestructurales y ante prejuicios corporativos de unos y otros profesionales.

Los planes de ordenación urbana, desde esta orientación abierta, han de integrar en su seno la perspectiva territorial y medio ambiental, han de diseñarse en un marco de participación real del pueblo, de la ciudadanía, asegurando que las cuestiones técnicas y ornamentales se orienten a favor del desarrollo personal e integral de las personas. Desde un punto de vista organizativo, resulta que las competencias urbanísticas han de repartirse entre los diferentes niveles de gobierno en atención a la mejor gestión del interés público y por supuesto, pensando siempre en las necesidades colectivas de la ciudadanía.

El transporte urbano constituye, en este marco, un elemento capital que ha de tenerse en cuenta en los planes de ordenación urbana buscando técnicas que colaboren a una condición de habitabilidad y movilidad acordes con la dignidad del ser humano y su derecho a vivir en entornos urbanos en los que pueda ejercer su libertad solidaria de manera razonable.

El derecho de la construcción, parte esencial del derecho urbanístico, ha de integrar los diferentes elementos que lo componen haciendo posible que los estándares y determinaciones provenientes de la necesaria racionalidad técnica constituyan un medio adecuado para que desde la racionalidad ética, las condiciones de las viviendas feliciten y contribuyan a que la vida humana en su dimensión familiar se pueda realizar de la mejor forma posible.

La cuestión de las políticas públicas destinadas a que todos los ciudadanos puedan disponer de una vivienda digna y adecuada tiene que ver con las denominadas viviendas de protección oficial, viviendas para personas que tienen dificultades, dado el actual mercado inmobiliario, para adquirir en el reino de la oferta y la demanda, una vivienda. En este sentido, el Real Decreto Legislativo de 20 de junio de 2008 por el que se aprueba el Texto Refundido de la Ley del Suelo es la primera Ley del Estado que incluye una determinación clara y precisa, cuantificando la reserva de suelo destinada a viviendas de protección oficial.

Así, en la Exposición de motivos de esta Norma se señala lo siguiente: «Una tradición que ha pesado sin duda, desde que el bloque de constitucionalidad reserva al Estado el importante título competencial para regular las condiciones básicas de la igualdad en el ejercicio de los derechos y el cumplimiento de los deberes constitucionales, pues ha provocado la simplista identificación de tales derechos y deberes con los de la propiedad. Pero los derechos constitucionales afectados son también otros, como el de participación ciudadana en los asuntos públicos, el de libre empresa, el derecho a un medio ambiente adecuado y, sobre todo, el derecho a una vivienda digna y asimismo adecuada, al que la propia Constitución vincula directamente con la regulación de los usos del suelo en su artículo 47. Luego, más allá de regular las condiciones básicas de la igualdad de la propiedad de los terrenos, hay que tener presente que la ciudad es el medio en el que se desenvuelve la vida cívica, y por ende que deben reconocerse asimismo los derechos mínimos de libertad, de participación y de prestación de los ciudadanos en relación con el urbanismo y con su medio tanto rural como urbano. En suma, la Ley se propone garantizar en estas materias las condiciones básicas de igualdad en el ejercicio de los derechos y el cumplimiento de los deberes constitucionales de los ciudadanos».

En este sentido, la sentencia del Tribunal Constitucional 152/1988 del Reino de España dispuso que «la persecución del interés general –en este caso, el relativo a la garantía de una vivienda adecuada para todos los españoles– se ha de materializar a través de, no a pesar de los sistemas de reparto de competencias articulados en la Constitución, de manera que la promoción de la igualdad sustancial y la acción estatal destinada al efecto debe desplegarse teniendo en cuenta las peculiaridades de un sistema de autonomías territoriales».

Por su parte, el artículo 2.3 del Texto Refundido de 2008 estableció que «el suelo vinculado a un uso residencial por la ordenación territorial y urbanística está al servicio de la efectividad del derecho a disfrutar de una vivienda digna y adecuada, en los términos que disponga la legislación en la materia».

En el título II «Bases del régimen de suelo» de esta Norma de 2008 encontramos el artículo 10 que sobre los deberes básicos de la Administración, cuyo apartado b, en materia de criterios básicos de utilización del suelo, señalaba: «Destinar suelo adecuado y suficiente para usos productivos y para uso residencial, con reserva en todo caso de una parte proporcionada a vivienda sujeta a un régimen de protección pública que, al menos, permita establecer su precio máximo en venta, alquiler u otras formas de acceso a la vivienda, como el derecho de superficie o la concesión administrativa».

En el campo del urbanismo, ciencia de la ordenación razonable del uso del suelo en orden a la mejora de las condiciones de vida de los ciudadanos, son varios los preceptos a considerar. Su análisis nos permite, en mi opinión, encontrar la sabia, el alma de esta espinosa cuestión en la que la dimensión ética y el propio urbanismo, complementarias esencialmente, ayudan a comprender su finalidad y sentido. Sin embargo, antes quisiera llamar la atención sobre la relevancia que tiene para el urbanismo el término racionalidad, inscrito nada menos que en la definición. En efecto, la racionalidad es un concepto jurídico también que nos ayuda sobremanera, en el urbanismo especialmente, a calibrar y medir de acuerdo a cánones de objetividad el ejercicio de los poderes discrecionales, poderes que sobrevuelan y se posan sobre el proceloso mundo del urbanismo dando lugar en ocasiones a supuestos de arbitrariedad precisamente por huir, y de qué manera, de la racionalidad inherente a cualquier sector de las Ciencias sociales en el marco de un sistema democrático.

Del preámbulo de la Carta Magna se puede destacar la referencia al «orden económico y social justo» y «el progreso de (...) la economía para asegurar a todos una digna calidad de vida». He aquí, pues, dos marcos, dos contextos en los que el Urbanismo debe discurrir: consideración social por un lado y, por otro, calidad de vida de las personas. Parámetros que ya nos auguran cuáles van a ser los derroteros por los que habrá de discurrir el urbanismo constitucional.

Por tanto, el aspecto social en el ejercicio de los derechos fundamentales en general, y en el de propiedad en particular, se deriva del preámbulo de la Constitución, así como de la realización de una economía que asegure a todos una digna calidad de vida. El artículo 33.1constitucional es un buen ejemplo de ello. Como quiera que el proceso urbanizador se encuentra asociado a elementos económicos obvios, su funcionamiento también debe estar presidido por esta directriz constitucional de tanta relevancia como es la digna calidad de vida de los ciudadanos. De lo contrario, en uno u otro sentido terminaría prevaleciendo esa especie tan peligrosa del pensamiento único que hoy está resquebrajando todo lo que se encuentra a su paso.

Derivación necesaria de estos dos parámetros constitucionales es el artículo 1 de nuestra Carta Magna en el que se expresan dos de los valores superiores del ordenamiento jurídico como son la libertad y la igualdad. También, desde la perspectiva de la función constitucional de los Poderes públicos, no podemos olvidar que éstos, artículo 9.2 constitucional, tienen la obligación de promover las condiciones para que la libertad y la igualdad del individuo y de los grupos en que se integra sean reales y efectivas y remover los obstáculos que impidan su plenitud, así como facilitar la participación. En el mismo sentido, el artículo 10.1 de la Constitución española señala solemnemente que la dignidad de la persona es fundamento del orden político y de la paz social. Los Poderes públicos, también en materia urbanística, han de promover las condiciones para que el uso del suelo sea un marco adecuado para el desarrollo solidario de los derechos de los ciudadanos.

El artículo 33 de la Constitución, tras reconocer el derecho de propiedad, señala, a continuación, que la función social de estos derechos delimitará su contenido, de acuerdo con las leyes. El ejercicio del derecho de propiedad inmobiliaria está limitado, pues, por la solidaridad, por su función social, que, de acuerdo con la ley, viene concretada a través del plan urbanístico. Es decir, en pura interpretación constitucional, el plan delimitará el contenido de un derecho, el de propiedad, que la Constitución, cómo no podía ser de otra manera, se limita a reconocer. Sin embargo, que el plan delimite el contenido del derecho de propiedad inmobiliaria no quiere decir que el plan sea la fuente del derecho urbanístico o que del plan se derive nada menos que el ejercicio del derecho de propiedad inmobiliaria.

La hipoteca o límite social que grava el derecho de propiedad inmobiliaria aparece, igualmente, en el artículo 47 constitucional, dedicado a proclamar la existencia del derecho a una vivienda digna y adecuada, indicando que los Poderes públicos promoverán las condiciones necesarias y establecerán las normas pertinentes para hacer efectivo dicho derecho, regulando la utilización del suelo de acuerdo con el interés general para impedir la especulación. Además, se afirma que la comunidad participará en las plusvalías que genere la acción urbanística de los Entes públicos, algo hasta ahora prácticamente inédito a pesar de los años transcurridos desde la aprobación de la Constitución. De nuevo, pues, el uso del suelo en conexión con el interés general y un principio de orden económico justo: la participación de la ciudadanía en el aumento de valor que trae consigo la urbanización. Participación que, por sorprendente que parezca, ni llega ni se la espera, al menos, desgraciadamente, desde las actuales perspectivas.

El urbanismo se incardina en la economía al regular el mercado de suelo y de la vivienda. Por eso, también deben tenerse presente los preceptos constitucionales relativos a la economía, en los que encontramos ese dinámico equilibrio libertad económica-solidaridad social. Así, por ejemplo, debe traerse a colación el artículo 128 de la Constitución cuando dispone, en su párrafo primero, que toda la riqueza del país en sus distintas formas y sea cual fuere su titularidad, está subordinada al interés general.

Por otra parte, el urbanismo atiende también, como fenómeno conectado a la ordenación del territorio, a la realidad ambiental. En efecto, el desarrollo sostenible, sustentable, del territorio ha de contemplar los desarrollos urbanos desde la dimensión medioambiental porque, efectivamente, hay en día sin tener en cuenta el enfoque ambiental es imposible diseñar y construir ciudades sustentables, ciudades habitables para las nuevas generaciones. En este sentido, también hay que tener en cuenta el artículo 45 de la Constitución, como analizamos anteriormente.

Según la Constitución, el medio ambiente es un medio, valga la redundancia, para el desarrollo de la persona, la racionalidad en la ordenación del territorio ha de atender a salvaguardar los criterios y directrices medioambientales si es que se pretende fomentar un desarrollo sostenible de la persona.

El artículo 130.1 constitucional encomienda, por su parte, a los Poderes públicos, la modernización y desarrollo de todos los sectores económicos (...) a fin de equiparar el nivel de vida de todos los españoles. Y, finalmente, el artículo 131 de la Constitución prevé la planificación, por Ley, de la actividad económica general para, entre otras finalidades, estimular el crecimiento de la renta y su más justa distribución.

El contexto constitucional parece que es especialmente idóneo para intentar, si es posible, estudiar las relaciones entre Ética, Urbanismo y Medio Ambiente, aspectos de la realidad que nos desafían e invitan a construir una ciencia de la Ordenación del territorio, desde el urbanismo y el medio ambiente, teniendo presente la centralidad de la persona y sus derechos fundamentales bajo lo que he denominado libertad solidaria.

El urbanismo es por esencia acción pública, y el centro de ella es la persona, los ciudadanos. La persona, el ser humano, no puede ser entendido como un sujeto pasivo, inerme, puro receptor, destinatario inerte de las decisiones públicas. Definir a la persona como centro de la acción pública significa no solo, ni principalmente, calificarla como centro de atención, sino, sobre todo, considerarla el protagonista por excelencia de la vida social. Por eso, en las políticas públicas del suelo animadas por la dimensión ambiental en orden a alcanzar ciudades sostenibles, los ciudadanos han de jugar un papel fundamental a través de las diferentes audiencias previstas en las normas de manera que en la definición del modelo de ordenación del suelo de la ciudad los vecinos puedan tener una presencia relevante.

Afirmar que la libertad de los ciudadanos es el objetivo primero de la acción pública significa, pues, en primer lugar, perfeccionar, mejorar, los mecanismos constitucionales, políticos y jurídicos que definen el Estado de Derecho como marco de libertades. Pero en segundo lugar, y de modo más importante aún, significa crear las condiciones para que cada hombre y cada mujer encuentre a su alrededor el campo efectivo, la cancha, en la que jugar libremente su papel activo, en el que desarrollar su opción personal, en la que realizar creativamente su aportación al desarrollo de la sociedad en la que está integrado. Creadas esas condiciones, el ejercicio real de la libertad depende inmediata y únicamente de los propios ciudadanos, de cada ciudadano. En el caso, sin embargo, del urbanismo, el marco jurídico determina el ejercicio del derecho de propiedad inmobiliaria. Pero, en modo alguno lo crea, sino que lo reconoce porque es un derecho innato a la persona que el Ordenamiento no tiene más remedio que certificar, eso sí, con algunas modulaciones derivadas de la función social que le es inherente. Por eso, afirmar que el derecho de propiedad inmobiliario surge del plan es inaceptable en su sistema de libertades porque el derecho de propiedad es de la persona, no de las estructuras públicas.

La racionalidad en la ordenación del suelo, que por definición es escaso, exige que los Poderes públicos velen precisamente por la función social del derecho de propiedad y por la efectividad de otro derecho relevante como es el derecho a una vivienda digna y adecuada para todos en un marco de calidad de vida. Es decir, la función de la solidaridad, innata al ejercicio de las libertades y de los derechos en un Estado social y democrático de Derecho, debe confiarse a quienes laboran en lo común, en lo de todos, que habrán de actuar, con pleno respeto al núcleo esencial del derecho, y conscientes de su trabajo al servicio de la mejora de las condiciones de vida de los ciudadanos.

La política pública debe ser una actividad ética: por eso, la política urbanística, en cuanto se propone que el hombre, la persona, erija su propio desarrollo personal en la finalidad de su existencia, ha de encontrar un entorno urbano y ambiental que permita el ejercicio de la libertad solidaria. Que libremente busque sus fines, lo que no significa que gratuita o arbitrariamente los invente, sino que libremente se comprometa en el desarrollo de la sociedad, que libremente asuma su solidaridad con sus conciudadanos, sus vecinos, lo cual tiene su sentido desde la consideración social del derecho de propiedad desde parámetros de racionalidad y de calidad de vida.

El solar sobre el que es posible construir la sociedad democrática es, insisto, el de la realidad del hombre, una realidad no acabada, ni plenamente conocida, por cuanto es personalmente biográfica, y socialmente histórica, pero incoada y atisbada como una realidad entretejida de libertad y solidaridad, y destinada por tanto, desde esa plataforma sustantiva, a protagonizar su existencia. Libertad y solidaridad que se encuentran, en el tema que nos ocupa, justo en la afirmación del derecho de propiedad inmobiliaria de acuerdo con el interés general, que no es el interés de los políticos, sino el interés en que todos rengan derecho a una vivienda digna y adecuada en un entorno de racionalidad sostenible orientado a la calidad de vida.

En esta materia debe evitarse que, en la delimitación del derecho de propiedad de acuerdo con su función social, penetren versiones más o menos autoritarias que conviertan dicho derecho en una quimera, en pura ilusión. Lo que suele ocurrir desde aproximaciones autoritarias al plan urbanístico, o desde perspectivas desde las que se aprovechan las determinaciones del plan de forma unilateral, simple y llanamente, para obtener beneficios no precisamente de acuerdo con los intereses públicos. Obviar la dimensión ambiental en el desarrollo urbano no es solo privar al ciudadano de una dimensión directamente relacionada con la calidad de vida; es sencillamente practicar un urbanismo cerrado y unilateral.

La validez de las soluciones que se encuentren para elaborar políticas urbanísticas racionales e integradoras vendrá de la mano de la experiencia y del conocimiento del funcionamiento de iniciativas semejantes en otras partes del mundo. No basta comprobar que las soluciones aplicadas están en consonancia teórica con los grandes principios que defendemos. Es necesaria la prueba última de la contrastación empírica, la comprobación de que lo resuelto, lo ejecutado, produce los efectos deseados, o al menos efectos aceptables en la mejora de la situación que se deseaba resolver. En este sentido, pues, hemos de aprender de las soluciones que dan otros países, otros Ordenamientos, para hacer compatible y complementario desde perspectivas de equilibrio el derecho de propiedad y el interés general, en el que su dimensión plural anima perspectivas de la ordenación del territorio en las que el urbanismo y el medio ambiente se ordenan al desarrollo sustentable de las ciudades.

Podríamos decir que la apertura a la realidad, la aproximación abierta y franca a las condiciones objetivas de cada situación, y la apertura a la experiencia son componentes esenciales, actitudes básicas del talante ético desde el que deben construirse las nuevas políticas. En ellas se funda la disposición permanente de corregir y rectificar lo que la experiencia nos muestre como desviaciones de los objetivos propuestos o, más en el fondo, de las finalidades que hemos asignado a la acción política. Y, en materia urbanística, ahí está todo un elenco de problemas enraizados en consideraciones éticas y políticas que, en ocasiones, ponen en peligro nada menos que el cumplimiento de lo dispuesto en los artículos 33, 45 y 47 de la Constitución, tales como la recalificación de suelos, el diseño de los impactos ambientales o la suspensión y modificación de planes, por ejemplo.

Pensar la complejidad de la realidad y acercarse a ella desde el supuesto de la propia limitación, al tiempo que acaba con todo dogmatismo, rompe también cualquier tipo de prepotencia, en el análisis o en el dictamen de soluciones, a la que el político pueda verse tentado. El planificador del territorio ha de tener claro que no es infalible, que sus opiniones, sus valoraciones están siempre mediatizadas por la información de que parte, que es siempre limitada, necesariamente incompleta. Y, en nuestra materia, no se debe olvidar que el plan, por sí mismo, no tiene efectos taumatúrgicos, sino que debe confeccionarse a partir de la participación y de las aportaciones que, procediendo de la vitalidad de la realidad, enriquecen la propia norma administrativa y respeten el núcleo esencial del derecho de propiedad. Y, en última instancia, no se puede olvidar que el plan es un instrumento al servicio de la persona, de su calidad de vida.

El equilibrio derecho de propiedad e interés general debe conjugarse al servicio de una vivienda digna y adecuada para todos los españoles en un marco de digna calidad de vida, y teniendo bien presente que deben evitarse, tanto las concepciones fundamentalistas del interés general, como las aproximaciones liberales extremas que expulsan de las reglas del juego al propio interés público. Pensar, como ocurre y ha ocurrido en el pasado, que el problema del urbanismo se soluciona únicamente con más dinero y más funcionarios es una simpleza porque, fundamentalmente, el problema del urbanismo se circunscribe, según las versiones más intervencionistas, en función del grado e intensidad de la presencia pública, bien en normas jurídicas, bien en funcionarios.

La función social de la propiedad, por tanto, pesa lo suyo sobre la concepción de la propiedad inmobiliaria y justifica que, como dice el artículo 47 constitucional, la comunidad partícipe en las plusvalías que genere la acción urbanística de los entes públicos.

No obstante, afirmar el protagonismo de la persona no quiere decir darle a cada individuo un papel absoluto, ni supone propugnar un desplazamiento del protagonismo ineludible y propio de los gestores democráticos de la cosa pública. Afirmar el protagonismo del individuo, de la persona, es poner el acento en su libertad, en su participación en los asuntos públicos, y en la solidaridad. Por eso, los derechos ciudadanos, y el derecho de propiedad es uno de los más importantes, no son absolutos, porque existen valores superiores que ordinariamente aparecen representados por el denominado interés público que, en el caso que nos ocupa, como dispone solemnemente la Constitución de 1978 en su artículo 33.2, se centra en la «función social (...) que delimitará su contenido, de acuerdo con las leyes». Por ello, me parece atinado comentar esta condición limitada, tanto de los derechos fundamentales, como del interés general en su perspectiva constitucional.

Sírvanos como ejemplo la acción del Estado en relación con la ordenación racional del uso del suelo. En esta política pública tan relevante, me parece que lo decisivo es que la intervención pública fomente y promueve un derecho a la vivienda digno y adecuado. Es decir, el Estado debe propiciar con sus prestaciones el desarrollo, la manifestación, el afloramiento de las energías y capacidades que se ven escondidas en esos amplios sectores sociales y que tendrá la manifestación adecuada en la aparición de la iniciativa individual y asociativa. Pero para ello, es necesario superar esa tendencia al intervencionismo que provoca la mengua de suelo para la gente a la vez que abre las puertas, en ocasiones, a una especulación que se convierte en moneda de cambio para los intereses de unos y otros.

En el caso de urbanismo ecológico, las instituciones públicas y los instrumentos con que cuentan deben estar siempre al servicio objetivo del interés general de forma y manera que las plusvalías que genera el proceso urbanizador repercutan en la comunidad y, además, que se consolide y mejore, en la medida de lo posible, el derecho a una vivienda digna y adecuada en un contexto de calidad de vida.

La corrupción es, sencillamente, la desnaturalización del poder. Utilizar el poder para otros fines distintos del servicio al bienestar integral de los ciudadanos. Para ganar dinero, para dominar a las personas, para excluir, etc. Y, en el mundo del urbanismo, que es un espacio de amplia discrecionalidad, no pocas veces los poderes y potestades se utilizan o para el interés particular.

Como marco general para entender el sentido del urbanismo, hemos de convenir, si es posible, que estamos ante una ciencia que estudia la ordenación racional del suelo, que está al servicio, como es lógico, de la mejora de las condiciones de vida de los ciudadanos que, en el caso que nos ocupa, tiene que ver con una vivienda digna y adecuada y con entornos de calidad ambiental que favorezcan el libre ejercicio de los derechos de los ciudadanos.

Es decir, hay que construir el urbanismo en función de las personas, de sus necesidades colectivas y no en función de las técnicas o de los gustos o caprichos de los especialistas. Menos en función de determinados «pelotazos» o de interés parciales o partidarios. En otras palabras, en los expedientes administrativos relacionados con el urbanismo es menester vislumbrar y calibrar el alcance de las decisiones, insisto, para la calidad de vida de las personas.

En otro orden de cuestiones, no se puede perder de vista, como ya se ha señalado con anterioridad, que el urbanismo debe considerarse desde una perspectiva amplia y, por ello, en íntima conexión con otros enfoques como la ecología o la ordenación del territorio. En esencia, el suelo, el medio ambiente y, al final, el territorio en el que se inscriben, deben ser funciones humanizadoras de la realidad. Ni la preocupación por el medio ambiente debe tildarse de frivolidad o de lujo, ni la consideración integral del territorio debe calificarse de pura erudición intelectual. Todo lo contrario, se trata de elementos vinculados al urbanismo que, pueden o no mejorar las condiciones y la calidad de vida de las personas.

Desde esta aproximación equilibrada, abierta, plural, dinámica y complementaria, también debe señalarse que, el urbanismo ni es la encarnación del ideal ético como tarea pública ni encuentra su plena realización en un mercado sin límites o condiciones. El derecho de propiedad inmobiliario como ha señalado el Tribunal Constitucional, debe ser recognoscible como tal aunque deba ser regulado en su ejercicio por el plan Urbanísitico. Ni nace del plan ni el plan lo determina radicalmente. El plan es, o debería ser, el instrumento para que el derecho de propiedad cumpla su función social y, por tanto, promueva viviendas dignas y adecuadas para todos en un marco de calidad de vida.

En este sentido, si la urbanización produjera ganancias desproporcionadas a partir de la especulación o de unas plusvalías que quedasen en unas pocas manos, estaríamos precisamente en un supuesto que atenta a la Ética y, además, al artículo 47 de la Constitución.

La normativa urbanística en vigor parte del ideal desregulador o liberalizador. Tenemos, sin embargo, una reforma en profundidad que parte de principios bien distintos. En principio, el mercado puede ser, con los ajustes necesarios, el marco idóneo para el ejercicio del tráfico comercial. Ahora bien, insisto en algo ya referido, no comprendo la libertad sin la solidaridad, por lo que la desregulación o liberalización debe realizarse en un marco de sensibilidad social que promueva el bienestar general e integral de los ciudadanos.

Otro problema, no menor, es el del planeamiento urbanístico, en la medida en que se trata de una potestad discrecional de gran calado que ordena el uso del suelo, y, por tanto, incide en el ejercicio del derecho de los propietarios. El Plan General ordinariamente clasifica el suelo y los parciales asignan usos o califican el destino de los terrenos. Aunque ahora el suelo urbanizable es el residual, el que no es urbano o no urbanizable, no deja de seguir teniendo la Administración un poder amplio para hacer la calificación que sea menester. Y sabemos que en el ejercicio de la discrecionalidad en ocasiones, por causas inconfesables, se incurre tanto en arbitrariedad o desviación de poder. En estos casos, además de que pueda haber una transgresión del orden jurídico, desde luego hay una contravención de naturaleza ética.

En el mismo sentido, también puede haber problemas en los casos de retraso en la completa determinación del uso, en las variaciones y modificaciones de los planes o en la espinosa cuestión de las recalificaciones.

En esta materia ha de actuarse sirviendo el interés general, pero también es cierto que en esa apreciación del interés general el fin no lo es todo. El Estado de Derecho, como se ha señalado, se juzga por los medios, no por el fin. De ahí que principios como el de proporcionalidad, de «coste y beneficio», o racionalidad sean un límite infranqueable para la potestad del planeamiento[276]

Para ello, cada vez siendo más importante ponderar y calibrar las diversas circunstancias en juego porque, en ocasiones, la recurrente apelación al «interés general» no cumple la función de «manta que cubre todo»[277]. El interés general, a pesar de que se presume que está ínsito en las decisiones administrativas, debe acreditarse caso por caso. De lo contrario, la corrupción estará servida. Sobre todo en un campo de juego en el que el tráfico de informaciones privilegiadas permite obtener pingües beneficios. La Ética, pues, nos ayuda a calificar estas actividades y a

---

[276] J.L. MEILÁN GIL, «Etica pública y formación de funcionarios», *REGAP*, nº 7, 1994, pp. 223-229.
[277] J.L. MEILÁN GIL, *ibíd.*

censurar el manejo privado de lo colectivo para obtener ventajas económicas.

Que esto haya ocurrido, ocurra o siga ocurriendo en modo alguno debe rebajar el tono del reproche ético, porque no es de recibo, ni mucho menos, el vale todo o el todo tiene un precio, tan en boga en determinados ambientes en los que está «bien visto» la permisividad o tolerancia ante las enriquecimientos rápidos y especulativos en los que las plusvalías son más contables que representación real de riqueza, sobre todo cuando estas operaciones cercanan el acceso a la vivienda necesaria, digna y adecuada, para el libre desarrollo de las personas, y de las familias muy especialmente.

También suele traer problemas, y no pequeños, como ha señalado Meilán Gil, el llamado urbanismo concertado, que encuentra en los denominados convenios urbanísticos su instrumento más utilizado. Porque no se puede comprar y vender edificabilidad, es decir, no parece correcto planificar en función de lo que se conviene, sino lo que conviene al interés general[278].

Igualmente, las transferencias de aprovechamiento urbanístico pueden dar lugar a un «mercado ideal» no justificable desde la perspectiva del Estado de Derecho, como consecuencia, señala Meilán Gil, de una presión indebida por la Administración o de una connivencia admitida por ella y por los particulares[279]. Connivencia en la que hasta podrían participar los técnicos, por ejemplo, en las declaraciones de ruina. En este punto se pregunta el profesor Meilán Gil por algunas esquinas del centro de las ciudades que, tras ser declaradas ruinosas, aparecen al poco tiempo construidas con mayor volumen[280].

Los casos de expropiaciones urbanísticos, declaraciones de ruina, uso y manejo de la ejecutividad de los actos administrativos a favor de posiciones políticas en el ámbito local aunque perjudiquen económicamente al particular, son otros tantos botones

---

[278] J.L. MEILÁN GIL, *ibíd.*
[279] J.L. MEILÁN GIL, *ibíd.*
[280] J.L. MEILÁN GIL, *ibíd.*

de nuestra de cómo el ejercicio de los Poderes públicos pueden cercenar las más elementales exigencias exigencias éticas.

La Política, con mayúsculas, entendida como el arte de mejorar las condiciones de vida de los ciudadanos tiene una evidente vinculación ética en la medida en que si no se contempla esta dimensión, entonces está servida la exclusión, la laminación del adversario, la conservación del poder a cualquier precio y toda clase de tropelias en que suele caerse cuando Ética y Política viven al margen la una de la otra.

El urbanismo plural, abierto, dinámico y complementario facilita viviendas dignas y adecuadas para el libre desarrollo de las personas, contribuye a que la comunidad participe en las plusvalías, fomenta un medio ambiente razonable; en definitiva, hace posible lo que he denominado libertad solidaria. Y, sobre todo, respeto al derecho de la propiedad que, con una inteligente y razonable regulación resplandecería más, también en su vertiente solidaria.

• EL ARTÍCULO 48 DE LA CONSTITUCIÓN.

El artículo 48 de la Constitución constituye una proyección de la directriz participación del artículo 9.2 constitucional sobre la juventud. Por una clara razón, si la juventud es el porvenir de un pueblo y crece y se desarrolla en el marco de exigentes hábitos participativos, entonce sel modelo del Estado social y democrático de Derecho estará a salvo. En caso contrario, justo el de nuestro tiempo, la ausencia de participación real de la juventud, salvo raras excepciones, consta la grave enfermedad que aqueja a nuestro sistema político. En concreto, el artículo 48 constitucional, dice que: «Los Poderes públicos promoverán las condiciones para la participación libre y eficaz de la juventud en el desarrollo político, social, económico y cultural».

El constituyente tenía bien clara la relevancia de ecuación juventud-participación y no contento con dedicar una línea en el artículo cabecera del significado del Estado social, el 9.2 constitucional, dedicó un precepto en exclusiva, el 48, a subrayar la obligación que grava sobre el Estado de promover las condiciones que hagan posible la participación de la juventud en la vida política, social, económica y cultural». Debe ser, dice la Constitución, una participación libre y eficaz, real, lo que nos alerta acerca de la importancia de la participación en general, y de la juventud en particular, en un Estado que se defina como social y democrático de Derecho, tema en el que nos remitimos al capítulo de este ensayo dedicado precisamente a esta cuestión.

• El artículo 49 de la Constitución.

El artículo 49 de la Constitución se refiere a la especial protección que merecen las personas con minusvalías: «Los Poderes públicos realizarán una política de previsión, tratamiento, rehabilitación e integración de los disminuidos físicos, sensoriales y psíquicos, a los que prestarán la atención especializada que requieran y los ampararán especialmente para el disfrute de los derechos que este Título otorga a todos los ciudadanos».

En un Estado social que se precie de tal, la solidaridad alcanza con medidas concretas a la protección especial de las personas que presentan minusvalías, sean del orden que sean, de manera que a través de esta acción social los Poderes públicos aseguran el adecuado ejercicio por parte de este colectivo de todos los derechos fundamentales de la persona. Otra cosa bien distinta es que, lamentablemente, la carestía de los tratamientos a estas personas haya favorecido que los Poderes públicos no asuman una función que le corresponde especialmente por mandato constitucional, amparándose en razones presupuestarias cuando, en un Estado social de Derecho moderno se debe atender dignamente a estas personas, cueste lo que cueste el tratamiento que sea necesario.

• El artículo 50 de la Constitución.

El artículo 50 constitucional atiende a la tercera edad, reconociendo el derecho a pensiones adecuadas, actualizadas y suficientes: «Los Poderes públicos garantizarán, mediante pensiones adecuadas y periodicamente actualizadas, la suficiencia económica a los ciudadanos durante la tercera edad. Asimismo, y con independencia de las obligaciones familiares, promoverán su bienestar mediante un sistema de servicios sociales que atenderán sus problemas específicos de salud y los legítimos intereses económicos de los mismos».

Este Principio rector parte del derecho de los ciudadanos de la tercera edad a pensiones dignas. El término dignidad, de acuerdo con la digna calidad de vida a que se refiere el preámbulo de la Constitucion, explica la forma y manera en que los Poderes públicos deben cumplir este y los demás Principios rectores de la política social y económica. Y pensiones dignas son pensiones suficientes que permitan vivir con dignidad, con un mínimo de condiciones que permitan un razonable, libre y solidario desarrollo personal, por supuesto también durante la tercera edad.

En este punto conviene hacer una precisión esbozada en algunos pasajes de este libro. Es verdad que los presupuestos públicos no son ilimitados, qué duda cabe, pero también es verdad, una gran verdad, que los fondos públicos deben tener como primer destinatario la preservación de la dignidad humana. Eso significa, ni más ni menos, que en países con relevantes problemas sociales los presupuestos de los ministerios de este ramo han de consignar dotaciones adecuadas para que las pensiones de las personas de la tercera edad sean dignas. Se trata de una opción proritaria de los presupuestos por los asuntos sociales vinculados a la preservación, aseguramiento y mantenimiento de la dignidad del ser humano.

Las personas que integran la tercera edad también son objeto de una atención especial por el Estado pues la propia Constitución manda en este precepto que los Poderes públicos organicen servicios sociales que atiendan a este colectivo en relación con sus asuntos más específicos como pueden ser la salud, la vivienda, la cultura y el ocio.

• El artículo 51 de la Constitución.

Los consumidores y usuarios son objeto del artículo 51:

«1. Los Poderes públicos garantizarán la defensa de los consumidores y usuarios, protegiendo mediante procedimientos eficaces la salud y los legítimos intereses económicos de los mismos.

2. Los Poderes públicos promoverán la información y educación de los consumidores y ususarios, fomentarán sus organizaciones y oirán a éstas en las cuestiones que puedan afectar a aquéllos, en los términos que la ley establezca.

3. En el marco de los dispuesto por los apartados anteriores, la ley regulará el comercio interior y el régimen de autorización de productos comerciales».

Como sabemos, los nuevos enfoques y aproximaciones que hoy podemos encontrar al tratar sobre Derecho Administrativo y Ciencia de la Administración pública suelen coincidir en la centralidad de la persona, del ciudadano, del particular, o del administrado o también del usuario. Es, me parece, la consecuencia de poner en orden un marco general en el que por bastante tiempo prevaleció una idea de la Administración como poder conformador y configurador de lo público desde los esquemas de la unilateralidad. No digamos ya en materia de servicios públicos y de servicios de interés general, donde el usuario se ha convertido, afortunadamente, en el centro de atención de su tratamiento jurídico.

Si nos atenemos al sentido promocional del poder público, el que sigue el artículo 9.2 de la Constitución española, podemos afirmar que, en efecto, generar las condiciones necesarias para que la libertad y la igualdad del individuo y de los grupos en que se integra, es una de las finalidades constitucionales de la Administración pública. En este sentido, las decisiones en materia de servicios públicos y de servicios de interés general deben estar presididas por este medular precepto constitucional pues se trata de que los servicios públicos y los servicios de interés general sean entornos de humanización y de ejercicio de la libertad solidaria por parte de todos los ciudadanos. Los países con mejores servicios suelen ser países donde se facilita la libertad, donde se puede elegir entre diversas opciones.

Los servicios públicos y los servicios de interés general, en la medida en que están presididos por la universalidad, la asequibilidad y la calidad, garantizan a la ciudadanía en su conjunto una serie de medios y posibilidades que ayudan a la realización del libre desarrollo de la personalidad en la sociedad.

Desde la perspectiva del usuario de dichos servicios se comprende mejor, mucho mejor, la naturaleza y la funcionalidad de los principios de continuidad y regularidad ya que constituyen un derecho del propio usuario, no tanto una característica esencial, que lo es también, del servicio público o del servicio de interés general. Si se quiere, se puede expresar esta idea con otras palabras: el interés general, en cuya virtud se ha establecido el correspondiente servicio, reclama que se garantice durante toda la vigencia del mismo la universalidad, la asequibilidad, y la calidad, en un marco de continuidad y regularidad en la prestación. Estos parámetros legales van a hacer posible la vuelta al Derecho Administrativo, a un nuevo Derecho Administrativo, menos pendiente del privilegio y de la prerrogativa y más centrado en la mejora de las condiciones de vida de los usuarios, de los ciudadanos.

El Estado social y democrático de Derecho, ya lo hemos señalado, reclama un nuevo entendimiento del Derecho Administrativo. En el caso de los servicios públicos, las exigencias de universalidad, asequibilidad y calidad, determinan nuevas fórmulas que subrayen la posición central de los usuarios como se puso de manifiesto, por ejemplo, en el conflicto jurídico planteado con ocasión de la Oferta Pública de Acciones (OPA) de Gas Natural sobre Endesa que ha permitido al Tribunal Supremo del Reino de España interesantes desarrollos sobre el papel central del usuario en el Derecho de los servicios de interés general.

En este marco conceptual encuentra su explicación el nacimiento de los servicios de interés general y la posición central del usuario como correlato necesario de la relevancia que ha adquirido en el Derecho Administrativo la función de garantía de los derechos de los ciudadanos como tarea fundamental a la que hoy está convocado.

El caso, por ejemplo, de los servicios de interés general, calificado por determinado sector doctrinal como manifestación de la huida del Derecho Administrativo, acaba resultando sorprendentemente un ejercicio de vuelta al Derecho Administrativo por la sencilla razón de que existen núcleos básicos en los que es menester seguir los criterios públicos de mérito y capacidad, de publicidad y concurrencia y, sobre todo, de garantía de principios como los de regularidad y continuidad así como la garantía de determinadas características que trae consigo, en materia de servicios públicos, la posición central del usuario: universalidad, asequibilidad y calidad.

El concepto del servicio público, deudor de una concreta y peculiar manera ideológica de entender las relaciones Estado-Sociedad, pierde, en el campo económico, su sentido jurídico-administrativo al desvanecerse el marco general que le servía de apoyo. Se reduce notablemente en su configuración por cuánto ahora lo normal y ordinario es la realización de determinadas actividades de relevancia pública en régimen de libertad, en régimen de competencia. Por ello, insisto, en un nuevo marco, aparecen nuevos conceptos que ponen en cuestión la versión clásica de la noción del servicio público.

Es decir, el principio es el de la libertad económica en el marco del Estado social y democrático de Derecho, por lo que los Poderes públicos tienen la tarea preservadora, garantizadora a la que antes he hecho referencia que, en determinados casos, puede aconsejar, por ley, la reserva al Estado en exclusiva de determinados servicios denominados esenciales. Evidentemente, está posibilidad debe ser motivada en la Ley que opere la reserva como exigencia del interés general.

En cualquier caso, el régimen ordinario es el de libertad en el marco del Estado social, lo que supone, ciertamente, que el régimen clásico del servicio público con sus notas tradicionales: titularidad y exclusividad, en las actividades económicas, ya no encaje en el marco constitucional como fórmula habitual de prestación de los servicios públicos. Aunque, repito, en determinados casos, se pueda reservar en exclusiva al sector público determinados servicios esenciales, cuando razones de interés general, que habrán de concretarse y puntualizarse convenientemente, lo aconsejen.

El Auto del Tribunal Supremo Español de 28 de abril de 2006 por el que se suspendió cautelarmente la autorización del Consejo de Ministros a la OPA de Gas Natural sobre Endesa plantea, entre otras cuestiones, la de la relevancia jurídica de los usuarios en el mundo del suministro del gas y la electricidad. El tema es central a los efectos de este trabajo porque invita nada menos que a reflexionar sobre el papel de los usuarios de los servicios de interés general en el Derecho Público moderno.

Es conocido que el Tribunal Supremo Español argumentó que a la hora de ponderar circunstanciadamente, como manda el legislador de 1998 de la ley de la jurisdicción contencioso administrativa en materia de medidas cautelares, los intereses en conflicto, debe partirse del dato de que el interés de los usuarios en este sector es preferente al de los accionistas. Por una razón obvia: porque en estos sectores son usuarios o consumidores todos los residentes en España, de donde se infiere que el derecho de los usuarios a buenos servicios a buenos precios es un corolario necesario de la progresiva liberalización de estos mercados. Es decir, mientras el derecho de los accionistas atiende a un determinado grupo de personas, lo cierto es que los usuarios, potenciales y reales del mercado del gas y de la electricidad, son todos los residentes en España, por lo que su protección adquiere mejor condición que la de los accionistas porque están en la misma médula del interés general.

Primar el interés de los accionistas sobre el de los usuarios constituye una peculiar manera de entender el interés general basado en consideraciones parciales. Estamos en presencia de mercados de transición del monopolio a la liberalización en los que las situaciones de concentración o de posición dominante es casi seguro que van a afectar a los precios y a la calidad de los servicios.

Por otra parte, no podemos olvidar que la competencia es otro relevante parámetro de interés público pensado para abrir los monopolios al pluralismo, a la búsqueda precisamente de ambientes de mayor libertad de elección para los usuarios, que podrán optar por las compañías de su preferencia. Por tanto, limitar un mercado en transición a la liberalización es probable que no contribuya a mejorar las posibilidades de libertad de elección de dichos usuarios.

La competencia es un medio ideado para que el usuario sea el centro de estos mercados. Si se perjudica su posición jurídica cercenando su capacidad de elección, entonces se estará impidiendo el ejercicio de la libertad y, por ello, dificultando que los españoles dispongan de mejores servicios a mejores precios. Restringir la libertad sin causa justa es un ejercicio de autoritarismo incompatible con el estado de evolución social en el que estamos.

En los casos de servicios de interés general como el que nos referimos, gas y electricidad, parece más claro que el papel del usuario deba ser central pues precisamente la razón de la desregulación de estos sectores está presidida por la idea de que se prime el derecho a elegir del ciudadano, lo que se puede alcanzar más fácilmente desde la competencia que desde el monopolio. Es más, habría que pensar que en las condiciones económicas y sociales actuales en Europa debieran ir desapareciendo poco a poco los servicios públicos, según los casos y con intensidades diferentes, de manera que el problema de la tensión entre servicio público y libertad se resuelva pensando más en los ciudadanos que en el poder público. De alguna manera, la pugna entre poder y derechos fundamentales ha de ir resolviéndose poco a poco al servicio de la centralidad de la persona. Por eso, servicios tan importantes como la educación o la sanidad podrían ser considerados de interés general, lo que implicaría incluso una responsabilidad mayor del Estado en la garantía de la calidad, universalidad y asequibilidad de dichas prestaciones, pero no su titularidad pública, algo hoy trasnochado y periclitado.

Bien sabemos, sobre todo en el Derecho español, que los ciudadanos no disponen de un genérico y abstracto derecho a la prestación de un servicio público, salvo en el caso de los denominados servicios mínimos y obligatorios de los Gobiernos y Administraciones locales. Sin embargo, la perspectiva del ciudadano como usuario, como consumidor, que no cliente, de actividades y prestaciones de interés general, le sitúa en una nueva consideración que, a los efectos de este trabajo, debe tenerse bien en cuenta.

Me refiero a que en estos supuestos en los que el ciudadano consume servicios de interés general, su posición jurídica participa también, de algún modo, y con mayor razón, de la posición de protagonismo que con carácter general se le atribuye al ciudadano en el marco de los postulados generales del Estado social y democrático de Derecho.

El constituyente reconoce, en el artículo 51 de la Constitución, transcrito anteriormente, a los usuarios y consumidores como dos colectivos diferentes aunque con rasgos comunes pues, de lo contrario, probablemente los hubiera regulado en preceptos distintos. Podría señalarse, a los efectos que ahora interesan, que el usuario es un consumidor de servicios públicos o de servicios de interés general. Interesa retener en todo este epígrafe, que los Poderes públicos, según dispone el mandato constitucional de referencia, tienen como función central defender a los usuarios de servicios públicos y de servicios de interés general. Se trata pues de una consideración que se explica y se justifica atendiendo a la consideración central de la persona, del ciudadano, en relación con las prestaciones públicas o de interés general.

Es decir, en el estatuto o régimen jurídico del usuario, este principio de la Constitución debe tenerse muy presente, de forma y manera que la defensa de los usuarios no se quede reducida a una mera declaración de intereses y alcance virtualidad práctica en los concretos servicios, sean públicos o de interés general, establecidos en cada momento.

El precepto, además, prevé una defensa especial de los usuarios en materia de seguridad, salud y legítimos intereses económicos. Ciertamente, la consideración de los legítimos intereses económicos de los usuarios va a tener más predicamento en sede de servicios de interés general que en materia de servicios públicos, por obvias razones. Además de establecer procedimientos especiales de protección para la salud y la seguridad de los usuarios, también debe recordarse que, en esta materia, los Poderes públicos fomentarán la constitución de asociaciones y organizaciones que puedan expresar los intereses comunes de los usuarios, ordinariamente para cada servicio, sea público o de interés general. Cómo la Constitución no distingue entre servicios públicos, esenciales y de interés general, tampoco debe distinguir el intérprete, de manera que la expresión se refiere indistintamente a dichas modalidades de servicios.

En materia de servicios públicos, incluso en aquellos cuya gestión se confía al sector privado, no está claro del todo que la matriz jurídica que los regule sea privada o pública. Giannini ha hablado, para estos supuestos, de Derecho Privado Especial porque, obviamente, existen componentes esenciales de Derecho Público que no se pueden desconocer puesto que, en estos casos, el servicio se establece con fondos públicos, fondos que están especialmente vinculados a una reserva esencial de principios de Derecho Público que no se pueden desconocer. En el caso de los servicios de interés general, donde ya no hay titularidad pública de la actividad, por sorprendente que pueda parecer, como intenté demostrar en el epígrafe anterior, resulta que se certifica una clara vuelta al Derecho Administrativo por la sencilla razón de que la garantía de los derechos más importantes del usuario a la universalidad, asequibilidad y calidad del servicio son de cuenta de la Administración, aunque el servicio esté prestado por empresas privadas. Junto a ello, también en los servicios de interés general el usuario tiene derecho a la continuidad y regularidad en las prestaciones, lo que ha de ser garantizado igualmente por la Administración pública. Que esto sea sí supone para el Derecho Administrativo, y sobre todo para la Administración pública, una congruente intensificación de las técnicas de supervisión, control e inspección de dichos servicios con el objetivo precisamente de garantizar la calidad, universalidad y asequibilidad de las prestaciones.

La Administración pública no siempre es consciente de este nuevo papel que juega, lo que en ocasiones puede poner en entredicho cuestiones tan estratégicas como la continuidad del suministro en supuestos extraordinarios por no disponer de los medios personales y materiales acordes con las nuevas funciones que la Ley y la realidad le encomienda.

En los casos de servicios como la educación, el régimen jurídico del usuario está disciplinado por normas de Derecho Público puesto que los usuarios se encuentran, por sorprendente que parezca, en situación de especial sujeción. Sin embargo, si atendemos al sentido actual de las reformas, también en los llamados servicios públicos de naturaleza social, es probable que la fuerza de la libertad y la victoria de los derechos fundamentales en su pugna con las características clásicas del servicio público, terminen por dar entrada a los presupuestos de la libertad solidaria dotando al usuario de una posición realmente central en la construcción y desarrollo de estos servicios o actividades de interés general, educación incluida.

Por tanto, la denominada vuelta al Derecho Administrativo en los servicios de interés general y el llamado Derecho Privado Especial que se aplica a las formas indirectas de gestión de servicios públicos, nos muestran un nuevo panorama en el que, poco a poco, se va sustituyendo la preeminente posición de la Administración en beneficio de la centralidad del usuario.

Los principios de igualdad y neutralidad, de aplicación a los servicios públicos y a los servicios de interés general, garantizan la universalidad y el libre acceso, sin que se puedan establecer discriminaciones injustificadas. En el caso de las telecomunicaciones, por ejemplo, la obligación de servicio universal implica que las empresas que presten el servicio dispongan, para las personas con minusvalías, determinados requisitos y complementos en los sistemas de telefonía fija que demuestran hasta qué punto la intensidad de la sensibilidad social es en estos supuestos una de las características de la prestación de estos servicios abiertos al mercado y con una intensa responsabilidad pública.

La posición central del usuario es independiente de que el régimen sea de servicio público o de interés general. En el caso del servicio de interés general tendrá, es verdad, más libertad para seleccionar el servicio que más le convenga. En el caso del servicio público, ordinariamente es más complicado que exista libertad de elegir servicio. Pero en ambos casos, los usuarios disponen de un derecho a prestaciones continuas, regulares, iguales, asequibles y de calidad.

Del nuevo derecho fundamental a una buena Administración pública se deriva el correspondiente derecho de los usuarios a buenos servicios públicos y a buenos servicios de interés general. Probablemente, la traducción a términos concretos de este nuevo derecho de los ciudadanos en general, y de los usuarios de servicios públicos o de servicios de interés general en particular se refiera a los estándares de calidad que han comenzado a codificarse en las llamadas cartas de servicios, un instrumento de origen anglo-sajón que ayuda sobremanera a que el usuario conozca desde el principio la tabla de las obligaciones que debe cumplir el prestador del servicio, sea público o privado.

Ciertamente, este derecho al buen funcionamiento de los servicios públicos y de los servicios de interés general, debe ser reconocible para el usuario a partir de algunos parámetros concretos, como pueden ser las notas que clásicamente configuraron en el pasado y configuran en la actualidad los servicios públicos: igualdad, neutralidad, continuidad y regularidad. Además, como las cartas de servicios incorporan ordinariamente obligaciones concretas del prestador del servicio, en caso de incumplimiento se podrán impugnar ante la jurisdicción competente en cada caso.

En los supuestos de huelga de estos servicios, la Administración ha de garantizar unos servicios mínimos razonables que permitan atender con regularidad las exigencias del servicio. El usuario, además, tiene en estos casos un obvio derecho a conocer con antelación la situación de la huelga y su duración a los efectos oportunos.

Una de las claves para entender el sentido de la evolución histórica de los servicios se refiere a la naturaleza jurídica del usuario. Según los postulados de la Escuela de Burdeos, cuna del servicio público, éste surge de un acto unilateral de la propia Administración, del Ente público que presta el servicio. Pero ese acto está condicionado, como señala Duguit, a que el usuario emita una declaración de voluntad solicitando ser admitido a dicho servicio en los términos establecidos en la norma que lo disciplina. Una vez que el usuario es aceptado al servicio, entonces se convierte en titular de una situación jurídica objetiva, estatutaria, regida por las normas del servicio, que son por definición, mudables. Así las cosas, resulta que el usuario, ni tiene derecho subjetivo alguno a ser admitido al servicio ni a que la prestación en que éste consista se realice en determinadas condiciones, ni siquiera a oponerse a una eventual decisión de supresión del servicio. Es la consecuencia de concebir el servicio desde la unilateralidad, desde la consideración del usuario como súbdito, como un administrado al que la Administración pública ha de aceptar al servicio. Algo que con el paso del tiempo y la llegada de los servicios públicos de naturaleza económica e industrial se terminó por la sencilla razón de que se tomó conciencia de que el interés general en estos casos descansa precisamente en la prestación de determinadas actividades de relevancia pública a determinados ciudadanos, que adquieren un papel activo puesto que a fin de cuentas el servicio está pensado y construido para ellos.

En la actualidad, con la consagración del principio de igualdad y el reconocimiento de que los Poderes públicos tienen la obligación de crear las condiciones para que la libertad y la igualdad de los ciudadanos sea real y efectiva, las cosas van a ser distintas. Efectivamente, ahora el acceso no es un privilegio del aparato público sino un derecho de los ciudadanos.

Hoy existe el derecho subjetivo a acceder en condiciones de igualdad al servicio público de que se trate y también el usuario del servicio tiene derecho a que éste se preste en las condiciones previstas en las normas que disciplinan el régimen jurídico y el funcionamiento del servicio. En este punto, las diferencias entre los servicios públicos y los servicios de interés son mínimas pues en ambos casos la Administración pública tiene la obligación de asegurar y garantizar que la prestación se realice en unas determinadas condiciones que integran el derecho del que hoy tanto se habla y se escribe, a buenos servicios públicos. Derecho que es el corolario necesario del más amplio derecho fundamental de todo ciudadano a una buena Administración y a un buen gobierno de las instituciones públicas.

Con el advenimiento del Estado social de Derecho y su correlato, el Estado de bienestar, la participación ciudadana se convierte en el elemento del que se echa mano para suplir la llamada falta de legitimidad de la Administración. Empieza a hablarse de participación orgánica, de participación en la definición, análisis, ejecución, implementación y evaluación de los servicios públicos. En realidad, la participación de los interesados en el procedimiento administrativo adquiere gran relevancia y los usuarios y sus representaciones juegan un papel importante en orden al establecimiento de las normas reguladoras de los servicios, no así, por obvias razones, en lo referente a la gestión. Aparecen las cartas de servicios y las Autoridades independientes o neutrales, quizás llamadas así para encubrir precisamente la falta de autonomía de la que pueden gozar quienes están nombrados por el poder político, con el objetivo de ser garantes de los derechos de los usuarios en los servicios regulados.

- EL ARTÍCULO 52 DE LA CONSTITUCIÓN.

El artículo 52 constitucional se refiere a que la ley regulará las organizaciones profesionales que contribuyan a la defensa de los intereses económicos que le son propios y a que su estructura interna y funcionamiento deberán ser democráticos. Algo que, como en el caso de partidos políticos y sindicatos, brilla por su ausencia de forma cada vez más clamorosa.

CAPÍTULO IX

LOS DERECHOS FUNDAMENTALES SOCIALES

1. INTRODUCCIÓN

Los derechos fundamentales sociales son derechos fundamentales de la persona que requieren ordinariamente de una acción positiva de los Poderes públicos para su realización. Ordinariamente porque si la Sociedad articulada dispone de la vitalidad y medios suficientes para proveer lo necesario para atender estos derechos entonces la acción del Estado sería innecesaria. Sin embargo, la realidad acredita, en una parte importante del globo, que la intervención pública es clave en esta materia, también porque poco a poco se han ido ahogando y sustituyendo las posibilidades de la acción social con el inconfesable objetivo del control del tejido social.

Estos derechos se pueden denominar como derechos fundamentales sociales o también derechos sociales fundamentales porque se trata de derechos de titularidad personal que atienden a la dignidad de las condiciones de vida de las personas.

En la teoría de los derechos sociales, económicos y culturales (DESC), los derechos sociales fundamentales serían aquellos derechos fundamentales que precisan acciones positivas de los Poderes públicos para garantizar una vida digna de la condición humana. Existen unos derechos sociales fundamentales de mínimos que sirven de presupuesto para la progresión y promoción de estos derechos en el bien entendido de que en esta materia rige el criterio de la prohibición de la regresión salvo en casos muy excepcionales a los que debe acompañar una serie de rigurosos y exigentes requisitos.

Por tanto, no todos los denominados DESC serían derechos sociales fundamentales, solo aquellos que siendo de prestación en sentido estricto garanticen las condiciones para una vida digna. Es verdad que el nivel de una vida digna puede variar según culturas y tradiciones, pero en términos generales nos referimos a aquellas condiciones que permiten un libre y solidario desarrollo de la personalidad de cada ciudadano en sociedad.

Hay muchas clasificaciones de los DESC. Donnelly los clasifica en cuatro modalidades. Derechos de subsistencia, entre los que podrían estar el derecho a la alimentación y el derecho a la asistencia sanitaria. Derechos económicos, entre los que destacaría el derecho al trabajo, a la seguridad social, al descanso, a las vacaciones y a la sindicación. Derechos sociales, que serían, el derecho a la educación o el derecho a formar una familia. Finalmente, los derechos culturales, entre los que podríamos citar el derecho a participar en la vida cultural de la comunidad[281]. Los derechos fundamentales sociales se encontrarían entre los derechos de subsistencia, los derechos económicos y los derechos sociales esencialmente.

Laporta distingue los derechos sociales en cuatro tipos. Primero, libertades, derechos que comportan la protección normativa de un ámbito de acción frente a las interferencias del Estado o de los particulares. Segundo, derechos de prestación, en los que el titular tiene un título para que se entreguen algunos bienes, se le presten servicios o bien se le asignen fondos o recursos para la vivienda, la salud, la pensión o la educación. Tercero, derechos a ciertas posiciones o status legales, de forma que a sus titulares se les confieren algunos derechos como el derecho a un empleo si así se establece, o bien disponer determinados status como puede ser el de jubilado, huérfano, viuda, que trae consigo ciertas prestaciones, beneficios o exenciones. Y, en cuarto lugar, derechos a bienes

---

[281] J. DONNELLY, *Universal human rights in theory and practice*, Cornell, 1989, p. 35.

públicos, que comportan aspiraciones a la existencia de estados de cosas buenos o deseables como pueden ser los beneficios del progreso científico o del medio ambiente limpio, por ejemplo[282]. En este caso, los derechos sociales fundamentales los encontraríamos, sobre todo entre los derechos de prestación y entre los derechos a ciertas posiciones o status legales.

Los derechos fundamentales sociales se refieren a determinadas acciones del Estado, de los Poderes públicos, que hacen directa y esencialmente a la dignidad del ser humano. Como veremos, no todos los derechos sociales son fundamentales sino aquellos que, como, entre otros, la alimentación, el vestido, la vivienda, la educación o la sanidad, permiten al ser humano las condiciones que le permiten desarrollarse en libertad solidaria.

El profesor Noriega enseña que los derechos sociales son aquellos derechos en virtud de los cuales el titular puede exigir un determinado comportamiento –o bien una prestación– por parte del Estado, que asume una actitud activa y debe intervenir a favor del titular, al servicio del bien general[283]. Tal propuesta de definición es pertinente a nuestro propósito porque como señala Pahuamba Rosas, no todos los derechos identificados como sociales implican una prestación y en este caso se refiere a prestaciones o actividades dirigidas a aquellas necesidades que son imprescindibles para el desarrollo del ser humano[284].

En el caso español, la referencia normativa que debemos traer a colación es la relativa al libre desarrollo de la personalidad del artículo 10.1 de la Constitución como consecuencia de la fundamentalidad de la dignidad de la persona humana y de los derechos que le son inherentes. En palabras de Rodríguez Olvera, su esencia, la de los derechos sociales fundamentales, es la tutela de

[282] F. LAPORTA, «Los derechos sociales y su protección jurídica: introducción al problema», en J. Betegon, F. Laporta, J.R. de Páramo, L. Prieto Sanchís (coords.), *Constitución y derechos fundamentales*, Revista del Centro de Estudios Constitucionales, 22, 1995, p. 298.
[283] A. NORIEGA CANTÚ, *Los derechos sociales, creación de la Revolución de 1910 y de la Constitución de 1917*, México, 1988, p. 76.
[284] B. PAHUAMBA ROSAS, *El derecho a la protección de la salud*, México, 2014, p. 9.

la dignidad democrática que garantiza el libre de desarrollo de la personalidad[285].

Los derechos sociales fundamentales son derechos subjetivos porque, en terminología del profesor Arango, son esencialmente posiciones jurídicas establecidas en una norma jurídica que incorporan obligaciones o deberes jurídicos. El titular de ellos es la persona natural, el ser humano. Siguiendo a Alexy podríamos decir que los derechos fundamentales sociales, o los derechos sociales fundamentales, son derechos subjetivos de especial relevancia. En efecto, son derechos subjetivos del mayor rango, del mayor calibre jurídico, por la sencilla de razón de que son expresiones y manifestaciones de la misma dignidad humana en su proyección jurídica, sea ésta privada sea pública. Por eso deben estar al margen, y por encima, de las mayorías parlamentarias, porque son la base misma del sistema democrático y del Estado de Derecho.

Los derechos fundamentales sociales derivan de la centralidad de la dignidad humana y por tanto, reconocida ésta en las Constituciones como piedra angular del Estado social y democrático de Derecho, bien se encuentran expresamente previstos o bien puedan ser deducidos por la argumentación jurídica como derechos inherentes a la persona, como derechos indisolublemente conectados a la misma esencia de la dignidad humana. No son metas políticas ni son Principios rectores de la política social y económica, ni tampoco son mandatos generales establecidos en la Constitución política. Son derechos subjetivos relevantes, los de mayor categoría o rango y, por ello, exigibles e invocables ante los Tribunales en caso de lesión o vulneración. Que los Poderes públicos deban promover los fines del Estado social y democrático de Derecho no sustituye ni mucho menos el reconocimiento de estos derechos fundamentales. Los refuerza desde la acción del Estado pero obviamente no se pueden quedar en criterios o principios porque el ser humano tiene derecho a exigirlos también judicialmente si llegara el caso.

---

[285] O. RODRÍGUEZ OLVERA, *Teoría de los derechos sociales en la Constitución abierta*, Granada, 1998, p. 4.

El profesor Ferrajoli, para explicar el atraso en esta materia, señala, con el fin de crítica, que la consideración no jurídica, todavía frecuente en muchos Ordenamientos, de los llamados derechos sociales, reside en que a estas posiciones jurídicas les corresponden, antes que prohibiciones de lesión, obligaciones de prestación positiva, cuya satisfacción consiste en un hacer, en cuanto tal no formalizable ni universalizable y cuya violación, por el contrario, no consiste en actos o comportamientos sancionables sino simples omisiones que no serían ni coercibles no justiciables[286]. Tal doctrina, criticada por los defensores de la categoría de los derechos fundamentales, que no considera como auténticos derechos subjetivos a estos derechos fundamentales, parte de la consideración de que el Estado únicamente es garante del orden público interno y de la defensa exterior[287] propia de una lectura demasiado unilateral del Estado liberal de Derecho. Por supuesto que su lesión, en la medida que produce daños, debe ser reparada jurídicamente y la omisión de las obligaciones del Estado para hacerlos efectivos, la inactividad en la prestación, son obviamente exigibles en juicio. Hoy, sin embargo, en el marco del Estado social y democrático de Derecho es un sinsentido que los derechos sociales fundamentales permanezcan huérfanos del reconocimiento que se merecen.

Los derechos fundamentales, ya lo hemos señalado, son una categoría general del Derecho, que admite varias funciones. Es, esta categoría, multifuncional o plurifuncional pero con el mismo régimen jurídico en todos los casos. Los derechos fundamentales individuales y los derechos fundamentales sociales son derechos fundamentales de la persona porque la categoría se predica de ambos con la misma intensidad. Que históricamente los derechos de libertad hayan venido antes a este mundo no quiere decir más que eso, porque los derechos de prestación que permiten unas

[286] L. FERRAJOLI, Prólogo al libro de V. Abramovich, C. Courtis, *Los derechos sociales como derechos exigibles,* Madrid, 2002, p. 9.
[287] L. FERRAJOLI, *op. cit.,* p. 10.

condiciones elementales de vida digna son igualmente derechos fundamentales de la persona.

No se trata, en el caso de los derechos sociales fundamentales, de meras expectativas que dependen de la reserva de lo posible o de las disponibilidades presupuestarias en cada caso. Insisto, los derechos fundamentales son un todo, los individuales y los sociales, y han de tener el mismo calibre y rango de protección jurídica. Si así no fuera, la centralidad de la dignidad humana sería una quimera y al final, como lamentablemente acontece ordinariamente, estaría al albur de la conveniencia u oportunidad política, algo inaceptable. Si la dignidad humana es el centro y raíz del Estado, las estructuras, las normas, los procedimientos y los presupuestos deben disponerse precisamente al servicio del gran canon o estándar jurídico del Estado moderno.

Como tendremos ocasión de señalar más adelante, estos derechos fundamentales son exigibles judicialmente si por acción, u omisión, de los Poderes públicos, se lesionan o contravienen. Tanto una prestación pública deficiente dirigida a satisfacer uno de estos derechos fundamentales, como su omisión, pueden y deben ser objeto de la acción procesal.

Por ser derechos fundamentales son derechos que vinculan jurídicamente a todos los Poderes públicos. Es decir, tanto el Poder ejecutivo como el legislativo y el judicial deben aplicarlos en su tarea cotidiana. En el caso del Legislador a través de la previsión de normas del máximo rango normativo que los reconozcan respetando su contenido esencial, en el caso del Poder ejecutivo promoviéndolos en el marco de la Administración pública y para el Poder judicial a través de la interpretación más favorable a su realización y plena efectividad.

La exigibilidad de los derechos sociales fundamentales o derechos fundamentales sociales está relacionada con situaciones económicas y sociales en las que obviamente existen carencias de condiciones para el normal despliegue de la dignidad humana en algunas personas. Es decir, la emergencia de este concepto tiene mucho que ver con situaciones de crisis. En Europa, en la vieja y hoy enferma Europa, ahora esta cuestión está de actualidad especialmente en alguno de los Estados miembros, España entre ellos, donde el derecho fundamental social a la alimentación, a la vivienda, a la ropa o al vestido, a la salud o a la educación, vuelven al candelero al haberse roto el equilibrio de condiciones que permitirían a la iniciativa social su lógica realización y su provisión de los medios para la satisfacción de estos derechos.

En efecto, el mercado en un Estado social y democrático de Derecho debiera asegurar un orden de condiciones formales y reales que, desde la racionalidad y la objetividad, permita a cada ser humano vivir en condiciones dignas. Cómo resulta que ello no parece posible, especialmente por la dimensión unilateral imperante, entonces la acción positiva del Estado aparece como corolario básico del principio de subsidiariedad para remediar carencias o necesidades esenciales que garanticen y preserven la vida digna de las personas.

El derecho fundamental a la buena Administración, que incluye en su seno, entre otras características, que las decisiones administrativas se adopten en plazos razonables, justifica que en alguna medida los derechos fundamentales sociales en última instancia puedan canalizarse jurídicamente a través de la lesión de este derecho fundamental a la buena Administración. Pensemos en las omisiones de la Administración pública cuando de esta manera se impide o dificulta extraordinariamente que se atiendan a condiciones esenciales para la dignidad humana como puede ser la alimentación, el vestido, la vivienda o una operación quirúrgica que de no realizarse en determinado lapsus de tiempo pueda ocasionar daños irreversibles. En otras palabras es posible que se lesionen derechos fundamentales sociales en virtud de omisiones de obligaciones fundamentales residenciadas en los Poderes públicos.

El derecho fundamental al mínimo existencial deducido por la doctrina del Tribunal Constitucional Alemán constituye un claro ejemplo de la posibilidad de alumbrar nuevos derechos fundamentales sociales siempre que estén vinculados a la realización de la dignidad humana en unas condiciones mínimas y básicas, sin las cuales la misma dignidad estaría coartada, impedida o imposibilitada. Una vez establecido el piso mínimo, el mínimo vital, el paso siguiente es de la progresión en el ejercicio de los derechos sociales fundamentales y la prohibición de su regresividad.

Es verdad, como señala Alexy, que el concepto de los derechos sociales fundamentales se basa sobre la idea de necesidad, no de libertad[288], pues en el trasfondo está la noción de dignidad humana. Si no existen esas condiciones básicas para que la dignidad se realice mínimamente entonces la persona sufre un daño que no tiene el deber jurídico de soportar de ninguna manera, incluso en el caso de que no esté dispuesta recibir ayuda porque incluso en este caso existe un deber esencial de los Poderes públicos de no permitir que ninguna persona pueda quedar a la intemperie aun cuando esa sea su elección.

Los derechos sociales fundamentales son derechos subjetivos de especial calibre, de especial rango y relevancia, en la medida en que consisten en posiciones jurídicas fundamentales dotadas de razones válidas, suficientes y cuyo reconocimiento injustificado ocasiona un daño real al titular del mismo.

En realidad, como reconoce atinadamente Cascajo Castro, tanto ayer como hoy lo que se ventila, lo que está en juego en los derechos sociales fundamentales, es la dignidad humana[289]. En efecto, los derechos sociales fundamentales, en la medida que están inseparablemente vinculados a unas necesarias condiciones de dignidad para la vida humana, hoy, en época de fuerte y grave crisis general, aparecen como una categoría que debe ser, no solo rescatada, sino renovada al servicio, precisamente, de la dignidad del ser humano. Una dignidad en este tiempo vapuleada, ninguneada por tantos y por tantas expresiones de la arbitrariedad que habita en no pocas terminales del poder financiero y político dominadas por esquemas de dominación y adicción a los beneficios y a los votos.

En efecto, la centralidad de la dignidad reclama que los dere-

---

[288] R. ALEXY, Prólogo al libro de R. Arango, *El concepto de los derechos sociales fundamentales*, Bogotá, 2005, p. xvii.
[289] J. L. CASCAJO CASTRO, «Derechos Sociales», en *Derechos Sociales y principios rectores*, Actas..., p. 21.

chos sociales fundamentales sean derechos subjetivos pues no de otra forma se cumpliría tal aserto capital. Bastida ha recordado, con cita de algunas sentencias del Tribunal Constitucional español que, en efecto, la dignidad humana fundamenta el orden político y la paz social tal y como dispone el artículo 10.1 de nuestra Constitución. De ahí, pues, que la configuración jurídica de la dignidad sea la pieza básica para cimentar el orden político y la paz social[290]. Eso significa que la dignidad es la columna vertebral del Ordenamiento jurídico como un todo y que el Derecho Público, especialmente el Derecho Administrativo como expresión concreta de la Constitución, debe construirse sobre esta base. De forma y manera que, como es lógico, la operatividad y funcionalidad de los derechos fundamentales de la persona, expresión genuina de la fuerza de la dignidad humana, deben presidir y orientar todas las categorías e instituciones del Derecho, especialmente del Derecho Público.

El concepto constitucional de dignidad humana expresa el reconocimiento jurídico de la igualdad y de la libertad de todos los seres humanos por el hecho de serlo[291] que se encuentran en el artículo 1.1 de la Constitución y que se materializan en los derechos fundamentales[292], también por supuesto en los de naturaleza social, que igualmente, como los individuales, son de titularidad personal. La regla de la centralidad de la dignidad del ser humano del artículo 10.1 de nuestra Constitución proyectada sobre los derechos individuales, señala Bastida, implica que en cuanto valor espiritual y moral inherente a la persona (sentencia del Tribunal Constitucional del Reino de España 53/1985), la dignidad ha de permanecer inalterada cualquiera que sea la situación en la que la persona se encuentre[293]. La dignidad, sin embargo, no se realiza solo en los derechos individuales, exige y reclama la

[290] F. BASTIDA FREIJEDO, ¿Son los derechos sociales derechos fundamentales? Por una concepción normativa de la fundamentalidad de los derechos, derechos sociales y ponderación, Madrid, 2009, pp. 131 y 132.
[291] Sentencia del Tribunal Constitucional Español 181/2000.
[292] F. BASTIDA FREIJEDO, op. cit., p. 131.
[293] F. BASTIDA FREIJEDO, op. cit., p. 132.

efectividad de ciertos derechos sociales fundamentales, que son imprescindibles para el libre y solidario desarrollo de la persona en la comunidad.

Los derechos fundamentales sociales no son, no deben ser, un problema económico de distribución de bienes y recursos escasos entre la población, sino que se enmarcan en el escenario de los presupuestos esenciales de un Estado de Derecho y de un Estado democráticos dignos de tal nombre[294], Sin una alimentación digna, sin un vestido digno, sin un trabajo digno, sin vivienda digna, sin educación digna, sin sanidad digna y sin una digna seguridad social, el ser humano no puede realizarse como tal, no puede disponer de las condiciones mínimas para el libre y solidario desarrollo de su personalidad. Por tanto, las posiciones jurídicas fundamentales en que se concretan los derechos sociales fundamentales constituyen condiciones necesarias para el normal despliegue de la dignidad humana, pieza básica del Ordenamiento jurídico.

Como señala Rey Martínez, sin derechos sociales fundamentales no hay ni democracia ni libertad[295]. En efecto, la garantía del ejercicio de la libertad solidaria en el Estado social y democrático de Derecho está vinculada a la existencia de los derechos sociales fundamentales. Al mismo tiempo, sin derechos fundamentales la participación social es una quimera y por tanto la democracia se distancia de ser lo que debe: el gobierno del pueblo, por el pueblo y para el pueblo. Rey Martínez señala incluso que las tesis que consideran a los derechos sociales como simples deseos de «juridificar» sin éxito el bienestar son, desde el punto de vista ideológico, profundamente antidemocráticas[296].

El principio de la indivisibilidad de los derechos fundamentales significa que los individuales y los sociales, ambos derechos fundamentales, son inescindibles. No pueden realizarse unos sin los otros. Tal afirmación en el Estado social y democrático de

[294] F. REY MARTÍNEZ, «Derribando falacias sobre los derechos sociales», en Actas..., p. 634.
[295] F. REY MARTÍNEZ, *ibíd.*
[296] F. REY MARTÍNEZ, *ibíd.*

Derecho cobra especial relevancia pues, insisto, la realización y efectividad de la libertad solidaria no es posible sin la existencia de una serie de posiciones jurídicas capitales que sirven de presupuesto y de condición para el libre y solidario desarrollo de la persona humana. Como señala Rey Martínez, este principio es invocado regularmente por la Unión Europea en el ámbito de las acciones para la cooperación del desarrollo de terceros países así como en la Carta de Derechos Fundamentales, en la que se ha colocado a todos los derechos fundamentales en un plano paritario, dedicando el capítulo tercero a la igualdad y el capítulo cuarto a la solidaridad, en el que se reconocen los derechos laborales, la protección de la familia, del medio ambiente, de los consumidores así como el derecho de seguridad social y el derecho a la salud[297].

La libertad solidaria, pues, se erige en el concepto clave para comprender la funcionalidad de los derechos fundamentales en el Estado social y democrático de Derecho. A tal conclusión arribé hace algunos años precisamente cavilando sobre el sentido de la denominada tercera vía y el espacio del centro con ocasión de reflexiones y meditaciones acerca precisamente de la significación de la centralidad de la dignidad del ser humano en la teoría política contemporánea.

En efecto, en 1996 terminaba unas reflexiones de teoría política señalando que una de las claves para entender las nuevas políticas residía en lo que denominaba la libertad solidaria. Hoy todavía sigo pensando lo mismo. La aparente contradicción entre estos conceptos, entre libertad y solidaridad, es virtual pues una versión puramente individualista de la libertad la entiende como una capacidad para el uso y disfrute exclusivamente individual. La libertad, según estas versiones radicales, es solo libertad para mí, cuando de lo que se trata es de subrayar la libertad de los demás en tanto en cuanto se erige como una garantía de la mía propia; en última instancia se concibe la libertad de los otros como una limitación de la mía, porque donde empieza aquella termina esta.

---

[297] F. REY MARTÍNEZ, *loc. cit.*, p. 635.

Por el contrario, desde posiciones intervencionistas y también desde el nacionalismo, se entiende la libertad exclusivamente en sentido colectivo: la libertad de una clase universal o la libertad de una nación, de modo que las libertades individuales aparecen sometidas o condicionadas por los intereses superiores que el orden colectivo debe administrar en nombre de la nueva clase o la nueva nación. El Estado en unos casos, la nueva clase o la nación en otros, se convierten en así, en instancias salvadoras de los seres humanos.

Esta contraposición entre libertad e igualdad ha tenido su correlato en el espacio político en la batalla entre la izquierda y la derecha. Sin embargo, los límites de estas posiciones políticas quedan patentes cuando el socialismo moderado se presenta a sí mismo –legítimamente– como defensor de las libertades individuales, y la derecha democrática reivindica –con no menos legitimidad– sus reales e históricas aportaciones a la integración social.

La utopía socialista tiene, desde luego, un valor –histórico, ideológico, emotivo–, pero desde un punto de vista político ha perdido todo su sentido, según lo prueba el fracaso sistemático de las tentativas de aplicación en tantas latitudes y épocas, y con tantas fórmulas. Hoy, donde gobierna, encontramos políticas públicas que podríamos caracterizar, de acuerdo con los patrones clásicos, como de derechas o, muy cerca de nosotros, radicales. Lo mismo podríamos decir de la utopía liberal –si pudiéramos escribir así–, aunque en algunas formulaciones del liberalismo doctrinal cabría más bien hablar de su error de partida, señalado tantas veces por algunos de sus críticos, como lo es la suposición de que todos somos, realmente y en la misma medida, libres y autónomos. La respuesta está en el ejercicio y la promoción de la libertad solidaria. O se armonizan adecuadamente estos dos vectores fundamentales de la vida social y política, o posiblemente los sistemas democráticos entrarán en una situación de difícil recuperación como parece que está aconteciendo. No se trata de ningún descubrimiento, se trata de la constatación de un hecho. Nadie en su sano juicio puede discutir hoy la necesidad de los emprendedores, de un sector empresarial dinámico, innovador, imaginativo, eficiente. Ni se puede pasar por alto la necesidad de priorizar la atención de los menos favorecidos, entre ellos los pensionistas y los parados, y de contar con la presencia de los agentes sociales, muy particularmente de los sindicatos, en el planeamiento y aplicación de la política nacional o supranacional.

La conjugación de libertad y solidaridad es, además, obligada. Apunta Giddens, respecto a la Tercera Vía, que no se trata más que de una teorización sobre la práctica real de los gobiernos en los países democráticos[298]. El espacio del centro del que suelo escribir lo es también en cierto modo. Pero va más allá, en cuanto tiene un fundamento antropológico más claro en la dignidad del ser humano, en la centralidad de la persona, de cada ciudadano individual como eje de la acción política, y una dimensión ética más real, en cuanto la solidaridad y, por tanto, la integración y el equilibrio social no se consideran posibles –en un régimen auténticamente democrático– sin el concurso de todos los sectores sociales.

Una política de solidaridad libre y socialmente asumida, no impuesta desde los mecanismos del Estado, solo es posible desde los fundamentos culturales de una sociedad realmente libre y solidaria, no desde la imposición de un programa o de un organismo público. O la acción de gobierno se conjuga con el sentir y la iniciativa social, o carecerá de efectos. Pretender una acción solidaria desde un sentir mayoritario que no represente de hecho el sentir general, de todos los sectores componentes de la ciudadanía, es imposible. Ahí no hay solidaridad, porque no hay libertad.

Pero igualmente una libertad que no tome en cuenta la dimensión social de la persona, además de tratarse de una libertad reducida, es falsa, porque lo real es que la libertad la queremos para los ciudadanos, para realizarnos como personas en la sociedad. En efecto, la libertad de los demás no es solo garantía de la mía, sino que me hace realmente más libre. Es decir, tengo la posibilidad

---

[298] *Vid.* A. GIDDENS, *op. cit.*

de hacer más libres a los demás cuando desde mi propia libertad busco la cooperación con ellos.

Es un imperativo ético y político la generación de las condiciones sociales y culturales que hagan posible el ejercicio de una libertad auténtica por parte de cada ciudadano. Aquí atisbo una conexión de fondo de la política con la ética pública, que trascendería el marco de un simple código de comportamientos.

Libertad solidaria porque la libertad es el marco adecuado, necesario para que se produzca la apertura a los demás afirmada en la solidaridad. Y así la libertad de los demás ya no se entiende primariamente como un límite de la mía –aunque lo sea, considerada negativamente– sino que la libertad de los demás posibilita, mediante el acuerdo, el diálogo, el entendimiento, una ampliación sin límites de mi propia libertad. Estamos dando una respuesta a la permanente cuestión: libertad, ¿para qué? Afirmar la libertad solidaria es señalar uno de los objetivos que queremos darle a la libertad.

Llegados a este punto, conviene preguntarse si entonces conviene mantener la categoría de los derechos sociales fundamentales como categoría distinta a la de los derechos fundamentales individuales. En la medida en que ambos son derechos fundamentales porque tienen como titular a la persona y son derivaciones inherentes de la misma dignidad humana, en realidad deberían estudiarse en el marco de la teoría de los derechos fundamentales.

El problema es que todavía, a pesar de los pesares, a pesar de la centralidad de la dignidad humana hay no pocos autores que consideran lo que denominamos derechos sociales fundamentales o derechos fundamentales sociales como Principios rectores de la política social y económica, metas políticas u obligaciones generales de los Poderes públicos exigibles sola y exclusivamente cuando los presupuestos públicos prevean conceptos a ellos referidos.

Esta es precisamente la razón de ser de este epígrafe y, de alguna manera, de este estudio. Llamar la atención sobre la nueva luz que la cláusula del Estado social y democrático de Derecho irradia sobre el Derecho Administrativo a partir del concepto de libertad solidaria, concepto desde el que ha de explicarse la moderna teoría de los derechos fundamentales de la persona, que incluye los clásicos o abstención y los modernos o de promoción.

Abramovich y Courtis, que han analizado esta cuestión, entienden que el mantenimiento de la categoría de los derechos sociales fundamentales es útil en la medida en que refleja la operación de dos paradigmas o matrices político-ideológicos diferentes de regulación jurídica y permite, además, situar en un contexto histórico la forma en que han sido contextualizados y positivizados los diferentes derechos[299]. Es conveniente, pienso, porque todavía los postulados del pensamiento abierto, plural, dinámico y complementario no están asumidos en la medida en que la potencia ideológica de la cuestión impide, debido a la consistencia de los prejuicios, interpretaciones y consideraciones, que se afirme con todas sus consecuencias la plena compatibilidad entre la dimensión individual y la social.

A mi juicio, sin embargo, cada vez es más urgente situarnos en coordenadas de esta naturaleza puesto que el sistemático olvido, deliberada preterición en muchos casos, de los derechos sociales fundamentales, resta operatividad a los mismos derechos fundamentales individuales, que solo están a disposición de determinados grupos de ciudadanos, mientras que otros, muy numerosos en momentos de crisis y penurias como la que vivimos, apenas pueden disfrutar de ellos.

La categoría de los derechos fundamentales de la persona, insisto, es inescindible. No es posible, salvo desde razonamientos ideológicos, y al servicio de determinados intereses, afirmar que los derechos fundamentales únicamente son los individuales, mientas que los sociales no son más que metas políticas, principios o en todo caso, recomendaciones que sería bueno atender en función, en cada momento, de las disponibilidades presupuestarias. Tal argumento equivale a afirmar, lisa y llanamente, que la efectividad del ser humano depende de estructuras, normas, procedimientos y presupuestos.

---

[299] V. ABRAMOVICH, C. COURTIS, *op. cit.*, pp. 47-48.

Desde este punto de vista es conveniente mantener la doble caracterización partiendo, eso sí, de que ambos, derechos humanos individuales y derechos humanos sociales, pertenecen al mismo género, a la misma categoría jurídica: derechos fundamentales de la persona.

Desde la perspectiva metodológicareconocen la utilidad de la diferenciación pues existe una evidente complejidad histórica y normativa en todos los países en los que ha operado la distinción entre derechos políticos y sociales[300]. También, la distinción puede ser útil, como afirman estos autores, para subrayar la relevancia de categorías analíticas que tengan en cuenta, por ejemplo, el sentido que se ha dado a expresiones como constitucionalismo social, ramas del Derecho Social, Tribunales del orden social, o la distinción entre Pactos Civiles y Políticos y Pactos Sociales[301]. Es más, el propio título de esta investigación se enmarca en esta dirección debido a que todavía trabajamos en general con un Derecho Administrativo de fuerte sabor liberal individualista y las técnicas jurídicas de nuestra disciplina se construyen y explican desde esta lógica sin que todavía hayamos construido el Derecho Administrativo que cabe deducir del modelo del Estado social y democrático de Derecho en sentido pleno.

Los dos paradigmas, el del modelo del Derecho Privado clásico y el del modelo del Derecho Social, perviven tal cual sin que, salvo que en contadas excepciones, encontremos exposiciones o comentarios que partan, en esta materia, de los postulados del pensamiento compatible y complementario. Ambos modelos ofrecen una determinada teoría de las funciones del Estado y, por ende, un particular entendimiento de las relaciones entre la persona y la sociedad. Hoy, sin embargo, la cláusula del Estado social y democrático de Derecho ofrece todas las garantías y las estructuras intelectuales precisas para ir disolviendo una diferenciación que ya no tiene sentido aunque, eso sí, palpitante y rabiosa actua-

[300] V. ABRAMOVICH, C. COURTIS, *op. cit.*, p. 48.
[301] V. ABRAMOVICH, C. COURTIS, *op. cit.*, p. 49.

lidad, a juzgar por el cuadro social que nos presenta la realidad cotidiana en todo el mundo.

A juicio de Abramovich y Courtis, la caracterización del modelo que ellos denominan del Derecho Privado clásico parte de cinco elementos. Primero, la unidad de análisis de la acción humana es individual. Segundo, se presume la racionalidad del sujeto actuante y su capacidad cognoscitiva de lo que es mejor para él. Tercero, el mercado es el mejor mecanismo de creación de riqueza y de asignación de factores económicos. Cuarto, la Sociedad se presume en situación de equilibrio y estabilidad de manera que el desequilibrio o desestabilización ocasionados voluntariamente precisarán sistemas de re-equilibrio. Y, quinto, el Estado tiene como principal tarea el mantenimiento de un marco legal e institucional confiable y seguro que fomente la previsibilidad de las transacciones, la protección del equilibrio y restablecimiento cuando haya sido vulnerado[302].

Estas cinco características generales traducidas a términos jurídicos, dan lugar, según estos autores, a otras tantas consideraciones. A saber. Primera, la construcción de sujetos de derecho individuales. Segunda, la equivalencia de los sujetos de derecho expresada en nociones como igualdad formal ante la ley o la igualdad de las partes contratantes. Tercera, el establecimiento de factores personales y subjetivos de asignación de responsabilidad civil como la culpa y el dolo. Cuarta, la limitación de las funciones del Estado a la creación de reglas generales y abstractas (legislación), a la protección de bienes jurídicos individuales y de las condiciones institucionales de equilibrio económico (seguridad y defensa) y al restablecimiento del equilibrio económico ante la irrupción de daños ilícitos o ante el incumplimiento de los pactos contractuales (justicia civil) y, en los casos de ilícitos más graves, a la imposición de sanciones penales (justicia penal). Y, quinta, el diseño de acciones procesales individuales, en las que la medida de la legitimación es de orden individual también[303].

---

[302] V. IBRAMOVICH, C. COURTIS, *op. cit.*, p. 50.
[303] V. IBRAMOVICH, C. COURTIS, *op. cit.*, pp. 50-51.

En este marco, pues, nacen los derechos fundamentales de orden individual como espacios de libre desarrollo de la personalidad en un contexto de mínima intervención pública, de acuerdo con el dogma de la autonomía de la voluntad y en un mundo en el que el mercado, a través de los contratos, es el principal elemento de asignación de bienes. Obviamente, la construcción de la categoría del derecho subjetivo y de su protección judicial giró en torno al aseguramiento de bienes patrimoniales, quedando al margen otras dimensiones de la dignidad humana, que serán de cuenta del Estado social y democrático de Derecho recordarlas y regularlas. Lo capital será la libertad de pensar, de creer, de expresión, de contraer matrimonio, de formar una familia. El Estado se limita a permitir que tales libertades se realicen siendo la libertad de la persona lo básico y reduciéndose la obligación del Estado a la protección y pronto restablecimiento de las libertades lesionadas.

Es verdad que el Estado social y democrático de Derecho, el modelo del Derecho Social, emerge para corregir las disfunciones del modelo del Derecho Privado clásico, del Estado liberal de Derecho. Ahora el Estado asume un papel principal en lo que se refiere a la promoción de condiciones para el libre y solidario desarrollo de la personalidad de cada ciudadano.

El Estado, como hemos señalado en el epígrafe dedicado a estudiar el Estado social, no se limita a la abstención sino que asume obligaciones positivas en orden a dotar de contenido muchos de los derechos inherentes a la persona humana. A partir de este derecho social se realiza el llamado Estado social, Estado de bienestar o Estado providencia, cuyos postulados, en opinión de Abramovich y Courtis, serían los cinco siguientes. Primero, la introducción en el análisis de la acción humana de la dimensión colectiva. Segundo, la existencia y señalamiento de diversos límites a la racionalidad humana. Tercero, además de la generación de riqueza aparecen otros factores que también inciden en el mercado como pueden ser la igualdad y la equidad. Cuarto, existen desequilibrios que deben resolverse a través de la concertación y la negociación entre los diversos interlocutores. Y, quinto, el Estado asume muchas funciones y actividades como la regulación económica e interviene, para garantizar condiciones mínimas de bienestar en áreas tan significativas como la sanidad, la educación[304].

Desde el punto de vista jurídico, tales asertos dan lugar a nuevas perspectivas. Primera, aparecen nuevos sujetos de derecho de orden colectivo, emerge la negociación colectiva. Segunda, se plantean principios, técnicas e instituciones para reducir las desigualdades materiales y formales. Tercera, se admite una relativización del principio de la autonomía de la voluntad a través la formulación de una nueva forma de entender el interés general como la que hemos expuesto en el epígrafe a ello dedicado. Cuarta, el Estado asume la titularidad de ciertas actividades a través de la técnica del servicio público. Quinta, aparece la responsabilidad objetiva como consecuencia de la existencia de riesgos y de la necesidad de establecer criterios sociales de distribución del costo de los daños. Sexta, se amplían las funciones del Estado asumiendo incluso la gestión directa de funciones de regulación y control, de la tutela de bienes colectivos o de mediación en ámbitos de conflictos colectivos. Y, séptima, aparecen las acciones procesales colectivas o acciones de clase incorporando la legitimación corporativa o de grupos llegando a la acción popular[305].

En este contexto, pues, la dimensión puramente individual de la dignidad se abre a una concepción más abierta en la que se reconoce que el libre desarrollo de la personalidad de cada ciudadano, o es solidaria, o no es tal. Es decir, la efectividad de los derechos fundamentales reclama que en determinados casos el Estado garantice posiciones jurídicas fundamentales que permitan dignas condiciones de vida por lo que los derechos fundamentales sociales o derechos sociales fundamentales, depende de la perspectiva desde la que se trabaje, adquieren una importancia incluso mayor que la de los derechos individuales pues se erigen,

[304] V. ABRAMOVICH, C. COURTIS, *op. cit.*, pp. 54-55.
[305] V. ABRAMOVICH, C. COURTIS, *op. cit.*, pp. 56-57.

ni más ni menos, que en presupuesto y base imprescindible para su realización y efectividad.

2. UN POCO DE HISTORIA

La historia de los derechos sociales fundamentales está indisolublemente unida a la historia del Estado social por lo que en términos generales esta cuestión puede ser abordada a partir de lo que señalamos en el epígrafe dedicado a la cláusula del Estado social. En todo caso, es menester realizar algunas precisiones acerca de la emergencia de los llamados derechos económicos, sociales y culturales (DESC) pues en su seno aparecen los derechos sociales fundamentales que, como hemos señalado, no son todos estos derechos, son únicamente los derechos sociales de titularidad personal inherentes esencialmente a la dignidad humana.

En este sentido, hemos de remontarnos al siglo XVIII, a finales, en concreto al proyecto de Constitución francesa de 1793, cuyos artículos 17, 21 y 22 se referían al derecho a la instrucción, a la asistencia social y al trabajo, aunque, obviamente, sin la consideración de derechos jurídico-políticos.[306]. El proyecto, impregnado de ciertos criterios sociales, establecía en su preámbulo que la sociedad debía asegurar la subsistencia de los ciudadanos menos favorecidos, a través de la garantía del trabajo y su debida educación[307]. Sin embargo, como recuerda González Moreno, tales ideas fueron consideradas por algunos como un fallido intento por rebasar los ideales burgueses de la Revolución francesa y por otros se inclinaban por subrayar la parcial orientación de la Declaración de Derechos que ni estaba inspirada por un individualismo extremo ni tampoco por un socialismo claro, sino que pretendió proteger el valor de la persona humana en todas sus manifestaciones individuales y sociales[308] por supuesto en el mar-

---

[306] O. RODRÍGUEZ OLVERA, *op. cit.*, p. 13.
[307] J.L: CASCAJO CASTRO, *La tutela constitucional de los derechos sociales*, Madrid, 1988, p. 15.
[308] B. GONZÁLEZ MORENO, *op. cit.*, p. 84.

co del entendimiento entonces posible del Estado liberal de Derecho y del modelo de Derecho Privado clásico a él inherente.

Aunque Pérez Luño sitúa la emergencia de los derechos sociales como consecuencia del Manifiesto Comunista[309], habrá que esperar a la Constitución francesa de 4 de noviembre de 1848, la Constitución de la Segunda República, para el reconocimiento, siquiera sea de forma incipiente, de los derechos sociales. En efecto, el punto VIII del preámbulo establecía como deberes del Estado la protección del trabajo y la instrucción de todos los hombres y, por su parte, el artículo 13 recogería el derecho a la instrucción primaria gratuita, la igualdad de rentas entre patronos y obreros y el deber del Estado de crear trabajos públicos para desocupados y asistir a los niños abandonados, indigentes y ancianos sin recursos[310]. En rigor, pues, se trata de derechos sociales, unos derechos necesarios e imprescindibles, provenientes de la reforma del Estado liberal de Derecho, precisamente para asegurar y garantizar los derechos políticos de modelo.

En el siglo XIX se produce la revolución industrial y en su seno se plantean las nuevas condiciones de trabajo inspiradas en las más elementales exigencias de la justicia social y, para lo que aquí interesa, sobresale una concepción más completa y abierta de la dignidad del ser humano, de manera que además de preservarse la personalidad individual y su libre desarrollo, se toma conciencia de la relevancia de implementación estatal de los medios y condiciones necesarios para la realización de la liberad solidaria[311].

La emergencia de los derechos sociales, mejor, de los derechos económicos, sociales y culturales (DESC) es la constatación de la necesidad de la intervención pública precisamente para garantizar un mínimo satisfactorio y necesario de dignidad a todos las personas. Igual que hoy no es pacífico el reconocimiento de los derechos sociales fundamentales, entonces las doctrinas que pro-

---

[309] A.E. PÉREZ LUÑO, *Derechos Humanos, Constitución y Estado de Derecho*, Madrid, 1990, p. 120. También hay que tener en cuenta en Inglaterra el primer gran movimiento socialista de nombre El Cartismo (*People's Charter*).
[310] B. GONZÁLEZ MORENO, *op. cit.*, 85.
[311] O. RODRÍGUEZ OLVERA, *op. cit.*, p. 14.

clamaban estos derechos chocaron, es lógico, contra los muros del historicismo tradicionalista organicista o contra el positivismo estatalista. En un caso, se les negaba hasta legitimidad y en otro se les condenaba al reino de la ficción o de la especulación[312]. En otras palabras, la concepción más liberal del capitalismo, ausente de sensibilidad social, propició el nacimiento de estos derechos pues en tal sistema económico llevado al extremo, no se contemplaban, o se hacía de forma insuficiente, aspectos ligados a la dignidad de la persona como las legítimas demandas de trabajo, de sanidad, de educación, alimentación, vivienda y seguridad social de las personas más desprotegidas. La igualdad social empieza a cobrar enteros frente a una visión, como ya hemos señalado con anterioridad, únicamente formal del principio de igualdad.

Atendiendo a la formulación moderna, los derechos sociales como tales aparecerán, primero en la Constitución de Querétaro de 1917, y después, dos años más tarde, en la Constitución alemana de Weimar de 1919. En México desde 1910 se batalló por una justicia agraria que más tarde se proyectó en el ámbito laboral dando lugar al artículo 123 de la Constitución de Querétaro o Constitución de los Estados Unidos Mexicanos. En Rusia en 1917 comienza la Revolución que llevaría a los bolcheviques al poder e instauraría el primado, más ideal que real, de los intereses materiales y laborales de los trabajadores. En los países del Este de Europa, separándose del movimiento ruso, se empezó a hablar precisamente de derechos fundamentales socialistas, dentro del género derechos sociales fundamentales, eso sí, como derechos de clase, de los trabajadores, nunca como derechos de las personas exigibles ante los Tribunales[313].

En puridad, el 5 de febrero de 1917, en la ciudad de Querétaro, ve la luz el primer documento jurídico constitucional que formal y materialmente reconoció y estableció los principales derechos sociales[314]. En concreto, el artículo 3 dispuso que todo individuo

[312] B. DE CASTRO CID, *Los Derechos Sociales, Económicos y Culturales. Análisis a partir de los Derechos Humanos*, Universidad de León, 1993, p. 43.
[313] O. RODRÍGUEZ OLVERA, *op. cit.*, p. 18.
[314] O. RODRÍGUEZ OLVERA, *op. cit.*, p. 19.

tiene derecho a recibir educación, un derecho que es democrático, considerando la democracia no solo como una estructura jurídica y un régimen político, sino como un sistema de vida fundado en el constante mejoramiento económico, social y cultural del pueblo. El artículo 27 reconoció la propiedad comunal de la tierra y el 123 consagra una perspectiva bien completa del derecho laboral.

En la Constitución de Weimar de 1919 se inaugura el llamado Derecho Constitucional Económico en el que se regula la intervención del Estado en la economía y a la vez se da entrada a los derechos sociales en el continente europeo. Eso sí, como hemos tratado en el epígrafe dedicado al Estado social, sin contenido normativo. En Weimar se institucionaliza el Estado social, aparecen las garantías institucionales y los derechos sociales fundamentales. Las garantías sociales, como recuerda Rodríguez Olvera, se articularon no solo como principios, sino como un complejo de normas jurídicas que el legislador debería desarrollar con pleno respeto de la estructura nuclear[315].

Por su parte, los derechos fundamentales sociales se regulan en la Parte II dedicada a los derechos y deberes fundamentales del ciudadano alemán, en cuyos Capítulos I, IV y V encontramos un glosario de derechos entre los que destacan la formación, la escuela, la vivienda, el trabajo, el sustento, el auxilio para las familias numerosas o la protección y asistencia a la madre. Como sabemos, no son derechos subjetivos, sino meros programas e instrucciones para el legislador que estarían en función de las disponibilidades presupuestarias. Es verdad que la Constitución de Weimar es pionera, en el viejo continente, en reconocer la operatividad de la intervención estatal en orden a hacer reales y efectivos los ideales de solidaridad y justicia social[316].

Sin embargo, Weimar fracasó en parte debido a la idea de Schmitt de que las reformas de orden social introducidas en la Cons-

[315] O. RODRÍGUEZ OLVERA, *op. cit.*, p. 21.
[316] C. MORTATI, «Problemi di Politica Costituzionale», en *Raccola di Scritti*, IV, Milano, 1972, p. 325.

tituión de Weimar no eran más que programas pues prevaleció la doctrina del mantenimiento del orden burgués de la sociedad[317]. La discusión sobre la naturaleza normativa de la Parte II de la Constitución, en materia de garantías institucionales y derechos sociales fundamentales, se resolvió a favor de la irrelevancia jurídica de estos preceptos, considerados meras especificaciones del principio de legalidad. Heller expuso en su tiempo, lo recordamos con anterioridad, que los preceptos dedicados a la Economía en la Constitución no eran más que proposiciones programáticas sin valor vinculante. En el fondo, como sabemos, la inoperancia normativa de las normas constitucionales sobre la intervención del Estado en la vida económica y sobre la funcionalidad de los derechos fundamentales sociales quedó desvirtuada en la práctica por una racionalización del capitalismo alemán que contemplaba con un recelo, que todavía hoy pervive, el aumento de los gastos sociales y albergaba toda clase de prejuicios contra el modelo del Estado Social de Derecho que por entonces empezaba a tomar cuerpo.[318]

En España la primera Constitución que se plantea este tema es la republicana de 1931. En efecto, en el Título III bajo la rúbrica Derechos y deberes de los españoles recoge derechos individuales, derechos económicos, sociales y culturales, entre los que destacan los siguientes: la protección al trabajo, el servicio de la cultura; el derecho a la educación primaria, obligatoria y gratuita, así como las limitaciones a la propiedad. Sin embargo, como ocurre en la Constitución vigente, no son, ni mucho menos, derechos subjetivos, sino fines de la acción de los Poderes públicos.

Formalmente, la primera Constitución que define el Estado como federal, democrático y social, es la Ley Fundamental de Bonn de 1949. La Constitución italiana de 1947, con un amplio catálogo de derechos sociales reconocidos definió a Italia como una República democrática fundada en el trabajo. A partir de entonces, la práctica totalidad de las Constituciones hacen referen-

[317] C. SCHMITT, *Teoría de la Constitución*, Madrid, 1982, pp. 53-54.
[318] B. GONZÁLEZ MORENO, *op. cit.*, p. 89.

cia al Estado social, incluso las de la órbita soviética, donde los derechos sociales eran derechos de la clase trabajadora no de la persona individual. Después vendrán la Declaración Universal de los Derechos Humanos de 1948 y el Pacto Internacional de los Derechos Económicos, Sociales y Culturales de 1966.

En concreto, el artículo 22 de la Declaración Universal de los Derechos Humanos establece que toda persona, como miembro de la sociedad, tiene derecho a la seguridad social, y a obtener, mediante el esfuerzo nacional y la cooperación internacional (...) la satisfacción de los derechos económicos, sociales y culturales, indispensables a su dignidad y al libre desarrollo de su personalidad». Es decir, los derechos sociales indispensables a la dignidad del ser humano y al libre y solidario desarrollo de su personalidad, deben ser, es la tesis de esta investigación, exigibles, justiciables por ser auténticos derechos subjetivos. En otras palabras el derecho a la alimentación, al vestido, a la vivienda, al trabajo y a la seguridad social, junto al derecho a la educación y a la sanidad son derechos subjetivos de especial relevancia –derechos fundamentales– que en circunstancias de racionalidad deben poder ser exigidos ante los Tribunales de Justicia.

3. CONCEPTO

El problema del concepto de los derechos sociales fundamentales, o de los derechos fundamentales sociales, parte necesariamente del de los derechos económicos, sociales y culturales (DESC) y del de derechos fundamentales de la persona. Si usamos la expresión derechos sociales fundamentales, tenemos que partir del concepto de derechos sociales y si nos referimos al concepto de derechos fundamentales sociales, del de derechos fundamentales.

Los derechos sociales, siguiendo a Biscaretti di Ruffia, son aquellas pretensiones específicas de los ciudadanos a obtener prestaciones o cosas, en el ámbito económico social, de quien ejercita una función pública, en general del Estado o de otro Ente público[319]. Entonces los derechos sociales fundamentales serían los derechos sociales indeleblemente vinculados a condiciones imprescindibles para la realización de la dignidad humana. Es decir, los derechos a la alimentación, al vestido, a la vivienda, al trabajo, a la seguridad social, a la educación y a la sanidad entre otros. Es decir, derechos que reclaman una acción positiva del Estado o de los Poderes públicos que permita restablecer la quiebra de la dignidad producida por causas ajenas a la voluntad de la persona.

Desde la perspectiva de los derechos fundamentales, la cuestión es bien clara. Hay derechos fundamentales individuales y derechos fundamentales sociales. Ambos, insisto, pertenecen a la misma categoría jurídica. Los primeros son aquellos que permiten el libre desarrollo de la personalidad sin interferencias públicas o en condiciones de mínima intervención. En cambio, los derechos fundamentales sociales son derechos fundamentales, es decir, derechos inherentes a la dignidad personal, que precisan de la acción positiva de la sociedad articulada o, en su defecto, de los Poderes públicos, para desarrollar dignas condiciones de vida.

Con esta salvedad, que no afecta a la esencia, los derechos sociales fundamentales o derechos fundamentales sociales, son de titularidad personal. No son derechos colectivos, son derechos ejercitables por las personas físicas, por las personas naturales. Los derechos sociales, económicos y culturales no fundamentales, que son los más, pueden ser colectivos. Es más, en no pocos casos se nos presentan como derechos de incidencia colectiva.

Desde esta perspectiva se entiende mejor el concepto de libertad solidaria que vengo patrocinando desde hace algunos años para explicar que la dimensión social de la persona está inseparablemente unida a la individual en materia de derechos fundamentales. Esta posición doctrinal tiene muchas semejanzas con la de algunos autores alemanes como Haberle o Willke, que parten de una visión axiológica de la dimensión de la persona sin por eso

---

[319] P. BISCARETTI DI RUFFIA, «Diritti sociali», *Novissimo Digesto Italiano*, vol. IV, Torino, 1960, p. 759.

negar la consideración individual del ser humano, de manera que no existen derechos de la persona natural que puedan decidirse autónomamente de la comunidad en la que se despliega su existencia, de forma y manera que tales derechos, que tales libertades, deben ejercitarse desde la perspectiva de la solidaridad[320].

En este sentido, Pérez Luño entiende que las libertades en este tiempo no pueden concebirse como un atributo del hombre aislado que persigue fines individuales y egoístas, sino como un conjunto de facultades del hombre concreto que desarrolla su existencia en relación comunitaria y conforme a las exigencias del vivir social[321].

Los derechos fundamentales de la persona son individuales y sociales. Mejor, son derechos fundamentales de la persona sin más, derechos subjetivos de especial relevancia, tal y como expuso Alexy tiempo atrás, porque están íntimamente ligados a la dignidad humana. Sin su ejercicio en mínimas condiciones el ser humano concreto no alcanza el mínimo de «humanidad» necesario para un vida digna. Son, los derechos sociales fundamentales de mínimos.

En todo caso, usaremos con estas matizaciones el término derechos sociales fundamentales o derechos fundamentales sociales porque, entre otras cosas, todavía esta tesis no es mayoritaria dadas las dificultades existentes para una pacífica asunción de los postulados del pensamiento abierto, plural, dinámico y complementario en materia de derechos fundamentales dadas las dificultades existente para su reconocimiento, a pesar de las referencias constitucionales del artículo 9.2 y 10.1 a la dignidad del ser humano y a la función promocional de los Poderes públicos.

Los derechos sociales fundamentales son de titularidad personal. De titularidad personal tal y como advirtió atinadamente Burdeau al señalar que mientras la titularidad de los derechos civiles y políticos de las primeras Declaraciones de Derechos resi-

---

[320] P. HABERLE, *Grundrechte im Leisstungsstaat*, Berlin, 1972, pp. 95 y ss. y H. WILLKE, *Stand und Kritik der neuren Grundrechtstheorie*, Berlin, 1975, pp. 219 y ss.
[321] A.E. PÉREZ LUÑO, *Derechos Humanos, Estado de Derecho…*, p. 84.

día en el hombre en abstracto, ahora, en el tiempo de los derechos sociales, económicos y culturales, la titularidad de los derechos sociales fundamentales corresponde al hombre concreto, definido por la particular y real situación social en que se encuentra[322].

Los derechos sociales fundamentales de mínimos, los derechos fundamentales sociales de mínimos, una vez cubiertos, abren el espacio a otros derechos que como estudiaremos en el próximo epígrafe, conforman el haz de los derechos que componen el fundamental a una buena Administración pública, un derecho humano que engloba por supuesto a los denominados derechos fundamentales sociales pues no sería concebible en un Estado social y democrático de Derecho la existencia de personas en condiciones de indignidad pues, como sabemos, el centro y raíz del Estado mismo se encuentra en la persona, en su libre y solidario desarrollo.

El profesor Arango es, a mi juicio, quien mejor y con más claridad ha expuesto el concepto de los derechos sociales fundamentales a partir precisamente de su consideración de que debe entenderse por derechos subjetivos[323]. Su tesis es que efectivamente estos derechos, por ser fundamentales, deben ser subjetivos, pues no es comprensible un derecho fundamental de la persona humana que no se pueda exigir ante los Tribunales de Justicia.

Arango parte de la célebre definición de Alexy de los derechos fundamentales: posiciones tan importantes que su otorgamiento o no otorgamiento no puede quedar en manos de una simple mayoría parlamentaria[324]. Es decir, se trata de derechos subjetivos de gran relevancia. Como el concepto de derecho subjetivo está íntimamente vinculado a una norma jurídica, a una posición jurídica y a una obligación jurídica, en el caso en que estudiamos estamos ante normas jurídicas fundamentales, posiciones jurídicas fundamentales y obligaciones jurídicas fundamentales[325].

---

[322] G. BURDEAU, *Les libertés publiques*, Paris, 1972, pp. 17-18.
[323] R. ARANGO, *El concepto de los derechos sociales fundamentales*, Bogotá, 2005, pp. 30 y ss.
[324] R. ALEXY, *Theorie der Juristischen Argumentation*, Frankfurt, 1996, p. 406.
[325] R. ARANGO, *op. cit.*, p. 32.

La cuestión acerca de si los derechos fundamentales solo son los que están expresamente reconocidos como tales en la Constitución, tema esencial para el tratamiento en el presente de los derechos sociales fundamentales, Arango la resuelve partiendo de que hoy existen Declaraciones Internacionales de Derechos Humanos plenamente aplicables al Derecho Interno y de que existen derechos cuya relevancia se reconoce a través de los principios de la argumentación jurídica. Es el caso del derecho a un mínimo existencial, un derecho innominado, que según este autor debe contemplarse desde la perspectiva, además de la de la relevancia, de la existencia de una norma jurídica fundamental, de una obligación jurídica fundamental y de una posición jurídica fundamental, sin olvidar que para la real existencia de un derecho fundamental la gravedad de las consecuencias de su ausencia está en relación directa con su reconocimiento[326].

Los derechos fundamentales pueden ser de defensa o de prestación. Derechos en los que el Estado se abstiene, derechos a la acción negativa del Estado que asegura la libertad del individuo. En los derechos de prestación debemos encajar los derechos sociales fundamentales pues son derechos a la acción positiva del Estado, una vez constatada la falla de la sociedad articulada o del mercado, a condiciones de vida digna, propias de la condición humana. En este tema se ha discutido si los derechos sociales fundamentales o los derechos fundamentales sociales son auténticos derechos o simplemente medios o garantías que permitan el desarrollo libre y solidario de cada persona. Son por supuesto, derechos subjetivos *per se* de especial relevancia y además son medios o garantas para el ejercicio de los derechos llamados individuales.

De acuerdo con Arango, los derechos sociales fundamentales son derechos fundamentales, y, por ello derechos subjetivos con un elevado grado de relevancia, la de mayor rango y calibre que existe pues su desconocimiento o violación lesionan gravemente la dignidad humana que es, como señalamos con deliberada reiteración, el centro y la raíz del Estado y de la misma función de la

---

[326] R. ARANGO, *op. cit.*, p. 34.

Sociedad y de la Administración pública. Ahora bien, lo que distingue a los derechos sociales fundamentales de otros derechos fundamentales es que requieren acciones fácticas de la iniciativa social o del Estado, por lo que son derechos fundamentales de prestación en sentido estricto[327].

Son derechos generales positivos. Son titulares de estos derechos las personas naturales, todas las personas físicas sin excepción, y son sujetos obligados las sociedades articuladas y los Estados democráticos y Poderes públicos de los Estados democráticos[328]. La referencia a los Estados democráticos es obvia porque en un Estado sin libertades no podría haber derechos fundamentales.

Los derechos fundamentales sociales, desde el punto de vista del objeto, son derechos constitucionales (nominados o innominados), no simples derechos legales, a una situación fáctica que puede ser alcanzada a través de derechos especiales[329].

Desde la perspectiva de su fundamentación, se trata de derechos humanos cuyo carácter ideal (validez moral) se ha fortalecido mediante su positivización (validez jurídica)[330]. Luego si es posible argumentar adecuadamente desde las características del derecho fundamental a favor de la validez moral, es posible, como acontece en el caso del derecho al mínimo vital, deducir derechos fundamentales sociales innominados a partir de su esencial conexión a la dignidad que merece la vida del ser humano.

Los derechos fundamentales sociales son derechos subjetivos pues son derechos fundamentales de la persona. Arango sostiene que tienen tal dimensión porque presentan las características de los derechos subjetivos. A saber, son posiciones jurídicas que residen en normas jurídicas y conllevan obligaciones jurídicas. En concreto, son derechos generales positivos que están explícitamente establecidos en disposiciones de derechos fundamentales o que pueden adscribirse a una posición de derecho fundamental,

[327] R. ARANGO, *op. cit.*, p. 37.
[328] R. ARANGO, *op. cit.*, p. 38.
[329] R. ARANGO, *ibíd.*
[330] R. ARANGO, *ibíd.*

que puedan derivarse de obligaciones jurídicas constitucionales indirectas y que, por lo menos uno de esos derechos pueda justificarse correctamente en el plano constitucional, es decir, que vale como posición jurídica iusfundamental[331].

En el caso de la Constitución española, el valor, por su ubicación, que tienen los artículos 9.2 y 10.1, que establecen las obligaciones del Estado para la promoción de la libertad y la igualdad, y que afirman que la dignidad de la persona humana y los derechos que le son inherentes son el fundamento del orden político y la paz social, podrían permitir una nueva lectura del sentido de los derechos fundamentales sociales. El problema está en que no están expresamente reconocidos en el capítulo correspondiente a los derechos fundamentales de la persona y que existen, en la materia, Principios rectores de la política social y económica que suelen ser interpretados como programas o metas políticas sin valor normativo. Sin embargo, estos problemas podrían superarse en los mismos términos en que lo ha hecho, por ejemplo, el Tribunal Constitucional Alemán.

Los derechos fundamentales sociales pueden ser explícitos, son los derechos generales positivos reconocidos expresamente en la Constitución, y también pueden ser deducidos por interpretación racional. En este último caso se requiere una disposición fundamental explícita que pueda servir de fundamento jurídico de los derechos sociales fundamentales, lo que exige que la existencia de esos derechos se justifique correctamente mediante la interpretación del texto constitucional con la ayuda de la argumentación jurídica[332]. En el caso de la Constitución española, la referencia del artículo 10.1 acerca de la centralidad de la dignidad de la persona, los derechos que le son inherentes y el libre desarrollo de la personalidad, y la función promocional de los Poderes públicos sentada en el artículo 9.2 constitucional, son referencias constitucionales más que suficientes de las que se puede partir para la argumentación jurídica, que arribará, en su caso, a derechos

---

[331] R. ARANGO, *op. cit.*, p. 40.
[332] R. ARANGO, *op. cit.*, p. 41.

exigidos indefectiblemente por la realización en cada ser humano de la dignidad exigible para llevar una existencia en condiciones de humanidad.

Las normas jurídicas fundamentales pueden comprender también, además de derechos subjetivos, obligaciones jurídicas objetivas del Estado. La jurisprudencia alemana ha señalado que es posible deducir obligaciones para el Estado de normas de derechos fundamentales. Es el caso de la obligación estatal de protección del derecho a la vida y a la integridad física[333], que significa que el reconocimiento del derecho fundamental a la vida y a la integridad física supone no solo una obligación de abstención, sino también la obligación de proteger activamente este derecho fundamental. Es decir, los derechos fundamentales de las personas en ocasiones precisan, hoy más que en épocas pasadas, al menos en Europa, de concretas obligaciones fácticas de la iniciativa social y, en su defecto, de los Poderes públicos para su realización y, también, por supuesto, para su protección y defensa.

Si los derechos fundamentales sociales son derechos subjetivos de especial relevancia, entonces no son programas constitucionales, mandatos constitucionales o Principios rectores constitucionales, salvo que tengan eficacia normativa real y directa, lo que por ejemplo no acontece en la Constitución española tal y como dispone el artículo 53 constitucional. No lo son porque los mandatos, programas o Principios rectores de orden constitucionales, salvo que la Constitución lo diga expresamente, conforman normas de orden político que solo en casos excepcionales, como señaló Böckendörfe en su día, se transforman en derechos subjetivos[334]. Es el caso de las demandas de ciertas personas afectadas por graves supuestos de inactividad, por negligencia grave en el quehacer de los Poderes públicos o por la generación de situaciones irreversibles, consecuencias de la operación de dichos mandatos constitucionales. Son supuestos, dice Böckendörfe, de

---

[333] R. ARANGO, *op. cit.*, p. 42, y BVerfGE53,30(51) y BVerfG82,203(254).
[334] E-W. BÖCKENDÖRFE, «Die sozialen Grundrechte im Verfassungsgefüge», en E-W. Böckendörfe, *Staat, Verfassung, Demokratie*, Frankfurt, 1992, p. 155 y ss.

recursos de amparo frente a la infracción de los límites y exigencias impuestas por los mandatos constitucionales al ámbito de conformación política de los órganos estatales[335].

Para este autor alemán, los derechos sociales fundamentales tienen la forma de mandatos constitucionales que constituyen obligaciones jurídicas objetivas que deben presidir la acción de los poderes legislativos y ejecutivos para la realización de la meta establecida en el mandato constitucional a través de medidas apropiadas cuya orientación, medida o cualidades obedecen, en principio, a la apreciación política de los órganos legislativos o ejecutivos y, por ello, al proceso político[336].

Otro autor que tampoco admite la categoría de los derechos fundamentales sociales es Klaus Stern. En efecto, para el profesor de Colonia el artículo 1.1[337] de La Ley Fundamental de Bonn solo se refiere, como derechos fundamentales residuales, a todas las libertades innominadas no reguladas especialmente o garantizadas de modo individual como pueden ser la libertad para salir del país, la libertad de contratación o la autodeterminación informativa[338]. Tal precepto no se refiere, pues, a derechos fundamentales sociales porque para este autor en la Constitución alemana no se encuentran previstas las prestaciones de carácter social, económico y cultural, que con mucha dificultad podrán integrarse en el sistema de los derechos fundamentales pues son estructuralmente diferentes a los derechos fundamentales clásicos. Una garantía de derechos fundamentales que depende en amplia medida del legislador o del presupuesto estatal y además se encuentre necesariamente en conflicto con los derechos fundamentales negativos tiene, según Stern, más inconvenientes que ventajas[339].

Esta peculiar forma de conceptuar los derechos sociales fundamentales, que es la que se impuso en la interpretación cons-

---

[335] E-W. BÖCKENDORFE, *ibíd.*
[336] E-W. BÖCKENDORFE, *ibíd.*
[337] Dicho artículo dispone que la dignidad del hombre es intangible, Respetarla y protegerla es obligación de los Poderes públicos
[338] K. STERN, «El sistema de los derechos fundamentales en la República Federal de Alemania», *Revista del Centro de Estudios Constitucionales*, Madrid, 1988, p. 276.
[339] K. STERN, *op. cit.*, p. 264.

titucional en Weimar, y que siguen algunos autores tras la Ley Fundamental de Bonn, nos introduce en el mundo de la reserva de lo posible, que es el mundo de la política, el reino de la discrecionalidad, de la conveniencia, de la pertinencia, de las decisiones políticas, en el que influye de manera capital las disponibilidades presupuestarias o mejor, las preferencias políticas de los capítulos presupuestarios, muchas veces diseñados especialmente desde una perspectiva estrictamente electoral. En este contexto, los derechos sociales fundamentales son derechos subjetivos condicionados.

Es decir, se trata de derechos generales positivos que alcanzan su estatuto jurídico constitucional en conexión con otras normas jurídicas, se basan en normas cuyas condiciones de aplicación no se encuentran en una sola norma fundamental, sino que se construyen a partir del texto constitucional entendido como un todo coherente a partir de una interpretación sistemática[340]. En fin, una construcción teórica demasiado alambicada para evitar el normal despliegue de las consecuencias jurídicas de concebir los derechos fundamentales sociales como derechos fundamentales, tema, por otra parte, como ponen de relieve las peripecias de la elaboración de la Constitución de Weimar y la de Bonn, de hondo calado ideológico, y también de orden práctico.

En el Derecho Público Alemán, el concepto de posición jurídica fundamental, que forma parte del concepto de derecho subjetivo ofrece algunas consideraciones a partir de las cuales, sobre la base de la doctrina del Tribunal Constitucional, se llega a categorizar tres derechos sociales fundamentales como posiciones jurídicas iusfundamentales[341].

Para que exista un derecho subjetivo es menester que exista una posición jurídica pero no acontece lo mismo al revés. Hay posiciones jurídicas que no suponen la existencia de un derecho subjetivo. Sentada esta premisa, parece claro que la relación entre posición jurídica fundamental y derecho fundamental social

[340] R. ARANGO, *op. cit.*, p. 45.
[341] R. ARANGO, *op. cit.*, p. 46.

es una relación que va de lo general a lo concreto. Es más, los derechos fundamentales sociales son ejemplos concretos de posiciones jurídicas fundamentales. En Alemania, el artículo 2.1 de la Constitución reconoce el derecho a la vida y a la inalienabilidad corporal, derecho que vincula a todos los Poderes públicos, tal y como también acontece en la Constitución del Reino de España. Un ciudadano alemán que solicite, a partir de ese precepto constitucional, un derecho frente al Estado a la protección de su vida a través del establecimiento de asistencia médica pública implica que el Estado está obligado a garantizar a ese ciudadano un servicio mínimo porque dicho ciudadano puede exigir, tiene la posición jurídica, tal asistencia mínima del Estado[342]. Es decir, el Estado está obligado a prestar ese servicio y el ciudadano puede exigir la realización de las competencias estatales.

Pues bien, hay tres casos en la doctrina del Tribunal Constitucional Alemán en los que tres posiciones jurídicas fundamentales dan lugar a tres derechos fundamentales sociales, lo que demuestra que, en efecto, a través de la argumentación jurídica, a través de la racionalidad y la congruencia, cuando se trata de asuntos conectados gravemente a la dignidad humana, es posible deducir derechos fundamentales sociales desde la misma Constitución siempre que la lesión o imposibilidad de ejercicio de la posición jurídica fundamental impide el mínimo despliegue de la dignidad del ser humano. Veamos.

El llamado fallo del númerus clausus, relativo a la enseñanza universitaria, permitió dejar la puerta abierta la cuestión de si una posición jurídica de un individuo ante una prestación estatal puede derivarse directamente de las normas de derechos fundamentales[343]. En este tema el Tribunal Constitucional Alemán resolvió finalmente, tras diversas consideraciones acerca del nivel cultural de los ciudadanos, sobre el reconocimiento constitucional de la participación en las prestaciones estatales y sobre la existencia de condiciones de hecho que permitan un efectivo ejercicio de lali-

---

[342] R. ARANGO, *op. cit.*, p. 46-47.
[343] *Ibíd* y BverfG 33.

bertad, señalando que tal derecho al establecimiento de cupos, o númerus clausus, se encuentra bajo la reserva de lo posible en el sentido de aquello que el individuo puede exigir razonablemente a la sociedad[344]. Es decir, reserva de lo posible y racionalidad, dos conceptos jurídicos indeterminados, abren el espacio a la posible existencia de derechos subjetivos. Es un paso adelante, insuficiente, pero al menos permite reconocer derechos sociales fundamentales. Insuficiente porque la existencia de disponibilidades presupuestarias dependerá, a mi juicio, de la gravedad de la lesión a la dignidad humana con la que el derecho social fundamental pueda repararla.

El segundo caso de derechos sociales fundamentales como ejemplo concreto de posiciones jurídicas fundamentales es el del derecho a un mínimo vital, tema de gran actualidad que suele presentarse de forma simplista habitualmente. En este caso, en materia de ayuda social, el Tribunal Supremo Contencioso Administrativo de Alemania aceptó que se pudieran derivar derechos fundamentales sociales de las «ideas fuerza» de la Ley Fundamental de Bonn a partir del reconocimiento de posiciones jurídicas fundamentales, de posiciones jurídicas de la persona[345]. Tal posibilidad debería explorarse en el caso español a partir del reconocimiento de la dignidad del ser humano y los derechos que le son inherentes del artículo 10.1, de la referencia a la asignación equitativa en materia de gasto público del artículo 31.2 constitucional, y de la funcionalidad positiva y negativa de la función promocional de los Poderes públicos del artículo 9.2 de nuestra Carta Magna.

El Supremo Tribunal Contencioso Administrativo Alemán repasa en su resolución el sentido de la acción del Estado en relación con las personas necesitadas de protección social señalando que en el Derecho Prusiano la ayuda a los pobres era concedida por motivos de orden público y en razón del valor de la persona misma por lo que la persona necesitada no era objeto de la

---

[344] BVerfG, 33.
[345] R. ARANGO, *op. cit.*, pp. 50 y ss.

protección de las Autoridades[346]. Sin embargo, en el marco de la Ley Fundamental de Bonn, como razona el Tribunal Contencioso Administrativo Alemán, esta concepción ya no es sostenible porque los lineamientos principales de la Constitución de 1949 llevan a interpretar el derecho a la ayuda social en el sentido de que tal derecho impone una obligación jurídica de ayuda al necesitado y le otorga el derecho subjetivo correspondiente[347].

Más adelante, el Tribunal Contencioso Administrativo Alemán recuerda otra idea fuerza de la Constitución alemana en relación con la concepción del ser humano y su relación con el Estado: el individuo está sometido al poder público, pero no como vasallo sino como ciudadano, por lo que no debe ser únicamente objeto de la acción estatal, sino como personalidad independiente y moralmente responsable y por ello portador de derechos y obligaciones, lo que especialmente relevante cuando estamos en el ámbito de las posibilidades de supervivencia[348]. Por todo ello, razona el Alto Tribunal Alemán, mantener el principio anterior en materia de ayudas sociales sería contrario al orden constitucional porque mientras la ley establece obligaciones de ayuda al necesitado, el necesitado tiene los derechos correspondientes y, por ello, puede pedir la protección de los juzgados administrativos en caso de que ellos sean vulnerados[349].

El razonamiento del Tribunal Contencioso Administrativo Alemán, que hoy nos puede parecer sencillo y lógico, supone asumir que el ser humano no es objeto de la ayuda estatal sino que, por su condición de persona humana, independiente y moralmente responsable, es su titular y dispone de derechos que son especialmente atendibles en los casos en que están de por medio sus posibilidades de subsistencia. O, lo que es lo mismo, es la dignidad humana la fuente de los derechos subjetivos anudados a su esencia, entre los que se encuentra, siempre en condiciones de racionalidad humana, no técnica o tecnoestructural, el derecho

---

[346] BVerfGE1, 159.
[347] BVerfGE1, *ibíd.*
[348] BVerfGE1, *ibíd.*
[349] BVerfGE1, *ibíd.*

al mínimo vital, pues no de otra forma puede desarrollarse libre y solidariamente un miembro de la estirpe humana. He aquí, pues, una visión moderna del concepto de derecho subjetivo que abre las puertas a consideraciones bien relevantes acerca de cuestiones procesales como la legitimación, la pretensión o el mismo objeto del proceso contencioso administrativo.

El profesor Neuman explica muy bien esta cuestión tan relevante cuando afirma que este giro copernicano acerca del sentido de la ayuda social se debe a un nuevo entendimiento de los derechos públicos subjetivos[350]. Ahora, señala Neuman, las personas necesitadas ya no son objeto del interés público pues el fundamento de los derechos subjetivos ya no es el orden público sino los derechos fundamentales de las personas. Es decir, la ayuda social se articulaba para garantizar la seguridad y el orden público. Ahora la ayuda social es un derecho del individuo, de la persona, que, cuando hace a sus condiciones de subsistencia, bajo formas de racionalidad humana, se torna en un derecho fundamental social, probablemente de los más relevantes, pues tal característica debe ser predicada en función de la intensidad de su vinculación a la dignidad humana. Pasamos del objeto del derecho a la titularidad del derecho subjetivo. Todo un cambio que augura una nueva perspectiva en la materia, entre nosotros, inédita.

Tras esta sentencia del orden contencioso administrativo alemán, el Tribunal Constitucional del mismo país, como recuerda Arango[351], señaló que los discapacitados tienen un derecho positivo general, un derecho fundamental social, a la ayuda social con fundamento en el artículo 3.1 de la Ley Fundamental de Bonn en coherencia con el principio del Estado social proclamado en el artículo 20.1 de la Constitución[352]. El máximo intérprete de la Constitución alemana reconoce en su sentencia que el cuidado de los necesitados es una de las obvias obligaciones del Estado social. Tal aserto conduce inexorablemente al reconocimiento de la

---

[350] V. NEUMAN, *Menschenrechte und Existenzminimum, Neue Verwaltungszeitschrift*, 1995, p. 430.
[351] R. ARANGO, *op. cit.*, p. 51.
[352] BVerfGE 40, 121.

ayuda social a aquellos ciudadanos que se encuentren impedidos en su desarrollo social y personal debido a carencias físicas o espirituales. La comunidad estatal tiene en todo caso la obligación de asegurarles las condiciones mínimas para una existencia digna. Es el legislador quien debe decidir, en tanto en cuanto no se trate de las condiciones mínimas, con qué alcance puede y debe ser otorgada la ayuda social, teniendo en consideración los medios existentes y otras tareas de igual importancia[353].

Es decir, la dignidad del ser humano dota a la persona de derechos inalienables entre los que ocupa un lugar principal el derecho a las condiciones mínimas para una existencia digna. Derecho fundamental social que parte de la posición jurídica fundamental que gozan quienes están impedidos en su desarrollo social o personal. Me interesa llamar la atención acerca de la profunda simbiosis existente entre el orden personal y el social, lo que me reconforta extraordinariamente porque la idea de la libertad solidaria, expuesta con anterioridad, encuentra pleno acomodo en estas consideraciones del Tribunal Constitucional Alemán.

En el mismo sentido, el Tribunal Constitucional Alemán deduce un nuevo derecho fundamental social, el derecho a un mínimo vital de los miembros de una familia precisamente a partir de la posición jurídica de la que goza ésta en la Constitución[354]. Si el Estado está obligado en caso de necesidad a asegurar a los ciudadanos desprovistos de medios a través de prestaciones sociales, tampoco puede gravar al ciudadano en sus ingresos hasta un nivel que lesione el mínimo vital[355].

En concreto, el mínimo vital para toda la familia, señala el Tribunal Constitucional Alemán, debe ser libre de impuestos porque también en ese caso el Estado debe, cuando al contribuyente le son sustraídos los medios necesarios para el sustento de la familia, apoyar a los miembros de la familia con el mismo monto de acuerdo con la obligación jurídica constitucional emanada del

---

[353] BVerfGE 40, 121, *ibíd.*
[354] BVerfG 82, 60.
[355] BVerfG 82, 60, *ibíd.*

Estado social de Derecho. Si, por el contrario, se deja al ciudadano, de conformidad con la propia Constitución, encargarse de su propio sustento, es incoherente quitarle, total o parcialmente, mediante la imposición de impuestos, los medios que necesita, con la consecuencia de que entonces será el Estado el encargado del sustento al necesitado[356].

En definitiva, de las decisiones sobre el derecho a un mínimo vital, sobre el derecho a las condiciones mínimas para una vida digna, y también de la progresividad de las condiciones de dignidad de la persona, se pueden derivar o deducir derechos sociales fundamentales a partir de posiciones jurídicas fundamentales a través de una pertinente y coherente argumentación jurídica. Argumentación que pone de relieve que el sistema jurídico del Estado social y democrático de Derecho tiene soluciones, solo faltaría, para que en la realidad y en la cotidianeidad la dignidad del ser humano es el fundamento y el centro del Derecho Público Constitucional.

Desde la perspectiva de la llamada Constitución abierta (Haberle), que encaja a la perfección con los postulados del pensamiento abierto, plural, dinámico y complementario desde el que intento comprender el Derecho Administrativo y todas sus categorías e instituciones, resulta esclarecedor el sentido que tienen los derechos sociales fundamentales. Por una razón capital, porque tal doctrina, en España patrocinada por el profesor Lucas Verdú[357], parte del principio de la dignidad de la persona como el mayor de los condicionantes de la lógica desde la que trabaja el método puramente normativo.

Es decir, la Constitución abierta entraña la apertura, valga la redundancia, al ser humano, a su dignidad, a los derechos que le son inherentes, y al libre y solidario desarrollo de la personalidad[358] y a partir de este presupuesto, se construye la teoría de los derechos fundamentales, teoría en el que tienen acomodo

---

[356] BVerfG 82, 60, *ibíd.*
[357] P. LUCAS VERDÚ, *La constitución abierta y su enemigo*, Madrid, 1993.
[358] P. LUCAS VERDÚ, *op. cit.*, p. 31.

obviamente los derechos fundamentales sociales o los derechos sociales fundamentales en cuánto proyección de las condiciones imprescindibles para una vida digna.

El concepto de los derechos sociales fundamentales manejado por el profesor Arango pone de relieve que el principio de juridicidad no se agota en los derechos expresamente reconocidos como tales por el Ordenamiento positivo. Es posible, como demuestra agudamente el profesor colombiano, que a través de una pertinente y coherente argumentación jurídica a partir de las bases constitucionales un saludable progreso en lo que se refiere a extraer en cada momento todo el potencial que encierra la dignidad del ser humano en conexión con el Estado social y democrático de Derecho.

Probablemente, la aportación más importante de la Constitución abierta en materia de derechos sociales fundamentales resida en que precisamente el concepto de derechos fundamentales sociales no cuadra bien con su caracterización de normas programáticas sino como derechos fundamentales pues la clave de su desarrollo y contenido se cifra en la dignidad humana. Por eso, como señala Rodríguez Olvera, que trabaja en el marco de esta doctrina, no todos los derechos sociales son fundamentales, solo lo serán aquellos que hagan a la dignidad porque ésta se convierte en el conducto para el acceso a la categoría de derechos fundamentales de la persona[359].

A nuestro juicio, los derechos sociales fundamentales, ya lo hemos señalado anteriormente, son derechos fundamentales. Sin embargo, muchos autores no convienen en tal afirmación. En efecto, ya hemos visto que Forsthoff, Stern o Schmitt, a pesar de reconocer su relevancia, se quedaron a los pies de la eficacia jurídica y prefirieron la expresión de programas constitucionales vinculantes para los Poderes del Estado. Igual que Böckendörfe, que solo admitía la categoría en situaciones extremas. Cossío Díaz incluso era partidario de retirar la denominación por considerar que es más apropiada la de derechos sociales sin más cuando

---

[359] O. RODRÍGUEZ OLVERA, *op. cit.*, p. 190.

se refiere a la significación finalista o la de derechos prestacionales cuando la referencia sea la dimensión activa o material[360] olvidando quizás que lo central de esta categoría no reside ya en la obligación estatal sino en la dimensión operativa de la dignidad del ser humano que es.

El profesor español Lucas Verdú, por su parte, de acuerdo a su pensamiento, plantea, desde su lectura del principio promocional de los Poderes públicos del artículo 9.2 constitucional, la necesidad de que los derechos sociales fundamentales, que son a los que se refiere dicho precepto, sean efectivos, realizables en la cotidianeidad[361]. Si no lo fueran el mandato de que la libertad y la igualdad de las personas y de los grupos en que se integran sean reales y efectivas sería una quimera.

También resulta pertinente traer a colación las tesis de Haberle que, como sabemos, patrocina que los derechos fundamentales de la persona no se pueden desconectar de su dimensión social. Este autor parte de la dignidad humana como base antropológica cultural del Estado constitucional inherente a todos los miembros de la familia humana[362] y de que existe una cláusula de *numerus apertus* en materia de derechos fundamentales que la Novena Enmienda de la Constitución de los Estados Unidos proclamó al entender que el repertorio de los derechos fundamentales establecido en la Carta Magna no puede interpretarse en forma que nieguen o menoscaben otros derechos que el pueblo conserva. Y que, además, en determinados momentos pueden hacerse más explícitos y dignos de reconocimiento a través de la argumentación jurídica asentada en las ideas fuerza de la Constitución. El propio Alexy reconoce en este sentido que no puede afirmarse que exista un sistema de derechos fundamentales cerrado, sino abierto, pues la existencia del derecho general de libertad mantiene abierta la

[360] J.R COSSÍO DÍAZ, *Estado social y derechos de prestación*, Madrid, 1989, pp. 46, 47, 252 y ss.
[361] P. LUCAS VERDÚ, *Estimativa y política constitucionales*, Madrid, 1984, p. 20.
[362] P. HABERLE, «El concepto de derechos fundamentales», ponencia pronunciada en la Universidad Carlos III el 2 de junio de 1993.

posibilidad de nuevos derechos definitivos y de nuevos derechos tácitos[363].

Como es sabido, Alexy diferencia entre derechos fundamentales y principio de igualdad y entiende que los derechos de prestaciones son también derechos fundamentales, son los derechos fundamentales sociales o derechos sociales fundamentales[364]. Los derechos fundamentales sociales son normas porque todo lo que forma parte de la Constitución tiene conformación normativa, y éstos, nominada o innominadamente, tienen esta naturaleza y, por ende son vinculantes.

El problema de la consideración de los derechos sociales en general como programas o Principios rectores de la política social implica una forma de entender la discrecionalidad desconocedora de la centralidad y la capitalidad de la dignidad del ser humano pues no de otra forma debe juzgarse la decisión de no aplicar directamente los derechos fundamentales sociales por falta, por ejemplo, de disponibilidad presupuestaria. Por eso, la efectividad de los derechos fundamentales sociales depende de que los Poderes del Estado den el tratamiento preferente y vinculante a las normas que se derivan de la dignidad del ser humano a partir del reconocimiento básico del derecho a unas condiciones mínimas que permitan una vida humana y, a partir de ahí, a la progresividad de la misma dignidad para alcanzar mayores cotas de libre y solidario desarrollo para cada persona.

Es decir, se debe dar este tratamiento directamente vinculante a las disposiciones constitucionales que versan sobre derechos complementarios a la libertad jurídica, que perfeccionan a la igualdad y engrosan la justicia dignificante del libre desarrollo de la personalidad[365].

Alexy, como hemos señalado, sostiene que existen determinados derechos fundamentales sociales porque no todos los derechos sociales son fundamentales. Serían los denominados derechos a

---

[363] R. ALEXY, *Teoría de los derechos fundamentales*, Madrid, 1997, p. 365.
[364] R. ALEXY, *Teoría…*, p. 545.
[365] O. RODRÍGUEZ OLVERA, *op. cit.*, p. 235.

prestaciones en sentido estricto, derechos del individuo frente al Estado, de forma que, si el individuo poseyera medios financieros suficientes y encontrase en el mercado una oferta suficiente, podría obtenerlo también de particulares[366]. Por tanto, la existencia de los derechos fundamentales sociales parte del principio de subsidiariedad, en la medida que la sociedad no es capaz de garantizarlos, entran los Poderes públicos para reconocimiento, su promoción y su facilitación.

La base de la existencia de los derechos fundamentales sociales, como estudiaremos al tratar de su fundamentación, reside en la dignidad del ser humano, matriz cultural central de la cultura jurídica occidental. La dignidad humana, más adelante profundizaremos en la cuestión, no es un concepto ambiguo o abstracto, sino que es tan concreto como la necesidad real y cotidiana de la existencia de un mínimo de condiciones que permita una vida digna. Es más, es genuina expresión de la normatividad porque es la mayor proyección de la justicia misma. Si la dignidad se reduce a un mero objeto de ponderación que puede ser relativizado o mediatizado, entonces la existencia misma de la categoría de los derechos fundamentales es puesta en cuestión. Otra cosa es que partiendo de ese suelo mínimo de condiciones de dignidad, en cada momento, puedan existir mayores y mejores condiciones de vida.

La estimativa valorativa o axiológica juega en este punto un gran servicio puesto que la perspectiva racionalista de los derechos fundamentales debe abrirse, por mor de la capitalidad de la dignidad humana, a una visión más abierta, plural, dinámica y complementaria. No es, como señala Rodríguez Olvera, el principio de libertad fáctica la piedra de toque de para el reconocimiento de los derechos fundamentales sociales[367]. Más bien, desde la Constitución abierta, por exigencias de la fundamentalidad de la dignidad del hombre, es desde donde mejor se puede entender la efectividad la realidad de los derechos fundamentales sociales[368],

[366] R. ALEXY, *Teoría...*, p. 482.
[367] O. RODRÍGUEZ OLVERA, *op. cit.*, p. 241.
[368] O. RODRÍGUEZ OLVERA, *ibíd.*

Tal y como muestra el caso alemán, la jurisprudencia constitucional está abriendo caminos hace años inéditos en materia de reconocimiento de derechos fundamentales sociales gracias a la argumentación e interpretación que parte de la dignidad humana, del libre desarrollo de la personalidad y de los derechos inherentes a la persona iluminados desde los postulados y vectores del Estado social y democrático de Derecho.

En definitiva, los derechos sociales fundamentales son posiciones jurídicas cuyo no reconocimiento ocasiona al titular un daño obvio –daña gravemente la dignidad humana– sin justificación jurídica[369]. Para que exista un derecho subjetivo debe existir una posición jurídica mientras que obligación y norma jurídica son condiciones necesarias pero no son suficientes del derecho subjetivo[370]. Como las posiciones jurídicas se fundan en razones jurídicas válidas y suficientes se pueden definir los derechos subjetivos como posiciones jurídicas y como los derechos sociales fundamentales son derechos fundamentales entonces son derechos subjetivos de especial relevancia y carácter positivo genera[371]. Si admitimos que la racionalidad, que la argumentación racional, en el contexto de la justicia por supuesto, juega un papel básico en esta categoría de derechos, podemos estar de acuerdo con Arango en que doctrina y jurisprudencia pueden deducir derechos sociales fundamentales, derechos positivos generales, de posiciones iusfundamentales[372].

4. FUNDAMENTO

Es verdad que los derechos sociales fundamentales no se encuentran mayoritariamente reconocidos en las Constituciones modernas. Es verdad que tal constatación, sin embargo, no es un impedimento, como hemos considerado, para el reconocimiento

---

[369] R. ARANGO, *op. cit.*, p. 56.
[370] R. ARANGO, *ibíd.*
[371] R. ARANGO, *op. cit.*, pp. 56-57.
[372] R. ARANGO, *op. cit.*, p. 57.

constitucional de estos derechos. El problema de tal carencia se debe, es cierto, a una concepción del derecho subjetivo deudora del Estado liberal de Derecho que no ha tomado en consideración todavía las exigencias que en este punto brinda la cláusula del Estado social y democrático de Derecho[373].

En la doctrina de la Filosofía del Derecho encontramos algunos intentos de fundar la pertinencia del concepto de los derechos sociales fundamentales. Rawls, como es sabido, tras algunos vaivenes en su posición sobre el tema, sostiene en 1993 la existencia de un mínimo social para la satisfacción de las necesidades básicas, equivalente a los derechos sociales fundamentales incorporándolo, a través de su condición de contenido esencial constitucional, al orden constitucional democrático como tal[374]. Sin embargo, Rawls no considera que tal contenido esencial sea propiamente un derecho subjetivo porque no dispone, esta su carencia, de un concepto explícito de derecho subjetivo ni de un concepto de derecho fundamental[375].

Por su parte, Michelman, que admite el concepto de derecho social fundamental, ofrece sus puntos de vista a partir de su crítica a Rawls, quien no diferencia suficientemente entre derechos sociales fundamentales ordinarios y derechos a un nivel de ingresos mínimos. Los primeros parten de la necesidad de asegurar esencialmente el autorrespeto mientras que los segundos serían derechos en contra de una desigualdad excesiva o innecesaria de riqueza o ingreso[376]. Pues bien, Michelman funda la existencia de los derechos sociales fundamentales según su peculiar forma de entender el derecho subjetivo que, sin embargo, precisa, como señala Arango, de una ampliación consecuencialista para ser practicable puesto que el paso de una situación fáctica, las necesidades de los individuos, al reconocimiento de una posición normativa

[373] R. ARANGO, *op. cit.*, p. 238.
[374] J. RAWLS, *Political Liberalism*, New York, 1993, p. xvvii.
[375] R. ARANGO, *op. cit.*, p. 253.
[376] F.I. MICHELMAN, *In Pursuit of Constitutional Welfare Wrigths: One View of Rawls Theory of Justice*, University of Pennsylvania Law Review, 121, 173, p. 966.

no está suficientemente justificada[377]. En todo caso, es una aportación importante porque desemboca en la consideración de estos derechos como derechos subjetivos.

Jurgen Habermas también se ha ocupado del tema pero su esfuerzo de fundamentación de los derechos sociales fundamentales es también insuficiente a causa de su limitada concepción del derecho subjetivo, que a la postre se presenta como la piedra de toque de estos derechos fundamentales de la persona. Habermas tiene una posición ambivalente de los derechos sociales fundamentales pues son, para él, una parte de su sistema de los derechos de manera que las desiguales condiciones de vida en la sociedad capitalista deben ser compensadas mediante la distribución justa de los bienes colectivos, lo que según el filósofo alemán, es compatible con una teoría de derechos que garantiza derechos individuales de prestación[378]. Y, por otra parte, el contenido de los derechos sociales fundamentales debe ser precisado mediante la autodeterminación política de los ciudadanos en el proceso democrático lo que implica que solo existen derechos sociales de conformación legal[379].

La perspectiva habermasiana del derecho subjetivo, profundamente kantiana, se identifica con la libertad subjetiva de acción, de manera que primordialmente el derecho humano, y único, es el derecho a la libertad, un derecho a la libertad desvinculado de la moral. En su división de los derechos subjetivos, incluye los derechos sociales fundamentales entre los que denomina derechos fundamentales a las condiciones de vida necesarias para el disfrute, en igualdad de oportunidades, de los derechos de libertad y de participación política. Es decir, los derechos sociales fundamentales no son más, ni menos, que medios para la realización de los derechos civiles y políticos[380], lo que ciertamente los dota de una naturaleza medial, no serían pues derechos fundamentales de la persona propiamente, más bien serían bienes susceptibles

---

[377] R. ARANGO, *op. cit.*, pp. 259-260.
[378] J. HABERMAS, *Faktizitat und Geltung, Frankfurt*, 1994, pp. 156-157.
[379] J. HABERMAS, *Faktizitat…*, p. 258.
[380] J. HABERMAS, *Faktizitat…*, pp. 176, 177, 180, 182, 184, 188, 189.

de ser repartidos y no genuinos derechos subjetivos. De alguna manera, tal concepción está sobrevolando sobre la existencia de unos Principios rectores que se diseñan para que a su través se de contenido a los derechos de libertad.

Alexy es probablemente el autor que mejor ha entendido la dimensión de derechos subjetivos de los derechos sociales fundamentales. Su punto de partida reside en que en la actualidad, en las sociedades industriales, la libertad jurídica precisa de una libertad fáctica, que no encuentra su substrato material para un gran número de personas titulares de derechos fundamentales, sino en ámbitos estatales habida cuenta de la insuficiencia de ámbitos vitales autónomos[381]. Vivir bajo el umbral de una existencia mínima es básico y, por otra parte, los derechos sociales fundamentales aseguran el presupuesto del uso de las libertades jurídicas, y por ello, permiten poder actuar realmente[382].

Alexy distingue tres niveles en el concepto de derecho subjetivo: razones para los derechos subjetivos (argumentos que pueden enunciarse para justificar la existencia de un derecho), derechos subjetivos como posiciones y relaciones jurídicas (los derechos tienen puramente valor deontológico) y exigibilidad de los derechos subjetivos (posibilidad de exigir judicialmente la obligación correlativa pues la existencia del derecho es razón para poder hacerlo exigible)[383]. Alexy entiende, finalmente, que los derechos sociales fundamentales tienen naturaleza de principios, es decir, no son reglas, normas de todo o nada, ni son aplicadas a la manera de éstas mediante la subsunción, son mandatos de optimización: urgen a que algo se realice en el mayor grado posible según las posibilidades jurídicas y fácticas existentes en cada momento. El problema es que la exigibilidad de los derechos sociales fundamentales como derecho subjetivos que son quedaría en entredicho. Por eso, si centramos el fundamento en la dignidad del ser humano, entonces las estructuras, organizaciones, normas,

[381] R. ALEXY, *Teoría de los derechos fundamentales*, Madrid, 1997, p. 486.
[382] R. ALEXY, *Teoría...*, pp. 488-489.
[383] R. ALEXY, *Recht, Vernunft, Diskurs*, Frankfurt, 1995, p. 233.

procedimientos y presupuestos, si se orientaran real y efectivamente, a que las personas, además de disponer del mínimo vital, pudieran realizarse libre y solidariamente como personas en unas condiciones de dignidad creciente, por aquí encontraríamos el fundamento de su concepción y de su reconocimiento.

Otro autor que se ha ocupado del tema es Tugendhat, para quien el concepto de derecho social fundamental parte del concepto de derecho subjetivo, un concepto que descansa, además de en la libertad, en el de necesidades[384] y que tiene como prototipo los derechos especiales. Unos derechos que para este autor son personales, relativos y reclamables, de manera que un derecho subjetivo no es sino el poder que otorgamos a otro para que, en virtud de una obligación correlativa, pueda exigir de nosotros su cumplimiento.

Tugendhat se cuestiona si estos caracteres de los derechos especiales son predicables de los derechos generales por antonomasia, que son los derechos humanos y concluye que son derechos otorgados y reclamables y que por ellos entran en la categoría de los derechos subjetivos. Los derechos humanos no se otorgan por nadie, son del ser humano por el hecho de serlo, surgen de su dignidad y el Ordenamiento, y no es poco, se limita a reconocerlos porque son anteriores a él. Y son reclamables ante las instancias judiciales porque forman parte medular de la justicia que ha de estar presente en el entero Ordenamiento jurídico que deben aplicar los Jueces y Tribunales.

Finalmente, Tugendhat funda la existencia de estos derechos en las necesidades de la persona: la libertad es una necesidad humana esencial que debe protegerse y concebirse, señala este autor, como un derecho moral central. Sin embargo, más allá de la libertad existen, señala Tugendhat, otras necesidades humanas centrales que trascienden la libertad como integridad física, la atención y cuidado de menesterosos…[385] por lo que los conceptos de autonomía y libertad no son suficientes para fundar los dere-

---

[384] E. TUGENDHAT, *Vorlesungen über Ethik*, Frankfurt, 1995, p. 326.
[385] E. TUGENDHAT, *Vorlesungen…*, pp. 344-348.

chos sociales fundamentales que deberían apoyarse en el concepto de necesidad, un concepto por lo demás obvio e indeterminado.

También Wiggins es interesante a estos efectos pues trabaja sobre el concepto de necesidades, tanto desde la perspectiva instrumental como desde la dimensión sustancial o categórica. La necesidad absoluta o categórica se refiere en la teoría de este autor a los intereses vitales de la persona, cuestión que apunta a su conexión con el concepto de daño y a que dicha necesidad sea satisfecha en una concreta situación[386]. Para él, las necesidades que rebasan los intereses vitales de los ciudadanos no sirven como derechos sino como posibles barreras a derechos económicos reconocidos y metas públicas que han de ser determinados a través de la ponderación. Sin embargo, como bien apunta Arango, la clave de la fundamentación de los derechos sociales fundamentales no se encuentra en las necesidades en sentido absoluto sino en el daño individual inminente, lo que implica formular un concepto bien desarrollado de derecho subjetivo, que es la clave para una fundamentación satisfactoria de los derechos sociales fundamentales[387].

En efecto, un concepto bien desarrollado de derecho subjetivo tiene, según Arango, dos partes: la primera se refiere al concepto estricto, conocido (toda posición normativa de un sujeto para la que es posible dar razones válidas y suficientes y cuyo no reconocimiento injustificado ocasiona un daño inminente al sujeto); y la segunda atiende a los criterios necesarios para establecer su vulneración[388]. La definición de derecho subjetivo se aplica a los derechos de abstención, también al de igualdad, así como a los derechos de prestación. Y, lo que es más importante, demuestra que la vulneración de los derechos sociales fundamentales, que son derechos subjetivos de especial relevancia, de especial importancia porque de ellos depende que la dignidad humana se vaya

---

[386] D. WIGGINS, *Needs, Values, Truth,* Massachussets, 1991, pp. 49-50.
[387] R. ARANGO, *El concepto...*, p. 297.
[388] R. ARANGO, *ibíd.*

desarrollando libre y solidariamente en cada sujeto, es objetivamente reconocible.

Es decir, una persona tiene un derecho fundamental definitivo concreto a un mínimo social para satisfacer sus necesidades básicas si, pese a su situación de urgencia, el Estado, pudiendo actuar, por deficiencia de la sociedad articulada, omite injustificadamente hacerlo y lesiona con ello a la persona. Como señala Arango, este concepto de los derechos sociales fundamentales refleja la estructura lógica de todos estos derechos: a la alimentación, al vestido, a la vivienda, a la educación, a la atención médica, a la seguridad social y al trabajo[389]. Es más, la estructura lógica del concepto de derecho social fundamental significa que cuando existe la situación de urgencia y las posibilidades jurídicas y fácticas del Estado, entonces la persona tiene un derecho definitivo concreto frente al Estado a una acción positiva fáctica[390].

Los derechos sociales fundamentales de la persona, por ser efectivamente derechos fundamentales, se fundan en la igualdad dignidad que caracteriza al ser humano y permite y ayuda a su realización en unas condiciones que hacen posible su libre y solidario desarrollo. Por su relevancia e importancia, que no pueden quedar al albur de mayorías parlamentarias, son derechos subjetivos especiales, tanto que las normas infraconstitucionales, los procedimientos, las estructuras y los presupuestos, deben diseñarse y construirse precisamente para su reconocimiento y realización.

5. CARACTERIZACIÓN

Los derechos sociales fundamentales, ya lo hemos analizado, son derechos fundamentales y gozan, por tanto, de ese rango y calibre en cuanto a su reconocimiento y protección jurisdiccional.

Son derechos de titularidad personal, los titulares son las per-

---

[389] R. ARANGO, *El concepto…*, p. 347.
[390] R. ARANGO, *ibíd.*

sonas naturales. Otros derechos sociales podrán ser de titularidad colectiva, como estudiaremos más adelante, pero los derechos fundamentales sociales son de titularidad individual. El titular del derecho a la alimentación, del derecho al vestido, a la vivienda, a la educación... es la persona humana.

Son derechos de la persona que precisa un mínimum de condiciones para una vida digna. Derivan de la dignidad humana. Como señala Maziotti, a través de los derechos sociales se trata de proteger a los individuos en el seno de situaciones concretas por las que atraviesan en la vida social[391]. Son derechos inherentes a la persona en su dimensión social y le permiten el ejercicio de la libertad solidaria ínsita en la dignidad que le es propia al ser humano.

Son derechos generales y positivos tal y como apuntamos con anterioridad siguiendo la doctrina del profesor Arango. Son generales porque corresponden a todas las personas cualquiera que sea su condición, raza o país de residencia. Su finalidad es garantizar condiciones mínimas para una vida digna, y, como consecuencia de ello, cubrir necesidades básicas y elementales del ser humano en su vida en sociedad.

Por otra parte, el reconocimiento de los derechos fundamentales sociales supone subrayar la solidaridad social, de manera que como señala Contreras Peláez, estos derechos, cuyo núcleo inamovible son las necesidades básicas de sus integrantes, son parte del mecanismo por medio del cual el individuo no está aislado, sino absorto por la sociedad, permitiéndole beneficiarse y, al mismo tiempo, contribuir al bienestar colectivo[392].

Esta dimensión de los derechos sociales fundamentales propia de la solidaridad social, supone, desde luego, que frente a los derechos a la alimentación, a la educación, a la sanidad, el ciudadano titular de los mismos debe devolver a la sociedad lo que ésta le facilita a través de las acciones positivas de los Poderes públicos

---

[391] M. MAZIOTTI, «Diritti sociales», *Enciclopedia del Diritto*, vol. XII, Milano, 1964, p. 805.
[392] J.F. CONTRERAS PELÁEZ, *Derechos sociales: teoría e ideología*, Madrid, 1994, p. 27.

educándose, alimentándose, o trabajando con sentido de la responsabilidad. Es decir, los derechos fundamentales sociales contienen obligaciones que aconsejan un ejercicio solidario de esos mismos derechos.

Los derechos fundamentales sociales son derechos subjetivos que tienen como contenido determinadas acciones positivas de los Poderes públicos o sociales para asegurar un mínimum de condiciones para una vida digna. Son derechos subjetivos pero también desde el punto de vista de su contenido son condiciones o, como señala Rosetti, precondiciones necesarias para que puedan realizarse los denominados derechos civiles y políticos[393].

Como hemos señalado con anterioridad siguiendo a Arango y Alexy, los derechos sociales fundamentales son derechos de prestación en sentido estricto. Es decir, exigen conductas positivas o activas de dar algo o de realizar tales o cuales comportamientos que permitan el libre y solidario desarrollo de las personas en sociedad. En esta medida, son derechos que suponen desembolsos, dotaciones presupuestarias, por lo que los ministerios de orden social deben prever suficientemente que la efectividad de estos derechos está reflejada en los presupuestos. Obviamente, los países donde haya más pobreza y más población excluida, deberán destinar en los ministerios sociales partidas acordes y proporcionales con la aspiración de que todos los ciudadanos vivan en condiciones dignas. Que se trate de obligaciones positivas del Estado no quiere decir, ni mucho menos, que el Estado no deba aliarse estratégicamente con instituciones sociales especializadas para que la tarea promocional de los derechos y de remoción de los obstáculos se realice en régimen de colaboración o cooperación, pues el interés general en el Estado social y democrático de Derecho debe ser definido y gestionado entre Poderes públicos y agentes sociales.

Los derechos fundamentales sociales, no todos los denomi-

---

[393] A. ROSETTI, «Algunos mitos, realidades y problemas en torno a los derechos sociales», en S. Ribotta-A. Rossetti (Editores), *Los derechos sociales en el siglo XXI. Un desafío clave para el Derecho y la Justicia*, Madrid, 2010, p. 113.

nados DESC, son exigibles porque son derechos fundamentales. Ordinariamente, los derechos sociales suelen ir acompañados de la promoción de terminadas políticas públicas tendentes a la efectividad de dichos derechos, pero diferenciándose netamente de ellos, salvo que se piense que estos derechos no son más que mandatos programáticos o metas políticas del Estado social, lo que en este trabajo se critica.

Los derechos fundamentales sociales son, desde este punto de vista, derechos concretos que deben tener reflejo puntual en los capítulos presupuestarios correspondientes pues de lo contrario su efectividad sería una quimera. La centralidad de la dignidad humana para las políticas públicas significa que la principal política pública del Estado social y democrático de Derecho es que todos los ciudadanos tengan cubiertas los mínimos para vivir con dignidad. De ahí que sean exigibles frente a todos los Poderes públicos y que éstos en su programa y definición de políticas tengan presente en concreto tal principio básico.

Los derechos fundamentales sociales deben estar constitucionalizados, bien de forma nominada o innominada a través de la interpretación y argumentación jurídica realizada a partir de las ideas fuerza o vectores esenciales de la Constitución.

Es verdad que hoy no es pacífica la doctrina relativa a la existencia de derechos fundamentales sociales a causa de las razones que expusimos al tratar sobre el concepto de estos derechos. No suelen considerarse ni de rango constitucional, todo lo más, es el caso español, salvo en el caso de la educación, como Principios rectores de la política social. Aunque, como hemos señalado, en algunos casos los preceptos constitucionales del Reino de España incorporan verdaderos derechos fundamentales, aunque sin reconocimiento formal porque ni están en la lista de los tales ni el Tribunal Constitucional Español se ha atrevido por el momento a sacar todo el juego interpretativo, exegético, y hacer una argumentación pertinente de la centralidad de la dignidad humana, de los derechos inherentes a la persona y del libre desarrollo de la personalidad en el marco del Estado social y democrático de Derecho.

Es decir, no es común que las Constituciones, por el momento, establezcan en los catálogos de los derechos fundamentales algunos de los sociales que tienen tal carácter, lo que abona el terreno para reclamar una reforma constitucional en la materia que los dotarían del rango de protección judicial propia de los derechos fundamentales, de un proceso preferente y sumario, como manda la Constitución española.

En el epígrafe dedicado al concepto de los derechos fundamentales sociales los conformamos como auténticos derechos públicos subjetivos de especial relevancia para diferenciarlos de otras categorías bajo las que suelen presentarse: Principios rectores de la política social y económica o fines constitucionales de la acción estatal, puros derechos de prestación, meras normas programáticas o, siguiendo a González Moreno, normas de diversa naturaleza[394].

Considerar todos los derechos económicos, sociales y culturales como derechos fundamentales es, como ya hemos señalado, inapropiado. Especialmente porque no todos los DESC se refieren a las mínimas condiciones imprescindibles para una vida digna. La identidad entre derechos fundamentales de la persona y derechos humanos es problemática porque no todos los derechos humanos están esencialmente vinculados a condiciones mínimas de vida digna. El profesor Ara Pinilla considera, sin embargo, que sí, que todos los DESC son siempre derechos subjetivos al reconocer en ellos un poder de disposición por parte del individuo protegido por el Ordenamiento jurídico y al atribuir la facultad de imponer a los demás, especialmente al Estado, un comportamiento activo[395]. Sin embargo, como señala González Moreno, alguno de estos derechos son derechos fundamentales de la persona como derechos prestacionales[396], de manera que la categoría de los derechos fundamentales *in genere* engloba derechos públicos subjetivos clásicos, ámbitos de libertad individual exentos de la intervención del

---

[394] B. GONZÁLEZ MORENO, *op. cit.*, pp. 125 y ss.
[395] I. ARA PINILLA, *Las transformaciones de los derechos humanos*, Madrid, pp. 54-75 y 104-111.
[396] B. GONZÁLEZ MORENO, *op. cit.*, p. 129.

Estado, y derechos prestacionales en sentido estricto que aseguren unas condiciones mínimas para una vida digna.

Obviamente, no todos los derechos prestacionales que obligan al Estado a determinadas obligaciones son fundamentales; lo serán, insisto, aquellos que efectivamente permitan a quien no tiene un mínimo de condiciones de vida digna, acceder a ella. Por supuesto, en los países que ya estén cubiertos estos mínimos, la dignidad, que admite una gradación y una progresividad, como estudiaremos, reclamará nuevos espacio de dignidad *in crescendo* en lo que se refiere a la calidad en el ejercicio de esos derechos.

Los derechos fundamentales sociales o los derechos sociales fundamentales son derechos fundamentales de prestación que permiten a su titular alcanzar las condiciones mínimas de una vida digna. Son derechos de las personas naturales a actuaciones positivas (de hacer o de dar, según los casos) de los Poderes públicos. En estos derechos fundamentales, frente a los clásicos, los civiles y políticos que son derechos de libertad en los que los Poderes públicos no actúan, la actuación es esencial, es nuclear para que en efecto se pueda realizar el derecho. En estos casos, la prestación se identifica con los mínimos vitales para una existencia digna, erigiéndose, en terminología del profesor Cossío, en el elemento determinante y central de estos derechos fundamentales[397].

Los derechos sociales fundamentales, desde la perspectiva de Alexy, son derechos a prestaciones en sentido estricto. Es decir, derechos a acciones positivas fácticas que garanticen condiciones necesarias, mínimas en el umbral más bajo, para una existencia digna. Si no concurre tal prestación, sencillamente el derecho no existe. Es el caso del derecho a la alimentación, al vestido o a una vivienda digna. Alexy entiende, de acuerdo con Böckendörfe, que en la sociedad actual la libertad fáctica depende en muchos casos de la realización de determinadas actividades estatales[398] ya que el individuo no puede dominar por sí solo la esfera vital.

Los derechos sociales fundamentales, en nuestro entendimien-

---

[397] J.R. COSSÍO DÍAZ, *El Estado...*, p. 184.
[398] R. ALEXY, *Teoría...*, p. 488.

to, son derechos subjetivos que reclaman necesariamente prestaciones positivas de la Sociedad o del Estado para garantizar el libre y solidario desarrollo de las personas en sociedad. Una vez que la población disfruta de los derechos sociales fundamentales mínimos, expresados categóricamente en el derecho fundamental al mínimo vital, es momento de pensar en derechos sociales más ambiciosos y de plena realización de la personalidad humana. En los casos de menesterosidad social, es evidente que para el ejercicio de la libertad fáctica es menester garantizar el mínimo vital, pues de lo contrario las libertades jurídicas no dejan de ser, como dice Böckendörfe, fórmulas vacías[399].

El Tribunal Constitucional Alemán, como es sabido, entiende el catálogo de derechos fundamentales como la expresión de un sistema de valores que exigen que el individuo pueda desarrollarse libre y dignamente en la sociedad, lo que reclama, es obvio, un cierto grado de libertad material[400], por la sencilla razón de que, como señala Alexy, los derechos fundamentales de la persona regulan no solo libertades jurídicas, sino también, más en el Estado social y democrático de Derecho, el poder actuar realmente[401]. Es decir, los derechos fundamentales comprenden los derechos civiles y políticos y también las prestaciones positivas que hacen posible, desde el mínimo vital a la autodeterminación de la persona.

Los derechos fundamentales sociales, por el hecho de pertenecer a esta categoría, deben ser vinculantes y de eficacia inmediata. Para ello es menester reformar la Constitución española salvo que el Tribunal Constitucional, cosa bastante improbable, realice una ponderación y argumentación jurídica en este sentido a partir del contenido del artículo 10.1 y 9.2 a la luz del paradigma del Estado social y democrático de Derecho. En realidad, como sostiene Pahuamba Rosas, hay ciertos derechos a los que las Normas supremas, las Constituciones, no dan el carácter de fundamentales y, sin embargo, si lo son, como sucede con la Cons-

[399] E.W. BÖCKENDORFE, *Staat, Gesellschaft, Freiheit*, Frankfurt, 1976, pp. 8 y ss.
[400] B. GONZÁLEZ MORENO, *op. cit.*, p. 145.
[401] R. ALEXY, *Teoría...*, p. 489.

titución española en relación con el derecho a la salud, derecho que nadie puede negar que es importante, básico y elemental para el individuo y el orden social[402]. Por eso, el cumplimiento de los derechos sociales fundamentales como la salud, según la doctrina y los órganos judiciales españoles, no es exigible porque no son identificados como derechos subjetivos, cosa que no sucede con los derechos fundamentales[403]. Tal tesis llevaría en último extremo a negar la posibilidad, salvo reforma constitucional, de nuevos derechos fundamentales, lo que equivaldría prácticamente a una posición inmovilista de la cuestión.

6. INTERNACIONALIZACIÓN

La historia de los derechos fundamentales sociales es la historia misma de la internacionalización de los derechos humanos. Mientras que a nivel nacional se comenzó por el establecimiento de las garantías de los derechos civiles y políticos, los derechos fundamentales clásicos, en el ámbito internacional las cosas discurrieron por otros derroteros.

En efecto, la conciencia social de los derechos fundamentales surge y se desarrolla especialmente en el plano internacional tras la Segunda Guerra Mundial, especialmente a partir de la Declaración Universal de los Derechos Humanos de 1948, donde se reconocen como tales algunos de los derechos sociales más relevantes, de la Declaración Americana de los Derechos y Deberes del Hombre de 1948 y, por supuesto, de la Carta Social Europea de 1961, del Pacto Internacional de los Derechos Económicos, Sociales y Culturales de 1966, de la Convención Americana de Derechos Humanos de 1969 y más recientemente de la Carta de los Derechos Fundamentales de la Unión Europea de 2000.

La Carta de las Naciones Unidas de 26 de junio de 1945 señala, en su artículo 55, que para promover estabilidad y prosperidad la

---

[402] B. PAHUAMBA ROSAS, *op. cit.*, p. 19.
[403] B. PAHUAMBA ROSAS, *ibíd.*

ONU debe preocuparse por fomentar un más alto nivel de vida, el pleno empleo, así como la creación de condiciones favorables para el progreso económico y social. Particular relevancia tiene el preámbulo, párrafo segundo de la Carta, en el que se proclama la fe de las Naciones Unidas en los derechos fundamentales del hombre, en la dignidad y el valor de la persona humana, en la igualdad de derechos de hombres y mujeres y de las naciones grandes y pequeñas. Significativa resulta igualmente, a los efectos de este epígrafe, el párrafo cuarto cuando subraya la promoción del progreso social y la elevación del nivel de vida dentro de un concepto más amplio de libertad. Concepto que he denominado libertad solidaria desde el que pienso que se entiende mejor que los derechos fundamentales son una categoría única, que a su vez tiene una dimensión individual y otra social que estén indefectible e indeleblemente unidas.

El reconocimiento internacional de los derechos sociales no fue acompañado, como hubiera sido deseable, de medidas concretas, sino que, como señala Rodríguez Olvera, se consiguió una conciliación del pensamiento tradicional liberal y las modernas doctrinas socialistas[404] en el artículo 55 de la citada Carta: «Con el propósito de crear las condiciones de estabilidad y bienestar necesarias para las relaciones pacíficas y amistosas entre las naciones basadas en el respeto al principio de igualdad de derechos y al de la libre determinación de los pueblos, la organización promoverá: a) niveles de vida más elevados, trabajo permanente para todos y condiciones de progreso y desarrollo económico y social, b) la solución de problemas internacionales de carácter económico, social y sanitario, y de otros problemas conexos, y la cooperación internacional en el orden cultural y educativo y c) el respeto universal de los derechos humanos y las libertades fundamentales de todo sin hacer distinción por motivos de raza, sexo, idioma o religión, y la efectividad de tales derechos y libertades.

Por tanto, reconocimiento de los derechos humanos y efecti-

---

[404] O. RODRÍGUEZ OLVERA, *op. cit.*, p. 24.

vidad de los mismos en el marco de una evidente ampliación del concepto liberal clásico de derechos fundamentales.

Será, sin embargo, la Declaración Universal de los Derechos Humanos de 1948 el instrumento internacional en el que se establece la enumeración específica de los derechos a proteger a través de un catálogo internacional diseñado desde una perspectiva de equilibrio de las concepciones liberal y socialista. En concreto, junto a los tradicionales derechos fundamentales de la persona del liberalismo clásico aparecen, en los artículos 22 a 27, numerosos derechos sociales fundamentales presididos por el capital artículo 22: «Toda persona, como miembro de la sociedad, tiene derecho a la seguridad social ya obtener, mediante el esfuerzo nacional y la cooperación internacional, habida cuenta de organización y de los recursos de cada Estado, la satisfacción de los derechos económicos, sociales y culturales indispensables a su dignidad y al libre desarrollo de su personalidad».

Más adelante, el Pacto Internacional sobre Derechos Económicos, Sociales y Culturales de 16 de diciembre de 1966 supone un gran avance en la protección de estos derechos aunque todavía no se consideran exigibles judicialmente. En efecto, aunque el artículo 2.1 proclama estos derechos como plenamente efectivos, en realidad se apela a la adopción de medidas, tanto por parte de cada Estado como a partir de la asistencia y cooperación internacional, especialmente económica y técnica, hasta el máximo de los recursos que dispongan, para lograr progresivamente, por todos los medios apropiados, incluso legislativos, la plena efectividad de los mismos. He aquí la doctrina de la gradualidad y progresividad en la aplicación e interpretación de estos DESC.

La Declaración sobre Progreso Social y Desarrollo de 1969 supuso una lectura más global y abierta de la Carta de las Naciones Unidas y de la Declaración Universal de los Derechos Humanos, donde por cierto ya se encuentran categorizados como derechos humanos los principales derechos sociales fundamentales. En efecto, la Conferencia Internacional de Ministros Responsables de Bienestar Social fue el escenario básico de la redacción de tal Declaración. Se ratificó la promoción de los derechos humanos y las libertades fundamentales así como los principios de la paz, la dignidad, el valor de la persona humana y la justicia social, que se alcanzarían a través de la creación de condiciones adecuadas para el progreso y el desarrollo económico y social. Como señala Rodríguez Olvera, nos encontramos de nuevo en presencia de un Documento declarativo que ha tenido que esperar a causa de las crisis de finales del siglo pasado y de principios de éste, entre otras razones a causa de las elevadas deudas externas que han mermado los gastos sociales perjudicando el desarrollo social[405].

Finalmente, desde la perspectiva europea debe citarse el Convenio Europeo para la Protección de los Derechos Humanos y las Libertades Fundamentales de 1950. La Carta Social Europea de 1961 surge para dar una mayor impronta social al Convenio de 1950, pues según García Macho, ésta no contenía ningún derecho específicamente social[406] en el sentido de derechos a prestaciones y acciones positivas por parte del Estado. En la Carta se reconoce el derecho al trabajo en dignas condiciones, el derecho a la seguridad social, a la salud o, entre otros, el derecho a la protección de los inválidos aunque lamentablemente se queda en meras recomendaciones a los Estados suscriptores de la misma.

El Acta Única Europea de 1987 proclama, en sus 24 artículos, en los que menciona derechos políticos, civiles, económicos, sociales y culturales, que es indispensable que Europa reafirme la existencia de una comunidad de Derecho basada en el respeto a la dignidad humana y a los derechos fundamentales de la persona que le son inherentes. La Declaración de Derechos y Libertades Fundamentales promulgada por el Parlamento Europeo en 1989 contiene también un repertorio de derechos civiles, políticos, económicos, sociales y culturales, ratificando que la dignidad humana y los derechos fundamentales son el eje jurídico sobre el que Europa debe desarrollarse. El Consejo de Europa aprobó también en 1989 la Carta Comunitaria de los Derechos Sociales

---

[405] O. RODRÍGUEZ OLVERA, *op. cit.*, p. 28.
[406] R. GARCÍA MACHO, *Las aporías de los derechos sociales*, Colección de Estudios dirigida por L. Cosculluela Montaner, Madrid, 1982, p. 54.

Fundamentales de los Trabajadores. Carta en la que se concretan la dimensión social del desarrollo de los derechos de los trabajadores. Finalmente, en la Carta de los Derechos Fundamentales de la Unión Europea, además del derecho fundamental a la buena Administración, objeto de tratamiento especial y derecho transversal que permite comprender mejor el alcance de todos los derechos sociales fundamentales, nos encontramos con una visión del Derecho Público en la que se parte, como es lógico, de la dignidad humana, como centro y raíz de todo el sistema de los derechos fundamentales.

Desde el punto de vista del constitucionalismo comparado, la realidad nos muestra que frente a la proclamación de los derechos sociales en general como mandatos, programas, Principios rectores u objetivos constitucionales, la efectividad de estos derechos dista largamente de estar garantizada. Salvo la Constitución portuguesa de 1976 que, como veremos, contiene algunos preceptos bien relevantes, en general la tendencia es considerar estos derechos bajo el dogma de la reserva de lo posible en función de las condiciones económicas y presupuestarias de cada uno de los Estados.

La cláusula del Estado social y democrático de Derecho y, sobre todo, su proyección sobre el conjunto del Derecho Público es todavía, a pesar del tiempo transcurrido desde sus primeras formulaciones, tibia y timorata. Probablemente porque la centralidad de la dignidad de la persona ha cedido lamentablemente frente a otros intereses políticos y financieros que al final han sido los que han delineado la exégesis, argumentación y ponderación constitucionales.

Es verdad que la aplicación y la garantía de los derechos sociales fundamentales es tarea compleja y ardua para Legisladores y Gobiernos pero mientras existan ciudadanos excluidos, ciudadanos cosificados, ciudadanos reducidos a meros objetos o ciudadanos impedidos en su mínimo vital, se puede afirmar que el Estado social y democrático de Derecho no pasa de ser un decorativo y ampuloso título o rúbrica para ocultar carencias inconfesables.

Como ya hemos señalado al tratar de la cláusula del Estado social en el Derecho Comparado, la Constitución italiana de 1947 contiene un repertorio amplio de derechos sociales a los que proporciona la protección propia de los derechos constitucionales.[407] El problema reside en diferenciar los programas constitucionales vinculantes para el Legislador de lo que son genuinos derechos sociales fundamentales, derechos a prestaciones sociales y a la asistencia social de los ciudadanos incapacitados para el trabajo y desprovistos de medios de asistencia según el artículo 38.1 de la Constitución[408]. Normalmente, en el caso de derechos que exigen prestaciones concretas de los Poderes públicos como pueden ser, entre otros, el derecho al trabajo, a la salud, a la educación..., se ha sostenido que las normas constitucionales en que se amparan no son verdaderas normas jurídicas sobre la base de las cuales se pudieran construir derechos subjetivos que entrañen deberes correlativos: la ejecución coercitiva o la sanción jurídica en caso de no ejecución por el obligado[409]. Sin embargo, la aceptación hoy general del carácter normativo de la Constitución *in toto* y, sobre todo la vinculación directa de las normas sobre derechos fundamentales, en Italia derechos inviolables, echa por tierra semejante planteamiento.

En este sentido, situar los derechos sociales fundamentales como derechos amparados en intereses constitucionalmente protegidos supone olvidar que los intereses generales en el Estado social y democrático están indeleblemente conectados a la dignidad de la persona, tanto en su dimensión individual como social, pues en definitiva los derechos fundamentales de la persona, unos y otros, los individuales y los sociales, tienen sentido en cuanto posibilitan un mínimo de libertad solidaria a los ciudadanos.

El problema, que más adelante plantearemos en términos generales, acerca de la omisión o inactividad del legislador cuando de él depende la aplicación o la protección del derecho social fundamental reconocido es de gran calado. En estos casos, como

[407] A. BALDASSARRE, voz «Diritti sociales», *Enciclopedia Giuridica Treccani*, vol. XI, Roma, pp. 28-29.
[408] B. GONZÁLEZ MORENO, *op. cit.*, p. 110.
[409] B. GONZÁLEZ MORENO, *op. cit.*, p. 111.

luego razonaremos, hay que pensar que las técnicas jurídicas y presupuestarias son medios al servicio de la dignidad del ser humano y no al revés.

La Constitución portuguesa de 1976, como se sabe, define el modelo del Estado afirmando que Portugal, artículo 2, es un Estado de Derecho democrático (...) que tiene por objetivo la realización de la democracia económica, social y cultural y, por ello, es una de las Cartas Magnas europeas que mejor trata el tema de los derechos económicos, sociales y culturales. En efecto, dedica un Título completo, el III, a estos derechos, sometidos al régimen general de los derechos fundamentales[410]. El régimen especial es el que se da a los derechos, libertades y garantías del Título III: vinculan directamente, poseen una «determinabilidad constitucional» del contenido de la pretensión subjetiva individual y son derechos negativos directamente conformadores de un espacio subjetivo de autonomía y, sobre todo, son inmediatamente accionables[411].

En cambio, los derechos fundamentales sociales, los que consisten especialmente en prestaciones estatales, al quedar constituidos estructuralmente a nivel político-legislativo, se incluyen en el Título III, quedan sometidos al régimen general de los derechos fundamentales.

Hay varias características propias del régimen constitucional portugués que conviene subrayar. En efecto, la cláusula de prohibición de retroceso social, la inconstitucionalidad por omisión y la distinción entre derechos derivados de prestaciones y derechos originarios de prestaciones, conforman un sistema de derechos sociales fundamentales con personalidad propia[412].

En virtud del principio promocional de los Poderes públicos, ínsito en la cláusula del Estado social, el aparato público, además de garantizar condiciones mínimas para una existencia digna a través de prestaciones imprescindibles para la vida humana.

[410] J. GOMES CANOTILHO, *Direito Constitucional*, Coimbra, 1993, p. 426.
[411] B. GONZÁLEZ MORENO, *op. cit.*, pp. 114-115.
[412] B. GONZÁLEZ MORENO, *op. cit.*, p. 115.

Además, y a la par, el Estado social va históricamente creando las correspondientes estructuras en materia de salud, educación, seguridad social, transportes... que, a su vez, permiten a los ciudadanos derechos de acceso, obtención y uso de tales servicios y, también, de participación en las prestaciones que suministran[413]. Son, en terminología de Alexy, derechos derivados de prestación y se traducen en un derecho de los ciudadanos a una igual participación y distribución en el sistema existente de prestaciones y se diseñan como derechos inmediatamente justiciables que permiten a sus titulares acudir a los Tribunales para reclamar la subsistencia de las medidas sociales ya establecidas. Así, de esta manera, aparece la cláusula de prohibición de retroceso social o de evolución reaccionaria, que significa que el Estado, a partir del momento en que cumple total o parcialmente las tareas impuestas constitucionalmente para la realización de un derecho social, el respeto constitucional a éste deja de consistir en una obligación positiva para transformarse en una obligación negativa, pasando a estar obligado el Estado a abstenerse de atentar contra la realización dada al derecho social[414].

Una de las grandes aportaciones de la Constitución portuguesa a la efectividad del Estado social y democrático de Derecho viene de la mano del reconocimiento expreso en la Carta Magna del país hermano de los derechos económicos, sociales y culturales. Una decisión del constituyente portugués que según Gomes Canotilho supone la concepción del principio de la democracia económica, social y cultural no solo como principio objetivo conformador de obligaciones públicas, sino, esto es lo capital, como principio que funda pretensiones subjetivas[415]. En efecto, para este autor, el principio de la democracia social, el Estado social y democrático de Derecho, además de impregnar el conjunto de la acción públi-

[413] B. GONZÁLEZ MORENO, *ibíd*.
[414] B. GONZÁLEZ MORENO, *op. cit.*, p. 116. Es decir, si se reconoce por ley el subsidio de desempleo como una dimensión del derecho a la seguridad social, el legislador ya no puede derogar tal prestación porque este derecho es, a la vez, una garantía institucional y un derecho subjetivo que limita la discrecionalidad legislativa, y también, una obligación para hacer efectiva una política congruente con estos derechos.
[415] J. GOMES CANOTILHO, *Direito...*, p. 544.

ca y de justificar sobradamente el derecho a un standard mínimo vital, unas condiciones mínimas para una vida digna, implica la existencia de derechos originarios de prestación[416] cuya efectividad es el gran problema porque estos derechos discurren por la procelosa senda de la reserva de lo posible. Sin embargo, en la Constitución portuguesa hay una verdadera imposición que legitima, si es el caso, transformaciones económicas y sociales para garantizar la efectividad de estos derechos. Como ha señalado Miranda, su naturaleza de derechos subjetivos supone, por una parte, una interpretación constitucional conforme con dichos derechos y, por otra, la inactividad del Estado para desarrollar estos derechos podría dar lugar a la inconstitucionalidad por omisión de manera que puedan ser inconstitucionales leyes que no desarrollen estos derechos o que rebajen su intensidad o disminuyan el grado de eficacia alcanzada[417]. Es el caso de arbitraria inactividad del poder legislativo. Entonces los ciudadanos pueden acudir a los Tribunales portugueses competentes para plantear la inconstitucionalidad por omisión y obtener una recomendación para que se desarrollen legislativamente los mandatos constitucionales y también, esto es lo decisivo finalmente, una pretensión inmediata de los ciudadanos fundada en la garantía de las condiciones mínimas de existencia para aquellas situaciones de necesidad derivadas de riesgos imprevisibles o incontrolables[418].

Es decir, el principio de la democracia económica, social y cultural en la Constitución portuguesa es algo más que un principio que impregna las decisiones de los Poderes públicos, es un mandato constitucional que los vincula directamente con el fin de que la actividad económica y social conforme y transforme las estructuras socioeconómicas para promover la igualdad real. Como señala el Tribunal Constitucional Portugués en su sentencia de 189/1990, en esta tarea el Estado limita la discrecionalidad del legislador en cuanto al sí de su actuación aunque le

[416] J. GOMES CANOTILHO, *ibíd.*
[417] J. MIRANDA, *A Constitución de 1976*, Lisboa, 1978, p. 346.
[418] B. GONZÁLEZ MORENO, *op. cit.*, pp. 117-118.

deja un amplio margen de libertad de conformación política en cuánto al cómo ha de hacerse efectivo. Estamos, pues, en presencia de un principio jurídico fundamental objetivo y no de una norma de prestación subjetiva mientras no haya sido efectivamente concretado[419].

Ciertamente, el caso portugués abre el espacio acerca de la existencia de genuinos derechos sociales fundamentales que vinculan directa e inmediatamente a los Poderes públicos a través de las pertinentes acciones procesales en caso de que éstos no hayan sido efectivizados por el legislador. Es un buen ejemplo de que la funcionalidad del Estado social y democrático de Derecho puede, y debe, proyectarse con carácter normativo sobre todo el Derecho Público. Si así no fuera, ¿donde quedaría el supremo principio de la dignidad del ser humano como patrón y canon de actuación de todos los Poderes del Estado?

En la Constitución alemana, como sabemos, no aparece un listado de derechos sociales fundamentales. El modelo del Estado social y democrático de Derecho que encontramos en la Ley Fundamental de Bonn de 1949 se conforma a través de ciertas determinaciones de fines del Estado con contenido social. Los artículos 2.1 y 20.1 de la Constitución alemana configuran una opción a favor del Estado social que vincula a los Poderes del Estado de forma que en la realidad se consiguen elevados niveles de protección y bienestar social a partir de los criterios de reserva de lo posible y de la racionalidad. Dos principios que conjugados con la centralidad de la dignidad del ser humano y la función promocional de los Poderes del Estado en orden a la efectividad de la libertad y la igualdad de los ciudadanos, conducen a resultados sencillamente satisfactorios. Sobre todo, si se dispone de un Tribunal Constitucional independiente que efectivamente interpreta la Constitución desde el Estado social y democrático de Derecho sin interferencias políticas.

La Constitución de Weimar de 1919 ya sabemos hasta dónde llegó. Por su parte, los constituyentes de la Ley Fundamental

---

[419] B. GONZÁLEZ MORENO, *op. cit.*, p. 118.

de Bonn de 1949, conscientes de su posición, evitaron incluir un listado de derechos sociales que siguieran la misma suerte que en 1919, reducidos a meros programas no vinculantes para los Poderes públicos. El entendimiento del Estado social surgido de la Constitución de 1940 ha sido expuesto en el capítulo dedicado a la cláusula del Estado social y democrático de Derecho. Ahora solo nos interesa subrayar que en la Constitución alemana, en la Sección I, se reconocen los derechos fundamentales como normas constitucionales que garantizan derechos subjetivos individuales, en forma de libertad negativa, como derechos de participación en la formulación de la voluntad política o como derechos a una prestación positiva por parte del Estado.

Pues bien, las posiciones doctrinales más recientes apuntan precisamente al reconocimiento constitucional expreso de la categoría de los derechos sociales fundamentales o derechos sociales fundamentales a continuar en la línea actual de extraer todo el potencial que tiene a la cláusula del Estado social y democrático de Derecho que hasta el momento hemos de reconocer que ha propiciado una amplia y profunda actividad política y social que todavía no ha tocado techo[420]. La cuestión reside en que si a través de la exégesis e interpretación del Tribunal Constitucional se reconocen de hecho los derechos sociales fundamentales como derechos subjetivos, entonces quizás la positivización en este momento no sea urgente. En España, en cambio, como hemos comentado al tratar de los Principios rectores de la política social y económica, el Tribunal Constitucional no ha sido capaz de deducir de la centralidad de la dignidad humana su potencial pues, como es sabido, los derechos sociales en España, salvo el derecho a la educación, no dejan de ser meras normas programáticas con capacidad de impregnar la acción de los Poderes del Estado pero nada más.

En efecto, a pesar de la letra de los artículos 9.2 y 10.1 de nuestra Constitución, objetos de referencia recurrente en este estudio, y de la posición del Tribunal Constitucional, no cabe más

[420] B. GONZÁLEZ MORENO, *op. cit.*, p. 121.

remedio que esperar o un milagro jurídico, o proceder a una reforma de nuestra Carta Magna que reconozca un listado abierto de derechos sociales fundamentales con la protección jurisdiccional que es propia de los derechos fundamentales. Para ello es menester un cambio intelectual que arribe al concepto de libertad solidaria o libertad positiva pues todavía late una perspectiva demasiado individualista de los derechos fundamentales que ni está en la base de la Constitución, ni es la propia del Estado social y democrático de Derecho.

Para terminar este epígrafe es menester hacer referencia, siquiera sea someramente, a la Carta Social Europea de 18 de octubre de 1961, a la Carta Comunitaria de los derechos fundamentales sociales de 9 de diciembre de 1989 y a la Carta Europea de los Derechos Fundamentales de 7-8 de diciembre de 2000. En especial debemos destacar que en la Carta Social Europea encontramos una adecuada regulación der algunos de los derechos sociales fundamentales como el derecho al trabajo, a condiciones dignas para su realización, a la protección social, a la seguridad social, así como de los derechos de los emigrantes, de los minusválidos, de los niños... En la Carta Europea de los Derechos Fundamentales, en relación con nuestro objeto de estudio, encontramos una muy relevante formulación de la dignidad humana, el derecho a la educación, a la igualdad, el derecho de los discapacitados, de los niños, de los mayores así como, en el capítulo dedicado a la solidaridad, el derecho al trabajo, a la seguridad social, a la protección social...

En el ámbito Iberoamericano hay que tener en cuenta la Declaración de Quito acerca de la exigibilidad y realización de los derechos económicos, sociales y culturales en América Latina y el Caribe de 24 de julio de 1998 y la Carta Social de las Américas aprobada el 4 de junio de 2012 en Cochabamba en materia de derecho a la vida digna, a la salud, a la educación, al trabajo, a la protección social, entre otros.

7. CONTENIDO

Los derechos sociales fundamentales son derechos subjetivos que tienen un determinado contenido que puede ser mostrado a través de un procedimiento racional[421]. En la doctrina encontramos tres posiciones: una de máximos, otra de mínimos y una tercera intermedia, acerca de en qué medida los derechos sociales fundamentales deben ser garantizados en una Constitución democrática moderna[422]. En realidad, la racionalidad, junto a la justicia y al interés general, son los tres elementos nucleares del Derecho Administrativo y, por eso, ambos deben estar en perfecta armonía para saber si nos encontramos ante una solución acorde a la naturaleza de esta peculiar rama del Derecho Público.

La tesis de máximos plantea que los derechos sociales fundamentales deben ser garantizados a cualquier persona en cualquier circunstancia. Incluyen los derechos a la alimentación, a la salud, a la vivienda, a la educación, al trabajo y a la seguridad social y presuponen normas jurídicas, obligaciones jurídicas y posiciones jurídicas cuyo reconocimiento debería ser universal, para todas las personas[423].

La tesis de mínimos se podría exponer de la siguiente forma: los derechos sociales fundamentales deberían ser reconocidos en cierto grado. Es decir, existe un mínimo jurídico constitucional de derechos positivos generales, derecho a un mínimo vital reconocido que debe ser reconocido por cualquier Estado constitucional moderno[424].

Y, finalmente, la tesis intermedia señala que solo alguno de los derechos sociales fundamentales son derechos subjetivos de forma y manera que no todos los derechos sociales fundamentales son derechos subjetivos[425].

---

[421] R. ARANGO, *op. cit.*, p. 53.
[422] R. ARANGO, *ibíd.*
[423] R. ARANGO, *op. cit.*, p. 54.
[424] R. ARANGO, *ibíd.*
[425] P. BADURA, «Das Prinzip der sozialen Grundrechte und seine Verwirklichung im Recht der Bundesrepublik Deutschland», *Der Staat* 14 (1975), pp. 25 y 27.

Desde nuestro punto de vista, la tesis procedente y correcta es la primera, la que plantea que todos los derechos sociales fundamentales deben ser garantizados a todos en cualquier circunstancia, país y situación. Por una razón básica y crucial, porque estos derechos fundamentales son necesarios para el libre y solidario desarrollo de la persona en sociedad y son derivaciones de la puesta en acto del principio de dignidad que toda persona humana lleva inscrito desde su nacimiento. Otra cosa bien distinta es que se reconozca un derecho al mínimo vital entendido como la preservación de ineludibles condiciones que precisa un ser humano para una vida digna. En este caso, teoría minimalista, podemos decir que tal derecho al mínimo vital es el presupuesto del que se deducen, como corolarios necesarios, el resto de los derechos sociales fundamentales que son estadios para el libre y solidario desarrollo de la persona.

El problema, pues, reside en definir el contenido de ese mínimo vital porque puede ser que una definición amplia puede acercar las tesis maximalista y minimalista sin necesidad de aterrizar en la tesis intermedia pues los derechos sociales fundamentales deben ser reconocidos todos y con la protección que les es propia.

8. ESTRUCTURA

Los derechos sociales fundamentales son derechos subjetivos de especial relevancia. Por ello, para comprender mejor su alcance y funcionalidad es menester estudiar las cuestiones relativas a su estructura: el portador o titular del derecho, el objeto del derecho (las prestaciones o acciones positivas fácticas que definen su contenido) y el titular obligado a satisfacer el objeto del derecho, los Poderes públicos generalmente.

Como señala Arango, en relación con el portador y el obligado del derecho, la estructura de los derechos sociales fundamentales plantea cuatro posibilidades. Primera, derecho del individuo a exigir del Estado una acción positiva fáctica. Segunda, derecho de un grupo a exigir del Estado una acción positiva fáctica. Tercera, derecho del individuo a exigir de particulares una acción positiva fáctica. Y, cuarta, derecho de un grupo a exigir de particulares una acción positiva fáctica[426].

En términos generales, sobre la titularidad de los derechos económicos, sociales y culturales existen dos posiciones doctrinales. Se sostiene desde que la titularidad corresponde a los grupos con algunas matizaciones, y, por otra parte, que compete al individuo, a la persona natural.

En la primera doctrina se considera que estos derechos, los DESC, pertenecen a grupos sociales o colectividades humanas protegidas por el mismo derecho. Se reconocen prestaciones en favor de determinados individuos precisamente en cuanto miembros o integrantes de esos colectivos, de modo que sus pretensiones e intereses se contemplan en la medida en que son miembros de tal o cual grupo o colectividad social. Esta doctrina parte de la idea de que el ser humano es titular de derechos sociales económicos y culturales solo porque es miembro de grupos sociales[427]. La clave no es tanto la persona sino la existencia de grupos o colectividades que integran personas unidas por un común denominador: mujeres, niños, minusválidos, trabajadores, minorías étnicas, que necesita una especial protección. Como señala Cicala, estos derechos se reconocen como garantía de la participación del individuo en la vida social y sobre la correlativa socialización de la libertad[428]. Es decir, se protegen necesidades colectivas de grupos sociales y, por extensión, a quienes forman parte de ellas.

El problema es que pueden existir muchas personas en situación de necesidad que no pertenezcan a estos colectivos y que por tal circunstancia podrían quedar excluidos de tales prestaciones de los Poderes públicos. Además, estos derechos son derechos humanos, derechos del ser humano, de todos y de cada ser humano, de todos los miembros de la raza humana, de todos los que pertenecen a la condición humana. García Pelayo ya señaló en su día

[426] R. ARANGO, *op. cit.*, pp. 55-56.
[427] G. BURDEAU, *Les libertés publiques*, Paris, 1972, p. 7.
[428] G. CICALA, *Diritti sociale e crisi del diritto soggetivo nel sistema costituzionale italiano*, Napoli, 1965, pp. 31 y ss.

que la situación de menesterosidad social no es privativa de determinados grupos o colectivos, afecta, no solo a los más débiles y desfavorecidos, también atiende a la generalidad de los ciudadanos ya que en todos se da una suerte de incapacidad para dominar por si mismos las condiciones de existencia[429], si bien es verdad que en unos casos la intensidad de la protección es mayor.

Esta doctrina, como señala González Moreno, ha sido relativizada en un doble sentido. En primer lugar, entendiendo que los múltiples derechos de titularidad colectiva, los DESC, son singularizados de acuerdo a su finalidad: la superación de las desigualdades sociales y el mejoramiento de las condiciones materiales de vida de amplias capas de la sociedad[430]. Es decir, la clave está, según esta posición, en que los DESC tienen un fundamento concreto más allá de la naturaleza humana porque tales derechos, dice De Asís, se justifican en las relaciones sociales y superan la titularidad universal de los derechos humanos porque tal titularidad estaría ligada a una determinada condición[431]. No es de fácil comprensión esta posición porque hoy en día tales DESC son formulados en el Derecho positivo como derechos universales, para todos sin que se hagan depender de una determinada condición para su ejercicio[432].

En el ámbito de la titularidad colectiva de los DESC, la segunda modulación, de corte restrictivo, plantea que estos derechos solo son de cuenta de una única clase social concreta, que es la clase trabajadora. Para quienes sostienen esta anacrónica posición, hay dos razones que avalan su teoría. A saber, que tales derechos deben ser reconocidos a los trabajadores a causa de la función social que realizan dentro de la organización y, segundo argumento, tan peregrino o más que el primero, que dichos derechos protegen precisamente sus intereses en un marco de lu-

[429] M. GARCÍA PELAYO, *Las transformaciones del Estado contemporáneo*, Madrid, 1985, p. 28.
[430] B. GONZÁLEZ MORENO, *op. cit.*, p. 162.
[431] R. DE ASIS, *Las paradojas de los derechos fundamentales como límites al poder*, Madrid, 1992, pp. 91, 95 y ss.
[432] B. GONZÁLEZ MORENO, *op. cit.*, p. 164.

cha con otras clases sociales[433]. En el fondo, tal construcción, de origen marxista, reduce estos derechos solo a los derechos de los trabajadores y en una concreta forma de entender las relaciones colectivas al interior de los trabajadores.

La doctrina más elaborada, y más coherente, es la que propugna la titularidad individual, personal, del estos derechos. Queda claro para esta posición, como señala González Moreno, que lo relevante no es tutelar al grupo en sí sino al individuo en su concreta posición situación personal en el seno de la sociedad[434]. En el caso del derecho de una persona que precisa alimentación, la prestación en que consiste el derecho fundamental a la alimentación básica para una vida digna se dirige a remediar una carencia de la persona, no del grupo.

En opinión de De Castro, si los DESC fueran de titularidad colectiva entonces la calificación de estos derechos como derechos humanos, como derechos del ser humano quedaría prácticamente sin sentido y vacía. Es decir, estos derechos deben ser caracterizados, especialmente los que son derechos sociales fundamentales como a continuación analizaremos, como individuales siempre que sean reconocidos en atención al sujeto titular en cuanto persona individual y como sociales siempre que sean atribuidos al grupo como colectividad de forma que los miembros individuales, las personas físicas o naturales de ese grupo sean beneficiarios solo en su calidad de partícipes del grupo[435], lo que acontece en casos contados como puede ser en los derechos culturales[436]. En el supuesto de lo que denominamos derechos sociales funda-

---

[433] B. DE CASTRO, *Los derechos económicos, sociales y culturales*, León, 1993, p. 24.

[434] B. GONZÁLEZ MORENO, *op. cit.*, p. 168.

[435] B. DE CASTRO, *op. cit.*, pp. 31-32.

[436] Los derechos culturales en ocasiones tienen una vocación eminentemente colectiva pues, como señala Pérez Luño, responden plenamente al fin último del reconocimiento constitucional de estos derechos: el poder de humanización y emancipación de la educación y la cultura como vía para evitar la subalternidad (A.E. PÉREZ LUÑO, *Los derechos fundamentales...*, p. 198). Sin embargo, en otros casos, en atención al valor liberador y espiritual del disfrute de los bienes culturales y su importancia como instrumento para el libre desarrollo de la personalidad, estos derechos culturales como el derecho de los padres a que los hijos reciban la formación religiosa y moral de su preferencia, la libertad de enseñanza, de creación de centros docentes, el derecho a la

mentales o derechos fundamentales sociales, siempre el titular el individual por la sencilla razón de nos encontramos en presencia de derechos fundamentales de la persona.

Desde la consideración de los derechos sociales fundamentales, la problemática de su titularidad debe conectarse con la posición jurídica del sujeto del derecho. En efecto, como señala Arango, quién cuenta como sujeto de derecho, es titular potencial de los derechos sociales fundamentales y como estos derechos son eminentemente individuales, entonces los titulares son individuos[437]. En el epígrafe dedicado a la naturaleza de estos derechos señalamos que son derechos fundamentales de la persona, ni metas constitucionales ni derechos colectivos porque son derechos fundamentales, derechos inherentes a la condición personal y, por tanto, no pueden pertenecer a colectividades o grupos sociales por mucho que los titulares de derechos sociales fundamentales pueden estar aglutinados o ser miembros de determinadas entidades sociales en atención precisamente a las necesidades o limitaciones inherentes a su condición de personas desvalidas o excluidas por alguna circunstancia.

Por lo demás, en cuanto que los derechos sociales fundamentales son derechos subjetivos, la titularidad no puede ser más que subjetiva obviamente pues los derechos subjetivos son derechos individuales.

En realidad, los derechos son propiamente del individuo, la persona es el sujeto de derechos por excelencia y esencialmente sujeto de derechos subjetivos. En este sentido, la afirmación en cuya virtud se sostiene que el titular del derecho a la alimentación, al vestido, a la educación, a la vivienda o a la sanidad es la persona, significa que tiene derecho a exigir que los Poderes públicos, directa o indirectamente, faciliten esos medios. Es decir, el individuo, la persona, tiene la posición jurídica de poder exigir jurídicamente tales comportamientos de otra persona jurídica.

---

producción y creación literaria, artística, científica y técnica o la libertad de cátedra, son de evidente titularidad individual (B. GONZÁLEZ MORENO, *op. cit.*, p. 169).
[437] R. ARANGO, *op. cit.*, p 59.

Tal posición jurídica se deriva del mismo concepto de derecho subjetivo, de la posición jurídica de un sujeto de derecho, la persona lo es por antonomasia, dentro de un orden jurídico con respecto al cual es posible dar razones válidas y suficientes[438]. Esto supone, ni más ni menos, como atinadamente hace el Tribunal Constitucional Alemán a partir de referencias centrales y nucleares de la Constitución, que se puedan reconocer derechos sociales fundamentales a partir de un procedimiento racional en el que se puedan justificar argumentos de validez y suficiencia.

Una crítica frecuente a la consideración individual del titular de los derechos sociales fundamentales, como adelantamos con anterioridad, es la que señala que estos derechos fundamentales esencialmente son medidas o disposiciones sobre objetivos o metas políticas. En este caso, siguiendo la estructura del derecho subjetivo, norma, posición y obligación jurídica, los derechos sociales fundamentales, desde este punto de vista, serían solo normas objetivas pues a pesar de estar compuestos de la norma jurídica y de la obligación jurídica, sin embargo no entrañan posición jurídica.

En realidad, las metas u objetivos políticos de los Poderes públicos en materia económica, social y cultural, siendo como son mandatos constitucionales, no tienen destinatarios individualmente determinados. Es lo que acontece, por ejemplo, en el Ordenamiento constitucional español, en el que efectivamente, estos derechos se enmarcan en los Principios rectores de la política social y económica. Principios que son vinculantes para los Poderes públicos sin que puedan ser exigidos por los ciudadanos a menos que una ley así lo disponga tal y como dispone la misma Constitución.

Alexy sostiene en relación con este tema algo de gran valor e interés para las tesis que se pretende plantear en esta monografía: los derechos individuales deben tener prioridad *prima facie* sobre los bienes colectivos si es que el individuo ha de tomarse en serio, por lo que solo si existieran razones de peso, fuertes, para que

---

[438] R. ARANGO, *op. cit.*, p. 61.

prevalezca el bien público, el interés general, entonces el derecho individual debe ceder[439]. Claro está, siempre que ese interés general sea concreto, debidamente razonado y esté en armonía con la dignidad del ser humano, pues de lo contrario sería inaceptable la preferencia de un interés general abstracto y sin las más elementales dosis de racionalidad concreta.

Los derechos sociales fundamentales son de titularidad individual porque son derechos fundamentales de la persona. A tal conclusión se llega también teniendo presente que la ausencia de reconocimiento de una posición jurídica pretendida por el individuo ofrece razones válidas y suficientes y al ocasionarle un daño injustificado, debe reconocerse[440]. Y cuando la posición jurídica es fundamental, se puede razonar con argumentos válidos y suficientes, y su no reconocimiento provoca daños graves a la misma dignidad humana, entonces nos encontramos ante un derecho fundamental de la persona, sea de naturaleza social, sea individual. Al final lo decisivo es que se ocasione un daño injustificado a la misma dignidad, que no haya obligación de soportar bajo ningún concepto. Es decir, la titularidad de un derecho es resultado del reconocimiento de una posición jurídica[441].

Los derechos sociales fundamentales son derechos de la persona, de todas y cada una de las personas. Pero ¿son derechos del individuo en cuanto ciudadano o en cuanto miembro de un grupo? Anteriormente sentamos que son derechos de la persona en cuanto tal, sean o no miembros de un grupo. El derecho a alimentación es un derecho de la persona que tiene esta situación no del grupo que aglutina a las personas con esta limitación.

Los derechos sociales fundamentales son derechos de todas y de cada una de las personas porque son derechos humanos y, por ende, generales, no especiales, pertenecen a todos los miembros de la especie humana sin excepción. Es decir, todas las personas con carencias o necesidades esenciales para una vida digna,

[439] R. ALEXY, *Teoría de los derechos...*, pp. 260-261.
[440] R. ARANGO, *op. cit.*, p. 66.
[441] R. ARANGO, *ibíd.*

como señaló la sentencia de la Corte Suprema Suiza de 29 de septiembre de 1995, disponen de un derecho innominado al aseguramiento de la existencia, sean suizos o no, pues al reconocerse como derecho humano a todos los integrantes de la condición humana pertenece.

La existencia de derechos fundamentales innominados deducidos de la argumentación a partir de las bases constitucionales de la dignidad del ser humano y del modelo de Estado social y democrático de Derecho, realizada por las Cortes Supremas o Constitucionales según cual sea el Ordenamiento, constituye una garantía para que la existencia de genuinos derechos sociales fundamentales deje de ser una quimera, un imposible, en aquellos sistemas normativos en los que no existen como tal sino más bien como genéricos y abstractos principios y amplios objetivos de los Poderes públicos en relación con la vida económica, social y cultural.

Por eso es particularmente relevante este fallo de la Corte Suprema de Suiza, porque además de ser un elocuente ejemplo de esta labor de argumentación racional de los máximos intérpretes de la Constitución dirigida a reconocer obvios derechos sociales fundamentales, refleja de alguna manera la existencia de la necesidad de preservar condiciones de existencia digna que constituyen derechos subjetivos, amén de constituir también parte indispensable del bien común del Estado de Derecho.

Los derechos sociales fundamentales son derechos de los individuos, no de grupos, menos todavía de determinadas clases sociales, pues son inherentes al ser humano y necesarios para que la persona exista en condiciones de dignidad. Si fueran solo derechos de una determinada clase, como los trabajadores, entonces dejarían de ser generales para convertirse en especiales traicionando su consideración de derechos humanos.

En efecto, los derechos sociales fundamentales en cuanto tales tienen sentido porque preservan las condiciones básicas que permiten a la persona existir y vivir con dignidad. Y la dignidad del ser humano reclama por sí misma, ante los Poderes públicos y sociales, que si la persona no es capaz razonablemente de alimentarse, vestirse, vivir bajo techo, educarse o curarse, que la Sociedad o el Estado en sentido amplio provea tales necesidades. Además, como recuerda Wilhdaber, los derechos sociales fundamentales deben propiciar una vida social armoniosa y saludable, pretendiendo, igual que la libertad individual, satisfacer al orden social en el sentido de permitir a la persona el dominio de un espacio vital mínimo y un estatuto social[442].

Los derechos fundamentales sociales solo pueden ser disfrutados y realizados por individuos. Esta afirmación, sin embargo, no excluye, ni mucho menos, que los colectivos sean incompatibles con los derechos subjetivos o que los derechos colectivos deban rechazarse en el plano constitucional por los problemas filosóficos y morales que plantean[443]. En la realidad, empero, existen en todos los Ordenamientos acciones procesales que pueden ser planteadas a través de la llamada legitimación colectiva en el marco de la existencia de los intereses difusos, tema que plantea si estos grupos o colectivos pueden ejercer derechos subjetivos o más bien reaccionar jurídicamente en determinados casos porque sencillamente se lesionan interés propios del grupo o del colectivo.

La cuestión tiene enjundia jurídica y, como señala Arango, plantea nada menos que la misma definición del derecho subjetivo y si éste es idéntico o se confunde con el derecho individual. En este caso, los derechos colectivos quedarían fuera del concepto de derecho subjetivo[444].

Que los individuos o las personas físicas o naturales sean titulares de derechos subjetivos, que sean sujetos de derecho, no significa que las personas jurídicas, colectivas, grupos o colectividades puedan también ser sujetos de derechos subjetivos. Sujeto e individuo no son términos idénticos. Es verdad que el titular de un derecho subjetivo es un individuo, pero eso no obsta que un grupo o colectivo no pueda ejercer derechos subjetivos pues no es lo mismo titularidad que ejercicio.

---

[442] L. WIDHABER, «Soziale Grundrechte», en P. Saladin, L. Wildhaber (eds.), *Der Staat als Aufgabe, Gedächtnisschrift für Max Imboden*, 1972, p. 385.
[443] R. ARANGO, *op. cit.*, p. 69.
[444] R. ARANGO, *op. cit.*, pp. 69 y ss.

En el caso de que una colectividad de personas sin techo reclame a la Administración pública, en nombre de todos los miembros de esa colectividad, el derecho social fundamental a una vivienda digna, lo hace en cuanto sujeto de derecho en la medida en que sus integrantes están caracterizados individualmente por la carencia de ese mínimo vital a una vivienda digna.

El titular de un derecho es quien se encuentra en una posición jurídica que puede ser justificada mediante razones suficientes y válidas, y que su no reconocimiento supone un daño relevante no obligado a ser soportado. En el caso de que ese daño afecte esencialmente a la dignidad de su titular, estaríamos ante derechos fundamentales, sean de orden individual o social. Si resulta que los titulares de derechos sociales fundamentales, los individuos con necesidades elementales, no tienen capacidad por sí mismos de hacer valer sus pretensiones, el hecho de que la persona colectiva que los aglutine ejerza en su nombre el derecho subjetivo no rompe la teoría de que el titular sigue siendo el individuo carente de ese mínimo vital. Es más, ordinariamente, en los estatutos en los que se constituyen estas agrupaciones, colectivos o grupos siempre existe una cláusula en cuya virtud se establece que la persona colectiva, en nombre del grupo, en nombre de los titulares de ese derecho, podrá ejercer las acciones que estime pertinente contando, claro está, con la anuencia de los individuos en el integrados. En estos casos, la persona jurídica, forma que adopta generalmente el grupo o la colectividad, para actuar en el mundo jurídico, es titular de derechos subjetivos en cuanto representa a dicho colectivo y solo en la medida que representa a dicho colectivo.

Sin entrar en la discusión acerca de la naturaleza y operatividad de los derechos colectivos, pienso que a los efectos de este trabajo lo que es pertinente es reconocer que, efectivamente, el titular de los derechos fundamentales sociales es el individuo, lo que no excluye que existan derechos colectivos puesto que, en efecto, si bien los derechos subjetivos son derechos individuales también debe afirmarse que los colectivos ejercen también derechos subjetivos. El derecho colectivo, así considerado, es un derecho que tiene como titular a una colectividad o grupo de individuos. En el caso de los derechos sociales fundamentales, la existencia de colectivos, dotados de personalidad jurídica, se explica precisamente porque su función primordial reside en la defensa de sus miembros en orden a una mejor realización de sus derechos sociales fundamentales en concreto.

En el caso de los derechos sociales fundamentales la titularidad no puede ser más que individual por la sencilla razón que el titular del derecho a la alimentación digna es la persona que no tiene que comer. El titular del derecho social fundamental al vestido es el individuo concreto que no tiene ropa que ponerse. En el mismo sentido, el titular del derecho a la salud, en forma de una atención médica digna, es la persona enferma. En cambio, como señala Arango, en el caso del derecho a la educación las cosas se complican[445]. Más clara es la naturaleza colectiva del derecho a recibir subvenciones para conservar y mantener una lengua o el derecho a la enseñanza en la propia lengua, materia propia de los denominados derechos culturales fundamentales, pues el ejercicio de tales derechos por los grupos que las hablan es una expresión legítima y cierta del libre y solidario desarrollo de la personalidad que están en la misma base de la dignidad humana.

Antes de entrar en el análisis de los sujetos obligados en materia de derechos sociales fundamentales, es menester señalar, siquiera sea brevemente, que la existencia de grupos indeterminados abiertos, como los pobres, enfermos, personas sin hogar…, expresan en sí mismos una situación de desigualdad fáctica que provoca un daño a la persona natural que se encuentra afectada por tal o cual carencia básica para su digna existencia. Por tanto, como sostiene Arango[446], la existencia de estos grupos no es un criterio suficiente, si necesario, para el reconocimiento de los derechos sociales fundamentales. Que la pertenencia a un grupo abierto indeterminado sea un criterio para la aplicación del principio de igualdad no requiere demasiados comentarios porque tal

---

[445] R. ARANGO, *op. cit.*, p. 87.
[446] R. ARANGO, *op. cit.*, p. 90.

principio se vulnera cuando el Estado trata de manera diferente a un grupo de destinatarios normativos en relación con otro pese a que entre dichos grupos no existan diferencias tales que justifiquen razonablemente el trato desigual[447].

Otra razón de peso para no considerar los derechos fundamentales sociales derechos colectivos se encuentra en la esfera normativa. El reconocimiento de derechos sociales fundamentales a favor de un colectivo no se deduce de la pertenencia de un individuo a tal grupo sino de la dignidad humana vejada o lesionada necesitada de restauración para una vida digna. Si así no fuera, se negaría la autonomía del individuo pues, como señala Tugendhat, la ayuda, cuando es necesaria, es para ayudarse a uno mismo[448].

Tras el análisis del titular de los derechos sociales fundamentales, corresponde a continuación analizar quienes son los obligados por los derechos sociales fundamentales. Si es el Estado solo u existen otros sujetos obligados. En opinión de Arango solo el Estado es el único sujeto obligado positivamente a la efectividad de los derechos sociales fundamentales[449]. Sin embargo, la responsabilidad del Estado puede ser directa o indirecta, en este caso, por haber suscrito convenios o acuerdos con instituciones sociales profesionalmente dedicadas a estos menesteres, por lo que es mejor matizar y deslindar diferentes posibilidades. Si atendemos al principio de subsidiariedad, la sociedad debiera disponer de la vitalidad y articulación necesaria para disponer de capacidad operativa para satisfacer los derechos sociales fundamentales. Sin embargo, si nos asomamos al mundo, salvo excepcionalísimas excepciones, es el Estado únicamente quien se encarga de esta tarea una vez que se ha desmantelado la vitalidad social que debiera distinguirla sobremanera.

El titular de los derechos sociales fundamentales es el individuo, la persona, todos los individuos, todas las personas que precisen unas condiciones de vida dignas. Los derechos sociales

---

[447] R. ARANGO, *ibíd.*
[448] E. TUGENDHAT, *Lecciones sobre Ética*, Barcelona, 1997, p. 342.
[449] R. ARANGO, *op. cit.*, p. 91.

fundamentales son por eso derechos generales y derechos positivos porque consisten ordinariamente en la puesta a disposición del individuo sin condiciones de mínimo vital de las prestaciones adecuadas para cubrir ese estatus. El titular es individual y a la vez universal y el sujeto obligado por antonomasia, tras el fracaso social, el Estado, pues su principal y fundamental tarea es la consecución de una vida digna para todos los ciudadanos. Es más, como hemos señalado, la misma cláusula del Estado social y democrático de Derecho descansa sobre esta idea: crear las condiciones imprescindibles para que la dignidad del ser humano brille en todos y cada uno de los miembros de la raza humana.

El Estado es, en suma, la misma generalidad y por ello, por ser la institución social por antonomasia, tiene la obligación de hacer posible, una vez que la sociedad es incapaz, el libre y solidario desarrollo de todas y cada una de las personas que habitan en su territorio. Tarea que en el Estado social se concreta, en cada país, en cada nación, en transformar esa obligación jurídica general y primaria de hacer posible la dignidad del ser humano en derechos subjetivos exigibles y justiciables ante los Tribunales de Justicia. Siendo como es el Estado el obligado primario y principal para posibilitar la realización de los derechos sociales fundamentales en su territorio, es exigible de la institución estatal una forma de organización, sobre todo en lo que se refiere a los ministerios u estructuras de orden social, que permita, en efecto, proporcionar a las personas que no disponen de ese mínimo vital y esas básicas condiciones de vida, los medios que preserven y aseguren una existencia digna a todos y cada uno de los ciudadanos de su territorio.

A través de los Estados nacionales, de sus Constituciones, normalmente los derechos humanos, a través de la categoría de los derechos fundamentales, se traducen en derechos subjetivos.[450] De esa manera puede afirmarse que la función básica y central del Estado es asegurar la efectividad de los derechos humanos en su territorio. Por eso, el efecto de la irradiación de los derechos

---

[450] R. ARANGO, *op. cit.*, p. 92.

humanos sobre los Ordenamientos jurídicos y su aseguramiento por juzgados nacionales e internacionales se dirige especialmente a que estos derechos, básicos para que la dignidad del ser humano brille con luz propia, sean efectivos y se ejerzan al interior de los Estados por sus habitantes[451].

El Estado, como representante jurídico por excelencia de la sociedad nacional, de la sociedad como todo, como conjunto, es el principal obligado por los derechos sociales fundamentales y, por ello, a él corresponde la mediación de esas obligaciones positivas en que ordinariamente consisten estos derechos fundamentales de la persona. Solo los individuos particulares pueden ser potenciales obligados en los casos de eficacia horizontal indirecta de los derechos fundamentales, lo que remite a las obligaciones de los Jueces. En los demás supuestos no son obligados directos por los derechos sociales fundamentales[452]. Si así fuera, se laminaría la esfera de autonomía ínsita al ser humano al imponérsele deberes reductores en forma desproporcionada de su libertad, que solo en virtud de una ley razonable podrían establecerse[453]. En todo caso, en virtud del supremo criterio de la subsidiariedad, el Estado debe considerarse como sujeto obligado cuando, como suele acontecer, la Sociedad ni tiene capacidad de obrar ni la pertinente articulación y pujanza como para atender estas obligaciones de prestación.

Por ejemplo, en el caso español, nuestra Constitución proclama en su preámbulo, como tareas derivadas de la soberanía nacional, la protección de todos los españoles (...) en el ejercicio de los derechos humanos y el aseguramiento de una digna calidad de vida. El artículo 9.2 constitucional establece, como ya sabemos, la función promocional del Estado propia del Estado social y democrático de Derecho y el artículo 10.1 cifra como fundamentos del orden político y la paz social, la dignidad de la persona, los derechos que le son inherentes, el libre desarrollo de la personalidad y

[451] R. ARANGO, *ibíd.*
[452] R, ARANGO, *op. cit.*, p. 93.
[453] R. ARANGO, *ibíd.*

los derechos de los demás. Y, finalmente, el artículo 53.2 dispone que los preceptos de la Constitución sobre derechos fundamentales obligan a los Poderes públicos.

Es decir, el Estado como principal Poder público, está comprometido a la efectividad de los derechos sociales fundamentales por más que el artículo 53.3 disponga que los Principios rectores impregnarán la actividad de los tres Poderes del Estado y que tales principios solo podrán ser alegados ante los Jueces y Tribunales cuando así esté reconocido por una Ley que los desarrollen pues tal precepto es inconstitucional e incongruente con el preámbulo, y con los artículos referidos al inicio del párrafo. Para el Derecho Alemán, que tiene preceptos similares a los de la Constitución española, en la Ley Fundamental de Bonn el Tribunal Constitucional ha deducido para todo ciudadano un derecho general a la protección porque de lo contrario sería un vasallo, no un ciudadano[454] y en el Estado social y democrático de Derecho el ciudadano, especialmente en sus relaciones con los Poderes públicos, ya no es sujeto inerte, sino activo protagonista en el diseño y construcción de los intereses generales.

El Estado es, pues, el obligado primario, tras constatar el fracaso de la Sociedad, a la efectividad de los derechos sociales fundamentales. Por tanto, el Estado como legislador, como juzgador y como gobernante asume esta tarea aunque de manera concreta y determinada es al complejo Gobierno-Administración a quien compete especialmente esta obligación de naturaleza constitucional. En la medida que los Poderes del Estado, los tres, están vinculados por la efectividad de los derechos fundamentales, en esa medida deben dedicar toda su actividad precisamente a que todos los ciudadanos puedan ejercer en las mejores condiciones todos y cada uno de los derechos fundamentales.

En relación con el Poder legislativo, Arango señala que no está claro que el Legislador pueda ser obligado a realizar acciones positivas a favor de titulares concretos de derechos

---

[454] BVerfGE 1, 59.

fundamentales sociales o derechos sociales fundamentales[455]. Sin embargo, el artículo 53.1 de la Constitución española dice claramente que los Poderes públicos están vinculados por los derechos fundamentales, lo que equivale a afirmar, lisa y llanamente, que todos los Poderes públicos sin excepción deben operarse en el sentido de propiciar su realización efectiva, también por supuesto el Poder legislativo. Lo que pasa es que los destinatarios de las normas que emanan del Poder legislativo son colectivos de personas, no personas en concreto porque no es esa la función del legislador.

Por tanto el legislador está obligado a dictar normas con rango de ley en las que se posibilite que, en su aplicación concreta, las personas individuales puedan exigir los derechos fundamentales en sede judicial. Y si el legislador no se pronuncia o se mantiene en silencio, entonces tendrá que ser el Poder judicial quien pueda en cada caso resolver esta cuestión, advirtiendo que la grave omisión en que incurre el Poder legislativo cuando no establece los marcos generales necesarios para que se diseñen regímenes jurídicos concretos que permitan al Poder ejecutivo facilitar la exigencia concreta de esos derechos fundamentales, sean individuales o sociales. Tal omisión o inactividad debe ser denunciada o puesta en conocimiento del Tribunal Constitucional, quien deberá conminar al legislador a proceder a la norma legal correspondiente puesto que no de otra manera parece que se pueda obligar a una actuación concreta al legislador, de la que debiera deducirse la correspondiente responsabilidad.

En este punto conviene recordar que aunque no sea posible técnicamente deducir acciones positivas al legislador, eso no quiere decir, ni mucho menos, que los derechos sociales fundamentales no sean derechos subjetivos. En efecto, son derechos subjetivos, no metas políticas o Principios rectores. Simplemente significa que en estos casos es posible, como hace el Tribunal Constitucional Alemán, derivar derechos fundamentales mediante un adecuado proceso de argumentación de normas objetivas. Con

---

[455] R. ARANGO, *op. cit.*, p. 94.

respecto al Legislador como obligado de los derechos sociales fundamentales, es determinante que un derecho individual a una acción positiva pueda justificarse mediante la reducción de las posibilidades de acción del legislador a una sola opción exigible judicialmente[456].

El complejo Gobierno-Administración pública, el Poder ejecutivo, está también vinculado por la efectividad de los derechos fundamentales y es la rama del Poder público a la que más compete esta tarea porque le corresponde la ineludible tarea de gestionar ya administrar objetivamente los intereses generales. Siendo la promoción de los derechos fundamentales de la persona la dimensión más central del interés general en el Estado social y democrático de derecho, el Gobierno, la Administración pública y los sujetos de derecho privado privados que ejercen funciones públicas, se encuentran sometidos a la efectividad de los derechos fundamentales. Desde luego, los campos en los que la vinculación de los derechos fundamentales es mayor y de más intensidad son educación y sanidad. Especialmente en materia de derecho a la educación y de derecho a la sanidad, dos derechos sociales fundamentales de capital relevancia para que las personas puedan vivir en dignas condiciones y desarrollar libre y solidariamente su personalidad.

La vinculación al Poder ejecutivo es especialmente relevante en aquellos casos en que deba actuar en el marco de la discrecionalidad. En los casos en que debe apreciar o valorar la decisión a adoptar, si tenemos claro que Gobierno y Administración han de actuar con pleno sometimiento a la Ley y al Derecho, entonces en tal operación de contraste jurídico deberá inclinarse a favor del derecho social fundamental, a favor de implementar los medios necesarios para su satisfacción. De ahí que en estos casos, como procede siempre la realización del derecho social fundamental, la discrecionalidad más bien se centra, no tanto en la adopción de la medida de prestación, que es obvia, sino en el modo en que se realiza en concreto la prestación de que se trate, que estará de-

---

[456] R. ARANGO, *op. cit.*, p. 97.

lineada por el derecho a la buena Administración pública. Tema que trataremos en un próximo epígrafe.

Igualmente, el Poder judicial está vinculado por la efectividad de los derechos fundamentales, especialmente por la interpretación conforme o favorable a los derechos fundamentales de la persona. Además, en el caso de vulneraciones de derechos fundamentales de la persona, el sentido del fallo puede ser, consecuencia de la inactividad u omisión del Poder ejecutivo, supuesto más normal, la obligación de hacer o de actuar positivamente. Y si no lo hiciera, el Tribunal Constitucional, máximo y supremo intérprete de la Constitución, puede obligar al Juez o Tribunal al actuar positivo[457].

Por lo que se refiere a si los particulares pueden ser obligados por los derechos sociales fundamentales, la cuestión es sencilla. Sí que pueden ser obligadas las personas jurídicas privadas que realizan funciones de interés general, especialmente las que tienen encomendadas funciones públicas o manejan fondos públicos pues, de alguna manera, aun sin ser Administraciones públicas en sentido estricto, pues *mutatis mutandis* están regidas por los mismos principios. El problema reside en si las personas físicas pueden ser obligadas por los derechos sociales fundamentales. En los otros casos, no debería ser posible como regla general, salvo que existan obligaciones ex norma o ex contrato que así lo determinen: es el caso del derecho de un hijo o emancipado a la alimentación o a la vivienda por parte de sus padres, el derecho a un sueldo digno del trabajador que puede exigir a la empresa.

Los obligados por los derechos fundamentales sociales, el Estado primordialmente, lo están normalmente a realizar acciones positivas para que se pueda realizar el derecho social fundamental, para que se posibilite el cumplimiento de este derecho. Como señala Arango, el objeto del derecho social fundamental son aquellas acciones positivas fácticas del Estado cuyo cumplimiento

---

[457] R. ARANGO, *op. cit.*, p. 99.

es necesario para la realización del derecho social fundamental de que se trate en cada caso[458].

El objeto de los derechos sociales fundamentales se circunscribe a acciones positivas fácticas, acciones materiales que se ordenan para posibilitar el cumplimiento, la realización de los derechos sociales fundamentales, del derecho a la alimentación, al vestido, a la vivienda, a la educación o a la sanidad. Estos derechos reclaman prestaciones del Estado dirigidas a subvenir las carencias esenciales de las personas titulares de estos derechos. En el caso de obligados distintos del Estado, estos derechos tienen como objeto acciones normativas. Es el caso del derecho de un trabajador enfermo a una norma que le permita seguir recibiendo el sueldo durante un determinado período de tiempo[459].

Por tanto, el derecho subjetivo a las acciones positivas fácticas por parte del Estado, aquellas que permiten la realización de estos derechos en virtud de la preferencia de la dignidad del ser humano, debe conllevar que la organización administrativa y el presupuesto se realice en función, especialmente en los ministerios de naturaleza social, de que todos los ciudadanos dispongan de un mínimo para existir con dignidad y para vivir en un marco de libre y solidario desarrollo de su personalidad. Este es el principal objetivo del Estado social y democrático de Derecho y, por ende, los medios materiales y personales de las estructuras administrativas del Estado deben estar ordenados a la plena realización de los derechos fundamentales sin que argumentos o razones acerca de la pertinencia o no de tales acciones positivas sean relevantes o convincentes. O la dignidad del ser humano es el centro y la raíz del Estado o no lo es. Y en estos casos de los derechos sociales fundamentales se puede comprobar la realidad de tal aseveración.

Tal carácter central impide catalogar estos derechos, como se ha hecho en diversas ocasiones, como metas políticas, Principios rectores, derechos de configuración legal, demandas de dotación,

---

[458] R. ARANGO, *op. cit.*, p. 108 y ss.
[459] R. ARANGO, *op. cit.*, p. 110.

condiciones básicas o incluso fines esenciales del Estado[460]. Incluso, como ya hemos señalado, en caso de inactividad u omisión de las obligaciones estatales, a través de la argumentación y la ponderación jurídica se pueden encontrar fórmulas que preserven la centralidad de la dignidad humana y la realización de estos derechos sociales fundamentales.

Las obligaciones del Estado en materia de derechos sociales fundamentales son tan amplias como amplia es la responsabilidad pública de promover las condiciones que permitan a los ciudadanos una vida digna.

Desde la perspectiva internacional el Pacto Internacional de Derechos Económicos, Sociales y Culturales, artículo 2.1, modula la obligación de adoptar medidas para hacer efectivos los derechos allí reconocidos a causa de la disponibilidad presupuestaria y en virtud de la realización progresiva de la efectividad de los derechos. Es verdad que el sistema de implementación de estos derechos, entre los que hay algunos de contenido fundamental, parte de la idea, patrocinada por los redactores, de que son meros derechos programáticos y que no se puede someter a los Estados incumplidores a procedimientos contenciosos. Sin embargo, desde la creación en 1985 del Comité de Derechos Económicos, Sociales y Culturales de Naciones Unidas (CESCR), como órgano de aplicación del Pacto Internacional, han comenzado a producirse en el seno de la ONU una serie de documentos que ayudan a clarificar el sentido de las obligaciones de los Estados. Desde esta perspectiva, pues, conviene analizar estas obligaciones aunque nosotros sabemos que los derechos sociales fundamentales son derechos subjetivos relevantes desde la perspectiva dogmática y que pueden ser exigidos judicialmente.

Pues bien, este Comité, como señalan Abramovich y Courtis, desde 1988 emite una serie de Observaciones Generales en las que se define con mayor precisión las principales obligaciones de los Estados en relación al Pacto Internacional de Derechos

---

[460] R. ARANGO, *op. cit.*, p. 111.

Económicos, Sociales y Culturales[461]. Además, las obligaciones de los Estados en la materia han sido concretados en muchos aspectos a través de los llamados «Principios de Limburgo sobre la implementación del Pacto Internacional de Derechos Económicos, Sociales y Culturales», que aunque no son fuente jurídica vinculante para los Estados ayudan a la definición de los deberes de los Estados para el cumplimiento de los derechos económicos, sociales y culturales, entre los que se encuentran algunos de los derechos sociales fundamentales más importantes. Los llamados Principios de Maastricht fueron adoptados por el Comité de Derechos Económicos, Sociales y Culturales (CESDR) del PIDESC para identificar violaciones de estos derechos, entre los que se encuentran algunos de los derechos sociales fundamentales más relevantes.

En España son de aplicación, por virtud del artículo 10 de la Constitución, los Tratados Internacionales en materia de derechos humanos, por lo que los Tribunales Nacionales deben velar en su actuación por el pleno respeto y garantía de estos instrumentos. En concreto, España ratificó el PIDESC el 13 de abril de 1977.

Como es sabido, el artículo 2.1 del PIDESC dispone que «los Estados se comprometen a adoptar medidas hasta el máximo de los recursos disponibles para lograr progresivamente por todos los medios apropiados, inclusive en particular la adopción de medidas legislativas, la plena efectividad de los derechos reconocidos en este Pacto». Tal precepto, de la segunda mitad del siglo pasado, siendo loable y plausible debiera reformarse para afirmar con categórica claridad que los derechos sociales fundamentales de la persona, al menos los que se denominan de mínimos, deben ser de aplicación inmediata dando lugar en su caso a las medidas presupuestarias que sean menester. Tal afirmación no es más que la lógica consecuencia jurídica de erigir al principio de la suprema dignidad humana del valor jurídico central que tiene en el sistema del Estado social y democrático de Derecho.

Sentada esta cuestión elemental, el CESCR ha señalado que si

---

[461] V. ABRAMOVICH, C. COURTIS, *op. cit.*, p. 68.

bien el logro de la plena efectividad de estos derechos puede ser alcanzado progresivamente, existen obligaciones de efecto inmediato entre las que cabe mencionar las dos siguientes. Primera, garantizar que estos derechos se ejerzan sin discriminación y, segunda, adoptar medidas que, como ha matizado el CESCR en una de sus Observaciones Generales, tienen el carácter de obligaciones de implementación en plazos razonablemente breves desde la ratificación, a base de actos concretos, deliberados y orientados lo más claramente posible hacia la satisfacción de la totalidad de las obligaciones.

En este sentido, de acuerdo con los Principios de Maastricht los Estados han de demostrar que efectivamente progresan en este camino y que adoptan decisiones mensurables hacia la plena realización de estos derechos[462]. Y, de acuerdo con los Principios de Limburgo, un Estado viola el Pacto cuando no logra remover, a la mayor brevedad posible y cuando deba hacerlo, todos los obstáculos que impidan la realización inmediata de un derecho. También lo viola cuando no logra, intencionalmente, satisfacer una norma internacional mínima de realización, generalmente aceptada, y para cuya realización está capacitado. Igualmente el Estado viola el Pacto cuando adopta una limitación a un derecho establecido en el Pacto por vías contrarias al mismo, cuando se retrasa deliberadamente la realización progresiva de un derecho, a menos que se actúe dentro de los límites permitidos por el Pacto o que dicha conducta obedezca a falta de recursos justificada o fuerza mayor, o cuando no logra presentar los informes exigidos por el Pacto[463].

Las violaciones al Pacto, en lo que se refiere a los derechos sociales fundamentales, pueden ser por acción o por omisión. Entre las violaciones por acción se pueden citar: derogación o suspensión de la legislación necesaria para el disfrute de un derecho de esta naturaleza, la denegación activa de estos derechos a personas naturales a través de una discriminación de hecho o de Derecho, el apoyo activo a medidas adoptadas por terceros que

---

[462] Principio 8 de Limburgo.
[463] Principios 70 a 74 de Limburgo.

sean incoherentes con estos derechos, la adopción de legislación o de políticas públicas manifiestamente incompatibles con obligaciones legales preexistentes relativas a estos derechos salvo que se trate de promover la igualdad y mejorar el ejercicio de estos derechos para personas vulnerables, la adopción de cualquier medida deliberadamente regresiva que reduzca el alcance en el que se garantiza el derecho, la obstrucción o paralización calculada de la realización progresiva del derecho salvo que el Estado actúe en el marco de una limitación permitida por el Pacto a la falta de recursos disponibles o por razón de fuerza mayor y, finalmente, la reducción o desviación de gasto público concreto cuando repercuta en menoscabo de la satisfacción de estos derechos y no sea acompañada de medidas adecuadas para asegurar derechos mínimos de subsistencia para todos[464].

Entre las violaciones por omisión podemos citar, de acuerdo con el Principio 15 de Maastricht, las siguientes: la no adopción de medidas apropiadas según lo requerido por el Pacto, la falta de reforma o derogación de la legislación manifiestamente incoherente con una obligación del Pacto, la falta de legislación o de políticas públicas para implementar las previsiones del Pacto, la ausencia de regulación de las actividades destinadas a la prevención de violaciones de estos derechos, la no utilización del máximo de recursos disponibles para la plena realización del Pacto, la falta de supervisión de la realización de estos derechos incluyendo el desarrollo y la aplicación de criterios e indicadores para evaluar su incumplimiento, la no implementación en breve plazo del derecho que el Pacto señala que sea provisto de inmediato, la no consecución de estándares mínimos internacionales de cumplimiento generalmente aceptados cuya logro esté dentro de las posibilidades del Estado y, finalmente, la no toma en consideración por parte del Estado de sus obligaciones internacionales en relación con estos derechos al suscribir acuerdos bilaterales y multilaterales con otros Estados, con organizaciones internacionales o con empresas multinacionales.

---

[464] Principio 14 de Maastricht.

Para el propósito de este estudio es relevante destacar que el CESCR ha establecido la obligación de adoptar mediatas inmediatas en relación con el contenido de algunos derechos sociales fundamentales del Pacto. En efecto, los Estados deben garantizar de forma inmediata que el derecho a la salud sea ejercido sin discriminación, para lo que deberán adoptar las medidas concretas dirigidas a la plena realización del artículo 12 del Pacto (Observación General 14). En relación con el derecho a la educación, la prohibición de discriminación se aplica sin ningún condicionante a todos los aspectos de la educación y se extiende a todos los supuestos de discriminación contemplados desde un punto de vista internacional (Observación General 13).

La obligación de adoptar medidas inmediatas que gravan la responsabilidad del Estado, siguiendo a Abramovich y Courtis, se concreta en: decisiones de adecuación del marco legal, exigencias de información, vigilancia efectiva y formulación de planes así como provisión de recursos efectivos. También en esta materia es fundamental la obligación de garantizar niveles esenciales de derechos sociales fundamentales, y la obligación de progresividad y prohibición de regresividad.

Entre las medidas inmediatas que el Estado debe adoptar, sin que sea posible justificar la inactividad en la falta de recursos, se encuentra la derogación de las Normas contrarias a las obligaciones del Estado en materia de derechos sociales fundamentales. Se suelen citar como ejemplos, las normas que gravan desproporcionadamente artículos de primera necesidad y consumo masivo, normas que fijan el salario mínimo de forma excesivamente baja o, entre otras, normas que graven la educación obligatoria o que permitan el empleo infantil. Por supuesto, también se incluyen en este capítulo las normas discriminatorias que afecten al ejercicio de los derechos sociales fundamentales[465], así como la articulación de acciones procesales efectivas contra tales normas[466].

El CESCR también ha precisado, para garantizar la efectivi-

---

[465] Principio 37 de Limburgo y Principios 11, 12 y 14ª de Maastricht.
[466] Principio 22 de Maastricht.

dad de estos derechos, que los Estados deben disponer medidas apropiadas para que las personas individuales dispongan de medios de reparación y de recursos y para que se garantice la responsabilidad de los Gobiernos en la materia[467]. En relación con el derecho social fundamental a la salud, el CESCR ha señalado que el Estado viola el artículo 13 del Pacto cuando promulga o evita derogar leyes que discriminan a las personas en materia educativa[468]. Particular interés ofrece, por su actualidad, la obligación señalada por este Comité de adoptar leyes que impidan los desalojos forzosos derogando las normas que los posibiliten[469].

Por lo que respecta a las obligaciones de supervisión y planificación, CESCR ha ido delimitando con mayor claridad la obligación de vigilancia efectiva o supervisión acerca del grado de satisfacción de los derechos sociales fundamentales. Las funciones de supervisión y vigilancia son fundamentales y para que sean operativas el Estado ha de disponer de los medios personales y materiales adecuados a ese fin. Es decir, debe disponer de observatorios y de inspectores y personal adiestrado y preparado para analizar periódicamente la realidad y formular las propuestas que sea menester. En estas funciones, como es obvio, el Estado ha de facilitar información a las personas y sectores implicados para que la vigilancia y la supervisión tenga sentido. Sin un plan de acción con acciones concretas periódicamente previstas es muy difícil realizar estas funciones con un mínimo de rigor.

Por ejemplo, en materia de derecho a la vivienda, el CESCR reconoce la obligación del Estado de implementar en forma in-

---

[467] Observación General 9. Entre las medidas concretas, el CESCR se refiere, por ejemplo, a que las mujeres dispongan del derecho del derecho a heredar y a poseer tierras y bienes para evitar la discriminación a las mujeres en el acceso a los alimentos (Observación General 12. 26), al deber del Estado de proteger el derecho a la salud mediante leyes que garanticen el acceso igual a la atención de la salud y a los servicios relacionados con la salud proporcionados por terceros –velando porque la privatización del sector salud no afecte negativamente a la accesibilidad, disponibilidad y calidad de estos servicios–, al control de la comercialización de los equipos médicos y medicamentos provistos por terceros, así como a la regulación del ejercicio profesional de la medicina (Observación General 14.33).
[468] Observación General 13.59.
[469] Observación General 7.9.

mediata una vigilancia eficaz en materia de vivienda, para lo que debe elaborar información sobre la cuestión y trabajar con las personas vulnerables, con los sin hogar, personas alojadas indignamente, personas que no tienen acceso a instalaciones básicas, personas que viven en asentamientos ilegales, personas sometidas a desahucios forzados y personas con de bajos ingresos[470]. En materia de desahucios obligatorios, el Estado debe conocer y facilitar la información acerca de las personas expulsadas de sus viviendas sin protección jurídica contra las expulsiones arbitrarias y acerca de las leyes relativas a los derechos de los inquilinos, a la seguridad de la ocupación y a la protección frente al desahucio[471]. La supervisión en materia educativa es también fundamental y se extiende sobre todo a la prohibición de la discriminación[472].

En materia de información, es especialmente importante la que versa sobre el derecho social fundamental a la salud que debe entenderse en sentido amplio y sin menoscabar el derecho a la protección de los datos personales[473]. Por lo que se refiere a la obligación de la planificación para alcanzar progresivamente la satisfacción de los derechos sociales fundamentales, las principales tareas se extienden al derecho a la salud y al derecho a la educación. En relación con el derecho a la educación, la Observación General 11, en sus puntos 1, 3 y 8, de acuerdo con el artículo 14 del Pacto Internacional de los Derechos Económicos, Sociales y Culturales, dispone que los Estados han de implementar en un plazo de dos años un plan detallado de acción para facilitar la educación primaria obligatoria y gratuita. La Observación General 14. 43f y 53 establece la obligatoriedad de un plan de acción nacional en materia de salud pública que se elabore participativamente y de forma transparente de forma que se prevean métodos, indicadores y bases de referencia de la salud que permitan vigilar los resultados alcanzados con especial atención a las personas vulnerables.

---

[470] Observación General 4.13.
[471] Observación General 7, puntos 19.20 y 21.
[472] Observación General 13. 37.
[473] Observaciones Generales 14.11, 14.12, 14.14, 14.34, y 14 puntos 36, 37 y 44d.

Entre las medidas inmediatas, Abramovich y Courtis se refieren a la obligación de facilitar recursos judiciales efectivos y de otra naturaleza[474]. En este sentido CESCR entiende que tales medidas, aunque no previstas expresamente en el Pacto, se derivan de su artículo 2.1 del y que se trata de una de las medidas apropiadas que el Estado debe adoptar de acuerdo con la Observación General 3.5, interpretación que como sostienen estos autores, es plenamente congruente con el principio 19 de Limburgo y el 22 de Maastricht.

En particular, son de aplicación inmediata para los órganos judiciales en materia de derechos sociales fundamentales los artículos del Pacto que se refieren a la igualdad entre hombres y mujeres, al salario equitativo e igual por trabajo de igual valor, protección de niños y adolescentes, a la obligatoriedad de la enseñanza primaria, al derecho de los padres a elegir educación de sus hijos… Los Estados, según la Observación General 14.59 del CESCR deben facilitar las acciones procesales idóneas para reparar las violaciones de estos derechos sociales fundamentales. En relación con el derecho a la vivienda, el CESCR establece una serie de precisiones para la protección de las personas objeto de desahucios.

Junto a las medidas inmediatas, existe la obligación general de garantizar niveles esenciales de derechos sociales fundamentales. Niveles que mucho tienen que ver con el derecho al mínimo vital, el derecho social fundamental por excelencia, por antonomasia, que se erige en presupuesto de los demás derechos sociales fundamentales. La Observación General 3.10 y el Principio 9 de Maastricht señalan que un Estado en el que un número importante de personas está privado de alimentos básicos, de atención primaria de salud elemental, de abrigo, de vivienda básica o de las formas más elementales de educación, *prima facie* no está cumpliendo sus obligaciones. Si el Pacto no estableciera un mínimo de obligaciones en la materia, no tendría razón de ser. En efecto, del artículo 2.1 del Pacto surge la necesidad de adoptar acciones positivas que

---

[474] V. ABRAMOVICH, C. COURTIS, *op. cit.*, pp. 85-89.

impidan que se traspase el umbral mínimo de estos derechos, los mínimos exigibles, el derecho fundamental de la persona a un mínimo vital.

El CESCR ha precisado el contenido básico de alguno de estos derechos sociales fundamentales. Por ejemplo, en materia de derecho a la salud el Comité ha indicado que los Estados tienen la obligación de asegurar como mínimo la satisfacción de niveles esenciales de cada uno de los derechos enunciados en el Pacto, incluida la atención primaria básica de salud. Y entre estas obligaciones básicas se encuentran, como mínimo, las de garantizar el acceso a los centros, bienes y servicios de salud sin discriminación alguna, asegurar el acceso a una alimentación esencial mínima que sea nutritiva, adecuada y segura que garantice que nadie pase hambre, garantizar el acceso a un hogar, vivienda y condiciones sanitarias básicas así como al suministro adecuado de agua potable limpia, facilitar medicamentos esenciales según los programas de acción de la Organización Mundial de la Salud (OMS), velar por la distribución equitativa de todas las instalaciones, bienes y servicios de salud así como aprobar planes de acción en relación con enfermedades epidemiológicas[475].

Por lo que se refiere al derecho social fundamental a la educación, la Observación General del CESCR 13.57 dispone que la obligación mínima de los Estados comprende velar por el derecho de acceso a las instituciones y programas de enseñanza públicos sin discriminación, proporcionar enseñanza primaria a todos, adoptar y aprobar una estrategia nacional de educación que abarque la enseñanza secundaria, superior y fundamental y velar por la libre elección de la educación sin intervención del Estado ni de terceros, a reserva de conformidad con las normas mínimas en materia de enseñanza de los párrafos 3 y 4 del artículo 13 del Pacto[476].

Las obligaciones mínimas en materia de derecho a la alimentación son: asegurar la disponibilidad de alimentos en cantidad

---

[475] Observación General 14, puntos 43, 11 y 12.
[476] Observación General 13.57.

y calidad suficientes para satisfacer las necesidades alimentarias de las personas, sin sustancias nocivas y aceptables para determinadas culturas y accesibilidad de los alimentos en formas que sean sostenibles y que no dificulten el goce de otros derechos humanos[477].

Aunque en el Pacto Internacional de Derechos Económicos, Sociales y Culturales se señala que los derechos deben garantizarse hasta el máximo de los recursos de que se disponga, los Principios 25 a 28 de Limburgo y el Principio 10 de Maastricht establecen que los Estados solo pueden atribuir el no cumplimiento de las obligaciones mínimas a la falta de recursos disponibles si logran demostrar que han realizado todos el esfuerzo posible a su alcance para utilizar la totalidad de los recursos a su alcance para satisfacer con carácter prioritario tales obligaciones. O, lo que es lo mismo, es una excepción muy excepcional, que solo podría concurrir en Estados fallidos y en vías de formación.

Otra obligación genérica de los Estados en esta materia se refiere a la progresividad y correspondiente prohibición de regresividad. Un asunto de rabiosa y palpitante actualidad en un mundo en crisis en el que los recortes sociales han sido una de las principales características de las políticas públicas de muchos de los gobiernos del mundo. Pues bien, esta obligación se encuentra establecida en el artículo, ya citado, 2.1 del Pacto: «Cada uno de los Estados partes en el presente Pacto se compromete a adoptar medidas, tanto por separado como mediante la asistencia y cooperación internacional, especialmente económicas y técnicas, hasta el máximo de los recursos de los que se disponga, para lograr progresivamente, por todos los medios apropiados, incluso en particular la adopción de medidas legislativas, la plena efectividad de los derechos aquí reconocidos».

Como señalan Abramovich y Courtis, la progresividad significa, por un lado, el reconocimiento de que la satisfacción plena de estos derechos supone una cierta gradualidad[478], expresión

---

[477] Observación General 12.8.
[478] V. ABRAMOVICH, C. COURTIS, *op. cit.*, p. 93.

que en opinión del CESCR, se refiere a que tal plena efectividad debe conseguirse con flexibilidad, reflejando la realidad del mundo real y las dificultades que representante para cada país el aseguramiento de la plena realización de estos derechos y, al mismo tiempo, sin perder de vista que la esta obligación exige movilizarse tan rápida y efectivamente como sea posible[479]. Y, por otro lado, la progresividad significa, progreso, mejoramiento de las condiciones de goce y disfrute de estos derechos.

Esta obligación de implementación progresiva de estos derechos se descompone, a su vez, en obligaciones concretas, que se pueden someter a revisión judicial[480]. Como es lógico, a sensu contrario, de la obligación de progresividad se deduce la obligación de no regresividad, es decir, de prohibición de normas y políticas que empeoren la situación de estos derechos. Tal aserto es lógica consecuencia de que esta obligación implica la mejora continua permanente del ejercicio de estos derechos por lo que el Estado asume la prohibición de reducir los niveles de protección de los derechos sociales fundamentales vigentes o, es lo mismo, derogar los derechos de esta naturaleza ya existentes.

De acuerdo con el Principio 14 de Maastricht, es violatorio del Pacto «la derogación o suspensión de la legislación necesaria para el goce continuo de un derecho de esta naturaleza del que ya se goza». En el mismo sentido, el principio 14d, señala que es violatorio del Pacto «la adopción de legislación o de políticas manifiestamente incompatibles con obligaciones legales preexistentes relativas a estos derechos, salvo que su propósito y efectos sean el de aumentar la igualdad y mejorar la realización de estos derechos para los grupos más vulnerables». Además, contraviene el pacto, «la adopción de cualquier medida deliberadamente restrictiva que reduzca el alcance en el que se garantice el derecho» (Principio 14d de Maastricht).

El disfrute de los derechos fundamentales de la persona, sean de orden individual o social, exigen la exigibilidad judicial, tal

---

[479] Observación General 9.3.
[480] V. ABRAMOVICH, C. COURTIS, *op. cit.*, p. 93.

y como analizaremos en el próximo epígrafe. Y la exigibilidad se refiere por supuesto al reconocimiento de la prohibición de regresividad. Sabemos que los derechos sociales fundamentales son derechos subjetivos relevantes, no meras metas políticas ni principios programáticos. Se pueden, se deben reclamar ante los Jueces y Tribunales. Por eso, uno de los cánones de juicio al Estado por sus obligaciones en esta materia reside precisamente en la prohibición de la regresividad.

Es decir, la obligación de no regresividad constituye una limitación que los Tratados de Derechos Humanos y, eventualmente las Constituciones, imponen sobre los Poderes legislativos y ejecutivos a las posibilidades de regulación de estos derechos[481]. Hasta el punto de que el mismo Hesse abandera la teoría de la irreversibilidad de los derechos sociales de manera que toda medida regresiva que afecte al contenido esencial de las regulaciones establecidas es inconstitucional. Se trata de la irreversibilidad de las conquistas sociales logradas, al menos de su contenido esencial[482]. Desde el punto de vista del ciudadano, esta prohibición constituye una garantía del mantenimiento íntegro de los derechos sociales fundamentales que con el paso del tiempo deberán ser realizados y ejercidos en mejores condiciones, nunca en peores situaciones. Estamos, pues, en presencia de una garantía sustancia, porque tiende a proteger el contenido de los derechos sociales vigentes al momento de la vigencia de la declaración internacional y el nivel de disfrute alcanzado, que deberá ser mejorado con el paso del tiempo.

La prohibición de la regresividad en materia de derechos sociales fundamentales afecta al principio de razonabilidad. Tema fundamental porque plantea la operatividad de la discrecionalidad desde la perspectiva de la racionalidad, que sea posible adoptar de entre varias la medida más razonable, que siendo legal, mejor se adecue al interés general. Pues bien, en esta materia de derechos

---

[481] V. IBRAMOVICH, C. COURTIS, *op. cit.*, p. 95.
[482] K. HESSE, *Grunzüge des Verfassungrechts der Bundesrepublik Deutschland*, Heidelberg-Kalsrue, 1978, pp. 86-87.

sociales fundamentales ya hemos señalado que la discrecionalidad es inexistente o mínima porque las medidas siempre deben ser a favor del derecho. Siendo racional la reglamentación propuesta por el Legislador o la Administración nunca puede empeorar la situación de la regulación del derecho social fundamental.

Es decir, la racionalidad debe enmarcarse en los postulados del Estado social y democrático de Derecho, de forma y manera que deberá orientarse a favor de la dignidad humana, a favor de la plena realización del derecho social fundamental. Lo que no quiere decir que tal afirmación no suponga en determinados casos, que la misma racionalidad aconseje determinadas limitaciones en el ejercicio de los derechos fundamentales sociales pues este estándar de racionalidad debe aplicarse en las coordenadas del tiempo, del espacio y de la realidad social y puede aconsejar en determinadas hipótesis estas medidas limitativas. Medidas que nunca podrán laminar el contenido esencial del derecho social fundamental. Por eso el artículo 4 del Pacto Internacional de Derechos Económicos, Sociales y Culturales dispone que las limitaciones al ejercicio de los derechos reconocidos en el Pacto solo podrán establecerse en la medida en que sean compatibles con la naturaleza del derecho regulado.

En materia de prohibición de regresividad de los derechos sociales fundamentales hay que abordar el tema de que la restricción de los derechos se encuentre justificada por hechos o circunstancias sociales que la provocan y por los fines lícitos perseguidos por la norma[483]. El interés general, siempre que esté argumentado y sea concreto, puede justificar la restricción pues en última instancia reside en los postulados del Estado social y democrático de Derecho, que se resume en la centralidad de la dignidad humana en el marco de la promoción del bienestar general de todos y cada uno de los ciudadanos.

En materia de derechos sociales fundamentales la regresividad constituye un factor agravado del análisis de razonabilidad, por lo que la prueba de que una norma es regresiva determina una

---

[483] V. ABRAMOVICH, C. COURTIS, *op. cit.*, p. 100.

presunción de invalidez o de inconstitucionalidad trasladando al Estado la carga de argumentar a favor de la racionalidad de la medida propuesta[484]. Es decir, se produce una inversión en la carga de la prueba y, por otra parte, es menester tener presente el estándar de interpretación que debe emplear el juzgador ante la argumentación del Estado de la validez de la norma en cuestión[485].

En materia de carga de la prueba en asuntos en los que se cuestionan normas tachadas de antidiscriminatorias, la jurisprudencia norteamericana ha sentado que en estos casos, cuando existen categorías sospechosas, es el demandado, no el demandante, siempre que acredite la presencia de una categoría sospechosa como la discriminación, el que debe probar la razonabilidad y juridicidad de la norma. Es el Estado en estos casos quien debe justificar la medida que pretende adoptar puesto que existe una presunción de antijuridicidad de la norma acusada de discriminatoria[486] por estar fundada en la doctrina de las categorías sospechosas. También los Tribunales europeos han seguido esta línea jurisprudencial confirmando, es el caso del Tribunal Constitucional Italiano, que la prohibición específica de realizar discriminaciones actuaba como presunción de irracionalidad[487]. En el caso del Tribunal Constitucional del Reino de España, se entiende que en el artículo 14 de la Constitución existe «una interdicción de tener en cuenta como elementos de diferenciación aquellos elementos –nacimiento, raza, sexo, condición social– que el precepto expresamente menciona»[488] y ello implica que si se usan estos factores como criterios de diferenciación de trato, esa diferenciación es sospechosa de inconstitucionalidad, lo que hace más compleja su

---

[484] D. LIENBERGER, «Socio-economic Rights», en M. Chaskalson *et al.* (eds.), *Constitutional Law of South Africa*, Ciudad del Cabo, 1998, pp. 50 y 51.
[485] V. ABRAMOVICH, C. COURTIS, *op. cit.*, p. 102.
[486] Como es sabido, esta cuestión deviene de la preocupación de evitar la acción de gobierno teñida de prejuicio contra minorías étnicas o insulares, el tipo de prejuicio que tiende a afectar la operación de aquellos procesos políticos en los que habitualmente confiamos, dice Tribe, para la protección de las minorías (L. TRIBE, *American Constitutional Law*, New York, 1988, pp. 1465-1553).
[487] M. BARBERO, *Manuale di Diritto Pubblico*, Bolonia, 1984, p. 308.
[488] Sentencia del Tribunal Constitucional Español de 24 de julio de 1984.

razonabilidad. En este sentido, el Tribunal Constitucional español ha sentado que la alegación de uno de los factores diferenciadores del artículo 14 de la Constitución alivia al recurrente de la carga de demostrar la relevancia constitucional de la desigualdad[489].

Es decir, en estos casos en que entran en juego las categorías sospechosas, se intensifica y endurece el control de constitucionalidad. Es una consecuencia del valor jurídico que tienen los derechos fundamentales de las personas, individuales y sociales, y por ello debería ampliarse a otros supuestos más allá de la discriminación por determinadas razones, porque en el contenido esencial de todos los derechos fundamentales de la persona, también de los de orden social, existe esta fuerza especial derivada de la omnipotencia que en el Estado de Derecho tiene la dignidad del ser humano, que, como hemos señalado, supera los embates del poder, por fuerte o exclusivo que este sea.

De alguna forma, la limitación de derechos fundamentales de la persona por razones de interés general, tema que hemos tratado al abordar en este trabajo los derechos fundamentales de la persona en el Estado social y democrático de Derecho, debe obedecer a graves razones y altamente justificadas, sin que, como ha señalado la jurisprudencia del Tribunal Europeo de Derechos Humanos, tales restricciones puedan presentarse como útiles, razonables o necesarias[490].

La Observación General 13.45 del CESCR en materia de derecho a la educación, dispone que la admisión de medidas regresivas en relación con este derecho deben de ser objeto de graves prevenciones. Si deliberadamente un Estado, sigue diciendo esta Observación, adopta una decisión regresiva, tiene la obligación de demostrar que fue implantada tras la consideración más cuidadosa de todas las alternativas y que se justifica plenamente en relación con la totalidad de los derechos previstos en el Pacto y en

---

[489] Sentencia del Tribunal Constitucional Español de 28 de julio de 1982.
[490] Caso The Sunday Times Reino Unido resuelto por el TEDH en sentencia de 26 de abril de 1978.

el contexto del aprovechamiento pleno del máximo de los recursos de que disponga el Estado.

Por lo que se refiere al derecho al disfrute del más alto nivel posible de salud, la Observación General 14.32 del CESCR señala que en este caso, como en el de los demás derechos enunciados en el Pacto, existe una fuerte presunción de que no son permisibles las medidas regresivas adoptadas en relación con este derecho. Es más, como continua la Observación, también es menester en estos casos una exigente motivación de la decisión en relación con las alternativas posibles en el marco del pleno aprovechamiento de los recursos disponibles.

En realidad, cualquier persona que conozca bien el funcionamiento presupuestario y la forma de implementación de políticas públicas sociales, sabe que las limitaciones que el Pacto impone a la regresividad de estas decisiones las hacen en la práctica inviables, al menos en los países desarrollados o con sistemas democráticos avanzados. Por una poderosa razón: siempre, o casi siempre, de entre las alternativas posibles existen opciones menos lesivas a la dignidad humana que la regresión de los derechos sociales fundamentales. Otra cosa es que quienes toman las decisiones estén dispuestos en aras del bienestar general de todos y de la democracia misma a desmontar sistemas administrativos clientelares o posiciones privilegiadas de partidos políticos, sindicatos y otras instituciones sociales a través de las cuales se realiza una profunda y orquestada operación de manipulación y control social. En el fondo, si se quisiera, si hubiera voluntad política, y estuviera más claro en el Ordenamiento jurídico, de acuerdo con el supremo principio de la centralidad de la dignidad humana, sería posible diseñar la técnica presupuestaria al servicio de la persona y de todos sus derechos fundamentales. La razonabilidad de estas medidas debe ser tan intensa y tan obvia que hasta el más común de los habitantes entendería su adopción.

En este campo, la jurisprudencia norteamericana ha ideado algunas relevantes doctrinas para exigir un plus de motivación y la existencia de un interés general grave e imperioso en la adopción de estas medidas. Por ejemplo, la doctrina del escrutinio riguroso o estricto (*strict scrutiny*) va en este camino así como la doctrina del *compelling interest*. Esto quiere decir, como señalan Abramovich y Courtis, que en estos casos, más allá de los exigentes estándares de razonabilidad, debe existir un imperioso interés de naturaleza pública que debe ser también justificado[491].

En Europa en este tiempo muchos Gobiernos están adoptando normas regresivas por razón de la crisis económica y financiera en la que llevamos instalados desde hace ya varios años. Por eso, siendo el tema de rabiosa y palpitante actualidad, resultan de interés algunas precisiones realizadas por el constitucionalista norteamericano Tribe, para quien, en aplicación de estas doctrinas, las argumentaciones sustentadas en criterios de eficiencia o de ahorro, por su generalidad serían insuficientes para justificar este tipo de medidas[492]. Es decir, siendo la magnitud de la medida tan grave como es la regresión en materia de derechos sociales, lo menos que se debe exigir a quien plantea tal propuesta es que la concrete con datos. Si el interés general en el Estado social y democrático de Derecho descansa en la justificación y en la concreción, las medidas que pretendan limitar alguno de sus postulados más elementales, como son los derechos sociales fundamentales, deben contener unos patrones o cánones de justificación a la altura de la naturaleza de la norma de regresión. Por ello, apelaciones generales y abstractas en relación con la estabilidad financiera, la eficiencia en el gasto público o el ahorro no son proporcionales ni suficientes para justificar una decisión tan lesiva para las condiciones de vida de los ciudadanos como es la restricción de los derechos sociales fundamentales, o los derechos sociales en términos generales[493].

En este sentido el Tribunal Europeo de Derechos Humanos señaló en su sentencia de 26 de abril de 1978 que estas decisiones,

---

[491] V. IBRAMOVICH, C. COURTIS, *op. cit.*, p. 106
[492] L. TRIBE, *op. cit.*, p. 1.453
[493] Algunas sentencias del Tribunal Supremo de EEUU aplican estas doctrinas a cuestiones como el acceso a la justicia, a contraer matrimonio, a los requisitos para ejercer el derecho al voto (sentencias Sosna Iowa, 419 U.S. 393 (1975); Shapiro Thomson, 394 U.S. 618 (1969); Reynolds Sims, 377 U.S. 533(1964); Loving Virginia, 388 U.S. 1 (1967).

en este caso regresivas de un derecho fundamental de la persona de naturaleza individual, deben estar dictadas por un necesidad social imperiosa sin que sea suficiente que la razonabilidad se circunscriba a su necesidad, utilidad u oportunidad. En el mismo sentido, la Corte Interamericana de Derechos Humanos en una sentencia de 13 de noviembre de 1985, también en un supuesto similar, argumentó que de acuerdo con el artículo 13 de la Convención Americana de Derechos Humanos, las restricciones a la libertad de expresión deben venir justificadas en función de un interés público imperativo.

En estos casos, aplicables igualmente a los derechos fundamentales sociales, debe haber un interés general imperioso intenso, urgente, que ampare tales medidas. Es decir, una vez que el Estado acredita esta afectación grave y urgente, imperiosa, imprescindible, al interés general, que debe ser concreta, debe también demostrar que no existen medidas alternativas menos restrictivas del derecho. Como dispone la Observación General 3. 13 y 14 del CESCR, la medida regresiva solo se justifica si el Estado demuestra que ha considerado cuidadosamente medidas alternativas y que existen razones de peso para preferir aquella, correspondiendo al Estado parte demostrar que se han aplicado tras el examen más exhaustivo de todas las alternativas posibles (Observación General 14.32).

Tal exigencia, de plena actualidad en las medidas regresivas que se han adoptado en estos años, pone de manifiesto la centralidad de la dignidad humana como supremo patrón o estándar, no solo ético o moral, que lo es, sino como supremo principio jurídico. El hecho de que el Estado deba motivar las razones de por qué selecciona tal o cual medida de entre las posibles para acometer tal regulación, demuestra la relevancia jurídica de la dignidad humana, ante quien las normas deben postrarse y, en todo caso, explicar las razones de sus decisiones.

La regresividad de las medidas en materia de derechos sociales fundamentales, como deben estar amparadas en intereses generales prioritarios, imperiosos, graves y urgentes, remiten, es lógico, a normas que pese a implicar retrocesos en algún derecho, implican en general un avance teniendo en cuenta la totalidad de los derechos del Pacto, debiendo demostrarse, a la vez, que se han empleado todos los recursos a su alcance precisamente para proteger todos los derechos del Pacto[494].

Como señalan Abramovich y Courtis, estas limitaciones resultan sumamente importantes ya que el Estado no puede usar argumentos generales de política pública, disciplina fiscal, o referirse a otros logros financieros o económicos, sino que debe señalar concretamente que otros derechos del Pacto se vieron favorecidos con la medida[495]. Las apelaciones genéricas, los cheques en blanco, las referencias o apelaciones a conceptos abiertos no son suficientes para estas medidas limitadoras. Además de justificarse en concreto, es menester explicar, tras exponer las posibles medidas a adoptar, por qué la seleccionada es la que menos daños ocasiona a la ciudadanía en relación con las otras posibles.

En este sentido, resulta pertinente referirse al derecho a la salud, uno de los derechos sociales fundamentales más relevantes. Pues bien, en el caso de este derecho, el CESCR establece otro límite a las posibilidades de justificación del Estado que se podría predicar a su vez a otros derechos sociales fundamentales de los previstos en el Pacto Internacional de Derechos Económicos, Sociales y Culturales.

En efecto, de acuerdo con lo señalado en la Observación General 14.43, el CESCR recuerda que los Estados parte tienen la obligación fundamental de asegurar como mínimo la satisfacción de niveles esenciales de cada uno de los derechos enunciados en el Pacto. Es decir, se reconoce el derecho al mínimo vital como presupuesto imprescindible para el ejercicio de los derechos sociales fundamentales. Por eso, como razona el Comité en el punto 48 de esta Observación General, la adopción de cualesquiera medidas regresivas que sean incompatibles con las obligaciones básicas en lo referente al derecho a la salud, constituyen una violación de este derecho. Es decir, lisa y llanamente, las medidas regresivas

---

[494] *Vid.* Observaciones Generales del CESCR 3.9, 13.45 y 14.32.
[495] V. ABRAMOVICH, C. COURTIS, *op. cit.*, p. 110.

en ningún caso pueden atentar contra los mínimos vitales, contra los niveles esenciales del derecho a la salud y, a la postre, de todos los derechos sociales fundamentales.

La sanción de medidas normativas que empeoren la situación de goce de derechos del Pacto hasta el punto de excluir a personas del acceso al contenido mínimo esencial de esos derechos, siempre y en todo caso constituye una violación del Pacto injustificable para cualquier Estado[496]. Es decir, estos niveles esenciales, este mínimo vital está blindado porque es la expresión de la misma dignidad humana que, como hemos señalado en varias ocasiones, conforma su núcleo básico, un espacio que se yergue omnipotente frente a cualquier intento de cualquier poder de lesionarlo o laminarlo.

En materia de regresividad, la presunción juega en favor del derecho social fundamental que se pretende lesionar por el Estado, por lo que los juzgadores habrán de realizar una ponderación de intereses en el marco de un análisis riguroso del propósito y justificación de la medida, que deberá recaer en el Estado. En caso de duda, se estará por el ejercicio del derecho social fundamental.

La Corte Suprema Argentina en una sentencia de 13 de septiembre de 1974 estableció una doctrina que vale la pena reseñar pues abre muchas puertas para una argumentación racional en línea con lo que se expone en este trabajo. Efectivamente, tal fallo entendió que «tiene categoría jurídica el siguiente principio de hermenéutica jurídica: in dubio pro justicia social. Las leyes, pues, deben ser interpretadas a favor de quienes al serle aplicadas con este sentido consiguen o tienden a alcanzar el 'bienestar', esto es, las condiciones de vida mediante las cuales es posible a la persona humana desarrollarse conforme a su excelsa dignidad (...). Las leyes de materia previsional deben interpretarse conforme a la finalidad que en ellas se persigue, lo que impide fundamentar una interpretación restrictiva (...). No solo, pues la interpretación analógica restrictiva de un derecho social, en este caso previsional, contraria a la uniforme jurisprudencia de esta Corte, con-

[496] V. ABRAMOVICH, C. COURTIS, ibíd.

cordante con la doctrina universal (el principio de favorabilidad, Grunstig-keitprinzipit, que formularon los autores alemanes desde la Constitución de Weimar), sino que también se opone a la hermenéutica de las leyes que surge –según lo mostramos– del objetivo preeminente del 'promover el bienestar general' que la Constitución se propone obtener para todos los habitantes del suelo argentino».

Tal doctrina, coherente con los postulados del Estado social y democrático de Derecho, ayuda sobremanera a comprender el calibre jurídico de la dignidad humana y la centralidad de su función para el Derecho. Excelsa la denomina el supremo intérprete de la Constitución Argentina en una magnífica caracterización de la relevancia que tiene en la cultura jurídica occidental la dignidad humana. En este sentido, el principio de la interpretación más favorable al derecho fundamental de la persona, también de aplicación a los derechos fundamentales sociales, funda también la prohibición de la interpretación restrictiva evitando, en la medida de los posible, la adopción de medidas regresivas. Para determinar la regresividad de una norma es menester que su proponente, normalmente el Estado, demuestre su razonabilidad con arreglo a los parámetros interpretativos comentados con anterioridad. Es decir, en el marco de un riguroso análisis, en el contexto de la favorabilidad hacia los derechos sociales fundamentales y demostrando que las medidas a adoptar son, de entre las posibles, las más adecuadas para restringir menos los derechos y desde luego aquellas que permiten un mayor desarrollo del conjunto de los derechos sociales fundamentales. Ahora bien, para todo ello es necesario que el recurrente acredite *prima facie*, de forma obvia y palmaria, que estamos en un caso de regresividad.

La pregunta es: ¿cuándo una norma que regula un derecho social fundamental es regresiva respecto a otra? Para contestar a esta pregunta hay que acudir al artículo 2 del Pacto Internacional de derechos Económicos, Sociales y Culturales. Es decir, se trata de supuestos en los que el grado de efectividad del derecho social fundamental objeto de la norma impugnada sea menor al que había alcanzado en el Derecho Interno con anterioridad a la sanción de esa norma. Es necesario que la efectividad retroceda, que las condiciones de ejercicio del derecho sean más restrictivas que antes, que empeoren las condiciones de vida de los titulares de ese derecho tras la nueva regulación.

El recurrente debe argumentar, como señalan Abramovich y Courtis con base en el Principio 14 de Maastricht, que la nueva norma es menos favorable para el titular del derecho que la antigua[497]. Para llegar a esa conclusión es necesario partir del principio de favorabilidad al derecho social fundamental y acreditar que *prima facie*, palmariamente, obviamente, indiciariamente, el Estado ha violado el derecho social fundamental, ha conculcado la prohibición de regresividad o el mandato de progresividad y, por ello, debe demostrar la razonabilidad de la medida desde los exigentes parámetros hermenéuticas anteriormente que ya conocemos.

Abramovich y Courtis son partidarios de trabajar en esta materia desde el Derecho Laboral[498]. Para ello hay que tener en cuenta lo dispuesto en las Normas comparadas que sea más favorable al caso y, además, tras la comparación, aplicar la norma o el régimen que en su totalidad resulte más favorable o la norma que regula de modo más favorable cada una de las instituciones comparadas. Estos autores son partidarios del último enfoque, es decir, el análisis por instituciones pues circunscribe el análisis de la regresividad al contenido concreto de las normas que regulan una determinada institución de forma menos favorable para el titular del derecho social fundamental, dejando intacta el resto de la norma[499].

Finalmente, el alcance de la prohibición de regresividad en relación con el Derecho Español se extiende por supuesto a todos los derechos sociales fundamentales reconocidos por el Pacto, que España ha suscrito en 1977 y que es Derecho de aplicación por virtud del artículo 10.2 de nuestra Constitución. El problema

---

[497] V. ABRAMOVICH, C. COURTIS, *op. cit.*, p. 112.
[498] V. ABRAMOVICH, C. COURTIS, *ibíd.*
[499] V. ABRAMOVICH, C. COURTIS, *ibíd.*

reside en que en la Constitución muchos de estos derechos sociales fundamentales son Principios rectores de la política social y económica que precisan de ley para regular las condiciones de su ejercicio. Por eso, en los casos en que hay leyes de desarrollo de estos derechos sociales fundamentales, caso de la educación y de la sanidad *mutatis mutandis*, los problemas son menores siempre que la doctrina del Tribunal Constitucional reconociera, como por ejemplo se ha hecho en Alemania, que hay derechos sociales fundamentales innominados acreedores del régimen de protección jurisdiccional de los derechos fundamentales de la persona. De esta manera, si por la vía del Tribunal Constitucional se procediera a un proceso de argumentación racional para ir derivando el elenco de los derechos sociales fundamentales universalmente reconocidos, entonces la prohibición de la regresividad se extendería a los derechos del Pacto y a los de rango constitucional. En cualquier caso, allí done el estándar del Derecho Interno suponga un grado de protección mayor del derecho eleva el rigor en la actuación del Estado. Y si es el estándar internacional es más exigente, así será la medida de la obligación estatal.

En España, dada la regulación constitucional, debiera seguirse el estándar del Derecho Internacional. En opinión de Abramovich y Courtis, la prohibición de regresividad en relación con estos derechos debe ser aplicable a todo el conjunto de los derechos sociales fundamentales, tanto de fuente interna como de fuente internacional, lo que en el caso español podría predicarse a partir del mejor estándar internacional.

El 10 de diciembre de 2008 la Asamblea General de las Naciones Unidas aprobó por unanimidad el Protocolo Facultativo del PIDESC, un punto de inflexión relevante en el camino de la internacionalización de los derechos humanos que afecta sobremanera a los temas objeto de estudio en esta investigación. El Protocolo establece un sistema complejo de comunicaciones ante el CESCR y, como dice Quel López, equipara el régimen de protección y control supranacional de los DESC, entre los que se encuentran los derechos sociales fundamentales, con respecto al resto de los Tratados de alcance universal[500]. Un paso más en el proceloso, pero ineludible camino hacia la universalidad, indivisibilidad e interdependencia de los derechos humanos, en el que los derechos sociales fundamentales han de alcanzar el estatus que les corresponde.

En el supuesto de una reclamación individual ante el CESCR con base en el Protocolo Facultativo, es imprescindible precisar el sentido de la cláusula de progresividad en relación con la disponibilidad de los recursos así como la evaluación internacional respecto del deber de realización de un derecho concreto y del grado en que las medidas adoptadas por un Estado son apropiadas teniendo en cuenta el objetivo de la realización completa de ese derecho social fundamental.[501] Las razones que avalan el impulso de los sistemas internacionales de supervisión y control se centran, por una parte, en la evaluación continua de los Estados acerca del grado de eficiencia de sus programas normativos y de aplicación de políticas públicas sociales y, por otro lado, en la transparencia y la rendición de cuentas en el cumplimiento de las obligaciones convencionales.

Es obvio que si no existen mecanismos de supervisión y vigilancia internacional que partan de la transparencia y la rendición de cuentas, es posible que al interior de algunos Estados se puede incluso atentar contra los más elementales derechos sociales fundamentales, abriendo un marco de oscuridad y opacidad absolutamente inaceptable. Los Estados, es evidente, deben informar con rigor, veracidad y transparencia y tolerar las inspecciones y evaluaciones que sean del caso siempre que se produzcan en un ambiente racional y objetivo.

En este sentido, el CESCR ha señalado ya criterios de apreciación que consisten en la prueba de los siguientes elementos. Primero: análisis de si las medidas adoptadas en aplicación del PIDESC fueron diseñadas de manera específica pensando en la

---

[500] F.J. QUEL LÓPEZ, «Hacia la eficacia de los derechos sociales fundamentales», en A. Embid Irujo (dir.), *Los derechos sociales...*, p. 306.
[501] F.J. QUEL LÓPEZ, *loc. cit.*, p. 311.

realización de los derechos y si entre las opciones de política legislativa se actuó de la manera menos restrictiva de la aplicación de los derechos sociales fundamentales. Segundo: análisis acerca de si las medidas adoptadas han sido generales y no discriminatorias. Tercero: estudio acerca de si el cronograma seleccionado era el pertinente. Cuarto, y último, análisis de si las medidas diseñadas han estado correctamente priorizadas para atender a situaciones que afectan a los colectivos más desprotegidos o marginados[502].

Es obvio que el CESCR no puede sustituir al Estado en las medidas a adoptar en esta materia y que debe respetar el margen de flexibilidad de cada Estado para usar sus recursos nacionales de acuerdo con sus prioridades. Pero, por otro lado, el Comité debe comprobar que la insuficiencia de recursos que puedan alegar los Estados para cumplir con lo dispuesto en el PIDESC, artículo 2, no implica incumplimientos flagrantes del Pacto, especialmente en el caso de la adopción de medidas regresivas que supongan la paralización o involución del destino de los recursos disponibles[503]. Es decir, dentro del espacio de autonomía del que gozan los Estados parte se encuadran ciertas reglas mínimas que ha de controlar el órgano de administración del PIDESC y que responden precisamente a la garantía de que se realicen esos derechos sociales fundamentales, al menos en condiciones esenciales.

El Protocolo Facultativo es, en este sentido, un valioso instrumento, dice Quel López, para garantizar la aplicación de los DESC, entre ellos los derechos sociales fundamentales, impidiendo ilícitas medidas de bloqueo o incluso regresivas so pretexto de un contexto económico desfavorable[504].

La posibilidad de un estudio exhaustivo de los hechos alegados por las partes y del contexto en el que se produjo la acción o inacción estatal, con la consiguiente formulación de recomendaciones, implica un nuevo escenario en el que el tenue control contemplado en el procedimiento de informes, se verá claramen-

---

[502] Doc. E/C 12/2007/1: «Evaluación de la obligación de adoptar medidas hasta el máximo de recursos de que se disponga», de 21 de septiembre de 2007.
[503] F.J. QUEL LÓPEZ, *loc. cit.*, 313.
[504] F.J. QUEL LÓPEZ, *ibíd.*

te reforzado por la posibilidad cierta de realizar recomendaciones precisas que pueden reorientar las políticas nacionales en aras de una efectiva, aunque flexible, optimización de los recursos estatales tomando como referencia central el Pacto en su integridad[505]. Tal optimización es primera, y esencialmente, social y en esta dirección se deberá confeccionar el presupuesto y sus principales asignaciones y dotaciones.

Como sabemos, en la realidad, el problema de la eficacia de los derechos sociales fundamentales radica en la condicionalidad a la que han estado sometidos desde el artículo 2.1 del PIDESC. Condicionalidad que encuentra su causa principal en la fuerza de los prejuicios derivados de una interpretación estática de la legalidad administrativa al margen del marco constitucional. Quel López ha señalado que esta condicionalidad tiene mucho que ver con la cláusula de flexibilidad incorporada a en el frontispicio de los DESC y que limita la posibilidad de exigencia de los derechos reconocidos[506].

Es decir, la subordinación de los derechos sociales fundamentales a su «realización progresiva con el máximo de recursos disponibles», salvo que se interprete adecuadamente desde la centralidad de la dignidad humana y sus derechos inviolables, puede ser un gran obstáculo de cara a la evaluación de su cumplimiento por parte del Comité a través de los procedimientos en el Protocolo del PIDESC[507]. Como ha señalado el CESCR, la noción de disponibilidad «no modifica el carácter inmediato de la obligación, de la misma manera que el hecho de que los recursos sean limitados no constituye en sí misma una justificación para no adoptar medidas»[508]. Los recursos siempre serán limitados lo que no impide, de ninguna forma, que los que estén a disposición se dediquen preferentemente a la efectividad de los derechos sociales fundamentales. Esta es la cuestión, que la centralidad del

[505] F.J. QUEL LÓPEZ, *loc. cit.*, p. 314.
[506] F.J. QUEL LÓPEZ, *loc. cit.*, p. 310.
[507] F.J. QUEL LÓPEZ, *ibíd.*
[508] Doc E/C 12/2007/1, de 2 de septiembre de 2007.

ser humano y sus derechos inviolables tengan la centralidad jurídica que por naturaleza les corresponde, ni más ni menos.

Como es sabido, las obligaciones de defender, proteger y promover los derechos sociales fundamentales, según el PIDESC, existen y son oponibles a los Estados que son parte del Pacto. El problema, más que en la defensa y protección de los derechos sociales fundamentales, que son de inmediato cumplimiento, se concentra en las obligaciones de promoción y efectividad. En concreto, en el alcance de la cláusula de flexibilidad, en los aspectos referidos al tiempo para exigir el cumplimiento de estos derechos y también, como no, en todo lo relativo a la realización *in integrum* del derecho social de que se trate en cada caso.

La obligación de adoptar medidas, tiene un efecto inmediato: aplicar los recursos disponibles de una manera eficiente para conseguir el objetivo previsto. Por eso, la suficiencia de los recursos, sigue diciendo este autor, no exonera al Estado de la obligación de cumplir, sino que es preciso valorar sus capacidades reales para establecer el alcance real de su compromiso[509]. Compromiso, insisto, que debe estar presidido por el supremo y superior principio de la centralidad del ser humano, que irradia toda su fuerza jurídica, que es la de mayor potencia del Ordenamiento jurídico y que, por ello, debe alcanzar a que las disponibilidades presupuestarias se organicen en esta dirección.

En este sentido, como sabemos, debe entenderse la conocida Observación 3 del CESCR, que establece la obligación mínima, para cada Estado parte, de asegurar niveles esenciales de cada uno de los derechos sociales fundamentales. Es decir, tal obligación mínima debe cuantificarse presupuestariamente ineludiblemente. Luego, una vez blindada en los presupuestos, las diferentes políticas públicas recibirán las asignaciones que sea menester.

Es verdad que la actividad del Comité de Derechos Económicos, Sociales y Culturales (CESCR) en el seno del Protocolo Facultativo no tiene, lamentablemente, naturaleza jurisdiccional. Sus decisiones tienen el alcance de informes, recomendaciones

---

[509] FJ QUEL LÓPEZ, *loc. cit.*, p. 311.

o dictámenes. El trabajo del Comité se estructura en torno a tres modalidades: presentación de comunicaciones individuales que aleguen violaciones del PIDESC, investigación por parte del Comité y finalmente se incluye una fase de denuncias estatales. Es decir, todavía, al menos en sus aspectos decisivos, no existen mecanismos judiciales operativos que velen eficazmente por el cumplimiento de las obligaciones que los Estados asumen en el PIDESC.

La progresividad de los DESC, y entre ellos la de los derechos sociales fundamentales, está expresamente regulada, como es sabido, en el artículo 26 de la Convención Americana de Derechos Humanos. Sin embargo, como ha revelado Burgorghe-Larsen, la justiciabilidad de estos derechos está asegurada a través de los derechos civiles y políticos insertos en el Capítulo II de la Convención, lo que permite afirmar que en estos supuestos nos hallamos más bien ante casos de justiciabilidad indirecta y que la protección de estos derechos a través de la cláusula de progresividad es inexistente[510].

El artículo 26 dispone que: «Los Estados parte se comprometen a adoptar providencias, tanto a nivel interno como mediante la cooperación internacional, especialmente económica y técnica, para lograr progresivamente la plena efectividad de los derechos que se derivan de las normas económicas, sociales y sobre educación, ciencia y cultura contenidas en la Carta de Organización de los Estados Americanos, reformada por el Protocolo de Buenos Aires, en la medida de los recursos disponibles, por vía legislativa u otros medios adecuados».

Se trata de un precepto impreciso, general y de difícil aplicación pues la referencia a la progresividad en función de los recursos disponibles, como ya hemos advertido, ofrece muchos frentes que permiten por parte de los Estados no sentirse compelidos por tales disposiciones, argumentando la reserva de lo posible para cómo mejor le convenga en cada caso. Es verdad que en el caso

---

[510] L. BURGORGHE-LARSEN, «Los derechos económicos y sociales en la jurisprudencia de la CIDH», en A. Embid Irujo (dir.)..., p. 341.

del PIDESC existe una construcción jurídica sólida, puramente doctrinal, que permite colegir lo que sería realmente la obligatoriedad, sin paliativos, de esta obligación estatal. Pero para eso el Derecho Internacional Público o el Derecho Administrativo Global han de dar pasos relevantes en orden a dotar de justiciabilidad real a estos derechos, que en algunos casos, en determinados países, sí que son ciertamente exigibles ante los Tribunales Constitucionales o Cortes Supremas, estén expresamente reconocidos o alumbrados por argumentación racional.

El artículo 26 de la Convención es, a escala interamericana, expresión del principio de progresividad, principio que no tiene base justiciable en la medida en que los estándares de progresividad y no regresividad no son susceptibles de control por el Juez *in se*, sino más bien por los órganos del sistema interamericano, y en primer lugar por la Comisión Interamericana de Derechos Humanos (CIDH)[511]. En realidad, la CIDH puede utilizar los logros del principio de no discriminación o extraer todas las consecuencias de la obligación de adoptar las medidas precisas en los términos expresados por el Comité de Derechos Humanos de Naciones Unidas al exponer los principios del PIDESC, concretamente de la obligación de garantizar el ejercicio de los derechos sin discriminación y de la obligación de adoptar medidas, obligación que en principio no se encuentra matizada o limitada por otras consideraciones.[512]

Hasta 2009 la única sentencia de la CIDH referida al artículo 26 era la denominada Cinco pensionistas. En ella la Corte estudió si el Estado al modificar los métodos de cálculo de las pensiones había respetado la obligación dimanante del principio de progresividad de prohibición de toda regresión en materia social. La decisión de la CIDH es parca y, hasta cierto punto decepcionante. Tras recordar la naturaleza individual y colectiva de los DESC señala que el desarrollo progresivo de estos derechos, tras analizar la doctrina del CESCR, se debe medir en función de la

[511] L. BURGORGHE-LARSEN, *loc. cit.*, p. 342.
[512] L. BURGORGHE-LARSEN, *ibíd.*

creciente cobertura de estos derechos en general, y del derecho a la seguridad social y a la pensión en particular, sobre el conjunto de la población, teniendo presentes los imperativos de la equidad social, y no en función de las circunstancias de un muy limitado grupo de pensionistas no necesariamente representativos de la situación general prevaleciente.

La doctrina de esta sentencia ofrece muchos puntos para el comentario. Uno primero, y principal, se refiere a que los derechos sociales fundamentales tienen naturaleza personal por lo que la protección social es un derecho que hace y pertenece a la persona y lo que el Juez debe hacer en estos casos es devolver a la persona la dignidad que la decisión estatal eventualmente ha quitado. La equidad social es un criterio de ponderación jurídica que primariamente se refiere a la persona. Para que haya equidad social debe haber equidad en las condiciones de vida de los habitantes. Finalmente, si el derecho humano de una persona o de un grupo de personas que han sido lesionadas en su dignidad se viola las cuestiones políticas o sobre la generalidad de la población son superfluas y fuera de contexto

En este sentido, el artículo 26 alude a una función judicial, no a una tarea de evaluación o *monitoring* de estos derechos, que corresponde al ámbito político, a la Comisión Interamericana. Se confirma algo que recientemente, en otro contexto, se ha puesto de relieve en el caso Brewer contra Venezuela y es la naturaleza política de las decisiones de una Corte que poco a poco ha ido perdiendo su función judicial para atender preferentemente al de los Gobiernos que proponen a los magistrados.

La CIDH, sin embargo, por la vía de la protección de los derechos de libertad ha permitido la protección de los derechos sociales fundamentales. A través del derecho a la vida (artículo 4), de la libertad de asociación (artículo 16), y del derecho de propiedad (artículo 16). A tal efecto, la CIDH ha utilizado el preámbulo del Protocolo de El Salvador que afirma la estrecha relación que existe entre la vigencia de los DESC y la de los derechos civiles y políticos, por cuanto las diferentes categorías de derechos un todo indisoluble que encuentra su base en el reconocimiento de la dignidad humana.

En opinión de Burgorghe-Larsen, la CIDH ha sido en este punto particularmente audaz pues usa al mismo tiempo tanto el conjunto de virtudes de la teoría de las obligaciones positivas (derecho a la vida) como las potencialidades del texto convencional (libertad de asociación), afirmando la imposibilidad de los Estados de limitar ciertos derechos[513]. El caso Ximenes Lopes, referido al problema de las personas detenidas que sufren enfermedades psíquicas, plantea el caso de un joven que es encontrado muerto tres días después de haber ingresado en un centro penitenciario. Con tal ocasión, la CIDH precisó en su sentencia, de 4 de julio de 2006, que la salud es un bien público cuya protección está a cargo de los Estados, que tienen un deber de reglamentación y control que se despliega cualquiera que sea el estatus jurídico del organismo de salud puesto en causa, tanto si es privado como si es público. Además, la CIDH señaló que el deber especial de protección de la vida y de la autonomía personal impone a cargo del Estado la obligación de estar en disposición de prevenir todo tipo de intervenciones de terceros que choquen con esos dos elementos, lo que implica una elevada dosis de responsabilidad de los Estados, también en materia internacional.

En el caso del Tribunal Europeo de Derechos Humanos (TEDH), hay que decir que a pesar de que en la teoría es pacífico que todos los derechos fundamentales, y algunos sociales lo son, deben ser protegidos del mismo modo, en este Tribunal dependiente del Consejo de Europa, la división entre derechos civiles y políticos y derechos sociales persiste lamentablemente en nuestros días, por lo que los mal llamados derechos de segunda generación no sería susceptibles de protección mediante la acción jurisdiccional. Sin embargo, como señalan Morte Gómez y Salinas Arcega, el análisis de la práctica pone de manifiesta que ese actuar parece haber sido considerado como insuficiente e insatisfactorio por los encargados de desarrollar y aplicar el meca-

[513] L. BURGORGHE-LARSEN, *loc. cit.*, p. 347.

nismo del Convenio Europeo para la protección de los Derechos Humanos y las Libertades Fundamentales de 4 de noviembre de 1950, y así asistimos en el marco del Consejo de Europa a intensos de inclusión de los DESC en el esquema de actuación del Tribunal Europeo[514].

La metodología que ha seguido el TEDH para reconocer derechos sociales fundamentales no incluidos en el Convenio de 1950 parte de la argumentación racional a partir de una integración indirecta o mediata a través de una interpretación similar, por ejemplo, a la utilizada por el Tribunal Constitucional alemán analizada con anterioridad. Como es sabido, el camino para incluir los derechos sociales fundamentales en el Convenio ha estado repleto de dificultades derivadas de los problemas prácticos, presupuestarios en una palabra, que tiene la exigibilidad judicial de estos derechos. Argumentos como que la obvia desigualdad que reina entre los países del Consejo de Europa provocaría sentencias que no se podrían cumplir en la realidad o que se podrían producir unos niveles mínimos muy bajos que terminarían por desvirtuar la protección efectiva de estos derechos, no se sostienen mínimamente. Hemos señalado por activa, pasiva y perifrástica que, más allá de su obvio trasfondo ético y moral, la dignidad del ser humano tiene una clara y radical significación jurídica que no se puede desconocer si es que se pretende trabajar en el marco de los postulados centrales del Estado social y democrático de Derecho.

En este sentido, el TEDH ha entrado en el ámbito de las competencias de la Carta Social Europea a causa del carácter abierto de los derechos reconocidos en el Convenio de 1950. Además, el TEDH, a base de principios como el de interpretación, autonomía, efectividad, evolutividad, ha ido perfilando los preceptos del Convenio teniendo muy presentes, como debe ser, los valores que subyacen en el enunciado de los derechos y libertades garantiza-

---

[514] C. MORTE GÓMEZ-S. SALINAS ALCEGA, «Los derechos económicos y sociales en la jurisprudencia del TEDH», en A. Embid Irujo (dir.)…, p. 363.

dos y que el Tribunal estima debe deducir en las disposiciones del Convenio[515].

Es decir, aunque el TEDH no ha podido pronunciarse, por falta de competencia, acerca de la vulneración de los derechos sociales fundamentales, si ha podido entrar en consideraciones acerca de la aplicación de derechos civiles en el ámbito social. Ciertamente, cabría esperar más del TEDH, pero la primacía de lo formal y adjetivo impide, por ejemplo, la aplicación de los derechos sociales de la Carta Social Europea.

Una primera vía para el acceso de los derechos sociales fundamentales al sistema del Convenio es la doctrina de las obligaciones positivas de los Estados Parte, en cuya virtud[516] las obligaciones resultantes del Convenio para los Estados Parte no se limitan a abstenerse de realizar conductas que vulneren el derecho de que se trate, sino que incluyen el deber de actuar para que se creen las condiciones para que dicho derecho sea efectivo. Tal teoría no es más, como fácilmente puede colegirse, que la traducción al ámbito judicial supranacional de la cláusula del Estado social y democrático de Derecho, tal y como, por ejemplo, está formulado en uno de los preceptos constitucionales de la Carta Magna española más citados en este estudio: el artículo 9.2. En materia de derechos sociales fundamentales, que son esencialmente derechos de prestación, esta consideración es especialmente pertinente y adecuada.

El problema, sin embargo, reside en la cuantificación presupuestaria de los derechos sociales fundamentales, como si tal realidad fuera una injerencia en la política social de los Estados que, de reconocerse, podría poner en jaque la prioridad del mismo gasto social. Tal justificación, sin embargo, es inadecuada como ya hemos señalado en diferentes ocasiones y ratificaremos en el epígrafe dedicado a esta cuestión. Si la dignidad del ser humano es el principio y raíz del Estado, como es, entonces su proyección

---

[515] C. MORTE GÓMEZ-S. SALINAS ALCEGA, *loc. cit.*, p. 379.
[516] *Vid.* Sentencia del TEDH de 13 de agosto de 1981, asunto Young, James y Webster contra Reino Unido.

jurídica debería alcanzar al conjunto del Ordenamiento jurídico y a la totalidad de las políticas públicas de los Estados que se definen como sociales y democráticos de Derecho.

En realidad, la doctrina de las obligaciones positivas de los Estados Parte ha sido utilizada por el TEDH de forma parca en atención a la llamada reserva de lo posible y a la limitación de los recursos disponibles. Por ejemplo, el TEDH ha seguido esta línea en relación con el derecho al respeto a la vida privada y familiar. Así, en la sentencia Botta contra Italia, el TEDH reconoce la existencia de obligaciones positivas inherentes a este derecho fundamental que pueden implicar la adopción de medidas dirigidas precisamente al respeto de la vida privada hasta en las relaciones entre individuos. El TEDH señala en este caso, comentan Morte Gómez y Salinas Alcega, que el criterio a seguir para determinar la existencia de dichas obligaciones es del justo equilibrio entre el interés general y los intereses individuales, dejando al Estado, un lógico margen de apreciación[517].

El reconocimiento de obligaciones positivas del Estado también lo encontramos en la sentencia La Parola y otros contra Italia, de 30 de noviembre de 200, en la que afirma, en la inadmisibilidad, la existencia de deberes del Estado para hacer efectivo, a través de la ayuda económica pertinente, el derecho a la asistencia social y médica a partir también del derecho de respeto de la vida privada y familiar.

En la sentencia Zehna-lová y Zenhal contra República Checa, de 14 de mayo de 2002, también en la inadmisibilidad, el TEDH delimita la frontera entre los derechos sociales garantizados por la Carta Social Europea y los derechos protegidos por el Convenio de 1950, admitiendo que si bien la evolución de la sociedad europea exige a los Gobiernos esfuerzos y compromisos cada vez más importantes para remediar las distintas carencias, de manera que estos intervienen cada vez más a menudo en la vida privada de los individuos, el campo de la intervención del Estado y la noción

---

[517] C. MORTE GÓMEZ-S. SALINAS ALCEGA, *loc. cit.*, p. 381.

progresiva de vida privada no siempre corresponden al contenido más limitado de las obligaciones positivas del mismo Estado[518].

En esta sentencia de 2002, el TEDH concluye que las obligaciones positivas que dimanan del derecho al respeto de la vida privada y familiar, en este caso relativas a la adopción de medidas para asegurar el acceso de personas minusválidas a los establecimientos públicos y abiertos al público, no tienen un alcance general sino que únicamente existen en casos excepcionales, en los que la falta de acceso impida a la persona interesada desarrollar su vida de manera tal que sus derechos al desarrollo personal y a establecer y mantener relaciones con otros seres humanos y con el mundo exterior se pongan en cuestión.

El problema del reconocimiento de los derechos sociales fundamentales como derechos subjetivos pasa por un replanteamiento de este concepto. Un concepto que reclama una nueva perspectiva en la que el foco se coloca, no tanto en el objeto del derecho, como en el sujeto. Ahora lo determinante es precisamente que una persona, que un ser humano ha sido lesionado, atacado en algún aspecto de su dignidad que debe ser reparada para que pueda desarrollarse libre y solidariamente precisamente como ser humano. En unos casos, derechos sociales fundamentales de mínimos, nos hallamos ante el derecho fundamental al mínimo vital y, en otros supuestos, a partir de la progresividad, ante mayores cotas de dignidad personal.

El TEDH también ha usado esta doctrina de las obligaciones positivas de los Estados nada menos que para incluir derechos sociales en el Convenio de 1950 en relación con otros derechos sí reconocidos. Es el caso del derecho a la vida que el TEDH ha entendido presupuesto básico para el derecho a la salud. En efecto, en Calvelli y Ciglio contra Italia, de 17 de enero de 2002, el TEDH que recuerda que la primera frase del artículo 2 de la Convención de 1950 impone al Estado obligaciones positivas dirigidas a adoptar las medidas necesarias para proteger la vida de las personas bajo su jurisdicción y que tal principio se aplica a la salud.

---

[518] C. MORTE GÓMEZ-S. SALINAS ALCEGA, *ibíd.*

La sentencia de 18 de junio de 2002, Öneydilz contra Turquía, señala que si bien no toda amenaza presunta contra la vida obliga a las Autoridades a la adopción de medidas concretas para prevenir su realización, otra cosa es que esas Autoridades sabían o hubieran debido saber que la vida de uno o varios individuos estaba amenazada de manera real e inmediata y no hayan adoptado las medidas necesarias para paliar ese riesgo. En este supuesto el TEDH considera que la obligación positiva que se deriva del artículo 2 de la Convención de 1950 vale también sin duda respecto de las actividades públicas en el ámbito del medio ambiente, especialmente en lo que respecta a los lugares de almacenamiento de deshechos y a los riesgos inherentes a su explotación.

En la sentencia Z. y otros contra Reino Unido, de 10 de mayo de 2001, el TEDH, en relación con el artículo 17.1 de la Convención, en materia de derecho de los niños y adolescentes a la protección contra la violencia y la explotación, exige adoptar la medidas apropiadas para que esas personas, especialmente los niños u otras personas vulnerables, no sean sometidos a torturas, tratos inhumanos o degradantes aunque sean administrados por particulares.

Otra vía de acceso de los derechos sociales fundamentales al Convenio de 1950 es la denominada por «inversión»[519]. Ahora la conexión de los derechos sociales fundamentales con los reconocidos en el Convenio permite establecer límites a los derechos civiles y políticos precisamente por virtud de la existencia de derechos sociales fundamentales. Es decir, la garantía del derecho social fundamental se alcanza mediante la restricción del disfrute de un derecho reconocido en el Convenio cuando el mismo implica una afectación del derecho social fundamental en cuestión[520].

Como es lógico, esta doctrina, por lo demás inherente a la existencia de límites en el ejercicio de los derechos fundamenta-

---

[519] F. SUDRE, «La permeabilite de la Convention Europeenne des Droits de l´Homme aux droits sociaux», *Etudes offerts a Jacques Mourgeon*, Bruselas, 1998, pp. 472 y ss.
[520] C. MORTE GÓMEZ-S. SALINAS ALCEGA, *loc. cit.*, p. 384.

les individuales tradicionales, se aplica en materia de derecho de propiedad por obvias razones, permitiendo que el propio TEDH reconozca indirectamente el derecho social fundamental a la vivienda. En este sentido, la sentencia del TEDH en el asunto James y otros contra el Reino Unido, de 21 de febrero de 1986, afirma que eliminar las que se consideran injusticias sociales figura entre las tareas de un legislador democrático puesto que las sociedades modernas consideran la vivienda una necesidad primordial cuya satisfacción no podría abandonarse enteramente a las fuerzas del mercado. Por ello, sigue la sentencia, las medidas nacionales tendentes a favorecer el acceso a la vivienda o afrontar su crisis se inscriben en una política de justicia social, por lo que las posibles injerencias en el derecho de propiedad que de esas medidas puedan resultar se entiende que persiguen un fin legítimo de utilidad pública o interés general y son conformes al Convenio[521].

Una tercera vía usada por el Tribunal Europeo para la protección indirecta de los derechos sociales fundamentales, como señalan Morte Gómez y Salinas Alcega, es su consideración, a través de una interpretación extensiva, como parte integrante de algunos de los derechos reconocidos en el Convenio de 1950[522]. Así, la vulneración del derecho social fundamental se reconduce a la violación del derecho principal. Sudre afirma, en este sentido, que tal operación jurídica puede producir un trasvase de los derechos de la Carta Social Europea al Convenio a través de su identificación, como partes integrantes, de derechos reconocidos en el Convenio[523]. Este autor es partidario de que el TEDH considere que las condiciones de vida miserables, que encuentran acomodo en los artículos 30 y 31 de la Carta Social Europea constituyen un tratamiento degradante de los previstos en el artículo

---

[521] En la misma línea, en relación con una legislación que reduce fuertemente los alquileres hasta conducirlos a niveles sociales más razonables, la sentencia del TEDH Mellacher y otros contra Austria, de 19 de diciembre de 1989.
[522] C. MORTE GÓMEZ-S. SALINAS ALCEGA, *loc. cit.*, p. 385.
[523] F. SUDRE, «La protection des droits sociaux par la Cour Europeenne des Droits de l´Homme: un exercice de jurisprudence fiction», *Revue Trimestrelle des Dorits de l´Homme*, nº 55, 1 de julio de 2003, pp. 756 y ss.

3 del Convenio. Tal posibilidad parece que es apuntada por el mismo TEDH en la sentencia de 23 de abril de 2002, Larioshina contra Rusia, al admitir que una cantidad totalmente insuficiente de una pensión de jubilación y de otras prestaciones sociales para mantener un mínimo nivel de vida pueden, en principio, plantear una cuestión subsumible en el artículo 3 del Convenio. Por ejemplo, una interpretación amplia del artículo 8 del Convenio, en relación con el concepto de vida privada y familiar, ha permitido al TEDH incluir dentro de este derecho el derecho a la salud (sentencia McGinley y Egan contra Reino Unido, de 9 de junio de 1998).

Una variedad de esta posibilidad de protección de derechos sociales fundamentales entendidos como partes integrantes de los derechos reconocidos en el Convenio es la denominada «inserción» por Sudre, a través de la cual la materia social se considera como componente del derecho a un proceso equitativo contemplado en el artículo 6 del Convenio[524]. En efecto, el TEDH, para lograr este objetivo, realiza una interpretación dinámica de la noción de derechos y obligaciones de carácter civil, lo que le permite incluir dentro del artículo 6 del Convenio derechos sociales fundamentales como pueden ser el derecho al trabajo, a la igualdad en las condiciones de acceso al trabajo, el derecho a la protección social a través del derecho a determinadas prestaciones sociales o del derecho a la pensión de los funcionarios públicos.

De todas formas, como apuntan Morte Gómez y Salinas Alcega, la protección así dispensada tiene sus límites ya que las demandas interpuestas no reivindican un derecho social fundamental sino el derecho a un proceso equitativo en el marco de un procedimiento relativo a un derecho social fundamental[525]. Así, si bien se refuerza incontestablemente la protección de ciertos derechos sociales fundamentales, permitiendo a su titular beneficiarse de las garantías procesales del artículo 6 del Convenio, no se reconocen en el Convenio los derechos sociales, lo que

_____

[524] F. SUDRE, *La permeabilité…*, pp. 469 y ss.
[525] C. MORTE GÓMEZ-S. SALINAS ALCEGA, *loc. cit.*, p. 387.

podría resolverse, insisto ampliando definitivamente la competencia del TEDH para conocer también de las impugnaciones frente a los derechos sociales fundamentales reconocidos en la Carta Social Europea, lo que desde luego supondría un paso importante en orden, no solo a reconocer la unidad de los derechos fundamentales de las personas, sino a resolver judicialmente muchas solicitudes en esta materia que hoy no son atendidas, con el consiguiente quebranto y fractura de la dignidad del ser humano en muchos casos. En todo caso, como estudiaremos más adelante, el derecho fundamental a la buena Administración adquiere una interesante condición de derecho a través del cual la efectividad de los derechos sociales fundamentales puede ser una realidad.

Otro camino para proceder a la interpretación indirecta de los derechos sociales fundamentales es el denominado por Sudre invención, que se apoya en la prohibición de discriminación prevista en el artículo 14 del Convenio[526], prohibición que siempre se debe invocar en relación con alguno de los derechos contemplados en la Convención. En este sentido, la sentencia Gaygusuz contra Austria, de 16 de septiembre de 1996, acepta conocer la reclamación relativa a la discriminación en la denegación de la concesión de un subsidio de paro por razón de la nacionalidad del demandante a partir del derecho a la propiedad privada del artículo 1 del Protocolo nº 1 del Convenio. El razonamiento el TEDH sería más lineal y más coherente si pudiera aplicar directamente la Carta Social Europea, artículo 12, donde se reconoce el derecho a la seguridad social. El argumento del TEDH parte de que el derecho a prestación de urgencia, en la medida en que está previsto por la legislación aplicable, es un derecho patrimonial en el sentido del artículo 1 del Protocolo nº 1, lo que en su criterio hace aplicable el artículo 14 del Convenio. Sin embargo, lo razonable y congruente sería conocer de estas cuestiones como lo que son, asuntos conectados con el derecho social fundamental social a la protección social.

---

[526] F. SUDRE, *La permeabilité...*, pp. 474 y ss.

Ahora, tras la entrada en vigencia del Protocolo nº 12, el principio de no discriminación se convierte en derecho autónomo que más allá de su necesaria vinculación con alguno de los derechos de la Convención, puede ser esgrimido en relación con cualquier derecho, incluidos, por supuesto los derechos sociales fundamentales. Sin embargo, esta opción, como apuntan Morte Gómez y Salinas Alcega, tiene también límites puesto que a su través no entran en el ámbito del Convenio los derechos sociales fundamentales en un plano de igualdad, pues no se permite el control del derecho social fundamental *per se* sino solo el del derecho a no interferir en el disfrute del derecho social[527].

En fin, tras este breve recorrido por la jurisprudencia del TEDH no tenemos más remedio que reclamar que su competencia se pueda extender también a la Carta Social Europea. Por una razón, si doctrinalmente convenimos en que la categoría de los derechos fundamentales de las personas se extiende a los clásicos de libertad, a los llamados derechos civiles y políticos, y a también a los derechos sociales fundamentales, que no son todos los DESC, entonces, para ser coherentes y congruentes, tendremos que someterlos a todos, los individuales y los sociales, precisamente por ser fundamentales, al mismo régimen jurídico, lo que implica obviamente iguales mecanismos de protección jurisdiccional.

La Declaración de Quito de 24 de julio de 1998 acerca de la exigibilidad y realización de los derechos económicos, sociales y culturales, si la leemos desde la perspectiva de los derechos sociales fundamentales, que son los que de entre ellos alcanzan la categoría de derechos fundamentales de la persona, contiene algunas consideraciones en materia de obligaciones de los Estados y otros actores sociales implicados en su observancia.

En efecto, los derechos sociales fundamentales establecen límites a la discrecionalidad estatal en la formulación de políticas públicas. Sobre todo en la elaboración de los presupuestos de contenido social y por supuesto en la selección de las medidas con-

---

[527] C. MORTE GÓMEZ-S. SALINAS ALCEGA, *loc. cit.*, p. 390.

cretas de política pública, en las que prima la defensa, protección y promoción de los derechos sociales fundamentales, así como en la elaboración y ejecución presupuestaria. En este sentido, como señala la Declaración de Quito, los Estados deben dedicar prioritariamente sus recursos a atender estas obligaciones en materia de derechos sociales fundamentales. Así, dice la Declaración, la obligación de destinar hasta el máximo de sus recursos de que dispongan a tenor de lo dispuesto en el artículo 2.1 del Pacto Internacional de Derechos Económicos, Sociales y Culturales de 1967, en sí misma establece un orden de prelación para su actuación.

En concreto, de acuerdo con la Declaración de Quito, las obligaciones de los Estados en esta materia, derechos sociales fundamentales, comprenden varios aspectos. En primer lugar, una obligación de respeto, consistente en la no interferencia del Estado en la libertad de acción y uso de los recursos propios de cada individuo para vivir dignamente. En segundo lugar, una obligación de protección, consistente en el resguardo del goce de los derechos sociales fundamentales ante afectaciones provenientes de terceros. En tercer término, una obligación de satisfacer, de manera plena y completa, el ejercicio y realización de los derechos sociales fundamentales. En cuarto y último lugar, una obligación de sancionar los delitos cometidos por personal al servicio de las Administraciones públicas y por personas físicas y jurídicas en casos de corrupción que violen o atenten contra los derechos sociales fundamentales.

Algunas de las obligaciones más importantes de los Estados en materia de derechos sociales fundamentales, de acuerdo con la Declaración de Quito, rubricada el 24 de julio de 1998 por los principales organismos de defensa de los derechos humanos en la región Iberoamericana, se refieren a aspectos tan importantes como la no discriminación, la adopción de medidas inmediatas, la adecuación del Ordenamiento jurídico, la adecuada difusión e información a la ciudadanía, la puesta a disposición de las personas de medios de impugnación efectivos, la garantía de niveles esenciales de disfrute de los derechos sociales fundamentales y la obligación de progresividad y correspondiente prohibición de la regresividad.

La obligación de no discriminación y el mandato de trato igualitario en materia de derechos sociales fundamentales se extiende, dice la Declaración de Quito, a la adopción de medidas especiales, legislativas y políticas también, a favor de las mujeres y de las personas pertenecientes a colectivos vulnerables entre los que podemos citar, por ejemplo, a los niños, los ancianos, personas con discapacidad física, enfermos terminales, víctimas de desastres naturales, personas que moran en lugares de riesgo, refugiados, indígenas o personas de pobreza extrema.

La obligación estatal de adoptar medidas inmediatas en caso de que los derechos sociales fundamentales no sean ejercidos con normalidad pasa por la realización de actuaciones concretas dirigidas a la satisfacción por parte de todos los ciudadanos de estos derechos así como por la justificación de la inactividad, demora o desviación de tales objetivos. En concreto, la Declaración de Quito, en relación con dichas medidas inmediatas, hace referencia a la obligación de adecuar el Ordenamiento jurídico interno a la efectividad y exigibilidad de los derechos sociales fundamentales como lógica consecuencia de la suscripción de los Tratados Internacionales de Derechos Humanos. Otra medida concreta se refiere a la difusión y publicación de información sobre esta materia de manera que todos los ciudadanos conozcan mejor los derechos sociales fundamentales que les asisten así como los mecanismos procesales para su defensa, protección y promoción.

En este sentido, los Estados deben disponer los medios necesarios para garantizar el acceso en condiciones de igualdad a la información pública en relación con los derechos sociales fundamentales así como realizar información acerca del grado de efectividad de los derechos sociales fundamentales, de los obstáculos existentes para su adecuada satisfacción. También los Estados han de facilitar los mecanismos procesales idóneos y efectivos para la defensa, protección y promoción de los derechos sociales fundamentales que serán los mismos que los previstos para los casos de los derechos fundamentales de libertad de las personas.

La obligación de garantizar niveles esenciales de derechos sociales fundamentales implica que el Estado reconozca el derecho fundamental al mínimo vital en cada uno de estos derechos. Esta obligación, dice la Declaración de Quito, rige aun en situaciones de crisis o de graves carencias de recursos generadas por políticas de ajuste o de recesión económica. Es más, en estos casos, el Estado debe determinar un orden de prioridades en la utilización de los recursos públicos identificando a las personas más vulnerables que habrán de ser objeto de especial protección a fin de efectuar un eficaz aprovechamiento de la totalidad de los recursos disponibles.

Por lo que se refiere a la obligación de progresividad y de prohibición de la regresividad en materia de derechos sociales fundamentales, esta doble obligación de los Estados se orienta, como es lógico, a la plena efectividad de todos y cada uno de los derechos sociales fundamentales. Es decir, contraviene esta obligación la inactividad, el retraso injustificado o la adopción de medidas positivas que impliquen un retroceso en el disfrute de los derechos sociales fundamentales. La Declaración de Quito señala que las medidas de retroceso en materia de derechos sociales fundamentales son aquellas que tengan por objeto o como efecto la disminución del estado de disfrute de los derechos sociales fundamentales.

La Declaración de Quito se refiere a los DESC, nosotros a los derechos sociales fundamentales, que son una pequeña parte de la constelación de DESC, cada día en crecimiento. La Declaración de Quito realiza también una serie de consideraciones en materia de obligación de la progresividad y de prohibición de la regresividad que vale la pena comentar por su relevancia y, sobre todo, por su palpitante y rabiosa actualidad en el momento presente, de aguda crisis en tantas latitudes del globo.

En primer lugar, las normas reglamentarias aparentemente regresivas gozan de presunción de invalidez, de forma y manera que debe ser el autor de las mismas quien deba justificarlas bajo exigentes condiciones y requisitos. Tan exigentes como lesivas sean los retrocesos que se pretendan operar en virtud de esas normas administrativas.

En segundo lugar, la obligación de progresividad implica que los Estados fijen de manera inmediata estrategias y metas para lograr la vigencia plena de los derechos sociales fundamentales a partir de sistemas verificables de indicadores que permitan una supervisión desde los sectores sociales.

En tercer y último lugar, tal y como hemos señalado en varias ocasiones, la progresividad trae consigo la aplicación inmediata del mínimo vital que permita a las personas con especiales problemas una vida digna y unas condiciones mínimas de subsistencia.

De acuerdo con el principio 72 de Limburgo, se considera que un Estado parte del Pacto Internacional de los Derechos Económicos, Sociales y Culturales de 1966 lo viola o atenta contra el si no logra adoptar alguna medida requerida por el Pacto; si no logra remover a la mayor brevedad posible y cuando así deba hacerlo, todos los obstáculos que impidan la realización inmediata de un derecho social fundamental; si no logra aplicar con rapidez un derecho social fundamental exigido por el Paco; si no logra satisfacer una norma internacional mínima de realización generalmente aceptada y para cuya satisfacción está capacitado; si adopta una limitación a un derecho social fundamental reconocido en el Pacto por vías contrarias al mismo; si retrasa o paraliza la realización progresiva de un derecho a menos que actúe dentro de los límites permitidos por el Pacto o que dicha conducta se deba a una falta de recursos o a una situación de fuerza mayor y, finalmente, si no presenta los informes exigidos por el Pacto.

La Declaración de Quito hace referencia a otras obligaciones de los Estados directa o indirectamente encaminadas a la efectividad de los derechos sociales fundamentales entre las que se encuentra, por ejemplo, la obligación de garantizar a todos los ciudadanos una completa realización de su condición ciudadana y, correspondiente, igualdad formal y material para asegurar la plena vigencia de los derechos sociales fundamentales. En este sentido, como advierte la Declaración de Quito, se deben crear espacios de participación para los ciudadanos en el diseño, ejecución y control de los planes de desarrollo, así como en la priorización del presupuesto, la vigilancia del cumplimiento de los Pactos Internacionales y demás normas relativas a la protección de todos los derechos humanos, así como de las actividades del Estado y otros actores económicos y sociales que afecten sus derechos a nivel global, regional, nacional y local.

El derecho a la participación, que como trataremos posteriormente, es un derecho componente del fundamental a una buena Administración pública, adquiere una gran relevancia en materia de derechos fundamentales sociales puesto que en el diseño, implementación y evaluación de las políticas públicas el ciudadano cada vez ha de asumir un mayor protagonismo tal y como expusimos en el epígrafe dedicado a la participación en el Estado social y democrático de Derecho. En este punto cobra especial relieve la consideración instrumental del derecho fundamental a la buena Administración, y todos sus derechos componentes, al servicio de los derechos sociales fundamentales.

Por otra parte, en el marco del llamado Derecho Administrativo Global, un Derecho todavía *in fieri*, la necesidad de incrustar principios del Estado social y democrático de Derecho como el de participación, garantiza que las decisiones que se adopten al menos puedan ser testadas a partir de ese núcleo duro de principios que tienen como fundamento la dignidad del ser humano y la efectividad de todos y cada uno de sus derechos fundamentales.

En sede de obligaciones juega un papel determinante la institución de la responsabilidad del Estado nacional y también la responsabilidad internacional del Estado cuando por acción u omisión de sus compromisos no se puedan realizar los derechos sociales fundamentales. Por eso la Declaración de Quito señala también que los Estados son directamente responsables si permiten que personas naturales o jurídicas, como las empresas nacionales o extranjeras que realicen sus actividades en su territorio contravengan los derechos sociales fundamentales de sus ciudadanos. También responderá el Estado en el caso de que protejan o garanticen el ejercicio abusivo y discriminatorio de derechos que a su vez impliquen la violación de derechos sociales fundamentales como puede ser el de alimentación, el de condiciones dignas para trabajar o, por ejemplo, el trabajo de menores de edad.

Desde el punto de vista presupuestario, aspecto que trataremos en uno de los últimos epígrafes de la investigación, ahora, con base en la Declaración de Quito, podemos señalar que los Estados deben asumir la obligación de realizar políticas fiscales orientadas a la asignación equitativa de los recursos disponibles gravando preferentemente el patrimonio, las grandes fortunas y las transacciones comerciales antes que los salarios o los ingresos del trabajo personal con impuestos indiferenciados o regresivos al consumo o al valor añadido.

Entre las principales políticas públicas a emprender para lograr la efectividad de los derechos sociales fundamentales, la Declaración de Quito hace referencia a acciones enérgicas dirigidas a la erradicación de la pobreza, a promover el pleno empleo y la equidad entre hombres y mujeres con prioridad de las políticas económicas y sociales, a promover la integración social basada en la promoción y protección de todos los derechos humanos, así como la tolerancia, el respeto a la diversidad, la igualdad de oportunidades, la solidaridad, la seguridad y la participación de todas las personas sin ninguna discriminación. He aquí un buen repertorio de verdaderos Principios rectores de la política social y económica que debieran poder ser objeto de enjuiciamiento cuando su contenido brille por su ausencia o cuando su concreta ejecución provoque daños irreversibles a los ciudadanos.

En este sentido no está de más, como hace la Declaración de Quito, recordar que en los supuestos de pago de la deuda pública a los inversores internacionales se privilegie la efectividad de los derechos sociales fundamentales por encima de otras consideraciones de manera que los programas de ajuste acordados con los organismos competentes internacionales se subordinen al desarrollo social, y en particular, a la erradicación de la pobreza, al pleno empleo y a la promoción de la integración social en sentido amplio, sin que con ocasión de la aplicación de tales programas de ajuste se violen los derechos sociales fundamentales, sea por la implantación de medidas de retroceso o por la adopción de medidas que introduzcan obstáculos o impedimentos para la realización de estos derechos.

En realidad, si los Estados parte del Pacto Internacional de Derechos Económicos, Sociales y Culturales cumplieran cabalmente su contenido, se daría un gran paso adelante. Por eso la Declaración de Quito insiste en el cumplimiento de los compromisos y obligaciones que hemos estudiado en este epígrafe, pues es donde realmente se encuentra el grueso de las obligaciones de los Estados en materia de derechos sociales fundamentales.

El reconocimiento constitucional de estos derechos como derechos fundamentales de la persona los homologaría como derechos susceptibles de ser protegidos por los mecanismos establecidos para los derechos fundamentales algo que sería bien relevante. También recomienda la Declaración de Quito que estos derechos sociales fundamentales se tengan bien presentes en la legislación interna y en las normas y disposiciones internacionales, que se facilite asesoramiento jurídico a quienes no cuentan con medios para defenderse de eventuales violaciones de estos derechos. Por supuesto, que se repare integralmente a las víctimas de estas contravenciones, especialmente cuando sean consecuencia de la acción u omisión del Estado, que se implementen, si no los hay, sistemas independientes de protección y promoción de estos derechos, que las políticas de desarrollo se centren en la persona humana de manera que este se mida por el efectivo grado de disfrute de todos los derechos fundamentales de la persona.

9. EXIGIBILIDAD Y JUSTICIABILIDAD

Una de las falacias más recurrentes cuando se trata de los derechos sociales fundamentales, o de los derechos sociales en general, es afirmar que tales derechos no son exigibles judicialmente porque viven en el reino de las metas políticas, de los diseños públicos estratégicos, de los Principios rectores de la vida económica y social. A estas alturas del tiempo en el que estamos afirmar que solo son exigibles los derechos civiles y políticos significa, lisa y llanamente, que no se ha comprendido la proyección que tiene el Estado social y democrático de Derecho para el conjunto del Derecho Público. Y de otra parte, que se siga pensando, a pesar de discursos y peroratas, que el supremo principio de la dignidad del ser humano es un principio ético muy importante pero sin trascendencia o virtualidad real en el mundo jurídico, es inacapteble.

El principal inconveniente que se esgrime para la exigibilidad y justiciabilidad de estos derechos radica en que como son de prestación, se dice, deben contener dotaciones financieras que para su operatividad están sometidas a lo económicamente posible. Solo son posibles, afirman sus contradictores, bajo la reserva de lo económicamente posible.

Pues bien, todos los derechos subjetivos, todos los derechos subjetivos relevantes, sean civiles o no, tienen dimensión social. Como señala Rey Martínez, los derechos fundamentales son derechos subjetivos, pero también son una técnica de protección de bienes jurídicos que afectan a toda la sociedad. Por eso tienen esa doble naturaleza, subjetiva y objetiva. El caso del derecho a la vida es paradigmático. La protección de la vida en formación, del embrión, o el problema de si el derecho a la vida incluye el derecho a su libre disposición, no son cuestiones que deban resolverse individualmente.

El propio Tribunal Constitucional español señaló en su famosa sentencia sobre el aborto que la vida del *nasciturus* constituye un bien jurídico digno de protección por el Ordenamiento jurídico, es decir, es un bien jurídico objetivo en sí mismo, con independencia de las consideraciones que se puedan acerca del titular de ese derecho a la vida en potencia o *in fieri*, que son obvias por otra parte pues desde que hay vida, en la fase que sea, es de alguien. El derecho a la vida justifica, no podría ser de otra manera, el derecho a una existencia en condiciones materiales, e inmateriales, dignas. Por una razón, el derecho fundamental es el derecho a una vida digna, no a una vida indigna o en condiciones de menesterosidad material o inmaterial. De ahí que para la realización de esta vida digna, o para el derecho al libre y solidario desarrollo de la personalidad sea imprescindible la existencia de una serie de derechos sociales fundamentales que permitan el despliegue del derecho a una vida digna en diferentes dimensiones[528].

En este sentido, el derecho a la vida está también conectado por obvias razones al derecho a la salud y también al derecho al medio ambiente como enseñan las sentencias del Tribunal Europeo de Derechos Humanos de 19 de febrero de 1998 y de 18 de junio de 2002. En ambos casos, como señala Rey Martínez, se produce esta intercomunicación entre derecho a la vida y estos derechos sociales fundamentales. En ambos supuestos, presencia de una empresa química de alto riesgo a menos de un kilómetro de una población, y muerte de varias personas como consecuencia del corrimiento de tierras de un vertedero incontrolado. También es relevante en esta materia la sentencia de la Corte Interamericana de Derechos Humanos de 19 de noviembre de 1999 cuando dispone que los Estados lesionan los derechos de los llamados niños de la calle y los hacen víctimas de una doble agresión, la de su vida e integridad física y moral y también la de no evitar que estos niños ingresen al mundo de la miseria[529].

En el caso del derecho de propiedad, a día de hoy nadie duda que de acuerdo con el Estado social este derecho debe entenderse en el marco de su función social, de forma y manera que ahora lo básico es el discurso sobre la función social de la propiedad y su accesibilidad real y efectiva. La tesis de la conexión sistémica de los derechos fundamentales, los derechos sociales fundamentales por conexión, es elemental para comprender el alcance que tienen y, sobre todo, su exigibilidad y justiciabilidad porque si así no fuera serían ilusorios incluso muchos derechos fundamentales de la persona clásicos de orden individual. Por cierto, una distinción que debiéramos abandonar porque los derechos fundamentales de la persona son todos los que son inherentes a su dignidad de seres humanos, sean de orden personal o social. Por una razón ya expuesta páginas atrás: porque hoy la libertad si no es solidaria no es libertad y la solidaridad si no es libre tampoco es solidaridad,

---

[528] F. REY MARTÍNEZ, «Derribando falacias sobre derechos sociales…», p. 636.
[529] F. REY MARTÍNEZ, *ibíd.*

al menos desde nuestro entendimiento del Estado social y democrático de Derecho.

Otra falacia se refiere a que los derechos sociales fundamentales no disponen de facultades que se puedan ejercer judicialmente. Si entendemos, como se hace en este trabajo, que los derechos sociales fundamentales son derechos subjetivos de especial relevancia, entonces tal afirmación carece de sustento pues no son metas políticas ni principios de optimización como se intenta demostrar a lo largo de estas páginas, tal y como ha demostrado, por ejemplo, el Tribunal Constitucional Alemán.

Abramovich y Courtis han criticado también la tesis de la no exigibilidad judicial de los derechos sociales[530] a partir del estudio de la jurisprudencia en determinados casos en los que los Tribunales han obligado al Estado a obligaciones de hacer o prestaciones que están en la base de algunos derechos sociales fundamentales. Son casos en los que los Jueces han obligado a la Administración pública a suministrar medicamentos para el tratamiento del Sida, a fabricar una vacuna y facilitarla a todos los habitantes afectados por una enfermedad endémica, a crear centros de atención materno infantil para personas necesitadas, a proveer de agua potable a una comunidad indígena... Casos todos ellos en los que está en juego el denominado derecho al mínimo vital, que es el derecho base de los derechos sociales fundamentales mínimos, aquellos que son imprescindibles para una vida en condiciones de dignidad, para una vida humana, para evitar que el ser humano sea cosificado, tratado como una mercancía o como moneda de cambio o transacción económica.

Otra cuestión relevante que se plantea para la no exigibilidad judicial reside en que en estos supuestos los Jueces, dicen, en lugar de impartir justicia, lo que hacen es sustituir a otros poderes del Estado en orden a instaurar el gobierno judicial. Son tesis que condenan el activismo judicial y lo reducen a declarar si tal o cual actuación es o no ajustada a Derecho. Sin embargo, sabemos, por ejemplo, que si un Juez o Tribunal entiende que no es

---

[530] V. ABRAMOVICH, C. COURTIS, *op. cit.*, capítulo 3, pp. 117 y ss.

adecuada a Derecho una inactividad, inacción u omisión de la Administración, la consecuencia será la obligación de actuar de la Administración. Por otro lado, como hemos señalado al tratar de los derechos fundamentales innominados, de los derechos fundamentales por conexión y de la generación de derechos sociales fundamentales por vía de la argumentación racional de las Cortes Constitucionales sobre la base de los principios básicos del Estado social en relación con la centralidad de la dignidad humana y el desarrollo de la personalidad y el derecho a la vida y a la integridad física y moral, resulta que sin hacer activismo, en estos casos, simple y llanamente, lo que se hace es alumbrar derechos fundamentales para una mayor protección de la dignidad humana, hoy bajo mínimos en muchas altitudes.

Suele afirmarse que la política pública es tarea de la función ejecutiva y administrativa, a quienes corresponde evaluar las decisiones concretas a adoptar con las consiguientes disponibilidades presupuestarias. Siendo esta afirmación correcta, también lo es que la capitalidad de la dignidad del ser humano tiene una virtualidad jurídica tan intensa como intensa es su naturaleza y función en el Estado social y democrático de Derecho. De todas formas, al ser las obligaciones del Estado positivas y fácticas, admiten expresiones jurídicas que pueden evitar que se planteen como cuestiones de política pública o de conveniencia presupuestaria. En todo caso, la dignidad humana debe ser el canon para la elaboración de las políticas públicas y para las dotaciones presupuestarias de forma que a partir de ella debieran articularse todas las políticas públicas propias de un sistema comprometido con la humanización de la realidad, no con la cosificación del ser humano.

Otro problema, relevante, que dificulta enormemente una real justiciabilidad de los derechos sociales fundamentales se refiere a la difícil ejecución de las sentencias de los Tribunales cuando no existen dotaciones presupuestarias para ello. El tema es delicado y debiera propiciar que en la elaboración de los presupuestos de los ministerios sociales en los que existan datos contrastados acerca de las personas que pudieran ser merecedoras de esas prestaciones a que se refieren esencialmente estos derechos, se consignen económicamente tales necesidades de manera que estas políticas públicas estén debidamente cubiertas a través de dotaciones razonables. Si la cobertura del mínimo vital no se puede hacer efectiva en un Estado social y democrático de Derecho estaría fallando la esencia del sistema y tal cuestión no debiera dejar de tener una clara expresión jurídica.

Otro problema no menor de cara a la exigibilidad judicial de estos derechos se refiere al establecimiento de un sistema de cautelares y cautelarísimas que permita la reacción judicial cuando en efecto, por razones de grave y urgente necesidad, pueda haber vidas humanas en peligro de muerte a causa de la ausencia del mínimo vital.

Los derechos sociales fundamentales son derechos subjetivos de especial relevancia, derechos que no pueden quedar en manos de mayorías parlamentarias pues se dirigen a proteger la dignidad humana y su normal despliegue en la vida social.

Aunque en muchos casos no están reconocidos como tales en las Constituciones, la técnica argumentativa usada, por ejemplo, por el Tribunal Constitucional germano, derivándolos de la centralidad de la dignidad humana y de los cometidos esenciales de un Estado social y democrático de Derecho, nos conduce a postular su reconocimiento por este camino, pues, de lo contrario, llegaríamos al absurdo de la existencia de normas constitucionales inconstitucionales o, lo que es más grave, a la existencia de Estados sociales y democráticos de Derecho formales, pero no materiales. Tal afirmación es la que se invita a formular cuándo no se reconocen estos derechos o cuándo se entienden solamente desde la perspectiva individual, olvidando que el concepto central del Estado social parte de la denominada libertad solidaria.

Pues bien, desde este punto de vista, los derechos sociales fundamentales son derechos exigibles judicialmente, derechos que se pueden activar ante los Jueces y Tribunales. Sin embargo, estos derechos, derecho a la alimentación, al vestido, a la salud, a la educación, a la igualdad en el acceso al trabajo, a la seguridad social o a la vivienda, presentan tres problemas. A saber, uno cognoscitivo, otro metodológico y finalmente, uno de orden funcional[531].

El problema cognoscitivo no es menor, aunque según las tesis que se defienden en este trabajo, se supera afirmando que aunque los derechos sociales fundamentales no estén previstos expresamente en la Constitución, la vía de la argumentación y ponderación jurídica puede ser utilizada por los Tribunales Constitucionales reconociendo que, en efecto, sobre la base de los fundamentos de la Constitución del Estado social y democrático de Derecho es posible, es más, es exigible que tales derechos sean ejercidos por los ciudadanos que los necesiten. De todas maneras, esta es una cuestión no pacífica en la doctrina puesto que se tiende a que siendo las pretensiones planteadas en estos derechos muy generales no se puedan obtener por vía de interpretación constitucional, como por ejemplo sostiene Böckendörfe[532] desde su entendimiento de estos derechos fundamentales como metas o aspiraciones políticas.

Desde el punto de vista metodológico, la cuestión reside en saber si es posible establecer en cada caso el contenido concreto de cada derecho social fundamental. Si fuera posible, como pensamos, entonces el reconocimiento de estos derechos podría efectuarse por vía de la interpretación constitucional. Sin embargo, como nos advierte Arango, tal opción es minoritaria[533] pues para que ello pudiera realizarse sería menester una ley que estableciera el régimen concreto de operatividad de cada uno de los derechos sociales fundamentales. La función de la jurisprudencia es precisamente la búsqueda de la solución justa en cada caso, por lo que si el razonamiento es congruente con los postulados y vectores esenciales de la Constitución y así se puede posibilitar la vida digna de las personas, no habría mayores problemas.

El tercer problema que se presenta para admitir la exigibilidad judicial de estos derechos es de corte funcional. Es decir, ¿no se

---

[531] R. ARANGO, *op. cit.*, p. 115.
[532] E-W. BÖCKENDÖRFE, *Escritos sobre derechos fundamentales*, Baden-Baden, 1993, p. 151.
[533] R. ARANGO, *op. cit.*, p. 117.

descompensaría de alguna manera el equilibrio en el reparto de poderes entre el Legislativo, el Ejecutivo y el Judicial, toda vez que el reconocimiento de estos derechos atiende a prioridades políticas sociales y a los presupuestos de los ministerios sociales? Con todo respeto, pienso que el razonamiento debe partir de la afirmación radical de la dignidad del ser humano, principio y raíz del Estado y, a partir de ahí las prioridades políticas y las dotaciones presupuestarias no son más que las adecuaciones necesarias de la Legislación y la Administración pública a la realidad central de la Constitución: que cada ciudadano pueda vivir en dignas condiciones.

Arango es partidario de la justiciabilidad de los derechos sociales fundamentales a partir de un concepto bien desarrollado de los derechos subjetivos, concepto que parte de una cabal comprensión de la potencialidad de la interpretación constitucional así como del ejercicio de los derechos en la práctica, de manera que sea posible reconstruir las condiciones formales y materiales necesarias para el reconocimiento judicial de los derechos sociales fundamentales[534]. El contenido de estos derechos puede determinarse judicialmente echando mano del principio de igualdad en conexión con otras disposiciones en sede de derechos fundamentales.

Una cuestión básica para comprender la justiciabilidad de los derechos sociales es determinar cuáles son las condiciones que deben darse para que una persona natural pueda exigir ante un Juez o Tribunal una acción positiva fáctica por parte del Estado. En este sentido es básico distinguir entre condiciones formales y condiciones materiales de los derechos sociales fundamentales. Ambas condiciones deben cumplirse para que el derecho sea exigible judicialmente. Las condiciones materiales requieren el estudio de las relaciones entre derechos y mercado, y las condiciones formales reclaman el análisis de las relaciones entre normas y derechos[535]. Veamos de la mano del profesor Arango, que es quien

---

[534] R. ARANGO, *op. cit.*, p. 118.
[535] R. ARANGO, *op. cit.*, p. 119.

mejor ha estudiado la dogmática de los derechos sociales fundamentales y quien proporciona, a mi juicio, los argumentos más sólidos y convincentes de cara a la justiciabilidad, a la exigibilidad judicial de estos derechos fundamentales de la persona.

Como sabemos, Arango entiende por derecho subjetivo la posición jurídica del individuo para la que es posible dar razones válidas y suficientes y cuyo no reconocimiento injustificado daña al sujeto de derecho. Es decir, la posición jurídica debe estar argumentada en razones sólidas y su no reconocimiento produzca daños graves al sujeto de derecho. Argumentación y daños graves a la dignidad del ser humano son los dos componentes que, junto, a la posición jurídica, caracterizan al derecho subjetivo. En el caso de los derechos sociales fundamentales son derechos subjetivos de especial relevancia que permiten una vida digna de tal nombre. Pues bien, el concepto de posición jurídica va más allá de las normas, excede a las normas pues no se deja reducir única y exclusivamente a la norma como mero contenido de enunciado normativo[536]. Las posiciones jurídicas, más allá de las normas, en su marco y contexto, pueden, y deberse deducirse a través de la conexión racional, sistemática y coherente de partes de enunciados normativos o por medio de normas implícitas[537].

Es decir, de los fundamentos constitucionales del Estado social y democrático de Derecho, como ya hemos señalado, es posible derivar posiciones jurídicas fundamentales de naturaleza social. Es más, hasta se podría afirmar que una norma que se presente en un contexto de racionalidad incardinada en el marco constitucional, podría ser una norma inconstitucional.

Si es verdad que las posiciones jurídicas trascienden de la racionalidad integrada en la justicia al puro enunciado normativo, los derechos fundamentales no se corresponden exactamente con las disposiciones sobre derechos fundamentales. En efecto, los derechos fundamentales sociales normalmente se derivan de

---

[536] R. ARANGO, *ibíd.*
[537] R. ARANGO, *op. cit.*, p. 120.

varias disposiciones normativas[538]. Mientras que los derechos de libertad, los derechos fundamentales individuales, están explícita y expresamente contemplados en disposiciones constitucionales, los derechos sociales fundamentales no surgen de estas disposiciones individuales de derechos fundamentales. Por una razón: el grado de desarrollo y de proyección real de la dignidad del ser humano puede variar con el tiempo y con el lugar. Hoy, en España, el derecho a la alimentación es un derecho social fundamental que precisan un número relevante de personas, pero en 1978, al momento de alumbrarse la Constitución, eso no era así. ¿Quiere eso decir que hoy este derecho social fundamental, por el hecho de no estar contemplado expresamente en la Constitución, no sea exigible?

Para tal operación de interpretación y exégesis constitucional no hay más que poner en relación el artículo 9.2, el 10.1 en el marco del preámbulo sobre un caso concreto partiendo de que el título de los Principios rectores de la política social y económica conforma un grupo normativo constitucional que impide el despliegue de la centralidad constitucional.

El fundamento de un derecho fundamental no está necesariamente establecido en un solo precepto[539]. Esta postura es propia de un positivismo estricto que impide una interpretación integral y sistemática de la Constitución, que elimina la vitalidad inherente a la Norma Fundamental y que, en definitiva, reduce los derechos subjetivos a meras normas positivas. En el fondo, tal doctrina es refractaria y enemiga de la existencia de valores constitucionales que impregnan los preceptos y les dan sentido. Esos valores, entre los que se encuentra la centralidad de la dignidad del ser humano y los postulados del Estado social y democrático de Derecho, son de tal calibre, que además de impregnar la interpretación constitucional, constituyen, por así decir, el oxígeno en el que se desenvuelven las normas constitucionales.

La condición necesaria de un derecho subjetivo no es una úni-

[538] R. ARANGO, *op. cit.*, p. 121.
[539] R. ARANGO, *ibíd.*

ca norma, que es la que crearía el derecho subjetivo. Si así fuera la interpretación constitucional no sería necesaria. Sería una mera operación de subsunción automática del supuesto de hecho en la norma y punto y, por ello, sería imposible la doctrina, admitida por la jurisprudencia, de los derechos fundamentales innominados a partir de la conexión entre diversos preceptos constitucionales en el marco de un entendimiento integral y complementario del orden jurídico constitucional[540].

En realidad, a esta conclusión puede arribarse desde la proyección de los postulados del pensamiento abierto, plural, dinámico y complementario al nervio y a la práctica de una interpretación constitucional realizada en el marco del Estado social y democrático de Derecho.

El propio Tribunal Constitucional Alemán mantuvo una interpretación contra-legem frente a una interpretación puramente semántica o literal de una norma jurídica a partir del entendimiento del orden jurídico como unidad de sentido, lo que nos conduce a una comprensión integral o sistemática del texto constitucional, interpretación que permite derivar derechos sociales fundamentales. En concreto, el máximo intérprete de la Ley Fundamental de Bonn, probablemente para asombro de muchos colegas militantes del positivismo estricto, tiene señalado que «el derecho no es idéntico con la totalidad de las leyes escritas. Más allá de las disposiciones positivas del poder estatal, en ciertas circunstancias puede haber un plus de derecho que posee su fuente en el orden jurídico como unidad de sentido y en conformidad con la Constitución, y que sirve de correctivo a la ley escrita; encontrar el plus y realizarlo en la decisión judicial, eso es tarea de la jurisprudencia»[541].

Esta sentencia, dictada en el caso «Soraya», es de gran interés. Primero porque es una magnífica exposición acerca de la función de la jurisprudencia y, segundo, porque aplicada a nuestros objeto de estudio, permite grandes desarrollos, también por cierto *mu-*

---

[540] R. ARANGO, *op. cit.*, p. 124.
[541] BVerfGE, 34, 269 (286).

tatis mutandis de aplicación a nuestro país y a lo que cabría esperar de la doctrina de nuestro Tribunal Constitucional en materia de derechos sociales fundamentales.

Por tanto, el reconocimiento de derechos sociales fundamentales a través de un procedimiento racional de estas características es algo coherente con los fundamentaos del modelo de Estado definido en la Constitución: social y democrático de Derecho. El reconocimiento de estos derechos fundamentales innominados se alcanza partiendo de los efectos que la negación del pretendido derecho tendría a la luz de determinadas condiciones fácticas. Y, si además, su no reconocimiento chocara frontalmente con la Constitución, incluso contra el principio de coherencia constitucional, en ese caso se hace jurídicamente necesario su reconocimiento[542]. Es decir, la interpretación integral debe partir del aserto de que los derechos fundamentales de la persona, todos, los individuales y los sociales, forman parte de la médula constitucional y deben vincular el sentido de la creación del Derecho Constitucional e infraconstitucional. Además, la eliminación de contradicciones, junto al análisis de las consecuencias de las decisiones jurídicas, son piezas clave de la interpretación constitucional que conducen al mismo puerto.

En Alemania, la aceptación del derecho al mínimo existencial, sin estar regulado expresamente en el texto constitucional, es pacífico en la doctrina y la jurisprudencia por mor de la jurisprudencia del Tribunal Constitucional, que entendió que los preceptos que tratan acerca de la centralidad de la dignidad humana, del libre desarrollo de la personalidad, del derecho a la vida y de la integridad corporal, en conexión con el principio del Estado social, justifican sobradamente ese derecho al mínimo vital, que sería el derecho a disponer del mínimum imprescindible para una vida digna. Como es obvio, si a una persona en situación objetiva de emergencia no se le concede este derecho subjetivo, se viola un derecho fundamental: el derecho a la vida y a la integridad corporal y espiritual y, por ende, se niega la centralidad de la dignidad

---

[542] R. ARANGO, *op. cit.*, p. 125.

humana y el libre y solidarios desarrollo de su personalidad, a la vez que se impide que juegue el principio promocional de los Poderes públicos, elemental para la efectividad del Estado social y democrático de Derecho.

Las normas constitucionales que reconocen derechos fundamentales individuales, de libertad propiamente, son de carácter categórico mientras que las que se refieren a derechos fundamentales sociales son hipotéticas. Eso es así porque en estos derechos fundamentales es menester una acción positiva fáctica de los Poderes públicos que para su realización precisa de una verificación o comprobación acerca de si en la realidad se dan las condiciones materiales exigibles. En la medida en que la intervención del Estado no se puede prever a priori pues en las Constituciones democráticas hay que contar con la autonomía individual, estamos ante derechos condicionados. Probablemente por eso no se puedan esculpir en normas categóricas[543].

Los derechos sociales fundamentales son derechos del individuo frente al Estado a algo. A algo que, si la persona natural poseyera medios financieros suficientes y encontrase en el mercado una oferta suficiente, podría obtenerlo también de los particulares[544]. Es decir, una vez constatada la inexistencia de medios personales financieros y de oferta suficiente en el mercado, procedería la acción fáctica positiva del Estado. Probablemente, la condición de que no haya oferta suficiente en el mercado, debe referirse a que en el cuerpo social no existan instituciones de asistencia social que puedan realizar, en condiciones de gratuidad para la persona, tales acciones positivas fácticas. El principio de subsidiariedad, cada vez más olvidado, ante nosotros. Un principio que se justifica en atención a la naturaleza y calidad de la efectividad de estas prestaciones cuando están en manos de instituciones sociales especializadas y cuando son realizadas por funcionarios públicos.

Mientras que se admite sin problema que los derechos funda-

---

[543] R. ARANGO, *op. cit.*, p. 136
[544] R. ALEXY, *Los derechos fundamentales...*, p. 454

mentales individuales son exigibles judicialmente, no ocurre lo mismo con los fundamentales sociales por las razones antedichas. Sin embargo, que unos sean derechos negativos y otros positivos no implica que unos sean justiciables y los otros no.

Michelmann, con base en decisiones del Tribunal Supremo de los Estados Unidos[545], admite la existencia de un Derecho Constitucional a los medios de subsistencia, un derecho que no es mera fantasía sino consecuencia de las decisiones de la Corte de entre 1969 y 1974, sentencias de la Corte Suprema de los Estados Unidos que fundan derechos sociales fundamentales[546]. Tanto si se producen violaciones de derechos fundamentales individuales o de derechos fundamentales sociales, los Jueces constitucionales disponen a día de hoy de los instrumentos objetivos y racionales para el reconocimiento y protección de unos y otros[547]. No de otra manera pensamos que debe interpretarse la cláusula del Estado social que instituye la función promocional de los Poderes públicos dirigida a crear las condiciones para que los derechos fundamentales de las personas sean reales y efectivos, removiendo incluso los obstáculos que impidan su cumplimiento. Como afirma Arango, bajo el cumplimiento del mandato a la igualdad de trato, los trabajadores y los desposeídos deben ser subvencionados por el Estado para mantener como mínimo los medios para una existencia digna[548].

Es decir, cuando la sociedad articulada no está condiciones de ofrecer este mínimo vital para una existencia digna, entonces el Estado, los Poderes públicos, deben garantizar que la igualdad de oportunidades sea real y efectiva para todos mediante una intervención a favor de las personas y grupos marginados y discriminados. Es más, si el Estado no cumple el principio promocional,

---

[545] Shapiro contra Thompson, 394 U.S. 618 (1969), Goldberg contra Kelly, 397 U.S. 134 (1970), Vlandis contra Kline, 412 U.S. 441 (1973), o Arnett contra Kennedy, 416 U.S. 134 (1974).
[546] F.I. MICHELMANN, «Justification and the Justifiability of Law in a Contradictory World», *Nomos*, vol. XVIII, p. 644.
[547] R. ARANGO, *op. cit.*, p. 150.
[548] R. ARANGO, *ibíd.*

sea por activa o por pasiva, él mismo causa un grave daño a la dignidad humana que habrá de reparar convenientemente.

Los derechos sociales fundamentales tienen mayor actualidad y sentido en sociedades equilibradas cuando existen omisiones graves del Legislador en su desarrollo y cuando la política se olvida de las instituciones legales para el aseguramiento de las condiciones básicas[549].

La distinción entre condiciones formales y materiales de los derechos sociales fundamentales es básica para el tema de la exigencia judicial de los mismos. Por lo que se refiere a las condiciones formales tiene que darse la siguiente ecuación: para que la persona natural pueda exigir una acción positiva fáctica del Estado, una prestación, para que pueda ejercer un derecho subjetivo público, es menester encontrarse en una situación en la que la omisión estatal, la obligación subjetiva dañe inminente e injustificadamente, de manera que la omisión conduzca a la infracción de una norma iusfundamental[550]. Es decir, la inactividad de la obligación del Estado a la prestación, a la acción positiva fáctica, deben ser de tal envergadura que dañen gravemente el mínimo vital para una existencia digna.

Las condiciones materiales se refieren a la situación de menesterosidad o necesidad urgente que anule o afecte gravemente a la libertad e igualdad reales de quien pretende el reconocimiento judicial del derecho social fundamental. La cláusula del Estado social, la función promocional de los Poderes públicos, que obliga a éstos a crear condiciones favorables a la libertad e igualdad reales y efectivas, y a remover los obstáculos que impidan su realización, parte de que en la vida social puede haber dificultades que demanden la protección al individuo de los riesgos a que está expuesto y que pueden quebrar esa libertad e igualdad reales. Aunque el principio de autonomía de la persona invita al individuo a enfrentar el mismo las dificultades y problemas existentes, el Estado, cuando es necesario, en virtud de la cláusula transforma-

---

[549] R. ARANGO, *op. cit.*, p. 153.
[550] R. ARANGO, *op. cit.*, p. 154.

dora del Estado social debe crear las condiciones para fomentar la libertad y la igualdad reales y, al mismo tiempo, remover los obstáculos que impidan su cumplimiento o realización.

Es decir, el principio de subsidiariedad, antes lo advertimos, juega en este tema de manera que el Estado solo debería operar la cláusula del Estado social si es que en el marco de la vida social no es posible ofrecer dichas prestaciones para una vida digna. Entonces, el Estado está obligado a actuar de manera positiva y fáctica respecto al individuo[551]. Es decir, la obligación positiva y fáctica opera en el marco de la subsidiariedad.

Las condiciones materiales para el ejercicio de los derechos sociales fundamentales se refieren a las condiciones que permiten la puesta en acto de estos derechos y pueden ser de orden físico o psíquico, pues ambas realidades forman parte de la vida de las personas naturales. En efecto, las desventajas físicas o psíquicas que lesionan gravemente las condiciones de una vida digna constituyen estas condiciones materiales. El profesor Sen se refiere a la pérdida de capacidades como presupuesto para la protección y reconocimiento de estos derechos. Sin capacidades no hay libertad positiva. Y sin libertad o sin libertades positivas una persona no podrá hacer nada. Las capacidades aseguran libertad económica a las personas y además sirven de parámetro general de justicia distributiva en países pobres[552]. Esta concepción de las capacidades tiene la virtualidad, frente a la pega de su relatividad, de que nos sensibiliza frente a la particularidad de la persona en el proceso de interpretación de los derechos fundamentales[553.]

Las condiciones materiales para ser acreedor de derechos sociales fundamentales no se reducen a factores personales físicos o psíquicos. También hay que tener presente la ausencia medios materiales, de medios económicos, o la existencia de situaciones de déficit de mercado. Tales circunstancias impiden que las personas no puedan satisfacer sus necesidades vitales como la ali-

---

[551] R. ARANGO, *op. cit.*, p. 156.
[552] A. SEN, «Justice: Means versus Freedoms», *Philosophy & Public Afairs*, 19 (1990), p. 16.
[553] R. ARANGO, *op. cit.*, p. 162.

mentación, el vestido, la vivienda, la educación, el trabajo o la seguridad social. En esta medida, son condiciones materiales para el reconocimiento de derechos sociales fundamentales puesto que sin ellas la persona no alcanza el mínimo vital imprescindible para una existencia digna, para poder mínimamente desarrollar libre y solidariamente su personalidad.

La falta de medios económicos, bien lo sabemos, impide el ejercicio de las libertades. Como señala Tugendhat, muchos seres humanos en el planeta no tienen la libertad positiva de hacer lo que es necesario para mantenerse y mantener con vida a sus hijos[554], lo que pone de relieve la actualidad del tema que estamos investigando así como la pertinencia de que el supremo principio jurídico de la centralidad de la dignidad humana deje de ser una consideración más o menos vaporosa para convertirse en lo que debe ser, el punto de partida y motor para reformas desde las que tal capital vector del Estado social y democrático de Derecho sea, de verdad, la referencia para un cambio y transformación sustancial de la manera de comprender el Derecho en términos generales. Mientras existan las bolsas de pobreza que todos conocemos los derechos sociales fundamentales estarán, lamentablemente, de palpitante y rabiosa actualidad.

Junto a la falta de medios materiales también hay otro factor que constituye condición material para el despliegue de los derechos sociales fundamentales. Es lo que Arango denomina déficit de mercado, es decir, escasez de bienes básicos en el mercado como pueden ser alimento, vestido, vivienda, medicamentos, atención médica, educación o, trabajo entre otros[555], situación que afecta desfavorablemente a los colectivos de personas socialmente excluidos. En estos casos, cuando el Estado subvenciona a los actores del mercado protegiendo sus derechos de propiedad y contratación, debe reclamar que también se auxilie a aquellos que son las principales víctimas de estas situaciones de déficit: los que menos tienen y los desempleados, a quienes por lógica y sentido del

---

[554] E. TUGENDHAT, *Lecciones...*, p. 345.
[555] R. ARANGO, *op. cit.*, p. 165.

equilibrio, para evitar la desigualdad sistémica, debería facilitarles un seguro de desempleo y la generación de oportunidades que les permita vivir en dignas condiciones. En este sentido, el derecho a la trabajo no es solo una exigencia de bienes materiales, sino el medio para el ejercicio de las propias capacidades en procura de los medios de vida necesarios para la persona y su familia[556].

Pues bien, una vez que se dan estas condiciones formales y materiales, cuando una persona (individual o colectiva) se encuentra en situación de necesidad urgente y el Estado tiene la posibilidad fáctica de resolverla o mitigarla, cosa que siempre puede hacerse si la dignidad humana es el patrón primario del comportamiento de las instituciones públicas, pero omite hacerlo, y tal omisión amenaza con ocasionar un daño grave a la persona, que afecte a las condiciones para una vida digna, entonces esta tiene un derecho *prima facie*» a una acción positiva del Estado[557]. La argumentación para tal conclusión no es complicada en el caso del Derecho español. Veamos.

El artículo 14 de la Constitución obliga al Estado, pues el artículo 9.1 dice que la Constitución vincula a los Poderes públicos, a tratar a todos por igual. El artículo 9.2 manda al Estado a equilibrar las desigualdades fácticas, el artículo 10.1 obliga al Estado a proteger la dignidad del ser humano y el libre desarrollo de su personalidad y el artículo 15 obliga al Estado a proteger la vida humana y la integridad corporal y espiritual de las personas. En estos casos, se dan las condiciones formales, artículos 9.1 y 9.2 y 14 –cuando hay desigualdad fáctica el Estado debe actuar de manera positiva a favor del perjudicado– así como las materiales, artículos 10.1 y 15, porque cuando el Estado, ante una desigualdad fáctica, no actúa y por ende produce un daño grave a la dignidad humana, solo puede ser reparado por el reconocimiento judicial del derecho social fundamental, que Arango señala que procede *prima facie*[558].

---

[556] E. TUGENDHAT, «Liberalism, Liberty and the Issue of Economic Human Rights», en *Philosophische Aufsätze*, Frankfurt, 1992, p. 362.
[557] R. ARANGO, *op. cit.*, p. 167.
[558] R. ARANGO, *op. cit.*, p. 170

La siguiente cuestión es la de la determinación judicial de los derechos sociales fundamentales una vez que se dan las condiciones formales y materiales para su exigibilidad. Si estos derechos están previstos en la Carta Magna las cosas son sencillas. Pero cuando hay que trabajar desde la argumentación las cosas, aunque más difíciles, no solo no son imposibles, sino que permiten arribar a puerto seguro. Por una razón básica. El Derecho Público, especialmente el Derecho Administrativo, tiene un compromiso con la razón y con la justicia que lo caracteriza indeleblemente. Con la razón y la justicia, sobre la base de los postulados básicos y centrales del Estado social y democrático de Derecho, se alcanzan resultados acordes al nervio capital de nuestro sistema político pues se encuentran soluciones que permiten la proyección del supremo principio de la dignidad del ser humano incluso, y sobre todo, en las situaciones más necesarias.

Frente a quienes piensan que la interpretación racional rompe el principio democrático, el principio de la separación de los poderes y la misma teoría de los derechos fundamentales, pensamos que el contenido de los derechos sociales fundamentales puede determinarse en forma razonable en el marco de la interpretación sistemática de una Constitución democrática moderna a partir de un concepto bien elaborado de derecho subjetivo[559].

Para esta tarea hay que tener en cuenta del análisis de los métodos para las verificaciones de vulneraciones a los derechos fundamentales individuales. En estos supuestos, la acción estatal que afecta el ámbito de los derechos fundamentales limita tales derechos y, además, el contenido esencial de estos, a su vez, limita la intervención pública[560]. La verificación de la lesión de los derechos sociales fundamentales así como la determinación de su contenido tienen como guía, dice Arango, el principio de igualdad. Y, por supuesto, la determinación del contenido está en función de la relevancia del derecho social fundamental, de manera que la

[559] R. ARANGO, *op. cit.*, p. 175
[560] R. ARANGO, *ibíd.*

intensidad del control constitucional depende pues de la importancia del derecho social fundamental en el caso concreto[561].

En este punto cobra especial trascendencia la problemática de la causalidad: si los derechos sociales fundamentales pueden ser afectados por la acción y la omisión del Estado. Hoy, desde el Derecho Administrativo sabemos que la inactividad y la omisión del Estado claro que tienen efectos jurídicos. Hasta el punto de que los modernos Ordenamientos jurídico administrativos abren la puerta al que afecta negativamente la omisión, a que demande directamente a la Administración incumplidora como consecuencia de haber vulnerado el derecho fundamental de la persona a la buena Administración pública o por haber incumplido su obligación de resolver expresamente en plazo a las solicitudes o peticiones de los ciudadanos amparadas por el Ordenamiento jurídico.

En este sentido, en materia de derechos sociales fundamentales, el descuido de obligaciones de protección de personas vulnerables o desfavorecidas puede ser condición suficiente para la vulneración de un derecho de esta naturaleza y, por ello, para su puesta en conocimiento del Poder judicial competente.

El problema, como sostiene Nino, es que cualquier omisión o inactividad no implica en sí misma la vulneración de un derecho, debe existir una expectativa definitiva, basada en regularidades o normas sociales de que el derecho será satisfecho por el individuo en cuestión[562]. Si la exigibilidad de un comportamiento activo dirigido a prevenir situaciones de menesterosidad social, o de necesidad obvia y grave está justificado, su omisión violaría, por ejemplo, el derecho al mínimo vital.

Para verificar las vulneraciones de los derechos fundamentales es menester distinguir, como señala Arango, entre daños por acción estatal y daños por omisión estatal[563]. En relación con los daños por acción estatal habrá que analizar el comportamiento del Estado, las acciones jurídicas, también las acciones fácticas.

[561] R. ARANGO, *op. cit.*, p. 176.
[562] C.S. NINO, *The Ethics of Human Rights*, Oxford, 1991, p. 208.
[563] R. ARANGO, *op. cit.*, p. 181.

Las actuaciones del Estado pueden ser por acción o por omisión. Las omisiones pueden vulnerar derechos sociales fundamentales. De hecho lesionan cotidianamente muchos derechos sociales fundamentales en muchas latitudes, constituyéndose propiamente en la principal causa de contravenciones de estos derechos fundamentales.

A su vez la omisión estatal puede ser parcial o puede ser completa o absoluta. En este apartado merece especial atención la afectación del principio de igualdad de trato por efecto de la omisión estatal. En estos casos, sin embargo, no es sencillo calibrar si tal omisión lesiona o vulnera el derecho fundamental. Hace falta comparar la omisión parcial con la acción diligente y con el cumplimiento de la finalidad de la norma, para analizar la magnitud de la afectación y juzgar en consecuencia.

En el caso de la omisión completa o absoluta es necesario manejar criterios relevantes de naturaleza constitucional para detectar la existencia de una verdadera vulneración de un derecho fundamental[564]. Ciertamente, en sociedades desarrolladas las cosas son diferentes que en sociedades con grandes bolsas de pobreza y de población marginada, sociedades en las que una parte muy importante de los habitantes no participan del bienestar colectivo debido precisamente a la omisión absoluta o completa del Estado en relación con sus obligaciones más elementales en el área social.

La dogmática de la afectación-limitación, válida para las acciones públicas, no sirve para el ámbito de las omisiones estatales de carácter absoluto. La omisión absoluta, al no existir parámetros de comparación, no permite determinar contenido alguno de los derechos sociales fundamentales[565]. Sin embargo, que este método de la afectación-limitación no sea susceptible de aplicarse al caso de la omisión absoluta para verificar la vulneración de un derecho social fundamental, no implica que sea imposible determinar el contenido de estos derechos en casos de inactividad completa del

---

[564] R. ARANGO, *op. cit.*, p. 187.
[565] R. ARANGO, *op. cit.*, p. 188.

Estado[566]. Entonces, es menester buscar nuevos métodos o formas que permitan verificar la vulneración de un derecho fundamental y, entre ellos, el denominado «esquema de coherencia», inspirado en una teoría consecuencialista de los derechos subjetivos, parece que puede lograr su cometido[567].

En el caso de los derechos sociales fundamentales, especialmente en los que se llaman *prima facie*, es evidente que el Estado, con ocasión de la situación en la que se encuentra el titular de estos derechos, está obligado a tratarle de diferente forma que al común de los mortales, pues si así no lo hiciera, se estaría provocando un daño grave a la dignidad de esa persona. En otras palabras: el derecho social fundamental se activa generalmente cuando la no consideración de criterios de diferenciación relevantes para un trato desigual lleva a consecuencias que, a su vez, ocasionan un daño al individuo. Ahora bien, ¿qué criterios debemos utilizar para justificar ese trato desigual?

Según Arango, la diferenciación ínsita en el derecho social fundamental se puede obtener en virtud de argumentos contrafácticos, argumentos que se resumen señalando que de la omisión fáctica y positiva del Estado, además del daño a la persona en situación de necesidad urgente, se deriva una contradicción con el sistema jurídico contemplado como un todo[568]. Razonamiento que se alcanza sin gran dificultad pues toda omisión estatal en materia de derechos sociales fundamentales es, en sí misma, contradictoria e incongruente con los postulados del Estado social y democrático de Derecho.

La interpretación constitucional, como sabemos, parte de los fundamentos de la Norma Fundamental y partiendo de ellos los preceptos adquieren su integral comprensión pues las disposiciones no se aplican en forma aislada o desconectadas del humus que les da soporte. La coherencia y la congruencia son principios básicos de la interpretación normativa que en el Derecho Cons-

---

[566] R. ARANGO, *ibíd*.
[567] R. ARANGO, *ibíd*.
[568] R. ARANGO, *op. cit.*, p. 190.

titucional adquieran suma importancia. Hasta el punto de que si no se atiende al principio de coherencia en la aplicación del Derecho se transgrede nada menos que el principio de igualdad, en especial el principio de igualdad de oportunidades al tratarse desigualmente a las personas dignas de un trato igual[569].

El Tribunal Constitucional Alemán, que ha trabajado intensamente esta cuestión, ha señalado que el Estado social en cuanto tal, por su amplitud e indeterminación, no justifica regularmente un mandato para conceder prestaciones sociales con cierto alcance[570], aunque como hemos señalado con anterioridad, un derecho social fundamental puede justificarse a partir del principio del Estado social en conexión con otras normas constitucionales como pueden ser las relativas al mandato de protección de la dignidad de todos los seres humanos, el mandato de garantía del libre desarrollo de la personalidad, así como del derecho a la vida y a la integridad física y moral. Pues bien, en un caso sobre el alcance del principio de igualdad en la valoración de los tiempos de escolaridad de los niños, el Tribunal Constitucional Alemán exige, con el fin de deducir un derecho social fundamental, además de la aplicación de estas normas constitucionales, que se compruebe la existencia de una necesidad en el caso individual[571].

Sin situación de estado de necesidad de la persona, que a nuestro juicio debe ser grave y urgente, no procede el derecho social fundamental de mínimos. En este supuesto, el Tribunal Constitucional Alemán señala que tal situación de necesidad es la que justifica la existencia de un trato desigual y, por ello, el derecho a la prestación fáctica positiva del Estado. Más en concreto, el máximo intérprete de la Ley Fundamental de Bonn señala en este caso que al principio del Estado social puede corresponder de la mejor manera dirigir prestaciones sociales de nivelación solo a situaciones en las que se compruebe una necesidad. Tal situación de necesidad individual debe ser de cierta entidad, de forma que

[569] R. ARANGO, *op. cit.*, p. 191.
[570] BVerfGE 94, 241, I.
[571] BVerfGE 94, 241, I.

su no reconocimiento ocasiones daños graves a la dignidad ínsita a todo ser humano por el hecho de serlo.

La situación de necesidad se erige, pues, en criterio de diferenciación y podría, en palabras de esta sentencia del Tribunal Constitucional Alemán, justificar de todas formas el trato desigual resultante, cuando se trate de prestaciones que sirvan para solucionar una situación de necesidad o un déficit de aseguramiento concreto. Por tanto, la situación de necesidad o de déficit de aseguramiento se constituye en condición material de los derechos sociales fundamentales[572].

Por tanto, a partir del denominado esquema de coherencia, consecuencia de la interpretación sistemática, armónica y fundada en los principios, una omisión absoluta del Estado cuando existe una situación de necesidad individual, grave y urgente, es posible que provoque un daño serio a una persona. Si la persona puede probar que dicha omisión absoluta la lesiona gravemente (derecho fundamental *prima facie* según Arango) y el Estado no logra justificar su inacción, entonces debe reconocerse el derecho fundamental definitivo a una acción positiva fáctica del Estado.

Para determinar el contenido de los derechos sociales fundamentales, es necesario usar un procedimiento que tiene tres partes: la omisión estatal y sus consecuencias, la justificación de la omisión y la proporcionalidad entre la omisión y sus consecuencias[573].

La omisión estatal, no de terceras personas, debe provocar un daño grave a la dignidad del ser humano de tal manera que en sí misma vulnere un derecho fundamental. El titular de tal derecho fundamental debe exigir una acción positiva fáctica del Estado acreditando que se encuentra en situación de necesidad grave. En estos casos nos enfrentamos a dos tipos de razones: las que el supuesto titular del derecho social fundamental esgrime para impetrar la acción positiva del Estado y la argumentación del Estado justificando, si es que puede, tal omisión. Es pues necesario

---

[572] R. ARANGO, *op. cit.*, p. 197.
[573] R. ARANGO, *op. cit.*, pp. 198 y ss.

ponderar y sopesar la calidad de las razones de una y otra parte desde el esquema de coherencia al que anteriormente hicimos referencia de forma que se evite un resultado con el orden jurídico entendido como un todo, como una unidad.

En este sentido, debemos recurrir a los dos modelos más importantes para determinar, desde una perspectiva de equilibrio, el contenido de los derechos sociales fundamentales. A saber, el modelo general formulado por Alexy y el llamado modelo del caso extremo.

En el modelo patrocinado por Alexy se parte del principio de proporcionalidad y de la tesis de que los derechos fundamentales son principios. A partir de ahí, hay que considerar que una posición de prestación jurídica está justificada si exige urgentemente el principio de libertad fáctica, si es reclamada por el principio de separación de poderes y el de democracia (que incluye la competencia presupuestaria del Parlamento), y si existen principios materiales opuestos que se ven afectados de manera relativamente reducida a través de la garantía de la posición de la prestación jurídica y las decisiones del Tribunal Constitucional que las tomen en cuenta[574] Las condiciones del modelo de Alexy son válidas en cualquier caso para los derechos sociales fundamentales mínimos, para los derechos a un mínimo vital, a una vivienda simple, a la educación escolar, a la formación profesional y a un nivel estándar mínimo de asistencia médica[575]. El principio de libertad fáctica en el pensamiento de Alexy justifica el derecho a un trato jurídico desigual.

El modelo del caso extremo, que es probablemente el que encaja con los derechos sociales fundamentales mínimos, los reclamados con urgencia por la dignidad humana en cuanto imprescindibles para unas condiciones de vida dignas, parte de la exclusión social –marginación–en la que se encuentra el titular del derecho y de la urgente necesidad reinante por afectación ala derecho a la vida o a la integridad física o moral.

---

[574] R. ALEXY, *Teoría de los derechos...*, p. 465.
[575] R. ALEXY, *ibíd.*

En Europa, en este momento de crisis, existen muchas personas titulares de derechos sociales fundamentales de mínimos que están a la espera de la acción positiva y fáctica del Estado para que se restaure la dignidad castigada y, sin embargo, se esgrime, en un ejercicio de inhumanidad sin precedentes, la ausencia de recursos mientras subsiste todo un mundo de estructuras y de personal superfluo e innecesario.

La medida de la desigualdad fáctica, que debe percibirse como marginación, como exclusión social, se puede identificar de modo empírico sin especiales problemas. Es el caso de las investigaciones acerca de la pobreza. Para el caso de la urgencia de la situación de necesidad entendemos que es más que suficiente su cercanía o subsunción completa en los supuestos de peligro o amenaza para la vida o de peligro o amenaza para la salud, pues en estos casos parece obvia su afectación al mínimo vital.

El problema funcional se plantea con el contenido de los derechos fundamentales y la necesidad de la interpretación sistemática pues una interpretación literal y aislada sobre las competencias de los Tribunales Constitucionales que no les permitiera esta argumentación coherente e integral a partir de los principios ya expuestos del Estado social y de la centralidad de la dignidad humana en relación con el derecho a la vida y a la integridad física y moral, podría conducir a soluciones indignas de la condición humana y eso, insisto, sería contradictorio con el Ordenamiento jurídico como un todo, como una unidad que es. Si pensamos que los derechos fundamentales son tan relevantes que, como agudamente señaló Alexy, no pueden quedar en manos de la simple mayoría parlamentaria, entonces precisamos buscar soluciones desde este punto de vista. Soluciones que de alguna manera pueden venir, de cara a la exigibilidad de los derechos sociales fundamentales, de la mano de la tesis del control con intensidad diferenciada.

Para la determinación del contenido de los derechos sociales fundamentales es preciso diferenciar entre ellos. Diferencias que implican, es obvio, valoraciones acerca de su relevancia, de su importancia. Tales operaciones necesitan de criterios objetivos para evitar subjetivismos o argumentaciones en función de sentimientos. Sin embargo, es posible asentar en criterios objetivos determinados juicios de valor acerca de la primacía de unos derechos sociales fundamentales sobre otros. Y tales argumentos hemos de encontrarlos en la mayor o menor afectación de tales derechos a la dignidad humana y, por ende, al grado en que esta exige unas mínimas condiciones para una existencia propia de la especie humana. Desde otro punto de vista, tal dilema se puede resolver desde la intensidad del control judicial constitucional a partir de las posiciones jurídicas fundamentales *prima facie*. En otras palabras: mientras más importante es la posición jurídica fundamental, más intenso debe ser el control de la omisión estatal[576].

La determinación del contenido de los derechos sociales fundamentales no se hace a priori, con carácter previo, es el resultado de la argumentación racional acerca de los fundamentos y preceptos más relevantes del orden constitucional en relación con situaciones concretas de personas que precisan de acciones positivas fácticas del Estado.

La intensidad del control judicial constitucional en relación con la omisión estatal va estar en relación con la importancia objetiva de la prestación correspondiente, que a su vez estará en función de su urgencia. Arango, en esta línea, presenta algunos casos que son dignos de comentario pues afectan al mínimo vital, al derecho a la salud, al derecho a la educación, al derecho a la vivienda, al derecho al trabajo y al derecho a la seguridad social[577].

El derecho fundamental a un mínimo vital trata sobre las necesidades elementales de todo ser humano: alimentación, vestido, techo, salud, trabajo y seguridad social. Como es sabido, el derecho al mínimo vital fue reconocido en Alemania, no como derecho fundamental, en 1953 y finalmente, tras consolidar una línea jurisprudencial bien conocida, se materializó en el ámbito normativo en la llama ley de ayuda social del Bund. No hay que razonar excesivamente para comprender que el no reconocimien-

---

[576] R. ARANGO, *op. cit.*, p. 210.
[577] R. ARANGO, *op. cit.*, pp. 212-236.

to de este derecho provocaría un daño irreversible a la persona necesitada con urgencia, conculcando el derecho a la vida y a la integridad física y moral además de los principios vertebradores del Estado social y a la misma dignidad humana. Por eso, este derecho a la cobertura del mínimo existencial es condición *sine qua non* para la legitimidad del Estado moderno, pues se basa de forma eminente en la igual dignidad de los seres humanos, hasta el punto de que el Estado tiene su centro y su raíz en la inalienable y omnipotente dignidad de la persona humana.

El derecho fundamental al mínimo vital, presupuesto y base de los derechos sociales fundamentales, es de tanta importancia que su reconocimiento, siquiera sea por vía interpretativa, evita que el ser humano se encuentre amputado en su valor como lo que es, un ser humano. De no contar con los medios imprescindibles para una existencia digna, la persona no podría desplegar las propiedades más elementales de la vida humana, quedaría desprotegida en unos niveles tan alarmantes, que podría pasar de fin y medida de todo, a la condición de cosa o, peor, a ser medio o instrumento al servicio de cualesquiera finalidades, tal y como hoy acontece en todas las latitudes, de forma expresa o en forma sutil.

El derecho al mínimo vital exige del Estado principalmente que la persona que está en situación de urgencia en lo que se refiere a sus necesidades básicas por no poder autónomamente cubrirlas, reciba las prestaciones positivas y fácticas que le permitan ese mínimo de dignidad para vivir. Desde otro punto de vista, este derecho al mínimo vital impide que se violen o se contravengan disposiciones de contenido social que garantizan a las personas tal situación. Es el caso de recortes sociales que afectan a esas condiciones mínimas entre las que se puede citar la prohibición de expropiación de parte del salario, la restricción de ciertos tratamientos médicos, o, entre otros, la limitación del amparo de pobreza.

En materia tributaria, el ejercicio de tal potestad estatal, debe operarse en el marco de ciertos límites, de forma y manera que los criterios de pertenencia a un grupo de población en situación de desventaja deben estar presentes. En efecto, el Estado no puede, de ninguna manera, en esta materia, poner en cuestión las condiciones mínimas de una existencia digna, pues el Estado, repetimos, debe garantizar las condiciones materiales necesarias para la vida digna de las personas.

Una evaluación general del derecho fundamental al mínimo vital en la jurisprudencia constitucional, permite afirmar, dice Arango, que tal derecho social fundamental representa un límite o cota inferior a la acción u omisión del Estado como de los particulares[578]. Es más, el derecho al mínimo vital es el derecho social fundamental básico que cumple la función de aseguramiento de los derechos sociales fundamentales mínimos por vía del reconocimiento judicial. Tal derecho ha servido, expresión de los derechos sociales fundamentales mínimos, para proteger a trabajadores y pensionistas del masivo incumplimiento contractual y legal de los obligados. Además, permite que se pueda ir un paso más allá, como apunta Arango, y se pueda proteger a niños, ancianos, discapacitados y enfermos crónicos o terminales a partir de los fundamentos del Estado social y las normas constitucionales referidas a la dignidad del ser humano, a la creación de condiciones para la libertad y la igualdad, o al reconocimiento del libre desarrollo de la personalidad.

Un caso paradigmático es del derecho a la salud, derecho que afecta de forma primaria y obvia a una existencia digna. En efecto, si no se dan unas condiciones mínimas de salud, la existencia de las personas puede verse afectada sustancialmente. El problema reside en determinar el nivel mínimo de asistencia médica y de medicamentos aunque bien es verdad que a día de hoy con ayuda de los expertos no es difícil cifrar tales umbrales. En todo caso parece que la nota de urgencia también ayuda sobremanera a conformar este derecho social fundamental. Si se omite la asistencia sanitaria y de medicamentos en situaciones de urgencia es obvio que se pueden producir daños incluso irreversibles para la persona, daños que pueden ser de naturaleza física o moral y que, por ello, contravienen el derecho a la vida, a la integridad física o

---

[578] R. ARANGO, *op. cit.*, p. 218.

espiritual, según los casos, y, por supuesto impiden el despliegue esencial del libre desarrollo de la personalidad.

El derecho a la salud, pues, está conectado con los principios elementales del Estado social, con la primacía de la dignidad humana y el libre y solidario desarrollo de la personalidad, así como con el derecho a la vida y a la integridad física y moral, principios y derechos expresamente reconocidos en la Constitución española. Además, el artículo 43 de nuestra Constitución considera el derecho a la salud como Principio rector de la política y social y económica, algo hoy incongruente con su verdadera naturaleza y establece que es de responsabilidad pública la disposición de medidas preventivas y prestaciones y servicios necesarios. Es decir, el derecho a la salud es un derecho constitucional al que los Poderes públicos deben atender preventivamente y, cuando sea menester, activamente, para proporcionar las prestaciones y servicios necesarios, remitiéndose a la Ley, la general sanitaria, para establecer los derechos y deberes que componen este elemental derechos social fundamental.

En España, a pesar de la ubicación constitucional del derecho a la salud, la realidad normativa infraconstitucional nos invita a pensar que se trata de un verdadero derecho fundamental que, desgraciadamente, carece del sistema de protección judicial que le es propio, lo que debe corregirse cuanto antes para evitar que una interpretación literal de la Norma Fundamental conduzca a soluciones no solo inconstitucionales, sino absurdas, anacrónicas y gravemente contradictorias con el Ordenamiento jurídico entendido como un todo.

Pensamos que no de otra manera debe entenderse la regulación que se contiene en la Ley general de sanidad de 26 de abril de 1984, modificada en varias ocasiones. Para el tema que nos ocupa tenemos que tener presente la exposición de motivos de la ley y algunos preceptos concretos. En efecto, en el preámbulo de esta ley puede leerse con toda claridad que: «A las necesidades de reforma a las que se acaba de aludir, nunca cumplimentadas en profundidad, han venido a sumarse, para apoyar definitivamente la formulación de la presente Ley General de Sanidad, dos razones de máximo peso, por provenir de nuestra Constitución, que hacen que la reforma del sistema no pueda ya demorarse. La primera es el reconocimiento en el artículo 43 y en el artículo 49 de nuestro texto normativo fundamental del derecho de todos los ciudadanos a la protección de la salud, derecho que, para ser efectivo, requiere de los Poderes públicos la adopción de las medidas idóneas para satisfacerlo. La segunda, con mayor incidencia aún en el plano de lo organizativo, es la institucionalización, a partir de las previsiones del título VIII de nuestra Constitución, de Comunidades Autónomas en todo el territorio del Estado, a las cuales han reconocido sus Estatutos amplias competencias en materia de Sanidad».

Es decir, el derecho a la salud se conforma a partir de prestaciones necesarias para su satisfacción. Además, como sigue diciendo el preámbulo «la Ley da respuesta al primer requerimiento constitucional aludido, reconociendo el derecho a obtener las prestaciones del sistema sanitario a todos los ciudadanos y a los extranjeros residentes en España, si bien, por razones de crisis económica que no es preciso subrayar, no generaliza el derecho a obtener gratuitamente dichas prestaciones sino que programa su aplicación paulatina, de manera que sea posible observar prudentemente el proceso evolutivo de los costes, cuyo incremento no va necesariamente ligado a las medidas de reforma de las que en una primera fase, por la mayor racionalización que introduce en la Administración, puede esperarse lo contrario». La situación de crisis modula el gasto sanitario que, sin embargo, no puede afectar al derecho social fundamental mínimo a la salud. Es decir, los tratamientos médicos y los medicamentos imprescindibles para una vida digna de tal nombre, aquellos que son imprescindibles para un derecho al mínimo vital deben ser de cuenta del Estado en época de crisis o de bonanza. Es más, en época de crisis son más exigibles, si cabe, esas prestaciones mínimas pues las necesidades serán más apremiantes y urgentes en lo que se refiere al derecho al mínimo vital.

En el artículo primero, párrafo segundo y tercero se reconoce que «son titulares del derecho a la protección de la salud y a la atención sanitaria todos los españoles y los ciudadanos extranjeros que tengan establecida su residencia en el territorio nacional y que los extranjeros no residentes en España, así como los españoles fuera del territorio nacional, tendrán garantizado tal derecho en la forma que las leyes y convenios internacionales establezcan».

En el párrafo cuarto de este artículo primero se señala que «para el ejercicio de los derechos que esta Ley establece están legitimadas, tanto en la vía administrativa como jurisdiccional», vía judicial, sin embargo, que no es la propia, la que debiera instrumentarse para un derecho fundamental social como es el derecho a la salud.

En relación con las prestaciones que se obliga normativamente a la Administración pública, es menester traer a colación el artículo seis de la ley cuando dispone que las actuaciones de las Administraciones Públicas sanitarias estarán orientadas:

1. A la promoción de la salud
2. A promover el interés individual, familiar y social por la salud mediante la adecuada educación sanitaria de la población.
3. A garantizar que cuantas acciones sanitarias se desarrollen estén dirigidas a la prevención de las enfermedades y no solo a la curación de las mismas.
4. A garantizar la asistencia sanitaria en todos los casos de pérdida de la salud.
5. A promover las acciones necesarias para la rehabilitación funcional y reinserción social del paciente.

En la ejecución de lo previsto en el apartado anterior, las Administraciones públicas sanitarias asegurarán la integración del principio de igualdad entre mujeres y hombres, garantizando su igual derecho a la salud.

Es decir, el conjunto de prestaciones que debe cumplir la Administración pública en este campo da idea de la relevancia que tiene este «derecho social fundamental». Desde la perspectiva de los derechos que componen el derecho social fundamental a la salud, hemos de acudir al artículo 10, cuando dice que «todos tienen los siguientes derechos con respecto a las distintas Administraciones públicas sanitarias:

1. Al respeto a su personalidad, dignidad humana e intimidad, sin que pueda ser discriminado por su origen racial o étnico, por razón de género y orientación sexual, de discapacidad o de cualquier otra circunstancia personal o social.

2. A la información sobre los servicios sanitarios a que puede acceder y sobre los requisitos necesarios para su uso. La información deberá efectuarse en formatos adecuados, siguiendo las reglas marcadas por el principio de diseño para todos, de manera que resulten accesibles y comprensibles a las personas con discapacidad.

3. A la confidencialidad de toda la información relacionada con su proceso y con su estancia en instituciones sanitarias públicas y privadas que colaboren con el sistema público.

4. A ser advertido de si los procedimientos de pronóstico, diagnóstico y terapéuticos que se le apliquen pueden ser utilizados en función de un proyecto docente o de investigación, que, en ningún caso, podrá comportar peligro adicional para su salud. En todo caso será imprescindible la previa autorización y por escrito del paciente y la aceptación por parte del médico y de la Dirección del correspondiente Centro Sanitario.

5. A que se le asigne un médico, cuyo nombre se le dará a conocer, que será su interlocutor principal con el equipo asistencial. En caso de ausencia, otro facultativo del equipo asumirá tal responsabilidad.

6. A participar, a través de las instituciones comunitarias, en las actividades sanitarias, en los términos establecidos en esta Ley y en las disposiciones que la desarrollen.

7. A utilizar las vías de reclamación y de propuesta de sugerencias en los plazos previstos. En uno u otro caso deberá recibir respuesta por escrito en los plazos que reglamentariamente se establezcan.

8. A elegir el médico y los demás sanitarios titulados de acuerdo con las condiciones contempladas, en esta Ley, en las

disposiciones que se dicten para su desarrollo y en las que regulen el trabajo sanitario en los Centros de Salud.

9. A obtener los medicamentos y productos sanitarios que se consideren necesarios para promover, conservar o restablecer su salud, en los términos que reglamentariamente se establezcan por la Administración del Estado.

10. Respetando el peculiar régimen económico de cada servicio sanitario, los derechos contemplados en los apartados 1, 3, 4, 5, 6, 7, 9 y 11 de este artículo serán ejercidos también con respecto a los servicios sanitarios privados».

A pesar de la prolijidad de la regulación de estos derechos componentes del «derecho social fundamental a la salud», no se encuentra el derecho a recibir las prestaciones mínimas que aseguren una digna calidad de vida, referencia a la que se refiere el preámbulo de la Constitución y que, ahora, en tiempos de crisis, hasta podría ser desconocida por las Autoridades competentes sin incurrir normativamente en responsabilidad alguna. Por eso, hay que afirmar que a pesar del preámbulo, a pesar de los preceptos, la argumentación racional integral sobre el texto constitucional conduce a la consideración del derecho a la salud como un derecho social fundamental que incluye el derecho a una mínima asistencia sanitaria y a la dispensación de medicamentos elementales, como una exigencia insoslayable del Estado social de Derecho basado en la dignidad del ser humano.

En este sentido, de la argumentación racional, integral, acerca del contenido constitucional de este derecho debe colegirse que estamos en presencia de un derecho social fundamental. Es decir, en la medida en que el no reconocimiento del derecho prestacional de desarrollo progresivo a la salud involucra la vulneración de otros derechos fundamentales como el derecho a la vida y a la integridad física o moral del artículo 15, es posible, es exigible otorgarle la protección propia de los derechos fundamentales. Al menos es lo que se deriva de la doctrina de los derechos fundamentales por conexidad o por relación directa a la que ya nos hemos referido con anterioridad y que se puede comentar señalando que estos derechos, no siendo denominados formalmente como derechos fundamentales, es el caso del derecho a la alimentación, a la salud, al vestido, a la vivienda..., son derechos humanos ordinariamente reconocidos en las Declaraciones Internacionales como tales, y, por ello, tienen las condición de derechos fundamentales en virtud de la inescindible conexión que mantienen con otros derechos fundamentales, de manera que de no protegerse como tales se produciría inexorablemente una quiebra, una mengua del contenido mínimo indispensable para la vida humana, hasta el punto de que de no reconocerse su fundamentalidad se vería amenazados o lesionados derechos fundamentales formales.

La argumentación racional acerca del derecho a la salud concluye categóricamente en su condición de derecho fundamental social. Un derecho social fundamental que también se proyecta sobre aquellas personas que precisan de protección especial en relación precisamente con la salud. Nos referimos a personas con pronósticos complicados en cuanto a su curación, a mujeres que van a dar a luz o que ya lo han hecho, a integrantes de minorías étnicas, personas que se encuentran en traslados forzosos, mujeres solteras, madres en situación de desempleo, adultos en situación de pobreza, enfermos de sida, a, o entre otras, a personas con discapacidades físicas o psíquicas. Se trata de seres humanos que por su especial fragilidad o debilidad física o moral, precisan de la atención médica y la dispensación de medicamentos para llevar una vida digna.

Otro camino que puede seguirse para el reconocimiento del derecho social fundamental a la salud parte de las leyes que establecen el régimen jurídico de este derecho precisamente para provocar que intervenga el Tribunal Constitucional y señale en qué casos este derecho presenta los contornos de un derecho fundamental y en qué casos no lo manifiesta pues no todos los tratamientos médicos proceden de la exigencia de un derecho esencialmente fundamental de la persona.

En materia de derecho a la salud, las doctrinas de la urgencia y del caso extremo cobran especial relevancia y aconsejan soluciones procedentes de la naturaleza de derecho fundamental. Unos simples dolores, por ejemplo, no caracterizan el derecho como fundamental social y, en ocasiones, a sensu contrario, se puede ir diseñando el contenido del derecho social fundamental a la salud.

Por lo que se refiere al acceso a los servicios públicos de salud, parece fuera de toda duda que aplicando la doctrina del caso extremo y de las circunstancias urgentes, también nos encontramos en el caso de un derecho componente del derecho social fundamental a la salud.

Por lo que se refiere al derecho a la educación las cosas son más complejas puesto que se trata de un derecho ciertamente con un contenido bien amplio. Por ello, lo más razonable, como acontece también en el caso del derecho a la salud, y especialmente en el derecho fundamental a una buena Administración, paradigma de los derechos sociales fundamentales de relación con los Poderes públicos, es delimitar el contenido del derecho. En efecto, dentro del derecho social fundamental a la educación encontramos exigencias como las siguientes: derecho a un cupo en la educación preescolar, primaria, secundaria, profesional, universitaria o en la formación para personas desempleadas. Otro problema que presenta el derecho a la educación es su doble faz: es un derecho individual y también es un derecho colectivo y, por si fuera poco, tiene una dimensión de deber personal que no se puede ocultar pues sirve también para alcanzar objetivos sociales como la productividad, la competencia o la integridad social[579].

En materia de derecho a la educación hay que tener presente que este derecho social fundamental de la persona está en relación directa con la libertad de enseñanza. Cuando el derecho a la educación se convierte en una prestación del Estado en la que no se tienen en cuenta las especiales características que acompañan a la libertad de enseñanza, entramos por una senda de intervencionismo que hasta puede amputar la misma libertad educativa ínsita en el derecho social fundamental. El caso, pues, del derecho social fundamental a la educación, que vamos a tratar en relación

---

[579] R. ARANGO, *op. cit.*, p. 224.

con una problemática muy española, homologable por supuesto en otras latitudes, refleja hasta qué punto es posible, y censurable cuando se produce, que el Estado aproveche su obligación de prestar ciertos medios o servicios en orden a las prestaciones inherentes para la realización de un derecho social fundamental, para imponer de una u otra forma determinados criterios que son de libre elección para los verdaderos titulares de este derecho fundamental: los padres.

En efecto, hay veces que el Estado interviene tanto en la vida de los ciudadanos que estos se convierten en simples marionetas en manos del poder. En otras ocasiones, en sentido contrario, el Estado se despreocupa en demasía de la vida social pensando que la libertad, sobre todo la económica, sin más, automáticamente genera más espacios de libertad en general. Por otra parte, confundir la libertad educativa con el acceso a la educación, no distinguir entre derecho a la educación y libertad educativa es algo que refleja hasta qué punto las pupilas para preservar y facilitar la libertad de los ciudadanos han ido perdiendo vigor en muchos países, también en el que reside quien escribe estas líneas.

La realidad nos enseña que el sentido de la intervención pública se justifica precisamente para que la libertad solidaria se pueda ejercer por todos los ciudadanos de la mejor manera posible. En este sentido, por ejemplo, el Estado, artículo 9.2 de la Constitución española, en lugar de obstaculizar el ejercicio de la libertad educativa de los padres para elegir el modelo educativo de su preferencia de acuerdo con sus convicciones, debe promoverla, facilitarla. Y facilitar es, eso, hacer posible. Que, como dispone la Constitución española en el artículo 27, los padres puedan elegir el modelo educativo de su preferencia, el que más se ajuste a sus convicciones morales. Por una razón sencilla, porque la Administración existe y se justifica, especialmente en un Estado social y democrático de Derecho, en la medida en que facilita o promueve las libertades y los derechos fundamentales de las personas.

Es bien conocida la cita de Shaw sobre la libertad: libertad implica responsabilidad: por eso le tienen tanto miedo la mayoría de los hombres[580]. No es, ni mucho menos, un gran descubrimiento señalar que una de las principales características que definen el mapa ideológico y político de este tiempo es el miedo a la libertad. Y, por contra, sobresale un calculado y deliberado apego a los espacios del pensamiento único. En este ambiente, la censura, la restricción de la libertad educativa, los obstáculos a la libertad científica y tantas otra manifestaciones del ocaso de las libertades encuentran un ambiente perfecto en los dominios del nuevo pensamiento unilateral, estático, cerrado que parece imponerse entre nosotros.

Thomas Pavel, profesor en Princeton, advertía recientemente que la «political correctress» trae su causa de un colectivismo particularista heredado de la pasión por la igualdad, en detrimento de la libertad personal[581]. Otra característica de este poderoso fenómeno es la imposición de la discriminación positiva y la tendencia al fundamentalismo, ese fanatismo que tan bien describiera Holmes: «la mente del fanático es como la pupila de los ojos; cuando más luz recibe, más se contrae. ¿Por qué? Porque el fundamentalista o fanático ve con tanta claridad lo que le parece lo único posible que no se explica para qué sirve la libertad»[582]. Esta descripción del fundamentalismo recuerda aquella famosa sentencia de Lenin: «libertad, ¿para qué?»[583], hoy, por cierto, tan del gusto de los dirigentes culturales. Pues libertad para trabajar, para convivir y, sobre todo, para poder elegir con criterio. Libertad para opinar, para expresar las convicciones sin ser discriminado. Libertad, siempre libertad, aunque no nos gusten o convenzan las posiciones de los otros. Es más, en la democracia es menester aprender a respetar las opiniones contrarias, a convivir con quienes no piensan como nosotros, siempre, claro está, con un profundo respeto a las personas, aunque pueda ser intensa la crítica a las ideas.

No se trata de tolerar la libertad, se trata de hacerla posible.

[580] *Vid.* G.B. SHAW, *Maxims, for Revolutionists*, London, 1903.
[581] *Vid.* T. PAVEL, *El pensamiento de la novela*, Madrid, 2005.
[582] *Vid.* O.W. HOLMES, *La senda del Derecho*, Madrid, 2102.
[583] *Vid.* V.I. LENIN, *¿Qué hacer?*, Madrid, 2002.

De lo contrario, estaríamos atentando contra esa tolerancia que consiste en reconocer en los demás la misma libertad de que uno dispone. Siempre es reconfortante la vuelta a los clásicos. Tiberio escribió hace muchos, muchos años, que en una ciudad libre conviene que la mente y la lengua sean libres[584]. Y la mente y la lengua son libres cuando los Poderes públicos las facilitan o promueven. No cuando las limitan o cuando las laminan con el propósito, confesado o no, de que prevalezca un modelo único.

En efecto, pareciera que en materia educativa debieran potenciarse modelos de enseñanza que realmente transmitan conocimientos y que, en última instancia, impliquen un compromiso efectivo con la mejora de la realidad. Sin embargo, desde el pensamiento único se ha decidido laminar, por ejemplo, cualquier intento de «enseñanza diferenciada» y se nos condena al modelo «único», modelo que es objeto preferentemente de las ayudas públicas. Sin embargo, desde los Poderes públicos se debe potenciar la libertad educativa y que todos los padres puedan ejercer el derecho constitucional a elegir la educación que deseen para sus hijos en función de sus convicciones morales. Si en España hubiera una mayor sensibilidad y apego a la libertad estas polémicas, estas sentencias, y estos planteamientos habrían sido superados hace ya bastante tiempo.

En materia de derecho a la educación, lo determinante es que los alumnos reciban conocimientos sólidos que les habiliten para comportarse en el futuro como ciudadanos que disponen cualidades democráticas responsables. Lógicamente, una sociedad plural y diversa como es la nuestra podrá ofrecer diferentes modelos educativos y serán los padres quienes, en ejercicio de su Derecho Constitucional, elijan el que consideren, en ejercicio de su Derecho Constitucional. Si resulta que, por ejemplo, se mutilara la oferta, porque se excluyeran de ayudas algunos modelos, como es el de escuela de enseñanza separada, entonces estaríamos en presencia de una restricción a un derecho fundamental que juzgo intolerable y desproporcionado porque se impide que los padres,

---

[584] *Vid.* SUETONIO, *Vida de Tiberio*, Madrid, 2010.

insisto, puedan elegir el modelo educativo apropiado a sus hijos, algo que está incluido en el derecho fundamental a la educación tal y como reconoce con toda claridad el artículo 27.3 de la Constitución de 1978.

No se trata de imponer criterio alguno. Se trata de fomentar el pluralismo y la diversidad. Hoy, la escuela mixta es un dogma. Un dogma porque para muchos el ideal de la escuela mixta es igual a una educación mejor. Pues bien, este dogma, cuando menos es discutible. Por varias razones. Porque la educación diferenciada es mucho más accesible para los alumnos con menos ingresos. Porque resulta que los que proceden de familias con escasos recursos y viven en entornos problemáticos son los que mejoran más sus resultados al asistir a clases solo para chicos o solo para chicas según demuestran las estadísticas en la materia. Y, porque, dado que la enseñanza pública es mixta, quienes más podrían beneficiarse de la educación diferenciada son quienes más difícilmente pueden acceder a ella. La clave, repito, es que el Estado cumpla su función de garantizar los derechos y libertades y que, por tanto, se facilite la elección.

La realidad, aunque a algunos no les guste, camina de la mano de la libertad y del pluralismo. En Alemania, desde 1998 varios Länder ofrecen clases de matemáticas en régimen de educación diferenciada. Y, en Australia, Estados Unidos y Reino Unido dentro de la escuela pública, la Administración pública hubo de aumentar el mero de escuelas diferenciadas para atender a la demanda de las familias.

Una de las características de una sociedad libre es, precisamente, en materia educativa, la existencia de una pluralidad de centros educativos de diversas tendencias e idearios que puedan ser elegidos por los padres para sus hijos en función de sus convicciones y creencias. Allí donde el universo de posibilidades es mayor, mayor será la libertad. En sentido contrario, donde el poder público reduce o limita el abanico de posibilidades, la libertad, obviamente, será menor.

Tratándose, como se trata, la libertad educativa, de un tema de capital importancia para el desarrollo de los pueblos y de las personas, es interesante analizar, brevemente, el reciente informe (2013) sobre el tema preparado por OIDEL, Organización Internacional para el Derecho a la Educación y la Libertad de Enseñanza, que es una institución privada de prestigio global con estatuto consultivo ante la ONU y la UNESCO. El informe que acabamos de conocer abarca el 95 % de la población mundial. Como era de esperar, España ocupa en este registro un lugar que habla por sí solo del compromiso de nuestras autoridades con la libertad de enseñanza: está en el puesto 19, por supuesto detrás de 12 países europeos.

Los parámetros que son objeto de evaluación por los expertos de OIDEL se refieren a la libertad para crear y gestionar escuelas no gubernamentales según la propia legislación de los Estados, la libertad de los padres para elegir centro educativo, la legislación sobre la opción de la enseñanza en casa, grado de autonomía de los centros escolares. Es más, uno de los conceptos que más se valoran para la realización del informe, nada menos que 20 puntos sobre 100, se refiere a la autonomía real de las escuelas no gubernamentales. Para ponderar este criterio, se tienen en cuenta cuatros aspectos sumamente relevantes: la libertad para desarrollar un ideario propio, la libertad de admisión de alumnos, la libertad de contratar y gestionar al personal y el dominio del control de calidad.

A la cabeza de la lista figuran, como en otros tantos rankings relativos a la calidad de otras libertades, están Dinamarca, Finlandia, Irlanda y Bélgica. Chile está también por encima de España en el décimo puesto. Por debajo de nuestro país se encuentran, entre otros, Filipinas (21), Tailandia (30), Singapur (31). Los treinta países del vagón de cola, como es lógico, son las dictaduras y regímenes autoritarios como Cuba, Camboya, así como algunas naciones de confesionalidad musulmana radical.

¿Cuál puede ser la principal razón que explique la mala posición que España cosecha en materia de libertad educativa cuando tiene una regulación constitucional impecable en la materia? La principal razón reside, como en otras tantas cosas, en el intervencionismo y en la obsesión por el control que caracteriza a los

Poderes públicos, nacionales, autonómicos y locales en general. Otras razones, en menor medida, las encontramos, por ejemplo, en el grado de autonomía real de los centros educativos no gubernamentales para la gestión del presupuesto del centro y la selección del personal. Y, por supuesto, tenemos la calificación que tenemos porque la libertad para elegir colegio todavía, como es bien sabido, deja mucho que desear.

La libertad de enseñanza consiste esencialmente en el derecho fundamental de los padres a elegir para sus hijos el modelo educativo de acuerdo con sus convicciones y creencias. El Estado, en este sentido, de acuerdo con la Declaración Universal de los Derechos Humanos (artículo 16.3) o el artículo 27 de la Constitución española, ha de propiciar la efectividad de este derecho y hacer posible que los centros educativos ofrezcan diferentes opciones que faciliten el ejercicio de esta libertad fundamental. El derecho a la educación constituye, desde otro punto de vista, en la respuesta del Estado a la necesidad de las personas recibir la formación necesaria para integrarse en la vida social.

En un caso, libertad de enseñanza, lo central es la libertad de elección de los padres. En el otro, lo relevante es la prestación pública que permite el acceso general de los ciudadanos a la educación. Pues bien, la madre del cordero está en identificar la libertad de enseñanza con el derecho a la educación. Ocurriría lo mismo que cuando se identifica el Estado con la Sociedad. La libertad no es una concesión del poder. Es una conquista de la persona que el Estado ha de proteger, defender y facilitar o promover. Cuando el Estado subvierte el sentido de la subsidiariedad y toma la iniciativa dejando a las instituciones sociales un lugar residual, entonces estamos cercanos al autoritarismo, una situación en la que prácticamente todo reside en el poder, que alcanza a la vida humana en su conjunto, desde la cuna a la tumba. Por eso, el derecho social fundamental a la educación ha de prestarse con un exquisito respeto a la libertad de enseñanza. Si así no fuera, se estaría utilizando la maquinaria del Estado para, lisa y llanamente, imponer desde la cúpula un determinado modelo educativo, lo que no es aceptable en un régimen en el que el pluralismo es uno de los principios superiores del Ordenamiento jurídico, tal y como señala el artículo 1.1 de la Constitución española de 1978.

En este sentido, merece la pena comentar una sentencia de 10 de noviembre de 2004 de la Sala de lo Contencioso Administrativo del Tribunal Superior de Justicia de Castilla-La Mancha en materia de libertad de enseñanza que, en mi opinión, supone una bocanada de aire fresco en el proceloso mundo de los permanentes intentos del poder constituido por dominar también la educación concertada, quizás porque se piensa que donde existen fondos públicos allí se dan los supuestos para el control y la intervención sin límites.

Pues bien, el Tribunal Superior de Justicia de Castilla-La Mancha anuló parcialmente el Decreto de la Comunidad Autónoma que imponía, por sorprendente que parezca, la obligatoriedad de la educación mixta en los centros concertados, saltándose en toda regla el fundamental principio de libertad y desconociendo que los Poderes públicos tienen la función de hacer efectiva la libertad y la igualdad de las personas y de los grupos en que se integran, tal y como dispone el artículo 9.2 de la Constitución en general y el artículo 27. 1 y 2, también de la Constitución, en particular.

Por otra parte, la sentencia que ahora vamos a glosar, afirma que la Ley educativa no prohíbe la educación diferenciada y que, por ello, la Comunidad Autónoma se ha excedido en sus atribuciones. No puede la Comunidad Autónoma establecer esta prohibición porque en España existe libertad de enseñanza y porque, como también dispone la Constitución en el artículo 27.2: «la educación tendrá por objeto el pleno desarrollo de la personalidad humana en el respeto a los principios democráticos de convivencia y a los derechos y libertades fundamentales». Es decir, si estamos en un sistema democrático, el pluralismo debe protegerse y facilitarse evitando el dogmatismo del pensamiento único que se impone desde la cúpula.

La Constitución de 1978, como sabemos, de acuerdo con su artículo 27.6 de la Constitución, reconoce la libertad de enseñanza, consagrada y reconocida en el parágrafo 1 de dicho precepto, implica necesariamente el reconocimiento a los titulares de centros privados de la dirección de los mismos, sin que sea razonable pensar que por existir conciertos, esa capacidad de dirección que garantiza la propia libertad de ideario escolar pueda ser neutralizada o anulada por la Administración que subvenciona este tipo de educación. Es más, como tendremos ocasión de comentar al hilo de la sentencia que nos ocupa, debe admitirse que en la educación concertada los centros puedan asumir como forma propia de su proyecto educativo el de ofrecer educación diferenciada para los alumnos de sexo femenino y para los de sexo masculino.

La sentencia anula, además, las Órdenes de la Consejería de Educación que desarrollaban el decreto en lo que se refiere a otorgar la función de selección de los alumnos en centros concertados, no a las direcciones de dichos centros, sino a un Consejo de Escolarización que asume el protagonismo de la tarea seleccionadora, relegando a una posición subordinada a los centros en un preciso intento de control de los centros concertados.

El recurso lo planteó el Centro de Iniciativas para la Formación Agraria S.A. frente al Decreto y Ordenes de marzo de 2004 dictadas por el Gobierno y la Consejería de Educación de Castilla-La Mancha que regulaban el proceso de admisión del alumnado en centros docentes sostenidos con fondos públicos en Educación Infantil, Primaria, Educación Secundaria Obligatoria y Bachillerato, así como en Formación profesional de grado medio y superior.

Los Consejos de Escolarización, a quienes se atribuye la competencia sustancial de selección en estos centros están formados por cinco miembros libremente designados por la Administración, un representante de los Ayuntamientos, otro de los padres y madres de alumnos escolarizados en centros públicos, otro de los padres y madres de los alumnos de centros concertados, un titular de centro concertado y dos representantes sindicales de los profesores. Llama la atención dicha composición que garantiza la mayoría a los representantes de la Administración, reconociendo un solo representante a los titulares de centros concertados. Cómo se observa, el poder utiliza la libre designación de sus representantes para condicionar la libertad en un ejercicio público que demuestra una peculiar manera de entender la participación cívica.

El Tribunal, a la vista de dicha regulación, no puede menos que señalar que, de esta manera, se elimina la facultad hasta entonces reconocida a los titulares de los centros concertados de la selección de los alumnos para entregarla al llamado Consejo Provincial de Escolarización.

La sentencia, además, recuerda que tanto la LODE (Ley Orgánica del Derecho a la Educación) como la LOCE (Ley Orgánica de Creación de Centros Escolares) atribuyen al titular del centro concertado la gestión de la admisión del alumnado, por lo que esta normativa autonómica vulnera el derecho de libertad de enseñanza y de libre creación de centros docentes reconocido en nuestra Constitución. También, finalmente, anula de forma parcial el Decreto en lo que se refiere a la prohibición de la educación diferenciada puesto que la Ley no la prohíbe y, por tanto, una normativa inferior no puede conculcar el contenido de una Norma superior como es una Ley, aplicación simple del principio, también constitucional (artículo 9.3), de jerarquía normativa.

Entrando ya en el análisis de los fundamentos de Derecho de la sentencia, lo primero que llama la atención, y no poco, es la pretensión de inadmisión del recurso por falta de legitimación de la parte actora que el Tribunal califica de temeraria porque al tratarse de centros concertados es lógico pensar que la Administración tuviera «a su disposición los elementos de juicio necesarios para saber con certeza acerca de la titularidad».

El recurrente eligió el cauce procedimental especial para la protección de los derechos fundamentales de la persona. El objeto del recurso se circunscribe, como ya he adelantado, al Decreto regional 22/2004, de 2 de marzo, de Admisión de Alumnado en Centros Docentes no Universitarios Sostenidos con Fondos Públicos de la Comunidad Autónoma de Castilla-La Mancha y, además, se amplía a dos disposiciones de rango inferior dictadas por la Consejería de Educación en desarrollo de dicho reglamento: la Orden de 12 de marzo de 2004, de desarrollo del proceso de admisión de alumnos en centros concertados que imparten enseñanzas de Educación Infantil, Educación Primaria, Educación Secundaria Obligatoria y Bachillerato y otra Orden relativa al mismo asunto pero en relación con los ciclos formativos de Formación Profesional Específica de grado medio y superior. El argumento central del demandante, como reconoce el Tribunal, es «que las referidas disposiciones conculcan el derecho fundamental a la libertad de enseñanza o de educación regulado en el artículo 27 de la Constitución».

El recurrente entiende que dichas normas administrativas vulneran dos manifestaciones de la libertad de enseñanza: el derecho de los padres o tutores a la elección del centro escolar para sus hijos o pupilos y el derecho a la libre creación de centros docentes.

Por lo que se refiere a la libre elección de centro por los padres, el Tribunal nos recuerda que está «expresamente reconocido en la Declaración Universal de los Derechos del Hombre y en diversos pactos y acuerdos internacionales ratificados por España que, por imperativo del artículo 10.2 de la Constitución deben ser tenidos en cuenta para interpretar las normas relativas a los derechos fundamentales y las libertades públicas». Por otra parte, dicho derecho de libertad de creación de centros docentes «incluye las facultades de dirección reconocidas a sus titulares en la medida en que se vean conculcadas por las prescripciones reguladoras del procedimiento de admisión de alumnos en dichos centros».

Es decir, desde este punto de vista, la libertad de enseñanza implica el derecho a la libertad de creación de centros docentes, como proclama el artículo 27.1 constitucional en relación con el 27.6 de la Constitución de 1978, que malamente podrá realizarse razonablemente si se extirpan las facultades de dirección que asisten a los titulares de los centros. Estaríamos claramente en un supuesto de entorpecimiento de la libertad por parte de la Administración cuando, como dice el propio artículo 27 en su párrafo 9, «los Poderes públicos ayudarán a los centros docentes que reúnan los requisitos que la Ley establezca». Y, si estos centros están concertados hay que presumir que cumplen los requisitos de funcionamiento, luego eliminar o limitar esencialmente las facultades directivas a los titulares de los centros constituye una forma bien patente de impedir el ejercicio del Derecho Constitucional.

Además, desde una perspectiva más general, resulta que la función constitucional de los Poderes públicos radica precisamente en facilitarlos y promoverlos hasta el punto de que la propia Constitución, como ya he señalado, manda a las Administraciones públicas «remover los obstáculos que impidan o dificulten su plenitud» (artículo 9.2).

En este contexto de la libertad de creación de centros docentes, los recurrentes también argumentan que dicho derecho fundamental sería ilusorio sino fuera real y efectivo el derecho también reconocido en el artículo 27.7 de «los profesores, padres y en su caso alumnos en el control y gestión de los centros sostenidos con fondos públicos».

Pues bien, el Tribunal Superior de Justicia de Castilla-La Mancha, cuando examina la legitimación para recurrir en el procedimiento de protección de derechos fundamentales, señala que, en estos casos «la legitimación para recurrir se funda en la titularidad del derecho que se invoca como vulnerado (...). En consecuencia, el derecho a la elección de centro docente que se reconoce a los padres constitucionalmente no puede ser alegado por la entidad actora en esta sede para fundamentar sus pretensiones impugnatorias tal y como aduce, esta vez sí con razón el letrado de la Junta en la contestación, ni eventualmente tampoco puede ser invocado por el titular del centro docente en el ámbito de este procedimiento el derecho de participación de los sectores de la comunidad educativa aludidos por medio de la intervención de los Consejos Escolares en el procedimiento de admisión del alumnado».

Como sabemos, no es posible argumentar sobre la inconstitucionalidad de una disposición por vulnerar derechos de los que no se es titular en los procedimientos de protección de los derechos fundamentales, mientras que en los procedimientos ordinarios la legitimación que proporciona el interés legítimo en lograr la anulación del acto permite la alegación de cuantos defectos de legalidad o de constitucionalidad se considere que afectan a la resolución o disposición aunque se trate de vulneración de derechos constitucionales de los que no se es directamente titular.

El caso preferente y sumario del procedimiento especial de protección de derechos fundamentales en España se vincula a la vulneración de un derecho fundamental del actor. Por ello, el Tribunal rechaza los fundamentos aducidos en la demanda «por los que se recusan los criterios de admisión de alumnado establecidos en el decreto y desarrollados en las ordenes citadas» al haberse relacionado dichos fundamentos con el derecho fundamental a la elección que se reconoce a los padres y no a los titulares de centros docentes, pues aquellos, como recuerda el Tribunal Supremo en sentencia de 9 de diciembre de 1987 no tiene reconocido un derecho fundamental a la elección de alumnos.

Sin embargo, que los titulares de los centros no tengan el derecho fundamental, no quiere decir, como reconoce el Tribunal Superior de Justicia, que no dispongan de derecho a impugnar estas normas administrativas por razones de legalidad ordinaria, donde la legitimación, como sabemos, discurre por parámetros distintos.

Los argumentos expuestos hasta ahora por el recurrente apenas tienen consideración procesal por la sencilla razón de que, insisto, el titular de los centros concertados no es el titular del derecho fundamental a la elección de centro educativo para los hijos.

Ahora bien, desde el punto de vista del derecho a la libre creación de centros docentes del artículo 27.1 y 6 de la Constitución de 1978, el Tribunal reconoce que, efectivamente, el titular de los centros docentes concertados, dispone de un derecho fundamental que puede haber sido seriamente lesionado. Por ello, el Tribunal Superior señala que «corresponde que examinemos como vulneradora de ese derecho fundamental la marginación o supresión en absoluto de la intervención de los titulares de los citados centros en el proceso de admisión del alumnado que se puede predicar como una de las novedades más reseñables del decreto regional 22/2004, de 2 de marzo, de admisión de alumnado en los centros docentes no universitarios sostenidos con fondos públicos».

Pues bien, el Tribunal Superior de Castilla-La Mancha llama la atención sobre la modificación que entraña este Decreto en relación con el de 11 de abril de 2000 en el que se reconocía que en los centros concertados –artículo 6– correspondía a los titulares de los centros la competencia de la decisión sobre la selección. Ahora se hurta esa competencia a los titulares de los centros, pues es el Consejo de escolarización –artículo 12– quien tiene atribuida la asignación del alumnado a los distintos centros educativos, que será provisional en la medida en que no se interpongan las correspondientes reclamaciones ante las Delegaciones provinciales y, definitiva una vez resueltas las eventuales reclamaciones. Es decir, que la competencia para decidir sobre selección la tienen estos Consejos, ya sean los centros públicos o privados. En otras palabras, un órgano eminentemente administrativo cuya composición expuse anteriormente, tiene en sus manos la potestad de decidir sobre la realización de un derecho fundamental como es el de los titulares de los centros concertados a seleccionar los alumnos.

Parece evidente, sin necesidad de mayores glosas, que la libertad educativa en este caso se encuentra gravemente cercenada en la medida en que no se va a poder realizar por no garantizarse que serán alumnos de dicho centro quienes hayan, por medio de sus padres, optado por él. Lo cual nos lleva a una flagrante violación de lo dispuesto en el artículo 9.2 de la Constitución de 1978, y lo que es más grave, a un burdo intento de restringir irracionalmente un derecho fundamental a manos de un órgano administrativo: algo, en verdad, que parecía ya definitivamente registrado en los libros de historia de la intervención administrativa. Por otra parte, no me resisto a afirmar que, probablemente, una decisión de la Administración educativa de tanta envergadura que modifica sustancialmente el régimen anterior debería ser objeto de una amplia motivación, pues de lo contrario también se viola el reciente principio incorporado a nuestro Ordenamiento Jurídico de la confianza legítima en que la propia Administración no varíe unilateralmente sus decisiones sin una razonable justificación.

Por lo que se refiere a las Órdenes de 12 de marzo de 2004, el Tribunal Superior también señala, como en el caso anterior, que «los titulares de los centros concertados carecen de cualquier intervención en el referido proceso-selección y solo se les reconoce una mínima representación en los consejos de escolarización». Esto para el caso de centros concertados ordinarios. Para los centros concertados de Formación profesional anteriormente referidos, «desaparece la facultad reconocida antes a los titulares de los centros concertados y se atribuye la competencia para desarrollar todo el proceso de admisión a la Comisión de Formación Profesional del Consejo Provincial de Escolarización».

El cambio es relevante pues desaparece la naturaleza ejecutiva de la decisión sobre selección del titular del centro concertado o, en todo caso, como dic el Tribunal Superior de Justicia de Castilla-La Mancha, su intervención «se reduce a la mera recepción de las solicitudes que los padres decidan presentar y a remitirlas a los Consejos de escolarización, órganos administrativos en los que se les asigna una mínima representación». El titular del centro pasa de ser quien decide a mero portador y remisor de la documentación para que resuelva el órgano administrativo.

La cuestión es si este cambio normativo vulnera el derecho fundamental de libre creación de centros en su dimensión de derecho de dirección de los centros de los que se es titular. Para esta tarea, como dice el Tribunal, lo determinante es «verificar primero si la examinada regulación de la materia relativa a la admisión de alumnos vulnera y se excede del ámbito marcado por la normativa orgánica estatal (L.O. 8/1985, de 3 de julio, LODE, y L.O. 10/2002, LOCE)».

En la medida en que la LODE (Ley Orgánica del Derecho a la Educación) atribuye la competencia sobre la selección de alumnos al titular del centro concertado bajo la supervisión y garantía del Consejo Escolar, su marginación o mínima intervención parece que no puede apoyarse en la disposición adicional 5ª de la LODE cuando dice: «corresponde a las Administraciones educativas establecer el procedimiento y condiciones para la adscripción de centros, respetando en todo caso el derecho a libre elección de centro». La Junta de Castilla-La Mancha intenta, sin éxito, un peculiar entendimiento de dicha disposición, que lleva al Tribunal Superior a señalar que «analizando el tenor de la LODE, no resulta posible negar que, como afirman los actores, esta norma reconoce que corresponde al titular del centro privado concertado la competencia para admitir a su centro a los alumnos correspondientes, aunque sea con aplicación, eso sí, de los criterios legalmente establecidos». Como razona el Tribunal, «la LODE no efectúa una atribución explícita al titular del centro porque la norma da por sentado y parte del hecho de que la facultad mencionada corresponde al titular del centro, pues a dicho titular le corresponden, como es obvio, todas las facultades que no sean expresamente atribuidas a otras instancias (...)», y entre ellas «le corresponden todas las facultades de gestión del centro salvo que alguna norma de rango suficiente establezca otra cosa. Por otra parte, la atribución al centro de la competencia (una vez que al Consejo escolar solo se le atribuían funciones de garantía) era un reflejo lógico del hecho de que en los centros públicos la gestión de la admisión de alumnos se residenciaba también en cada uno de los centros».

El Tribunal Superior de Justicia de Castilla-La Mancha, además de su argumentación, trae a colación una sentencia del Tribunal Constitucional de 27 de junio de 1985 al entender que «los preceptos impugnados –de la LODE– constituyen un mandato a los centros públicos y concertados para que, en caso de insuficiencia de plazas, apliquen unos criterios prioritarios de selección», luego, como concluye el Tribunal Superior, «quienes debían aplicar los criterios eran los centros concertados mismos», puesto que el sujeto activo es claramente, para los concertados, el titular del centro. Pero todavía más, el Tribunal Constitucional añadió en su sentencia que «los criterios previstos no lo son para una adscripción o destino forzoso de los alumnos a centros determinados, sino para una selección por carencia de plazas, y, por tanto, inevitable, sobre solicitudes preexistentes, indicando los criterios a que deben someterse los centros públicos o concertados en tal caso...».

Con mayor claridad si cabe, el Tribunal Supremo estableció en sentencia de 15 de abril de 1994, que cita abundantemente el Tribunal Superior, que en los «centros privados concertados, el titular de cada centro es el responsable de llevar a cabo el proceso de admisión de alumnos, y una vez terminado dicho proceso, dará información al Consejo escolar, con el fin de que este órgano de participación tenga ocasión de verificar el cumplimiento de la normativa vigente-artículos 57.c) y 62.1d) de la LODE y artículo 12 del real-decreto 2375/1985».

A la vista de este fallo del Supremo y teniendo en cuenta que el titular de la potestad reglamentaria también siempre consideró que «la titularidad de la gestión del alumnado corresponde al titular del centro», el Tribunal Superior cita el artículo 12 del real decreto 2375/1985, anteriormente aludido por el Supremo, el artículo 16 del real-decreto 377/1993 y el decreto de Castilla-La Mancha que ahora se altera sustancialmente en este punto.

En este sentido, el Tribunal Superior señala que «siendo así lo anterior, resulta evidente que, en efecto, la LODE atribuye al titular del centro la competencia para gestionar la admisión de alumnos. Por otro lado, la LOCE no altera en nada el planteamiento de la cuestión (...). Podemos concluir, por tanto, que cuando el decreto impugnado atribuye la titularidad para la admisión de alumnos (siempre con sujeción a los criterios de admisión establecidos normativamente) a la Administración, a través de los Consejos de Escolarización, y la detrae del propio titular del centro (con el control del consejo escolar) está vulnerando lo establecido por la LODE a este respecto».

El razonamiento del Tribunal Superior de Justicia es claro y rotundo, basándose en la propia normativa con rango de Ley, en la Jurisprudencia del Constitucional y del Supremo. La vulneración de la legalidad es, pues, flagrante. Incluso, en mi opinión, podría traerse a colación la violación del principio de confianza legítima, que desde 1999 es de directa aplicación en nuestro derecho tras la reforma de la Ley de Régimen Jurídico de las

Administraciones Públicas y del Procedimiento Administrativo Común.

La cuestión que, a continuación, analiza el Tribunal Superior, ya que el proceso está planteado en el ámbito de la protección jurisdiccional de los derechos fundamentales, es si efectivamente la supresión de la facultad de selección de los alumnos de los centros concertados cercena el derecho de dirección de los titulares de los centros enmarcado, como antes señalamos, en el derecho a la libertad de enseñanza y libre creación de centros docentes reconocido por el artículo 27 de la constitución en sus parágrafos 1 y 6. Para ello, como señala el Tribunal es menester recordar que el Tribunal Constitucional en su sentencia de 27 de junio de 1985 reconoció la existencia de un derecho de los titulares de los centros privados a la dirección de los mismos, derecho incardinado en el derecho a la libertad de enseñanza de los titulares de dichos centros:» aparte de que el acto de creación o fundación de un centro no se agota en sí mismo, sino que tiene evidentemente un contenido que se proyecta en el tiempo y que se traduce en una potestad de dirección del titular, cabe recordar que el cuarto y último párrafo del artículo 13 del Pacto Internacional de derechos económicos, sociales y culturales de 1966, ratificado por España, señala expresamente que nada de lo dispuesto en este artículo se interpretará como una restricción de la libertad de los particulares para establecer y dirigir instalaciones de enseñanza, incluyendo así el concepto de dirección (...) derecho que no se confunde con el de fijar un carácter propio del centro, sino por el contrario es una garantía de este último (...). El contenido esencial del derecho a la dirección puede precisarse de acuerdo con la doctrina de este Tribunal Constitucional (sentencia de 8 de abril de 1981) tanto desde el punto de vista positivo, como desde una delimitación negativa. Desde la primera perspectiva, implica el derecho a garantizar el respeto al carácter propio y de asumir en última instancia la responsabilidad de la gestión, especialmente mediante el ejercicio de facultades decisorias en relación con la propuesta de Estatutos y nombramiento y cese de los órganos de dirección administrativa y pedagógica y del profesorado. Desde el punto de vista negativo, este contenido exige la ausencia de limitaciones absolutas o insalvables, o que lo despojen de la necesaria protección. De ello se desprende que el titular no puede verse afectado por limitación alguna que, aun respetando aparentemente un suficiente contenido discrecional a sus facultades decisorias con respecto a las materias organizativas esenciales, conduzca en definitiva a una situación de imposibilidad o grave dificultad objetiva para actuar en sentido positivo ese contenido discrecional».

El Tribunal Constitucional Español recuerda en la sentencia citada que el derecho de dirección no es absoluto y, en caso de conciertos, «supone la posibilidad de establecer condicionamientos y limitaciones legales (…) totalmente lícitos desde el punto de vista constitucional y legal para hacer efectivos otros principios y valores igualmente válidos y lícitos en relación con la enseñanza, lo que lleva a considerar perfectamente constitucional el que se apliquen ciertos criterios de selección (…) para una selección por carencia de plazas, y por tanto inevitable, sobre solicitudes preexistentes, indicando los criterios a que deben someterse los centros públicos o concertados en tal caso (…). La selección de acuerdo con los criterios previstos se produce en un momento distinto y forzosamente posterior al momento en que padres y tutores, en virtud de sus preferencias, han procedido a la elección de centro (…). La selección se realizará en su caso entre las solicitudes formuladas partiendo de una elección previo y no sustituyéndola en modo alguno, de forma que los criterios prioritarios señalados no reemplazan en ningún momento a la elección de padres o tutores».

Esas limitaciones que pueden introducir la Administración del Estado o de la Comunidad Autónoma «sin prescindir de la libre elección de los padres o tutores» a la dirección de la titularidad del centro se justifican, reconoce el Tribunal Superior de Castilla-La Mancha, «para que ese proceso de verificación se desarrolle de manera objetiva, transparente y con respeto a principios que garanticen la salvaguardia de principios y valores constitucionalmente lícitos, que no supone en modo alguno que se pueda privar o despojar a los centros del ejercicio mismo de la facultad de decisión y de toda intervención en la gestión de ese proceso de decisión al extremo de que como se ve en la normativa objeto de recurso únicamente se les reconoce la posibilidad de ser receptores de la solicitud que ha de ser íntegramente gestionada y cursada por los órganos creados al efecto –Consejos o Comisiones de escolarización– convirtiéndolos en meros centros de destino de los alumnos que se adscriban con arreglo a esos criterios por las resoluciones administrativas. Haciéndolo además en flagrante contravención de una norma estatal con rango de ley orgánica-LODE y después LOCE– que han sido dictadas precisamente para el desarrollo de un derecho fundamental en sus diferentes vertientes al derecho a la educación».

El Tribunal Superior de Justicia de Castilla-La Mancha recuerda, a renglón seguido, que el derecho fundamental en su versión de dirección por los titulares de los centros no es absoluto y, por tanto, puede sufrir limitaciones, pero limitaciones lógicamente que deben estar residenciadas en una norma con rango de ley, que «bien es verdad puede experimentar un desarrollo o precisión reglamentaria a modo de complemento necesario para establecer todos los detalles que la ley es incapaz de prever».

Por tanto, si la Ley orgánica, LODE o LOCE, según la época, parte de que el derecho fundamental a la libertad de enseñanza y libre creación de centros supone el derecho de dirección de los centros por sus titulares y que éste supone la facultad de gestión del proceso de admisión de alumnos «una norma reglamentaria (...) no puede desconocer la configuración de ese contenido en una de sus facultades integrantes de la dirección del centro pues esa facultad de configuración y desarrollo legal es competencia del Estado».

El Tribunal Superior de Castilla-La Mancha, además de señalar que se está afectando un derecho fundamental delimitado por Ley, se produce, y esto es lo relevante, una «infracción del contenido del derecho fundamental reconocido en la Constitución, que se ha de resolver con la estimación de la pretensión deducida en la demanda en este punto».

El Tribunal Superior de Castilla-La Mancha, pues, entiende que hay una violación del contenido de un derecho fundamental, no solo una infracción de legalidad ordinaria-que también–. En concreto del apartado seis del artículo 27 de nuestra Constitución en el que se señala que «se reconoce a las personas físicas y jurídicas la libertad de creación de centros docentes, dentro del respeto a los principios constitucionales».

El Tribunal, en este punto, anula parcialmente las normas recurridas, circunscribiendo la nulidad «al hecho de que se atribuya a los Consejos de Escolarización la competencia para ejercer la facultad de admisión de alumnos en el caso de los centros privados concertados».

La otra gran cuestión que se plantea por los recurrentes es si la Administración educativa, en este caso de la Comunidad Autónoma de Castilla-La Mancha, puede imponer, so capa de los conciertos, la enseñanza mixta. El Tribunal Superior, que entra en el tema, se plantea también el ámbito de la protección jurisdiccional de los derechos fundamentales y señala que ni a nivel nacional ni internacional se encuentra norma alguna que disponga expresamente la prohibición de la educación diferenciada. Incluso, dice el Tribunal Superior que «en los textos legales de nivel orgánico que desarrollan el derecho fundamental a la educación a la hora de definir los criterios o principios que deben regir en el proceso de admisión de alumnos en centros públicos o financiados con fondos públicos no se introduce ninguna prohibición de sexo». Ni en el artículo 20.2 de la LODE ni en el artículo 72.3 de la LOCE, por lo que, dice el Tribunal Superior, «solo cabe considerar que de manera deliberada el legislador orgánico no ha prohibido la admisión en función del sexo».

El razonamiento posterior es lógico y coherente, ya que lo que no ha prohibido el legislador, no lo puede prohibir la Administración, pues en ese caso se incurriría, además de infracción de la jerarquía normativa, en flagrante violación del principio de legalidad, que es el principal principio que rige la entera actividad de la Administración pública, cualquiera que esta sea. Por tanto, la normativa autonómica incurre en «exceso competencial y vulnera los textos legales antes expuestos al introducir un nuevo factor o criterio de la admisión de los alumnos no previsto en ellos y conforme al cual puede quedar proscrita en los centros privados concertados o financiados con fondos públicos toda la limitación a la admisión por sexo».

Obviamente, establecer una prohibición en el sentido expuesto supone una clara afectación al contenido esencial del derecho a la libertad de enseñanza que, obviamente, quedaría completamente vaciado por una disposición como la recurrida ya que dejaría sin aplicación y desarrollo el derecho a la libertad de creación de centros docentes puesto que, como muy bien señala el Tribunal Superior, una cosa son las limitaciones introducidas en virtud del artículo 27.9 de la Constitución y otra que, en todo caso, quede a salvo el contenido esencial del derecho fundamental. En el caso presente, la normativa autonómica «desborda el ámbito o delimitación marcado de manera patente hasta el extremo de que dicha invasión y exceso normativo se convierte no solo en una infracción de legalidad ordinaria, sino en una vulneración de un Derecho Constitucional susceptible de amparo, y en particular del artículo 27 de la Constitución española...».

Lógicamente, como también señala el Tribunal Superior «... el derecho de dirección y creación de centros docentes supone la capacidad de decidir el carácter propio del Centro y marcar o diseñar los contornos o líneas de su carácter propio o personalidad educativa, por lo que hemos de admitir que uno de ellos pueda ser el de asumir como forma propia de su proyecto educativo el de ofrecer una educación diferenciada (...) que no sería discriminatoria en los términos de la Convención de la UNESCO si el Ordenamiento jurídico del Estado la admite o no la prohíbe».

El Tribunal Superior de Justicia de Castilla-La Mancha, en la sentencia que hemos glosado, interpreta los preceptos constitucionales en el marco de la legislación orgánica, sentando que, obviamente, los reglamentos y resoluciones administrativas no pueden, ni contravenir lo dispuesto en las Leyes, ni establecer restricciones o limitaciones de derechos más allá de lo dispuesto en la Ley.

En realidad, no podía esperarse otro fallo distinto del que se ha producido, salvo que algún Tribunal entienda que las limitaciones a que se refiere el artículo 27.9 de la Constitución pudieran desnaturalizar el contenido esencial de un derecho fundamental, lo que también está prohibido por la Constitución.

Desde el punto de los criterios utilizados para la determinación con carácter general de los derechos sociales fundamentales el no reconocimiento del derecho a la educación es muy probable que pueda impedir el normal despliegue del libre desarrollo de la personalidad. Por eso, en el caso de que se pueda esgrimir convincentemente el grave daño a este vector constitucional tan relevante, debiera reconocerse el derecho social fundamental a la educación.

En materia de derecho a la vivienda digna se dan las condiciones de los derechos sociales fundamentales. Como es obvio sin un techo digno el derecho a la vida y a la integridad física y moral son imposibles de realizar. Este derecho, junto al derecho a la alimentación, pienso que están inescindiblemente unidos al derecho al mínimo vital. Es más, el derecho al mínimo vital comprende el derecho a una alimentación adecuada y el derecho a una vivienda digna. De acuerdo con la metodología que empleamos, su no reconocimiento implica claramente daños muy graves, incluso irreversibles, al derecho a la vida y también, como no, al derecho a la intimidad pues el derecho a la vivienda digna supone también el derecho de la persona a un espacio protegido de amenazas exteriores[585].

En muchos países, la discusión constitucional sobre el derecho a la vivienda se concentra en los casos de indigencia en que este derecho se ha desprotegido. Es decir, el derecho fundamental al mínimo vital comprende el derecho a una vivienda digna de la condición humana. Pero a partir de ahí, la cláusula de progresividad ha de propiciar mayores cotas de calidad en el disfrute de este derecho tan relevante para el ser humano.

El derecho a la vivienda es un caso paradigmático de la po-

---

[585] R. ARANGO, *op. cit.*, p. 227.

lémica existente entre activismo judicial y auto-restricción. Una polémica que desde el famoso caso Brown sobre integración racial en la escuelas Norteamericanas de 1954 ha protagonizado muchas comentarios y posiciones sobre el tema[586] de la mano de la doctrina de las decisiones judiciales que incorporan «remedios estructurales» a los problemas sociales de cierta envergadura que se dan en determinadas sociedades. Tal criterio jurisprudencial parte de la idea de que la calidad del ejercicio de los derechos sociales fundamentales, entre ellos el de vivienda, se ve afectada en gran medida por la acción u omisión de los Poderes públicos y, por ello, los derechos sociales fundamentales, para ser garantizados, deben implicar la reforma de las estructuras públicas a ellos vinculados, no tanto la anulación de una determinada norma. Se trata, desde el Poder judicial, de incidir en el modo en que una concreta organización viola o amenaza sistemáticamente ciertos derechos sociales fundamentales[587]. Entre 1970 y 1980 la jurisprudencia en los Estados Unidos de Norteamérica siguió tal doctrina y hoy, de forma más realista, se aprecian los valores de la doctrina de los remedios estructurales siempre que se produzca en un contexto adecuado, es decir, en materia de segregación racial y de valoración positiva.

El Tribunal Constitucional colombiano, como es sabido, ha creado la categoría de la declaración de «estado de cosas constitucional», que alude a cuando un número importante de causas de las que debe conocer plantea problemas similares en relación a la posible afectación a derechos sociales fundamentales como consecuencia de la acción u omisión de determinadas políticas públicas de responsabilidad de los Poderes públicos[588]. Tal doctrina permite al Tribunal Constitucional Colombiano analizar la adecuación de tales actuaciones públicas de acuerdo con los derechos fundamentales y los principios constitucionales en el marco de determinadas problemática sociales que afectan ordi-

---

[586] A. SANTIAGO-V. THURY CORNEJO, *Derecho a la vivienda y tutela judicial*, Buenos Aires, 2014, p 175.
[587] A. SANTIAGO-V. THURY CORNEJO, *ibíd.*
[588] A. SANTIAGO-V. THURY CORNEJO…, p. 176.

nariamente a la misma dignidad del ser humano. Por supuesto, es la última ratio en manos del Tribunal Constitucional para atender a la lesión de derechos sociales fundamentales a gran escala. Obviamente, tales conflictos no se pueden resolver a través del control constitucional por lo que aparecen, como última instancia, procedimientos para el análisis y el debate de políticas públicas, para elaborar programas, establecer estándares e indicadores, incluso para asignar recursos y efectuar su posterior control y seguimiento[589]. Tal modalidad de actuación la ha seguido el Tribunal Constitucional Colombiano en materia, por ejemplo, de créditos a la vivienda.

Siendo como son los derechos sociales fundamentales derechos esencialmente de prestación, en su análisis jurídico, a través sobre todo de la observancia del derecho a la buena Administración pública, se puede realizar un control de constitucionalidad completo sin que se afecte la separación de poderes, que se produciría cuando el Poder judicial indicara al Poder ejecutivo como y de qué forma debe implementar la política pública de vivienda. El problema, pues, se encuentra en el control de razonabilidad de las normas que tutelan el derecho a la vivienda en cuanto suponen obligaciones de hacer a cargo del Estado con operatividad derivada pues, en principio, el derecho a la vivienda no puede ser concedido en concreto y por un Juez. Otra cosa, bien distinta, es que su use la justicia cautelar, en caso de omisiones del legislador o del ejecutivo, para remediar determinadas situaciones de menesterosidad en tanto en cuanto no se implementa la política pública de vivienda por parte del Poder ejecutivo.

En este sentido, es interesante la doctrina mantenida, en el caso Quisbert Castro, de 24 de noviembre de 2012, por el doctor Petracchi, integrante de la Corte Suprema Argentina, en su voto particular, cuando entiende que, en efecto, en materia de razonabilidad de la política pública, las medidas adoptadas para garantizar el derecho a la vivienda han de ser proporcionadas, adecuadas para alcanzar, a partir de la realidad que pretenden regular, la

---

[589] A. SANTIAGO-V. THURY CORNEJO, *ibíd*.

finalidad impuesta por la norma constitucional. Ello implica que el Estado debe tener en cuenta las distintas capacidades personales, sociales y económicas de los habitantes y, sobre esa base, implementar políticas apropiadas y conducentes para lograr que todos tengan la oportunidad de acceder a una vivienda digna. Por tanto, en opinión de Petracchi, el diseño de las políticas públicas debe tener en cuenta las normas y principios fundamentales del Derecho en el grado y jerarquía en que éstos son valorados por el Ordenamiento jurídico en su conjunto. En particular, tiene que respetar las prioridades que la Constitución asigna a la satisfacción de los derechos fundamentales y a los grupos más vulnerables de la población. Además, de acuerdo con el Pacto Internacional de Derechos Económicos, Sociales y Culturales de 1967, el Estado debe realizar el máximo esfuerzo posible para lograr, en forma progresiva y dentro de sus reales capacidades y limitaciones económicas, la plena efectividad del derecho a la vivienda de todos sus habitantes.

Las políticas de acceso a la vivienda, sostiene Petracchi en su voto particular, pueden variar o fijar prioridades según las distintas necesidades y capacidades de los habitantes, e incluso exigir algún tipo de contraprestación a quienes puedan proporcionarla. En particular, cabe resaltar que cuando se trata de personas que están en condiciones de trabajar, la exigencia de un aporte, sea en dinero o en trabajo, no solo resulta constitucionalmente válido sino que, además, contribuye a garantizar otros derechos fundamentales, como la dignidad humana y el derecho a procurarse la satisfacción de las necesidades básicas y vitales mediante el propio trabajo.

Resulta que la persona que impetraba el derecho a la vivienda estaba en situación de calle y que no había un programa especial para este colectivo en las políticas de vivienda de la Ciudad de Buenos Aires por lo que, según Petracchi, esta Entidad política no ha cumplido con su obligación de implementar razonablemente el derecho a la vivienda digna en su jurisdicción (...) pues la Ciudad de Buenos Aires no diseñó ni implementó políticas públicas que permitan que la población que se encuentra en situación de mayor vulnerabilidad personal, económica y social –como la actora y su hijo– tenga una verdadera oportunidad a procurarse un lugar para vivir, con las condiciones mínimas de salubridad, higiene y seguridad necesarias para preservar su integridad física, psíquica y moral.

En otras palabras, señala el ministro de la Corte Suprema en su voto particular que quienes carezcan de un ingreso mínimo comprobable de 2.000 pesos no tienen la oportunidad de acceder a ningún programa que les permita, ni inmediata ni progresivamente, acceder a una vivienda digna. Esta omisión inconstitucional resulta aún más grave si se advierte que los derechos en juego y el sector de la población postergado son, precisamente, aquellos a los que la Constitución nacional asigna especial prioridad. Además, las carencias presupuestarias, aunque dignas de ser tenidas en cuenta, no pueden justificar el incumplimiento de la Constitución nacional ni de los Tratados Internacionales a ella incorporados, especialmente cuando lo que se encuentra en juego son derechos fundamentales ya que el Estado, al distribuir recursos, no puede dejar de considerar los principios de justicia social y protección de los derechos humanos que surgen de la Ley Fundamental.

Cuando se demuestra que el Estado, al elegir prioridades presupuestarias, ha dejado en situación de desamparo a personas en grado de extrema vulnerabilidad como se advierte en el presente caso, en el que no pueden procurarse necesidades vitales básicas y perentorias, se impone la presunción de que *prima facie* no ha implementado políticas públicas razonables, ni tampoco ha realizado el máximo esfuerzo exigido por el artículo 2 del Pacto Internacional de Derechos Económicos, Sociales y Culturales. Es lo que ocurre en el presente caso, donde se ha probado holgadamente que el segmento más vulnerable de la población de la Ciudad no tiene garantizadas soluciones mínimas y esenciales en materia ocupacional, a lo que se suma que tampoco existen políticas públicas, ni a largo ni a medio plazo, destinadas a que estas personas logren acceder a un lugar digno para vivir.

Tal y como razona el ministro Petracchi en su voto particular, la presunción establecida en el artículo 2 del Pacto Internacional de Derechos Económicos, Sociales y Culturales, no implica que el Estado tenga obligaciones más allá de sus reales capacidades económicas, ni tampoco que las limitaciones de recursos no deban ser tenidas en cuenta al momento de determinar el alcance de sus deberes. Por el contrario, tal precepto del Pacto se ha redactado de tal modo que refleja un balance adecuado entre el objetivo de lograr la plena efectividad de los DESC y los reales problemas de los Estados para implementarlos. Más bien, la presunción simplemente implica que, para atribuir la falta de cumplimiento de las obligaciones mínimas a una falta de recursos disponibles, es el Estado quien debe demostrar que ha realizado todo el esfuerzo para satisfacer sus deberes y no el afectado que ve sus derechos insatisfechos. Pues bien, las medidas adoptadas por la demandada revelan que los recursos con que cuenta la Ciudad de Buenos Aires fueron utilizados de manera irrazonable desde el punto de vista económico. En efecto, la alternativa elegida por la Ciudad para enfrentar la emergencia habitacional resulta una de las alternativas más onerosas del mercado y, sin embargo, solo otorga a sus beneficiarios paliativos parciales e inadecuados.

El control de constitucionalidad, a través del principio de racionalidad o razonabilidad de las políticas públicas consistentes en obligaciones de hacer estatales para efectivizar los derechos sociales constitucionales, puede ser un buen instrumento para garantizar que las actuaciones de los Poderes públicos, por acción u omisión, sean sancionadas. El caso Quisbert Castro es un buen exponente de ello en materia de derecho a la vivienda digna y adecuada.

En el caso del derecho al acceso a posibilidades de trabajo observamos que también se dan las condiciones para la existencia del derecho social fundamental. No así para el derecho a un trabajo concreto porque ello es, lisa y llanamente, imposible en un Estado de Derecho. En cambio las personas que ni siquiera pueden acceder a oportunidades laborales, a pesar de su interés y su preparación, es obvio que se le impide el libre desarrollo de su personalidad. No digamos cómo puede afectar el no reconocimiento del derecho al acceso de posibilidades laborales para las personas que precisan urgentemente de un trabajo para el mantenimiento propio y el de la familia; en estos supuestos la afectación al derecho a la vida, a mantener a la familia y a la integridad física y moral resultan mermados seriamente.

El derecho a la seguridad social también goza de las condiciones formales y materiales propias de los derechos sociales fundamentales. Entre otras razones no difíciles de entender porque la persona anciana, discapacitada, enferma o excluida no puede ser abandonada a su suerte en caso de no contar con apoyo familiar, o de no poder ayudarse a sí misma, sin grave quebranto de derechos fundamentales tan primarios como el derecho a la vida digna o el derecho a la integridad física y espiritual. La exigibilidad de este derecho social fundamental se extiende a la protección inmediata a personas incapacitadas para trabajar a causa de su avanzada edad que esperan una decisión judicial sobre su derecho a la pensión[590], protección que es exigida por razones de dignidad humana, solidaridad y equidad.

La Carta Social de las Américas, aprobada en la Cuadragésima Segunda Asamblea General de la Organización de Estados Americanos (OEA) en Cochabamba el 4 de junio de 2012 reconoce los derechos sociales fundamentales en unos términos que vale la pena comentar y glosar, siquiera sea con brevedad. Esta Carta se enmarca en los Objetivos de Desarrollo del Milenio de Naciones Unidas y en las Cartas de la Organización de Estados Americanos, en la Carta Democrática Interamericana, en el Protocolo de San Salvador, en la Declaración de Margarita y en la Declaración de Nuevo León, en materia de erradicación de la pobreza, de la inequidad y la exclusión social.

Pues bien, esta Carta comienza con un Título I dedicado precisamente a los derechos sociales fundamentales cuyos puntos 1 a 5, todo el Capítulo I, hacen referencia al derecho a la vida digna. Un derecho que se deriva de esa suprema dignidad impresa en la condición humana que la hace portadora de una serie de derechos

---

[590] R. ARANGO, *op. cit.*, p. 233.

inviolables que los Poderes públicos han de defender, proteger y promover en todo momento.

En el punto 1 se reconoce que el derecho a la vida es inalienable y que todos los seres humanos tienen derecho a una vida digna, al pleno disfrute de los derechos humanos, a la solidaridad, a la paz y a la justicia social. Consecuencia de la centralidad de la dignidad humana es, como señala el punto 2, que para resolver los problemas derivados de la pobreza y de la inseguridad social, se realicen estrategias a favor de la vida. Igualmente, si la vida digna es el valor de los valores, es lógico, como establece el punto 3, que se prohíban las patentes del genoma humano, el uso de seres humanos como objeto de la experimentación biológica y también las prácticas científicas que traigan consigo la destrucción de la vida o la deformación de sus componentes.

En el punto 3, la Carta Social de las Américas alude a los valores éticos asociados al derecho a la vida, entre los que se encuentran la cultura de la paz y el compromiso radical con toda forma de discriminación que afecte la disponibilidad de los recursos básicos y necesarios para la vida, entre los que se encuentra, punto 4, el derecho a la alimentación para personas carentes de recursos económicos, que se concibe como una protección esencial contra el hambre y la miseria. Este derecho a la alimentación, tan importante para una vida digna, debe ir vinculado a programas concretos en cuya virtud las personas que son atendidas por la sociedad o los Poderes públicos con el fin de que dispongan de una alimentación digna puedan adquirir conocimientos y habilidades que les permitan cuanto antes mejor abandonar esa situación de menesterosidad social.

El Capítulo II se refiere monográficamente al derecho a la salud, un típico y genuino derecho social fundamental que, sin embargo, no está reconocido como tal, por ejemplo, en la Constitución española de 1978. Los puntos 6 a 17 de la Carta Social de las Américas integran este capítulo, que comienza recordando que la salud es un patrimonio de los pueblos y que en relación con este derecho fundamental los Poderes públicos disponen de una serie de obligaciones que ordinariamente se conforman como Principios rectores que en esencia se dirigen a facilitar el real ejercicio de este derecho social primario por todos los ciudadanos.

En efecto, los Estados, de acuerdo con el punto 6, se comprometen a dispensar a todos sus ciudadanos atención primaria de salud integral de forma gratuita, permanente y universal, acompañada de la educación para fomentar la promoción de la salud, la prevención de las enfermedades, la rehabilitación necesaria y oportuna y la participación comunitaria en el desarrollo de los programas y servicios destinados al control de los agentes biológicos y sociales que ocasionan riesgos a la salud. He aquí un conjunto de obligaciones que los Estados han de cumplir en virtud de lo dispuesto en esta Carta para hacer posible el derecho social fundamental a la salud.

Otras obligaciones las encontramos, a renglón seguido, en el punto 7, cuando se señala que los Estados se comprometen a proveer a los portadores de enfermedades crónicas de alto costo los tratamientos y medicamentos necesarios para mejorar su calidad de vida, de forma gratuita, sostenida y universal. Más compromisos de los Poderes públicos los encontramos en el punto 8 pues asumen obligaciones en materia de dotación de equipos, medicinas y recursos humanos para atender adecuadamente este derecho social fundamental. Igualmente, financiarán, punto 14, investigaciones sociales dirigidas la validación de nuevos instrumentos técnicos que den cuenta real y exhaustiva de las condiciones de salud de su población así como, punto 15, proveer a la capacitación, dotación y uso obligatorio de los recursos técnicos y normativos dirigidos a garantizar la seguridad integral requerida en el desempeño laboral.

El Capítulo III, puntos 18 a 27, se refiere al derecho social fundamental a la educación, reconociendo que todos los ciudadanos tienen derecho a la educación preescolar y primaria, gratuita y universal y a todos los niveles educativos, sin más restricción que la derivada de la capacidad y vocación individuales. También se reconoce el derecho de los ciudadanos a participar en el diseño, administración y evaluación de los procesos educativos. La Carta establece una serie de obligaciones a los Estados, entre las que se encuentran, por ejemplo, la dotación adecuada de los centros educativos a fin de asegurar su permanencia y actualización científica, tecnológica y humanística. Los Estados tienen que garantizar el acceso a la educación de los ciudadanos privados de libertad y/o con necesidades especiales en las mismas condiciones, formas y principios que las establecidas para el resto de la población. Igualmente, los Estados avanzarán en el diseño y aplicación de formas novedosas para alcanzar e incluir socialmente a los grupos más pobres y marginados y para promover alternativas académicas y pedagógicas con el fin de alcanzar la alfabetización universal y la capacitación para el trabajo.

Otras obligaciones que señala la Carta Social de las Américas a los Estados en materia de derecho a la educación se refieren a la regulación de la participación de los medios de comunicación a los fines de propiciar la construcción de la moral pública a partir de los valores democráticos, el servicio comunitario, la solidaridad social y la responsabilidad por la educación de los niños y los adolescentes; al fomento de la formación académica y la calidad de vida de los educadores como condición básica para el establecimiento de mejores procesos pedagógicos. También incorpora la Carta la obligación estatal de ofrecer y establecer de manera directa asistencia económica, habitacional, alimentaria, facilitar materiales de estudio, vestido y transporte a la población menos favorecida y excluida a fin de garantizar la igualdad de condiciones para el derecho al estudio e incorporación inmediata al mercado de trabajo.

La Carta Social de las Américas también reconoce el derecho al trabajo, Capítulo IV, puntos 28 a 33, disponiendo que toda persona tiene derecho al trabajo, a ser empleado, protegido ante continencias y bien remunerado. En este sentido, al Estado le compete velar por la promoción de oportunidades para que los ciudadanos puedan realizar una actividad económica o remunerada digna, decente y productiva en condiciones de libertad, equidad, seguridad, salud e higiene ocupacional y de respeto a la dignidad humana. Es decir, el Estado no está obligado en condiciones de normalidad a emplear directamente a toda persona que no encuentre trabajo, Más bien, debe garantizar condiciones de igualdad en el acceso al mercado laboral, promover oportunidades reales a quienes se encuentran en el paro o desempleo.

La Carta dispone, en este ámbito, que todo trabajo remunerado debe ir acompañado de los derechos que de él se derivan y que aseguran el disfrute de las condiciones de desempeño laboral en niveles de máxima realización personal y, en general, de todos los derechos nacionales específicos del área laboral, así como de los Acuerdos Internacionales de la Organización Internacional del Trabajo (OIT) y de índole regional o subregional que hayan sido ratificados. Los Estados, por su parte, viene obligados, según esta Carta, a garantizar la libertad sindical, la negociación colectiva, a eliminar toda forma de trabajo forzoso u obligatorio, a abolir el trabajo infantil y toda forma de discriminación en materia empleo u ocupación, así como la promoción, vigilancia de la salud y seguridad en el empleo u ocupación sancionado a quienes no cumplan esta disposiciones.

Los derechos laborales, como confirma la Carta Social de las Américas, son irrenunciables y los Estados deben garantizar su disfrute en los términos establecidos en las Normas nacionales e internacionales así como en los Convenios Internacionales en materia laboral y social de las empresas multinacionales cuando sea el caso.

En concreto, del derecho al trabajo en condiciones de dignidad, la Carta deduce, también como derechos sociales fundamentales derivados del derecho al trabajo en condiciones de dignidad, los siguientes. Derecho a un salario mínimo de alcance y disfrute social además de una remuneración justa, digna y equitativa. Derecho a la protección, seguridad, promoción, prevención, higiene y salud en el trabajo. Derecho a elegir el empleo y el trabajo. Derecho a la capacitación permanente, a la formación profesional, a la promoción y a los ascensos de acuerdo a las capacidades y competencia. Derecho a la protección del salario. Derecho a la estabilidad laboral. Derecho a vacaciones remuneradas, al descanso y a la recreación. Derecho a una jornada de trabajo reconocida y concertada nacional e internacionalmente que no supere las ocho horas diurnas y las siete nocturnas según la naturaleza de los trabajos. Derecho a indemnización por causa de cesantía laboral y reubicación en otro empleo o inserción en una actividad productiva basada en la economía social. Derecho a la protección social y económica en caso de cesantía, enfermedad o accidente laboral, así como a una pensión y jubilación digna y decente. Derecho a la información financiera de las empresas u organismos empleadores acerca de los riesgos y eventualidades de inversión, como mecanismo de protección ante posibles fraudes cometidos por las empresas que podrían lesionar la estabilidad emocional, social y familiar. Finalmente, derecho a la cogestión, autogestión y control de los medios de producción para la promoción y constitución de cooperativas e instauración de una economía social incluyente y socialmente sustentada.

El Capítulo V se dedica al derecho social fundamental a la protección social, un derecho consistente, puntos 33 a 36, en la recepción de la protección integral del Estado a quienes se encuentre en la tercera edad, tengan discapacidad, estén en situación de desempleo, sean huérfanos, estén forzosamente desplazados, hayan sido objeto de la violencia o no dispongan de alimentación suficiente.

En este tema, los Estados tienen la obligación de diseñar políticas públicas integradas que garanticen la seguridad social de todos los ciudadanos con carácter universal, integral, solidario, equitativo y financieramente soportable.

En este marco, se reconoce el derecho a una pensión de retiro digna concebida como sustento para la tercera edad y como reconocimiento a los aportes realizados a la sociedad siendo su monto nunca inferior al salario mínimo establecido en las normativas nacionales.

En esta materia debe reconocerse como una aportación relevante de la Carta que quienes disfruten de pensión de jubilación tienen derecho a seguir trabajando cuando voluntariamente y en uso de sus capacidades así lo decidan, para lo que el Estado ofrecerá oportunidades de aprovechamiento de sus experiencias para favorecer el relevo intergeneracional.

El Capítulo VI se refiere al derecho a la vivienda (puntos 37 a 41), que la Carta Social de las Américas concibe en sentido amplio, como el derecho del ciudadano a una vivienda adecuada, incorporada a un medio ambiente equilibrado con espacios públicos y de servicios básicos que garanticen la seguridad y humanización de sus relaciones vecinales y comunitarias, Es decir, un derecho para vivir dignamente en sociedad, con los demás miembros de la comunidad.

Desde una perspectiva de progresividad nos encontramos con algunas disposiciones que atienden a que el diseño arquitectónico de las viviendas guarde relación con el entorno ecológico y las variantes culturales de los pueblos. En todo caso, la Carta señala que el Estado garantizará que la adquisición de la vivienda no comprometa más allá del 25% de los ingresos familiares, estableciendo, para garantizar el acceso a la vivienda, planes de urbanismo y de construcción habitacional adecuados y políticas crediticias especiales para las poblaciones de escasos recursos económicos. El derecho a la vivienda incorpora el derecho a recibir los servicios básicos de agua potable, aguas servidas, comunicación, energía y recolección de residuos sólidos en sus comunidades a un precio que no supere el 10% del ingreso familiar.

Finalmente, el Título I finaliza con los derechos de la familia, que están en los puntos 42 a 47 de la Carta. Estos derechos en otras latitudes se derivan del fundamental social derecho a la protección integral de la familia. La Carta comienza en esta materia reconociendo el derecho de los ciudadanos a organizar sus familias de acuerdo con las convicciones particulares, a elegir las opciones de asentamiento y a recibir la protección del Estado para salvaguardar la integridad de sus miembros. Por tanto, el Estado asume muy relevantes obligaciones en relación con la familia. Debe atender la seguridad, educación, salud, recreación y estabilidad familiar, especialmente de sus miembros más frágiles y, en términos generales, a garantizar las oportunidades y recursos para que estos derechos sean efectivamente ejercidos (obligaciones de prestación).

Los niños tienen derecho a la identidad ciudadana, a un espacio adecuado y a un lecho dentro del propio hogar que deberá garantizar la misma familia. El trabajo doméstico, según la Carta Social, tiene un valor agregado y produce riqueza y bienestar por lo que las personas que lo desarrollan, especialmente las amas de casa, tienen derecho a una pensión digna y el Estado a procurársela. La familia debe cuidar a los mayores como orientadores para los nuevos miembros del grupo familiar y el Estado deberá apoyarlos para favorecer su calidad de vida y la armonía de la unidad familiar.

Siendo como es la familia la principal célula de la vida social y la principal escuela de humanidad y solidaridad, es lógico que la Carta Social de las Américas reconozca el derecho de los hogares al reconocimiento social por parte del Estado, al soporte institucional para ayudar en la formación de los hijos, a la asistencia profesional para esclarecer las dificultades de la convivencia así como el apoyo material para el mantenimiento y consolidación de la familia como unidad básica de la sociedad.

En el ámbito europeo destacan, en esta materia, la Carta Social Europea, revisada el 3 de mayo de 1996, y la Carta de los Derechos Fundamentales de la Unión Europea aprobada el 6-8 de diciembre de 2000. En ambas encontramos una regulación de los derechos sociales fundamentales a la que haremos somera referencia.

En el preámbulo del texto revisado de la Carta Social Europea se recuerda que todos los derechos humanos son indivisibles, sean civiles, políticos, económicos, sociales y culturales. La Parte I de la Carta reconoce una serie de derechos sociales fundamentales. Entre ellos pueden destacarse el derecho de toda persona a ganarse la vida mediante un trabajo libremente elegido, a condiciones dignas en el trabajo, a la seguridad e higiene en el trabajo, a una remuneración suficiente que proporcione a la familia un nivel de vida decoroso, a asociarse libremente en organizaciones nacionales e internacionales para la protección de sus intereses económicos y sociales, a la negociación colectiva, a una protección especial en caso de maternidad, a una protección especial en caso de ser niños o adolescentes frente a los peligros físicos o morales ante los que estén expuestos, a medios apropiados de orientación profesional que ayuden a elegir una profesión conforme a sus aptitudes profesionales y a sus intereses, a medios adecuados de formación profesional, a beneficiarse de cuantas medidas permitan gozar del mejor estado de salud que pueda alcanzar, a la seguridad social, a la asistencia social y médica aunque se carezca de recursos suficientes, a beneficiarse de servicios de bienestar social, a autonomía, integración social y participación en la vida de la comunidad en caso de ser inválida.

Además, la familia, como célula fundamental de la sociedad, dice la Parte I de la Carta Social Europea, tiene derecho a una adecuada protección social, jurídica y económica para lograr su pleno desarrollo. Los niños y adolescentes tienen derecho a una adecuada protección social, jurídica y económica. Los nacionales tienen derecho a ejercer en otros países parte de la Carta cualquier actividad lucrativa en condiciones de igualdad sin perjuicio de las restricciones derivadas de motivos imperiosos de carácter económico o social. La Carta también reconoce el derecho de los migrantes a protección y asistencia en el territorio de cualquier país parte de la Carta.

Otros derecho reconocidos en la Carta Social a los trabajadores son el derecho a la igualdad de oportunidades y de trato en materia de empleo y de profesión, a la información y a la consulta en el seno de la empresa, a tomar parte en la determinación y en la mejora de las condiciones de trabajo y del entorno de trabajo en la empresa, a la protección social en caso de edad avanzada, a protección en caso de despido, a la tutela de sus créditos en caso de insolvencia del empleador, a la dignidad en el trabajo.

Las personas con responsabilidades familiares y que ocupen o deseen ocupar un empleo tienen derecho a hacerlo sin verse sometidas a discriminación y, en la medida de lo posible, sin que haya conflicto entre su empleo y sus responsabilidades familiares.

Los representantes de los trabajadores, señala la Carta Social Europea en la Parte I, tienen derecho a protección contra los actos que puedan causarle un perjuicio y deben contar con las facilidades adecuadas para desempeñar sus funciones. Por supuesto, todos los trabajadores tienen derecho a informados y consultados en los procesos de despido colectivos. Finalmente, la Parte I de la Carta reconoce el derecho de toda persona a protección contra la pobreza y la exclusión social y a una vivienda.

La Parte II de la Carta Social Europea está dirigida a concretar las obligaciones de los Estados para la efectividad de los derechos sociales fundamentales reconocidos en la Parte I. En el artículo 1, por ejemplo, los Estados se comprometen a reconocer como uno de los principales objetivos y responsabilidades la obtención y el mantenimiento de un nivel de vida lo más elevado y estable posible del empleo con el fin de lograr el pleno empleo, a proteger de manera eficaz el derecho del trabajador a ganarse la vida mediante un trabajo libremente elegido, a establecer o mantener servicios gratuitos de empleo para todos los trabajadores y a proporcionar o promover una orientación, formación y readaptación profesionales adecuadas. A partir de ahí, la Carta va estableciendo, desde el reconocimiento de los derechos de la Parte I, las obligaciones que conciernen a los Estados en cada caso.

Por lo que se refiere a la Carta de los Derechos Fundamentales de la Unión Europea debemos indicar que en su preámbulo se hace expresa mención de que la Unión está fundada sobre los valores indivisibles y universales de la dignidad humana, la libertad, la igualdad y la solidaridad y de que la persona es el centro de su actuación.

A partir de estos postulados, destaca la dicción de su artículo 1: La dignidad humana es inviolable y será respetada y protegida, la prohibición de la esclavitud y del trabajo forzado en el artículo 5, el reconocimiento del derecho a la educación en el Título II dedicado a Libertades (artículo 14), así como la libertad profesional y el derecho a trabajar (artículo 16). El Título III se refiere a Igualdad y en él se contiene el reconocimiento del derecho a la igualdad y no discriminación (artículo 20, 21 y 23), el derecho a la diversidad (artículo 22), los derechos del niño (artículo 24), los derechos de las personas mayores (artículo 25), los derechos de las personas discapacitadas (artículo 26). Finalmente, el Título IV Solidaridad, reconoce el derecho a la información y consulta de los trabajadores en la empresa (artículo 27), el derecho de negociación y acción colectiva (artículo 28), el derecho de acceso a los servicios de colocación (artículo 29), el derecho a protección en caso de despido injustificado (artículo 30), el derecho a trabajar en condiciones justas y equitativas (artículo 31), la prohibición del trabajo infantil (artículo 32), la protección jurídica, social y económica de la familia (artículo 33), el derecho a la seguridad social y a la ayuda social (artículo 34), el derecho a la protección de la salud (artículo 35), el acceso a los servicios de interés económico general (artículo36), la protección del medio ambiente (artículo 37) y la protección de los consumidores (artículo 38).

La experiencia de la jurisprudencia reciente acredita que a pesar de las dificultades existentes para el reconocimiento judicial de estos derechos a causa de su deficiente formulación en Constituciones y legislaciones, su exigibilidad judicial es posible. Sobre todo, si tenemos en cuenta la argumentación racional de que ha hecho gala el Tribunal Constitucional partiendo de las bases y principios constitucionales.

Algunos de los casos que se pueden estudiar reflejan, hoy por hoy, con los actuales instrumentos procesales al uso, el reconocimiento judicial de estos derechos, además de la vía del Tribunal Constitucional, desde luego la más útil, a través de esquemas de exigibilidad directa e indirecta[591], según que la demanda se base en un derecho social fundamental o en un derecho distinto pero a él conectado.

Cuando, efectivamente, la prestación en que consiste el derecho social fundamental está prevista en el Ordenamiento, o el mismo derecho está expresamente reconocido como tal, no debiera haber mayores problemas. En estos casos, el reconocimiento del derecho social fundamental implica la satisfacción en que consiste la prestación a él anexa. Sin ayuda concreta para alimentarse no hay satisfacción del derecho a la alimentación. Es

---

[591] V. ABRAMOVICH, C. COURTIS, *op. cit.*, pp. 132 y ss.

verdad que puede haber otros supuestos en los que el ejercicio del derecho social fundamental consiste en la obligación de respetar el derecho. Es el supuesto de afectación grave a la salud como consecuencia de actuaciones administrativas que producen elevados estándares de contaminación ambiental, de afectación grave a la vivienda cuando se decretan desalojos forzosos para personas sin recursos sin ofrecer realojamientos, y es el caso, polémico donde los haya, de la adopción por parte del Estado de medidas que alteren negativamente el disfrute de estos derechos sociales fundamentales[592]. La prohibición de regresión de los derechos sociales fundamentales debiera blindarse normativamente, a nivel constitucional incluso.

Normalmente, en los supuestos en que existen obligaciones del Estado de protección y de prestación, la violación se produce en virtud de omisiones o inactividades, siendo de referencia lo que anteriormente comentamos en relación con las omisiones parciales o absolutas de la conducta exigible por parte de los Poderes públicos. Tales omisiones pueden vulnerar la propia Constitución, bien directamente o bien indirectamente. Directamente si tales derechos están expresamente reconocidos. Indirectamente si son alumbrados por el Tribunal Constitucional a través de la doctrina de los derechos innominados o por conexión con otros derechos fundamentales que serían violados igualmente de no estar reconocido el social fundamental. También, la violación del derecho social fundamental puede proceder del incumplimiento, por ejemplo del Pacto Internacional de Derechos Económicos, Sociales y Culturales, o, en el ámbito europeo, de la contravención de la Carta Europea de los Derechos Fundamentales, pues el Derecho Internacional vía Tratados es plenamente aplicable, a nivel constitucional al interior de los Estados.

En los supuestos de omisiones del Estado que contravienen derechos sociales fundamentales, ya analizado, es necesario, para que el derecho social fundamental se materialice, que el Poder

---

[592] V. ABRAMOVICH, C. COURTIS, *op. cit.*, p. 133

judicial declare que la omisión contraviene el Ordenamiento jurídico y que, efectivamente, se emplace al Estado a realizar la prestación en que se concreta el contenido del derecho social fundamental violado.

Por lo que se refiere a la antijuridicidad de la omisión, tal calificación, si la realiza un Tribunal Constitucional, no es más que la consecuencia de una argumentación racional en el marco de una interpretación constitucional sistemática, integral y coherente como hemos tratado con anterioridad. También se pueden utilizar juicios de comparación entre las medidas que el Estado podría haber adoptado en relación con la omisión e incluso el uso de indicadores numéricos o estadísticos que demuestren las consecuencias graves que se derivan de la omisión para el derecho al mínimo vital. El titular del derecho social fundamental, titular de un derecho subjetivo de especial relevancia, debe poner en conocimiento del juzgador que la omisión de la prestación efectivamente le despoja de parte sustancial de su dignidad de ser humano, por supuesto a partir de datos de la realidad.

En este tema es fundamental aclarar que la discrecionalidad en materia de prestaciones para satisfacer derechos sociales fundamentales es mínima, nula, porque el Estado está obligado a asegurar los derechos fundamentales y a preservar el libre y solidario desarrollo de la personalidad partiendo de la centralidad de la dignidad humana. Y estos vectores capitales del Ordenamiento constitucional se concretan en cada caso a la luz de la violación o contravención concreta de que se trate.

En efecto, si la asunción de obligaciones en materia de derechos sociales fundamentales establece un catálogo de prioridades que el Estado se ha comprometido a asumir, debiendo dedicar preferentemente sus recursos a cumplir estas obligaciones antes que dedicarlos a otras áreas, la constatación de la omisión debe dar lugar a la declaración de ilicitud de tal comportamiento omisivo. Declaración de ilicitud que, en la medida en que hay lesión de derechos por el funcionamiento de los servicios públicos, procede la responsabilidad del Estado ante la jurisdicción nacional y ante la internacional si tal comportamiento lesiona Tratados de esta naturaleza[593].

Una vez declarada la ilicitud de la omisión del Estado, el paso siguiente es determinar con precisión la conducta concreta a realizar para reparar el daño causado a la persona a la que se deniega un derecho social fundamental. Ordinariamente, cuando se demanda la inactividad de la Administración y el juzgador la estima fundada, la lógica consecuencia de tal pronunciamiento judicial es que el Estado realice esa actividad a la que estaba obligado para satisfacer el derecho social fundamental y que omitió, sin perjuicio, claro está, de la indemnización de daños y perjuicios que sea procedente.

En puridad, que el juzgador ordene a la Administración a realizar tal o cual prestación, consecuencia de la estimación de una demanda de inactividad, no supone que el Poder judicial invada las competencias del Poder ejecutivo por la sencilla razón de que la conducta omitida es una obligación jurídica fundamental de la Administración que el Ordenamiento le impone y que debe realizar para la efectividad de un derecho social fundamental, con mayor prontitud en caso de urgencia o gravedad. A mayor abundamiento, desde el principio de solvencia económica del Estado y desde la consideración de los postulados básicos del Estado social de Derecho: promoción de los derechos fundamentales de la persona, centralidad de la dignidad humana y del libre y solidario desarrollo de la personalidad de los seres humanos, el reconocimiento de los derechos sociales fundamentales, tanto si está contemplado expresamente en el Ordenamiento jurídico como si es consecuencia de la argumentación racional del Juzgador competente en materia de derechos fundamentales de la persona, debe ser una realidad con plenos efectos jurídicos.

En estos casos, para evitar que la tardanza en la ejecución de sentencias contra la Administración pública que estiman demandas que le obligan a determinadas prestaciones para satisfacer derechos sociales fundamentales, habría que articular sistemas

---

[593] V. ABRAMOVICH, C. COURTIS, *op. cit.*, p. 135

ágiles que en efecto eviten que el paso del tiempo consiga lo contrario del fallo de la resolución judicial.

Especialmente graves son los casos de los denominados derechos sociales de mínimos, que son derechos fundamentales de la persona de naturaleza social que exigen prestaciones rápidas e inminentes para evitar graves quiebras de la dignidad humana. Nos referimos a supuestos relacionados con la salud, la alimentación, la educación, la vivienda o la protección social de los trabajadores. Incluso en estas materias debería disponerse, por su especial relevancia, de un adecuado régimen de medidas cautelares positivas que propiciaran que ante la irreversibilidad de los daños a producir a la dignidad humana, se adelantaran tales prestaciones.

Abramovich y Courtis analizan diversos casos de exigibilidad directa de derechos sociales fundamentales que pueden tener interés desde la perspectiva estudiada[594]. Veamos.

La sentencia de 5 de noviembre de 1998 dictada por la Cámara Nacional de Apelaciones en lo Contencioso Administrativo Federal, Sala IV, de la República Argentina, resolvió atender una acción de amparo de una afectada por la enfermedad «fiebre hemorrágica argentina», o «mal de rastrojos», a fabricar una vacuna contra dicha enfermedad como consecuencia de la violación del derecho a la salud consistente en la omisión de la obligación de prevención y tratamiento de las enfermedades epidémicas y endémicas. En este caso, a pesar de que la administración de la vacuna era selectiva, de que era poco rentable para los laboratorios, en atención a las muertes provocadas por tal enfermedad, se ordenó su suministro a la población afectada. La afectada alegó, además de la violación del Estado argentino de su derecho a la salud, que el artículo 12.2 c) del Pacto Internacional de los Derechos Sociales, económicos y Culturales, dispone el derecho a recibir del Estado acciones concretas de prevención y tratamiento frente a enfermedades endémicas y epidémicas.

La Sala IV de la Cámara Nacional de Apelaciones en lo Contencioso Administrativo Federal, después de que en primera

---

[594] V. ABRAMOVICH, C. COURTIS, *op. cit.*, pp. 138 y ss.

instancia se rechazara el amparo, señala que «la declaración de derechos efectuada en nuestra Constitución nacional no es solo una declaración de voluntad del Estado que así reconoce la existencia de los derechos individuales, sino que es también un compromiso por el cual el propio Estado se obliga a dictar las normas y a cumplirlas, es decir, que asumió un compromiso de organizar los servicios y prestaciones allí previstas». A renglón seguido, de acuerdo con el principio de subsidiariedad, la Cámara Nacional recuerda que una vez comprobado que la iniciativa privada no puede atender estas demandas de salud, «no cabe sino concluir que incumbe al Estado, en calidad de garante, brindar los recursos necesarios para hacer frente a la enfermedad, de manera eficaz y oportuna». Dicho esto la clave está en comprobar si la omisión del Estado resulta acreditada con daño a la salud de la persona potencialmente afectada por dicha enfermedad. La Cámara entiende que las pruebas son concluyentes de la omisión del Estado en el proceso de producción de la vacuna con resultado de lesión del derecho a la salud de la recurrente, por lo que ordena a al Estado a que cumpla estrictamente y sin demoras con el cronograma fijado para la construcción de la unidad de producción de la vacuna.

En este caso, llama la atención que la Cámara, una vez acreditada la omisión, determina la conducta a seguir por el Estado, disponiendo además un sistema de seguimiento y control de las obligaciones fijadas en la sentencia y responsabilizando directamente a los Poderes públicos por su incumplimiento[595]. Tal actuación del Juzgador podría conducirnos a afirmar que en efecto se ha invadido el ámbito del Poder ejecutivo pues se determina en concreto la forma en que tal obligación, en que tal prestación debe realizarse. Es un punto ciertamente polémico, pero si se tiene en cuenta la gravedad, la urgencia de la pretensión, la naturaleza de los daños que se pueden producir de no fabricarse en tiempo adecuado la vacuna, entonces podrá comprenderse el alcance excepcional que estas decisiones judiciales tienen. Entiéndase que se trata de casos graves, de casos que afectan también al derecho

---

[595] V. ABRAMOVICH, C. COURTIS, *op. cit.*, p. 150

a la vida y que, como acontece en este supuesto, el propio Estado había reconocido que la producción de la vacuna era la medida de política de salud pública adecuada para atender esta enfermedad. Es decir, el Tribunal no invade el ámbito de la política pública. Sí que ordena la prestación en un tiempo adecuado a la gravedad del daño que se puede derivar de una realización parsimoniosa de la prestación.

Otro supuesto digno de estudio en esta materia es Beviacqua, objeto de una decisión de la Corte Suprema argentina de 24 de octubre 2000. Un Ente público (Banco Nacional de Drogas Anteneoplásticas) que venía suministrando un medicamento gratuito a un niño con una enfermedad grave en un determinado momento advirtió a los padres que tal remedio se entregaba por última vez. Ante tal situación, la madre presentó un amparo basado en la lesión del derecho a la vida y a la salud que garantiza la Constitución argentina. El argumento del Estado fue que el medicamento se había facilitado por razones únicamente humanitarias porque el niño sufría una enfermedad no oncológica y que por ello podía interrumpirla discrecionalmente de forma que lo procedente era, según la defensa del Estado, que la recurrente solicitara el remedio a su propia obra social o solicitar un subsidio al Estado, de otorgamiento también discrecional, pues, argumentaba el abogado del Ente público, la responsabilidad estatal en la materia es subsidiaria.

Hay que señalar que en primera y en segunda instancia los Tribunales no atendieron los argumentos del representante del Ente público debido a la gravedad de la enfermedad, a la imposibilidad económica de comprar el medicamento para la familia, a la urgencia de mantener el tratamiento de forma regular y permanente, a que el Estado es el garante del sistema de salud y por ello su actuación viola el derecho a la vida y a la salud establecido en la Constitución y en las Normas Internacionales de Derechos Humanos de jerarquía constitucional. Derechos que llevan aparejados deberes correlativos del Estado que debe asumir en la organización del servicio sanitario. Además, el principio de actuación subsidiaria se complementa con el de solidaridad social, pues el Estado debe garantizar una cobertura asistencial a todos los ciudadanos sin discriminación y, también porque no pudiendo atender el reclamo la obra social correspondiente, es el Estado quien, a través del Ministerio de Salud, quien debe intervenir subsidiariamente para tutelar los derechos del niño y lograr una asistencia regular y efectiva.

El Estado, que ha perdido en las dos instancias, va en queja a la Corte Suprema argentina afirmando, para lo que aquí interesa, que no existe fundamento legal pata obligar a actuar al Estado en defecto de la Obra social y que se compromete los recursos económicos para organizar los planes de salud en detrimento de la población de la población desprovista de cobertura médica.

La Corte Suprema Argentina, en la sentencia de referencia subraya la naturaleza constitucional del derecho a la vida y a la salud y protección de los niños y afirma la obligación que tiene el Estado de cumplir las obligaciones derivadas de instrumentos internacionales de derechos humanos de rango constitucional, garantizando estos derechos con acciones positivas. Además, la Corte Suprema subraya el deber del Estado de procurar la satisfacción de los más elevados estándares de salud física y mental para toda la población, señalando que entre las medidas que deben ser adoptadas para garantizar estos derechos se encuentra, de acuerdo con el artículo 12 del Pacto Internacional de los Derechos Económicos, Sociales y Culturales, la de desarrollar un plan de acción para reducir la mortalidad infantil, lograr el sano desarrollo de los niños y facilitarle servicios médicos en caso de enfermedad, así como la obligación por parte del Estado, hasta el máximo de recursos posibles, para lograr progresivamente la plena efectividad de los derechos reconocidos en este Tratado (artículo 1 del Pacto Internacional de los Derechos Económicos, Sociales y Culturales).

La Corte Suprema Argentina, en esta sentencia de 24 de octubre de 2000, obliga al Estado a mantener el suministro del medicamento por subsistir las razones que dieron lugar a la entrega del remedio al niño. Por lo que se refiere a la determinación del contenido del derecho social fundamental a la salud, este se concreta en la conducta que debe seguir el Estado para la satisfacción del derecho fundamental violado, en la prestación que es exigible del Estado para satisfacer el derecho fundamental. En este orden de cuestiones la alternativa al tratamiento debido cerca extraordinariamente las posibilidades de la discrecionalidad administrativa. Además, la gravedad y la irreversibilidad de la situación, borran cualquier polémica acerca de la materia financiera pues estando la entrega del medicamento entre las obligaciones del Ministerio huelga cualquier comentario adicional.

Además de la exigibilidad directa de los derechos sociales fundamentales es posible la exigibilidad indirecta, técnica que parte de la consideración de estos derechos como conexos a otros. Es decir, existen estrategias de protección indirecta de los derechos sociales fundamentales a través de su conexión con otros derechos que ofrecen mayores posibilidades de justiciabilidad[596].

Es el caso del derecho al debido proceso regulado en el artículo 6.1 del Convenio Europeo de Derechos Humanos. El Tribunal Europeo de Derechos Humanos ofrece posibilidades de protección de algunos derechos sociales fundamentales a partir de este derecho fundamental de la persona. Por ejemplo, en el caso Deumeland, el Tribunal Europeo, por sentencia de 29 de mayo de 1986, entendió, siguiendo una jurisprudencia anterior, que el término derechos y obligaciones de carácter civil no puede circunscribirse únicamente a controversias de naturaleza civil. En este supuesto, percepción de una pensión complementaria de viudez, se consideró que existían aspectos de Derecho Civil y aspectos de Derecho Público y que precisamente las cuestiones jurídico-públicas tenían más relevancia que las jurídico-privadas y se declaró ajustada la pretensión del recurrente alemán por haberse superado con creces el plazo razonable para resolver la solicitud administrativa. Relevante es que el Tribunal haya sentado que la duración del proceso fue anormal teniendo en cuenta la diligencia particular requerida cuando se trata del derecho a la seguridad social.

---

[596] V. ABRAMOVICH, C. COURTIS, *op. cit.*, pp. 168 y ss.

En el caso Feldbrugge, resuelto por sentencia del Tribunal Europeo de Derechos Humanos (TEDH) el 29 de mayo de 1986, se ventilaba el derecho de la recurrente holandesa a percibir las prestaciones por enfermedad una vez que causó baja en su trabajo por una enfermedad que la incapacitaba para trabajar. El TEDH entendió también que se había violado el artículo 6.1 de la Convención Europea por no haber podido disfrutar la actora de un procedimiento acorde con las reglas del debido proceso establecidas en el citado precepto de la Convención.

Otros casos, también citados por Abramovich y Courtis[597], reflejan que para determinados derechos sociales fundamentales: derecho a la seguridad social (sentencia de 26 de febrero de 1993), derecho a la asistencia social (sentencia de 24 de noviembre de 1993), el TEDH entiende que es de aplicación lo dispuesto en el artículo 6.1 de la Convención, es decir, el derecho al debido proceso, que sirve de derecho fundamental a partir del cual se pueden proteger derechos sociales fundamentales. Para el caso del sistema de protección de derechos humanos americano, es verdad que el derecho al debido proceso está reconocido en la Carta Americana, artículo 6.1 pero en la realidad a su través no se conocen casos en los que se haya otorgado, como en Europa, protección a los derechos sociales fundamentales. Sin embargo, por la vía del artículo 8 de la Carta Americana se ha abierto un camino interesante al entender que la imposibilidad del acceso a la justicia por imposibilidad de recursos económicos puede justificar algunas excepciones al principio de agotamiento de los recursos internos[598].

Una vez admitida la posibilidad de protección de derechos sociales fundamentales a partir del derecho al debido proceso, nos podemos preguntar que elementos de esta garantía son los realmente relevantes para proceder a la protección de estos derechos. Uno muy importante es el de la condición económica de los recurrentes para el acceso a la justicia. Otro elemento bien relevante,

---

[597] V. ABRAMOVICH, C. COURTIS, *op. cit.*, pp. 182 y ss.
[598] V. ABRAMOVICH, C. COURTIS, *op. cit.*, p. 184.

ya reconocido en la Carta Europea de los Derechos Fundamentales –2000– y recientemente en la Carta Iberoamericana de los Derechos y Deberes de los Ciudadanos ante la Administración pública de 2013, es el derecho al plazo razonable, que forma parte, como más adelante veremos, del derecho fundamental de la persona a una buena Administración pública. En estos casos, sabemos que en muchos derechos sociales fundamentales, sobre todos los de mínimos, la urgencia y el estado de necesidad no admiten dilaciones ni retrasos indebidos o injustificados, incluso aunque sean justificados. Como muchos derechos sociales fundamentales penden de actuaciones administrativas, si no existe un adecuado sistema de recursos que garantice una revisión independiente, también puede ser motivo de la conculcación de derechos sociales fundamentales. Además, la desigualdad procesal entre recurrente y poder público, latente todavía en muchos países del mundo, también afecta desfavorablemente a la efectividad de los derechos sociales fundamentales.

Otra fuente de posibilidades para la protección de derechos sociales fundamentales procede del derecho a la tutela judicial efectiva, el derecho a un recurso judicial efectivo. En concreto, cuando el sistema jurídico no prevé un régimen eficaz de ejecución de sentencias que condenan a la Administración a determinadas prestaciones consistentes en obligaciones de hacer o de dar imprescindibles para la efectividad de un derechos social fundamental, entonces tal o cual derecho social fundamental es, sencillamente ilusorio, una quimera. En este sentido, la defectuosa presupuestación en los ministerios de orden social, muchas veces la gran baza para la inoperancia de estos derechos, podría resolverse indicando que los derechos sociales fundamentales, sobre todo los mínimos, los que afectan al mínimo vital, son de obligatoria vinculación para los ministerios afectados, que deben organizar la técnica presupuestaria a partir de este aserto fundamental. También puede ser un problema insoluble la ausencia de acciones o recursos adecuados para reclamar derechos sociales fundamentales una vez afirmados estos, sea por la letra de la Norma, por la argumentación racional de los Tribunales, o por la doctrina de los derechos conexos que sí disponen de esa protección jurisdiccional.

Puede conseguirse la exigibilidad judicial de los derechos sociales fundamentales, en este contexto, accionando frente a barreras normativas, o condiciones normativas que impiden el normal despliegue de estos derechos. Asimismo, es digno de tener presente que en ocasiones es posible derivar la contravención de un derecho social fundamental a partir de violaciones de derechos fundamentales de orden individual. En esta dirección, también puede ser un buen camino procesal para la protección de los derechos sociales fundamentales accionar jurídicamente frente a la contravención de un derecho fundamental individual a causa de un contexto socio-económico desfavorable.

La Declaración de Quito de 24 de julio acerca de la exigibilidad y realización de los DESC en América Latina y el Caribe, rubricada por un buen número de organismos de defensa de los derechos humanos en la región, además de tratar de las obligaciones de los Estados, plantea el problema de la exigibilidad de estos derechos en esta parte tan relevante del planeta. En la medida en que los derechos sociales fundamentales son parte integrante de los DESC, con las modulaciones y cautelas de rigor, el contenido de esta Declaración ayuda a comprender mejor todavía la importancia del pleno reconocimiento de estos derechos y la necesidad de su protección procesal al mismo nivel, porque lo son, que los derechos fundamentales de la persona.

La Declaración, tras ilustrarnos acerca de la importancia de estos derechos, dedica al tema unos principios generales que después de todo lo que ya sabemos sobre los derechos sociales fundamentales, ayudan a comprender mejor todavía la importancia de esta espinosa y delicada cuestión. Nos recuerda que la dignidad humana es la fuente de todos los derechos humanos y que estos, siendo universales, indivisibles, interdependientes y exigibles, comprenden los clásicos o de libertad y los sociales o de prestación. Es más, constata la importancia de los derechos sociales fundamentales para la realización de los derechos fundamentales clásicos, los derechos civiles y políticos y que el Estado tiene la primordial obligación de respetar, proteger y promover los derechos sociales fundamentales frente a la comunidad internacional y frente a los pueblos. Por eso la legislación interna y supranacional debe regular estos derechos para prevenir, repeler o sancionar las violaciones que se produzcan sean quien sean quienes las perpetran, Estados, empresas u organizaciones multilaterales.

La exigibilidad de estos derechos sociales fundamentales tiene una dimensión jurídico-formal y por supuesto una dimensión participativa bien relevante. En efecto, el derecho a la participación se deriva del derecho fundamental a la buena Administración y consiste, en este marco, en que la ciudadanía tome parte en los procesos de verificación del cumplimiento de estos derechos sociales fundamentales más allá de la existencia de mecanismos formales de recurso que permitan una adecuada tutela judicial y administrativa en la defensa, protección y promoción de estos derechos.

Los derechos sociales fundamentales, teniendo en cuenta la Declaración de Quito, determinan los límites mínimos que debe garantizar el Estado para asegurar el derecho fundamental al mínimo vital y, por otra parte, orientan las políticas públicas dirigidas al mejoramiento progresivo del nivel de vida de los ciudadanos mediante el cumplimiento de todos y cada uno de los derechos sociales fundamentales.

CAPÍTULO X

DERECHO FUNDAMENTAL A UNA BUENA ADMINISTRACIÓN PÚBLICA Y DERECHOS SOCIALES FUNDAMENTALES

1. PLANTEAMIENTO

L A efectividad de los derechos sociales fundamentales depende, al ser esencialmente derechos de prestación, derechos que consisten ordinariamente, constatada la incapacidad de la Sociedad, en acciones positivas del Estado, de que el complejo Gobierno-Administración pública funcione adecuadamente. En efecto, si la Administración sanitaria actúa correctamente, por ejemplo, se podrá facilitar el derecho a la salud adecuadamente. Si la Administración educativa cumple cabalmente sus funciones, entonces se garantizará un buen derecho fundamental a la Administración. Es decir, si el aparato público cumple sus tareas de acuerdo con unos estándares adecuados, se garantizarán los niveles esenciales de derechos sociales fundamentales de manera que al menos el derecho al mínimo vital en las dimensiones más relevantes de la vida de los seres humanos este cubierto por los Poderes públicos.

Una buena Administración, una Administración que actúa equitativamente, objetivamente, en plazo razonable y que mejora las condiciones de vida de los ciudadanos, es una Administración comprometida en la satisfacción de todos y cada uno de los derechos sociales fundamentales. Y, en sentido contrario, una mala Administración pública es una Administración que actúa subjetivamente, que se retrasa en la toma de decisiones y que en lugar de atender a las necesidades colectivas de las personas se convierte en instrumento de control político o de manipulación social premiando o castigando a los ciudadanos en función de criterios extrajurídicos.

En el tiempo en que vivimos, dada la grave situación de crisis económica, integral, que atravesamos, la forma de gobernar, de administrar las instituciones públicas, al menos en el mundo occidental, debe cambiar sustancialmente. La ineficiencia, la ineficacia y, sobre todo, el sistemático olvido del servicio objetivo al interés general en que debe consistir la esencia de la Administración pública, aconsejan nuevos cambios en la forma de comprender el sentido que tiene el gobierno y administración del interés general. Especialmente, para que principios como los de prohibición de regresividad en materia de derechos sociales fundamentales, promoción de los derechos fundamentales de la persona, juridicidad, objetividad o servicio a la comunidad presidan las actuaciones de estas instituciones públicas con independencia del color político de los gobiernos que las dirijan en cada caso.

La buena Administración pública es, sobre todo, un derecho de los ciudadanos, nada menos que un derecho fundamental, y, también, un principio de actuación administrativa y por supuesto una obligación inherente a los Poderes públicos derivada del marco del Estado social y democrático de Derecho. Los ciudadanos tienen derecho a exigir determinados patrones o estándares en el funcionamiento de la Administración que les garantice la realización de los derechos sociales fundamentales. Y la Administración, está obligada, en toda democracia, a distinguirse en su actuación cotidiana por su servicio objetivo al interés general.

El principio, y obligación, de la buena Administración pública, vincula la forma en que se deben dirigir las instituciones públicas en una democracia avanzada. Dirigir en el marco de la buena Administración pública supone asumir con radicalidad que la Administración pública, existe y se justifica, en la medida en que sirve objetivamente al interés general. Desde esta perspectiva se comprende en todo su sentido, como hemos señalado al tratar acerca del interés general, que la efectividad de los derechos sociales fundamentales es precisamente una de las obligaciones más relevantes de una Administración pública en tiempos de crisis como los que vivimos.

Las instituciones públicas en la democracia no son de propiedad de sus dirigentes, son del pueblo que es el titular de la soberanía. El responsable tiene que saber, y practicar, que ha de rendir cuentas continuamente a la ciudadanía y que la búsqueda de la calidad en el servicio objetivo al interés general debe presidir toda su actuación. De ahí que una buena Administración pública es incompatible con una forma de gobierno y administración de lo público que promueva o instaure peores condiciones de vida para las personas en beneficio de determinadas minorías.

Hoy es frecuente que las nuevas Constituciones en los diferentes países del globo incorporen como nuevo derecho fundamental el derecho a la buena Administración pública. Por una poderosa razón: porque la razón de ser del Estado y de la Administración es la persona, la protección y promoción de la dignidad humana y de todos sus derechos fundamentales. También, como es lógico, y hoy más perentorio, la protección y promoción de todos y cada uno de los derechos sociales fundamentales, especialmente los que llamamos de mínimos.

En el presente, momento de profunda crisis en tantos sentidos, la indignación reinante en tantos países también se canaliza hacia la exigencia de una buena Administración pública que trabaje sobre la realidad, desde la racionalidad y, centrada en el ser humano, actúe con mentalidad abierta, buscando el entendimiento haciendo gala de una profunda sensibilidad social.

La buena Administración pública, más en tiempos de crisis, ha de estar comprometida radicalmente con la mejora de las condiciones de vida de las personas, ha de estar orientada a facilitar la libertad solidaria de los ciudadanos. Para ello es menester que su trabajo se centre sobre los problemas reales de la ciudadanía y procure buscar las soluciones escuchando a los sectores implicados. En materia de derechos sociales fundamentales, una buena Administración es capital para facilitar los medios en que ordinariamente vinculan a los Poderes públicos en esta materia y que hemos analizado anteriormente.

La buena Administración pública tiene mucho que ver con la adecuada preparación de las personas que dirigen en los organismos públicos. Deben tener mentalidad abierta, metodología del entendimiento y sensibilidad social. Deben trabajar sobre la realidad, utilizar la razón y contemplar los problemas colectivos desde perspectivas de equilibrio para ser capaces de entender dichos problemas y asumir la pluralidad de enfoques y dimensiones que encierran situando en el centro al ser humano y sus derechos inviolables. Si así fuera, sería más sencillo que las políticas públicas conectadas a estos derechos fundamentales de la persona siempre se orienten hacia la mejora integral y permanente de las condiciones de vida de todos los seres humanos.

La dimensión ética incorpora un componente esencial a la buena Administración: el servicio objetivo al interés general, que ha de caracterizar, siempre y en todo caso, la acción administrativa y la impronta directiva de los responsables de las políticas públicas vinculadas a los derechos sociales fundamentales.

Una buena Administración pública es aquella que cumple con las funciones que le son propias en democracia. Es decir, una Administración pública que sirve objetivamente a la ciudadanía, que realiza su trabajo con racionalidad, justificando sus actuaciones y que se orienta continuamente al interés general. Un interés general que, como hemos estudiado anteriormente, en el Estado social y democrático de Derecho reside en la mejora permanente e integral de las condiciones de vida de las personas.

Estas notas o características a las que hemos hecho referencia, ni son novedosas ni han sido puestas de manifiesto por primera vez en este tiempo. Si ahora subrayamos la importancia de la buena Administración pública es por contraste. Porque en estos años del modelo estático del Estado de bienestar, la Administración ni ha servido al pueblo, ni lo ha hecho objetivamente, ni, evidentemente, ha tendido al interés general. Por eso en este tiempo de crisis, la consideración de la función promocional de la Administración pública en relación con los derechos sociales fundamentales invita a un replanteamiento del entero sistema administrativo para que recupere su lógica y recupere su función instrumental al servicio objetivo del interés general.

La ingente tarea que supone construir una buena Administración pública requiere profundizar en una idea sustancial: asegurar y preservar las libertades solidarias reales de la población. Desde esta perspectiva, la Administración pública aparece como uno de los elementos clave para asegurar que las aspiraciones colectivas de los ciudadanos puedan hacerse realidad. Para que los derechos sociales fundamentales puedan ser realizados por todas las personas, cada vez en mejores condiciones.

Por lo tanto, la Administración pública nunca podrán ser un aparato que se cierre a la creatividad, o la impida con cualquier tipo de trabas, ni tampoco podrá dejar –especialmente a los más débiles– al arbitrio de intereses egoístas. La buena Administración pública se realiza desde esta consideración abierta, plural, dinámica y complementaria de los intereses generales, del bienestar integral de los ciudadanos. Es decir, al servicio de los derechos sociales fundamentales.

En efecto, el pensamiento compatible hace posible que al tiempo que se hace una política de impulso de la sociedad civil, no haya compuertas que limiten una acción de la Administración pública que asegure la libertad de disfrutar, por ejemplo, de una justa y digna jubilación de nuestros mayores, que limiten la libertad de disponer de un sistema de salud para todos, que recorten la libertad de que todos tengan acceso a la educación en todos sus niveles, o acceso a un puesto de trabajo, o sencillamente a disfrutar de la paz.

Por eso, la Administración pública debe ser un entorno de entendimiento y un marco de humanización de la realidad que fomente la dignidad de la persona y el ejercicio de todos los derechos fundamentales de la persona, los sociales incluidos, removiendo los obstáculos que impidan su efectivo cumplimiento.

Una Administración pública que se ajuste adecuadamente a las demandas democráticas ha de responder a una rica gama de criterios que podríamos calificar de internos, por cuanto miran a su propia articulación interior, a los procesos de tramitación, a su transparencia, a la claridad y simplificación de sus estructuras, a la objetividad de su actuación, etc. Pero por encima de todos los de esta índole o, más bien, dotándolos de sentido, debe prevalecer la finalidad de servicio al ciudadano a que vengo haciendo alusión.

En este sentido, no podemos dejar de subrayar de nuevo la centralidad de la persona para la buena Administración pública. Efectivamente, el ser humano, con el cúmulo de circunstancias que lo acompañan en su entorno social, es el auténtico sujeto de los derechos y libertades. A ese hombre, a esa mujer, con su determinada edad, su grado de cultura y de formación, mayor o menor, con su procedencia concreta y sus intereses particulares, propios, legítimos, es a quien la Administración pública sirve para que se pueda desarrollar en libertad solidaria.

Una Administración pública al margen del principio de juridicidad, que actuara sin normas de cobertura, en función de los caprichos y deseos de sus dirigentes, es una mala Administración pública. El sometimiento de la Administración a la Ley y al Derecho es una de las mejores garantías para que la ciudadanía sepa que toda la actuación del complejo Gobierno-Administración: actos, silencios, omisiones, vías de hecho o inactividades, todo, puede ser controlada jurídicamente por los Jueces y Tribunales.

Veamos a continuación, en términos generales, algunas de las principales características que distinguen, en un Estado social y democrático de Derecho, a una buena Administración pública. Características todas ellas de una Administración que aspira a la promoción y protección de los derechos fundamentales de la persona, de los individuales y, por supuesto, de los sociales.

2. CENTRALIDAD DE LA PERSONA

La centralidad de la persona es la primera y principal característica de una buena Administración pública. Hasta el punto de que si no existiera no podría hablarse de una Administración democrática porque lo que caracteriza a la Administración del Estado de Derecho, de la democracia, es precisamente el servicio a la ciudadanía, su tendencia a la mejora de las condiciones de vida de las personas, su vinculación con la protección y promoción, por tanto, de todos los derechos fundamentales de todas las personas.

En una democracia avanzada las personas ya no son sujetos inertes que, sin más, reciben pasivamente bienes y servicios de los Poderes públicos. Ahora, la cláusula del Estado social y democrático de Derecho trae consigo una nueva funcionalidad para los ciudadanos al convertirse en sujetos activos, protagonistas en la determinación del interés general y en la evaluación de las políticas públicas. Es decir, por el hecho de ser personas disponen de un derecho fundamental a que los asuntos de la comunidad, los asuntos que se refieren al interés general, deben ser gestionados y administrados de la mejor forma técnica posible. Es decir, para la mejora de las condiciones vitales de las personas, para que cada ser humano se pueda desarrollar en libertad solidaria. Para que todos los ciudadanos disfruten de estándares crecientes de calidad en el ejercicio de todos los derechos fundamentales.

3. METODOLOGÍA DEL ENTENDIMIENTO

La buena Administración pública aspira a colocar en el centro del sistema a la persona y sus derechos fundamentales. Desde este punto de vista, es más sencillo y fácil llegar a acuerdos de unos actores con otros porque de lo que se trata es de una acción pública de compromiso real con la mejora de las condiciones vitales de los ciudadanos.

En efecto. Cuando las personas son la referencia del sistema político, económico y social, aparece un nuevo marco en el que la mentalidad dialogante, la atención al contexto, el pensamiento reflexivo, la búsqueda continua de puntos de confluencia, la capacidad de conciliar y de sintetizar, sustituyen a las bipolarizaciones dogmáticas y simplificadoras, y dan cuerpo a un estilo que, como se aprecia fácilmente, busca, por encima de todo, mejorar las condiciones de vida de los ciudadanos. En este marco, la efectividad de los derechos sociales fundamentales es una característica de la acción de una buena Administración pública.

El método del entendimiento supone que la confrontación no es lo sustantivo del procedimiento democrático. Ese lugar le corresponde al diálogo. La confrontación es un momento del diálogo, como el consenso, la transacción, el acuerdo, la negociación, el pacto o la refutación. Todos son pasajes, circunstancias, de un fluido que tiene como meta de su discurso el bien social, que es el bien de las personas, de los individuos de carne y hueso y, por ende, la satisfacción de todos sus derechos fundamentales en un clima de promoción de la libertad solidaria de los ciudadanos. Si la Administración del sector público, la buena Administración, discurre por estos derroteros las posibilidades de entendimiento de unos con otros son grandes y, por ello, la satisfacción de los derechos sociales fundamentales una prioridad al margen de banderías políticas.

La buena Administración pública se hace entender, necesita afirmar, explicar, aclarar, razonar. Por una razón elemental: porque el dueño y señor de la Administración pública es el pueblo, y a él los dirigentes deben rendir cuentas permanentemente de las decisiones que adoptan.

En el Estado de Derecho es fundamental que los administradores de la cosa pública se habitúen a la rendición de cuentas sobre sus decisiones y, sobre todo, a que el poder se ejerza desde la explicación, desde la razón, desde la luz, desde la transparencia, desde la motivación inherente a la posición que se tiene desde arriba.

4. PROMOCIÓN DE LA PARTICIPACIÓN

La buena Administración pública implica poner como centro del trabajo público las necesidades de orden social de los ciudadanos, la creación de condiciones para el libre y solidario desarrollo de todos los ciudadanos... Pero no de cualquier manera, contando con las personas, con los destinatarios del quehacer público que realizan las Administraciones públicas.

En efecto, la buena Administración supone la necesidad de contar con la presencia y participación real de la ciudadanía, de toda la ciudadanía, evitando que las fórmulas cerradas que proceden de las ideologías de este nombre expulsen de su consideración a determinados sectores sociales.

5. VINCULACIÓN ÉTICA

En las formulaciones recientes sobre la buena Administración pública suele estar siempre presente la dimensión ética, seguramente porque se ha caído en la cuenta de que la buena Administración pública debe estar orientada al bienestar integral de los ciudadanos y debe facilitar, por tanto, a quienes son sus destinatarios el mejoramiento de sus condiciones vitales para que pueda libre y solidariamente desarrollar su personalidad.

La importancia de la Ética en relación con la muy noble actividad pública continua siendo en el presente uno de los aspectos más complejos de afrontar probablemente porque todavía el poder y el dinero son grandes ídolos a los que se adora con intensa devoción. El poder por el poder, sea financiero o político, explica sobradamente el sentido de la crisis en la que nos encontramos y las dificultades existentes para que en las políticas públicas de este tiempo arraigue la necesidad de facilitar a todos los ciudadanos el disfrute de los derechos sociales fundamentales.

En efecto, la relación entre Ética y Administración pública en sentido amplio constituye un problema intelectual de primer orden, de gran calado. Desde los inicios mismos del pensamiento filosófico y a lo largo de toda la historia ha sido abordado por tratadistas de gran talla, desde las perspectivas más diversas y con conclusiones bien dispares. Y por mucho que se haya pretendido traducir algunas de ellas en formulaciones políticas concretas, la experiencia histórica ha demostrado sobradamente que ninguna puede tomarse como una solución definitiva de tan difícil cuestión.

El centro de la Administración pública, repito, es la persona, el ciudadano. La persona, el ser humano, no puede ser entendido como un sujeto pasivo, inerme, puro receptor, destinatario inerte de las decisiones públicas. En efecto, definir a la persona como centro de la acción pública significa no solo, ni principalmente, calificarla como centro de atención, sino, sobre todo, considerarla el protagonista por excelencia de la Administración pública. Aquí se encuentra una de las expresiones más acabadas de lo que entiendo por buena Administración pública en el marco democrático.

Afirmar que la libertad de los ciudadanos es el objetivo primero de la acción pública significa, pues, en primer lugar, perfeccionar, mejorar, los mecanismos constitucionales, políticos y jurídicos que definen el Estado de Derecho como un marco de libertades solidarias. Significa también crear las condiciones para que cada hombre y cada mujer encuentre a su alrededor el campo efectivo, la cancha, en la que desarrollar su opción personal, en la que realizar creativamente su aportación al desarrollo de la sociedad en la que está integrado. Para ello es imprescindible que cada persona disfrute de los más elementales derechos fundamentales, tanto de orden individual como de orden colectivo.

Establecidas esas condiciones, el ejercicio real de la libertad depende inmediata y únicamente de los propios ciudadanos, de cada ciudadano. La buena Administración pública ha de mirar precisamente a la generación de este ambiente en el que cada ciudadano pueda ejercer su libertad de forma solidaria. Para ello, los administradores de la cosa pública han de tener siempre bien presente que la acción pública ha de atender de manera preferente al bienestar integral de todos los ciudadanos, un bienestar imposible si no se garantiza el disfrute de los derechos sociales fundamentales.

La buena Administración pública no puede reducirse, pues, a la simple articulación de procedimientos, con ser éste uno de sus aspectos más fundamentales. La buena Administración pública debe partir de la afirmación radical de la preeminencia de la persona, y de sus derechos fundamentales, a la que los Poderes públicos, despejada toda tentación de despotismo o de autoritarismo, deben subordinarse.

6. SENSIBILIDAD SOCIAL

Una de las características que mejor define a la buena Administración pública es la sensibilidad social. En efecto, la sensibilidad social, actitud solidaria, deriva del principio de la centralidad de la persona en la actuación de la Administración pública. Perspectiva que permite conducir la proa de la nave del aparato administrativo a la búsqueda las soluciones reales a las cuestiones colectivas y a orientar las decisiones en los ámbitos de la cooperación, de la convivencia, de la integración y de la confluencia de intereses. En este contexto, la persona y su dignidad son la clave y la fuerza que lleva a la gran tarea de humanizar desde la misma Administración.

La sensibilidad social supone, insisto, colocar a las personas en el centro de la actuación administrativa. Cuando ello así acontece, la acción pública se dirige de manera comprometida a prestar servicios reales al pueblo, a atender los intereses reales de las personas, a escuchar de verdad a la ciudadanía y, para lo que ahora interesa, asegurar el ejercicio de los derechos sociales fundamentales.

Ahora bien, esas prestaciones, esos servicios no son un fin sino un medio para alcanzar mayores cotas de bienestar general e integral para el pueblo, para asegurar el pleno disfrute de los derechos sociales fundamentales. Son un medio para la mejora de las condiciones de ejercicio de la libertad solidaria de las personas, no un sistema de captación de voluntades.

En fin, las prestaciones sociales, las atenciones sanitarias, las políticas educativas, las actuaciones de promoción del empleo, son bienes de carácter básico que una buena Administración pública debe poner entre sus prioridades, de manera que la garantía de esos bienes se convierta en condición para que la sociedad libere energías que permitan su desarrollo y la conquista de nuevos espacios de libertad y de participación ciudadana.

7. EL DERECHO FUNDAMENTAL A LA BUENA ADMINISTRACIÓN

El Derecho Administrativo del Estado social y democrático de Derecho es un Derecho del poder público para la libertad solidaria de las personas, un Ordenamiento jurídico en el que las categorías e instituciones han de estar, como bien sabemos, orientadas y abiertas al servicio objetivo del interés general. Atrás quedaron, afortunadamente, consideraciones y exposiciones basadas en la idea de la autoridad o el poder como esquemas unilaterales desde los que plantear el sentido y la funcionalidad del Derecho Administrativo.

En este tiempo en que vivimos, toda la construcción ideológica montada a partir del privilegio o de la prerrogativa va siendo superada por una concepción más abierta y dinámica, más humana también, desde la que el Derecho Administrativo adquiere un compromiso especial con la mejora de las condiciones de vida de la población a partir de las distintas técnicas e instituciones que componen esta rama del Derecho Público. En esta orientación cobra especial relieve el compromiso del Derecho Administrativo a favor de los derechos sociales fundamentales de los ciudadanos.

El lugar que antaño ocupó el concepto de la potestad o del privilegio o la prerrogativa ahora lo ocupa por derecho propio la persona, el ser humano, que asume un papel central en todas las ciencias sociales, también obviamente en el Derecho Administrativo.

En efecto, la consideración central del ciudadano en las modernas construcciones del Derecho Administrativo y la Administración pública proporciona el argumento medular para comprender en su cabal sentido este nuevo derecho fundamental a la buena Administración pública establecido en el artículo 41 de la Carta Europea de los Derechos Fundamentales.

La persona, el ciudadano, el administrado o particular según la terminología jurídico administrativa al uso, como hemos señalado ya en varias ocasiones, ha dejado de ser un sujeto inerte, inerme e indefenso frente a un poder que intenta controlarlo, que le prescribía lo que era bueno o malo para él, al que estaba sometido y que infundía, gracias a sus fenomenales privilegios y prerrogativas, una suerte de amedrentamiento y temor que terminó por ponerlo de rodillas ante la todopoderosa maquinaria de dominación en que se constituyó tantas veces el Estado.

La perspectiva abierta y dinámica del poder, ordenado a la realización de la justicia, a dar a cada uno lo suyo, lo que se merece, ayuda sobremanera a entender que el principal atributo de la Administración pública sea, en efecto, un elemento esencial en orden a que la dirección de la cosa pública atienda preferentemente a la mejora permanente e integral de las condiciones de vida del pueblo en su conjunto, entendido como la generalidad de los ciudadanos.

Tratar sobre buena Administración pública constituye una tarea que ha de estar presidida por los valores cívicos, y correspondientes cualidades democráticas, que son exigibles a quien ejerce el poder en la Administración pública a partir de la noción constitucional de servicio objetivo al interés general. Poder que debe moderado, equilibrado, mensurado, realista, eficaz, eficiente, socialmente sensible, justificado, cooperativo y atento a la opinión pública.

Existen Administraciones públicas porque, con antelación, existen intereses comunes, generales, que atender convenientemente. Y existen asuntos de interés general como la sanidad o la educación, porque las personas en conjunto, e individualmente consideradas, precisan de ellos. Por tanto, es la persona y sus necesidades colectivas quienes explican la existencia de instituciones supraindividuales ordenadas y dirigidas a la mejor satisfacción de esos intereses comunitarios de forma y manera que su gestión y dirección se realicen al servicio del bienestar general, integral, de todos, no de una parte, por importante y relevante que esta sea.

La buena Administración pública parte del derecho ciudadano, fundamental para más señas, a que sus asuntos comunes y colectivos estén ordenados de forma y manera que a su través se mejoren las condiciones de vida de las personas. Las Administraciones públicas, desde esta perspectiva, han de estar conducidas y manejadas por una serie de criterios llamados de buena Administración. Unos criterios, como fácilmente puede colegirse, que van dirigidos a facilitar el pleno disfrute de los derechos fundamentales, individuales y sociales, para todos y cada uno de los ciudadanos.

La buena Administración pública es un derecho ciudadano de naturaleza fundamental a través del cual se puede facilitar el ejercicio de los derechos sociales fundamentales, derechos fundamentales directamente vinculados a la existencia de prestaciones concretas que deben realizar los Poderes públicos. ¿Por qué se proclama como derecho fundamental por la Unión Europa y en la Carta Iberoamericana de los Derechos y Deberes de los Ciudadanos ante la Administración pública? Por una razón que reposa sobre las más altas argumentaciones del pensamiento político y a la que hemos hecho referencia continuamente: en la democracia, las instituciones políticas no son de propiedad de políticos o de los altos funcionarios, sino que son del dominio popular, de los ciudadanos, de las personas de carne y hueso que día a día, con su esfuerzo por encarnar los valores cívicos y las cualidades democráticas, dan buena cuenta del temple democrático en la cotidianeidad.

Por ello, si las instituciones públicas son de la soberanía popular, de donde proceden todos los poderes del Estado, es claro que han de estar ordenadas al servicio objetivo del interés general. Y de manera muy especial, a la promoción y desarrollo, en las mejores condiciones, de los derechos sociales fundamentales.

Desde el punto de vista normativo, es menester reconocer que la existencia positiva de este derecho fundamental a la buena Administración parte de la Recomendación núm. R (80) 2, adoptada por el Comité de Ministros del Consejo de Europa el 11 de marzo de 1980 relativa al ejercicio de poderes discrecionales por las Autoridades administrativas así como de la jurisprudencia del Tribunal de Justicia de las Comunidades Europeas y del Tribunal de Primera Instancia.

Entre el Consejo de Europa y la Jurisprudencia comunitaria, desde 1980 se fue construyendo, poco a poco, el derecho a la buena Administración pública, derecho que la Carta Europea de los Derechos Fundamentales de diciembre de 2000 recogería en el artículo 41. Más adelante, la nueva Carta Europea de los Derechos Fundamentales de 12 de diciembre de 2007, que sustituye a la anterior, recoge en los mismos términos el derecho fundamental a la buena Administración pública.

Antes del comentario de este precepto, me parece pertinente señalar dos elementos de los que trae causa: la discrecionalidad y la jurisprudencia. En efecto, la discrecionalidad es el caballo de Troya del Derecho Público por la sencilla razón de que su uso objetivo nos sitúa al interior del Estado de Derecho y su ejercicio abusivo nos lleva al mundo de la arbitrariedad y del autoritarismo. En materia de derechos sociales fundamentales, la opción por su realización efectiva elimina cualquier espacio de discrecionalidad en la operatividad de las prestaciones que el Estado ha de facilitar para la efectividad de estos derechos.

El ejercicio de la discrecionalidad administrativa en armonía con los principios de Derecho es muy importante. Tanto como que un ejercicio desmesurado, al margen de la motivación que le es inherente, deviene en abuso de poder, en arbitrariedad. Y, la arbitrariedad es la ausencia del derecho, la anulación de los derechos ciudadanos en relación con la Administración.

Por lo que respecta a la jurisprudencia, debe tenerse en cuenta que normalmente los conceptos de elaboración jurisprudencial son conceptos construidos desde la realidad, algo que es en sí mismo relevante y que permite construir un nuevo derecho fundamental con la garantía del apoyo de la ciencia que estudia la solución justa a las controversias jurídicas.

El artículo 41 de la Carta Europea constituye un precipitado de diferentes derechos ciudadanos que a lo largo del tiempo y a lo largo de los diferentes Ordenamientos han caracterizado la posición central que hoy tiene la ciudadanía en todo lo que se refiere al Derecho Administrativo.

Pues bien, dicho precepto dispone:

«1. Toda persona tiene derecho a que las instituciones y órganos de la Unión traten sus asuntos imparcial y equitativamente y dentro de un plazo razonable.

2. Este derecho incluye en particular:

- el derecho de toda persona a ser oída antes de que se tome en contra suya una medida individual que le afecte desfavorablemente.

- el derecho de toda persona a acceder al expediente que le afecte, dentro del respeto a los intereses legítimos de la confidencialidad y del secreto profesional y comercial.

- la obligación que incumbe a la Administración de motivar sus decisiones.

3. Toda persona tiene derecho a la reparación por la Comunidad de los daños causados por sus instituciones o sus agentes en el ejercicio de sus funciones, de conformidad con los principios generales comunes a los Derechos de los Estados miembros.

4. Toda persona podrá dirigirse a las instituciones de la Unión en una de las lenguas de los Tratados y deberá recibir una contestación en esa misma lengua».

Los ciudadanos europeos tenemos un derecho fundamental a que los asuntos públicos de la Unión Europea se traten imparcialmente, equitativamente y en un tiempo razonable. Es decir, las instituciones comunitarias han de resolver los asuntos públicos objetivamente, han de procurar ser justas y equitativas y, finalmente, han de tomar sus decisiones en tiempo razonable.

En otras palabras, no cabe la subjetividad, no es posible la inequidad y no se puede caer en la dilación indebida para resolver. En mi opinión, la referencia a la equidad como característica de las decisiones administrativas comunitarias no debe pasar por alto. Porque no es frecuente encontrar esta construcción en el Derecho Administrativo de los Estados miembros y porque, en efecto, la justicia constituye, a la hora del ejercicio del poder público, cualquiera que sea la institución pública en la que nos encontremos, la principal garantía de acierto.

Esta caracterización explica por sí misma la gran relevancia que tiene para la efectividad de los derechos sociales el derecho fundamental a la buena Administración. En efecto, en la medida en que los derechos sociales fundamentales dependen de que la Administración cumpla sus obligaciones de dar o actuar en este campo con arreglo a estos parámetros, en esa medida la efectividad de estos derechos será de mayor o menor intensidad. Es decir, el derecho fundamental a la buena Administración es un derecho medial, vehicular, el derecho a través del cual podrán garantizarse adecuada y debidamente las prestaciones en que ordinariamente se concretan todos y cada uno de los derechos sociales fundamentales.

La referencia a la razonabilidad del plazo para resolver incorpora un elemento esencial: el tiempo. Si una resolución es imparcial pero se dicta con mucho retraso, es posible que no tenga sentido, que no sira para nada. El poder se mueve en las coordenadas del espacio y del tiempo y éste es un elemento esencial que el Derecho Comunitario destaca suficientemente.

La razonabilidad se refiere al plazo de tiempo en el que la resolución pueda ser eficaz de manera que no se dilapide el legítimo derecho del ciudadano a que su petición, por ejemplo, se conteste en un plazo en que ya no sirva para nada. La razonabilidad del plazo en materia de derechos sociales fundamentales es obvia pues muchas veces nos encontramos ante situaciones de urgencia en las que la prestación en tiempo razonable es fundamental para el disfrute de estos derechos.

El derecho a la buena Administración pública es un derecho fundamental de todo ciudadano comunitario a que las resoluciones que dicten las instituciones europeas sean imparciales, equitativas y razonables en cuanto al fondo y al momento en que se produzcan. Dicho derecho según el citado artículo 41 incorpora, a su vez, cuatro derechos.

El primero se refiere al derecho a que todo ciudadano comunitario tiene a ser oído antes de que se tome en contra suya una medida individual que le afecte desfavorablemente. Se trata de un derecho que está reconocido en la generalidad de las legislaciones administrativas de los Estados miembros como consecuencia de la naturaleza contradictoria que tienen los procedimientos administrativos en general, y en especial los procedimientos administrativos sancionadores o aquellos procedimientos de limitación de derechos. Es, por ello, un componente del derecho a la buena Administración pública que el Derecho Comunitario toma del Derecho Administrativo Interno.

El segundo derecho derivado de este derecho fundamental a la buena Administración pública se refiere, de acuerdo con el párrafo segundo del citado artículo 41 de la Carta de Derechos Fundamentales de la Unión Europea, al derecho de toda persona a acceder al expediente que le afecte, dentro del respeto de los intereses legítimos de la confidencialidad y del secreto profesional y comercial. Nos encontramos, de nuevo, con otro derecho de los ciudadanos en los procedimientos administrativos generales.

Claro está, existen límites derivados del derecho a la intimidad de otras personas así como del secreto profesional y comercial. Es decir, un expediente en que consten estrategias empresariales no puede consultado por la competencia en ejercicio del derecho a consultar un expediente de contratación que le afecte en un determinado concurso.

El tercer derecho que incluye el derecho fundamental a la buena Administración es el más importante: el derecho de los ciudadanos a que las decisiones administrativas de la Unión Europea sean motivadas. Llama la atención que este derecho se refiera a todas las resoluciones europeas sin excepción. Me parece un gran acierto la letra y el espíritu de este precepto. Sobre todo porque una de las condiciones del ejercicio del poder en las democracias es que sea argumentado, razonado, motivado.

El poder público que se basa en la razón ética es legítimo. El que no se justifica es sencillamente arbitrario. Por eso todas las manifestaciones del poder debieran, como regla motivarse. Su intensidad dependerá, claro está, de la naturaleza de los actos de poder. Si son reglados la motivación será menor. Pero si son discrecionales, la exigencia de motivación será mayor. Es tan importante la motivación de las resoluciones públicas que bien puede afirmarse que la temperatura democrática de una Administración es proporcional a la intensidad de la motivación de los actos y normas administrativos.

En una sentencia reciente, de 15 de octubre de 2010, el Tribunal Supremo del Reino de España precisa el alcance de la motivación que exige nuestra Constitución señalando que tal operación jurídica «se traduce en la exigencia de que los actos administrativos contengan una referencia específica y concreta de los hechos y los fundamentos de derecho que para el órgano administrativo que dicta la resolución han sido relevantes, que permita reconocer al administrado la razón fáctica y jurídica de la decisión administrativa, posibilitando el control judicial por los tribunales de lo contencioso administrativo».

Además, tal obligación de la Administración, dice esta sentencia, «se engarza en el derecho de los ciudadanos a una buena administración, que es consustancial a las tradiciones constitucionales comunes de los Estados miembros de la Unión Europea, que ha logrado refrendo normativo como derecho fundamental en el artículo 41 de la Carta de los Derechos Fundamentales de la Unión Europea, proclamada por el Consejo de Niza de 8/10 de diciembre de 2000, al enunciar que este derecho incluye en particular la obligación que incumbe a la Administración de motivar sus decisiones».

En el apartado tercero del precepto se reconoce el derecho a la reparación de los daños ocasionados por la actuación u omisión de las instituciones comunitarias de acuerdo con los principios comunes generales a los derechos de los Estados miembros. La obligación de indemnizar en los supuestos de responsabilidad contractual y extracontractual de la Administración está, pues, recogida en la Carta. Lógicamente, el correlato es el derecho a la consiguiente reparación cuando las instituciones comunitarias incurran en responsabilidad. La peculiaridad del reconocimiento de este derecho, también fundamental, derivado del fundamental a la buena Administración, reside en que, por lo que se vislumbra, el régimen de funcionalidad de este derecho se establecerá desde los principios generales de la responsabilidad administrativa en Derecho Comunitario.

La cuestión del derecho a la indemnización cuando el Estado, como consecuencia del funcionamiento de sus servicios, haya provocado daños a los ciudadanos es un tema polémico. En realidad, una Administración que debe indemnizar con cantidades millonarias es una mala Administración por causar con frecuencia daños a los ciudadanos, por mucho que esté reconocido el derecho a la justa indemnización. Es mejor Administración aquella que indemniza menos porque ocasiona menos daños a los ciudadanos como consecuencia del funcionamiento de los servicios públicos en general.

La responsabilidad patrimonial del Estado es crucial en materia de derechos sociales fundamentales. Por una razón bien sencilla. Ya que estos derechos consisten ordinariamente en prestaciones de cargo de las Administraciones públicas, si tales prestaciones no se realizan adecuadamente y ocasionan daños a los ciudadanos, entonces procederá la correspondiente indemnización. Indemnización que obviamente será la proporcional a paliar las lesiones producidas en el ejercicio de derechos sociales fundamentales.

El apartado cuarto del artículo 41 de la Carta de los Derechos Fundamentales de la Unión Europea dispone que toda persona podrá dirigirse a las instituciones de la Unión en una de las lenguas de los Tratados y deberá recibir una contestación en esa lengua.

Por su parte, la jurisprudencia ha ido, a golpe de sentencia, delineando y configurando con mayor nitidez el contenido de este derecho fundamental a la buena Administración atendiendo a interpretaciones más favorables para el ciudadano europeo a partir de la idea de una excelente gestión y Administración pública en beneficio del conjunto de la población de la Unión Europea. Una excelente gestión pública es aquella que facilita diligentemente las prestaciones que van aparejadas al disfrute de todos y cada uno de los derechos sociales fundamentales.

El artículo 41 de la Carta Europea de los Derechos Fundamentales de diciembre de 2007 es, ciertamente, la referencia normativa más importante que existe en el seno de la Unión Europea en la materia. Hasta el punto que el Código de Buena Conducta Administrativa de la Unión Europea, dirigido a las instituciones y a los órganos de la Unión Europea, aprobado por resolución del Parlamento Europeo de 6 de septiembre de 2001, es un instrumento de concreción precisamente del derecho fundamental a la buena Administración.

La Carta dispone en su artículo 43 que todo ciudadano de la Unión Europea o toda persona física o jurídica que resida o tenga su domicilio fiscal en un Estado miembro tiene derecho a someter al Defensor del Pueblo de la Unión los casos de mala Administración en la acción de las instituciones u órganos comunitarios, con exclusión del Tribunal de Justicia y del Tribunal de Primera Instancia en el ejercicio de sus funciones jurisdiccionales. Siendo el precepto impecable, tiene un pequeño problema, que es el referido al uso del término acción para significar las actuaciones que pueden ser objeto de reclamación por haber lesionado este derecho fundamental. En lugar de acción, y para evitar problemas interpretativos, de manera que las omisiones y las inactividades también puedan desencadenar la reclamación ante el Defensor del Pueblo Europeo, debió haberse utilizado la expresión actuación, que incluye tanto decisiones expresas, como presuntas o inactividades, junto a vías de hecho. Tema desde luego capital en una materia en la que suele haber omisiones que impiden en muchos casos el ejercicio de los derechos sociales fundamentales.

Es tal la relevancia del derecho fundamental a la buena Administración pública, que el Parlamento Europeo solicitó a la Comisión Europea que le presentara un reglamento en el que se concretaran las obligaciones que para las instituciones y órganos de la Unión Europea se derivaran de este derecho ciudadano.

Mientras formalmente no se apruebe dicho reglamento, el Defensor del Pueblo Europeo sigue trabajando en orden a transformar el Código en Derecho Administrativo Europeo. Tal objetivo es de gran trascendencia pues de esta manera existiría un cuerpo normativo uniforme para todas las instituciones y órganos de la

Unión Europea en lo que se refiere a los principios que rigen sus relaciones con los ciudadanos.

En este sentido, la elaboración en 2012, por parte del Defensor del Pueblo Europeo, de los principios de la función pública de la Unión Europea es una muy buena herramienta pues ayuda a dar mayor difusión y conocimiento a los principios básicos establecidos en el Código que se derivan del fundamental derecho a la buena Administración establecido en el artículo 41 de la Carta Europea de los Derechos Fundamentales.

Por lo que se refiere al aludido Código Europeo de Buena Conducta, aprobado por el Parlamento Europeo en septiembre de 2001, poco tiempo después de la Carta Europea de los Derechos Fundamentales (diciembre de 2000 y después diciembre de 2007), es necesario señalar que es un instrumento magnífico para que el Defensor del Pueblo compruebe la existencia de casos de mala Administración cuando así se le solicite, cumpliendo cabalmente de esta manera la función de control externo de la actuación de las instituciones y órganos de la Unión Europea que tiene encomendada. En efecto, esta función la realiza el Defensor del pueblo de acuerdo con el artículo 195 del Tratado de la Constitución Europea y con el Estatuto del propio Defensor.

La virtualidad del Código es que permite a los ciudadanos de la Unión Europea conocer en la realidad práctica en qué consiste este derecho fundamental, que significa en concreto y en qué casos se lesiona por parte de las Autoridades de la unión. Como es obvio, los principios de este Código son esenciales para que a través del derecho a una buena Administración pública, esta facilite, a través de prestaciones adecuadas, la efectividad de todos y cada uno de los derechos sociales fundamentales.

En el artículo 5 empiezan las referencias a los principios generales de buena conducta administrativa, que constituyen un corolario necesario, no se puede perder de vista, del derecho fundamental a la buena Administración del que disponen los ciudadanos de la Unión Europea. Estos principios serían de aplicación a las políticas públicas comunitarias europeas dirigidas a garantizar y asegurar derechos sociales fundamentales de los europeos.

El primero de estos principios generales es el de igualdad o, en términos negativos, ausencia de discriminación. El principio se plantea en el marco de la tramitación de las solicitudes del público y en el ámbito de la toma de decisiones. En ambos casos, el funcionario debe garantizar el principio de igualdad de trato, que implica que los ciudadanos que se encuentren en la misma situación procedimental serán tratados de igual manera, de manera similar dice el Código. En el caso de que se produzca alguna diferencia de trato, está deberá ser justificada, motivada convenientemente en función, dice el Código, de las características pertinentes objetivas del caso. Es decir, la motivación debe estar fundada sobre la realidad, sobre las características pertinentes del caso y, lo que es más importante, debe hacerse objetivamente.

El contenido del principio de ausencia de discriminación, en particular, implica que el funcionario evitará toda discriminación injustificada entre miembros del público por razones de nacionalidad, sexo, raza, color, origen étnico o social, características genéticas, lengua, religión o creencias, opiniones políticas o de cualquier tipo, pertenencia a una minoría nacional, propiedad, nacimiento, discapacidad, edad u orientación sexual. Estas listas tan largas de supuestos de discriminación deberían evitarse pues en el futuro no sería extraño que surjan nuevas causas de discriminación por lo que es mejor usar fórmulas más amplias que den cabida a cualquier supuesto. En esta materia, se comprende fácilmente que el proceder de la Administración deba ser especialmente escrupuloso pues no raras veces determinadas prestaciones esenciales para el disfrute de derechos sociales fundamentales se deniegan precisamente por esta causa.

Un principio general, también del Derecho, es el de proporcionalidad. El Código en su artículo 6 lo define así: al adoptar decisiones el funcionario garantizará que las medidas sean proporcionales al fin perseguido, evitando toda forma de restricción de los derechos de los ciudadanos así como la imposición de cargas cuando éstas y aquéllas no sean razonables con respeto al objeto perseguido.

Además, al adoptar decisiones, el funcionario respetará el justo equilibrio entre los intereses individuales y el interés público general. Es decir, las decisiones deben estar en consonancia con el fin establecido en las normas que le sirven de cobertura y con el interés general concreto.

El interés general al que deben estar supeditadas todas las decisiones de los funcionarios tiene dos dimensiones. Por un lado, los principios y criterios del Estado social y democrático de Derecho que han de estar proyectados en las normas que sirven de cobertura a dichas medidas. Y, por otra, la realidad concreta en que se encarna el interés general porque el interés general solo tiene sentido para el Estado de Derecho si se nos presenta de forma concreta y con la motivación y justificación que sea menester según el grado de discrecionalidad ínsito en la potestad desde la que se dicta la decisión.

Igualmente, la referencia que hace el Código al justo equilibrio entre el interés particular y el interés general debe entenderse como operación de contraste jurídico realizada sobre el caso concreto, sobre la realidad. En otras palabras, es muy adecuada esta expresión de justo equilibrio que utiliza el autor del Código en esta materia porque, en mi opinión, constituye un fiel reflejo de una de las características que mejor define el sentido de las ciencias sociales en este tiempo: el pensamiento compatible o complementario.

El principio de proporcionalidad es también relevante para la efectividad de los derechos sociales fundamentales. Si estos derechos están en la entraña misma del interés general en un Estado social y democrático de Derecho, es lógico que el juicio de proporcionalidad, al ser este su fin principal, permita facilitar las prestaciones en que ordinariamente se concreta la efectividad de los derechos sociales fundamentales.

El poder en el Estado de Derecho solo tiene sentido se ejerce al servicio objetivo del interés general. Por eso, el artículo 7 se refiere al principio de ausencia de abuso de poder. Precisamente porque el poder público es una institución que se justifica en la medida en que se dirige a posibilitar el libre y solidario desarrollo de las personas.

La persona es el centro y la raíz del Estado y los Poderes públicos que las normas atribuyen a los titulares, individuales o colectivos, se justifican en la medida en que su ejercicio vaya dirigido a la mejora de las condiciones de vida de los ciudadanos, no de las condiciones de vida de los gobernantes. Por eso el artículo 7 dispone con toda claridad que los poderes se ejercerán únicamente de acuerdo con la finalidad para la que han sido otorgados por las disposiciones pertinentes, evitando el uso de dichas potestades para objetivos sin fundamento legal o que no estén motivados por el interés general.

La imparcialidad y la independencia son también dos principios básicos que deben distinguir la actuación de los funcionarios comunitarios y, por ende, a las mismas instituciones europeas. En virtud de la imparcialidad, dice el artículo 8 que el funcionario se abstendrá de toda acción arbitraria que afecte adversamente a los ciudadanos, así como de cualquier trato preferente por cualesquiera motivos.

Una acción arbitraria es una acción irracional y, como ya sabemos, el quehacer administrativo de la Unión Europea, por mor del artículo 41 de la Carta, debe estar motivado. Y una acción motivada excluye radicalmente la arbitrariedad que es, insisto, contraria a la misma Carta y, por tanto, como más adelante comentaremos, al artículo 18 del Código. La imparcialidad exige que no se tome partido a favor de ninguna persona, física o jurídica, porque todas son iguales ante la ley y hacia todas se debe ofrecer el mismo y correcto trato. En todo caso, se debe tomar partido, por supuesto, por la efectividad de los derechos sociales fundamentales, que precisamente están indisolublemente vinculados al interés general en un Estado social y democrático de Derecho.

A la independencia de los funcionarios se refiere el artículo 8 en su último parágrafo en estos términos: «la conducta del funcionario nunca estará guiada por intereses personales, familiares o nacionales, ni por presiones políticas. El funcionario no participará en una decisión en la que el mismo, o un familiar cercano, tenga intereses económicos».

El funcionario solo debe guiarse por razones de interés general. Además, cuando advierta que una determinada decisión a la que está llamado a participar colisiona con asuntos personales o familiares, deberá abstenerse.

Corolario necesario del derecho a una buena Administración pública es el principio de objetividad. La subjetividad suele estar en la base de la mala administración, de las decisiones arbitrarias, que son todas aquellas en las que existe una ausencia de racionalidad. El principio de objetividad en el Código está redactado, artículo 9, en términos de principio de relevancia, que es una consecuencia concreta de la objetividad: «al adoptar sus decisiones, el funcionario tendrá en cuenta los factores relevantes y otorgará a cada uno de los mismos su propia importancia en la decisión, excluyendo de su consideración todo elemento irrelevante».

Si entendemos que la objetividad supone racionalidad porque lo objetivo es lo que se puede argumentar desde la lógica, lo que se puede fundar desde las más elementales reglas de la razón, el principio de relevancia reclama al funcionario que identifique el o los asuntos relevantes en cada decisión, resolviendo desde esos parámetros y excluyendo las cuestiones accesorias o tangenciales. Obviamente, en esta materia que estamos estudiando, la relevancia es tan obvia que huelga cualquier comentario adicional al respecto.

El artículo 10 del Código señala que el funcionario será coherente en su propia práctica administrativa, así como en la actuación administrativa de la institución, lo que implica que el funcionario debe respetar el precedente administrativo existente en la institución, salvo que existan razones fundadas, en cuyo caso deberá, dice el artículo glosado, expresar ese fundamento por escrito.

Coherencia, precedente administrativo, racionalidad, son términos relacionados con el quehacer de las Administraciones públicas, que en sus actuaciones no disponen, ni mucho menos, de la autonomía de las personas físicas, pues están vinculadas a las normas y a los procedimientos. Y los precedentes administrativos que no se orienten a la efectividad de los derechos sociales fundamentales habrán de ser sustituidos por otros que, por obvias razones, sigan esta dirección.

El principio de confianza legítima está contemplado también en este precepto, concretamente en el párrafo segundo: el funcionario respetará las legítimas y razonables expectativas de sus actuaciones ante los ciudadanos. El límite de este principio se encuentra en la legitimidad y la racionalidad de las expectativas generadas. Si éstas fueran ilegales o arbitrarias, nos encontraríamos con una grave lesión de este principio, que el Código denomina «legítimas expectativas, consistencia y asesoramiento».

En los dos primeros párrafos de este precepto, el Código se refiere a la confianza legítima y en el tercero al principio de asesoramiento, que es un principio que se deriva de la centralidad del ser humano y, por ende, del derecho fundamental a la buena Administración: si fuera necesario, el funcionario asesorará a los ciudadanos acerca de cómo debe presentarse un asunto de su competencia, así como sobre el modo en que se debe actuar mientras se trate ese asunto. Estos principios tienen una gran importancia en orden a la mejor forma de garantizar derechos sociales fundamentales.

En el caso de la confianza legítima, huelga afirmar que en su virtud la Administración deberá proveer lo que sea menester para la efectividad de los derechos sociales fundamentales. Y, en relación con el principio de asistencia, a las personas con escasos recursos económicos es muy importante asistirlas convenientemente en orden a la realización de todos y cada uno de sus derechos sociales fundamentales.

Consecuencia de la equidad que el artículo 41 de la Carta exige a los funcionarios y a las instituciones es el principio de justicia, establecido en el artículo 11: «el funcionario actuará de manera imparcial, justa y razonable». Imparcialidad, justicia y racionalidad, tres principios que conforman el alma de la Administración. Están indeleblemente unidos entre sí y evidentemente no pueden menos que ser ejercidos al servicio de la efectividad de los derechos sociales fundamentales.

Una consecuencia del principio de servicio es que al ciudadano deben ahorrársele todos los trámites innecesarios, tema crucial para que las prestaciones que llevan aparejadas los derechos sociales fundamentales se realicen diligentemente y en plazo razonable.

El derecho a la buena Administración pública del artículo 41 de la Carta Europea de los Derechos Fundamentales incluye el derecho a que las decisiones se adopten en plazo razonable. Por eso, el artículo 17 del Código reconoce este derecho a la decisión en plazo razonable, sin demoras y, en caso de ser necesario, antes de un período de dos años a contar desde el momento en el que conste la recepción del escrito de solicitud. El plazo razonable, como fácilmente puede colegirse, es fundamental para que las prestaciones asociadas a la efectividad de los derechos sociales fundamentales sean útiles.

Este mismo derecho, sigue diciendo el precepto, se aplica también a la respuesta a cartas de los ciudadanos dirigidas a las instituciones comunitarias así como a las respuestas a notas administrativas que el funcionario haya enviado a sus superiores jerárquicos solicitando instrucciones relativas a las decisiones que deban adoptar. En el parágrafo segundo del artículo se contemplan los casos de expedientes complejos en los que no sea posible resolver en el plazo anteriormente indicado. En estos casos, el Código dispone que el funcionario competente informe al ciudadano autor del escrito en el más breve plazo de tiempo posible, significando que en estos casos la decisión administrativa deberá comunicarse a dicho ciudadano en el plazo más breve posible.

El derecho a la buena Administración pública del artículo 41 de la Carta incluye la obligación para los funcionarios de motivar sus decisiones. Este derecho-deber a la motivación de las decisiones, uno de los más importantes como señalamos con anterioridad, está regulado en el artículo 18.

En este precepto se señala que toda decisión de las instituciones de la Unión Europea que pueda afectar desfavorablemente a los derechos e intereses de los ciudadanos deberá indicar los motivos en que esté basada, exponiendo claramente los hechos pertinentes y el fundamento jurídico de la decisión. En este sentido, el funcionario, según dispone el párrafo segundo del artículo, evitará adoptar decisiones basadas en motivos breves o genéricos que no contengan un razonamiento concreto.

Es decir, la motivación debe ser clara, concreta y con expresa referencia al supuesto individual al que se refiere. Cuando las decisiones afecten a un número elevado de ciudadanos, según el parágrafo tercero del artículo 18, y no sea, por tanto, posible comunicar detalladamente los motivos de la decisión, se procederá a partir de respuestas normalizadas aunque el funcionario, en un momento posterior, facilitará al ciudadano que expresamente lo solicite una motivación individual.

En los casos en que, muy excepcionalmente, la Administración no pueda atender a peticiones de prestaciones en materia de derechos sociales fundamentales, las exigencias de rigor e intensidad en la motivación son muy altas, debiéndose justificar convenientemente.

La centralidad del ciudadano para la Administración pública y su posición estelar en el nuevo Derecho Administrativo ha permitido que en la Unión Europea la Carta Europea de los Derechos Fundamentales haya reconocido el derecho fundamental de los ciudadanos europeos a la buena Administración pública.

Este derecho, como hemos señalado, se concreta en una determinada manera de administrar lo público caracterizada por la equidad, la objetividad y el plazo razonable. En este marco, en el seno del procedimiento administrativo, la proyección de este derecho ciudadano básico, de naturaleza fundamental, supone la existencia de un elenco de principios generales y de un repertorio de derechos ciudadanos que adquieren una relevancia singular. Estos derechos componen, junto con las consiguientes obligaciones, el estatuto jurídico del ciudadano ante la Administración pública.

El 10 de octubre de 2013 el CLAD (Centro Latinoamericano de Administración para el Desarrollo), fiel a su tradición, aprobó en su seno la llamada Carta Iberoamericana de los Derechos y Deberes del Ciudadano en relación con la Administración pública (CIDYDCAP). El borrador me fue encargado por la secretaría general del CLAD y, con las mejoras introducidas por los responsables de función pública de la región, pienso que constituye el reflejo del compromiso que existe en esta parte del mundo en relación con una Administración pública más humana, más justa, más cercana a la ciudadanía, a la que debe servir en sus necesidades públicas. No es exageración alguna afirmar que en buena medida el texto de la Carta es un precipitado de la mejor doctrina que existe en este lado del hemisferio, de la que por cierto, los europeos hemos de estar más pendientes.

En efecto, esta Carta, como el lector podrá observar de su lectura, reconoce el derecho fundamental a la buena Administración pública. En este sentido, va más allá que lo dispuesto en el Ordenamiento jurídico europeo pues el contenido de este documento del CLAD trasciende, y supera, la regulación europea establecida en el artículo 41 de la Carta Europea de los Derechos Fundamentales de la Persona.

En el preámbulo, la Carta (CIDYDCAP) afirma que «El Estado Social y Democrático de Derecho otorga una posición jurídica a la persona, un estatus de ciudadano en sus relaciones con la Administración pública. En efecto, ahora los ciudadanos ya no son sujetos inertes, simples receptores de bienes y servicios públicos; son protagonistas principales de los asuntos de interés general y disponen de una serie de derechos, siendo el fundamental el derecho a una buena Administración pública, a una Administración pública que promueva la dignidad humana y el respeto a la pluralidad cultural. En efecto, la Administración pública, en sus diferentes dimensiones territoriales y funcionales, está al servicio de la persona atendiendo las necesidades públicas en forma continua y permanente con calidad y calidez».

Este parágrafo primero del preámbulo reconoce, como no podía ser de otra manera, la centralidad del ciudadano en el modelo del Estado social y democrático de Derecho. Si el Estado es la comunidad política jurídicamente articulada sobre un territorio para garantizar y promover el libre desarrollo de la persona, es lógico, todavía más, es una exigencia, la existencia de un auténtico derecho fundamental, de un auténtico derecho humano, a la buena Administración pública.

Por otra parte, si reconocemos, como implícitamente admite la Carta (CIDYDCAP), que los poderes del Estado son de la titularidad y propiedad ciudadana, es lógico que quienes los ejercen temporalmente por mandato del pueblo, a él deban permanentemente dar cuenta del encargo recibido. De ahí que como señala el parágrafo segundo de la Carta, «Los poderes del Estado derivan del consentimiento de los ciudadanos, debiéndose buscar un equilibrio entre dichos poderes como entre derechos y deberes de las personas. En su representación, legisladores, ejecutivos y Jueces ejercen el poder que les corresponde. Como administradores y gestores de estos poderes del Estado, deben rendir cuenta permanentemente de su ejercicio ante toda la ciudadanía a través de los diferentes mecanismos que los ordenamientos jurídicos nacionales establecen».

La aspiración a una Administración pública que contribuya a un mejor servicio objetivo al interés general no es algo propio de este tiempo. Es una exigencia de la misma existencia de la Administración pública, y desde siempre, de una u otra forma, se ha tratado de poner a disposición de los habitantes de un aparato administrativo comprometido con el libre y solidario desarrollo de las personas.

En este sentido, el preámbulo de la Carta (CIDYDCAP) sigue señalando que «en el marco del complejo Gobierno-Administración pública, núcleo en el que se realiza la definición e implementación de las políticas públicas propias del Poder ejecutivo, ha ido cobrando especial relieve en los últimos tiempos la obligación de las instancias públicas de proceder a una buena Administración pública, aquella que se dirige a la mejora integral de las condiciones de vida de las personas. La buena Administración pública es, pues, una obligación inherente a los Poderes públicos en cuya virtud el quehacer público debe promover los derechos fundamentales de las personas fomentando la dignidad humana de forma que las actuaciones administrativas armonicen criterios de objetividad, imparcialidad, justicia y equidad, y sean prestadas en plazo razonable».

He aquí una caracterización de la buena Administración pública como obligación de los Poderes públicos, una caracterización más amplia y completa que la establecida en el artículo 41 de la Carta Europea de los Derechos Fundamentales de la Persona de 8 de diciembre de 2000. Una simple comparativa de las dos versiones enseña que en la Carta Iberoamericana aparece la nota de la objetividad y la de la justicia, algo que no acontece en la Norma europea, que se concentra en la imparcialidad, equidad y el plazo razonable.

La propia Carta (CIDYDCAP) subraya la capitalidad del ser humano como centro y raíz del Estado, y por ende de la Administración pública: «Desde la centralidad del ser humano, principio y fin del Estado, el interés general debe estar administrado de tal forma que en su ejercicio las diferentes Administraciones Públicas hagan posible el libre y solidario desarrollo de cada persona en sociedad. Es decir, hace a la condición de la persona, es inherente al ser humano, que el Gobierno y la Administración del interés general se realice en forma que sobresalga la dignidad y todos los derechos fundamentales del ciudadano».

En este parágrafo se justifica sólidamente el carácter de derecho humano del derecho a la buena Administración pública, un derecho del que forman parte un conjunto de derechos derivados o derechos integrantes, que, como el derecho fundamental, deben gozar de la mayor protección jurisdiccional.

La buena Administración pública puede ser concebida como obligación de los Poderes públicos, como derecho humano y, también, como no, como principio general del Derecho Público y de la Ciencia de la Administración pública. Extremo que explica también claramente el preámbulo de la Carta (CIDYDCAP): «La buena Administración pública adquiere una triple funcionalidad: En primer término, es un principio general de aplicación a la Administración pública y al Derecho Administrativo. En segundo lugar, es una obligación de toda Administración pública que se deriva de la definición del Estado Social y Democrático de Derecho, especialmente de la denominada tarea promocional de los Poderes públicos en la que consiste esencialmente la denominada cláusula del Estado social: crear las condiciones para que la libertad y la igualdad de la persona y de los grupos en que se integra sean reales y efectivas, removiendo los obstáculos que impidan su cumplimiento y facilitando la participación social. En tercer lugar, desde la perspectiva de la persona, se trata de un genuino y auténtico derecho fundamental a una buena Administración pública, del que se derivan, como reconoce la presente Carta, una serie de derechos concretos, derechos componentes que definen el estatuto del ciudadano en su relación con las Administraciones Públicas y que están dirigidos a subrayar la dignidad humana».

En realidad, la caracterización de la buena Administración, sea cuál sea su funcionalidad concreta, responde, eso lo sabemos muy bien los conocedores de la Constitución del Reino de España, a la principal tarea de la Administración pública: el servicio objetivo al interés general: «La buena Administración pública, sea como principio, como obligación o como derecho fundamental, no es ciertamente una novedad de este tiempo. La Administración pública siempre ha estado, está, y seguirá estando, presidida por el muy noble y superior principio de servir con objetividad al interés general. Ahora, con más medios materiales y más personal preparado, tal exigencia en el funcionamiento y estructura de la Administración pública implica que el conjunto de derechos y deberes que definen la posición jurídica del ciudadano esté más claramente reconocido en el ordenamiento jurídico y, por ende, sea mejor conocido por todos los ciudadanos» (Preámbulo CIDYDCAP).

En el Estado democrático, los intereses generales, es bien sabido, ya no son objeto de definición patrimonial o monopolística por parte del Estado o de la Administración pública. Más bien, tal definición se produce en el marco de un proceso dinámico de diálogo e interacción entre Poderes públicos y agentes ciudadanos. De esta manera se evita esa versión unilateral, de fuerte sabor iluminista, a partir de la cual el funcionario público, que tantas veces se considera dueño y señor de los procedimientos y las instituciones, termina por pensar, y actuar consecuentemente, como soberano del interés general.

Por eso, la Carta (CIDYDCAP) señala también en su preámbulo, que «La Administración pública debe estar al servicio objetivo de los intereses generales. Unos intereses que en el Estado Social y Democrático de Derecho ya no se definen unilateralmente por las Administraciones Públicas. Por el contrario, los Poderes Públicos deben salir al encuentro de los ciudadanos para que de forma integrada y armónica se realice la gran tarea constitucional de la construcción democrática, profundamente humana, solidaria y participativa, de las políticas públicas. Una función que en este tiempo debe diseñarse desde las coordenadas de la participación social, tal y como se puso de relieve en la precedente Carta Iberoamericana de Participación Ciudadana en la Gestión Pública adoptada en Estoril el 1 de diciembre de 2009 por la XIX Cumbre Iberoamericana de Jefes de Estado y de Gobierno a iniciativa precisamente del Centro Latinoamericano de Administración para el Desarrollo».

El derecho fundamental a la buena Administración pública y sus derechos componentes, junto a los deberes de los mismos ciudadanos, deben ser objeto de autoconocimiento por los habitantes pues en la media en que las personas sean conscientes realmente de su posición medular en el sistema político y administrativo, entonces es posible que estemos en el momento de la verdadera reforma administrativa, que sin participación ciudadana, no es más que un precipitado de diversas dimensiones tecnocráticas por muy plurales y multidimensionales que sean.

Por eso, la Carta (CIDYDCAP) señala con nitidez en el preámbulo que «En la medida que la ciudadanía ponga en valor su condición central en el sistema público, más fácil será que pueda exigir un funcionamiento de calidad de las Administraciones públicas. Si el ciudadano reclama ordinariamente, y de forma extraordinaria cuando sea menester, los derechos que se derivan del fundamental a una buena Administración pública, el hábito de la rendición de cuentas y de la motivación de todas las decisiones de los poderes del Estado será una realidad».

En efecto, la rendición de cuentas como exigencia ciudadana es ciertamente distinta que la rendición de cuentas como expresión del quehacer de los entes públicos. Es más, una Administración que asume con habitualidad la motivación de sus decisiones, que es reacia a la oscuridad y que busca siempre y en todo atender objetivamente las necesidades colectivas de los habitantes, es una Administración profundamente democrática que se legitima en función de la calidad de la justificación de su actuación.

En definitiva, como señala acertadamente la Carta (CIDYD-CAP), «El estatuto del ciudadano en relación con la Administración pública está compuesto por el derecho fundamental a la buena Administración y sus derechos componentes, así como por los deberes que definen también la posición jurídica del ciudadano. Derechos y deberes son expresiones de la naturaleza dinámica y activa que hoy el Estado Social y Democrático de Derecho demanda de los ciudadanos en sus relaciones con las Administraciones Públicas».

En efecto, el reconocimiento del derecho fundamental a una buena Administración pública, así como sus derechos integrantes, sería incompleto si no se hiciera referencia a los deberes y obligaciones que graban sobre los propios ciudadanos. Como señala el preámbulo de la Carta (CIDYDCAP): «Todas las Constituciones Iberoamericanas hacen referencia, desde una perspectiva general, a los deberes de los ciudadanos a cumplir las leyes, a promover el bien común y a colaborar con los Poderes públicos en aras de la consecución del interés general. Y en las principales leyes administrativas de la región encontramos referencias expresas a dichos deberes aplicados a la relación con la Administración pública en el marco del procedimiento administrativo».

En la Carta (CIDYDCAP), antes de la caracterización del derecho fundamental a la buena Administración pública y de sus derechos componentes, se hace referencia a los principios por una elemental razón. El derecho humano a la buena Administración se levanta sobre el solar de los principios básicos del Derecho Administrativo y de la Administración y, los derechos componentes, como se puede colegir fácilmente, se encuentran en buena medida desperdigados por las diferentes leyes administrativas de la región.

Así también lo ha entendido la Carta (CIDYDCAP) cuando en la parte final del preámbulo señala que «Por lo que se refiere a los principios sobre los que descansa el derecho fundamental de la persona a una buena Administración pública, máxima expresión de la función de dignificación humana propia de los Poderes públicos, es menester tener presente que todas las leyes administrativas que se han promulgado en Iberoamérica disponen de relevantes elencos y repertorios. Igualmente, muchos de los denominados derechos componentes del derecho fundamental a una buena Administración pública están recogidos en las principales normas que regulan el régimen jurídico de la Administración pública y el procedimiento administrativo en los diferentes países iberoamericanos».

La Carta (CIDYDCAP) no es una Norma jurídica de obligatorio cumplimiento, tal y como lo expresa el último parágrafo del preámbulo: «La presente Carta constituye un marco de referencia que posibilita, en la medida en que no se oponga a lo dispuesto en las legislaciones de cada uno de los países de la región, una ordenación de los derechos y deberes del ciudadano en relación con la Administración pública, los cuales pueden adecuarse a las particularidades de las normas relacionadas a la Administración pública y a la idiosincrasia de cada uno de los países iberoamericanos».

«La Carta de los Derechos y Deberes del Ciudadano en relación con la Administración pública tiene como finalidad el reconocimiento del derecho fundamental de la persona a la buena Administración pública y de sus derechos y deberes componentes. Así, los ciudadanos iberoamericanos podrán asumir una mayor conciencia de su posición central en el sistema administrativo y, de esta forma, poder exigir de las autoridades, funcionarios, agentes, servidores y demás personas al servicio de la Administración pública, actuaciones caracterizadas siempre por el servicio objetivo al interés general y consecuente promoción de la dignidad humana».

En el punto 1 de la Carta (CIDYDCAP), transcrito al principio de este párrafo, se expone con meridiana claridad su objeto, que no es otro que dar carta de naturaleza de derecho humano, con todas sus consecuencias, al derecho fundamental de la persona a una buena Administración pública. Un derecho humano que obligará a que todas las actuaciones administrativas, cualquiera que sea su naturaleza, se caractericen por el servicio objetivo al interés general y consecuente promoción de la dignidad humana. Es más, una actuación administrativa que no se oriente al servicio objetivo del interés general nunca podrá promover la dignidad humana.

A renglón seguido comienza la exposición de los principios, que deben entenderse, como dispone el punto 2 de la Carta (CIDYDCAP), en «el marco del respeto de los postulados del buen funcionamiento de las instituciones públicas y de la observación estricta del Ordenamiento Jurídico», contexto en el que debe afirmarse que «la Administración pública sirve con objetividad al interés general y actúa con pleno sometimiento a las leyes y al Derecho, especialmente en sus relaciones con los ciudadanos, de acuerdo con los principios expuestos en los siguientes preceptos, que constituyen la base del derecho fundamental a la buena Administración pública en cuanto este está orientado a la promoción de la dignidad humana» (punto 2).

El principio de servicio objetivo a los ciudadanos se proyecta, según lo dispuesto en el punto 2, «a todas las actuaciones administrativas y de sus agentes, funcionarios y demás personas al servicio de la Administración pública, sean expresas, tácitas, presuntas, materiales –incluyendo la inactividad u omisión– y se concreta en el profundo respeto a los derechos e intereses legítimos de los ciudadanos, que habrá de promover y facilitar permanentemente. La Administración pública y sus agentes, funcionarios y demás personas al servicio de la Administración pública deben estar a disposición de los ciudadanos para atender los asuntos de interés general de manera adecuada, objetiva, equitativa y en plazo razonable».

En el apartado 3 se define el principio promocional de los Poderes públicos, que «se dirige a la creación de las condiciones necesarias para que la libertad y la igualdad de los ciudadanos iberoamericanos y de los grupos en que se integran sean reales y efectivas, removiendo los obstáculos que impidan su cumplimiento y fomentando la participación ciudadana a fin de que los ciudadanos contribuyan activamente a definir el interés general en un marco de potenciación de la dignidad humana». Este principio, como sabemos, es la expresión administrativa de la cláusula del Estado social y democrático de Derecho y tiene una importancia primordial para la efectividad de los derechos sociales fundamentales.

En el punto 4 se hace referencia al principio de racionalidad, que «se extiende a la motivación y argumentación que debe caracterizar todas las actuaciones administrativas, especialmente en el marco del ejercicio de las potestades discrecionales». Este principio es uno de los más importantes para la existencia de una Administración comprometida realmente con la democracia y el Estado de Derecho pues en buena medida se puede afirmar que el compromiso con los derechos humanos de una Administración pública se mide por la calidad y rigor de las motivaciones de sus decisiones.

En el apartado 5 se trata del principio de igualdad de trato, en cuya virtud «todos los ciudadanos serán tratados de manera igual, garantizándose, con expresa motivación en los casos concretos, las razones que puedan aconsejar la diferencia de trato, prohibiéndose expresamente toda forma de discriminación cualquiera que sea su naturaleza». Este principio debe facilitarse especialmente a las personas con capacidades especiales o diferentes: «Las Administraciones Públicas deberán realizar los ajustes tecnológicos y físicos necesarios para asegurar que este principio llegue efectivamente a los ciudadanos con especiales dificultades, especialmente a las personas con capacidades especiales o capacidades diferentes».

En el apartado 6 se hace referencia al principio de eficacia, «en cuya virtud las actuaciones administrativas deberán realizarse, de acuerdo con el personal asignado, en el marco de los objetivos establecidos para cada ente público, que siempre estarán ordenadas a la mayor y mejor satisfacción de las necesidades y legítimas expectativas del ciudadano». La Administración pública debe ser guiada en atención a objetivos en los que los ciudadanos han de tener presencia en el marco de las preferencias electorales que ha de concretar el Gobierno salido de las elecciones. Sin objetivos es difícil que la Administración pública sirva con objetividad los intereses generales.

La eficacia según la Carta (CIDYDCAP) también se ordena a eliminar y remover las dificultades que impiden que las actuaciones administrativas cumplan los fines previstos. Así en el mismo punto 6, la Carta (CIDYDCAP) dispone que «las Autoridades buscarán que los procedimientos y las medidas adoptadas logren su finalidad y, para ello, procurarán remover de oficio los obstáculos puramente formales y evitarán las dilaciones y los retardos, buscando la compatibilidad con la equidad y el servicio objetivo al interés general. En esta materia será de aplicación, de acuerdo con los diferentes ordenamientos jurídicos, el régimen de responsabilidad del personal al servicio de la Administración pública». En la medida en que se identifique al funcionario responsable de cada procedimiento, será más sencillo derivar la responsabilidad que en que pudiera incurrir como consecuencia de dilaciones y retardos indebidos, sin justificación alguna.

El principio de eficiencia atiende a la consecución de los objetivos establecidos con el menor coste posible, y según el apartado 7, «obliga a todas las autoridades y funcionarios a optimizar los resultados alcanzados en relación con los recursos disponibles e invertidos en su consecución en un marco de compatibilidad con la equidad y con el servicio objetivo al interés general». Es decir, la eficiencia debe tener presente, para alcanzar los resultados esperados, los recursos, personales y materiales, disponibles en un marco en el que la equidad y el servicio objetivo al interés general sean criterios determinantes. Esto es así porque la Administración no es una organización que se mueva por el lucro o el beneficio económico, sino por la rentabilidad social.

De acuerdo con el principio de economía, apartado 8, «el funcionamiento de la Administración pública estará guiado por el uso racional de los recursos públicos disponibles», de manera que el «gasto público se realizará atendiendo a criterios de equidad, economía, eficiencia y transparencia». El gasto público debe, pues, realizarse en un contexto de equilibrio y complementarie-dad entre los principios de eficacia, eficiencia y equidad, siempre de forma transparente.

En virtud del principio de responsabilidad, según el punto 9, «la Administración pública responderá de las lesiones en los bie-nes o derechos de los ciudadanos ocasionados como consecuencia del funcionamiento de los servicios públicos o de interés general de acuerdo con el ordenamiento jurídico correspondiente».

Como es lógico, la Carta (CIDYDCAP) no entra en la cues-tión de si las lesiones deben ser consecuencia del funcionamiento anormal o irregular de los servicios públicos, optando por la regla general de la responsabilidad por actuaciones administrativas que lesionen, sin más, los bienes o derechos de los ciudadanos.

Los ciudadanos son los dueños y señores del poder público y por ende quienes lo ejercen en su nombre deben dar cuentas a la ciudadanía permanentemente de cómo lo administran. Por eso, en el punto 10, de acuerdo con el principio de evaluación permanente de la Administración pública, «ésta, tenderá a ade-cuar su estructura, funcionamiento y actividad, interna y exter-na, a la identificación de oportunidades para su mejora continua, midiendo de forma objetiva el desempeño de sus estructuras administrativas».

En el apartado 11, se impone a la Administración pública que asegure la «universalidad, asequibilidad y calidad de los servicios públicos y de interés general con independencia de la ubicación geográfica de los ciudadanos y del momento en que estos preci-sen el uso de dichos servicios por parte de las Administraciones Públicas con presencia territorial». En el caso de los servicios pú-blicos va de suyo, y en el caso de los servicios de interés general es consecuencia de propia naturaleza de estos servicios que exigen que el Estado, a través de los medios más pertinentes, preserve también la continuidad de estos servicios garantizando su univer-salidad, asequibilidad y calidad.

El ethos de la Administración pública es obvio pues se dedica al servicio objetivo del interés general. No solo estructuralmente sino también a través de las personas que laboran en su interior.

De ahí que el apartado 12 se refiera al principio de ética, «en cuya virtud todas las personas al servicio de la Administración pública deberán actuar con rectitud, lealtad y honestidad, promoviéndose la misión de servicio, la probidad, la honradez, la integridad, la imparcialidad, la buena fe, la confianza mutua, la solidaridad, la transparencia, la dedicación al trabajo en el marco de los más altos estándares profesionales, el respeto a los ciudadanos, la diligencia, la austeridad en el manejo de los fondos y recursos públicos así como la primacía del interés general sobre el particular».

La cláusula del Estado democrático implica la participación y presencia ciudadana en el análisis y evaluación de las políticas públicas. Por eso el punto 13 de la Carta (CIDYDCAP) hace referencia al principio de participación, «en cuya virtud los ciudadanos, en el marco de lo dispuesto en la Carta Iberoamericana de Participación Ciudadana en la Gestión Pública, podrán, según la legislación interna de cada país, estar presentes e influir en todas las cuestiones de interés general a través de los mecanismos previstos en los diferentes ordenamientos jurídicos de aplicación. Igualmente, se propiciará que los ciudadanos participen en el control de la actividad administrativa de acuerdo con la Legislación administrativa correspondiente». Debe subrayarse que la Carta deja la puerta abierta a la función de control de la actividad administrativa general por parte ciudadana, lo que obviamente se regulará en la legislación general administrativa de cada país.

Dicha participación, como es lógico, tiene una relevancia especial cuando se refiere a la elaboración de las normas administrativas. De ahí que la parte final de este apartado señala que «de igual manera, la Administración pública facilitará que los ciudadanos interesados participen, individual o colectivamente, también a través de sus legítimos representantes, en el procedimiento de elaboración de las normas administrativas que puedan afectarles».

En el punto 14, consecuencia también de la función de servicio a la ciudadanía que acompaña a la Administración en todo su quehacer, se hace referencia a los «principios de publicidad y claridad de las normas, de los procedimientos y del entero quehacer administrativo en el marco del respeto del derecho a la intimidad y de las reservas que por razones de confidencialidad o interés general, que serán objeto de interpretación restrictiva».

Consecuencia de lo expuesto en el parágrafo anterior es, como dispone la Carta (CIDYDCAP) en este punto, que «las autoridades procurarán dar a conocer a los ciudadanos y a los interesados, de forma sistemática y permanente, según las diferentes legislaciones de cada uno los países de la región, sus actos, contratos y resoluciones, mediante comunicaciones, notificaciones y publicaciones, incluyendo el empleo de tecnologías que permitan difundir de forma masiva tal información».

En el apartado 15, se reconocen los «principios de seguridad jurídica, de previsibilidad, claridad y certeza normativa, en cuya virtud la Administración pública se somete al Derecho vigente en cada momento, sin que pueda variar arbitrariamente las normas jurídicas». La claridad de las normas administrativas trae consigo, como señala más adelante este apartado que «la Administración pública procurará usar en la elaboración de las normas y actos de su competencia un lenguaje y una técnica jurídica que tienda, sin perder el rigor, a hacerse entender por los ciudadanos».

La denominada actividad administrativa de policía, ordenación o limitación especialmente, demanda la aplicación del principio de proporcionalidad, establecido en el punto 16 de la Carta (CIDYDCAP), en cuya virtud «las decisiones administrativas deberán ser adecuadas al fin previsto en el ordenamiento jurídico, dictándose en un marco de justo equilibrio entre los diferentes intereses en presencia y evitándose limitar los derechos de los ciudadanos a través de la imposición de cargas o gravámenes irracionales o incoherentes con el objetivo establecido».

La Administración actúa, bien lo sabemos, en virtud de normas. Por eso, apartado 17 de la Carta (CIDYDCAP), el principio de ejercicio normativo del poder «significa que los poderes deberán ejercerse, única y exclusivamente, para la finalidad prevista en las normas de otorgamiento, prohibiéndose el abuso o exceso de poder, sea para objetivos distintos de los establecidos en las disposiciones generales o para lesionar el interés general».

En virtud del «principio de objetividad, fundamento de los principios de imparcialidad e independencia, las autoridades y funcionarios, así como todas las personas al servicio de la Administración pública, deberán abstenerse de toda actuación arbitraria o que ocasione trato preferente por cualquier motivo, actuando siempre en función del servicio objetivo al interés general, prohibiéndose la participación en cualquier asunto en el que él mismo, o personas o familiares próximos, tengan cualquier tipo de intereses o en los que pueda existir conflicto de intereses según el ordenamiento jurídico correspondiente» (Apartado 18).

El principio de buena fe también se proyecta sobre la Administración pública, por lo que el punto 19, señala que en su virtud, «las autoridades y los ciudadanos presumirán el comportamiento legal y adecuado de unos y otros en el ejercicio de sus competencias, derechos y deberes».

La Administración pública, como está al servicio de los ciudadanos, debe facilitar todo lo que pueda las relaciones de éstos con el poder público. Por eso, el punto de 20 dispone que «de acuerdo con el principio de facilitación los ciudadanos encontrarán siempre en la Administración pública las mejores condiciones de calidez, amabilidad, cordialidad y cortesía para la tramitación y asesoramiento de los asuntos públicos que les afecten».

En este sentido, las innovaciones tecnológicas han de estar orientadas a esta finalidad, por lo que, como establece la Carta (CIDYDCAP) al final de este apartado, «en estos casos, el uso de las TICS facilita la tramitación de numerosos procedimientos y permite de forma puntual conocer en cada momento el estado de la tramitación así como solventar las dudas que puedan tener los interesados».

La resolución de los asuntos públicos en plazo razonable justifica el principio de «celeridad, en cuya virtud las actuaciones administrativas deberán realizarse optimizando el uso del tiempo, resolviendo los procedimientos en un plazo razonable que será el que corresponda de acuerdo con la dotación de personas y de medios materiales disponibles y de acuerdo con el principio de servicio objetivo al interés general, así como en función de las normas establecidas para tal fin» (Punto 21).

La centralidad del ciudadano y su condición capital en el sistema político y administrativo, en cuanto dueño y señor de los poderes públicos, justifica el principio de transparencia y acceso a la información de interés general: establecido en el apartado 22: «el funcionamiento, actuación y estructura de la Administración pública deberá ser accesible a todos los ciudadanos, de manera que éstos, de acuerdo con la protección del derecho a la intimidad y de las declaraciones motivadas de reserva por razones de interés general, puedan conocer en todo momento, gracias a la existencia de archivos adecuados, la información generada por las Administraciones Públicas, por las organizaciones sociales que manejen fondos públicos y por todas aquellas instituciones que realicen funciones de interés general de acuerdo con la legislación respectiva».

Las nuevas tecnologías, dice la Carta (CIDYDCAP), tienen también gran importancia para facilitar dichos principios: «Las Autoridades deberán impulsar de oficio los procedimientos y procurarán usar las TICS a los efectos de que los procedimientos se tramiten con diligencia y sin dilaciones injustificadas de acuerdo con los enunciados de la Carta iberoamericana del Gobierno Electrónico. Igualmente, se procurará potenciar el uso de estándares abiertos para facilitar la difusión y reutilización de la información pública o de interés general» (Apartado 22 *in fine*).

En este tiempo, las técnicas de limitación y ordenación a las que la Administración pública puede someter las actividades de las personas deben respetar el principio establecido en el punto 23: el principio de protección de la intimidad, «de forma que las personas al servicio de la Administración pública que manejen datos personales respetarán la vida privada y la integridad de las personas de acuerdo con el principio del consentimiento, prohibiéndose, de acuerdo con los ordenamientos jurídicos correspondientes, el tratamiento de los datos personales con fines no justificados y su transmisión a personas no autorizadas».

Finalmente, apartado 24, el principio de debido proceso implica que» las actuaciones administrativas se realizarán de acuerdo con las normas de procedimiento y competencia establecidas en los ordenamientos superiores de cada uno de los países miembros, con plena garantía de los derechos de representación, defensa y contradicción».

Tras señalar el punto 25 que «los ciudadanos son titulares del derecho fundamental a la buena Administración pública, que consiste en que los asuntos de naturaleza pública sean tratados con equidad, justicia, objetividad, imparcialidad, siendo resueltos en plazo razonable al servicio de la dignidad humana», la Carta reconoce que «el derecho fundamental a la buena Administración pública se compone, entre otros, de los derechos señalados en los artículos siguientes, que se podrán ejercer de acuerdo con lo previsto por la legislación de cada país».

Estos derechos componentes que señala Carta (CIDYDCAP), se encuentran en los apartados subsiguientes y, son, de forma resumida los siguientes.

Primero. Derecho a la motivación de las actuaciones administrativas.

Segundo. Derecho a la tutela administrativa efectiva.

Tercero. Derecho a una resolución administrativa amparada en el ordenamiento jurídico, equitativa y justa, de acuerdo con lo solicitado y dictada en los plazos y términos que el procedimiento señale.

Cuarto. Derecho a presentar por escrito o de palabra peticiones de acuerdo con lo que se establezca en las legislaciones administrativas de aplicación, en los registros físicos o informáticos.

Quinto. Derecho a no presentar documentos que ya obren en poder de la Administración pública, absteniéndose de hacerlo cuando estén a disposición de otras Administraciones públicas del propio país. Los ciudadanos tienen derecho a no presentar documentos cuando éstos se encuentren a disposición de la Administración pública.

Sexto. Derecho a ser oído siempre antes de que se adopten medidas que les puedan afectar desfavorablemente.

Séptimo. Derecho de participación en las actuaciones administrativas en que tengan interés, especialmente a través de audiencias y de informaciones públicas.

Octavo. Derecho a servicios públicos y de interés general de calidad.

Noveno. Derecho a conocer y a opinar sobre el funcionamiento y la calidad de los servicios públicos y de responsabilidad administrativa.

Décimo. Derecho a formular alegaciones en el marco del procedimiento administrativo.

Undécimo. Derecho a presentar quejas, reclamaciones y recursos ante la Administración pública.

Duodécimo. Los ciudadanos podrán denunciar los actos con resultado dañoso que sufran en cualquiera de sus bienes y derechos producidos por los entes públicos en el ejercicio de sus funciones.

Décimo tercero. Derecho a conocer las evaluaciones de gestión que hagan los entes públicos y a proponer medidas para su mejora permanente de acuerdo con el ordenamiento jurídico correspondiente.

Décimo cuarto. Derecho de acceso a la información pública y de interés general, así como a los expedientes administrativos que les afecten en el marco del respeto al derecho a la intimidad y a las declaraciones motivadas de reserva que habrán de concretar el interés general en cada supuesto en el marco de los correspondientes ordenamientos jurídicos.

Décimo quinto. Derecho a copia sellada de los documentos que presenten a la Administración pública.

Décimo sexto. Derecho de ser informado y asesorado en asuntos de interés general.

Décimo séptimo. Derecho a ser tratado con cortesía y cordialidad.

Décimo octavo. Derecho a conocer el responsable de la tramitación del procedimiento administrativo.

Décimo noveno. Derecho a conocer el estado de los procedimientos administrativos que les afecten.

Vigésimo. Derecho a ser notificado por escrito en los plazos y términos establecidos en las disposiciones correspondientes y con las mayores garantías, de las resoluciones que les afecten.

Vigésimo primero. Derecho a participar en asociaciones o instituciones de usuarios de servicios públicos o de interés general.

Vigésimo segundo. Derecho a exigir el cumplimiento de las responsabilidades de las personas al servicio de la Administración pública y de los particulares que cumplan funciones administrativas de acuerdo con el ordenamiento jurídico respectivo.

La Carta (CIDYDCAP) recuerda, también, que el ejercicio del derecho fundamental a la buena Administración pública supone el ejercicio de deberes, pues sin deberes no puede haber derechos. En concreto, la Carta se refiere a los siguientes:

En primer lugar, los ciudadanos deberán acatar con lealtad la Constitución, las Leyes así como el entero Ordenamiento jurídico con arreglo a las exigencias de un Estado de Derecho.

En segundo término, los ciudadanos habrán de actuar siempre de acuerdo con el principio de buena fe, tanto en el uso de la información obtenida de la Administración pública, la cual deberá ser utilizada con interés legítimo, como así también abstenerse del uso de maniobras dilatorias en todo procedimiento o actuación en relación con dicha Administración pública.

Tercero, los ciudadanos tienen la obligación de ser veraces en todas sus relaciones con la Administración pública, evitando toda afirmación o aportación falsa o temeraria a sabiendas.

En cuarto lugar, los ciudadanos deben ejercer con la máxima responsabilidad los derechos que les reconoce el ordenamiento jurídico, absteniéndose de reiterar solicitudes improcedentes o impertinentes o de presentar acciones que representen erogaciones innecesarias de los recursos del Estado.

Quinto, los ciudadanos observarán en todo momento un trato respetuoso con las autoridades, funcionarios y con todo el personal al servicio de la Administración pública.

Y, en sexto y último término, los ciudadanos deberán colaborar siempre y en todo momento al buen desarrollo de los procedimientos y actuaciones administrativas, cumpliendo diligentemente todas las obligaciones razonables y justas que les impone el ordenamiento jurídico, especialmente en materia tributaria, reconociendo los costos establecidos para la atención demandada.

Finalmente, como colofón, la Carta (CIDYDCAP) dispone que el derecho fundamental de la persona a la buena Administración pública y sus derechos componentes tendrán la protección administrativa y jurisdiccional de los derechos humanos previstos en los diferentes ordenamientos jurídicos.

La Carta, pues, supone un importante punto de inflexión en orden al reconocimiento, con todos sus pronunciamientos, derecho fundamental a la buena Administración en todos los países de la región. Su entrada en las Constituciones, expresa o de forma deductiva, como acaba de hacer el Tribunal Constitucional de la República Dominicana, permitirá, qué duda cabe, que las obligaciones que las distintas Administraciones asumen en materia de derechos sociales fundamentales, se puedan realizar de forma justa, equitativa, razonable y, sobre todo, en plazo razonable. Por eso el derecho fundamental a la buena Administración es un derecho fundamental que, con independencia de la sustancia propia que tiene, que es mucha, juega un rol básico como derecho vehicular pues a su través los derechos sociales fundamentales es más fácil que puedan ser ejercidos por los ciudadanos, especialmente por aquellos que se encuentran en especiales situaciones.

CAPÍTULO XI

TUTELA ADMINISTRATIVA EFECTIVA
Y DERECHOS SOCIALES FUNDAMENTALES

M ENCIÓN aparte merecen las relaciones entre el derecho a la tutela administrativa efectiva, derecho componente como hemos analizado del derecho fundamental a una buena Administración pública, y los derechos sociales fundamentales. Una cuestión en la que se constata la incapacidad de las técnicas jurídicas del modelo de Derecho Administrativo clásico para adecuarse a los parámetros del Estado social y democrático de Derecho.

En realidad, el Derecho Administrativo que todavía estudiamos en nuestras Facultades está pensado para la protección de los derechos individuales a partir de una concepción del derecho subjetivo de este tenor. En este sentido, el problema de la omisión administrativa inconstitucional no dispone de las mismas condiciones de enjuiciamiento que, por ejemplo, las acciones administrativas contrarias al Derecho. Además, la dimensión objetiva de los derechos fundamentales de la persona, que obviamente concurre en los de naturaleza social, reclama, como señala Hachem, la construcción de instituciones administrativas dirigidas a la realización de la dimensión objetiva de los derechos fundamentales[599].

En el fondo, de lo que se trata es de confirmar que el Derecho Administrativo, como consecuencia del Estado social y democrá-

---

[599] D. WUNDER HACHEM, *Tutela administrativa efetiva dos direitos fundamentais sociais*, Tesis doctoral, Universidad Federal do Paraná, Curitiba, 2014, p. 210.

tico de Derecho, está convocado a facilitar, a través de sus categorías, instituciones y técnicas, la realización del interés general de forma objetiva. Y en esa tarea, si acordamos que el interés general contiene una esfera de indisponibilidad que se llama derechos fundamentales de la persona, sean individuales o sociales, entonces estaremos situados en la senda apropiada.

En efecto, el Derecho Administrativo del Estado social y democrático de Derecho ha de cambiar sus paradigmas para orientarse, no tanto a la defensa, protección y promoción de los derechos fundamentales de libertad o individuales, sino también, y sobre todo, a la realización de la dimensión objetiva de los derechos fundamentales. A la defensa, protección y promoción, también, y sobre todo, de los denominados derechos sociales fundamentales.

El Derecho Administrativo no debe diseñar exclusivamente técnicas para reaccionar frente a las lesiones o contravenciones por parte del Estado de la dimensión subjetiva de posiciones jurídicas fundamentales de cuño individual, debe también, partiendo de su vocación a la realización objetiva del interés general, de construir técnicas que subrayen la necesidad de combatir las omisiones administrativas orientadas a realizar la dimensión objetiva de los derechos fundamentales. En este punto cobra especial relevancia el derecho fundamental a la buena Administración y el derecho a tutela administrativa efectiva como derecho en él integrado.

Esta visión del Derecho Administrativo como protector por antonomasia del ciudadano no encaja con los postulados del Estado social y democrático de Derecho. Más bien, surge como consecuencia del alumbramiento del Estado liberal de Derecho a fines del siglo XVIII y hoy, en los inicios del siglo XXI, las cosas han cambiado sustancialmente y el entramado del Derecho Administrativo, construido para ese modelo de Estado, debe adecuarse al nuevo modelo, tarea por cierto que encuentra grandes y complicados obstáculos e impedimentos. Uno de ellos, no menor, es la resistencia a considerar como derechos fundamentales reales los denominados derechos sociales fundamentales.

Es decir, seguimos todavía en una concepción en la que el derecho fundamental de la persona se concibe de forma individual y el Estado se orienta a la protección de la dimensión subjetiva-individualista olvidando la esencia misma de este modelo de Estado, que se encuentra como bien sabemos en la realización del aspecto objetivo de los derechos fundamentales, lo que convierte a los Poderes públicos en promotores incansables, a través de la función promocional, del interés general.

El Derecho Administrativo emanado de la lógica del Estado liberal de Derecho, se fundó en una visión positivista del principio de legalidad y en la reducción del papel del Juzgador a ser única y exclusivamente la palabra de la ley. Solo se podían invocar los derechos expresamente establecidos en la ley y, por otro lado, en función de esta rígida separación de poderes que patrocinaba un poder ejecutivo-administrativo autónomo, surgieron las principales prerrogativas del actuar administrativo, ejecutividad y ejecutoriedad, que en el marco de una autotutela que impedía acudir al Juzgador, explican el tufo autoritario del surgimiento de la función administrativa tras la Revolución francesa. Hasta el punto de que el Consejo de Estado nacerá precisamente como una Administración que juzga a la propia Administración pública.

Los Jueces, para preservar la libertad del individuo, no podían interpretar la ley, porque a ella estaban sometidos y todo lo que podían hacer era limitarse a reproducir literalmente en sus fallos la letra de la ley. En este contexto se entiende perfectamente que el Juez, como mucho, podía declarar no ajustado a la ley la conducta administrativa, pero condenar a la Administración por no realizar prestaciones positivas era algo insospechado pues pareciera que entonces el Poder judicial estaría invadiendo la esfera de actuación de otro poder del Estado.

Desde otro punto de vista, hay que subrayar que la construcción en este tiempo del Derecho Administrativo partía, de acuerdo con los postulados expuestos, del acto administrativo, de la acción o actividad administrativa, que se erige en la pieza clave de todo un sistema jurídico-público. El contencioso administrativo, bien lo sabemos, nace como un proceso al acto, sin que se pudieran juzgar por aquel entonces más que decisiones concretas de hacer del aparato administrativo. Esto era así porque normalmente la lesión de los derechos individuales por parte del Estado procedía de acciones concretas, no tanto de su inactividad o su omisión.

Aquí tenemos, en estado puro, la dimensión subjetiva de los derechos fundamentales pues lo determinante era que existieran espacios de libertad, inmunes a las intervenciones externas de los Poderes públicos, especialmente en materia de derecho de propiedad, el gran protegido de este tiempo. Se protegían los derechos individuales y aunque parezca contradictorio y paradójico estamos en presencia por entonces de un Derecho Administrativo especializado en proteger a las personas de los excesos de la Administración con independencia de su principal función, la defensa del servicio objetivo al interés general. Garantías para los derechos subjetivos y privilegio y prerrogativas constituyen los elementos básicos que permitieron montar todo este Derecho Administrativo pensado exclusivamente como *longa manus* de la burguesía en defensa de su posición y mantenimiento del *status quo*.

Este Derecho Administrativo era liberal porque protegía a los individuos de la acción ilegal administrativa y no de sus omisiones; subjetivista, porque se centraba en el derecho subjetivo sin posibilidad de otras formas de tutela del interés general, e individualista porque no atendía pretensiones colectivas[600]. Este Derecho Administrativo, con algunos matices, se recibe en los países del continente europeo y, por extensión, en las naciones americanas influenciadas por la presencia española y portuguesa en América.

Habrá que esperar al siglo XX y a la formulación del Estado social y democrático de Derecho, para que el Derecho Administrativo, fruto de la dimensión objetiva de los derechos fundamentales y de la centralidad de la dignidad humana, asuma su función principal, que no es solo la de proteger a los individuos de los excesos del poder público, sino la de promover el servicio

---

[600] D. WUNDER HACHEM, *op. cit.*, p. 255.

objetivo al interés general, tarea en la que se encuadra la protección, defensa y promoción de todos y cada uno de los derechos fundamentales de las personas, incluidos, claro está, los derechos sociales fundamentales.

Esta nueva perspectiva pone el acento en los deberes y obligaciones administrativas en cuánto medios para el libre y solidario desarrollo de la personalidad humana. Por eso, las categorías, instituciones y técnicas de este nuevo Derecho Administrativo han de orientarse a esta finalidad. Para ello, cobra especial relevancia la posibilidad de impugnar las omisiones e inactividades antijurídicas de la Administración que lesionen derechos fundamentales, lo que se consigue con un nuevo contencioso protector del derecho, no tanto revisor de actos y, también, con la apertura de la legitimación más allá del derecho subjetivo, pues por entonces se empiezan a reconocer, junto a los intereses legítimos, los intereses colectivos, corporativos así como las acciones populares, ahora de gran actualidad en lo que se refiere a la defensa y protección del interés general, como consecuencia de los ilícitos administrativos.

Los derechos fundamentales de la persona en el Estado social y democrático de Derecho, como hemos señalado con anterioridad, asumen ahora también la función de directrices, motores del quehacer administrativo que, de esta manera, asume como tarea prioritaria la realización de estos derechos. Derechos, los fundamentales, todos, los de libertad y los sociales, que están vinculados indeleble y esencialmente a la realización objetiva del interés general. Interés, que como también hemos advertido, dispone de un alma o naturaleza en la que están inescindiblemente inscritos los derechos fundamentales de la persona como expresiones primigenias e insoslayables de la dignidad del ser humano.

En este contexto se comprende cabalmente que las inactividades, las omisiones de las obligaciones de la Administración, lesionan gravemente la realización del Estado social y democrático de Derecho pues impiden el despliegue, la potencialidad del aparato público destinado a promover, remover cuando sea preciso, los derechos fundamentales de las personas. Es más, el Estado social y democrático de Derecho consiste, dicho resumidamente, en prestaciones, en obligaciones, en tareas que de no ser realizadas lo anulan en la misma raíz. Por eso, el control judicial de la inactividad, afortunadamente ya presente en muchas normas de lo contencioso administrativo, es una venturosa realidad. Presencia que era la lógica consecuencia de la llamada cláusula del Estado social y democrático de Derecho en cuanto que éste debe promover los derechos fundamentales todos, remover los obstáculos que impidan su cumplimiento y facilitar la participación ciudadana.

El control judicial de las omisiones permite obligar a la Administración a cumplir los deberes que le impone la Norma jurídica para la efectividad de los derechos sociales fundamentales. No se trata en estos casos de superar la separación de poderes, lo que acontecería si el Juzgador entrara en la delimitación precisa y concreta de la forma y el modo en que la Administración debe cumplir la prestación. De lo que se trata es de anular la omisión, cuya consecuencia no es otra que la de un mandato de actuación. Cosa distinta es que la Norma jurídica imponga obligaciones genéricas. En ese caso, el Juzgador podrá ordenar a la Administración que cumpla la obligación que le corresponde siguiendo las normas y principios del derecho fundamental a una buena Administración pública, en particular del derecho a la tutela administrativa efectiva, que es uno de sus derechos componentes más relevantes.

El derecho a la tutela administrativa efectiva significa que el ciudadano desde que entra en relación con la Administración hasta que ésta actúa, por acción u omisión, tiene derecho a que en todo momento la Administración se someta plena y completamente a la ley y al Derecho, es decir, al principio de juridicidad. Desde la formación de la voluntad administrativa hasta que dicta, si es el caso, el acto administrativo y lo ejecuta y la ejecutoria, el ciudadano tiene derecho a que las actuaciones administrativas en que ordinariamente consiste un procedimiento estén regidas completamente por la Ley y el derecho, por el Ordenamiento jurídico en bloque. Tal derecho es consecuencia de la fuerza de la matriz cultural-política-jurídica de la dignidad humana, que reclama en todo momento que en las relaciones jurídicas en que una parte sea un ciudadano, le sean reconocidos todos sus derechos, especialmente   si la otra parte es pública, el derecho fundamental a la buena Administración.

El procedimiento administrativo debe contemplarse pues desde la óptica del derecho a la buena Administración y no tanto desde la verticalidad de los privilegios o las prerrogativas. El derecho a la tutela administrativa efectiva no se identifica, si se inspira, con el derecho a la tutela judicial efectiva por obvias razones. Como ha señalado Gutiérrez Colantuono, en el caso de la tutela administrativa efectiva se trata de que la tutela no se postergue a la vía judicial sino que la ley y el Derecho amparen al ciudadano en sus relaciones con la Administración pública y así pueda obtener, si es el caso, una resolución en Derecho[601].

La tutela efectiva, entendida en sentido amplio, equivale prácticamente al mismo derecho a la buena Administración. Desde esta perspectiva, la realización de la tutela administrativa efectiva se concreta, a su vez, en otros derechos. A saber, el derecho de petición, el derecho de audiencia y subsiguiente derecho de participación, el derecho de acceso al expediente, el derecho a ofrecer y producir pruebas, el derecho a la defensa, el derecho a abogado, el derecho a la tutela cautelar, el derecho a un formalismo atenuado, el derecho a una resolución en plazo razonable, el derecho a una resolución fundada en la que se consideren las razones aducidas por los ciudadanos, el derecho a interponer recursos ante el superior jerárquico al que dicto el acto, el derecho al acceso gratuito a los recursos administrativos[602].

La tutela administrativa efectiva es un principio jurídico y un derecho fundamental del ciudadano derivado del más amplio derecho a la buena Administración. Como derecho fundamental tiene un contenido propio que consiste en recibir de la Administración en un plazo razonable una tutela efectiva de sus

---

[601] P. GUTIÉRREZ COLANTUONO, *Administración pública, juridicidad y derechos fundamentales*, Buenos Aires, 2009, pp. 99-100.
[602] D. WUNDER HACHEM, *op. cit.*, p. 287.

derechos, que habilita para la adopción de todas las técnicas y procedimientos administrativos ordenados a dicho fin y que prohíbe al Estado actuar en contra de los derechos fundamentales de las personas[603].

En el Derecho Español puede afirmarse que este principio y derecho se deriva directamente de la Constitución, artículo 103.1, y de las normas administrativas que garantizan el principio de legalidad y juridicidad de la actuación administrativa así como el principio de servicio a los ciudadanos, especialmente de la Ley de Régimen Jurídico de las Administraciones Públicas y del Procedimiento Administrativo Común de 20 de octubre de 1982.

Una consecuencia del derecho a la tutela administrativa efectiva se traduce en el deber general de la Administración pública de promover integral y espontáneamente los derechos fundamentales de las personas. Si la Administración cumple esta relevante tarea que le manda el Estado social y democrático de Derecho, ciertamente asumirá un relevante papel preventivo que evitará muchos conflictos entre las personas y el Estado. Es decir, el administrador público, unilateral o conjuntamente, dispone del deber-poder, en lo que se refiere a su actividad materialmente judicial, de interpretar sistemáticamente el Ordenamiento constitucional para deducir, aunque sea implícitamente, las soluciones más adecuadas a la protección integral de los derechos fundamentales del ciudadano[604].

Efectivamente, si la Constitución vincula directamente a todos los ciudadanos y a los Poderes públicos, es razonable que los integrantes del poder administrativo puedan aplicar la Norma Fundamental a sus decisiones. En el Derecho español, el artículo 9.2 de la Constitución manda a los Poderes públicos que promuevan condiciones para la efectividad de los derechos fundamentales y que remuevan los obstáculos que impidan su cumplimiento, de manera que sobre la Administración grava la obligación general, de origen constitucional, de diseñar estructuras, organizaciones

---

[603] D. WUNDER HACHEM, *op. cit.*, p. 291.
[604] D. WUNDER HACHEM, *op. cit.*, p. 300.

y procedimientos adecuados para que los titulares de los derechos fundamentales, sean individuales o sociales, puedan ejercerlos en su mayor grado.

La tutela administrativa efectiva, pues, conlleva la obligación administrativa de promover los derechos fundamentales sociales de forma espontánea, porque forma parte del ser y la esencia de una Administración incardinada en el Estado social y democrático de Derecho, y también de forma integral, porque no se reduce al mínimo vital, sino a la totalidad de los derechos sociales fundamentales. Tal forma de encarar el Derecho Administrativo implica un replanteamiento de la forma en que hasta ahora se han entendido mayoritariamente sus instituciones señeras, como el procedimiento administrativo o la responsabilidad extracontractual o patrimonial del Estado.

Desde otro punto de vista, la discrecionalidad administrativa encuentra límites y sujeciones que la deben orientar a aplicarse siempre a favor del derecho social fundamental y, además, como ya indicamos, la tutela administrativa efectiva impide que la Administración pueda actuar a favor de intereses secundarios que violen los derechos sociales fundamentales. Es más, es de tal calado la reducción de la discrecionalidad administrativa en estos casos que se podría afirmar que en esta materia no hay discrecionalidad porque la obligación de la Administración es lisa y llanamente promover defender, proteger y promover el derecho fundamental.

El interés primario es el interés general, que en un Estado social y democrático de Derecho se orienta precisamente a la promoción de la libertad solidaria de las personas, o lo que es lo mismo, a la facilitación de todos y cada uno de los derechos fundamentales inherentes a la persona humana. El interés general es el principio supremo y preferente que vincula a la Administración pública, un principio que según hemos explicado en otro libro[605], dispone de una sustancia o alma inescindible y que lo caracteriza radicalmente: su vocación y misión a la promoción de todos y

---

[605] J. RODRÍGUEZ-ARANA, *Interés general, Estado de bienestar y Derecho Administrativo*, Madrid, 2013.

cada uno de los derechos fundamentales de la persona. En puridad, pues, no podría haber intereses de ninguna naturaleza en la actuación administrativa que se contrapongan al interés general.

Junto a la reducción completa del espacio de la discrecionalidad, el derecho a la tutela administrativa efectiva impone a la Administración el deber de adoptar espontáneamente todas las medidas disponibles para la satisfacción máxima de todos los derechos fundamentales del ciudadano aunque no exista previsión legal en la materia[606]. Tal afirmación es polémica en España, pues la Constitución exige que determinados derechos sociales fundamentales, regulados constitucionalmente bajo el paraguas de los Principios rectores de la política social y económica, para su efectividad deben estar regulados en una ley ad hoc.

Pues bien, siendo esta norma materialmente inconstitucional, como ya hemos adelantado, procede señalar que en estos supuestos no hay más que partir de la función promocional de los Poderes públicos, escrita en el texto constitucional, y tener presente la doctrina de la aplicación inmediata y el efecto directo de los derechos fundamentales tal y como reconoce el Constitucionalismo social recogido en prácticamente todos los países. Afirmar con carácter absoluto el principio de legalidad en sentido positivo y negativo tal y como se formuló hace varios siglos, con la consiguiente contravención de derechos fundamentales, es incongruente con las bases constitucionales del modelo del Estado social y democrático de Derecho.

En efecto, si la tutela administrativa es efectiva, no puede ser inefectiva o facilitadora de lesiones de derechos fundamentales. Por tanto, en estos casos de omisión legislativa también los derechos fundamentales deben ser defendidos, protegidos o promovidos pues lo contrario sería absurdo. Hoy, el principio de supremacía de la constitución ayuda a resolver estos problemas por esta vía. Vía en la que obviamente la Administración debe proceder siguiendo las reglas de la buena Administración, que es, como hemos señalado, un principio de Derecho, una obligación

---

[606] D. WUNDER HACHEM, *op. cit.*, p. 423.

inherente a la Administración pública y también un derecho fundamental del ciudadano.

En estos casos en que no existe legislación que establezca la forma de actuar de la Administración en relación con un derecho fundamental, el peso y el lastre también, de la vinculación negativa y positiva de la Administración a la ley, coherente en un sistema de Estado liberal de Derecho, debe ser superada en un sistema de Estado social y democrático de Derecho porque ahora, admitida la dimensión objetiva de los derechos fundamentales, hay que buscar soluciones para una Administración pública que, a causa de la incapacidad social, debe promover muchos derechos sociales fundamentales a base de prestaciones y obligaciones de hacer. Y en tales supuestos, la efectividad de un derecho fundamental no puede esperar a que el Legislativo o el Ejecutivo se dignen tomar cartas en el asunto, por usar una expresión bien coloquial. Como ha reconocido Parejo Alfonso, la propia efectividad del Estado social está condicionada a una adaptación de los principios de legalidad y separación de poderes coherente con el modelo de Estado propuesto en nuestras Constituciones[607].

La solución hay que buscarla en el marco de una adecuada articulación entre supremacía constitucional y legalidad administrativa. No sería coherente que la efectividad de la Constitución se condicionara a lo que disponga la Ley o a que se dicte una Ley. Por eso, tenemos que afirmar con prudencia pero con seguridad que en estos casos la Administración, razonando la cuestión, con sujeción a la buena Administración pública y en el marco de la Constitución, debe actuar para garantizar la efectividad de un derecho social fundamental. De lo contrario, la eficacia de los derechos fundamentales no sería inmediata pues solo vincularían a la Administración en la medida de que así lo dispusiera la ley.

Es decir, la Constitución condicionada a la Ley cuando las cosas son al revés, la ley depende de la Constitución y a ella debe estar subordinada. La solución que ofrece Hachem desde la multifun-

---

[607] L. PAREJO ALFONSO, *El concepto de Derecho Administrativo*, Bogotá, 2009, p. 411.

cionalidad de los derechos fundamentales es convincente pues en efecto la actuación administrativa *praeter legem* juega en la función defensiva pero en el marco promocional, en el espacio de las obligaciones administrativas, de las prestaciones materiales, de la creación de estructuras y del establecimiento de procedimientos. Es menester afirmar la necesidad de la actuación administrativa en defecto de ley pues su asunción se deriva directamente de la Constitución[608].

El pensamiento complementario, la relación entre supremacía constitucional y legalidad de la actividad administrativa ayuda a resolver estos problemas partiendo del modelo del Estado social y democrático de Derecho y su funcionalidad y sentido. La legalidad administrativa no puede ser el obstáculo que impida el despliegue de los postulados del Estado social y democrático de Derecho sino uno de los instrumentos necesarios para que la Administración se inserte en esta nueva lógica. La legalidad administrativa no solo se dirige a la protección de los ciudadanos frente a los excesos e inmunidades del poder público sino que ahora, en el nuevo modelo de Estado, ha de ser un instrumento necesario para la defensa, protección y promoción de los derechos fundamentales de las personas, incluidos, claro está los derechos sociales fundamentales. Si así no fuera tal principio perdería su sentido y su engarce con el superior criterio de la supremacía constitucional.

La conducta administrativa *praeter legem* en materia de derechos sociales fundamentales está autorizada con el propósito de ampliar la esfera jurídica de los ciudadanos y garantizar la efectividad de sus derechos fundamentales a partir de la Constitución y del boque de constitucionalidad[609]. En los casos en que la Administración pueda afectar negativamente a la esfera jurídica del ciudadano ésta permanece completamente vinculada a la ley. Para llegar a tal solución, hay que superar la visión tradicional del principio de vinculación negativa (ley como límite) y positiva (ley como presupuesto) y situarse en el principio de juridicidad, algo

[608] D. WUNDER HACHEM, *op. cit.*, p. 431.
[609] D. WUNDER HACHEM, *op. cit.*, p. 432.

que en España y Alemania reconoce la misma Constitución, pues ésta está sometida a la Ley y al Derecho.

La juridicidad integra la legalidad y por eso la regla es la sumisión a la ley de la actividad administrativa, pero cuando no existe no quiere decir que se impida la eficacia directa de los derechos fundamentales de la persona, sino que en estos casos hay que buscar la solución que permita la vinculación directa e inmediata de la Norma Fundamental. Por eso la juridicidad significa que la Administración se sujeta al Derecho como un todo, al Ordenamiento jurídico, a todas las normas-principios y a las normas-reglas inscritas en el Ordenamiento jurídico (ética, seguridad jurídica, proporcionalidad, racionalidad...), al principio de legalidad en sentido formal que adquiere su pleno sentido en el marco de la juridicidad o legalidad amplia[610].

El derecho a la tutela administrativa efectiva, como derivado del más general derecho a la buena Administración pública, supone, en la materia que nos ocupa, que la Administración actúe en plazo razonable. Ya hemos destacado que en estos supuestos las dilaciones indebidas impiden muchas veces la efectividad de estos derechos con los consiguientes daños, irreversibles en muchos supuestos, que se producen. En efecto, el procedimiento administrativo es el camino ordinario a través del cual se garantizan o no los derechos sociales fundamentales pues a su través se exigen de las Autoridades administrativas el cumplimiento de las pretensiones jurídicas fundamentales ínsitas en los derechos de este rango. En el marco del procedimiento administrativo podrá el ciudadano solicitar al Estado que en el ejercicio de su función administrativa atienda al contenido jurídico de la norma de derecho fundamental sea adoptando un comportamiento negativo, no interfiriendo, o adoptando una conducta positiva, cumpliendo la prestación que corresponda[611].

En otras palabras, el procedimiento administrativo en el Estado social y democrático de Derecho, tiene una doble naturale-

---

[610] D. WUNDER HACHEM, *op. cit.*, p. 433.
[611] D. WUNDER HACHEM, *op. cit.*, p. 438.

za. Por un lado es un espacio de defensa del ciudadano frente a las invasiones del poder público en relación con sus derechos y, por otro, es un instrumento que permite al ciudadano exigir del Estado el cumplimiento de sus obligaciones de hacer que permitan el ejercicio de sus derechos fundamentales. El Estado social y democrático de Derecho fuerza esta comprensión del procedimiento puesto que ahora el camino del que se vale la función promocional de los Poderes públicos, en que sustancialmente consiste el Estado social y democrático de Derecho, es precisamente el procedimiento administrativo. De ahí que todo lo que hemos señalado acerca del derecho fundamental a la buena Administración pública debe ser proyectado sobre el procedimiento administrativo a través del cual la Administrativo debe hacer efectivos estos derechos sociales fundamentales.

En esta materia, como en todas las que está en juego el Estado social y democrático de Derecho, cobra especial relieve la centralidad de la dignidad humana, elemento medular del interés general. Es decir, los intereses que maneja el Estado, incluso los presupuestarios, intereses lícitos por supuesto, deben ordenarse y adecuarse al fin supremo del Estado que es la promoción de la libertad solidaria de las personas. Es momento ya de afirmar categórica y radicalmente, si creemos en los parámetros del Estado social y democrático de Derecho, que mientras las instituciones, categorías y técnicas administrativas no se construyan para y por el fortalecimiento y desarrollo de la dignidad humana, por usar una frase coloquial, estaremos cosiendo sin hilo.

Los derechos sociales fundamentales, los derechos fundamentales en general, pueden estar explícitamente reconocidos en la Constitución, pueden derivarse del bloque de constitucionalidad, de los Tratados Internacionales de Derechos Humanos, pueden deducirse por conexión con otros derechos fundamentales, o pueden alcanzarse a través de la argumentación racional realizada por el supremo intérprete de la Constitución. En todos estos casos, la Administración está igualmente obligada a defender, proteger y promover todos y cada uno de los derechos fundamentales de las personas.

La Administración pública, vinculada por la tutela administrativa efectiva, debe actuar con pleno respeto a los derechos sociales fundamentales, debe protegerlos y por supuesto promoverlos a través de prestaciones y demás técnicas disponibles. Respetarlos quiere decir no conculcarlos, ni materia ni formalmente, ni por acción o por omisión, ni expresa o implícitamente. Protegerlos quiere decir poner a disposición de los ciudadanos un sistema de reacciones jurídicas efectivo para cuando se hayan violado y promoverlos implica la asunción de prestaciones para el ejercicio de los derechos sociales fundamentales.

CAPÍTULO XII

DERECHO PRESUPUESTARIO
Y DERECHOS SOCIALES FUNDAMENTALES

E L Derecho Presupuestario es una parte básica del Derecho Público. Hasta el punto de que sin la existencia de un presupuesto razonable las políticas públicas y la operatividad del Derecho Administrativo serían una quimera. Es más, el modelo del Estado social y democrático de Derecho, asentado sobre la centralidad de la dignidad humana y sus derechos inalienables, sociales e individuales, individuales y sociales, no sería jurídicamente posible si el presupuesto público no reflejara de manera concreta los objetivos y valores constitucionales fundantes de este modelo de Estado con trazos concretos y definidos. Trazos concretos y definidos que dependerán, es lógico, de las circunstancias propias y peculiares de la situación social, política y económica de cada país, de cada nación.

Si el Derecho Administrativo es el Derecho Constitucional concretado, el Derecho Presupuestario, que es, ha sido, y debe seguir siendo parte elemental del Derecho Administrativo, ha de traducir en cifras concretas, con participación social, los contenidos propios del Estado social y democrático de Derecho en función, así debe ser, de las prioridades de los electores. Prioridades que parten de la existencia de una serie de mínimos que han de estar recogidos en la ley de presupuestos, así como los principios de prohibición de regresividad en materia de derechos sociales fundamentales y de promoción y progresión de estos derechos.

El contenido del presupuesto ha de definirse y realizarse al servicio objetivo del interés general. Y de una forma muy especial, el gasto público ha de atender, como señala la Constitución española en su artículo 31, a los principios de economía, eficiencia y equidad puesto que la principal norma jurídica que disciplina los ingresos y gastos del Estado sino atiende a la cohesión social, a la equidad, a los derechos sociales fundamentales, no cumpliría con los postulados de la forma del Estado que hoy, con algunas excepciones, domina en todo el mundo: el Estado social y democrático de Derecho. Es más, si el gasto público no se ordena a las necesidades públicas, al interés general, sería ilegítimo[612].

El gasto público se proyecta también sobre las nuevas generaciones[613] por lo que muchas de las prácticas de endeudamiento que en este tiempo asumen Gobiernos de uno y otro signo son abiertas y claras contravenciones del elemental principio de solidaridad intergeneracional, corolario directo del principio de solidaridad que caracteriza esencialmente el Estado social y democrático de Derecho. Es lo que se denomina principio de solidaridad intergeneracional, lesionado y preterido en este tiempo como pocos.

El gasto público, siendo una cuestión directamente vinculada al modelo de Estado, suele abordarse desde la perspectiva de las obligaciones del Estado en relación con las cuales se estudia su fuente, las condiciones de validez, su exigibilidad, las competencias para obligar al Estado, los sujetos pasivos o activos, y, fundamentalmente, su cumplimiento o incumplimiento. Pero, como señala Pascual García, tratándose como se trata el gasto público en su totalidad, no se brinda un instrumento de análisis que permita apreciar su conexión con los mismos principios que lo informan, economía, eficiencia o equidad, ni se estudia en su singularidad, atendiendo a la estructura de las distintas relaciones de gasto que se establecen entre el Estado y sus acreedores[614].

---

[612] H. VILLEGAS, *Manual de Finanzas Públicas*, Buenos Aires, 2000, p. 128.
[613] G. AHUMADA, *Tratado de Finanzas Públicas*, Buenos Aires, 1969, p. 78.
[614] L. PASCUAL GARCÍA, *Régimen jurídico del gasto público*, Madrid, 2002, pp. 48 y 49.

El Derecho Presupuestario, parte integrante del Derecho Administrativo, ha quedado, pues, desenganchado del marco constitucional, y como tantas instituciones del Derecho Público, camina aislado y al margen de los postulados constitucionales. Es verdad que el gasto público atiende a la economía general del país y por ello, porque los gastos sociales son gastos de desarrollo es fundamental que entre las prioridades del presupuesto ocupe un lugar apropiado la exigencia presupuestaria que en sí misma trae consigo la dimensión social del Estado moderno. Es decir, el gasto público también ha de orientarse a alcanzar finalidades sociales y sustancialmente redistributivas de la riqueza nacional. En el presupuesto deben tener acomodo las políticas públicas, todas, también las de orden social.

No es casualidad que en la Constitución española de 1978 el artículo 31 señale que los principios de la realización del gasto público son la economía, la eficiencia y la equidad. Principios que deben integrarse armónicamente desde la perspectiva del pensamiento compatible y complementario. Esto quiere decir, lisa y llanamente, que en el marco de la economía y la eficiencia, como dice Troya Jaramillo, el gasto público es instrumento principal para priorizar el gasto social y para distribuir la riqueza[615].

Los principios de eficiencia, equidad y economía del gasto público, de rango constitucional entre nosotros, deben estar presentes en la elaboración, aprobación y ejecución de la norma presupuestaria. Hoy la consideración de los ingresos y los gastos públicos deben realizarse desde el pensamiento complementario, por lo que definitivamente, como reza el artículo 31.2 de la Constitución española de 1978, el gasto público realizará una asignación equitativa de los recursos públicos y su programación y ejecución responderán a los criterios de eficiencia y economía.

El problema es que, como acontece, esta asignación equitativa se queda en pura retórica. Es decir, en este punto existe otra una

---

[615] J.V. TROYA JARAMILLO, *El Derecho del gasto público*, Bogotá, 2014, p. 20.

asignatura pendiente que debiera afrontarse para dar contenido a los principios constitucionales en materia de gasto público. Queda, pues, un largo trecho por recorrer en lo que se refiere a dotar de contenido concreto a las exigencias constitucionales, tanto por lo que atañe al gasto público y por lo que concierne a la articulación de los mecanismos de tutela jurídica de los derechos públicos de los ciudadanos a una asignación equitativa de los recursos públicos.

Tal asignación equitativa dispone de una dimensión general y particular. La general se proyecta sobre la generalidad de las políticas públicas. Pero la concreta no se nos ocurre otra forma de exponerla que no sea la personal, de forma que con base en este precepto constitucional hasta se podría encontrar fundamento para deducir el fundamental derecho al mínimo vital. En este sentido, Bayona de Perogordo propone tres exigencias fundamentales para alcanzar la asignación equitativa. Primera, garantizar la satisfacción mínima de las necesidades públicas. Segunda, principio de justicia materia del gasto público y correlativa prohibición de las discriminaciones en sentido absoluto de unas necesidades respecto de otras y en sentido relativo entre diferentes situaciones con una misma necesidad pública. Y, finalmente, en tercer lugar, interdicción de la arbitrariedad en el gasto[616].

La relación entre equidad en el gasto público y realización de los derechos sociales fundamentales es obvia y, como sabemos, ayuda a comprender el mismo sentido de la naturaleza de estos derechos, ordinariamente prestacionales. Derechos cuya efectividad tienen un coste que debe traducirse en los presupuestos en función de las peculiares circunstancias sociales y económicas de los diferentes países. Por eso, en esta materia, como apuntamos en el capítulo dedicado a los derechos sociales fundamentales, hay dos grandes cuestiones que hay que abordar desde la perspectiva de la primacía constitucional: la suficiencia de la dotación presupuestaria por un lado, y, por otra parte, el control constitucional

---

[616] J.J. BAYONA DE PEROGORDO, «Notas para la construcción de un derecho del gasto público», *Presupuesto y gasto público*, 1979, p. 30.

de la suficiencia presupuestaria y sobre el derecho subjetivo fundamental, sobre el derecho social fundamental de que se trate en cada caso.

Los derechos sociales fundamentales son derechos fundamentales y por eso deben contar con la misma protección jurisdiccional que los derechos fundamentales, porque eso son. Tal aserto, realizado en reiteradas ocasiones a lo largo y ancho de estas líneas, reclama un cambio constitucional para ubicar en su lugar a los derechos fundamentales sociales. Sin embargo, mientras ello no sea posible, que el Tribunal Constitucional, como ya ha sucedido en Alemania, se arme de arrojo constitucional e impida que la dignidad del ser humano siga siendo pisoteada por razonamientos de estricta legalidad incompatibles con la primacía constitucional. Para ello no tiene más que echar mano de la argumentación racional a partir de los pilares del Estado social y democrático de Derecho y realizar congruentemente su tarea de máximo intérprete de la Constitución.

La tarea de defensa, protección y promoción de los derechos fundamentales de las personas que caracteriza la principal misión estatal, nos conduce inexorablemente, como ya comentamos con anterioridad, a la afirmación de asegurar los mínimos imprescindibles para que los ciudadanos no queden reducidos a la cosificación o a la consideración puramente animal. Los principios del Pacto Internacional de Derechos Económicos, Sociales y Culturales y los principios de Maastricht, reconocen la progresividad de los derechos sociales fundamentales y la prohibición de regresión en materia de derechos fundamentales de la persona de orden social. La exigibilidad de estos derechos sociales fundamentales está vinculada a la existencia de condiciones materiales que permitan su realización, a la existencia de presupuestos que contemplen estas necesidades.

En realidad, los derechos fundamentales de la persona, individuales o sociales, son de aplicación directa, y derivan directamente, sin intermediarios, de la dignidad del ser humano. Por eso, porque son el centro y la raíz de la Constitución, la organización administrativa, los procedimientos administrativos, los presupuestos públicos y las normas infraconstitucionales de orden administrativo, habrían de estar ordenadas a su plena realización, lo que supondría un cambio sustancial del entendimiento hasta ahora dominante. Claro que la reserva de lo posible es un dato de la realidad, el problema radica en que tal justificación se esgrime tantas veces para impedir la efectividad o exigibilidad de los derechos sociales fundamentales, pero no para otras políticas públicas. Ese es el problema, que las estructuras y las normas son y se justifican en la medida en que defienden, protegen y promueven la dignidad humana.

La cuestión es bien sencilla, ¿deben los derechos fundamentales de la persona, los individuales y los sociales, promoverse en función de las capacidades financieras, o habrá que adaptar las capacidades financieras a la efectividad de los derechos fundamentales de las personas? La respuesta en un Estado que se define como social y democrático de Derecho en sede de principios es bien clara y no merecería comentarios especiales. El hecho, sin embargo, de que reflexiones de este tenor puedan ser enjuiciadas como música celestial o cantos de sirena, puras especulaciones de lege ferenda, explica a las claras la necesidad y pertinencia que adecuar también el Derecho Presupuestario a las bases materiales del Estado social y democrático de Derecho.

Desde otro punto de vista, la cuestión puede plantearse como hace Alexy, señalando que los derechos fundamentales de las personas tienen más peso, más relieve, más relevancia que las razones de política financiera, por importantes que estas sean. En este sentido, Corti señala que todos los derechos tienen un contenido mínimo que debe ser asegurado por los Estados con independencia de los recursos disponibles y que de acuerdo con el Pacto de Derechos Económicos, Sociales y Culturales de 1967, existe una obligación mínima esencial de asegurar la satisfacción de por lo menos los niveles mínimos esenciales de cada uno de los derechos. De ahí que incurriría *prima facie* en una violación del Pacto el Estado Parte en el cual un número significativo de personas se ven privadas de alimentos esenciales, atención básica de salud, habitación o vivienda mínima o formas básicas de enseñanza. Es más, la escasez de recursos no exime a los Estados de ciertas obligaciones mínimas esenciales en aplicación de estos derechos[617].

Con independencia de las teorías que se manejen acerca de la relación jurídica del gasto público o de la función pública del gasto público, si partimos de la base de que en un Estado social y democrático de Derecho la participación es esencial para que el interés general sea democrático, entonces tendremos que convenir que los ciudadanos, los sujetos pasivos de esa relación jurídica, han de disponer de alguna suerte de capacidad jurídica para participar en el proceso de determinación de determinadas partidas presupuestarias dirigidas a la efectividad de los derechos sociales fundamentales de mínimos.

Es verdad que son los parlamentarios quienes participan, en nombre del pueblo, en la elaboración de la norma presupuestaria que es donde han de constar estas partidas presupuestarias. Pero también es verdad que en la formulación del anteproyecto de ley presupuestaria anualmente debiera establecerse la norma en cuya virtud existan determinadas partidas dirigidas a atender los mínimos vitales o existenciales para cuya elaboración debería contarse con la participación de cuantas organizaciones sociales puedan colaborar a este fin.

La relación entre la actividad administrativa y la Constitución es cada vez más intensa. La legalidad administrativa adquiere consistencia y congruencia jurídica en la medida en que está anclada en el marco constitucional. Las teorías acerca de la vinculación positiva o negativa de la Administración al Legislativo no pueden entenderse al margen, o peor, contra la Constitución. Adquieren su pleno sentido en la medida en que la legalidad administrativa está en consonancia y vinculación con los contenidos propios del Estado social y democrático de Derecho, y muy especialmente en la medida en que defienden, protegen y promueve los derechos fundamentales. Por eso los actos administrativos son nulos

---

[617] H. CORTI, «La naturaleza de la ley de presupuestos: hacia un nuevo paradigma jurídico-financiero», *Estudios en homenaje a Andrea Amatucci*, vol. III, Bogotá-Napoli, 2012, p. 284.

de pleno derecho cuando lesionan derechos fundamentales de la persona.

La actividad financiera es actividad administrativa. Por tanto, como toda actividad administrativa que se precie, debe propiciar la plena realización de los derechos fundamentales de la persona, los de orden individual y por supuesto también los de orden social, aquellos que implican prestaciones ordinariamente, cuando la sociedad no es capaz, de naturaleza pública. Además, si hoy en día resulta que la protección de los derechos fundamentales de la persona está en íntima conexión con los llamados Tratados Internacionales de Derechos Humanos, entonces habremos de colegir que también la actividad administrativa financiera debe ser diseñada en función de estos parámetros. Por eso, Corti acertadamente afirma que el Derecho Internacional de los Derechos Humanos incide en la actividad presupuestaria al ser esencial en la configuración de la institución el sistema de los derechos fundamentales de la persona[618]. En otras palabras, el Derecho Público en su conjunto, el Administrativo y el Financiero especialmente, hoy han de explicarse y estudiarse desde la centralidad de los derechos fundamentales de la persona.

Ciertamente, una situación de estabilidad social y económica es diferente que una época de crisis económica. Pero con carácter general, sea cual sea la coyuntura social y económica, el derecho al mínimo existencial o vital es, debe ser, un dogma, y como tal, inamovible, invariable, intangible. Y, como señala Corti, la actividad financiera pública debe ser razonable, es decir, debe ser un medio adecuado para asegurar el habitual ejercicio de los derechos fundamentales de la persona[619].

En este sentido, es menester que en el presupuesto, en función de estudios que señalen las principales necesidades sociales, se establezcan partidas concretas para atender los más elementales gastos sociales vinculados al derecho fundamental al míni-

---

[618] H. CORTI, *Derecho Constitucional Presupuestario, Buenos Aires*, 2008, pp. 709 y 733.
[619] H. CORTI, *ibíd*, p. 750.

mo existencial o vital. Las denominadas preasignaciones en estas materias en los presupuestos, desde luego, pueden ser una buena técnica aunque en puridad la clave está en conformar los derechos sociales fundamentales, porque lo son, como derechos fundamentales de la persona, con todas las consecuencias, de forma y manera que pudieran ser defendidos, protegidos y promovidos a través de los recursos de amparo en el Ordenamiento jurídico español.

A pesar de la limitación de fondos o incluso de su falta, cuando nos encontramos ante casos de reclamación de derechos sociales de naturaleza fundamental, la jurisprudencia, con algunos matices, se ha inclinado por atender las demandas. En Estados Unidos, Argentina, Alemania, Brasil y Colombia encontramos, siguiendo a Corti, algunos fallos relevantes[620].

En los Estados Unidos de Norteamérica, el caso Wyatt-Stickney concluyó que la falta de presupuesto, la falta de recursos, no es razón suficiente para justificar medidas de recorte presupuestario. El supuesto de hecho se refería a la supresión de un tributo a los cigarrillos dirigido a financiar los servicios de salud mental del Estado de Alabama. Para ello se procedió a los ajustes presupuestarios pertinentes, entre ellos la reducción de medios personales y materiales en el hospital estatal Bryce de Tuscaloosa. Consecuencia de las reducciones presupuestarias fue que 5.200 pacientes empeoraron considerablemente sus condiciones de vida hasta alcanzar condiciones infrahumanas. Entre ellos, Wyatt interpone una demanda ante el Tribunal Federal que reconoció que las condiciones de vida en el hospital no respetaban el derecho fundamental a recibir un trato digno y una atención médica adecuada. En este caso, parece que la decisión judicial reconoce la centralidad del derecho a un mínimo vital en relación con la salud y por tanto actúa dentro del marco de las competencias que tiene el Juez Constitucional para la defensa, protección y promoción de los derechos fundamentales de las personas.

---

[620] *Vid.* H. CORTI, «Ley de presupuesto y Derechos Fundamentales: los paradigmas jurídico-financieros», *Revista Jurídica de Buenos Aires*, 2011.

Por su parte, el caso CFE vs. State of New York trata del derecho a una educación sólida regulado en la constitución del Estado. Pues bien, la Corte de Apelaciones resolvió el 26 de junio de 2003 que la razón de que la educación fuera deficiente, de escasa calidad en el Estado, era precisamente la falta de financiación para impartir una educación sólida. El contenido del fallo condenaba al Estado a determinar el coste de un sistema de financiación que permitiera el cumplimiento del precepto constitucional. Ante el incumplimiento del Estado, el Juez nombró un panel de expertos que evaluaría el coste del sistema de financiación de una educación de calidad estatal. Una vez realizada la evaluación, cifrada en 5.63 billones de dólares de ayuda operativa y 9.2 billones para instalaciones, el Juez la aprobó y ordenó al Estado que dotara presupuestariamente las partidas correspondientes. En este caso, el Juez Constitucional entiende que la educación que se imparte por cuenta del Estado no responde a la solidez y calidad a que se refiere el mandato constitucional y por tanto ordena al Estado a que dote presupuestariamente los fondos necesarios. Desde luego es una decisión polémica porque el Poder judicial asume funciones gubernativas al seleccionar los expertos que elaborarían la evaluación financiera. Quizás, si hubieran recomendado al Poder ejecutivo, sobre datos e indicadores reales, la necesidad de proceder a una mayor financiación del sistema educativo, no habrían invadido las funciones del Gobierno.

Otro supuesto al que también hace referencia Troya Jaramillo se refiere a un asunto penitenciario, al caso Finney v. Arkansas, donde se plantean las condiciones encarcelación. En concreto, el Tribunal sentenciador señala que la falta de fondos no es una excusa aceptable para las condiciones inconstitucionales de encarcelación. En el caso Wiatt v. Aderhot se establece que el Estado no puede no proveer a un tratamiento médico por razones presupuestarias y en Gates v. Collier se sienta que la escasez de fondos no es justificación para seguir denegando a los ciudadanos los derechos constitucionales. En Jackson v. Bishop se afirma que las consideraciones humanas y los requerimientos constitucionales hoy en día no pueden ser limitados por consideraciones basadas en dólares. En Hamilton v. Love, el Tribunal señaló que los recursos insuficientes nunca pueden ser una justificación adecuada para que el Estado prive a ninguna persona de sus derechos constitucionales[621].

Es decir, la primacía y centralidad de la dignidad del ser humano y sus derechos fundamentales, individuales y sociales, no depende de los procedimientos, de la organización o de los presupuestos, más bien la cuestión es al revés. Los procedimientos, las estructuras, los medios personales y los presupuestos han deconfeccionarse y diseñarse en función de la dignidad humana y sus derechos inalienables.

En Argentina, la Corte Suprema tuvo ocasión de sentar en Rubén Badín que dado un derecho fundamental, no es una razón válida para justificar su lesión la existencia de carencias presupuestarias. Lo contrario, dice la Corte, sería subvertir el Estado de Derecho. Duras palabras que expresan bien gráficamente el valor jurídico que tienen la dignidad humana y los derechos fundamentales. El caso, como es sabido, se refiere al fallecimiento de unos internos en una cárcel. Si el Estado, dice la sentencia de la Corte Argentina, «no puede garantizar la vida de los internos (…) indica una degradación funcional de sus obligaciones primarias que se constituyen en el camino más seguro para su desintegración y para la malversación de los valores institucionales que dan soporte a una sociedad justa (…). Privilegiarlas (las carencias presupuestarias) sería tanto como subvertir el Estado de Derecho y dejar de cumplir los principios de la Constitución y los Convenios Internacionales que comprometen a la Nación frente a la Comunidad Jurídica Internacional…».

En Alemania, como hemos tenido ocasión de estudiar al tratar de los derechos sociales fundamentales y sus formas de reconocimiento, es crucial la labor del Tribunal Constitucional a partir de la ponderación racional y a través de la doctrina de la reserva de lo posible. Una doctrina, por cierto, que debe criticarse porque efectivamente la racionalidad presupuestaria en un Estado social

_____

[621] J.V. TROYA JARAMILLO, *op. cit.*, p. 134.

y democrática de Derecho parte de la primera racionalidad, que es la que parte de la dignidad humana y sus derechos inviolables, entre los que se encuentran también los denominados derechos sociales fundamentales. La doctrina de la reserva de lo posible es razonable cuando están cubiertos los mínimos vitales o existenciales pues lo contrario sería dotar de consistencia jurídica a las razones presupuestarias frente al mínimo de dignidad imprescindible para que un ser humano sea tal y no una cosa o un animal irracional.

En Brasil, la sentencia del Supremo Tribunal Federal de 4 de mayo de 2004 enmarca atinadamente la doctrina de la reserva de lo posible cuando señala, en materia de directrices a las que debe ajustarse el presupuesto, que tal cláusula, salvo por la concurrencia de un justo motivo objetivamente contrastable, no puede ser invocada por el Estado con la finalidad de exonerarse del cumplimiento de sus obligaciones constitucionales especialmente cuando, de esa conducta gubernamental negativa, pueda resultar la anulación, o incluso, la aniquilación de los derechos constitucionales de un sentido de esencial fundamentalidad.

El profesor Corti, a partir de la doctrina sentada en la sentencia brasileña referida en el parágrafo anterior, sostiene, como recuerda Troya Jaramillo, varias tesis. Primera, que la reserva de lo posible no puede ser esgrimida para justificar el incumplimiento de obligaciones constitucionales vinculadas a los derechos fundamentales que protegen las condiciones materiales mínimas para una existencia digna. Segunda, los derechos económicos, sociales y culturales de rango constitucional, de rango fundamental entiende quien escribe, imponen prioridades presupuestarias a los gastos públicos. Tercera, en este ámbito, la libertad e configuración del legislador se encuentra limitada por la Constitución. Cuarta, la invocación de la cláusula de la reserva de lo posible, en las restantes situaciones, requiere una comprobación objetiva de las incapacidades financieras del Estado. Quinta, la comprobada limitación presupuestaria solo justifica, para esos casos, que la efectividad del gasto no sea inmediata. Sexta, el legislador actúa arbitrariamente cuando por acción u omisión afecta al núcleo intangible que hace a la sustancia del conjunto irreductible de condiciones mínimas necesarias para la existencia digna del ser humano. Y, séptima, a partir de estos elementos la sentencia del Supremo Tribunal Federal brasileño sostiene que el mínimo existencial asociado a unas respectivas prioridades presupuestarias puede convivir con la reserva de lo posible[622].

---

[622] J.V. TROYA JARAMILLO, *op. cit.*, pp. 137-138.

CAPÍTULO XIII

REFLEXIÓN CONCLUSIVA:
EL DERECHO ADMINISTRATIVO
Y LA DIGNIDAD DEL SER HUMANO

E L tiempo en que vivimos, 2015, es tiempo de cambios y transformaciones de orden social, político, económico y jurídico. El Derecho, que es una de las principales ciencias sociales, no está exento de recuperar su vocación hacia la justicia y, por ello, hacia el fortalecimiento de la dignidad del ser humano. La realidad, empero, nos muestra en todo el globo, de uno a otro confín, un cuadro bien pesimista: tantos años de lucha por el Derecho y por la Justicia y a nuestro alrededor siguen existiendo lamentables relatos que a pesar de estar en el siglo XXI nos interpelan gravemente.

No es necesario asomarse al llamado Tercer Mundo, en el Primer Mundo todavía perviven espacios de explotación, nuevas esclavitudes, adornadas con las más sofisticadas formas de modernidad. Y con el advenimiento de la crisis, aparecen necesidades humanas que pensábamos superadas y que exigen respuestas del Derecho Público adecuadas y, sobre todo, humanas, a la altura de la centralidad que tiene la dignidad de la persona.

Una causa de que el Estado no haya sido capaz de evitar la generación, a veces el crecimiento, de las necesidades sociales, obedece en buena medida a que no se ha comprendido suficientemente el alcance del denominado Estado social y democrático de Derecho y, por ello, que los derechos sociales fundamentales, no todos los llamados DESC, siguen siendo en muchos Ordenamientos metas y aspiraciones políticas, Principios rectores sin exigibilidad jurídica, que únicamente pueden facilitarse de acuerdo con el dogma de la reserva de lo posible, un criterio que se ha interpretado desde el economicismo y desde la perspectiva de anteponer la estabilidad financiera a la dignidad humana. Por cierto, una estabilidad y equilibrio financiero que siendo como es un principio, quien lo podrá dudar, de buena Administración, rinde pleitesía a esa perversa forma de prestar servicios y bienes a los ciudadanos que consiste en un endeudamiento constante y creciente que impide los avances sociales porque siempre, mientras sigamos este juego, habrá que hacer frente a miles de millones de deuda mientras se resiente, y se quiebra en muchos casos, la dignidad humana.

En estos casos, como hemos adelantado en este trabajo, los ministerios sociales deben reservar en sus presupuestos, tras estudios empíricos solventes, recursos que permitan atender los derechos sociales mínimos, la base y el fundamento, de los derechos sociales fundamentales ordinarios. A partir de ahí, el principio de promoción de los derechos sociales fundamentales y el de prohibición de la regresividad en esta materia, al margen de banderías partidarias, permitirán que el libre y solidario desarrollo de la personalidad de los ciudadanos deje de ser esa quimera en que se ha convertido en los últimos años.

Ciertamente, ni el postulado de la solidaridad social ni el de la participación, están asentados convenientemente al interior del sistema político e institucional. El hecho de que los recortes sociales hayan hecho aparición con esta crisis demuestra que los derechos sociales fundamentales, a pesar de ser exigencias de una vida social digna, siguen siendo una asignatura pendiente para millones y millones de seres humanos. Y, la escasa participación real que caracteriza la vida pública en nuestros países muestra efectivamente que en las políticas públicas, en todas las fases de su realización, todavía no existe el grado de participación de la ciudadanía que sería menester después de los años en que la democracia y el Estado de Derecho, afortunadamente, acampan entre nosotros.

La tesis que se maneja acerca de la libertad solidaria permite comprender mejor la esencia del Estado social y democrático de Derecho como promoción de derechos fundamentales y remoción de los obstáculos que impidan su efectividad. En este sentido adquieren su lógica los planteamientos abiertos que se siguen en estas líneas así como las posibilidades de reconocimiento de derechos sociales fundamentales, donde la Constitución no lo haga, a través de las bases esenciales del Estado de Derecho teniendo en cuenta la centralidad de la dignidad humana y la capitalidad del libre y solidario desarrollo de la personalidad de los individuos en sociedad.

Por tanto, es necesaria una relectura desde la dignidad del ser humano, de todo el desarrollo y proyección que se ha realizado de este modelo de Estado en el conjunto de Derecho Público. Me temo que el problema radica en que se ha intentado entender sobre mimbres viejos y el resultado es el que contemplamos. La tarea, pues, de proyectar el supremo principio de la dignidad humana sobre el entero sistema de fuentes, categorías e instituciones de Derecho Público, todavía debe ser realizada, lo que demanda las nuevas perspectivas que ofrece el pensamiento abierto, plural, dinámico y complementario.

Es verdad que los derechos sociales fundamentales son derechos subjetivos de singular relevancia y que en su naturaleza llevan inscrita las prestaciones del Estado que los hacen posibles. Son derechos subjetivos fundamentales porque la Norma fundamental, de forma más o menos directa señala obligaciones jurídicas fundamentales, normalmente a los Poderes públicos, para que se realicen en la cotidianeidad.

En realidad, la comprensión de esta forma de entender el Derecho Público en el Estado social y democrático de Derecho parte de consideraciones éticas, pues en sí mismo este modelo de Estado no es ajeno a la supremacía de la dignidad humana y a la necesidad de que los Poderes públicos promuevan derechos fundamentales de la persona y remuevan los obstáculos que lo impidan. Ambas, por supuesto, referencias éticas que no pueden pasarse por alto pues de lo contrario nos pasaríamos al dominio del funcionalismo y la técnica y al final los derechos humanos acaban siendo, así acontece, monedas de cambio que se intercambian los fuertes y poderosos en función de unos intereses ordinariamente inconfesables.

La dimensión ética del Derecho Público es un rasgo inseparable e indisolublemente unido a su raíz y a sus principales expresiones. No podría ser de otra forma porque atiende de manera especial al servicio objetivo a los intereses generales que, en el Estado social y democrático de Derecho, están inescindiblemente vinculados a los derechos fundamentales, individuales y sociales, de las personas. La forma en que los principios éticos y sus principales manifestaciones sean asumidos por el Derecho representa el compromiso real de los poderes del Estado en relación con la dignidad del ser humano y el libre y solidario ejercicio de todos sus derechos fundamentales.

Probablemente nunca a lo largo de toda la historia tantos y tanto se ha hablado, discutido y escrito tanto de ética. En el interés actual por la ética hay razones circunstanciales, como pueden ser los escándalos que nos sirve con mayor o menor intensidad y frecuencia la prensa diaria en todo el mundo. Hay razones políticas en este uso tan particular, porque la ética se ha convertido en un valor de primer orden, o cuando menos como un cierto valor para el mercadeo político. Además, hay también situaciones de desconcierto, ante las nuevas posibilidades que ofrece la técnica, que exigen una respuesta clarificadora. Pero hay una razón de fondo que pienso que justifica plenamente el interés por las cuestiones éticas.

En efecto, son incontestables los síntomas de que se están produciendo profundísimos y vertiginosos cambios en los modos de vida del planeta, hecho que se pone particularmente en evidencia en las sociedades avanzadas de occidente, o en aquellas otras de dispares ámbitos geográficos que con mayor o menor éxito se han adaptado a las denominadas exigencias occidentales de vida, hoy por cierto en crisis profunda. Estos cambios en los modos de convivencia son tan extensos, y se manifiestan con tal intensidad en las diversas áreas del entero existir, que muy bien podemos estar asistiendo, como muchos pensadores han apuntado, a un cambio de civilización. Efectivamente, un cambio de civilización que funde el nuevo orden social, político, jurídico y económico sobre la dignidad del ser humano y sus derechos fundamentales, individuales y sociales.

Todo el elenco inacabable de cambios en la estructura técnica de nuestra sociedad se traduce en transformaciones profundas, entre otras cosas, de nuestros modos de vida. Y con ellos se produce un derrumbamiento de los valores tradicionales, o más exactamente cabría decir, de los valores de la sociedad tradicional, entendiendo aquí tradicional en el sentido de una sociedad cerrada y rígidamente estructurada.

Se ha tratado mucho de la contraposición entre sociedades tradicionales y sociedades abiertas, y sin pretender entrar ahora en el pormenor de la cuestión, es posible discernir en la sociedad que estamos configurando una serie de rasgos que la caracterizan en oposición con el modelo social que se va quedando atrás. La democracia, con todo lo que tiene de perfectible en los modos en que la articulamos, parece afortunadamente afianzarse universalmente, al menos formalmente, como forma de organización de la vida política; al menos esa tendencia es clara.

La participación en la vida pública por parte de todos los miembros de la sociedad, aun siendo reducida, se enriquece progresivamente, sobre todo en las sociedades avanzadas, posibilitándose, en unos países más que en otros, la integración de los individuos en la vida social a través de un tejido asociativo cada vez más rico. El pluralismo alcanza todos los órdenes de la vida, extendiéndose a la cultura, caracterizando sociedades multiculturales.

La remodelación y desformalización de los roles sociales más característicos de la sociedad tradicional contribuye, en algún sentido, a crear estructuras más equitativas y más respetuosas con la condición personal de todos los miembros de la sociedad. La ampliación del tiempo de vida, debido a las mejores condiciones de nuestra existencia y a los adelantos médicos y sociales, está provocando un incremento temporal de dos segmentos de la vida humana (vejez y juventud), con un inaceptable desplazamiento y marginación de sus integrantes.

En fin, es de tal dimensión la avalancha de cambios y en algunos aspectos es tal la obsolescencia de los criterios y modos de organización social pretéritos que podríamos afirmar que los valores tradicionales han quebrado totalmente. Por lo que se refiere a nuestro caso, lo que ha fracasado es la forma tradicional de entender y acercarse al Estado social y democrático de Derecho, lo que ya no sirve es aplicar el modelo sobre estructuras y mentalidades antiguas, que son las que justifican sin empacho alguno que los derechos sociales fundamentales no sean más que posibilidades de actuación, mandatos de optimización, que solo vinculan a los Poderes públicos si los presupuestos lo permiten. Es decir, la dignidad del ser humano al servicio del presupuesto, la negación del mismo Estado como tal.

Los valores de la sociedad tradicional han quebrado, pero no lo han hecho los valores humanos, los valores sobre los que descansan la civilización y la cultura que de alguna manera son valores permanentes en la medida que están inscritos en la misma condición humana y en sus derechos inviolables. Por eso, la construcción de una civilización o de una nueva cultura no podrá hacerse sin volver sobre ellos. Sin embargo, no se trata de hacer una repetición mimética, sin más, no se trata de fotocopiar o de clonar. De lo que se trata es, en relación con los valores humanos, con los valores del Estado social y democrático de Derecho, repensarlos, remozarlos, renovarlos, y dotarlos de una nueva virtualidad que permita de verdad la realización del Estado social y democrático de Derecho. Para ello es imprescindible, poner las técnicas y los procedimientos al servicio de la dignidad humana y sus derechos fundamentales, no al revés, como se viene practicando desde hace tiempo.

Así, al reto productivo, al reto técnico y al reto tecnológico, debemos añadir el auténtico reto de fondo que es el reto ético, ínsito en el Derecho en cuánto ciencia social consistente en la realización de la justicia. Se trata de un reto o desafío que interpela a todas las ciencias sociales y que intenta contestar a la gran pregunta acerca del hombre, y de la mujer, y de su carácter medular en la realidad jurídica, económica y social.

Las ciencias sociales, o proporcionan una mayor calidad de vida a las personas, o no son dignas de tal nombre, al menos en un Estado que se califica como social y democrático de Derecho. Eso quiere decir, ni más ni menos, que a su través, por medio del Derecho, la Economía y la Sociología, deben diseñarse técnicas y procesos orientados y dirigidos a la promoción de los derechos fundamentales de la persona y cuando sea el caso a remover los obstáculos que impidan su realización efectiva. En otras palabras, o se consigue una mayor calidad de vida, unas mejores condiciones de vida para los habitantes del planeta, especialmente para los más necesitados, o las ciencias sociales se habrán convertido en fines no en medios al servicio de las mejora de la vida de los ciudadanos.

Los valores desde los que ese cambio debe ser abordado, o algunos aspectos del sentido que debemos proponer a ese cambio, parten de algunos de los siguientes postulados, presentes a lo ancho y largo de estas líneas y que ahora resumimos en forma de conclusiones.

La dignidad del ser humano, de la persona, es el centro y la raíz del Estado. El ser humano y sus derechos fundamentales se hacen reales en cada persona y son la clave del marco del Estado social y democrático de Derecho. El respeto que se debe a la dignidad humana y las exigencias de desarrollo que conlleva constituyen la piedra angular de toda construcción civil y política y el referente seguro e ineludible de todo empeño de progreso humano y social como el que parte de este modelo de Estado.

Otro punto de apoyo esencial para abordar esta tarea civilizadora se encuentra en la apertura a la realidad, por cierto una condición de trabajo elemental para el Derecho Público sin cuyo concurso es imposible el despliegue de su eficacia. La realidad es terca, la realidad es como es, y un auténtico explorador no debe dibujar edenes imaginarios en su cuaderno de campo, sino cartografiar del modo más fiel la orografía de los nuevos territorios.

La apertura a la realidad significa también apertura a la experiencia. Apertura a la experiencia quiere decir aprender de la propia experiencia, y de la ajena. Quizás haya sido esta una de las lecciones más importantes que nos ha brindado la experiencia de la modernidad: descubrir la locura de creer en los sueños de la razón, que cuando se erige en soberana absoluta engendra monstruos devastadores. No hay ya sitio para los dogmas de la racionalidad, incluida la racionalidad crítica.

La aceptación de la complejidad de lo real, y muy particularmente del ser humano, y la aceptación de nuestra limitación, nos conducirá a afirmar la caducidad y relatividad de todo lo humano salvo, precisamente, el ser mismo personal del hombre, y a sustentar por lo tanto, junto a nuestra limitación, la necesidad permanente del esfuerzo y del progreso. En este contexto, pues, se enmarca la necesidad de los cambios y transformaciones que venimos planteando. Cambios y transformaciones que implican nuevos mimbres, nuevos instrumentos, nuevos medios para que la luz del Estado social y democrático de Derecho brille con luz propia de manera que los derechos fundamentales, los individuales y los sociales, dispongan de esa vinculación directa y preferente que condiciona todo el proceso de creación y generación de normas jurídicas.

Pues bien, para superar los límites que encorsetan la virtualidad y la potencia del Estado social y democrático de Derecho, debemos acostumbrarnos a trabajar desde la metodología del pensamiento compatible. Es decir, debemos desarrollar formas de pensamiento y de estructuración jurídica que nos permitan orillar las dificultades originadas por un pensamiento sometido a las disyuntivas permanentes a que nos condujo el racionalismo técnico y también, para el tema que nos ocupa, el dominio de los medios sobre los fines, el dominio de los procedimientos sobre los fines del Estado social y democrático de Derecho.

El pensamiento compatible nos permite superar esas diferencias y apreciar que en la realidad se puede dar conjuntamente, y de hecho se da, lo que una mentalidad racional «matemática» nos exigía ver como opuestos. Es un imperativo ético hacer ese esfuerzo de comprensión. Posiblemente nos permitirá descubrir que realmente lo público no es opuesto y contradictorio con lo privado, sino compatible y mutuamente complementario, o que incluso vienen recíprocamente exigidos; que el desarrollo individual, personal, no es posible si no va acompañado por una acción eficaz a favor de los demás; que la actividad económica no será auténticamente rentable –en todo caso lo será solo aparentemente– si al tiempo, y simultáneamente, no representa una acción efectiva de mejora social; que el corto plazo carece de significado auténtico si no se interpreta en el largo plazo; etc., etc. Que la norma no se opone a la libertad, sino que si es auténtica, justa, la potencia. En fin, que si la sociedad es capaz, por disponer de vitalidad y medios para ello, de asegurar condiciones para la realización de los derechos sociales fundamentales, entonces la subsidiariedad facilita su efectiva su efectiva realización.

Otro rasgo que debemos potenciar en nuestro acercamiento al tema de los derechos sociales fundamentales, y en general a lo que podemos denominar Derecho Administrativo Social, es el pensamiento dinámico. Una modalidad de pensamiento que nos conduce a comprender que la realidad, más que ninguna la social, la humana, es dinámica, cambiante, abierta, y no solo evolutiva, también preñada de libertad. Por eso debemos superar la tendencia a definir estáticamente, o con un equilibrio puramente mecánico, lo real, que no resistiría tal encorsetamiento sin sufrir una grave tergiversación. A esto venimos refiriéndonos precisamente. Sobre la afirmación de su ser radical, de su dignidad radical, el ser humano ha de desarrollar las virtualidades que allí se encierran, tanto en lo que se refiere a su autodesarrollo personal como en lo relativo a la realización de su ser social. Y si no lo puede hacer por sí mismo, en un contexto de autonomía, o no se dan las condiciones sociales, entonces el Estado ha de garantizar al menos un mínimo, derecho al mínimo vital, que haga posible una vida digna de tal nombre.

La participación, lo hemos señalado con reiteración, es otra condición de acción de futuro, congruente con todo lo expuesto. El ser humano, decía Kant, no debe ser tomado nunca como medio, sino como fin. Y si lo que buscamos es un crecimiento en libertad, en humanidad, en definitiva, solo podrá hacerse realidad ese objetivo, si cada uno se hace protagonista de sus acciones y de su desarrollo, y posibilita con su actuación que los demás también lo sean.

Los derechos fundamentales de la persona son derechos que conceden a sus titulares un conjunto variado de posiciones jurídicas dotadas de tutela reforzada y que imponen al Poder público una gana diversificada de obligaciones correlativas a las diferentes funciones derivadas de cada una de dichas posiciones jurídicas[623]. Desde esta perspectiva debemos afirmar que la aplicabilidad inmediata es la misma en el caso de los derechos fundamentales individuales que en los sociales, por más que las técnicas a empelar puedan varias. Dichas variaciones, dice Hachem, se derivan de la diversidad de funciones incardinadas en cada derecho. No es que en un caso estemos en presencia de derechos de defensa y en otro de derechos prestacionales, el problema, como muy bien apunta este autor, es que los derechos fundamentales son una categoría única que admite una expresión multifuncional[624]. En otras palabras, es necesario comprender los derechos fundamentales, todos, desde la perspectiva de un todo, de manera que cada derecho fundamental presenta un conjunto de posiciones jurídicas fundamentales de donde se derivan funciones de respeto, funciones de protección y funciones de prestación[625].

El hecho de que la aplicabilidad inmediata de los derechos sociales fundamentales, reconocidos ad hoc o por conexión, por argumentación racional del supremo intérprete de la Constitución, o por recepción de los Tratados Internacionales de Derechos Humanos, caso del Pacto Internacional de los Derechos Económicos, Sociales y Culturales, cueste más dinero no quiere decir que no sean fundamentales. Es solo una cuestión accidental, que no afecta a la sustancia. Y como lo accidental o formal debe seguir a lo sustancial o material, lo lógico es orientar las estructuras de

---

[623] D. WUNDER HACHEM, *op. cit.*, p. 132.
[624] D. WUNDER HACHEM, *op. cit.*, p. 133.
[625] D. WUNDER HACHEM, *ibíd.*

facilitación de estos derechos colocando el presupuesto público a su servicio y no al revés.

El problema de la aplicabilidad inmediata de los derechos sociales fundamentales, de su costes de implementación, no se encuentra al interior de estos derechos fundamentales de la persona, sino en la existencia de obstáculos e impedimentos sin cuento a las funciones de protección y de prestación inherentes a todo derecho fundamental, sea de la naturaleza que sea[626]. Las dificultades, que además deben ser removidas de acuerdo con la cláusula del Estado social de Derecho, hacen referencia a las posiciones jurídicas fundamentales, a las funciones diferentes, que requieren soluciones distintas. Sobre todo, los obstáculos proceden de la función de prestación y se refieren a cuestiones de organización, procedimiento y medios materiales y personales[627]. Es decir, lo más apropiado es analizar el régimen jurídico de cada una de las funciones propias de los derechos fundamentales de la persona y no distinguir dos versiones de los mismos con dos regímenes diferentes, uno para los derechos de libertad, los derechos individuales y otro para los derechos sociales.

Los derechos fundamentales son una misma categoría con un mismo régimen que deriva de la misma dignidad humana y ésta tiene las mismas condiciones de exigibilidad sea cual sea el derecho de que se trate. Las estructuras y los procedimientos se diseñan y actúan al servicio de las personas, no al revés. En un presupuesto público hay que atender muchas necesidades y conceptos pero en puridad la cantidad que se debe presupuestar para estas finalidades debe estar en función de la situación de los derechos sociales fundamentales en el país y de los medios disponibles porque otra cosa sería imposible. Pero de ahí a lo que acontece en la actualidad, en la que en muchos sistemas estos derechos no son fundamentales y su exigibilidad está puesta en cuestión, hay un largo trecho. El tema esté en afirmar el carácter iusfundamental de estos derechos y empezar a caminar en este terreno. A

---

[626] D. WUNDER HACHEM, *op. cit.*, p. 134.
[627] D. WUNDER HACHEM, *ibíd.*

partir de ahí los progresos serían notables. No se trata de negar la realidad, que las disponibilidades presupuestarias son las que son y que conforman el marco para averiguar la racionalidad de las demandas judiciales en la materia[628]. Se trata, simple y llanamente, de afirmar que estos los derechos sociales fundamentales pertenecen a la categoría única de los derechos fundamentales de la persona.

Otra cuestión que hemos tratado en este trabajo se refiere al alcance y funcionalidad del derecho al mínimo vital, un derecho fundamental de mínimos que permite que no se quiebre la condición humana. Hemos advertido que existen unos derechos sociales fundamentales mínimos que el Estado o la Sociedad, según los casos y las posibilidades, deben asegurar y garantizar para evitar la deshumanización de la persona. En este punto, sin embargo, debe quedar claro que, en efecto, la aplicabilidad inmediata de los derechos sociales fundamentales no se reduce al reconocimiento del mínimo vital o existencial. Todos los derechos sociales fundamentales, todos, por ser derechos fundamentales de la persona, poseen eficacia directa sencillamente porque disfrutan de la misma categoría y régimen jurídico de los derechos fundamentales.

El marco de lo que es imprescindible para una existencia humana responde al derecho al mínimo vital pero más allá de esta garantía de mínimos existen otros derechos sociales fundamentales, ordinarios, como puede ser el derecho a una vivienda digna, el derecho a una protección social digna. Es decir, una cosa es lo mínimo imprescindible para una existencia o para una vida propia de una persona humana y otra distinta la garantía de un marco de racionalidad y progresividad en el ejercicio de estos derechos que apunta más allá de lo imprescindible, de lo mínimo.

Si entendemos el mínimo existencial como el techo mínimo, el suelo mínimo de los derechos sociales fundamentales, comprenderemos que a partir de este solar se pueden levantar o edificar derechos sociales fundamentales. A partir de esa esfera de una

---

[628] D. WUNDER HACHEM, *op. cit.*, p. 138.

existencia mínimamente digna, aplicando el principio de progresividad podemos llegar a afirmar la existencia de derechos sociales fundamentales que consisten en garantías y prestaciones,
junto a protecciones y defensas, de posiciones jurídicas dignas,
de una dignidad superior a la mínima. No de otra manera debe
interpretarse las apelaciones que las Constituciones de nuestra
cultura jurídica realizan a una mejor calidad de vida para las personas o una existencia o vida digna. Si tal dignidad se refiriera
únicamente a la mínima dignidad, el Estado social y democrático
de Derecho carecería de virtualidad jurídica, algo que debe des-
cartarse por absurdo.

Los derechos fundamentales de la persona disponen, ya lo
hemos advertido, de diferentes posiciones jurídicas que se corresponden con las funciones de defensa, de protección y de prestación. Es verdad que es más complicado, como señala Hachem,
dotar de aplicabilidad inmediata a las prestaciones positivas necesarias para la satisfacción de los derechos fundamentales, sean
de libertad sean sociales[629]. En cambio, en el marco de la función
de defensa no existen tantos problemas. En los supuestos de promoción y protección, especialmente cuando no hay norma constitucional ni del legislativo que concrete el contenido de estos
derechos. La separación de los Poderes del Estado impide que
el Poder judicial asuma funciones de gobierno o de ejercicio de
dirección política pues las elecciones políticas son propias del Poder legislativo, lo que no quiere decir que incluso en estos casos
tenga que negarse la posibilidad de control judicial. La cuestión
es clara: hay unos límites que el Poder judicial no puede traspasar.
Por eso, estamos de acuerdo con Hachem cuando concluye que
en la función de defensa (prohibición de intervención estatal) de
los derechos fundamentales sociales la aplicabilidad inmediata es
máxima[630].

Ahora bien, en el marco de los deberes de protección contra la
actuación de otros particulares y de promoción de prestaciones

---

[629] D. WUNDER HACHEM, *op. cit.*, p. 150.
[630] D. WUNDER HACHEM, *op. cit.*, p. 151.

fácticas positivas, debe afirmarse que el contenido de prestaciones que integran el mínimo existencial son siempre y en todo caso exigibles ante cualquier Juez o Tribunal a través de cualquier instrumento procesal con independencia de la existencia de disponibilidades presupuestarias o de estructura organizativa pública, pues afectan al contenido de la mínima dignidad posible, aquella que diferencia al ser humano de los animales irracionales o de los simples objetos o cosas.

Siendo como es el mínimo vital el techo mínimo, no el techo máximo de los derechos fundamentales, parece razonable admitir la reivindicación de pretensiones jurídicas derivadas de derechos fundamentales sociales no incluidas en el mínimo existencial[631]. Por tanto, las prestaciones estatales fácticas y positivas en materia de derechos sociales fundamentales ordinarios, aquellos que van más allá del mínimo existencial, pueden ser invocadas ante los Jueces y Tribunales pues estos derechos fundamentales gozan de la protección de su contenido esencial bien sea por reconocimiento expreso en la Constitución, por norma legal que lo desarrolle o por mor de la argumentación racional realizada por un Tribunal Constitucional a partir de los elementos cruciales de la misma Constitución.

En el caso de que los derechos sociales fundamentales previstos expresamente en la Constitución haya sido desarrollados por el legislativo, cómo tales normas legales contienen memorias financieras y presupuestarias para su puesta en aplicación, las prestaciones que integran estos derechos son plenamente exigibles judicialmente, sin que se epoda oponer como regla la excepción de reserva de lo posible o el mismo principio de separación de los poderes[632].

Si no hay previsión normativa ni existen en la Constitución parámetros mínimos que permitan deducir el alcance concreto de las prestaciones de derechos sociales fundamentales, entonces la aplicabilidad inmediata de los mismos puede ser imple-

---

[631] D. WUNDER HACHEM, *op. cit.*, p. 152.
[632] D. WUNDER HACHEM, *op. cit.*, p. 155.

mentada a través de requerimiento judicial al Poder ejecutivo para que satisfaga el contenido del derecho social fundamental en cuestión[633].

Los derechos sociales fundamentales pueden estar previstos en la Constitución como tales, no es lo más frecuente, o pueden derivarse de una argumentación racional a partir de las bases mismas de la Constitución en relación con los postulados del Estado social y democrático de Derecho y de la centralidad de la dignidad del ser humano. Por ejemplo, la Constitución española, como hemos señalado, alberga en su seno normas contradictorias porque si se reconocen estos valores constitucionales, no es coherente reconocer derechos sociales fundamentales desde la perspectiva de Principios rectores de la vida económica y social únicamente exigibles en virtud de norma que lo prevea.

Es verdad que la legislación infraconstitucional en materia de derecho a la salud o de derecho a la educación reconoce derechos subjetivos a los ciudadanos en estas materias que podrán reclamarse en los Tribunales, pero sin la especial protección que la Constitución dispensa a los derechos fundamentales. En el caso de que ni normas del Poder legislativo existan, si no aplicáramos la doctrina de aplicación o eficacia directa de los derechos sociales fundamentales, se estaría haciendo posible desde el interior de la Constitución su imposibilidad de implementación en un aspecto básico como es el despliegue de la función promocional y removedora de los Poderes públicos. Es decir, la Constitución contendría en su seno normas materialmente inconstitucionales.

En el caso de que no haya normas legislativas que regulen los derechos fundamentales, negar su efectividad sería gravemente incongruente con las bases del Estado de Derecho por lo que al menos ante el Tribunal Constitucional tal situación podría analizarse. Además, según la Constitución española, las normas que regulan estos derechos deben respetar su contenido esencial, de forma y manera que se reconoce que hay un núcleo básico de indisponibilidad que es precisamente el ámbito propio en el que

---

[633] D. WUNDER HACHEM, *ibíd.*

se ubica la dignidad humana. Tal aserto se predica también de los derechos sociales fundamentales porque son derechos de esta naturaleza y, por ello, gozan también de un espacio especial de contenido esencial que responde a la esencia misma de la dignidad humana y que debe poder ser desplegado por el titular del derecho social fundamental de que se trate, con independencia de si hay o no regulación legislativa. ¿O es que la persona, el ciudadano debe esperar para ejercer sus derechos fundamentales a la reglamentación normativa?

La efectividad de los derechos sociales fundamentales en este tiempo es, qué duda cabe, uno de los principales desafíos del Derecho Público moderno. Un tiempo en el que, por ejemplo en la región Iberoamericana, a pesar de los pesares, se observa una mayor conciencia colectiva ciudadana en esta materia. Sin embargo, de acuerdo con la Declaración de Quito de 1998, se constatan todavía graves atentados a la misma dignidad desde diferentes frentes y manifestaciones. Por ejemplo, la falta de reconocimiento de los derechos sociales fundamentales, también entre nosotros, en la vieja y enferma Europa, en los presupuestos y en la formulación de las políticas públicas económicas es un grave problema.

La falta de evaluación del cumplimiento de los derechos sociales fundamentales también complica la situación. No pocas veces constatamos también la realidad de situaciones de concentración de riquezas con graves dificultades de acceso, por parte de mayorías relevantes de personas, a los servicios más elementales para una vida digna. La falta de transparencia en la formulación de políticas en materia de derechos sociales fundamentales es tantas veces una dolorosa realidad, como la ausencia de difusión y de información a la ciudadanía sobre el papel protagónico que tiene en esta materia. También afecta negativamente la corrupción de los funcionarios públicos en la implementación de presupuestos y planes y programas sociales, así como la falta de sensibilidad que apea de la agenda de los Tratados internacionales de integración, del pago de la deuda externa y de los programas de ajuste, la misma efectividad de los derechos sociales fundamentales.

El derecho fundamental de la persona a un nivel de vida adecuado (artículo 25.1 de la Declaración Universal de los Derechos Humanos), a una digna calidad de vida, como reza el preámbulo de la Constitución española de 1978, es, siguiendo a la Declaración Americana de los Derechos y Deberes del hombre, artículo XI, la que permitan los recursos públicos y los de la comunidad, o, dice el artículo 26 de la Convención Americana de Derechos Humanos, en la medida de los recursos disponibles, por vía legislativa u otros medios apropiados. Tales previsiones sitúan en el centro del orden social, político y económico a la dignidad del ser humano, lo que implica, lisa y llanamente, que las disponibilidades presupuestarias del Estado y de la sociedad, de la comunidad, han de orientarse y gestionarse para que, en efecto, se garantice a todos los hombres y mujeres una digna calidad de vida.

El artículo 130.1 de la Constitución española reclama a los Poderes públicos que equiparen el nivel de vida de los españoles a partir de una política económica adecuada a este fin. Tal nivel de vida, como sostiene Pérez Hualde, es el que implica y exige, para ser tal, la satisfacción de determinadas necesidades de naturaleza económica que, a su vez, garantizan el acceso a otros derechos también humanos y fundamentales, también de gran importancia[634]. Este profesor argentino parece situar el epicentro de los derechos sociales fundamentales en las necesidades colectivas de los ciudadanos, unas necesidades, como el agua potable, el servicio sanitario, el servicio eléctrico, el suministro del gas, de transporte público, de corredores viales, del correo, actividades todas ellas que ordinariamente se garantizan, al menos muchas de ellas, a través de la técnica de la intervención pública.

Tanta intervención como sea imprescindible y tanta libertad solidaria como sea posible es una famosa máxima que se hizo célebre entre los profesores de la Escuela de Friburgo a mediado del siglo pasado. En realidad, como hemos advertido en este trabajo, el fin del Estado reside en el libre y solidario desarrollo de las

---

[634] A. PÉREZ HUALDE, «El sistema de derechos humanos y el servicio universal como técnica para una respuesta global», en A. Embid Irujo (dir.), *Derechos Económicos y sociales*, Madrid, 2009, pp. 93-94.

personas. Y para ello el Estado ha de asumir este compromiso cuando las instituciones e iniciativas sociales no sean capaces de ayudar a los individuos a su libre y solidaria realización.

El problema de la técnica del servicio público para estos menesteres reside, como ya advirtiera certeramente Devolvé no hace mucho tiempo, en que las actividades objeto del servicio público son de titularidad pública, algo que no se puede predicar, por ejemplo, de la educación o de la sanidad, que son derechos fundamentales de la persona y, por ende no deben ser calificadas como de ámbitos de titularidad pública. En cambio, bajo la técnica de la *ordenatio*, de las autorizaciones, licencia so permisos, las cosas caminan por otros derroteros puesto que en estos supuestos se trata de regular actividades privadas, de los ciudadanos, que son de interés general.

En efecto, el Estado, en virtud de la subsidiariedad, tiene, por su propia estructura y esencia, la superior tarea de garantizar el pleno, libre y solidario ejercicio de los derechos, cometido supremo de la instancia estatal que como señalara Vidart Campos, no se agota con la existencia de un orden normativo dirigido a hacer posible el cumplimiento de esta obligación, sino que comporta la necesidad de una conducta gubernamental que asegure la existencia, en la realidad, de una eficaz garantía del libre y pleno ejercicio, me permito apostillar solidario, de los derechos humanos[635].

Sin embargo, como apunta Pérez Hualde, desde la concepción del servicio universal, que no es una característica privativa del servicio público en sentido estricto, sino más bien de las actividades privadas de interés general, es posible paliar de alguna manera, a causa de la intervención pública –servicio de interés general– dirigida a este fin, la situación de injusticia objetiva, por desigualdad material, en la que se encuentran las personas necesi-

[635] G.J. BIDART CAMPOS, «La responsabilidad en los Tratados de jerarquía constitucional», en J.A. Bueres y A. Kemelmajer de Carlucci (dirs.), *Homenaje al profesor doctor Atilio Aníbal Alterini*, Buenos Aires, p. 427.

tadas de esos bienes económicos imprescindibles para un nivel de vida adecuado, acorde a la comunidad en la que se desarrolla[636].

Poco a poco, en este tiempo de convulsiones y de transformaciones, esperemos que la efectividad y exigibilidad de los derechos sociales fundamentales ocupe un lugar por derecho propio en la mente y en la agenda de las principales decisiones que tomen las autoridades políticas, económicas, sociales y culturales. Nos jugamos mucho en ello, tanto como que la dignidad del ser humano y sus derechos inalienables funden, de nuevo, ahora con más fuerza, un remozado orden jurídico, económico y social que ya no puede esperar más tiempo.

Si la dignidad del ser humano y el libre y solidario desarrollo de su personalidad son el canon fundamental para medir la temperatura y la intensidad del Estado social y democrático de Derecho, entonces es llegado el tiempo en el que de una vez por todas las técnicas del Derecho Administrativo se diseñen de otra forma. De una forma que permita que los valores y parámetros constitucionales sean una realidad en la cotidianeidad. Sí, el Derecho Administrativo es el Derecho Constitucional concretado, no hay otro camino.

---

[636] A. PÉREZ HUALDE *loc. cit.*, p. 105.

BIBLIOGRAFÍA

ABENDROTH, W., «Zum Begriff des demokratischen und sozialen Rechtsstaates im Grundgesetzeder Bundesrepublik Deutschland», en E. Forsthoff, *Rechtsstaatlichkeit und Sozialstaatlichkeit*, Darmstadt, 1968.

—, W., «El Estado de Derecho democrático y social como proyecto político», en *El Estado social*, Madrid, 1987.

AHUMADA, G., *Tratado de Finanzas Públicas*, Buenos Aires, 1969.

ALESSI, R., *Principi di Diritto Amministrativo*, vol. 1, Milano, 1978.

ALEXY, R., Prólogo al libro de R. Arango, *El concepto de los derechos sociales fundamentales*, Bogotá, 2005.

—, *Teoría de los derechos fundamentales*, Madrid, 1997.

—, *Theorie der Juristischen Argumentation*, Frankfurt, 1996.

—, *Recht, Vernunft, Diskurs*, Frankfurt, 1995.

ALVES FROTA, H., «O princípio da supremacia do interesse público sobre o privado no direito positivo comparado: expressão do interesse geral da sociedade e da soberania popular», *Revista de Direito Administrativo*, nº 239, Rio de Janeiro, jan./mar. 2005.

AMENÁBAR, M. P., *Responsabilidad extracontractual de la Administración Pública*, Santa Fé, 2008.

ARA PINILLA, I., *Las transformaciones de los derechos humanos*, Madrid, 1990.

ARANGO, R., *El concepto de los derechos sociales fundamentales*, Bogotá, 2005.

ARLUCEA, E., «El derecho a disfrutar de un medio ambiente adecuado», en J. Tajadura (dir.), *Los principios rectores de la política social y económica*, Madrid, 2004.

ÁVILA, H., *Teoria dos princípios: da definição à aplicação dos princípios jurídicos*, São Paulo, 2006.

—, «Repensando o princípio da supremacia do interesse público sobre o particular», en: Daniel Sarmento (org.), *Interesses públicos versus interesses privados: desconstruindo o princípio de supremacia do interesse público*, Rio de Janeiro, 2010.

BACELLAR FILHO, R. F., «A jurisdição administrativa no direito comparado: confrontações entre o sistema francês e o brasileiro», en: *Reflexões sobre Direito Administrativo*, Belo Horizonte, 2009.

—, «A noção jurídica de interesse público no Direito Administrativo brasileiro», en: Daniel Wunder Hachem (coords.), *Direito Administrativo e Interesse Público:* Estudos em homenagem ao Professor Celso Antônio Bandeira de Mello, Belo Horizonte, 2010.

—, «Dignidade da pessoa humana, garantia dos direitos fundamentais, direito civil, direitos humanos e tratados internacionais», en: Fabrício Motta (org.), *Direito Público Atual:* estudos em homenagem ao Professor Nélson Figueiredo, Belo Horizonte, 2008.

—, «Ética pública e Estado Democrático de Direito», *Revista Iberoamericana de Derecho Público y Administrativo,* n° 3, 2003, San José: Asociación e Instituto Iberoamericano de Derecho Administrativo «Prof. Jesús González Pérez».

BADURA, P., «Das Prinzip der sozialen Grundrechte und seine VerwirklichungRecht der Bundesrepublik Deutschland», *Der Staat* 14 (1975), pp. 25 y 27.

BAENA DEL ALCÁZAR, M., *Manual de Ciencia de la Administración,* Madrid, 2005.

BALDASSARRE, A., Voz «Diritti sociales», *Enciclopedia Giuridica Treccani,* vol. XI, Roma 1989.

BARBERO, M., *Manuale di Diritto Pubblico,* Bolonia, 1984.

BARKER, E., *Political Thought in England: 1848-1912,* London, 1942.

BARROSO, L.R., Prefácio: «O Estado contemporâneo, os direitos fundamentais e a redefinição da supremacia do interesse público», en: Daniel Sarmento (org.), *Interesses públicos versus interesses privados: desconstruindo o princípio de supremacia do interesse público,* Rio de Janeiro, 2010.

BASSI, F., «Brevi note sulla nozione di interesse pubblico», en: Università di Venezia. *Studi in onore di Feliciano Benvenuti,* vol. I, Modena,1996.

BASTIDA FREIJEDO, F., *¿Son los derechos sociales derechos fundamentales? Por una concepción normativa de la fundamentalidad de los derechos, derechos sociales y ponderación,* Madrid, 2009.

BAYONA DE PEROGORDO, J.J., «Notas para la construcción de un derecho del gasto público», *Presupuesto y gasto público,* 1979.

BAZÁN, V. (coord.), «Defensa de la Constitución: Garantismo y controles», *Libro en reconocimiento al Doctor Germán J. Bidart Campos,* Buenos Aires, 2003.

BENDA, E., «El Estado social de Derecho», en E. Benda, W. Mayhofer, H. Vogel, K. Hesse, W. Heyde, *Manual de Derecho Constitucional,* Madrid, 1996.

BIDART CAMPOS, G.J., «La responsabilidad en los Tratados de jerarquía constitucional», en Bueres, J.A. y Kemelmajer de Carlucci, A. (dirs.), *Homenaje al profesor doctor Atilio Anibal Alterini*, Buenos Aires, 1997.

BINENBOJM, G., «Da supremacia do interesse público ao dever de proporcionalidade: um novo paradigma para o Direito Administrativo», en: Daniel Sarmento (org.), *Interesses públicos versus interesses privados: desconstruindo o princípio de supremacia do interesse público*, Rio de Janeiro, 2010.

BISCARETTI DI RUFFIA, P., «Diritti social», *Novissimo Digesto Italiano*, vol. IV, Torino, 1960.

BÖCKENDÖRFE, E.W., «Die sozialen Grundrechte im Verfassungsgefüge», en E.W. Böckendörfe, *Staat, Verfassung, Demokratie*, Frankfurt, 1992.

—, *Escritos sobre derechos fundamentales*, Baden-Baden, 1993.

—, *Staat, Gesellschaft, Freiheit*, Frankfurt, 1976.

—, «Die Bedeutung der Unterscheidung von Staat und Gesellschaft im Demokratischen Sozialstaat der Gegenwart», en *Fetschriff für W. Hefermehl*, Berlín, 1972.

BODENHEIMER, E. «Prolegômenos de uma teoria do interêsse público», en: Carl J. Friedrich (org.), *O interesse público*, Rio de Janeiro, 1967.

BOLGÁR, V., «L'intérêt général dans la théorie et dans la pratique», *Revue Internationale de Droit Comparé*, vol. 17, nº 2, Paris,1965.

BONAVIDES, P., *Do Estado Liberal ao Estado Social*, São Paulo, 2007.

BOULANGER, J., «Príncipes généraux du droit positif et droit positif», en: *Le Droit Privé Français au Milieu du XXᵉ siècle (Études Offertes a Georges Ripert)*, Paris, 1950.

BRAIBANT, G., *Le Droit Administratif Français*, Presses de la Fondation Nationale des Sciences Politique, Paris, 1984.

BREUS, T. Lima, *Políticas públicas no Estado Constitucional: problemática da concretização dos Direitos Fundamentais pela Administração Pública brasileira contemporânea*, Belo Horizonte, 2007.

BRITO, M. R, «Principio de legalidad e interés público en el derecho positivo uruguayo», en: *Derecho Administrativo: su permanencia – contemporaneidad – prospectiva*, Montevideo, 2004.

BURDEAU, G., *Les libertes publiques*, Paris, 1972.

BURGORGUE-LARSEN, L., «Los derechos económicos y sociales en la jurisprudencia de la CIDH», en A. Embid Irujo (dir.), *Los derechos sociales*, Madrid, 2009.

CARMONA CUENCA, E., *El Estado social de Derecho en la Constitución*, Madrid, 2000.

CASCAJO CASTRO, J.L., «Derechos Sociales», en *Derechos Sociales y Principios rectores*, Actas del IX Congreso de la Asociación de Constitucionalistas de España, Valencia, 2012.

—, *La tutela constitucional de los derechos sociales*, Madrid, 1988.

CASSAGNE, J.C., *La intervención administrativa*, Buenos Aires, 1992.

CASSESE, S., *Las bases del Derecho Administrativo*, Madrid, 1994.

CASSINELLI, C. W, «O interêsse publico na ética política», en: Carl J. Friedrich (org.), *O interesse público*, Rio de Janeiro, 1967.

CHAPUS, R., «Le service public et la puissance publique», *Revue du droit public et de la science politique en France et à l'étranger*, vol. 84, 1968.

CHEVALLIER, J., «L'intérêt général dans l'Administration française», *Revue Internationale des Sciences Administratives*, vol. 41, 1975.

—, «Le concept d'intérêt en science administrative», en: Philippe Gerard; François Ost; Michel van de Kerchove (dirs.), *Droit et intérêt*, vol. 1, Bruxelles, 1975.

—, J., «Reflexions sur l'idéologie de l'intérêt général», en: Centre Universitaire de recherches administratives et politiques de Picardie. *Variations autour de l'idéologie de l'intérêt général*, vol. 1, Paris, 1978.

CICALA G., *Diritti sociale e crisi del diritto soggetivo nel sistema costituzionale italiano*, Napoli, 1965.

CLAMOUR, G., *Intérêt général et concurrence: essai sur la pérennité du droit public en économie de marche*, Paris, 2006.

CLÈVE, C. M., «A eficácia dos direitos fundamentais sociais», *Crítica Jurídica, Revista Latinoamericana de Política, Filosofia y Derecho*, vol. 22, jul.-dez., Curitiba, 2003.

COMADIRA, J.P., IVANEGA, M. M. (coords.), *Derecho Administrativo*: Libro en homenaje al Profesor Doctor Julio Rodolfo Comadira, Buenos Aires, 2009.

CONSEJO DE ESTADO DE FRANCIA, Rapport de 1999 sobre *El Interés general*.

CONTRERAS PELÁEZ, J.F., *Derechos sociales: teoría e ideología*, Madrid, 1994.

CAL CORES, J.M., «El concepto de interés público y su incidencia en la contratación administrativa», *Revista de Derecho*, n° 11, Montevideo: Universidad de Montevideo – Facultad de Derecho, ene./jun. 2007.

CORREA FONTECILLA, J., «Algunas consideraciones sobre el interés público en la Política y el Derecho», *Revista Española de Control Externo*, nº 24, Madrid, Tribunal de Cuentas, ene./abr. 2006.

CORTI, H., «La naturaleza de la ley de presupuestos: hacia un nuevo paradigma jurídico-financiero», *Estudios en homenaje a Andrea Amatucci*, vol. III, Bogotá-Napoli, 2012.

—, *Derecho Constitucional Presupuestario*, Buenos Aires, 2008.

—, «Ley de presupuesto y Derechos Fundamentales: los paradigmas jurídico-financieros», *Revista Jurídica de Buenos Aires*, 2011.

COSSÍO DÍAZ, J.R., *Estado social y derechos de prestación*, Madrid, 1989.

COSTALDELLO, A. Cassia, «A supremacia do interesse público e a cidade: a aproximação essencial para a efetividade dos direitos fundamentais», en: Romeu Felipe Bacellar Filho; Daniel Wunder Hachem (coords.), *Direito Administrativo e Interesse Público:* Estudos em homenagem ao Professor Celso Antônio Bandeira de Mello, Belo Horizonte, 2010.

D'ARGENIO, I, «La ideología estatal del interés general en el Derecho Administrativo", *Derecho Administrativo, Revista de Doctrina, Jurisprudencia, Legislación y Práctica*, nº 59, Buenos Aires, ene./mar. 2007.

DAHRENDORF, R., *La cuadratura del círculo*, Madrid, 1995.

—, *Sociedad y libertad*, Madrid, 1971.

DE ASIS, R., *Las paradojas de los derechos fundamentales como límites al poder*, Madrid, 1992.

DE CASTRO B., *Los derechos económicos, sociales y culturales*, León, 1993.

DE LA MORENA, L., «Derecho Administrativo e interés público: correlaciones básicas», *Revista de Administración Pública*, nºs 100-102, ene./dic. 1983.

DELPIAZZO, C. E. (coord.), *Estudios Jurídicos en Homenaje ao Prof. Mariano R. Brito*, Montevideo, 2008.

DESWARTE, M.P., «Intérêt général, bien commun», *Revue du droit public et de la science politique en France et à l'étranger*, nº 5, Paris, sep./oct. 1988.

DI PIETRO, M.S ZANELLA, «O princípio da supremacia do interesse público», *Interesse Público*, nº 56, Belo Horizonte, jul./ago. 2009.

DI PIETRO, M.S. ZANELLA; RIBEIRO, C.V. ALVES (coords.), *Supremacia do interesse público e outros temas relevantes do Direito Administrativo*, São Paulo, 2010.

DÍEZ MORENO, F., *El Estado social*, Madrid, 2004.

DOEHRING, K., *Die Pflicht des Staates zur Gewährung diplomatischen Schutzes*, Berlín, 1959.

—, «Socialzstaat Rechtsstaat und Freinheitlich-Demokratische Grundorduung», en: *El Estado social*, Madrid, 1987.

DONNELLY, J., *Universal human rights in theory and practice*, Cornell, 1989.

DUGUIT, L., *Les transformations du droit public*, Paris, 1913.

DUPUIS, G., GUEDON, M.J, CHRÉTIEN, P., *Droit Administratif*, Paris, 2007.

DURÁN MARTÍNEZ, A., «Derechos prestacionales e interés público», en: Romeu Felipe Bacellar Filho; Guilherme Amintas Pazinato da Silva (coords.), *Direito Administrativo e Integração Regional:* Anais do V Congresso de Direito Público do Mercosul e do X Congresso Paranaense de Direito Administrativo, Belo Horizonte, 2010.

ERHARD, L., *Bienestar para todos*, Madrid, 2010.

ESCOBAR ROCA, G., «Algunos problemas del derecho a la salud, a la luz de la teoría general de los derechos fundamentales», en *Derechos Sociales y Principios Rectores*, Actas del IX Congreso de la Asociación de Constitucionalistas de España, Valencia, 2012.

GONZÁLEZ DEL SOLAR, N., «El derecho a la salud», en A. Embid Irujo (dir.), *Los derechos económicos y sociales*, Madrid, 2009

ESCOLA, H., *El interés público como fundamento del derecho administrativo*. Buenos Aires, 1989.

ESPINOSA DE LOS MONTEROS, C., «Repensando el Estado de bienestar», *El País*, 28 de diciembre de 1996.

ESSER, J., *Grundsatz und Norm in der richterlichen Fortbildung des Privatrechts*, Tübingen, 1956.

ESTORNINHO, M.J., *A fuga para o Direito Privado: contributo para o estudo da actividade de direito privado da Administração Pública*, Coimbra, 2009.

FERNÁNDEZ FARRERES, G., «Los códigos de buen gobierno en las administraciones públicas», *Administración y Ciudadanía*, vol. 2, n° 2, 2010.

FERNÁNDEZ-MIRANDA CAMPOAMOR, A., «El Estado social», *Revista Española de Derecho Constitucional*, n. 69, 2003.

FERNÁNDEZ RUIZ, J. (coord.), *Derecho Administrativo: Memorias del Congreso Internacional de Culturas y Sistemas Jurídicos Comparados*, México, 2005.

FERRAJOLI, L., Prólogo al libro de V. Abramovich, C. Courtis, *Los derechos sociales como derechos exigibles*, Madrid, 2002.

—, «Derechos fundamentales», en *Los fundamentos de los derechos fundamentales*, Madrid, 2001.

FERRARI, R.M.M.N., «A constitucionalização do Direito Administrativo e as políticas públicas», *A&C – Revista de Direito Administrativo & Constitucional*, nº 40 (Edição Especial de 10 anos), Belo Horizonte, abr./jun. 2010.

—, «Reserva do possível, direitos fundamentais sociais e a supremacia do interesse público», en: Romeu Felipe Bacellar Filho; Daniel Wunder Hachem (coords.), *Direito Administrativo e Interesse Público:* Estudos em homenagem ao Professor Celso Antônio Bandeira de Mello, Belo Horizonte, 2010.

FINGER, A.C., «O princípio da boa-fé e a supremacia do interesse público – Fundamentos da estabilidade do ato administrativo», en: Romeu Felipe Bacellar Filho; Daniel Wunder Hachem (coords.), *Direito Administrativo e Interesse Público:* Estudos em homenagem ao Professor Celso Antônio Bandeira de Mello, Belo Horizonte, 2010.

FIORAVANTI, M., *Los derechos fundamentales: apuntes de historia de las constituciones*, Madrid, 2007.

FORSTHOFF, E., «Concepto y esencia del Estado social de Derecho», en W. Abendroth, E. Forsthoff, K. Doehring, *El Estado social*, Madrid, 1987.

—, «Der introvertierte Rechstaat und seine Verrortnung», en Der Staat, Bd. 2, 1963.

—, «Problemas constitucionales del Estado social», en W. Abendroth, E. Forsthoff, K. Doehring, *El Estado social*, Madrid, 1987.

—, *El Estado de la sociedad industrial*, Madrid, 1975.

—, *Stato di diritto in transformaciones*, Milano, 1974.

FRANCH I SAGUER, M., «El interés público: la ética pública del Derecho Administrativo», en: Jorge Fernández Ruiz (coord.), *Derecho Administrativo: Memorias del Congreso Internacional de Culturas y Sistemas Jurídicos Comparados*, México, 2005

FREIRE, A.L., «A crise financeira e o papel do Estado: uma análise jurídica a partir do princípio da supremacia do interesse público sobre o privado e do serviço público», *A&C – Revista de Direito Administrativo & Constitucional*, nº 39, Belo Horizonte, jun./mar. 2010.

FREITAS DO AMARAL, D., *Curso de Direito Administrativo*, vol. II, Coimbra, 2001.

FREITAS, J., *A interpretação sistemática do Direito*, São Paulo, 2010.

FRIEDRICH, C.J. (org.), *O interesse público*, Rio de Janeiro, 1967.

GABARDO, E.; WUNDER HACHEM, D., «O suposto caráter autoritário da supremacia do interesse público e das origens do Direito Administrativo – uma crítica da crítica», en: Romeu Felipe Bacellar Filho; Daniel Wunder Hachem (coords.), *Direito Administrativo e Interesse Público:* Estudos em homenagem ao Professor Celso Antônio Bandeira de Mello, Belo Horizonte, 2010.

GABARDO, E., *Interesse público e subsidiariedade: o Estado e a sociedade civil para além do bem e do mal*, Belo Horizonte, 2009.

GALEANO, J.J., «El principio de juridicidad. Noción, fundamento y caracteres. Su recepción en la jurisprudencia administrativa y judicial», en: Julio Pablo Comadira; Miriam M. Ivanega (coords.), *Derecho Administrativo:* Libro en homenaje al Profesor Doctor Julio Rodolfo Comadira, Buenos Aires, 2009.

GARCÍA DE ENTERRÍA, E., «La significación de las libertades para el Derecho Administrativo», *Anuario de Derechos Humanos*, Madrid, 1981.

—, *Democracia, jueces y control de la Administración*, Madrid, 2005.

—, *La lucha contra las inmunidades del poder en el derecho administrativo*, Madrid, 1983.

—, «Una nota sobre el interés general como concepto jurídico indeterminado», *Revista Española de Derecho Administrativo*, n° 89, ene./mar. 1996.

GARCÍA DE ENTERRÍA, E. y FERNÁNDEZ, T.R., *Curso de Derecho Administrativo*, Madrid, 2011.

GARCÍA MACHO, R., *Las aporías de los derechos sociales*, Colección de Estudios dirigida por L. Cosculluela Montaner, Madrid, 1982.

GARCÍA PELAYO, M., *Las transformaciones del Estado contemporáneo*, Madrid, 1985.

GARCÍA TORRES, J.; JIMÉNEZ BLANCO, A., *Derechos fundamentales y relaciones entre particulares*, Madrid, 1986.

GARRIDO FALLA, F., *Tratado de Derecho Administrativo*, Madrid, 2005.

—, «Sobre el Derecho Administrativo y sus ideas cardinales», *Revista de Administración Pública*, n° 7, ene./abr, 1952.

GARRORENA MORALES, A., *El Estado español como Estado social y democrático de Derecho*, Madrid, 1984.

GAUTIER, P., «Quelques considérations sur l'intérêt privé et l'intérêt public dans un ordre juridique sans maître», en: Philippe Gérard; François Ost; Michel Van de Kerchove (dirs.), *Droit et intérêt*, vol. 3, Bruxelles, 1990.

GECK, W.K., *Diplomatischer Schutz, Wörterbuch des Völkerrechts*, Baden, 1960.

GÉRARD, P.; OST, F.; VAN DE KERCHOVE, M. (dirs.), *Droit et intérêt*, vol. 1, Bruxelles, 1990.

GIANNINI, M.S., *Derecho Administrativo*, vol. 1, Madrid, 1991.

—, *Diritto Amministrativo*, vol. I, Milán, 1970.

GIDDENS, A., *Más allá de la política de izquierda y de derecha. El futuro de los partidos radicales*, Madrid, 1996.

GIRVETZ, H.K., «Estado del Bienestar», en *Enciclopedia Internacional de las Ciencias Sociales*, vol. I, Madrid 1974-1979.

GOANE, R M., «Estado, bien común e interés público», en: *El Derecho Administrativo Argentino, hoy*, Buenos Aires, 1996.

GOMES CANOTILHO, J., *Direito Constitucional*, Coimbra, 1993.

GONZÁLEZ BORGES, A., «Interesse público: um conceito a determinar», *Revista de Direito Administrativo*, n° 205, Rio de Janeiro, jul./set. 1996.

GONZÁLEZ BORGES, A., «Supremacia do interesse público: desconstrução ou reconstrução?», *Interesse Público*, n° 37, Porto Alegre, maio/jun., 2006.

GONZÁLEZ MORENO, B., *El Estado social: naturaleza jurídica y estructura de los derechos sociales*, Madrid, 2002.

GONZÁLEZ NAVARRO, F., *Derecho Administrativo Español*, Pamplona, 1992.

GONZÁLEZ ORTEGA S., «La seguridad e higiene en el trabajo en la Constitución», *Revista de Política Social*, n° 121.

GONZÁLEZ PÉREZ, J., *La dignidad de la persona*, Madrid, 1986.

—, *El derecho a la tutela jurisdiccional*, Madrid, 2001.

—, «La suspensión de ejecución del acto objeto de recurso contencioso-administrativo», *Revista Española de Derecho Administrativo*, n° 5, abr./jun. 1975.

GORDILLO, A., *Tratado de Derecho Administrativo*, vol. 1: Parte General, Belo Horizonte, 2003

GUIDDENS, A., *Un mundo desbocado*, México, 2000.

GUTIÉRREZ COLANTUONO, P.A., «El Derecho Administrativo argentino y su desafío frente al régimen americano de derechos humanos», en: Universidad Católica Andrés Bello, *Derecho Administrativo Iberoamericano: 100 autores en homenaje al postgrado de Derecho Administrativo de la Universidad Católica Andrés Bello*, vol. I, Caracas, 2007.

—, *Administración pública, juridicidad y derechos fundamentales*, Buenos Aires, 2011.

HABERLE, P., «El concepto de derechos fundamentales», ponencia en la Universidad Carlos III del 2 de junio de 1993.

—, «Grundrechte im Leisstungsstaat», *Vereinigung der Deutschen Staatsrechttsleher*, 30, Berlin, 1972.

HABERMAS, J., *Faktizitat und Geltung*, Frankfurt, 1994.

HACHEM, D. W., «A dupla nocao juridical de interesse public em Direito Administrativo», *Revista de Direito Administrativo & Constitucional*, n° 11, Belo Horizonte, ab./jun. 2011.

—, «A necessidade de defesa técnica no processo administrativo disciplinar e a inconstitucionalidade da Súmula Vinculante n° 5 do STF», *A&C – Revista de Direito Administrativo & Constitucional*, n° 39, Belo Horizonte, jan./mar. 2010.

—, *Tutela administrativa efetiva dos direitos fundamentais sociais: por una implementacao espontánea, integral e igualitaria*, Tesis Doctoral, Universidad Federal de Paraná, Curitiba, 2014.

HAURIOU, M., *Notes d'arrêts sur décisions du Conseil d'État et du Tribunal des conflits*, vol. I, Paris, 1929.

HELLER, H., «Las ideas socialistas», en H. Heller, *Escritos Políticos*, Madrid, 1985.

—, «Estado de Derecho o dictadura», en H. Heller, *Escritos políticos*, Madrid, 1985.

HERRERA FLORES, J., «Hacia una visión compleja de los derechos humanos», en: *El vuelo de Anteo: derechos humanos y crítica da la razón liberal*, Bilbao, 2000.

HESSE, K., «Bestand und Bedeutung der Grundrechte in der Bundesrepublik», *AEUGRZ*, 1978.

—, *Grunzüge des Verfassungrechts der Bundesrepublik Deutschland*, Heidelberg-Kalsrue, 1978.

HIRSCHMAN, A., *Retórica de la intransigencia*, México, 1991.

INFORME BEVERIDGE, Londres, 1942.

IVANEGA, M.M., «Derecho Administrativo y régimen exorbitante de derecho privado», en: Julio Pablo Comadira; Miriam M. Ivanega (coords.), *Derecho Administrativo: Libro en homenaje al Profesor Doctor Julio Rodolfo Comadira*, Buenos Aires, 2009.

JÈZE, G., *Principios generales del Derecho Administrativo*, Libro II: *La noción de servicio público. Los agentes de la Administración Pública*, Buenos Aires, 1949.

JIMÉNEZ CAMPO, J., «Comentario al artículo 53 CE», en O. Alzaga Villamil, *Comentarios a la Constitución española de 1978*, Madrid, 1996.

—, *Derechos fundamentales, derechos y garantías*, Madrid, 1999.

JUSTEN FILHO, M., «Conceito de interesse público e a 'personalização' do Direito Administrativo», *Revista Trimestral de Direito Público*, nº 26, São Paulo, 1999.

KEYNES, J.M., *Teoría general de la ocupación, el interés y el dinero*, México, 1937.

KRIELE, M., *Liberación e ilustración. Defensa de los Derechos Humanos*, Barcelona, 1982.

LAPORTA, F., «Los derechos sociales y su protección jurídica: introducción al problema», en J. Betegon, F. Laporta, J.R. de Páramo, L. Prieto Sanchís (coords.), *Constitución y derechos fundamentales*, Revista del Centro de Estudios Constitucionales, nº 22, 1995.

LARENZ, K., *Methodenlehre der Rechtswissenschaft*, Berlin/Heidelberg, 1960.

LASAGA SANZ, R., «La protección del patrimonio histórico», en J. Tajadura (dir.), *Los principios rectores de la política social y económica*, Madrid, 2004.

LAUBADÈRE, A., *Traité élémentaire de droit administratif*, vol. I, Paris, 1963.

LEGUINA VILLA, J., «Principios generales del Derecho y Constitución», *Revista de Administración Pública*, nº 114, Madrid, sep./dic. 1987.

LEIBHOLZ, G., *Die Gleichheit vor dem Geselz*, Berlin, 1959.

LIENBERGER, D., «Socio-economic Rights», en M. Chaskalson *et al.* (eds.), *Constitucional Law of South Africa*, Ciudad del Cabo, 1998.

LINOTTE, D., *Recherches sur la notion d'intérêt général en Droit Administratif Français*, Bordeaux, 1975.

LLANO, A., «Familia y convivencia social», IX Congreso Nacional de Orientación Familiar, Madrid, 11-13 de noviembre de 1994.

LONG, M.; WEIL, P.; BRAIBANT, G.; DEVOLVÉ, P.; GENEVOIS, B., *Les grands arrêts de la jurisprudence administrative*, Paris, 2007.

LUCAS VERDÚ, P., *Estimativa y política constitucionales*, Madrid, 1984.

—, *La lucha por el Estado de Derecho*, Bolonia, 1975.

LUHMANN, N., *Teoría Política en el Estado de bienestar*, Madrid, 1996.

MAIA, C.S. BARROSO, «A (im)pertinência do princípio da supremacia do interesse público sobre o particular no contexto do Estado Democrático de Direito», *Fórum Administrativo – Direito Público*, nº 103, Belo Horizonte, set. 2009.

MARINONI, L.G., *A antecipação da tutela*, São Paulo, 2004.

MARTÍNEZ GARCÍA, C., *La intervención administrativa en las telecomunicaciones*, Madrid, 2002.

MARTÍN-RETORTILLO BAQUER, S. (coord.), *Estudios sobre la Constitución española: Homenaje al profesor Eduardo García de Enterría*, vol. 3, Madrid, 1991.

MARTINS-COSTA, J. (org.), *A reconstrução do direito privado: reflexos dos princípios, diretrizes e direitos fundamentais constitucionais no direito privado*, São Paulo, 2002.

MATHIEU, B.; VERPEAUX, M. (dirs.), *Intérêt général, norme constitutionnelle*. Paris, 2007.

MAZIOTTI, M., «Diritti sociale», *Enciclopedia del Diritto*, vol. XII, Milano, 1964.

MEDAUAR, O., *Direito Administrativo Moderno*, São Paulo, 2007.

MEILÁN GIL, J.L., *Lectura de clásicos de Derecho Administrativo*, Santiago de Compostela, 2012.

—, *El proceso de la definición del Derecho Administrativo*, Madrid, 1967.

—, «Intereses generales e interés público desde la perspectiva del Derecho Público español», *A&C – Revista de Direito Administrativo & Constitucional*, nº 40, Belo Horizonte, abr./jun. 2010.

—, «O interesse público e o Direito Administrativo global», en: Romeu Felipe Bacellar Filho; Guilherme Amintas Pazinato da Silva (coords.), *Direito Administrativo e Integração Regional: Anais do V Congresso de Direito Público do Mercosul e do X Congresso Paranaense de Direito Administrativo*, Belo Horizonte, 2010.

—, «A supremacia do interesse público, en: *XI Congresso Paranaense de Direito Administrativo*. Conferência de encerramento proferida em 27/08/2010, Curitiba, 2010.

—, «Proteção jurisdicional dos interesses legítimos no direito brasileiro», *Revista de Direito Administrativo*, nº 176, Rio de Janeiro, abr./jun. 1989.

—,«A noção jurídica de interesse público», en: *Grandes Temas de Direito Administrativo*, São Paulo, 2009.

—, *Curso de Direito Administrativo*, São Paulo, 2010.

MEMBIELA, L., «La buena administración en la Administración General del Estado», *Actualidad administrativa*, n° 4, 2007.

MERLAND, G., *L'intérêt général dans la jurisprudence du Conseil Constitutionnel*, Paris, 2004.

—, «L'intérêt général dans la jurisprudence du Conseil constitutionnel», en: Bertrand Mathieu; Michel Verpeaux (dirs.), *Intérêt général, norme constitutionelle*, Paris, 2007.

MESSNER, J., *Ética General y Aplicada*, Madrid, 1969.

—, *Ética Social, política y económica a la luz del Derecho Natural*, Madrid, 1967.

MICHELMAN, F.J., «In Pursuit of Constitutional Welfare Wrigths: One View of Rawls Theory of Justice», *University Of Pennsylvania Law Review*, 121, 1973.

—, «Justification and the Justifiability of Law in a Contradictory World», *Nomos*, vol. XVIII, Harrisburg, 1985.

MIR PUIG-PELAT, O., *La responsabilidad patrimonial de la Administración pública*, Madrid, 2002.

MORAES, M. C. Bodin de, «O conceito de dignidade humana: substrato axiológico e conteúdo normativo», en: Ingo Wolfgang Sarlet (org.), *Constituição, Direitos Fundamentais e Direito Privado*, Porto Alegre, 2003.

MORENO MOLINA, J.A., MAGÁN, J.M., *La responsabilidad patrimonial de las Administraciones públicas*, Madrid, 2005.

MORIN, E., *En la ruta de las reformas fundamentales*, México, 2010.

MORTATI, C., «Problemi di Politica Costituzionale», en *Raccola di Scritti*, IV, Milano, 1972.

MORTE GÓMEZ, C., SALINAS ALCEGA, S., «Los derechos económicos y sociales en la jurisprudencia del TEDH», en A. Embid Irujo (dir.), *Los derechos sociales*, Madrid, 2009.

MRONZ, D., *Körperschaften und Zwagsmitgliedschaft*, Berlin, 1933.

MUÑOZ, G.A., «El interés público es como el amor», en: Romeu Felipe Bacellar Filho; Daniel Wunder Hachem (coords.), *Direito Administrativo e Interesse Público*, Estudos em homenagem ao Professor Celso Antônio Bandeira de Mello, Belo Horizonte, 2010.

NEUMAN, V., «Menschenrechte und Existenzminimum», *Neue Verwaltungszeitschrift*, 5, 1995.

NIETO, A., *Estudios Históricos sobre Administración y Derecho Administrativo*, Madrid, 1986.

—, *Corrupción en la España contemporánea*, Barcelona, 1997.

—, «La Administración sirve con objetividad los intereses generales», en: Sebastián Martín-Retortillo Baquer (coord.), *Estudios sobre la Constitución española: Homenaje al profesor Eduardo García de Enterría*, vol. 3, Madrid, 1991.

—, «La vocación del Derecho Administrativo de nuestro tiempo», *Revista de Administración Pública*, n° 76, Madrid, ene./abr. 1975.

NINO, C.S., *Ética y derechos humanos*, Buenos Aires, 2007.

—, *The Ethics of Human Rights*, Oxford, 1991.

NORIEGA CANTÚ, A., *Los derechos sociales, creación de la Revolución de 1910 y de la Constitución de 1917*, México, 2009.

NOVAIS, J. REIS., *As restrições aos direitos fundamentais não expressamente autorizadas pela Constituição*, Coimbra, 2003.

—, *Contributo para uma teoria do estado de direito: do estado de Direito liberal ao Estado social e democrático de Direito*, Coimbra, 1987.

OSÓRIO, F. M., «Existe uma supremacia do interesse público sobre o privado no Direito Administrativo brasileiro?», *Revista de Direito Administrativo*, n° 220, Rio de Janeiro, abr./jun. 2000.

OST, F., «Entre droit et non-droit: l'intérêt. Essai sur les fonctions qu'exerce la notion d'intérêt en droit privé», en: Philippe Gerard; François Ost; Michel van der Kerchove (dirs.), *Droit et intérêt*, vol. 2, Bruxelles, 1990.

OTERO, P., *Legalidade e Administração Pública: o sentido da vinculação administrativa à juridicidade*, Coimbra, 2003.

PAHUAMBA ROSAS, B., *El derecho a la protección de la salud*, México, 2014.

PAILLET, M., *La faute du service public en droit administratif français*, Paris, 1980.

PARADA, R., *Derecho Administrativo*, Madrid, 2007.

PARDO, M.J., *De la Administración pública a la gobernanza*, México, 2004.

PAREJO ALFONSO, L., *El concepto de Derecho Administrativo*, Bogotá, 2009.

—, *El Concepto de Derecho Administrativo*, Caracas, 1984.

—, *Derecho Administrativo. Instituciones generales: bases, fuentes, organización y sujetos, actividad y control*, Barcelona, 2003.

—, *Estado social y Administración pública*, Madrid, 1983.

PASCUAL GARCÍA, L., *Régimen jurídico del gasto público*, Madrid, 2002.

PEDRON, F. Q., «O dogma da supremacia do interesse público e seu abrandamento pela jurisprudência do Supremo Tribunal Federal através da técnica da ponderação de princípios», *A&C – Revista de Direito Administrativo & Constitucional*, n° 33, Belo Horizonte, jul./set. 2008.

PÉREZ AYALA, A., «La seguridad social en la Constitución», en J. Tajadura (dir.), *Los principios rectores de la Política social y económica*, Madrid, 2004.

PÉREZ HUALDE, A., «El sistema de derechos humanos y el servicio universal como técnica para una respuesta global», en A. Embid Irujo (dir.), *Derechos económicos y sociales*, Madrid, 2009.

PÉREZ LUÑO, A.E., *Los derechos fundamentales*, Madrid, 1986.

—, *Derechos Humanos, Estado de Derecho, y Constitución*, Madrid, 2005.

PIZZORUSSO, A., *Lecciones de Derecho Constitucional*, vol. I, Madrid, 1985.

PONCE, J. (coord), *Derecho Administrativo Global, Organización, procedimiento, control judicial*, Madrid, 2010.

POPPER, K., «El Estado de bienestar y las masas», *El Mundo*, 6 de marzo de 1994.

—, *La sociedad abierta y sus enemigos*, Barcelona,1982.

QUEL LÓPEZ, F.J., «Hacia la eficacia de los derechos económicos, sociales y culturales», en A. Embid Irujo (dir.), *Los derechos sociales*, Madrid, 2009.

RAMOS, D.M. de O., «Princípios da Administração Pública: a supremacia do interesse público sobre o interesse particular», *Revista de Direito Administrativo Aplicado*, n° 10, jul./set. 1996.

RANGEON, F., *L'idéologie de l'intérêt général*, Paris, 1986.

RAPP, L., «Public service et universal service», en: *Telecommunications Policy*, Volumen 24, 1996.

RAWLS, J., *Political Liberalism*, New York, 1993.

REGOURD, S., «Le service public», *Revue de droit public et de la science politique*, Paris, 1987.

REY, A., «El interés general. Argumento para limitar derechos individuales», *Revista de Derecho*, n° 13, Montevideo: Universidad de Montevideo, ene./jun. 2008.

RIDDER, E., *Die soziale Ordnung des Grungesetzes*, Opladen, 1975.

RIVERO, J., «Existe-t-il un critère du droit administratif?», *Revue du droit public et de la science politique en France et à l'étranger*, vol. 69, n° 2, avr./juin, 1953.

ROCHA, C.L. Antunes, «O princípio da dignidade da pessoa humana e a exclusão social», *Interesse Público*, nº 4, Porto Alegre, out./dez. 1999.

RODRÍGUEZ DE SANTIAGO, J.M., *La Administración del Estado social*, Madrid, 2007.

RODRÍGUEZ OLVERA, O., *Teoría de los derechos sociales en la Constitución abierta*, Granada, 1998.

RODRÍGUEZ-ARANA MUÑOZ, J., *Derecho Administrativo Español*, vol. I: *Introducción al Derecho Administrativo Constitucional*, La Coruña, 2008.

—, «El concepto del Derecho Administrativo y el proyecto de Constitución Europea», *A&C – Revista de Direito Administrativo e Constitucional*, nº 23, Belo Horizonte: Fórum, jan./mar. 2006.

—, «El interés general como categoría central de la actuación de las Administraciones Públicas», en Romeu Felipe Bacellar Filho; Guilherme Amintas Pazinato da Silva (coords.), *Direito Administrativo e Integração Regional*: Anais do V Congresso de Direito Público do Mercosul e do X Congresso Paranaense de Direito Administrativo, Belo Horizonte, 2010.

—, «El marco constitucional del Derecho Administrativo español (el Derecho Administrativo Constitucional)», *A&C – Revista de Direito Administrativo e Constitucional*, nº 29, Belo Horizonte, jul./set. 2007.

—, *La dimensión ética*, Madrid, 2001.

—, *La suspensión del acto administrativo (en vía de recurso)*, Madrid, 1986.

—, «La vuelta al Derecho Administrativo (a vueltas con lo privado y lo público)», *A&C – Revista de Direito Administrativo e Constitucional*, nº 20, Belo Horizonte, abr./jun. 2005.

—, «Las medidas cautelares en la jurisdicción contenciosa-administrativa en España», en David Cienfuegos Salgado; Miguel Alejandro López Olvera (coords.), *Estudios en homenaje a Don Jorge Fernández Ruiz*, México, 2005.

—, *Reforma administrativa y nuevas políticas públicas*, Caracas, 2005.

—, *Principios de Ética Pública*, Madrid, 1993.

—, *El poder público y el ciudadano: la buena Administración pública como principio y como derecho*, Madrid, 2012.

—, *Nuevas claves del Estado de bienestar*, Granada, 2000.

ROSETTI, A., «Algunos mitos, realidades y problemas en torno a los derechos sociales», en S. Ribotta, A. Rossetti (eds.), *Los derechos sociales en el siglo XXI. Un desafío clave para el Derecho y la Justicia*, Madrid, 2010.

RUBIO LLORENTE F., «La Constitución como fuente del derecho», en *La forma del Poder*, Madrid, 1993.

SAINT-BONNET, F., «L'intérêt général dans l'ancien droit constitutionnelle», en Bertrand Mathieu; Michel Verpeaux (dirs.), *Intérêt général, norme constitutionelle*, Paris, 2007.

SÁINZ MORENO, F., *Conceptos jurídicos, interpretación y discrecionalidad administrativa*, Madrid, 1976.

—, «Reducción de la discrecionalidad: el interés público como concepto jurídico», *Revista Española de Derecho Administrativo*, nº 8, Madrid, 1976, ene./mar. 1976.

—, «Sobre el interés público y la legalidad administrativa», *Revista de Administración Pública*, nº 82, Madrid, 1976, ene./abr. 1977.

SALOMONI, J.L., «Impacto de los Tratados de Derechos Humanos sobre el Derecho Administrativo Argentino», en Jorge Luis Salomoni; Romeu Felipe Bacellar Filho; Domingo Juan Sesín (Orgs.), *Ordenamientos internacionales y ordenamientos administrativos nacionales: jerarquía, impacto y derechos humanos*, Buenos Aires, 2006.

—, «Interés público y emergencia», *Actualidad en el Derecho Público*, nº 1, Buenos Aires, ene./dic. 2002.

SANTIAGO, A., THURY CORNEJO V., *Derecho a la vivienda y tutela judicial*, Buenos Aires, 2014.

SANTIAGO, A., *Bien común y Derecho Constitucional: el personalismo solidário como techo ideológico del sistema político*, Buenos Aires, 2002.

SANTOS ARAGÃO, A., «A Supremacia do Interesse Público no Advento do Estado de Direito e na Hermenêutica do Direito Público Contemporâneo», en: Daniel Sarmento (org.), *Interesses públicos* versus *interesses privados: desconstruindo o princípio de supremacia do interesse público*, Rio de Janeiro, 2005.

SARLET, I. W., *A eficácia dos direitos fundamentais*, Porto Alegre, 2008.

—, *Dignidade da pessoa humana e direitos fundamentais na Constituição Federal de 1988*, Porto Alegre, 2006.

SARMENTO, D., *Direitos fundamentais e relações privadas*, Rio de Janeiro, 2004.

—, «Interesses públicos *vs.* interesses privados na perspectiva da teoria e da filosofia constitucional», en *Interesses públicos* versus *interesses privados: desconstruindo o princípio de supremacia do interesse público*, Rio de Janeiro, 2010.

SARMENTO, D. (Org.), *Interesses públicos* versus *interesses privados: des-*

construindo o princípio de supremacia do interesse público, Rio de Janeiro, 2005.

SCHEUNER, U., «Die Funktion der Grundrechte im Socialzstaat», *Die Öffentliche Verwaltung*, 1971.

SCHIER, A., DA COSTA RICARDO, «O princípio da supremacia do interesse público sobre o privado e o direito de greve de servidores públicos», en Romeu Felipe Bacellar Filho; Daniel Wunder Hachem (coords.), *Direito Administrativo e Interesse Público:* Estudos em homenagem ao Professor Celso Antônio Bandeira De Mello, Belo Horizonte, 2010.

SCHIER, P.R., «Ensaio sobre a supremacia do interesse público sobre o privado e o regime jurídico dos direitos fundamentais», en Daniel Sarmento (org.), *Interesses públicos versus interesses privados: desconstruindo o princípio de supremacia do interesse público*, 3. tir., Rio de Janeiro, 2010.

SCHMITT, C., *Teoría de la Constitución*, Madrid, 1982.

SCHOETTL, J.-É. *ET ALLI*, *Intérêt général, norme constitutionelle*, Débats, en Bertrand Mathieu; Michel Verpeaux (dirs.), Paris, 2007.

SEN, A., *Justice: Means versus Freedoms*, Philosophy & Public Afairs, 19, 1990.

SERRANO, M.C., «La defensa de la Constitución y las exigencias del bien común», en Víctor Bazan (coord.), *Defensa de la Constitución: Garantismo y controles*, Libro en reconocimiento al Doctor Germán J. Bidart Campos, Buenos Aires, 2003.

SESÍN, D., *Administración Pública. Actividad reglada, discrecional y técnica: Nuevos mecanismos de control judicial*, Buenos Aires, 2004.

SILVA, V.A. da, *Curso de Direito Constitucional Positivo*, São Paulo, 2009.

—, *Direitos fundamentais: conteúdo essencial, restrições e eficácia*, São Paulo, 2009.

SIMON, D., «L'intérêt général vu par les droits européens», en Bertrand Mathieu; Michel Verpeaux (dirs.), *Intérêt général, norme constitutionelle*, Paris, 2007.

SOARES, R. E., *Interesse público, legalidade e mérito*, Coimbra, 1955.

SOUSA, A.F. de, *Conceitos indeterminado, no Direito Administrativo*. Coimbra, 1994.

SOUZA NETO, C.P. DE; SARMENTO, D. (Orgs.), *Direitos sociais: fundamentos, judicialização e direitos sociais em espécie*, Rio de Janeiro, 2008.

STERN, K., «El sistema de los derechos fundamentales en la República Federal de Alemania», *Revista del Centro de Estudios Constitucionales*, Madrid, 1988.

STÜBER, R., «Die Stadt als soziale und politische Gemeinschaft im entwicketen gesellschaftlichen System des Sozialismus», en *Stat und Recht*, Frankfurt, 1968.

SUDRE, F., «La permeabilite de la Convention Europeenne des Droits de l'Homme aux droits sociaux», *Etudes offerts a Jacques Mourgeon*, Bruxellas, 1998.

—, «La protection des droits sociaux par la Cour Europeenne des Droits de l'Homme: un exercice de jurisprudence fiction», *Revue Trimestrelle des Dorits de l'Homme*, n° 55, 1 de julio de 2003.

SUNDFELD, C. A., «Interesse público em sentido mínimo e em sentido forte: o problema da vigilância epidemológica frente aos direitos constitucionais», *Interesse Público*, n° 28, Porto Alegre, nov./dez. 2004.

TAJADURA TEJADA, J., «El derecho a la cultura como principio rector: multiculturalismo e integración en el Estado constitucional», *en Derechos Sociales y Principios Rectores*, Actas del IX Congreso de Constitucionalistas, Valencia, 2012

TENORIO, P., «El Tribunal Constitucional, la cláusula del Estado social, los derechos sociales y el derecho a un mínimo vital digno», en *Derechos Sociales y Principios Rectores*, Actas del IX Congreso de la Asociación de Constitucionalistas de España, Valencia, 2012.

THIRY, B., «The General Interest: Architecture and Dinamics», *Annals of Public and Cooperative*, 1997.

TOMÁS MALLÉN, T., *El derecho fundamental a la buena Administración*, Madrid, 2004.

TORRES DEL MORAL, A., «Comentario al artículo 44 de la Constitución», en O. Alzaga (dir.), *Comentarios a las leyes políticas*, Madrid, 1984.

TRIBE, L., *American Constitutional Law*, New York, 1988.

TROYA JARAMILLO, J.V., *El Derecho del gasto público*, Bogotá, 2015.

TRUCHET, D., *Les fonctions de la notion d'intérêt général dans la jurisprudence du Conseil d'État*, Paris, 1977.

TUGENDHAT, E., «Liberalism, Liberty and the Issue of Economic Human Rights», en *Philosophische Aufsätze*, Frankfurt, 1992.

—, *Vorlesungen über Ethik*, Frankfurt, 1995.

URIARTE TORREALDAY, J., «La redistribución de la renta y el empleo», en J. Tajadura (dir.), *Los principios rectores de la política social y económica*, Madrid, 2004.

VEDEL, G., *Droit Administratif*, Paris, 1973.

VELARDE FUERTES, J., *Lecturas de Economía española*, Madrid, 1961.

VIEIRA DE ANDRADE, J.C., *Os Direitos Fundamentais na Constituição Portuguesa de 1976*, Coimbra, 2004.

VIEIRA, J.R., «República e democracia: óbvios ululantes e não ululantes», *Revista da Faculdade de Direito da Universidad Federal de Porto Alegre*, vol. 36, Porto Alegre, 2001.

VILLEGAS, H., *Manual de Finanzas Públicas*, Buenos Aires, 2000.

VON STEIN, L., *Movimientos sociales y Monarquía*, Madrid, 1981.

WIDHABER, L., «Soziale Grundrechte», en P. Saladin, L. Wildhaber (eds.), *Der Staat als Aufgabe, Gedächtnisschrift für Max Imboden*, 1972.

WIGGINS, D., *Needs, Values, Truth*, Massachussets, 1991.

WILLKE, H., *Stand und Kritik der neuren Grundrechtstheorie*, Berlin, 1975.

WOLIN, S., «Democracy and the Welafare State: The Political and Theoretical Connections between Staatsräson and Wohlfahtsstaatsräson», *Political Theory*, 15, 4, 1987.

ZACHER, H.F., *Freiheitliche Demokratie*, 1969.

ZANCANER, W., Prefácio – Homenagem ao Pensamento Jurídico de Celso Antônio, en: Romeu Felipe Bacellar Filho; Daniel Wunder Hachem (coords.), «Direito Administrativo e Interesse Público», en *Estudos em homenagem ao Professor Celso Antônio Bandeira de Mello*, Belo Horizonte, 2010.

ESTE LIBRO,
SÉPTIMO DE LA COLECCIÓN
*CUADERNOS UNIVERSITARIOS
DE DERECHO ADMINISTRATIVO*,
SE ACABÓ DE IMPRIMIR
EL 9 DE SEPTIEMBRE DE
2015